本书获得2015年安徽省教学成果三等奖

微观经济学（第2版）

主　编　朱云鹃

副主编（按姓氏的汉语拼音顺序排序）

戴　玲　江六一　汪　芳

编　委（按姓氏笔画排序）

申建旗　江六一　朱云鹃　汤　静

汪　芳　茆志英　胡中应　荀守奎

熊勋胜　戴　玲　杨爱元　吴秉松

邵　平　胡小龙

北京师范大学出版集团

BEIJING NORMAL UNIVERSITY PUBLISHING GROUP

安徽大学出版社

图书在版编目(CIP)数据

微观经济学 / 朱云鹃主编. —2 版. 合肥:安徽大学出版社,2016.8(2018.8 重印)
ISBN 978-7-5664-1178-5

Ⅰ.①微… Ⅱ.①朱… Ⅲ.①微观经济学—高等学校—教材 Ⅳ.①F016

中国版本图书馆 CIP 数据核字(2016)第 214405 号

微观经济学 第 2 版 **朱云鹃** 主编

出版发行:北京师范大学出版集团
安 徽 大 学 出 版 社
(安徽省合肥市肥西路 3 号 邮编 230039)
www.bnupg.com.cn
www.ahupress.com.cn

印 刷:安徽昶颉包装印务有限责任公司
经 销:全国新华书店
开 本:184mm×260mm
印 张:25.25
字 数:551 千字
版 次:2016 年 8 月第 2 版
印 次:2018 年 8 月第 2 次印刷
定 价:66.00 元
ISBN 978-7-5664-1178-5

策划编辑:龚婧瑶 姚 宁
责任编辑:龚婧瑶 姚 宁
责任印制:陈 如
装帧设计:李 军
美术编辑:李 军

前　言

《微观经济学》(第 2 版)终于和大家见面了！欣慰之余，千言万语跃然纸上。2011 年，当我们首次完成第一版的时候，如释重负，这本教材凝聚着整个团队(8 个院校的合作者)共同心血。好的作品必须经得起市场的反复检验。现在 4 年过去了，我们特别注意收集市场的反馈意见，希望进一步完善我们的工作，满足市场和当前形势发展的需求，为此我们进行了《微观经济学》第 2 版的修订工作。2015 年，《微观经济学》荣获安徽省优秀教学成果三等奖，这份荣誉既是对编写团队的肯定，也是对所有关心者的回报！在此，我们带着对未来的渴求和向往，回顾撰写及修订的点点滴滴，期盼《微观经济学》(第 2 版)能够继续得到读者的喜爱和认可。

一、本书的编写背景

全球经济一体化不断加速，国内外政治经济形势和竞争格局发生了很大的变化，企业对于国际化、高水平的经济管理人才的需求与日俱增。在这种新的经济背景下，高校应该适应这一市场变化的要求，培养出符合市场需要的新型经济管理人才，这就需要我们不断创新、积极调整，及时更新经济学教材的内容。同时，随着高等教育的大众化，高校专业人才培养的层次和数量越来越多，这就要求我们必须面对培养对象的变化，思考具有时代特征的本科教育内容、教学方式、教材变革等。

目前，为满足各种类型、各种专业人才培养的需要而出现了各种各样的微观经济学教材，主要有原著原版、国内译本以及以国内主要名牌大学为代表的国内版本等，可谓琳琅满目、各具特色，每一本都凝聚了编者的汗水和心血。

但这些教材从总体上看，还存在一些问题：

一是在竞争时代，每本教材的内容及资料的使用年限都在缩短，这就需要不断创新，充分吸收在信息技术和新经济特征背景下的经济学应用成果。

二是当今世界经济日益融合一体化，“互联网＋”的商业模式虚拟化了组织和企业的边界，这使得市场更加期待开放的、共享的经济学。在我国尤其需要打破所谓“西方经济学”的垄断，消除对教学案例“舶来品”的依赖，以技术创新(包括我国改革开放的成果)带动经济学的国际化发展。

三是有些教材只强调经济学应用，忽视了对本科生基本功、经济学思维和素养的培养。

四是针对当代大学生特点的经济学教材还不多，比如涉及网络知识手段应用的内容明显不足、不充分。

五是安徽地方高校基本上没有出版过经济学教材，缺乏专门针对安徽地区人才培养的经济学教材，这与安徽经济近年来持续健康地高速发展的新形势不适应。要满足安徽对经济学人才的迫切需求，就需要我们对地方发展经济成果进行总结。

新时期工商管理类专业人才培养目标为：服务于安徽经济发展，培养能够掌握一定的经济学知识、具有创新意识和创新精神的工商管理类专业人才。同时，为安徽地区经济学教学构建一个沟通交流提高的网络平台。经过市场调查、多方论证，《微观经济学》教材获得立项。安徽大学牵头组建了由省内 8 所高校 10 位老师组成的编写团队，接受了安徽大学出版社“编写面向‘十二五’规划的微观经济学教材”的委托，2011 年，《微观经济学》教材问世。

二、本教材的适用对象和特点

本教材编写针对的主要对象是目前高等院校的本科生，本教材可以作为他们合适的经济学教科书，当然，本教材也可以作为参考书、培训教材等。在市场竞争激烈、不断细分的今天，正如任何一本书不可能囊括所有内容一样，本书也不可能满足作者所有的需求。相对于 MBA 和其他层次的学员来说，本科生具有层次较齐、时间相对富有、思维活跃、初学积极性高、喜欢上网、入学之前基本上都没有学过微观经济学、相当一部分同学会选择考研等特点。因此，在充分考虑当代大学生的学习背景和需求偏好以及编者的积累和出版社要求的前提下，我们拟定了本书编写的原则：注重基本知识、基本技能、基本素养的培养，同时注重学习兴趣的培养。

1.突出基本知识

对本科生而言,学习的基本要求首先应是对微观经济学系统知识的掌握。在内容选择上,我们的做法是不求大而全,不求高深莫测,而是紧紧抓住微观经济学必备的知识这一主线。比如供求理论中的需求曲线、供给曲线、均衡、需求量的变动与需求的变动、供给量的变动与供给的变动;弹性理论中的需求价格弹性、交叉弹性、收入弹性、弧弹性、点弹性、弹性与收入的原理等,这些都是微观经济学的基础,是必须掌握的基本知识。我们以文字、图表、简单数学证明等办法加以阐释,力求体系清晰、层次分明、言简意赅、深入浅出。

限于篇幅和课时,一教材只能有所为、有所不为,对于其他重要或者必要的内容,我们采用 * 号标示和拓展知识链接的办法,给授课教师酌情处理的空间,也给学生一定的选择余地。

2.突出基本技能的训练

在每章的后面我们都提供种类多样的练习题,包括简答题、概念题、原理分析题、选择题、基本计算题等题型,以巩固基本知识、加强基本技能的训练。这些习题的选择考虑了基本知识的覆盖面、难易等级、类型多样化等因素,以满足学生多元化的学习需要。

在课程结束之后,学生需要进行考试复习,为此,在书的后面我们附上了3套自测试卷,以方便学生综合练习。在每一章习题的最后我们提供了1～2题挑战题,以满足求知欲强烈的学生和部分考研学生的需要。

3.突出基本素养的培养

本科生既是经济学的初学者,又是未来经济学的继承者。教书育人、学习知识是重要的,但是培养学生的学习兴趣和基本素养一样至关重要。为此,我们在本书的每一章都精选相关的案例,每一章最后都附有一个经济学人物的介绍,如亚当·斯密、安东尼·奥古斯丁·库尔诺、威廉·斯坦利·杰文斯、托马斯·罗伯特·马尔萨斯、琼·罗宾逊、让·巴蒂斯特·萨伊、阿瑟·塞西尔·庇古等。

三、本书案例的编写及修订原则

我们在案例选择上,特别注重以下四个原则:

1.尽量引用微观经济学的经典案例

比如“看不见的手”“丰收悖论”“恩格尔系数与决策”“税负归宿”“价值悖论”“马尔萨斯与边际收益递减规律”“刘易斯的劳动力无限供给模型”等都是微观经济学的经典案例。

2.尽量使用本地案例

为服务地方经济，我们编写了几个本地化的案例，如“如此定价策略”“商之都的连锁经营与规模经济”“商业竞争的市场结构之争”“安徽小岗村的变革”等。在各章节的正文中，我们也尽量用本地的例子解释经济学原理，这对于许多来自安徽的学生来说，会促进他们关心家乡和国家的经济发展，有利于培养学生用经济学理论分析现实问题的思维习惯，更好地理解经济学的价值。

3. 尽量使用新的案例

经济学与经济发展密切结合是经济学不断创新发展的生命力所在，正如保罗·萨缪尔森所言，“经济学永远十八岁”。所以，我们在案例选择上尽量使用最新最近的案例，这不仅能够及时展现经济学的前沿应用成果，而且督促我们在修订和更新工作中，努力使《微观经济学》以新的面孔出现。比如，考虑到当今中国社会人们极为关注的收入公平问题，我们精选了两个案例“公平重要吗”和“平均≠公平”，期望给学生以深刻印象；考虑到当前新经济的发展趋势，在“拓展知识链接”部分增加了一些新的概念，如引论中的“互联网＋”概念，第四章中的“企业家与创新”概念等；考虑到第一章“家电下乡政策”案例的时效性，我们将其更换为经典的“粮食价格支持政策”。此外，我们还更新了“传统商业模式的转型——安徽百大易商城”“‘互联网＋’下商业银行的新生产函数的最优解”“跨过‘马尔萨斯陷阱’的关键是改革与创新”“我国快递业的并购与规模报酬递增”等案例。

4. 尽量使用具有普遍关注意义的案例

“情人节的玫瑰花价格”“美国政府与微软公司之争”“标王的反思”“欧佩克和世界石油市场”“水权交易”等，这些都是大家熟知或引起过广泛争议的案例，在课堂讲解时往往容易引发学生的激烈讨论，达到很好的教学互动目的，从而提高教学效果。

四、应用情况

本书自2011年问世以来，国内市场反应良好。本书的受众群体十分广泛，主要是本科生及研究生、从事《微观经济学》教学的教师或研究人员、企事业单位中层以上管理者或后备人才等。

1. 安徽省内应用情况

本教材目前已在省内得到部分使用。使用者包括：安徽大学商学院、经济学院、安徽铜陵学院、安徽农业大学、安徽师范大学、合肥学院、皖西学院、安徽科技学院、江淮学院、安庆环新集团的中层干部培训机构等。其中，安徽大学、安徽铜陵学院等已将该书指定为专业本科生的课程教材。

2. 国内其他应用情况

这部分数据没有经过详细的统计，但从网上销售情况及网评来看，网评接近☆☆☆☆☆，反应良好。目前一版已售罄，2016 年修订版问世后，秋季学生即可使用新版教材，预计市场反映比一版更好。

3.影响力分析

《微观经济学》博大精深，是经济管理类学科的基础和源头，是经管类各主要专业的基础课程和平台课程，是经管类各专业的研究生入学考试的必考课程之一，也是多种职业岗位面试的主要内容之一。因此，《微观经济学》在经济学一级学科中占有极其重要的地位，在教学、研究以及实际应用等方面具有极强的影响力。

使用本教材的学校的学生在历年的考研中得益于该教材的教学。使用我们自己编写的教材，学生兴趣更高，师生互动更为密切，容易拉近师生距离，沟通交流颇为积极。学生们对于该教材及参与撰写的老师们普遍给予高度评价。

五、本书编写团队

本书的编写人员主要由安徽省内从事经济学教学的高校教师构成，鉴于安徽大学商学院已经成立了“微观经济学教学团队”，在修订工作中我们的编写队伍由 10 人增加到 14 人，主要有(按姓氏笔画顺序，排名不分先后)：

申建旗　安徽师范大学
江六一　铜陵学院　副主编
朱云鹃　安徽大学　主编
汤　静　合肥学院
汪　芳　安徽大学　副主编
茆志英　安徽农业大学
胡中应　皖西学院
荀守奎　安徽理工大学
熊勋胜　安徽科技学院
戴　玲　安徽大学　副主编
杨爱元　安徽大学
吴秉松　安徽大学
邵　平　安徽大学
胡小龙　安徽大学

六、本书编写安排

1.编写安排

《微观经济学》(第2版)正文共计有11章(含引论),正文后面附有各章习题答案、自测试卷和拓展知识链接词条解释、主要参考数目5个部分。全书各部分分工及相关说明如下:

朱云鹃负责全书的统撰与修订工作,撰写与修订前言、第八章、自测试卷、拓展知识链接词条解释,并负责全书主要章节的图片修改及绘制等工作;目录和各章习题答案由各章老师提供,由朱云鹃汇总统一;戴玲负责引论撰写、修订及第三章的修订工作;江六一负责第二章、第九章的撰写及修订工作;汪芳负责第五章的撰写及第五、第六、第七章的修订工作;茆志英负责第一章的撰写及修订工作;汤静负责第三章的撰写及修订工作;申建旗负责第四章的撰写及修订工作;胡中应负责第七章的撰写及修订工作;熊勋胜负责第十章的撰写及修订工作;荀守奎负责第六章的撰写;杨爱元负责第八章的修订工作;吴秉松负责第二章、第四章的修订工作;邵平负责第一章的修订工作;胡小龙负责第六章、第七章的修订工作。

2.主要修订要求

为教材修订工作的统一协调、顺利完成,我们拟定了主要修订要求:

(1)吸纳微观经济学新的发展和应用理论。

(2)案例更新和数据更新,尤其是新的经典案例和体现地方经济发展的有代表性的案例,有些案例随着时代发展需要调整和更新等。

(3)体现网络手段应用和课后教学的拓展知识链接部分需要与时俱进,不断更新,比如"互联网+"的经济概念。

(4)课后练习、模拟样卷及参考答案更新。

(5)其他根据教材使用过程中授课教师和学生的建议修改部分。

七、致谢

首先,感谢《微观经济学》编写团队每一位成员的通力合作和配合,在编写过程中为顾全大局所付出的一切辛劳。为了整书的统一修撰,有些老师负责的章节已经编写的部分不得已被删除、或被调整到其他的章节;有些案例因为重复或其他原因需要重新提供;一些精心绘制的图表也作了压缩等,对这些无法体现的付出,没有一位老师有过半点怨言,让人深深感动。

感谢安徽大学商学院技术经济专业的研究生于阳、朱学星、钟红艳、俞鑫、张德吉、李颖、李丹同学(排名不分先后,按姓氏笔画顺序),他们为本书的编写做了大量基础性的工作,特别感谢他们!

感谢安徽大学对规划教材的经费支持,感谢安徽大学出版社给了我们这次机会。编书的过程就是学习的过程,在切身感受编写工作之酸甜苦辣的同时,我们也体会到了经济学博大精深的无穷魅力;在查阅大量相关资料的过程中,我们的知识和能力得到了进一步的提升;在教学相长、教材获奖的体验中我们收获了很多。

编写中我们参考了大量的文献,借鉴了学者们的最新成果,在此也一并感谢!还有许多给过我们无私帮助、文中没有提名的同行及朋友们,我们也是非常感谢并希望得到他们的理解!

最后,在整个的编写过程中,我们的态度是严谨认真的。尽管如此,我们仍惶惶然不敢保证该教材没有丝毫差池,对此我们等候大家的进一步指正和建议,并期望今后仍有不断改进的机会。

编 者

2016/6/30

目 录

CONTENTS

引论

经济学是一门使人生幸福的艺术。

——1925年诺贝尔文学奖得主，英国剧作家，萧伯纳(1856-1950)

经济学并没有提供一套立即可用的完整结论。它不是一种教条，而是一种方法、一种心灵的器官、一种思维的技巧，帮助拥有它的人得出正确结论。

——1992年诺贝尔经济学奖得主，加里·贝克尔(1930-)

学习目的与要求

作为课程的开篇，本章具有引言和总论的性质，融简介、定义、概述和指导于一体。开篇伊始，围绕经济学的研究对象，我们只是想给读者一个学习的总体思路和分析框架，对如何学好微观经济学作一些必要的引导。为此，我们首先介绍西方经济学的产生、经济学的一般定义，阐述现代经济学的两个分支及其关系和微观经济学涉及的一些基础性问题，对经济学的演变与发展、微观经济学研究的基本方法或主要的分析工具也作了概要说明。

重点与难点

重点包括把握经济学的定义、区分实证分析和规范分析、了解均衡的含义并掌握均衡分析法；难点是稀缺性概念的理解，边际分析法与数学的关系及其意义。

第一节 稀缺性与经济学

在西方，经济学被称为“社会科学的皇后、最古老的艺术、最新颖的科学”，这是一门让很多人感兴趣的学科。那么，地位显赫、既古老又年轻的经济学是怎么产生的？经济学究竟又是怎样的一门学科呢？自亚当·斯密以来不少人给出过不同的经济学定义，随着认识的不断发展，进入 20 世纪以后对经济学理解上的差异越来越趋于集中在一个关键点上：稀缺性问题或者选择问题。

一、经济学的定义

经济问题是人类生活中最普遍的问题，它跟每个人的生活都息息相关。正是在这个意义上，英国著名的经济学家马歇尔（A. Marshall）曾对经济学作过一个非常形象的概括：它是“关于人类日常生活事务的学问”。人类的生存需要各种各样的物品与劳务来满足，问题是人类需要的物品与劳务并非都是天然的，更不是取之不尽、用之不竭的。相反，很多东西必须投入资源进行生产才能得到，而用以生产物品与劳务的资源又是稀缺的，于是，人们不得不在使用各种资源时进行选择、有所取舍。基于上述的理解，西方经济学者给经济学下了一个更为具体的一般定义：

经济学是研究人们如何作出选择来有效地利用各种稀缺的资源进行生产和消费，使人们的欲望得到更充分满足的一门科学。（后面的学习会使我们了解，这其实是一种微观角度的界定。）

这一定义最早来自莱昂内尔·罗宾斯（L. Robbins），后继者在其基础上进行了修改和发挥。现在较流行的定义来自美国经济学家保罗·萨缪尔森（Paul · Samuelson），这里给出其最新版本：**研究一个社会如何利用稀缺的资源生产有价值的商品，并将它们在不同的人中间分配的一门学科。**

上述定义说法不同，实质内容都是一样的，其关键意义在于指出了经济学的基本前提和问题，用一个链式表达式来对此加以描述，即：

稀缺性……………选择……………资源配置

该链式表达式的逻辑是：资源是稀缺的，所以人们需要选择。如何选择，则关系到资源的有效利用，即资源配置（resources allocation）问题。

二、资源的稀缺性

1. 自由物品和经济物品

在讨论稀缺性之前，需要弄清楚两个概念：自由物品和经济物品。

经济学中把那些**不需要付出任何代价就可以得到的有用物品叫自由取用物品或自由物品（free goods）**，如空气、天然水、阳光等。这类物品的基本特点是供给量相对于人们的需求来说是无限的或充足的，对人类有用且价格为零，即人们可以不付代价而尽情享用这类物品，因此，自由物品又称作“无偿物品”。

经济物品(economic goods)是指人们必须付出相应代价才能得到的有用物品，如衣服、粮食、房子、汽车等。这类物品的基本特点是供给总是小于需求，即供给量有限或不足。因此，它们通常有一个正数价格(a positive price)，享用这类物品必须支付代价，所以，经济物品又称作“有偿物品”。

事实上，这两类物品并不是毫无联系的。经过人们的劳动，自由物品可以变为经济物品，如空气净化为氧气、天然水加工为自来水等等。所以，这两类物品的区别主要看它们是否带有人类劳动的痕迹。随着人类社会的发展和人口的增长，自由物品有逐渐减少的趋势。

2.稀缺性(scarcity)

资源是指用于生产物品或劳务的那些要素。在西方经济学中，资源即生产要素，包括劳动、资本、土地和企业家才能。

经济物品需要付费才可以获得，是因为经济物品总是有限的。我们认为，经济物品之所以是有限的，原因有以下两点：

(1)欲望无止境。

人的欲望从数量上看是无穷的，从结构上看是多层次的。这里的“欲望”(wants)又称为“需要”(needs)，是指人们想要得到任何一种东西的要求。人们的欲望既有物质上的，又有精神上的，无限性是欲望的基本特征。旧的欲望满足了，新的欲望又会产生。无限的、不断涌现的欲望正是社会进步和发展的动力。

(2)资源的稀缺性。

经济物品需要用一定的技术方式和时间生产出来，生产它们通常需要一定的生产要素投入，例如劳动、机器、厂房等等，这些投入也称为“资源”或“投入品”。用来生产经济物品的资源是稀缺的，需要的时间也是稀缺的，并且对这些稀缺资源的利用又不可能是充分的，浪费总是存在，因此，资源的稀缺导致了经济物品的有限。

3.稀缺性、选择与经济学

资源的稀缺性包含两层意思：

首先，它是相对的，相对于人们无限多样的欲望或需要而言，不是指绝对的数量多寡。任何一个国家或地区，无论多么富有，其资源都是相对有限的。

其次，它又是绝对的，存在于一切社会、一切时代，即稀缺是任何经济社会的一条基本规律。稀缺性无处不在，无时不有。自从有了人类社会以来，没有哪一个社会能摆脱稀缺性的困扰，也没有哪一个时期不面临稀缺性问题。由于资源稀缺，那么生产出来的商品(即经济物品)也是有限的。因而，人类社会的经济问题不仅仅是资源的节约问题，更重要的是资源如何利用的问题，也即如何利用现存的、有限的资源生产各种经济物品，更好地满足人们的欲望——这就是经济学的选择问题。显然，稀缺本身就隐含着选择。正是由于这种稀缺性以及由此而带来的选择产生了经济学。从这个意义上讲，经济学是关于选择的科学——解释在我们解决稀缺性时作出的选择以及这些选择如何变化的科学。

由资源的稀缺性以及人们的选择的多样性的矛盾就引出了经济学中的一个很重要的概念——机会成本。所谓机会成本(opportunity cost)就是在既定的资源和技术条件下，人们把某一特定资源投入于某一用途后所放弃(或牺牲)的利用该资源在其他用途中所能获取的最大利益。

在日常的经济活动中，只要资源是稀缺的，并且要利用该资源进行多种用途的选择，就必然产生机会成本。比如,你决定现在阅读本教材中"引论"部分,那么,在你作出了这个选择之后,你自己就放弃了做其他事情(如看电视、上网与朋友聊天等)所可能获得的收益。这样,你可能作出的任何其他选择中所能获取的最大收益(比如上网聊天)就是你目前选择阅读本书的机会成本("机会成本"这个概念在本书第五章还会有专门介绍,这里从略)。

总之,稀缺性是经济学研究的基本前提,所有的经济问题都源自稀缺性。面对稀缺性,人们必须作出选择,它是稀缺性的必然结果。如果不存在稀缺性,便没有必要选择,也就不需要研究经济学了。换言之,如果人们的欲望是有限的,或资源是无限的,则经济学就没有存在的必要了。

三、经济学的基本问题

既然资源是稀缺的,人们在经济活动中就需要考虑如何使资源得到充分有效的合理利用,从而使人们的欲望或需要得到较多较好地满足。从经济学的定义可以看出,经济学的核心内容就是资源的优化配置问题。也就是说,面对稀缺的资源,如何通过最优的选择和使用来实现这些资源的最大效率。所谓选择可以概括为我们生产物品与劳务的重大经济问题,这些问题具体来说包含如下三个方面:

1.生产什么(what)

"生产"包括"生产什么"和"生产多少"两个方面。面对稀缺的资源,人们需要在既定的资源条件下权衡各种需要的轻重缓急,确定生产什么物品与劳务、各生产多少,以满足比较强烈的需要。比如,甲地生产项目目前是上汽车项目还是开发动漫产品?各自规模多大?乙市目前是着力让开发区制造更多科技产品,还是计划建造更多老年公寓?这就要求对生产资源的使用方向、使用数量和种类进行选择。

2.如何生产(how)

这涉及各种资源如何进行组合搭配来进行生产、如何发挥资源的最大效用,也就是对生产技术和方法及组织形式等进行选择的问题。由于各种生产要素一般都有多种用途,各种要素之间、生产方式或生产组织之间也大多存在着一定的替代关系,所以同一种产品的生产往往可以采用多种方式方法,但它们的生产效率不尽相同。经济主体必须在各种可供选择的资源组合或生产方案中,选择一种成本最低、效率最高的生产途径。比如,是采用传统的手工劳动,还是改用机器来生产?再比如,在技术创新日新月异的当代,是继续机械化操作,还是开始寻求网络化协作?

3.为谁生产(for whom)

谁来消费所生产的物品与劳务?这取决于人们的收入。市场经济条件下什么因素决定收入高低?为什么企业家赚的钱比工人多?这其实是要研究生产出来的物品和收入如何在社会成员中进行分配,即对分配方式和社会福利目标进行选择。

我们生活在一个充满"稀缺性"的世界。由于资源稀缺性的约束,不能保证每个社会成员都能获得他们希望得到的所有物品与劳务。为此,需要决定哪些人的需要先满足、满足到什么程度。而一个人需要的满足程度是由生产的物品和收入在社会成员之间的分配决定的。所以,为谁生产的问题同时是个社会的分配问题。每个社会都必须建立某种机制来为其成员分配物品与劳务。

生产什么、如何生产、为谁生产，它们是任何社会都必须解决的三个基本经济问题，也是经济学，确切地说是微观经济学所要研究的三大基本问题。可见，所谓经济学无非是确定选择的原则，解决这三大基本问题。

这就引出了另一个重要问题：应如何配置稀缺资源？依据的原则是什么？经济学的答案是要根据效率原则来进行，具体包括**技术效率**和**经济效率**。

如前所述，人类欲望的无限和资源的有限（稀缺）相矛盾，这一矛盾决定了资源配置必须获得最大效果，才能以等量资源使人们的欲望得到最大满足。值得注意的是，这里的最大效果不仅是技术上的要求，而且是经济上的要求。

资源配置在技术上达到最大效果，即具有技术效率，是指以既定资源获得的各种产品数量达到最大值。资源既定，为增加某种产品的数量就得减少其他产品的数量。如果所增加的某种产品的数量已定，而其他产品减少的数量最小；或者减少的产品中使用的资源已定，而利用这些资源生产出来的某种产品的数量最大，那么，可以认为资源配置在技术上达到了最大效果（或技术效果最优）。

然而，技术上最有效不等于经济上也最有效。所以，在考虑资源的配置效果时，还必须将等量资源所得到的收益和支出相比较，分析是否达到利润最大或者成本最小。经济效率是追求利润最大化的结果。

四、全球经济中的市场与政府

在现代经济中，我们还需要了解市场经济如何在现今的经济全球化背景下运作，也要了解一国的政府相应地又是扮演怎样角色的。

随着全球经济的一体化，市场与政府并不仅仅局限在本国疆域内，而是在国与国之间相互交融和影响。专业化和市场以全球化的规模出现，导致了国际产品与劳务的贸易。政府的一个作用是制定处理两国贸易的政策。为了理解现代经济，我们必须把市场、政府和全球化这三个方面放到一起来考察。

你也许听到过“经济全球化”的话题，这里我们将讨论它的含义以及它的作用。如前所述，每一个社会都要作出三个经济决策：一个社会必须决定生产什么、如何生产和为谁生产。在全球化的视角下，它们都有新的内涵，其中，特别是如何生产的问题，不仅包括以什么方式生产，还包括在什么地方生产。日本汽车制造商本田公司在大多数国家制造汽车和摩托车，它的口号是“以本地化来实现全球化”。

在今天的全球经济中，相距千万里的人们合作生产许多物品与劳务。硅谷的软件工程师通过与印度程序设计员的互联网而工作；美国运通卡的刷卡机是在巴巴多斯加工的；你也可以通过互联网，远在数千里之外观摩耶鲁大学的网络课堂。当然，也有大量的生产在地域上是集中的，例如：大多数打火机是在中国浙江温州制造的，大部分冰箱门封条是在安徽合肥生产的。

决定在什么地方生产物品与劳务的因素是什么？生产地点的变化如何改变人们从事的工作和他们所赚得的工资？更重大的变化是，在当今的全球经济中，很多产品在一国生产却在另一国销售。为此，各国政府会制定政策来促进或限制贸易，1947 年，美国和其他 23 个国家创立了关税及贸易总协定（GATT），发展至今已有 100 多个成员国。近年来，许多国家之间都成立了贸易共同体，以降低贸易壁垒和促进国际贸易的发展。此外，还有区域经济组织，如北美自由贸易协定（NAFTA）、欧洲联盟（EU）、亚太经合组织（APEC）等。

第二节　微观经济学与宏观经济学

按所研究对象范围的大小，经济学可划分为微观经济学和宏观经济学两大部分，它们构成了现代经济学的两个重要分支。确定所研究的对象是属于微观经济学还是宏观经济学，不能把经济变量的绝对值大小作为根据，而是要看其体现的是整个经济社会还是个别的经济单位。

一、微观经济学概述

1. 什么是微观经济学（microeconomics）

微观经济学也叫"个量经济学""个体经济学"或"小经济学"，它以个体经济单位（单个消费者、生产者以及生产要素供给者）和个别产品市场的经济活动为研究对象，主要内容包括资源配置、商品的相对价格、消费者行为、生产者行为、市场类型、收入分配和经济福利等等。其中，价格理论是微观经济学的基础和核心，其出发点是供求分析。在分析方法上，微观经济学采用的是个量分析法，只研究经济变量的单项数值的决定和变化，尤其着重分析边际量。

微观经济学研究的内容在三个层次上展开：

第一，单个经济主体（包括消费者、生产者、生产要素所有者及政府）的最优选择问题。如单个消费者如何在其收入约束下进行效用最大化的决策，单个生产者如何在其技术和成本约束下进行利润最大化的决策等等。

第二，单个市场（产品市场或要素市场）的均衡实现问题。具体而言，就是要考察单个市场的需求和供给达到相等时的均衡价格和均衡数量的决定情况。而这种决定情况又是作为单个市场的不同消费者和生产者（或供应者）最优选择条件下相互作用的产物。

第三，所有市场（包括产品市场和要素市场）同时实现均衡的问题。这种均衡的实现就是要考察整个社会的所有消费者和所有生产者，以及所有单个市场相互作用以后所得出的结果。

2. 微观经济学的基本假设

假设是对现实生活的一种简化或抽象，在微观经济学中有一个最基本的假设条件，这个基本假设条件就是"合乎理性的人"的假设，也被称为**理性人（rational man）**假定。"理性人"假定是西方经济学家在进行经济分析时关于人类行为的一个基本假设，它的前身叫**经济人（economic man）**假设，故有时也称为**理性经济人假设**，其意指作为经济决策的主体（消费者、厂商、要素所有者和政府）都充满理性，所追求的经济目标都体现着最优化原则。简言之，"理性人"就是一个行为人在最大化某个目标。具体地说，消费者追求满足（或效用）最大化，厂商追求利润最大化，要素所有者追求收入（或报酬）最大化，政府追求决策目标最优化。该假设包含两层意思：

(1)所有人都根据自身利益行动,而不考虑他们的行动对别人的影响。

这是第一层含义,可概括为利己动机,表明经济活动中的任何个体总是力图以最小的经济代价去追逐和获取自身最大的经济利益,即人们作出经济决策的出发点就是私人利益,每个人都寻求个人利益极大化,而不会作出与己无利的事,也不会作出损人不利己的事。但"理性人"不一定是自私自利的,更不一定是损人利己的。

案例资料 0-1

亚当·斯密论利己

亚当·斯密(1723—1790)的著作给现代经济学分析提供了基础。他的著作《国民财富性质与原因研究》也许是有史以来最著名和最重要的经济学论著。这本书包含了许多现代经济学分析的思想,其中包括关于利己的闪光思想:"我们每天所需的食料和饮料,不是出自户屠夫、酿酒家或面包师的恩惠,而是出于他们自利的打算。我们不说唤起他们利他心的话,而说唤起他们利己心的话。我们不说自己有需要,而说对他们有利。"

资料来源:亚当·斯密.国民财富性质和原因的研究(简称《国富论》),1776 年。

(2)人们作出明智的决策。

这是第二层含义,意味着理性行为,它表明经济主体只要掌握了足够的信息,就会精打细算来进行决策,就能作出理性的决定。

经济学中采用的理性假设看起来很苛刻,其实它只是体现了我们在现实生活中观察到的现象是人们最大化某个目标的结果,这么做也是给经济学找到一个分析逻辑的起点。

然而,这一假设曾招来不少方面的批评,不少人都提出这样的质疑:经济学只研究理性行为,而人类的很多行为都是非理性的。那么究竟应该如何理解"理性经济人"假设呢? 可以从以下三个方面来阐释:

首先,某些被认为是"非理性行为"的现象可能只是因为人们不清楚这些行为的目标是怎样的,或者人们并不了解他们所面临的约束条件。比如在买股票的时候,人常常会跟风,别人买我也买,别人抛我也抛。这种跟风似的行为粗看起来好像是"非理性"的,但现代的经济学已经认为它是"理性"的了。如果股票市场上存在着严重的"信息不对称",作为小股民来说,跟风可能就是防止自己因为信息不足而决策失误的理性行为。事实上,在经济学的发展过程中,很多以前被认为是非理性的行为,后来都在理性假设下得到了较好的解释,这时,看似不理性的行为就仍然是理性的了。

其次,管理学、制度经济学等的发展和补充没有改变这一假设的基本内涵。无论是从对完全理性的质疑,还是西蒙有限理性观点的提出,其基本观点都认为人是自利的,人不光追求、享受物质财富,而且追求、享受非物质财富,人不光有利己行为也有利他行为,这些讨论都没有超出自利、理性和最大化这三方面内涵。因为,即使是后者(追求精神满足及利他行为)也被认为是产生于利己动机,且同样离不开理性原则和优化选择。

最后,经济学家在研究人类的理性行为的时候,并不否认人类行为中的一部分有可能真的是不理性的。但是,对于那些真的属于不理性的行为,我们不必苛求经济学也去解释它。迄今为止,经济学并不认为自己可以解释所有现象,有一些非理性行为只能交给心理学、社会学及医学等学科去解释。

"理性人"假定说明,在西方经济学中,假设是很重要的。可以说没有一定的假设就推不出相应的结论。因此也可以说,没有假设就没有经济学。下面讲一个关于假设的故事。

案例资料 0-2

一个经济学界流传的故事

一位工程师、一位物理学家和一位经济学家航海失事搁浅孤岛。数日过去,他们饥肠辘辘。忽然,海水冲来豆子罐头一瓶。问题是如何打开呢?

工程师建议道:用石头砸,直到瓶子破裂。

物理学家则建议道:用一面镜子,聚太阳之光射于罐头之上,让里面的豆子膨胀继而胀裂。

当轮到这位经济学家提建议时,他说:假如我们有一把开罐刀……

资料来源:民间故事。

在人们听来,这个故事简直就是个笑话,显然是为了讽刺经济学家的。因为在孤岛上提出这样的建议未免让人感到太过迂腐。但它充分说明了假设在形成经济理论中的作用,以及经济学家考虑问题的出发点。在这里,经济学家对打开罐头的讨论从有一把开罐刀的假设开始,表面上有不现实性,但我们不能否认,这个建议在绝大多数情况下是最有效的方法,人在孤岛毕竟是特例。这个故事的真实含义是想告诉人们,从假设条件开始思考问题是经济学家的职业习惯或基本素养。

二、微观经济学的中心思想及其渊源

微观经济学的中心思想可以概括如下:每个社会成员(包括生产者、消费者、生产要素所有者)都具有利己心,个人的一切活动都以利己为动机。这些以利己为动机的活动通过市场竞争的作用,可以使个人都能得到最大的满足(包括消费者获得最大效用、生产者获得最大利润、生产要素所有者获得最大报酬),使社会获得最大福利,也就是进入帕累托最优状态——在不减少任何成员福利的情况下,无法再增加任何一个成员的福利。

追根溯源可知,微观经济学的中心思想来自亚当·斯密(Adam Smith)**看不见的手(invisible hand)**的原理。不过,斯密没有对此予以证明。19 世纪 70 年代以来的西方学者一直试图证明这一原理,其结果便是呈现在我们面前的、本课程后面将要介绍的微观经济学理论。

案例资料 0-3

亚当·斯密的"看不见的手"原理

亚当·斯密指出:"人类几乎随时随地都需要同胞的协助,要想仅仅依赖他人的恩惠,那是一定不行的。他如果能够刺激他们的利己心,使有利于他,并告诉他们,给他做事,是对他们自己有利的,他要达到目的就容易得多了……"

"每一个人他通常既不打算促进公共的利益,也不知道自己是在什么程度上促进那种利益……他所盘算的也只是他自己的利益。在这种场合下，像在其他很多场合一样，他受着一只看不见的手的指导，去尽力达到一个并非他本意要达到的目的……他追求自己的利益，往往使他能比在真正出于本意的情况下更有效地促进社会的利益”。

个人在追求他们自己的利益的同时能够为公众带来利益，并且比政府（当时是君王）追求公共利益时更有保证。

斯密提出了“看不见的手”——价格，自发调节经济、实现合意结果的思想。这种思想并没有得到理论上的严格论证，只是一种“天才的闪烁”。但斯密揭示出了市场经济最基本的思想，即人们出于自利生产销售各种产品，而在市场中则形成商品供给，同时作为社会人，人们也需要购买、消费各种商品，从而在社会中就形成了商品需求。市场中供求会形成市场均衡价格，市场价格进而又成为调节供求的风向标。因此，斯密关于“看不见的手”的论述被认为是“经济学皇冠上的宝石”，至今仍然是至理名言。

资料来源：亚当·斯密．国民财富性质和原因的研究（简称《国富论》），1776年。

三、微观经济学和宏观经济学的关系

如前所述，基于考察的对象和分析的着眼点不同，经济学在结构上由微观经济学和宏观经济学两部分组成，两者之间是密切相关的。

微观经济学的对象是个别经济单位（国民经济的个体），主要解决资源配置问题。它假定资源利用问题已得到解决，通过研究个别经济单位的行为，论证“看不见的手”如何使资源配置达到最优，其中心内容是价格理论。相比之下，经济学的另一个重要分支——宏观经济学（macroeconomics）则以整个国民经济（国民经济总体）为研究对象，着眼于对经济总量的研究，主要解决资源利用问题。它假定资源配置问题已解决，研究如何使资源得到充分有效的使用，其中心内容是国民收入决定理论。

显而易见，微观、宏观经济学是互为前提、互相补充的。前者和后者彼此互为条件；前者是后者的基础，后者是前者的延伸。当然，需要牢记的是：宏观以微观为基石，但宏观并非微观的简单加总。

不过，宏观经济学和微观经济学的界限现在越来越模糊了。微观经济学也把整个社会的经济活动作为其研究对象（如一般均衡分析和福利经济学，讨论所有产品市场和要素市场的同时均衡，以及如何实现社会福利极大化），而宏观经济学家们则越来越关注总体经济现象的微观基础。毫无疑问，微观经济学与宏观经济学之间有日益融合的趋势，这是21世纪经济学发展的一大特征。

第三节 经济学的演变和发展

一、经济学的划分

按照西方经济学家的划分，经济学的演变主要经历了以下三个阶段：

第一阶段:19 世纪 50 年代以前,这一阶段的经济学被称为"古典经济学"(the classical economics)。主要代表人物有亚当·斯密、大卫·李嘉图、约翰·穆勒等,他们主张自由放任,反对国家干预经济。其中,亚当·斯密的"看不见的手"的著名论断至今仍是现代经济学遵循的基本理念之一。

第二阶段:19 世纪 50 年代——20 世纪 30 年代,这一阶段经济学获得了"新古典经济学"的称谓(the neo－classical economics)。新古典经济学着重研究价值论和分配理论,其集大成者是阿尔弗雷德·马歇尔,他的著作《经济学原理》(1890)用折中的手法把供求论、生产费用论、边际效用理论、边际生产理论等融合在一起,建立了一个以"均衡价格理论"为核心的经济学体系。新古典经济学依然信奉经济自由放任,但以主观的边际效用价值论代替了客观的劳动价值论。

第三阶段:20 世纪 30 年代至今,这一阶段西方经济学迈进成熟期,经济学发展成所谓的"现代经济学"(modern economics)。其产生的标志是约翰·梅纳德·凯恩斯(John Maynard Keynes,1883—1946 年)的经济学名著《就业、利息和货币通论》(又简称《通论》)的出版。伴随着"凯恩斯革命",国家干预经济理论大行其道,西方经济学进一步分为微观经济学和宏观经济学。

在经济学的演变过程中,微观经济学的基础和核心地位始终未发生过动摇,它对自由市场制度的基本信条亦没有发生过根本性变化。而凯恩斯以后的宏观经济学,则经历了两次大变迁(因本书关注的是微观,故此省略之)。下面我们重点对微观经济学的发展史作一个简要介绍,它是我们这门课的学科背景。

二、微观经济学发展简史

微观经济学的发展大体上可分为四个时期:

1.17 世纪中期——19 世纪 70 年代,早期的微观经济学

这个时期的西方经济学是宏观、微观不分的。古典经济学家的最大贡献是提出了劳动价值论。亚当·斯密特别强调价值在经济生活中的作用,他把市场价值机制称为一只"看不见的手"(invisible hand),通过这只无形的手可以调节生产、分配和消费,从而增加国民财富。

2.19 世纪 70 年代——20 世纪初,微观经济学的奠定基础时期

这一时期先后出现了奥地利学派、洛桑学派和剑桥学派,马歇尔的经济学使微观经济学系统化,突出表现是创立了均衡价格理论并推动了局部均衡分析法的普遍应用。他在经济学史上的功绩是对微观经济学进行了综合,使微观经济学有了一个体系。

3.20 世纪上半叶,微观经济学的完成时期

这一时期讨论了完全竞争,并且进一步讨论到不完全竞争。英国的琼·罗宾逊于 1933 年推出了《不完全竞争经济学》,美国的 E·张伯伦也于 1933 年提出了一个《垄断竞争理论》,这些都揭示了经济生活中存在垄断因素的作用——不完全竞争。这两本书的出版标志着微观经济学的完成。同时,英国的希克斯推出了《价值和资本》(1939),意大利的帕累托提出了序数效用论代替基数效用论,并使法国的瓦尔拉斯的一般均衡论得以推广和普及。

4.20 世纪 60 年代至今，现代微观经济学的发展时期

这个时期在方法论上，数量经济学开始盛行，微积分被广泛使用，博弈论逐渐受到重视并取得重大成就。在经济理论上，不仅重塑和补充了福利经济理论、西蒙的企业决策理论、时间经济学、人类资本理论、人口经济学、法律经济学、爱与利他经济学——萨缪尔森把它们称为"新微观经济学"，而且发展了交易费用、产权、非均衡、X 效率、寻租、信息、次优、机会选择、跨时期分析等一系列新的理论，大大拓宽了传统的学科边界和应用领域。

三、微观经济学前沿

微观经济学还在不断的发展中，目前它有三个前沿领域：不对称信息经济学、政治经济学和行为经济学。

不对称信息经济学涉及非对称信息条件下的资源配置问题，主要内容有：隐蔽的行为与道德风险、隐蔽特征与逆向选择、发信号、筛选、不对称信息与公共政策等。

政治经济学又称公共选择，有别于马克思主义的政治经济学，它主要探讨怎么运用经济学工具去理解政府的职能，即用经济学的分析方法研究政治问题，其内容有：孔多赛投票悖论(condorcet paradox)、阿罗不可能定理、中值选民是王、政治家可能是利己的等。

行为经济学把心理学的观点用于研究经济问题，它是经济学和心理学结合的产物。行为经济学的内容主要包括：人们并不总是理性的、人们关注公正、人们并不总是一致的等。

第四节　微观经济学的基本研究方法

通过前面内容的学习，我们知道了什么是经济学，认识到经济学是研究什么的，并初步了解经济学研究的范围、对经济学的演进脉络有了大致印象，但它们没有告诉我们经济学家是怎么研究的，也不清楚他们是如何思考现实问题以及如何寻求问题的答案的。现在，我们转向对这些问题的关注，通过经济学家研究微观经济问题的基本方法来把握西方经济学者分析问题的独特的思考方式。

一、实证分析与规范分析

西方经济学界按照经济分析中是否涉及价值判断，把经济学划分为**实证经济学(positive economics)**和**规范经济学(normative economics)**。与此相对应，经济学有两种很重要的分析方法：实证分析(positive analysis)和规范分析(normative analysis)。

经济学中的实证分析重点在于研究经济是如何运行的，同时解释经济现象的原因和后果。例如，目前合肥市场上的房地产价格有没有上涨？房地产市场供求状况如何？为什么会这样？再比如，改革开放后，我国城乡居民收入差距是否扩大了？变化趋势如何？造成收入差距扩大或缩小的原因是什么？这些都属于实证分析的范畴。

实证分析在解释经济运行时，力求说明经济现象"是什么"以及社会经济问题实际上是如何解决的。正因为如此，实证分析具有客观性，它所提出的命题或结论可以由客观标准加以检验，即可以证实或证伪。至于所研究的经济事物是好是坏，实证分析本身不

提出讨论。换言之,它不对事物作好坏、善恶的评价。

经济学中的规范分析重点研究经济活动"应该是什么"以及社会经济问题应该是怎样解决的。这种方法通常要以一定的价值判断为出发点,提出某些准则作为经济理论的前提和制定政策的依据,然后考察如何才能符合这些准则。例如在上例中,规范分析要研究收入差距扩大好不好,应不应该,公平不公平。经济发展应该效率优先还是应该公平优先?再比如,"互联网+"时代,企业家究竟该怎么做才好?这些都属于规范分析的范畴。

由于规范分析是建立在一定价值判断基础上的,因此,它提出的命题或得出的结论一般不能通过科学的方法加以检验,因为不同的经济学家具有不同的价值判断标准。由于价值观不同,经济学家可能在实证分析上一致却在规范分析上出现分歧。

对实证分析和规范分析两种方法的把握在经济学研究中可以用实证表述和规范表述来体现。为了说明两者的区别,我们来考虑有关全球变暖的争论。一些科学家认为,几个世纪以来,烧煤和石油增加了地球空气中二氧化碳的含量,并引起最终摧毁这个星球上一系列生命的气温上升。"我们的星球还在变暖是因为空气中二氧化碳排放量的增加"是一种实证表述,它可以进行检验。"我们应该减少对煤和石油这类产生二氧化碳的燃料的使用"则是一种规范表述。你可以同意或不同意这种主张,但你不能检验它,因为它依据了价值观。

一般来说,经济理论往往同时使用实证分析和规范分析,因为对于同一个经济现象和经济行为,只有认识了"是什么",然后才能提出"应该怎样"。当然,两者的着眼点不同。实证分析不问经济现象的是非善恶,不管人们经济行为应该是什么,只关心"是什么",即只关注经济事物的过程和结果是怎样的,为什么会这样。而规范分析则不同,它把重心放在如何建立规范、如何运用规范判断行为的是非善恶上。

现实中,实证分析和规范分析也是难以分割的。首先,规范分析并不能独立于实证分析。凡经济学家倡导某一主张、赞成或反对某一经济政策,其支撑都来自对该主张及政策的实证分析。其次,经济学家在分析、寻求经济活动的客观规律时,不可避免地会受到其个人的经济地位、价值观念等等的影响。因为,经济学研究的是人类的活动,经济学家作为社会成员之一,很难不偏不倚。

微观经济学作为现代西方经济学的一个分支,基本内容是实证经济学,主要采用实证分析的方法。当然,也有规范分析的内容(如消费者偏好概念、对垄断的限制、增加福利的设想等)。

案例资料 0-4

列维特论"堕胎合法化"

曼昆表示,经济学课程的目的是理解我们生活的这个世界,而不是倡导某个特定的政策立场。

为了解释实证表述(positive statement),曼昆用斯蒂文·列维特(Steven Levitt)的畅销书《魔鬼经济学》(*Feakonomics*)做例子。从一套数据中,列维特发现,20 世纪 70 年代的堕胎合法化同 90 年代的犯罪率下降呈现正相关关系。列维特接着用一个简单的逻辑形成假说:第一,父母不想要的孩子更有可能成为罪犯;第二,堕胎合法化减少了那些父母不想要的孩子的数量;第三,堕胎合法化在 20 年后降低了犯罪率。

曼昆表示，因为反对堕胎，保守人士厌恶列维特的理论，自由派人士也厌恶列维特的理论，认为他的研究结果体现了对社会底层人群的偏见。唯一欣赏列维特理论的人是经济学家，以至于他们将约翰·贝茨·克拉克奖(John Bates Award)颁发给列维特——该奖项授予作出突出贡献的 40 岁以下的年轻经济学家。

资料来源：陈晋.哈佛经济学笔记.江苏文艺出版社，2010.7。

二、均衡分析

均衡(**equilibrium**)是物理学上的概念，表示物体所受各方向外力作用正好相互抵消(即合力为零)而处于一种相对静止的稳定状态。

英国经济学家马歇尔把这一概念引入经济学，主要指经济中各种对立的、变动着的力量处于一种力量相当、不再变动的境界。均衡一旦形成，每个人都不会愿意再调整自己的决策，从而不再改变其经济行为。

所谓**均衡分析**(**equilibrium analysis**)方法就是假定外界诸因素(自变量)是已知的和固定不变的，然后考察因变量达到均衡状态时应具备的条件，即均衡条件。由于在现实中，外界条件不断在发生变化，所以均衡也会相应发生改变。

均衡分析有**局部均衡**(**partial equilibrium**)和**一般均衡**(**general equilibrium**)之分。局部均衡分析是仅仅就整个经济体系内的某一部分，如一种商品、一种生产要素或某一市场进行考察和分析，并假定这一部分以外的变量不会影响这个局部。这种方法虽然有局限性，但能把问题大大简化，易于了解。马歇尔将局部均衡分析方法加以系统化。一般均衡分析则着重经济变量之间的相互影响、相互依存，它强调一个局部内的经济事物不仅决定于这个局部内的经济变量，而且决定于这个局部以外的其他变量。所以，这一方法也就是考察整个经济体系的各个局部同时达到均衡状态所需要具备的条件。一般均衡分析法由瓦尔拉斯创立，后由帕累托、希克斯及萨谬尔森等加以发展。

在均衡状态下，当事人的决策对各人来说，已使私人利益极大化或已达到最优。那么，这种最优是如何达到的呢？西方经济学家认为，是通过边际考虑(marginal thingking)来实现的，这就引出了微观经济研究的另一个重要方法——边际分析。

三、边际分析

边际分析是一种经济数量分析方法，即一种量的分析工具。具体地说，它是微分学中的函数增量法在经济学中的运用。

在经济学中，所谓**边际**(**marginal**)是指经济变量的单位增加量，表示的是一个微小的增量带来的变化(即数学中微分的含义)。

边际分析(marginal analysis)是研究自变量的单位增加量对因变量的影响和意义，尤其是着重考察自变量的最后一单位的增加量与因变量的关系。边际概念的极限就是微分学中的导数概念。在以后各章，我们会接触到许多有关边际的概念："边际效用""边际产量""边际成本""边际收益""边际收益产品"等。

边际分析法是 19 世纪 70 年代由英国的杰文斯、奥地利的门格尔和法国的瓦尔拉斯三位经济学家差不多同时提出的，这在经济学发展史上是一件趣事，表明边际分析在世界范围内取得了进展。它形成于消费理论，后来在价值理论、生产理论和分配理论中被广泛使用。这一创举被西方经济学家认为是经济学中的"边际革命"。这种边际分析的意义在于，它推动了经济分析中的数量分析法尤其是微积分方法的应用，这使得定量分析在经济学中占据重要地位。

边际分析是经济学中寻求最优解的最常用工具。由于微观经济学探讨个体经济行为离不开既定目标最优化，因而也就离不开边际分析法。

四、静态分析、比较静态分析和动态分析

1. 静态经济学和动态经济学

美国经济学家克拉克(J. B. Clark)最先提出静态经济学(static economics)和动态经济学(dynamic economics)的划分。

静态经济学研究的是在资本数量、人口、生产技术、生产组织和需求状况等因素固定不变时的经济规律和经济事物的自然状态或正常状态。

动态经济学则是研究上述这些因素发生变化时将如何影响一个经济体系的运动发展。

2. 三种分析方法

静态经济学使用的分析方法叫作**静态分析(static analysis)**，也叫**静态均衡分析**，它是分析经济现象的均衡状态以及有关的经济变量达到均衡状态所必须具备的条件。这种分析无时间概念，就是说不考虑时间因素，只要搞清楚均衡条件就行了。

动态经济学使用的分析方法叫作**动态分析(dynamic analysis)**，也叫**动态均衡分析**，它要考察两个均衡状态之间经济活动的实际发展和变化过程。这种分析与静态分析的主要区别在于引入了时间因素，所以动态分析又叫过程分析或期间分析。通过动态分析可以了解在外界条件变化后，经济活动达到新的均衡状态所需要的时间、经过的路径等。在微观经济学中，蛛网理论是动态分析的一个例证。

介于静态分析和动态分析之间还有一种分析方法，叫作**比较静态分析(comparative static analysis)**。它是在原有的已知条件发生变化的情况下，考察在这些条件变化以后均衡状态相应地发生了什么样的变化，比较新旧两种均衡的条件和位置，但并不讨论怎样从原均衡过渡到新均衡的变化过程。这种方法依然属于静态分析的范畴。

在微观经济学中，经常采用静态和比较静态分析方法，动态分析运用不多。在宏观经济学中，则主要采用的是比较静态和动态分析方法。

五、经济模型

经济模型(economic model)是对经济理论进行研究、分析、描述和验证的手段和方法，也是对经济规律的概括和总结。

要对某一社会经济现象进行分析，通常需要将这一现象进行高度简化抽象，以便于更好地理解或解决本质的问题。经济模型(有时简称模型)就是用来描述同研究的对象有关的经济现象之间的依存关系的一种理论结构。模型的表达方式主要有三种：文字、图形和方程式，现代经济学更多地采用后两种形式。相应的，经济模型可以分为文字模型、几何模型和数学模型。

上述三种模型在描述经济理论时各有特点。通常数学模型比较严谨，逻辑性较强，但结论往往不全面；几何模型比较直观，容易理解，但准确性较差；文字模型简单易懂，但叙述起来不免显得累赘。为了准确明了地描述经济理论，经济学家有时会把三种模型结合起来使用。

第五节　如何学习微观经济学

本部分是本章的最后一个话题：如何才能有效地学习微观经济学？我们的建议是：你首先需要了解学习微观经济学的意义，然后知道掌握这门课程的恰当方法或有效途径。

一、为什么要学习微观经济学

微观经济学研究家庭、企业和政府如何作出选择，以及这些选择是如何影响各种物品与劳务市场的。相应地，学习微观经济学的意义体现为三个方面：

第一，了解市场是怎样运行的；

第二，作出个人的经营决策；

第三，评价公共政策的功过。

1.了解市场并预期变动

学习微观经济学的原因之一是为了更好地了解市场是如何运行的。在这个意义上，微观经济学常被称为**价格理论**。微观经济学的一个主要目的就是帮助我们了解价格体系的运行和作用，以及价格体系在经济系统发挥其功能的过程中所起的重要作用。一旦你了解了市场的运行和结构，你就可以理解发生在身边的各种经济现象及一些现实生活谜团，并能运用经济学分析来预测某种物品的价格变动及交易量的变化。

2.作出个人及经营决策

学习微观经济学的另一个目的是有助于个人为自己及所在的企业作出理性的决策。理性行为的关键在于均衡状态的达成，其根本取决于单个经济主体既定目标的优化，包括消费者如何追求最大满足程度即效用最大化、生产者如何实现利润最大化以及资源所有者(或要素所有者)如何达到报酬或收入最大化。无论是普通的个体，还是企业经理，通过学习，都可以运用均衡分析和边际分析等现代经济学研究方法来理解和掌握各微观经济主体行为目标实现的前提条件和有效途径，进而认识其必要性和局限性。

3.评价公共政策的功过

学习微观经济学的第三个理由是将使你对公共政策的功过有一个客观、具体的评价。虽然现代社会与生产和消费有关的大多数决策都是运用市场来作出的，但是政府在以市场为基础的社会中还是发挥了不可或缺的作用。我们可以用经济分析来确定政府在市场经济中作用的大小，还可以探讨与各种公共政策相关的潜在交替关系及可能的利弊得失。

二、阅读和操练并重

作为一门管理类及经济类各专业的基础课和财经类考研的核心课，读者要学好微观经济学必须做到“学”与“练”相结合。“学”不仅包括上课认真听讲、加强课前的预习和课后的复习，还包括课外与之相关的广泛阅读；“练”既指思考的训练，也指习题的解答。很多同学听过老师讲授或看过教科书之后往往觉得自己懂了，但一遇到条件变化或应用到实践层面就懵了。所以，对微观经济学的学习来说，阅读和操练同样重要。从书本到现实世界是很大的一个跨越，你可以通过阅读与操练在两者之间架起一座桥。只有在熟悉教材的同时围绕课程内容进行必要的纵深阅读，知识才能产生滚雪球效应，从而获得应有的延伸或拓展。任何课程实际上都需要一定程度的操练，微观经济学尤其如此。通过反复的思考和练习，不但可以巩固所学的理论知识、掌握课程的基本内容，而且有助于发现学习中的问题，并有的放矢地予以解决。为此，本书在每章后面都精选了一定数量有代表性的思考题和练习题，供读者作操练之用。它们有的简单一点，有的复杂一些，或者兼而有之，希望通过这些练习来加深对微观经济理论的理解和把握，并培养运用所学理论分析实际问题的能力。

经济学家简介——亚当·斯密（1723—1790 年）

亚当·斯密是经济学之父，出生在苏格兰法夫郡寇克卡迪的一个以捕鱼和采矿为主的城镇。斯密 14 岁进入格拉斯哥大学，17 岁毕业并获得硕士学位。之后，他获得了奖学金在牛津大学和巴利奥学院学习了 6 年。1751 年斯密被格拉斯哥大学聘为逻辑学教授，不久，又被聘为更具有威望的哲学教授。1763 年，他辞去了教授职位，作为年轻的布克莱希公爵的私人教师到欧洲大陆去教育旅行。在法国，他度过了 3 年的时间，结识了当时的一些重要学者，包括魁奈、杜尔哥、让·雅克·卢梭和伏尔泰。

1766 年返回英国后，斯密开始撰写《国民财富的性质和原因的研究》（简称《国富论》），用布克莱希公爵给予他的退休金维持生活。

《国富论》于 1776 年 3 月出版，它不仅是市场经济的圣经，而且标志着政治经济学正在成为一门独立的学科，斯密也因此被誉为“经济学之父”。

《国富论》最著名的观点就是“看不见的手”。如果说，牛顿为工业革命创造了一把科学的钥匙，瓦特拿着这把钥匙开启了工业革命的大门，那么，斯密则是挥动着一只看不见的手，为工业革命的推进缔造了一个新的经济秩序。

《国富论》的姊妹篇《道德情操论》（1759 年）是斯密的另一部经典著作，二者互为补充。《国富论》说的是“经济人”，强调了人性中利己的一面；《道德情操论》说的是“道德人”，强调的是人性中同情心、利他的一面。可以这么说，《国富论》是斯密的一半，而《道德情操论》是斯密的另一半。这两部著作的统一，才是斯密完整的市场经济思想。

拓展知识链接

经济人和道德人
边际革命
新经济
经济全球化与《世界是平的》
经济学帝国主义
互联网十

思考与练习

一、核心概念

经济学　稀缺性　资源配置　理性人　均衡
实证分析　规范分析　边际分析　经济模型

二、选择题

1. 说“资源是稀缺的”是指(　　)。
   A. 世界上大多数人生活在贫困中
   B. 相对于资源的需求而言,资源总是不足的
   C. 资源必须保留给下一代
   D. 世界上资源最终将由于生产更多的物品和劳务而消耗光
2. 稀缺性可以通过(　　)被消除。
   A. 竞争
   B. 市场
   C. 自愿交换
   D. 因为稀缺性不可能被消除,所以上述答案都不正确
3. 下列命题中不是实证经济学命题的是(　　)。
   A. 1982 年 8 月联储把贴现率降到 10%
   B. 1981 年失业率超过 9%
   C. 联邦所得税对中等收入家庭是不公平的
   D. 社会保险税的课税依据现已超过 30000 美元
4. 以下属于规范分析命题的是(　　)。
   A. 某年某国国内生产总值比上年增长 9.7%
   B. 某年某国商品零售额上涨 6.1%
   C. 应当继续实施适度从紧的货币政策
   D. 在市场经济的汪洋大海中,企业的规模越大越好
5. “生产个人电脑,还是生产大型集成电脑”的问题是(　　)的实例。
   A. 关于“生产什么”的问题
   B. 关于“如何生产”的问题
   C. 关于“在哪生产”的问题

D. 关于"为谁生产"的问题

6. 关于"在什么地方"的问题的实例是(　　)。

A. "生产公共汽车还是地铁"?

B. "是为职业足球队员,还是为录制节目制作人支付更多的工资"?

C. "当地的 Taco Bell 公司在凌晨两点营业或关门"?

D. "在堪萨斯还是在加利福尼亚种植水稻"?

三、判断题

1. 只有穷人才面临稀缺性问题。

2. 稀缺性仅仅是市场经济中才存在的问题。

3. 下面两种陈述哪个是实证分析,哪个是规范分析?

(1)汽油配给制是一个糟糕的社会政策,因为它阻碍了竞争性市场的运转。

(2)汽油配给制是一项使更多的人失大于得的政策。

4. 静态分析不考虑时间因素,比较静态分析考虑时间因素。

5. 一般均衡分析用于单个市场分析,而比较静态分析用于局部市场分析。

四、简答题

1. "将来,随着技术的更进一步发展,我们最终会消除稀缺性。在高新技术发展的未来,稀缺性将会消失。"你是否赞同这一说法?请解释你的看法,也请解释稀缺性的含义,并解释为什么稀缺性的存在需要人们进行选择。

2. 假定你的经济学考试成绩与你听课的次数有关,对于这种关系所能提出的边际问题是什么?

3. 假设你正在考虑这个周末要干什么?你可能有如下几个选择,从最不喜欢到最喜欢依次为:

(1)为即将到来的《微观经济学》期中考试复习功课。

(2)到电影院看一场最新电影。

(3)将自己封闭在寝室里试图提高自己的电脑游戏水平。

(4)约朋友到郊外去游玩。

如果你决定约朋友到郊外游玩,那么,你的这个决定的机会成本是什么?为什么?

五、挑战题*

1. 什么是理性经济人假设?日常生活中哪些行为符合这个假定?有没有非理性的经济行为?自私自利和损人利己是理性的还是非理性的?为什么?

2. "经济分析显示,因为最低工资法引发失业,所以它是件坏事"。这个说法准确吗?

Microeconomics

第一章

市场供求理论

一只鹦鹉学会叫需求和供给，就可以称得上经济学家！

——民间谚语

学习目的与要求

本章主要探讨市场的供求法则及其运行机制，目的是让学生懂得市场运行的规律，以便能更好地掌握市场的变化，正确地进行企业决策。通过本章的学习，要求学生认识到这些基本知识是全面把握微观经济学理论体系的起点，必须掌握需求和供给的基本原理、市场均衡相关的基本概念，并学会运用市场均衡分析方法分析一些实际现象和问题。

重点与难点

本章学习重点是需求概念、需求曲线与需求定理、需求量的变动与需求的变动、供给概念、供给曲线与供给定理、供给量的变动与供给的变动、均衡价格的决定及其变动、均衡价格模型的应用等。难点是需求的变化和供给的变化分析以及两者同时变动时的均衡分析。

价格是市场经济中各个主体之间相互联系和传递信息的方式，也是进行资源配置的一种机制。为什么我国取消城镇职工福利分房后商品房价格高涨？为什么笔记本电脑越来越精密而价格却越来越便宜？为什么安徽是地处江淮之间土地肥沃的粮食主产区而农民经常增产不增收？这些问题，都是价格机制在市场经济中起作用的具体表现。那么，价格是如何形成的？价格又是如何调节经济的呢？

经济学认为，市场上任何商品的价格都是由买卖双方共同决定的，作为买方的需求和作为卖方的供给就构成了决定商品市场价格的两个因素，因此，需求、供给以及均衡价格的决定就成为微观经济学理论的出发点。微观经济学要说明的就是价格如何配置资源、调节经济，因而价格理论是微观经济学的中心。

第一节　需求分析

市场是由买者和卖者构成的，商品的购买者即为消费者，他们的购买形成该商品的市场需求；商品的出售者即为生产者，他们的出售形成该商品的市场供给。在完全竞争的市场条件下，需求和供给这两种相反的力量最终形成商品市场均衡的供求数量和市场价格。因此，需求必然是决定商品价格的关键因素之一，也是市场供求理论研究的起点。那么，什么是需求呢？需求如何表示呢？需求有哪些特点呢？

一、需求的相关概念及定理

1. 需求

微观经济学中所说的**需求(demand)**，不同于需要，不同于欲望。如果说需要是指人们想要得到的物品和劳务的话，那么，需求则仅仅指的是人们有支付能力的那部分需要。因此，微观经济学中所说的需求必须同时具备两个条件：一是要有购买欲望，即愿意购买；二是要有购买能力，即能够购买。在现实的经济生活中，当我们预测需求时，要同时考虑这两个条件，缺一不可，否则不构成经济学中所谓的需求。

微观经济学在讨论需求的时候常常是一个量的概念，**需求量是指消费者在一定时期内在商品的不同价格水平下愿意并且能够购买的商品或劳务的数量**。在其他条件不变的情况下，消费者在一定时期内购买的某种商品的数量，同该商品的价格水平息息相关。例如，2015 年安徽生产的特级黄山毛峰 500 克袋装，假设商店以 400 元/袋出售时，某个消费者会购买 1 袋；而商店以 350 元/袋出售时，该消费者会购买 2 袋；商店以 300 元/袋出售时，他又会购买 3 袋。可见，在其他条件不变的情况下，消费者对某种商品的需求量受该商品价格水平的影响。

需要说明的是，这里所说的需求是指消费者对某种商品的需求，某个消费者对某种商品的需求是个人需求。在一定条件下，把所有个人需求加在一起，就构成整个社会对某种商品的需求，成为社会需求，即构成整个社会的市场需求。

2. 市场需求表

承上所述，需求表示的是某种商品的各种价格水平和与之相对应的该商品的需求数量之间的关系。市场需求可以用市场需求表来表示。所谓**市场需求表(demand schedule),是一种表示在每一个价格水平下,市场上所有的消费者愿意和能够购买的商品量的表格**。商品的价格是指为获取一个单位该商品必须支付的货币量。例如,2015 年某种袋装洽洽瓜子的市场需求可以用市场需求表来表示,如表 1—1 所示。

表 1—1 洽洽瓜子的市场需求表

价格—需求量组合	A	B	C	D	E	F	G
价格(元)	12	11	10	9	8	7	6
需求量(袋)	10	20	30	40	50	60	70

表 1—1 清晰地反映了洽洽瓜子价格与需求量之间的数量关系。比如,当价格为 12 元/袋时,市场需求量为 10 袋;当价格下降为 11 元/袋时,市场需求量上升为 20 袋;当价格进一步下降为 10 元/袋时,市场需求量进一步上升为 30 袋,以此类推,直到价格下降为 6 元/袋时,市场需求量上升为 70 袋。

3. 市场需求曲线

市场需求也可以用市场需求曲线来表示。**市场需求曲线(demand curve)就是按照市场需求表中商品的不同价格—需求量的组合在平面坐标图上所绘制的一条曲线**。承上例,该洽洽瓜子的市场需求曲线如图 1—1 所示。

在图 1—1 中,纵坐标表示每袋瓜子的价格,用 P 表示;横坐标表示的是一定时期的需求量,用 Q 表示。根据表 1—1 中每一个价格—需求量组合得到了 A、B、C、D、E、F、G 点,依次连接这些点就得到平滑、连续的需求曲线 D。它表示在不同的价格水平下,消费者愿意并且能够购买的瓜子数量,所以,需求曲线是通过几何图形来表示商品的价格和需求量之间的数量关系。

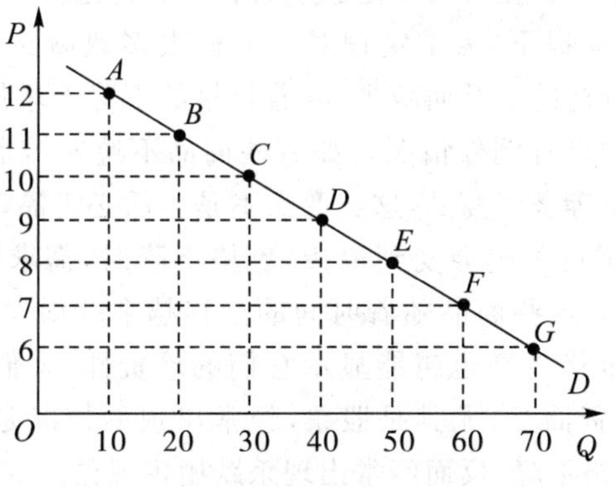

图 1—1 洽洽瓜子的市场需求曲线

在图 1—1 的实例中,需求曲线是一条直线,实际上,需求曲线可以是直线,也可以是曲线。当价格和需求量之间是线性关系时,相应的需求曲线是一条直线,直线上各点的斜率是相等的。当价格和需求量之间是非线性关系时,相应的需求曲线是一条曲线,曲线上各点的斜率是不相等的。在微观经济分析中,为了简化分析过程,在不影响结论的前提下,大多使用线性需求函数。

线性需求函数的通常形式为:$Q_d=\alpha-\beta P$,其中,α、β 为常数,α、$\beta>0$。

建立在需求函数基础上的需求表和需求曲线都反映了商品的价格变动和需求量变

动两者之间的关系。从表 1－1 可以看出，商品的需求量随着商品价格的下降而增加。相应地，在图 1－1 中，需求曲线也具有一个明显的特征，它是向右下方倾斜的，其斜率为负值，即在其他条件不变的情况下，商品的需求量随着商品价格的下降而增加，随着商品价格的上升而减少，表明商品的价格和需求量之间呈反方向变动的关系。至于需求曲线为什么一般是向右下方倾斜的，或者说，商品的价格和需求量之间呈反方向变动的具体原因是什么，这将在以后的效用理论中得到深入的分析和说明。本节只是描述了关于商品的价格和需求量这两个变量之间相互关系的现象，而没有解释关于这种现象的原因。

4. 需求定理

市场需求表和需求曲线表示的都是特定时期内商品的价格和需求量之间的关系。**通常情况下，需求曲线不管是直线还是曲线，都是向右下方倾斜的，即价格和需求量呈反方向变动**。这一规律被称为**需求定理(law of demand)**，指的是在其他条件不变的情况下，商品的需求量随价格的上升而减少，随价格的下降而增加。

不过，值得注意的是，任何一种经济理论都是有条件的，需求定理作为一种经济理论也是以一定的假设条件为前提的，这个假设条件就是：需求定理只有在影响需求的其他**非价格因素**(除商品自身价格以外的所有其他因素)不变的情况下才成立，如果此假设前提不存在，则该定理就不成立。比如，2008 年受国家产业政策和全球金融危机的影响，很多房产企业受到不小的冲击，为了维持市场销售和企业生存，纷纷降价促销，但是最终销售业绩并未有明显的增加，甚至减少了；而 2009 年以后，很多开发商取消了原来用作促销的降价优惠，商品房销售反而出现量价齐升的现象，这似乎与需求定理相悖。其实不然，这种看似相悖的情况的发生是因为需求定理成立的前提条件不再保持不变，除商品本身价格之外，2009 年与 2008 年相比，其他因素如消费者收入、预期商品价格及消费者偏好等都发生了变化，这些变化对需求的影响将在后面讨论。

在一定条件不变的前提下，需求定理对于分析大多数商品的市场需求来说是适用的，即需求量随着商品价格的上升而减少，随着价格的下降而增加。但是，任何一种定理都有例外情况，需求定理也有例外情况。如有些商品不遵守需求定理，经济学称之为**吉芬商品**。再如珠宝、名车等奢侈商品，这类商品不是生活必需品，通常代表一定的社会地位和身份，因而经常是越贵重越会受到追捧，价格下降时，需求反而会减少。还有像古董、珍稀邮票等艺术商品，这些商品随着时间的推移越来越稀少，故而变得越来越珍贵，价格也会越来越高，而价格越高也越能显示它们的珍贵性，人们对它们的需求越强烈。此外，像黄金、证券等投资商品，尤其是股票，经常出现的情况是买涨不买跌，价格越上涨，越有人追涨购买，价格下降，反而经常出现杀跌抛售现象。

二、需求的影响因素及需求函数

1. 需求的影响因素

需求定理是在假定其他条件不变的情况下，商品本身价格变动对需求量变动影响的规律。但在实际的经济生活中，影响需求的因素除了商品自身的价格之外，还有消费者收入、消费者偏好、相关商品价格等其他几个因素。

(1)消费者的收入水平。

既然需求是指有支付能力的需要，那么消费者的收入水平，甚至预期收入水平，自然是决定某种商品市场需求的一个重要因素。一般来讲，消费者收入或者预期收入上升时，即使商品价格不下降，消费者也会倾向于购买更多数量的商品，即需求增加；反之，当消费者收入或者预期收入下降时，需求减少。当然，这样的商品属于**正常商品**（**normal goods**），即当消费者的收入水平提高时，需求会增加的商品，市场上我们衣食住行的大部分商品是这样的。但是，也有一些商品，当消费者的收入水平提高时，其需求不但不增加，反而会减少，这样的商品称为**劣质商品**（**inferior goods**）或**低档商品**。比如，当同学们经过几年学习，大学毕业找到收入颇丰的工作，不再是穷学生时，很多同学就不会再热衷于买地摊货，而是会选择一些服装店或商场买衣服了。

（2）消费者的偏好。

消费者偏好（**preference**）也叫消费者的嗜好或者欲望，表示在不考虑预算约束情况下，消费者喜欢或愿意消费的各种物品和劳务的数量。或者说，它反映消费者在具有无限收入的假定条件下，对各种物品和劳务喜欢和愿意消费的程度。人们对各种商品的消费偏好因人、因时和因地而不同，消费者对商品的不同偏好程度决定了他们的购买意愿。如果某人对某物的消费偏好大，在一定的价格条件下就会更多地购买和消费，反之则相反。例如，有人喜欢工艺品，那么他对黄山的根雕和灵璧的奇石等的消费偏好就更大；有人喜欢书法，那么他对泾县的宣纸和歙县的砚台等的消费偏好就更大；有人喜欢美食，那么他对无为板鸭、吴山贡鹅和芜湖小吃等的消费偏好就更大。

消费者偏好取决于个人的生理与心理的欲望，也受社会消费时尚影响。商家可以通过广告宣传来影响消费者偏好，如借助各种媒体广告，以及通过其他店面的、人员的、传单的方式宣传推介商品，就是希望通过广告宣传影响公众的偏好。在其他条件不变的情况下，消费者偏好变化，必然会影响商品的需求。如果消费者变得比以前更偏爱某商品，那么在其他条件不变的情况下，消费者会增加对该商品的需求，即在每一种价格水平下，消费者将比以前购买更多的该商品。因此，在网络、电视、广播、报纸等各种媒体上，汽车、家电、酒品、服饰和日用百货等经常通过广告宣传来增加消费者偏好，以此来提高市场需求。

（3）相关商品的价格。

影响和决定某种商品市场需求的另一个因素是其他相关商品的价格，而相关商品包括相互替代品和相互补充品。所谓的**相互替代品**（**substitute goods**）是指产品的基本功能一样，能够满足消费者的相同需求，比如黄山毛峰和六安瓜片、怀远石榴和砀山酥梨、古井贡和口子窖等。在可以相互替代的商品中，如果一种商品的价格上升，需求量减少，其替代品的需求量就会增加，反之则减少。例如，假如黄山毛峰和六安瓜片都能给某消费者带来同等满足程度，在其他条件不变的情况下，当毛峰价格下降时，其消费需求会增加，从而瓜片的消费需求会减少。反之，在其他条件不变的情况下，当毛峰价格上涨时，毛峰的消费需求会减少，从而瓜片的消费需求会增加。

所谓的**相互补充品**（**complement goods**）指的是两种商品必须相互配合才能满足某种需求，必须相互配套补充消费才能发挥作用，比如汽车和汽油、钢笔和墨水、香烟和打火机等。如在其他条件不变的情况下，当汽油价格下降时，消费者消费汽车的成本减少，人们就会增加汽车的消费需求。反之，当汽油价格上升时，消费者消费汽车的成本增加，人们就会抑制或者减少汽车的消费需求。所以，汽油价格的变化对汽车的销售会产生一定影响。

(4)预期的商品价格。

消费者对未来商品价格的预期也会影响现期对商品的需求。这里所说的消费者对未来**商品价格的预期(expectation)**,既包括对该商品本身价格的预期,又包括对相关商品价格的预期。以对商品自身价格预期为例,在其他条件不变的情况下,当消费者预期"丰大牌"面条的价格不久会上涨时,意味着将来购买"丰大牌"面条的成本会增加,那么,在现有价格水平下就会尽可能地增加现期购买,从而减少在未来的购买,现期的需求就会增加。反之,当消费者预期"丰大牌"面条的价格不久会下降时,意味着将来购买"丰大牌"面条的成本会减少,那么,在现有价格水平下就会尽可能地减少现期购买,从而增加在未来的购买,现期的需求就会减少。

(5)市场上消费者的数量。

市场上消费者的数量肯定也是影响需求的一个因素。在其他条件不变的情况下,市场上消费者数量越多,同一价格水平下需求也就越大;反之,市场上消费者数量越少,同一价格水平下需求越小。消费者数量一般会涉及人口规模和人口结构,人口规模关系到可能成为消费者的人口总量,人口结构则关系到商品需求的细分市场。

此外,还有许多因素影响消费者的需求,具体到不同的商品影响因素也不全相同,如政府消费政策、厂商广告、产品质量等等。

2. 需求函数

所谓**需求函数(demand function),指的是在一定时期内某种商品的需求量和决定这些需求量的因素之间的数量关系**。从上面的分析中可知,商品的需求数量受该商品自身的价格、消费者的收入水平、消费者的偏好、相关商品的价格、消费者对该商品的价格预期以及市场上消费者的数量等等因素的影响。需求函数的公式可以表示为:

$$Q_d = f(P, I, T, P_r, P_e, N\cdots\cdots) \tag{1.1}$$

其中,Q_d为商品需求量,P 为该商品自身的价格,I 为消费者的收入水平,T 为消费者偏好,P_r 为相关商品的价格,P_e 为预期商品的价格,N 为市场上消费者的数量。因为影响一种商品需求的因素众多,如果对影响商品需求量的所有因素同时进行分析,这会使问题变得非常复杂。为了简化问题分析,经济学家利用其他影响因素保持不变、只有价格变化的假设,这个假设通常也与短期现实分析相符合。商品自身价格 P 是影响需求的最关键的一个因素,同时它也是影响供给的关键因素,为分析便利,通常我们称之为**价格因素**,除此之外的其他因素统称为**非价格因素**。这样,假定其他非价格因素保持不变,就可以仅仅分析商品自身的价格对该商品需求量的影响,即把商品的需求量只看成商品自身价格的函数,于是,此需求函数就可以用下式表示:

$$Q_d = f(P) \tag{1.2}$$

这就是上述图 1-1 提到的需求曲线,它是经济学分析应用的主要工具。

三、需求量的变动与需求的变动

在微观经济学中,需求变动可以分为需求量的变动和需求的变动,这是两个既相互联系又相互区别的概念,它们的相同之处是都有需求数量的变动,区别在于引起这两种需求数量变动的因素是不同的,而且,这两种变动在几何图形中的表示也有差别。

1. 需求量的变动

需求量的变动,是指在其他影响需求的因素(非价格因素)假设不变的前提下,即消费者收入、消费者偏好、相关商品的价格及预期商品的价格等等假设不变化,仅仅是由于商品自身价格的变化所引起的该商品需求数量的变化。

从需求曲线来看,需求量的变动在于,它是在同一条需求曲线上不同点的移动。如图 1—2 所示,在其他条件不变时,需求曲线 D 不移动,商品价格从 P_1 下降到 P_2,其需求量沿着需求曲线 D 由 Q_1 增加到 Q_2。

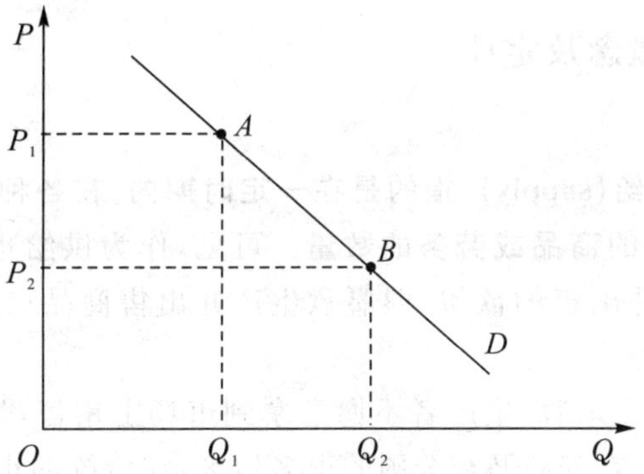

图 1—2　需求量的变动

2. 需求的变动

与需求量的变化不同,**需求的变动是指在商品本身的价格保持不变的情况下,由于其他需求影响因素的变化引起的需求数量的变化**。这种变化是指消费者的收入水平、消费者的偏好、其他相关商品的价格、预期的商品价格以及市场上消费者数量等因素,所引起的需求量的变化。

需求的变化是除价格之外的其他因素变化导致的,那就意味着,在价格不变的情况下,由于其他因素的变动导致需求量的增加或减少,是在商品同一价格水平下,消费者愿意和能够购买的商品量的增加或减少。与上述需求量的变化不同的是,这时候需求曲线发生移动,导致需求量的变化不再沿着同一条需求曲线变动。如图 1—3 中,某商品原有的市场需求曲线为 D_1,当价格为 P_1 时,其需求量为 Q_1。现在,由于市场中某些非价格因素发生变化,比如收入增加了,一般来说将会使需求增加,这时需求曲线不再是 D_1,而是右移至 D_2 的位置,原有价格 P_1 没有变化,但消费者对该商品的市场需求量变为 D_2 曲线所对应的 Q_2。反之,收入减少,需求下降,需求曲线 D_1 左移至 D_3,价格 P_1 依然不变,消费者对该商品的市场需求量变为 D_3 曲线所对应的 Q_3。由于价格始终未变,Q_1 到 Q_2 或 Q_1 到 Q_3 的需求量变动纯粹是非价格因素(商品自身价格之外的因素)引起的,为区别起见,我们把非价格因素引起的需求数量的变化称为**需求的变动**。

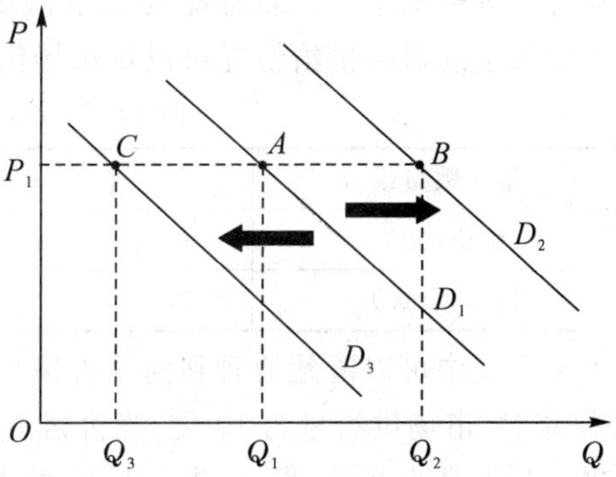

图 1—3　需求的变动

第二节 供给分析

一个完整的市场是由需求和供给组成的,需求反映的是消费者行为,而供给则表示生产者或者说厂商行为。

一、供给的相关概念及定理

1. 供给

微观经济学中的**供给(supply),指的是在一定时期内,在各种可能的价格水平下,生产者愿意并且能够提供的商品或劳务的数量**。可见,作为供给也必须同时具备两个条件:一是厂商具有生产并出售的欲望,即愿意生产并出售商品;二是厂商具有生产的能力,即能够生产商品。

如果某种产品生产出来后,生产者不愿意拿到市场上销售,那么肯定不能构成经济学中所谓的供给。比如,在安徽乃至全国的很多地区,在传统的小农经济中,农民人均一亩三分地中生产出来的粮食基本留作自用,就不会有很多剩余形成粮食的供给。如果某个厂商很想销售某种商品以获取利润,但是由于种种原因,无法提供该商品,也不能形成有效供给。比如,2008 年很多国产大品牌奶粉因三聚氰胺超标而被勒令停产停售,检测合格的奶粉生产者深谙此时是多产盈利的良机,但苦于短期内增产无力,同样也不能形成经济学中的供给。

在其他条件不变时,厂商在一定时期内愿意和能够出售的某种商品的数量,同这种商品的价格水平息息相关。供给也可以分为单个厂商的供给和整个市场的供给,一定条件下所有的单个厂商的供给之和就构成市场供给,而市场供给是决定商品市场均衡价格的另一个重要因素。

2. 市场供给表

市场供给可以用市场供给表来表示。所谓的**市场供给表(supply schedule),是一种表示在每一种价格水平下,厂商愿意和能够生产出售的商品或劳务数量的表格**。用来说明在各种价格水平下厂商可能提供给市场的全部商品量。例如,假定 2015 年某种袋装的洽洽瓜子的市场供给情况可以用市场供给表来表示,如表 1—2 所示。

表 1—2 洽洽瓜子的市场供给表

价格—数量组合	A	B	C	D	E	F	G
价格(元)	6	7	8	9	10	11	12
供给量(袋)	10	20	30	40	50	60	70

从上表中可以清楚地看到商品价格与供给量之间的数量关系。比如,当瓜子价格为 6 元/袋时,市场供给量为 10 袋;当价格上升为 7 元/袋时,市场供给量上升为 20 袋;当价格进一步上升为 8 元/袋时,市场供给量进一步上升为 30 袋……如此,直到瓜子价格上升为 12 元/袋时,市场供给量上升为 70 袋。

3. 市场供给曲线

市场供给也可以用市场供给曲线来表示。**市场供给曲线(supply curve)是根据市场供给表中商品的价格和供给数量组合,在平面坐标图上绘制成的一条曲线。**

在图 1—4 中,纵坐标表示每袋瓜子的价格,用 P 表示;横坐标表示一定时期的供给量,用 Q 表示。根据表 1—2 中每一个价格—供给量组合得到的 A、B、C、D、E、F、G 点,依次连接这些点就得到平滑、连续的曲线 S,即供给曲线。供给曲线表示某个特定时期某种商品的价格与这种商品供给量之间一一对应的数量关系,是用几何图形来表示在不同价格水平下,生产者愿意并且能够提供的瓜子数量。

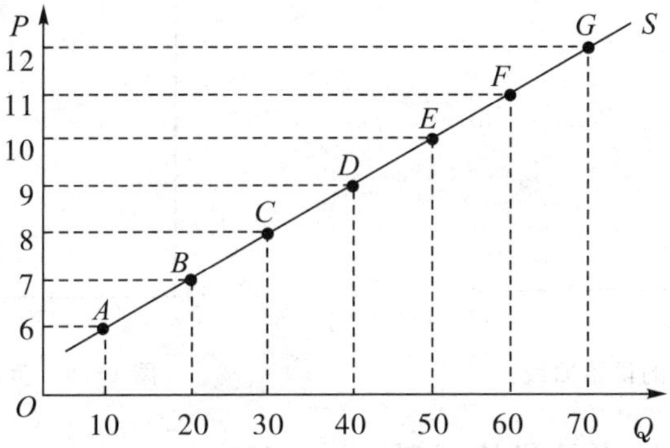

图 1—4　洽洽瓜子的市场供给曲线

在图 1—4 中,供给曲线是一条直线,实际上,供给曲线可以是直线,也可以是曲线。当价格和供给量之间是线性关系时,相应的供给曲线是一条直线,直线上各点的斜率是相等的。当价格和供给量之间是非线性关系时,相应的供给曲线是一条曲线,曲线上各点的斜率是不相等的。在微观经济分析中,为了简化分析过程,在不影响结论的前提下,大多使用线性供给函数。线性供给函数的通常形式为:

$$Q_s = -\delta + \lambda P \qquad (1.3)$$

其中,δ、λ 为常数,δ、$\lambda > 0$。可见,供给曲线斜率为正值,表明在其他条件不变的情况下,商品价格和供给量之间同方向变动。此外,值得注意的是,任何一条市场供给曲线只适用于某一特定时期。

4. 供给定理

通常情况下,供给曲线不管是直线还是曲线,都是向右上方倾斜,即供给量和价格呈同方向变化。这一规律被称为**供给定理(law of supply)**,假定其他条件不变,商品的供给量随着价格上升而增加,随着价格的下降而减少。

同样需要注意的是,供给定理与需求定理一样强调需要前提条件,即只有在影响供给的其他因素保持不变时才成立,否则就不成立。例如,新世纪以来,笔记本电脑、数码相机等高科技产品的价格一直在下降,但产量却越来越高,似乎与供给定理相悖。然而事实上,出现这种情况的真正原因是,生产这类高科技产品的技术进步了,生产单位产品的成本减少,而且这类产品越来越普及,市场需求量很大,所以厂商即使在降价的情况下仍然能获利丰厚,供给条件发生了变化,供给定理自然就不成立了。

此外,供给定理对于大多数商品的市场供给来说是适用的,但是,也同需求定理一样有例外情况。例如,土地的供给,在一定时期,一定地域范围内的土地数量基本稳定,所以即使土地价格上升，土地的供给也不会增加，如图1－5所示。再如劳动力的供给，在工资水平很低而不足以维持生活时，劳动者就会为了生计拼命工作，增加劳动供给，而当温饱问题解决后，尤其是收入水平和生活水平达到一定程度后，劳动者对货币工资的追求就不再那么迫切了，即使工资再上升，劳动的供给也不会增加，甚至有可能减少，如图1－6所示。此外，还有像古董、珍贵邮票等艺术商品，随着时间的推移越来越稀少，故而变得越来越珍贵，但是即使价格上涨，其供给也不会增加，甚至还会减少。

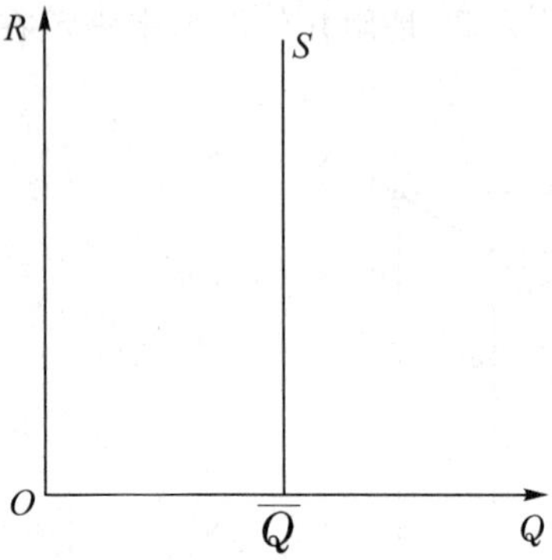

图1－5　土地的供给曲线

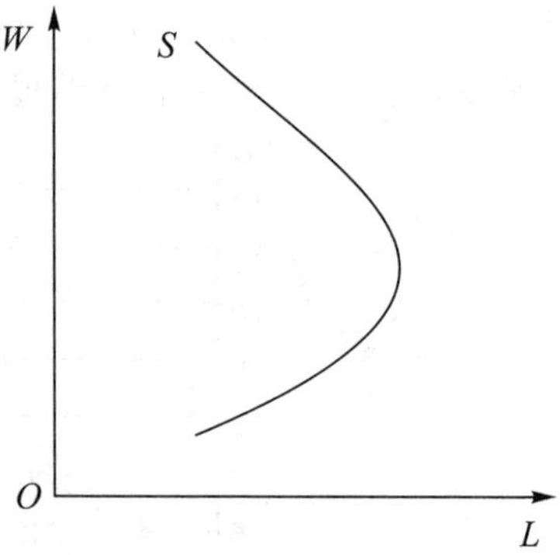

图1－6　劳动的供给曲线

二、供给的影响因素及供给函数

1. 供给的影响因素

供给定理是在假定其他条件不变的情况下，商品本身价格变动对供给量变动影响的规律。但在实际的经济生活中，产品多种多样，生产的水平和条件千差万别，影响供给的因素除了商品自身的价格之外，还有生产技术水平、生产要素价格、相关商品价格、厂商价格预期、政府政策、市场上厂商的数量、生产时间、自然条件等多种因素。

(1)生产技术水平。

技术水平是决定商品供给的重要因素。生产技术水平的提高能使资源得到更充分地利用，既能提高企业在既定投入下的产量，又能降低企业在既定产量下的成本，从而提高生产效益，增加生产利润，厂商有能力以较低的成本生产更多的产品，致使厂商愿意在同一价格水平下提供比以前更多的产品。在其他条件不变的情况下，技术水平越低，供给数量越少，技术水平越高，供给数量越大。例如，袁隆平研制出杂交水稻，解决了困扰中国的吃饭问题，是农业科技为全社会提供的粮食安全；改革开放以来，各项生产技术水平的提高，使得各种工农业产品从原先供给不足，到现在各种社会产品极大丰富，都是科技进步带来的供给增加。一般情况下，随着人类历史的前进，技术水平也应是不断进步的；但是，一些自然灾害、疾病、战争等，也可能会在某些时候、局部地区引起技术的停滞不前，甚至是倒退，从而导致供给的减少。

(2)生产要素的价格。

生产要素的价格构成厂商的成本，也是决定产品供给的重要因素。一般来说，生产要素价格的下降，可以降低生产成本，产品利润空间增加，使得厂商愿意以原来的价格提供更多的产品，或者以比以前低的价格供给既定的产量。反之，生产要素的价格上升，使得厂商生产的成本增加，产品利润空间减少，致使厂商愿意以原来的价格提供较少的产品。并且，如果生产要素价格水平过高，超过一定程度，厂商无利可赚的时候，就有可能停止生产，不再供给。

(3)相关商品的价格。

与该商品相关的其他商品的价格，对该商品的供给有很大影响。一般情况下，相关商品有相互补充品、相互替代品以及用相同的资源生产的其他商品。在一定条件下，相关商品价格的变化会对该商品的供给产生影响。互补品价格的上涨，厂商会减少该商品的供给，如当汽油价格上涨时，消费者会减少汽车的消费，厂商就要减少汽车的生产；反之，则厂商会增加汽车的供给。替代品价格上涨，厂商会增加该商品的供给，如当黄山毛峰的价格上涨时，消费者会选择能够带来同样满足的六安瓜片，厂商就要增加瓜片的供给；反之，则厂商会减少瓜片的供给。用相同的资源生产其他商品，其价格上涨，生产者会减少该商品的供给，如小麦的价格上涨，农民看到相同地块生产小麦比生产水稻合算，就会减少水稻的生产；反之，则生产者会增加水稻的供给。

(4)厂商的价格预期。

商品的生产往往需要一定的过程和时间，在生产的过程中市场价格常常发生变化，厂商需要知道商品提供给市场时的价格水平，即以价格预期来调整当前的生产，以使利润最大化。如果厂商预期未来某种商品的价格会上升，就会增加生产，并且会减少现期出售，而在未来价格上升时出售，以追求利润最大化，因此会减少现期商品供给，增加未来的商品供给。反之，如果厂商预期某种商品的未来价格下降，就会减少生产，并且会增加现期销售，因此会增加现期的供给，减少未来的商品供给。

(5)政府的政策。

政府的财税政策和管制对商品的生产与供给具有很大影响。如政府为了提供教育、国防和社会保障等方面的公共服务，需要对企业征税，征收税率越高，越会增加企业的生产成本，从而企业会减少供给。政府也会对某些企业的生产给予财政补贴，比如高新技术企业、低碳节能产品，例如节能电动汽车、节能灯等，其目的是鼓励这些企业发展生产，促进企业增加产品供给。此外，政府对一些企业实施管制，如政府要求企业改进生产安全设施，就会增加企业的生产成本，从而会使企业减少供给。

(6)市场上厂商的数量。

市场上厂商的数量肯定也是影响供给的一个因素。在其他条件不变的情况下，市场上厂商的数量越多，同一价格水平下市场供给总量也就越高。反之，市场上厂商数量越少，同一价格水平下市场供给总量也就越少。

此外，生产时间、自然条件也是影响供给的重要因素。比如，在农业生产中，小麦的生产周期需要半年左右，家禽的出栏周期需要2～3个月，这段时间是农作物必须经过的自然生长过程，不可拔苗助长。对于矿产资源来说，自然禀赋条件是决定储量继而影响供给的重要因素，比如，中国稀土富有，但缺少石油和富铁矿；澳大利亚、巴西则铁矿资源丰富；阿拉伯地区富产石油；安徽煤炭和铜资源丰富；安徽的名茶“猴魁”与当地的自然生长条件密切相关，其他地区则生长不出“猴魁”。

2.供给函数

供给函数(supply function)，是指在一定时期内，某种商品的各种可能的供给量和决定这些供给量的因素之间的关系。从上面的分析可知，商品的供给数量受该商品自身的价格、生产技术水平、生产要素的价格、相关商品的价格、厂商的价格预期、政府的政策以及市场上厂商的数量等因素的影响。也就是说，影响供给数量的各个因素是自变量，供给数量是因变量，商品的供给数量是所有影响该商品供给数量的因素的函数。供给函数的公式为：

$$Q_s = f(P, T, C, P_r, P_e, G, N\cdots\cdots) \tag{1.4}$$

其中，Q_s为商品供给量，P为该商品自身的价格，T为生产技术水平，C为生产成本，P_r为相关商品的价格，P_e为厂商对商品的价格预期，G为政府的政策，N为市场上厂商数量。如果对影响商品供给量的所有因素同时进行分析，这将会非常复杂，为了简化问题，和需求的分析一样，假设其他影响因素（非价格因素）暂时保持不变，在这里只有价格P和商品供给量Q_s是变动的，也就是仅仅分析P和Q_s之间的数量关系。于是，简化的供给函数就可以用下式表示：

$$Q_s = f(P) \tag{1.5}$$

这实际上就是图1—4描述的供给曲线，同需求曲线一样，它是经济分析中经常使用的分析工具之一。

三、供给量的变动与供给的变动

前面分析过需求变动分为需求量的变动和需求的变动，在此，供给变动也分为供给量的变动和供给的变动，两者也是既相互联系又相互区别的。两者的相同点是供给量的变动和供给的变动都是供给数量的变动，区别在于引起这两种变动的因素不同，而且，两者在几何图形中的表示也有差别。

1. 供给量的变动

供给量(quantity supplied)的变动，指仅仅由于商品本身价格变动而引起的供给数量的变动。考察供给量的变动有一个假设前提，即假定影响供给的非价格因素，诸如生产技术水平、生产要素的价格、相关商品的价格、预期商品的价格等不变。

我们可以用供给曲线来作图分析，如图1—7所示。假设其他条件不变，供给曲线S就是给定的一条曲线，当商品的自身价格从P_1上升到P_2时，供给量由Q_1沿着S增加到Q_2，S不会移动，供给量的变动是在同一条供给曲线S上不同点的移动，即由A点到B点。

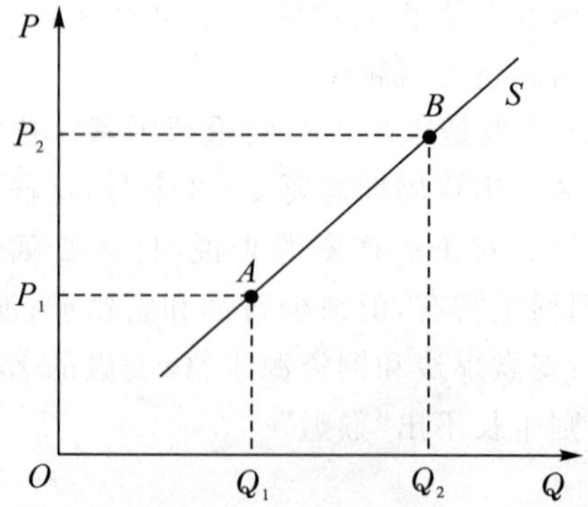

图1—7 供给量的变动

2.供给的变动

与供给量的变化不同,**供给(level supplied)的变动,指的是在商品本身的价格保持不变的情况下,由于其他因素的变化引起的商品供给的变化**。如生产技术水平、生产要素的价格、相关商品的价格、预期商品的价格以及市场上生产者数量等因素的变化所引起的供给数量的变化。

我们用图1—8来分析供给情况。某商品原有的市场供给曲线为 S_1,在价格为 P_1 时,其供给量为 Q_1;现在,原有价格 P_1 没有变化,但是市场中某些其他因素发生了变化,原来的供给曲线 S_1,不再既定不动,而是因为 S_1 的假定条件发生了变化而改变了位置,发生移动,如 S_1 右移到 S_2,这样在原有价格 P_1 的水平下,商品的市场供给量变为 Q_2。这个 Q_1 到 Q_2 的供给量变化完全是非价格因素引起的,为区别起见,称之为**供给的变动**。一般情况下,若其他某些因素导致供给下降了,供给曲线左移(通常分析时平行移动),如图1—8的 S_3,若导致供给增加了,则供给曲线右移,如图1—8的 S_2。

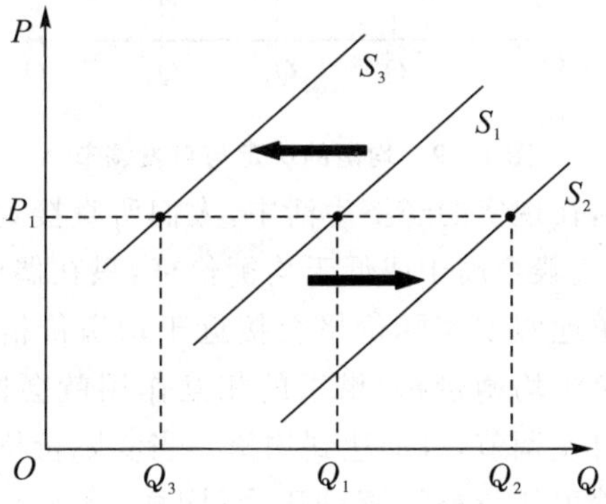

图1—8　供给的变动

第三节　市场供求分析

需求分析说明了消费者在消费某种商品时,商品价格和需求量之间的关系。供给分析说明了生产者在生产某种商品时,商品价格和供给量之间的关系。最终商品市场价格的形成,既不是消费者决定的,也不是生产者决定的,而是由供求双方共同决定的。本节就是要阐明在完全竞争的市场中,需求和供给如何决定商品的均衡价格,以及均衡价格的变动。

一、均衡价格的决定

均衡分析方法是经济学分析中的一种研究方法。经济学中所谓的**均衡(equilibrium),指的是经济中各个经济变量在一定条件下相互作用,达到相对静止、不再变动的状态**。当市场供求实现均衡时,消费者愿意支付的价格和生产者愿意接受的价格相等,消费者愿意并且能够购买的需求量与生产者愿意并且能够提供的供给量相等,市场既无过剩也无短缺，处于市场出清状态，此时形成的价格为均衡价格，数量为均衡数量。因此，所谓的**均衡价格**(**equilibrium price**)，就是在商品的市场需求和市场供给这两种相反的力量达到均衡，从而不再变动时的价格。**均衡数量**(**equilibrium quantity**)就是在商品的市场需求和市场供给这两种相反的力量达到均衡，从而不再变动时的数量。如图1－9所示，E点为均衡点，P_E为均衡价格，Q_E为均衡数量。

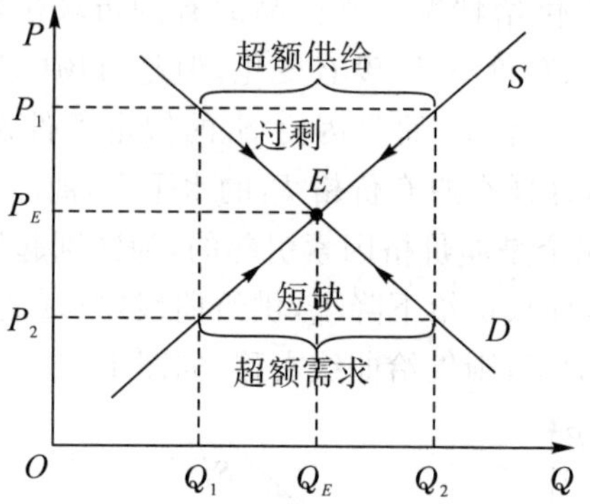

图1－9　均衡的决定与自发调节

均衡价格是理论上的，在现实的经济生活中，人们所直接观察到的并不是均衡价格，而是实际价格。实际价格一般会高于或低于均衡价格，只在偶然的情况下才等于均衡价格。然而，经济学家却简单地假定实际价格会接近于均衡价格，这种假定是完全有道理的，因为只要实际价格偏离了均衡价格，供求的相互作用就会推动实际价格向均衡价格移动，即通过市场供求的自发调节，自动达到均衡。当实际价格高于均衡价格时，市场供给大于市场需求，就存在着迫使价格下降的压力；同样，当实际价格低于均衡价格时，市场需求大于市场供给，又存在着促使价格上升的压力。

图1－9中，E为供求均衡点，P_E是生产者愿意接受的价格，也是消费者愿意支付的价格，此时，均衡数量为Q_E，这就是买卖双方都感到满意并愿意持续下去的均衡状态。当某种商品的实际价格P_1高于均衡价格P_E时，就会出现生产者**超额供给**的情况，生产者供给量为Q_2，而消费者需求量仅为Q_1，造成产品市场供大于求的过剩缺口，市场处于非均衡状态，必然导致市场价格下降，从而生产者逐渐减少生产，消费者逐渐增加消费，向着均衡点E的方向变动；当实际价格P_2低于均衡价格P_E时，就会出现消费者**超额需求**的情况，消费者需求量为Q_2，而生产者供给量仅为Q_1，造成产品市场供不应求的短缺缺口，市场处于非均衡状态，必然导致市场价格上升，从而消费者逐渐减少消费，生产者逐渐增加生产，仍然向着均衡点E的方向移动。

案例资料 1-1

情人节的玫瑰花价格

2015年2月10日晚，合肥市徽州大道附近一家花店的员工在昏黄的路灯下整理玫瑰花。西方的情人节快到了，玫瑰花作为情人节最具代表性的礼物之一，又迎来了销售旺季，合肥市场上的玫瑰花价格也正逐日上涨。

记者走访市场时发现，现在最普通的玫瑰花的价格已经涨到六七元一枝，而且是一天一个价。据花店人员透露，这个周末将会迎来鲜花预订的高峰期，到时花价肯定要贵得多，到情人节当天至少一枝要比现在贵两三块，绝对不会低于10元钱一枝。

"玫瑰花8元一枝，百合10元一枝。今天订就是这个价格，要是明天订，我也不知道价格是多少。没办法，我们拿货现在就是一天一个价了"。安庆路一家花店的丁老板告诉记者。每年的这个时候，玫瑰花身价都是节节高升。连花店老板们自己也都在感慨，今年玫瑰花确实比较贵。记者从多家花店了解到，目前市场上最普通的玫瑰花也要卖到六七元一枝，好一点的玫瑰都十几元一枝，而此前玫瑰花的价格一般在两三元一枝。一束30枝的玫瑰花加上其他包装与点缀，需要两三百元。

据悉，今年玫瑰花价格猛涨，除去每年固有的节日和运费成本上涨等因素外，还与今年云南干旱、花苗减产有一定的关系。

资料来源：作者根据有关资料整理。

二、均衡的变动分析

均衡价格是由需求和供给共同决定的，需求和供给任何一方的变动都会引起均衡价格及均衡数量的变动，而需求与供给的影响因素多种多样，这些因素变化对需求和供给的影响最终会通过均衡价格、均衡数量的变化体现出来，如何把握市场均衡变动的一般规律呢？我们在上述需求和供给分析的基础上，通过以下几种情形分别讨论。

1.供给不变时需求的变动对均衡价格和均衡数量的影响

在供给保持不变的情况下，需求增加时，需求曲线向右移动，会使均衡价格上升，使均衡数量增加；需求下降时，需求曲线向左移动，会使均衡价格下降，使均衡数量减少。这种需求的变动，导致需求曲线的移动对均衡价格及均衡数量的影响，被称为**需求变化的效应**。如图1－10所示，S为供给曲线，原先的需求曲线为D_1，形成的均衡为E_1，均衡价格为P_1，均衡数量为Q_1；当需求增加时，需求曲线向右移动到D_2，此时，形成新的均衡点E_2，新的均衡价格为P_2（上升），新的均衡数量为Q_2（增加）。反之，需求的下降使需求曲线向左移动到D_3，此时，形成新的均衡点E_3，新的均衡价格为P_3（下降），新的均衡数量为Q_3（减少）。由此分析可以得出：在供给不变时，均衡价格和均衡数量与需求的变动同向变化。

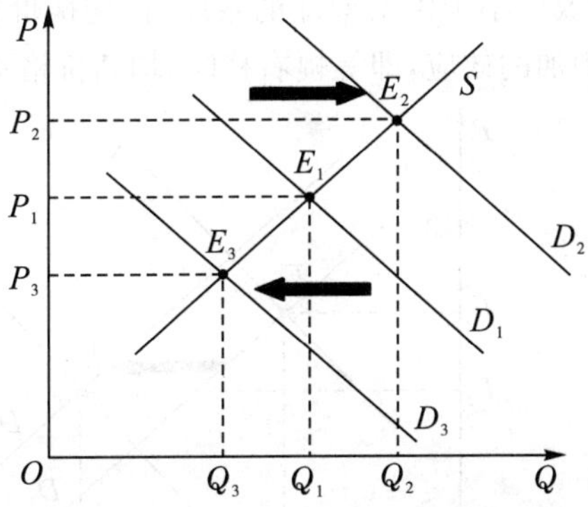

图1－10　需求的变动对均衡的影响

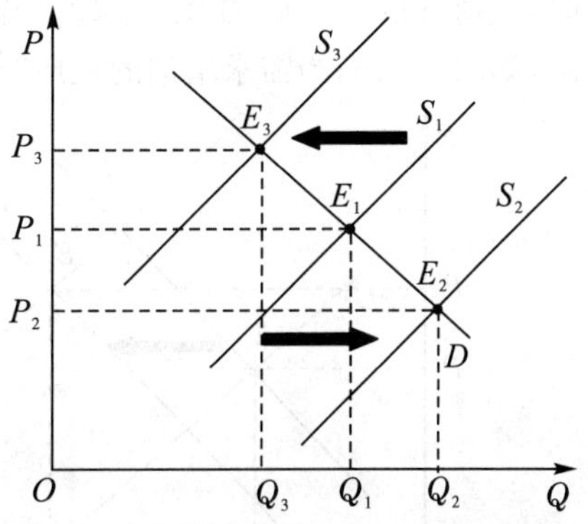

图1－11　供给的变动对均衡的影响

2.需求不变时供给的变动对均衡价格和均衡数量的影响

在需求保持不变的情况下,供给增加时,供给曲线向右移动,会使均衡价格下降,使均衡数量增加;供给减少时,供给曲线向左移动,会使均衡价格上升,使均衡数量减少。这种供给的变动,导致供给曲线的移动对均衡价格及均衡数量的影响,被称为**供给变化的效应**。如图 1-11 所示,当供给增加时,供给曲线 S_1 向右移动到 S_2,此时,形成新的均衡点 E_2,新的均衡价格为 P_2(下降),新的均衡数量为 Q_2(增加)。反之,当供给下降时,供给曲线 S_1 向左移动到 S_3,此时,形成新的均衡点 E_3,新的均衡价格为 P_3(上升),新的均衡数量为 Q_3(下降)。由此分析可以得出:在需求不变时,均衡价格与供给的变动反向变化,均衡数量与供给的变动同向变化。

从上述分析中可以看出,需求和供给的变动会引起均衡价格和均衡数量规律性的变动,形成供求定理。**供求定理(law of supply and demand)**是指,需求的变动引起均衡价格和均衡数量同方向的变动,供给的变动引起均衡价格反方向变动和均衡数量同方向变动。

3.供给和需求同时变动对均衡价格和均衡数量的影响

上述两种情形的分析,都是假定需求和供给中一个不变而单独分析另一个变动对均衡价格和均衡数量的影响。但事实上,在现实经济生活中,需求和供给可能单方面变化,但也经常同时在变动,而且存在同向变动和反向变动两种情况。同向变动时,又分为需求和供给同时增加、需求和供给同时减少的两种情形;反向变动时,又分为需求增加和供给减少、需求减少和供给增加两种情形。

(1)需求和供给同向变动。

需求和供给同时增加。需求增加,需求曲线向右移动,供给增加,供给曲线也向右移动,所以形成的新的均衡点向右移动,新的均衡数量一定增加,但新的均衡价格可能上升,也可能下降。如图 1-12 和图 1-13 所示,原来的需求曲线为 D_1,供给曲线为 S_1,均衡点为 E_1,均衡价格为 P_1,均衡数量为 Q_1。现在,需求和供给同时增加,D_1 和 S_1 都向右移动,假设移动到 D_2、S_2 的位置,新的均衡点为 E_2,均衡价格为 P_2,均衡数量为 Q_2。可以看出,Q_2 都比 Q_1 大,所以均衡数量都增加了,但是均衡价格却不一定。在图 1-12 中,P_2 比 P_1 大,故均衡价格上升了;而在图 1-13 中,P_2 却比 P_1 小,即均衡价格下降了。均衡价格的升降取决于需求变化的效应和供给变化的效应比较,当需求增加的效应大于供给增加的效应时,均衡价格会上升,如图 1-12;当需求增加的效应小于供给增加的效应时,均衡价格会下降,如图 1-13;当需求增加的效应"等于"供给增加的效应,即等幅右移时,均衡价格不变。

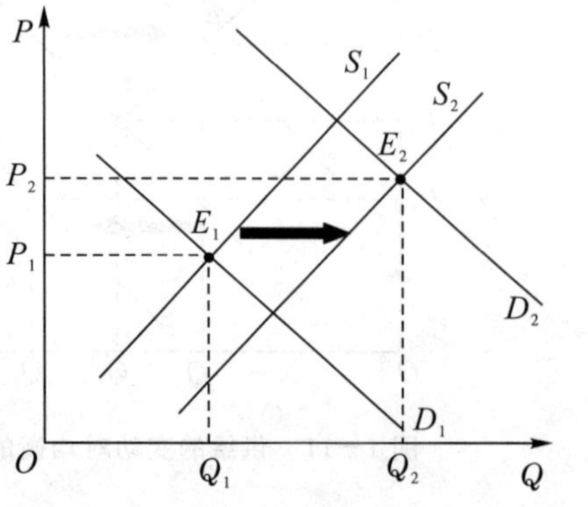

图 1-12　需求增加大于供给增加

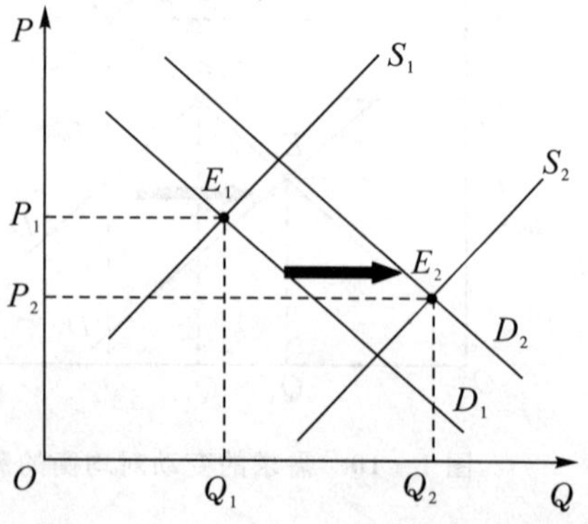

图 1-13　供给增加大于需求增加

同理，当需求和供给同时减少时，需求曲线向左移动，供给曲线也向左移动，形成的新的均衡点向左移动，均衡数量一定减少，但均衡价格的升降不一定。均衡价格的升降取决于需求和供给减少的效应，当需求减少的效应大于供给减少的效应时，均衡价格会下降；当需求减少的效应小于供给减少的效应时，均衡价格会上升；当需求减少的效应"等于"供给减少的效应，即等幅左移时，均衡价格不变。归纳结果见表1－3。

表1－3　供需同向变动对均衡价格和均衡数量的影响

供需变动	变动幅度	均衡价格	均衡数量
需求增加 供给增加	需求增加幅度大	上升	增加
	供给增加幅度大	下降	增加
	供求增加幅度相等	不变	增加
需求减少 供给减少	需求减少幅度大	下降	减少
	供给减少幅度大	上升	减少
	供求减少幅度相等	不变	减少

(2)需求和供给反向变动。

需求增加和供给减少。需求增加，需求曲线向右移动，供给减少，供给曲线向左移动，所以形成的新的均衡点向上移动，故新的均衡价格一定上升，但新的均衡数量可能增加，也可能减少。如图1－14和图1－15所示，原来的需求曲线为D_1，供给曲线为S_1，均衡点为E_1，均衡价格为P_1，均衡数量为Q_1。现在，需求增加，需求曲线向右移动，新的需求曲线为D_2；供给减少，供给曲线向左移动，新的供给曲线为S_2，新的均衡点为E_2，均衡价格为P_2，均衡数量为Q_2。可以看出，P_2都比P_1大，故均衡价格都上升了，但是均衡数量却不一定。在图1－14中，Q_2比Q_1大，故均衡数量增加了；而在图1－15中，Q_2却比Q_1小，即均衡数量减少了。所以，当需求增加和供给减少时，均衡价格一定上升，但均衡数量的增减不一定。均衡数量的增减取决于需求增加的效应和供给减少的效应的比较，当需求增加的效应大于供给减少的效应时，均衡数量会增加，如图1－14；当需求增加的效应小于供给减少的效应时，均衡数量会减少，如图1－15；当需求增加的效应"等于"供给减少的效应，即等幅上移时，均衡数量不变。

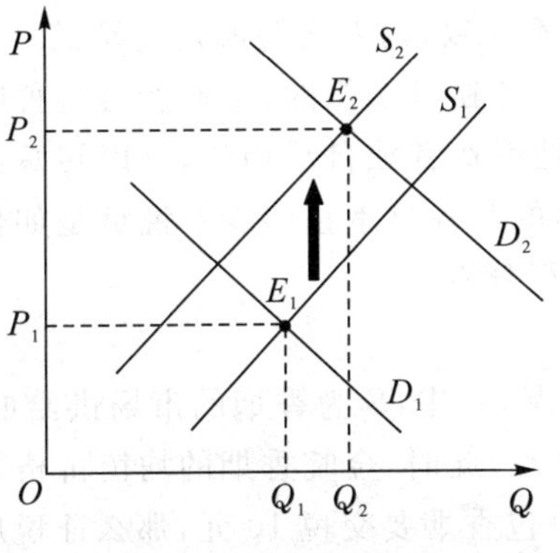

图1－14　需求增加大于供给减少

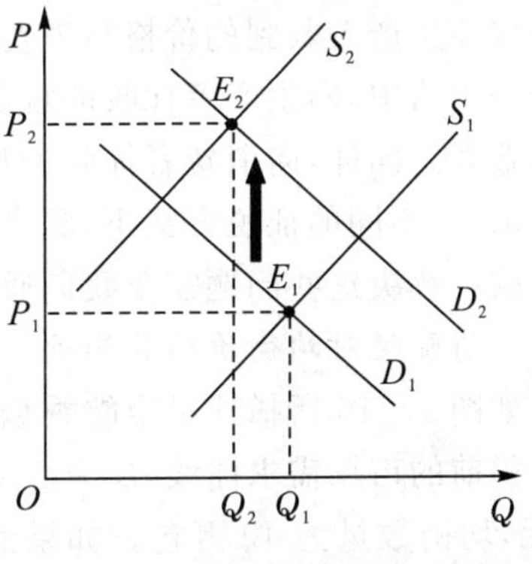

图1－15　需求增加小于供给减少

同理，当需求减少和供给增加时，需求曲线向左移动，供给曲线向右移动，形成的新的均衡点向下移动，均衡价格一定下降，但均衡数量的增减不一定。均衡数量的增减取决于需求减少的效应和供给增加的效应的比较，当需求减少的效应大于供给增加的效应时，均衡数量会减少；反之，均衡数量会增加；当需求减少的效应“等于”供给增加的效应，即等幅下移时，均衡数量不变。结果如表1—4所示。

表1—4 供需反向变动对均衡价格和均衡数量的影响

供需变动	变动幅度	均衡价格	均衡数量
需求增加 供给减少	需求增加幅度大	上升	增加
	供给减少幅度大	上升	减少
	供求减增幅度相等	上升	不变
需求减少 供给增加	需求减少幅度大	下降	减少
	供给增加幅度大	下降	增加
	供求增减幅度相等	下降	不变

第四节　均衡价格模型的应用

前面我们分析了需求、供给及供求均衡，并且建立了简单的均衡价格模型。均衡价格模型在现实的经济生活中也是经常使用的，本节则试图运用这一模型来分析政府的相关税收政策和价格政策对均衡价格的影响。均衡价格模型即：

$$Q_d = f(P)$$
$$Q_s = f(P) \qquad (1.6)$$
$$Q_d = Q_s\text{，其中：}P \geqslant 0, Q \geqslant 0$$

一、税收对均衡价格的影响

交易税(transaction tax)，又称间接税(indirect tax)，指对一些商品的交易所征收的税收。交易税可以由买者交纳，形成消费税；也可以由卖者交纳，形成销售税。本质上，交易税使生产者收到的价格与消费者支付的价格不一致，两者之差就是交易税。在现实的经济生活中，向生产者征收的税收经常不是生产者独自承担的，生产者会将税收转嫁给消费者。同样，向消费者征收的税收也可能不是消费者独自承担的，可以转嫁给生产者。那么，不同的征税方案下，税负最终是谁承担的？各自承担多少？税负是如何进行转嫁的？解决这些问题需要我们通过供求模型进行分析。

1. 消费税对均衡价格的影响

如图1—16所描述是金皖香烟的市场供求状况，其中，S为香烟的市场供给曲线，D为征税前的市场需求曲线，E为征税前的市场均衡点，此时，金皖香烟的均衡价格为每包25元，均衡数量为40万包。如果消费者每购买一包香烟要交税10元，那么征税后的香烟价格是35元/包呢，还是15元/包，或者是其他什么价格呢？

直接从买者那里征收每包10元的消费税后，对厂商没有直接的影响，但消费者对金皖香烟的需求就会减少，减少的幅度与税负大小有关，征税后的市场需求曲线D就会向左移动，向左移动时垂直移动的大小应该正好与税负的10元相等，如图1—16示的D_T曲

线和 E^* 点。如果要使消费者在税前和税后维持同样的消费量，消费者就会要求每包香烟降价 10 元。使消费者消费一包香烟的总成本维持在 25 元，消费者才愿意继续消费原有数量的香烟。

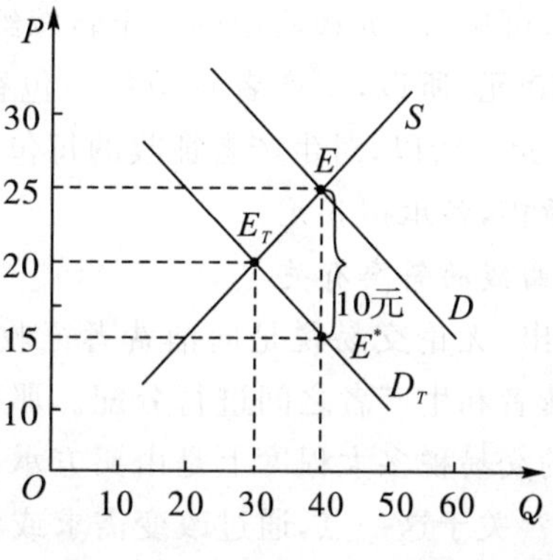

图 1－16　消费税对香烟均衡价格的影响

然而事实上，当征税后的市场需求曲线向左移动到 D_T 时，市场产生的新的均衡点是 E_T 点，而不是 E^* 点，此时市场均衡价格为 20 元，比税前低了 5 元，均衡数量为 30 万包。在此例中，与原先的每包 25 元相比，对消费者征收的每包 10 元的消费税，消费者通过减少购买实际上只承担了 5 元的税负(20－15)，而另外 5 元则由厂商承担了(25－20)。通过税负转嫁，政府 10 元的税收一半转嫁给生产者，一半由消费者自己承担。

2. 销售税对均衡价格的影响

上例分析的是消费税，如果政府对金皖香烟征收的是销售税，相当于对厂商征收，则香烟市场均衡所受的影响是不同的。在图 1－17 中，D 为金皖香烟的市场需求曲线，S 为征税前的市场供给曲线，E 为征税前的市场均衡点，此时香烟的均衡价格为每包 25 元，均衡数量为 40 万包。现在每销售一包香烟对生产者征税 10 元，那么征税后的香烟价格是 35 元/包呢，还是 15 元/包，还是其他什么价格呢？

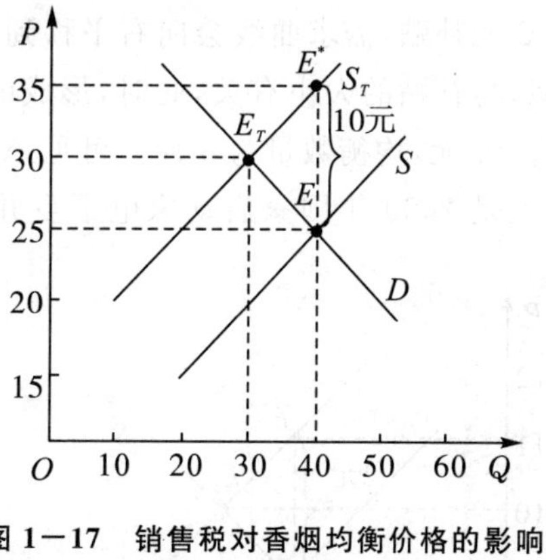

图 1－17　销售税对香烟均衡价格的影响

对生产者征收每包 10 元的销售税后，对消费者没有直接的影响，但厂商的生产成本增加，对金皖香烟的供给就会减少，减少的幅度与税负大小有关，市场供给曲线 S 就会向左移动到 S_T。厂商会把 10 元的税收纳入成本，愿意出售的价格为 25＋10＝35 元，也就是说，S 左移的垂直距离等于 10 元，如图 1－17 所示。

但是 35 元显然不是消费者愿意接受的价格。当征税后的市场供给曲线向左移动到 S_T时，市场产生的新的均衡点是 E_T点，而不是 E^* 点，此时市场均衡价格为 30 元，比税前高 5 元，均衡数量为 30 万包。消费者以每包 30 元的价格（不是厂商期望的 35 元）购买香烟，比征税前的 25 元高 5 元，可见，10 元税收中的一半转嫁给了消费者；由于生产者每出售一包香烟，就要从中扣除 10 元，所以，生产者每销售一包香烟的实际收取的净价款为 20 元，比征税前的 25 元低 5 元。所以，对生产者征收的每包 10 元的销售税，一半转嫁给消费者，一半由生产者自己承担，各承担 5 元。

3. 交易税的分担与供求曲线的斜率有关

通过上面的例子可以看出，无论交易税是向消费者征收还是向生产者征收，税负都会进行转嫁，最终都会在消费者和生产者之间进行分配。那么，在现实的经济生活中，在税负转嫁的过程中，所征收的交易税多大程度上是由买方承担？多大程度上是由卖方承担？这又是由什么决定的呢？关于这一点，通过改变需求或供给曲线的斜率即可得到答案，系统的分析需要涉及与弹性有关的理论知识，这些问题将在第二章里讨论。

二、补贴对均衡价格的影响

财政补贴（financial subsidy）是一国政府根据一定时期的政治经济形势及方针政策，为达到特定的目的，对指定的事项由财政安排的专项资金补助支出。政府补贴具有很强的政策性、一定的灵活性和明显的时效性，按照对经济活动的影响不同，可分为对消费者补贴和对生产者补贴。政府补贴会影响市场供求，进而影响均衡价格和均衡数量，下面就分别对政府给予消费者补贴和生产者补贴进行分析。

1. 对消费者补贴

假设某个家庭主妇购买猪肉，在没有消费补贴的情况下，价格为每斤 9 元，其购买 3 斤，如图 1—18 所示，P 为猪肉的价格，Q 为猪肉的购买量，原来的需求曲线是 D，供给曲线是 S，形成均衡点为 E，均衡价格为 9 元，均衡数量为 3 斤。现在假设政府对消费者购买猪肉给予补贴，每斤给予 2 元补贴，需求曲线会向右平移到 D_S，供给曲线不变，需求曲线右移的幅度和消费税相似，与补贴的大小有关，此时，形成的新的均衡点为 E_S，而不是点 E^*，新的均衡价格为每斤 10 元，均衡数量为 4 斤。可见，对消费者实行消费补贴会影响市场均衡，刺激消费。这也是 2009 年国家启动家电下乡并给予农村居民家电消费补贴的原因。

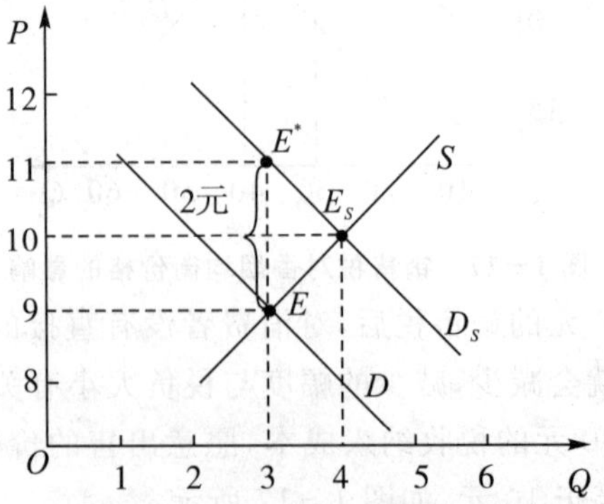

图 1—18　消费者补贴对均衡的影响

在通货膨胀时期，物价上涨较快，工资上涨往往滞后于物价上涨，低收入群体尤其是低保收入群体生活水平严重下降，生存压力凸显。这时候政府往往使用各种具有针对性的补贴政策，以达到稳定经济社会发展的目的。

2. 对生产者补贴

假设某个厂商生产销售猪肉，在没有生产补贴的情况下，价格为每斤 10 元，其出售 3 斤猪肉。现在假设政府对生产者生产猪肉给予补贴，每斤给予 2 元补贴，如图 1—19 所示。P 为猪肉的价格，单位为元/斤，Q 为猪肉的销售量，单位为斤。原来的需求曲线是 D，供给曲线是 S，形成的均衡点为 E，即均衡价格为 10 元，均衡数量为 3 斤。由于政府给予生产者每斤 2 元的生产补贴，现在出售猪肉每斤 8 元，与没有补贴时每斤 10 元，销售收益是一样的，所以供给曲线会向右平移到 S_S。此时，形成的新的均衡点为 E_S，而不是点 E^*，新的均衡价格为每斤 9 元，均衡数量为 4 斤。可见，对生产者实行生产补贴，影响了市场均衡，刺激了生产，实现了补贴政策的目标。

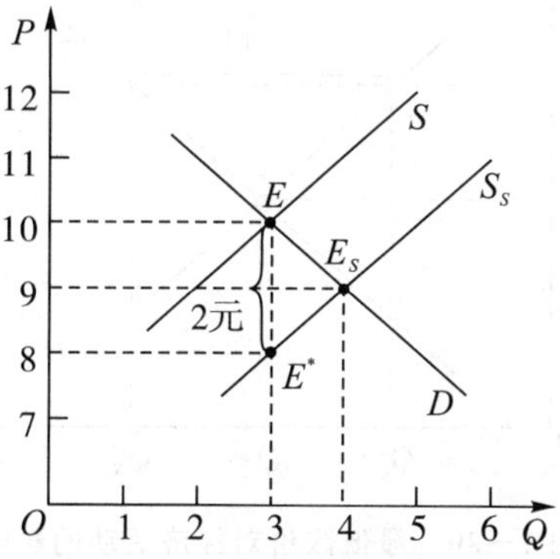

图 1—19 生产者补贴对均衡的影响

政府对消费者采取补贴政策，是通过影响需求来引导市场，同理，对生产者补贴则可以通过影响供给来达到调节市场供求平衡、调整产业结构的目的。这是我国长期以来对关系国计民生的重要农产品的生产给予生产者补贴的原因，这也符合 WTO 相关政策条款要求。在 20 世纪改革开放初期，中国的经济发展资金缺乏，为了吸引外商投资，我国对外商采取了税收优惠、减免及补贴政策；为了鼓励农民养猪，国家给予生猪养殖补贴款；为鼓励使用节能灯，国家及地方大力补贴生产企业，等等。

三、价格政策对经济活动的影响

市场经济国家经常借助价格政策干预市场，通过规定某种商品的价格最低不能低于某一水平，即实行所谓的最低限价政策，或者规定某种商品的价格不能超过某一水平，即实行所谓的最高限价政策。下面就借助均衡价格模型，分析最低限价和最高限价的政策效应。

1. 最低限价

最低限价(price floor)是政府为了支持某一行业的生产而规定的该行业产品最低必须达到的价格，也称为**支持价格**，或者**价格封底**。政府实行支持价格是想通过提高价格来达到调节市场供给的目的，支持价格一般高于均衡价格。在政府规定了价格下限时，如果价格下限低于市场均衡价格，价格仍由市场供求决定，价格下限实际上并不起作用。

但是如果价格下限高于市场均衡价格，价格下限对市场价格就有制约作用，阻止交易价格下降。这时起作用的不是市场决定的均衡价格，而是政府规定的价格下限，即支持价格。

在现实的经济生活中，政府经常使用最低限价政策。例如，政府为了稳定农业生产，增加农民收入，保证粮食安全，常常对农产品实行支持价格；为了保护劳动者利益，保证低收入阶层的收益，规定的最低工资也属于价格下限。

任何政策都有一定的局限性，这些最低限价政策也会给自发调节的市场带来负面影响，比如农产品价格下限会导致农产品过剩，不利于农业产业结构调整，最低工资则会增加劳动供给，减少劳动需求，增加失业，等等。如图1－20中，D是需求曲线，S是供给曲线，E点是供求均衡点，均衡价格为P_E，均衡数量为Q_E，政府规定的最低限价为P_1。可以看出，P_1价格水平高于均衡价格，需求数量为Q_d，供给数量为Q_s，显然供给大于需求，造成Q_dQ_s的过剩(surplus)缺口。

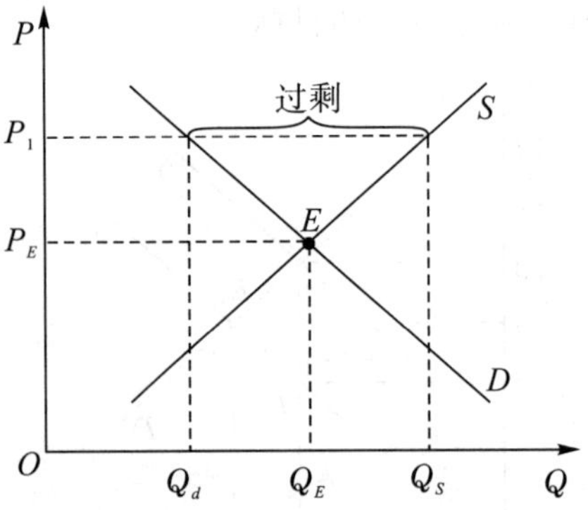

图1－20　最低限价对经济活动的影响

因此，政府采取最低限价后，会导致产品市场产生供大于求的情况。在此情况下，政府要维持最低限价及正常的市场秩序，需要解决产品过剩问题。一是政府收购过剩商品，实行最低收购价制度，政府需要拨出专项资金，收购剩余产品，或者出口过剩产品，否则，为了销售生产者就会竞相降价，最终使支持价格无效。二是政府对最低限价商品的生产实行产量限制，规定生产数量控制在需求数量范围，如欧美等发达国家通过限产休耕控制农产品生产数量，对限产休耕农民进行财政补贴，并紧密检测市场，保持限产休耕计划的时效性。

2. 最高限价

最高限价(price ceiling)是政府为了限制某些商品价格上涨而规定的这些商品不得超过的最高价格，也称为**限制价格**，或者**价格封顶**。如果说最低限价政策是保护生产者利益的，那么，最高限价政策则是保护消费者利益的，一般低于均衡价格。在政府规定了价格上限时，如果价格上限高于市场均衡价格，价格仍由市场供求决定，价格上限实际上并不起作用。但是如果价格上限低于市场均衡价格，价格上限就对市场价格有制约作用，阻止交易价格上升。这时起作用的不是市场决定的均衡价格，而是政府规定的价格上限，即最高价格。

在经济社会发展的某些特殊时期，比如自然灾害或者战争等紧急时期，为了稳定生活必需品的价格和供应，国家经常会采取强迫接受最高限价的经济管制，而由于实行的最高限价一般低于均衡价格，必然导致产品供不应求，国家需要对产品实行配给制，进行低价定量分配及凭证供应。这种限价管制的结果是，原来自发调节的价格机制失去作用，不能发挥其应有的调节生产和消费的作用，导致产品市场长期短缺，并愈演愈烈。如图1—21中，D是需求曲线，S是供给曲线，E点是供求均衡点，均衡价格为P_E，均衡数量为Q_E，政府规定的最高限价为P_1。可以看出，在P_1价格水平下，由于P_1低于均衡价格，需求数量为Q_d，供给数量为Q_s，显然需求大于供给，造成Q_sQ_d的短缺(shortage)缺口。

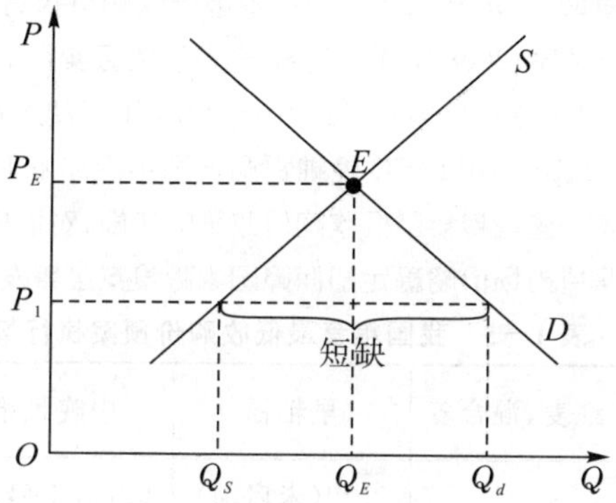

图1—21　最高限价对经济活动的影响

因此，政府采取最高限价后，会导致产品市场产生供不应求的短缺现象，就需要相应的解决办法。一是排队，采用先来后到的原则，先到者先得，直到产品售完为止，是一种较为公平有效的安排认购的方法。但是，人们为了得到紧缺的物品就需要花费大量时间用于排队，是一种资源浪费。二是实行配给制，商品的短缺可能会造成消费者抢购，需要政府有关部门安排分配，按照人头发放票证，实行定量供应。但是，由政府专门进行分配工作，本身就是资源浪费，还会导致主管分配的部门及官员的寻租腐败现象。三是黑市交易，由于商品短缺实行定量供应后，每个消费者按期凭票买到定量配额，但每人的实际需求量又是不一样的，于是，便出现了私自买卖的黑市交易，很多消费者就会到黑市求购。但是，根据供求规律，黑市价格不仅高于最高限价，还会高于均衡价格。所以，作为一种紧急措施，最高限价对于控制物价有一定效果，但如果长期使用，则弊大于利。我们还可以通过进口增加供应来解决商品短缺问题。

案例资料1-2

粮食价格支持政策

农业是国民经济的基础，又是面临自然和市场双重风险的弱质产业，因此，世界各国历来都十分重视对农业的支持与保护。自20世纪80年代中期以来，在保护农业的政策中，农产品价格支持政策更是被广泛使用。我国从20世纪90年代初正式施行粮食等主要农产品的价格支持政策。

20世纪80年代中期，我国取消粮食统购派购制度，对粮食价格实行双轨制，并逐步推进粮食购销市场化改革，1990年对粮食收购实行最低保护价制度，1997年出台按保护价敞开收购农民余粮政策，1998年后深化粮食流通体制改革，按照保护价敞开收购农民余粮、实行顺价销售与粮食收购资金封闭运行。

1999年，国家提出缩小保护价收购范围与减少粮食保护价品种，完善粮食收购价政策。同时伴随产业结构的调整，粮食播种面积自1999年开始逐年减少，粮食连年减产，新世纪之初出现粮食产不足需，粮食价格大幅上涨，并带动整个农副产品价格上涨。2004年，国家提出全面放开粮食购销市场，实行购销多元化经营，随后对重点地区粮食品种实行最低价收购政策，对产粮大县奖励及对农民农资综合补贴。与此同时，2004年，国家开始实行农业税减免政策试点，到2006年在全国范围内全面取消农业税。

近年粮食最低收购价政策具体实施情况如表1－5所示。2005年，国家首次启动籼稻最低收购价执行预案；2006年首次启动小麦最低收购价执行预案；2007年首次启动粳稻最低收购价执行预案；2008年还对玉米、稻谷和大豆实行临时收储；2009年还对稻谷、小麦、玉米、大豆加大临时收购力度；2010－2015年启动了小麦、籼稻、粳稻最低收购价执行预案，其中2010－2011年中晚籼稻和粳稻未启动临时收储，对玉米和大豆继续加大临时收储力度。这些粮食最低收购价政策的实施，对增加农民收入、维护粮农利益、促进粮食增产、保持市场价格稳定和保障国家粮食安全等发挥了重要作用。

表1－5　我国粮食最低收购价预案执行情况　　单位：元/斤

品种 年份	白麦	红麦、混合麦	早籼稻	中晚籼稻	粳稻
2004	——	——	0.70（未启动）	0.72（未启动）	0.75（未启动）
2005	——	——	0.70	0.72	0.75（未启动）
2006	0.72	0.69	0.70	0.72	0.75（未启动）
2007	0.72	0.69	0.70（未启动）	0.72（未启动）	0.75
2008	0.77	0.72	0.77（未启动）	0.79（未启动）	0.82（未启动）
2009	0.87	0.83	0.90	0.92	0.95
2010	0.90	0.86	0.93	0.97	1.05
2011	0.95	0.93	1.02	1.07	1.28
2012	1.02	1.02	1.20	1.25	1.40
2013	1.12	1.12	1.32	1.35	1.50
2014	1.18	1.18	1.35	1.38	1.55
2015	1.18	1.18	1.35	1.38	1.55

资料来源：《粮食价格支持政策演变历程及经验启示》

四、蛛网理论

前面的分析已经说明，供求水平的变动可以使价格偏离原来的均衡点，并且，通过进一步分析发现，在一定的条件下，供求水平的变动所引起的均衡点的偏离呈现出一定的规律性。在此分析这些问题时，我们引入时间因素，来考察均衡的形成和稳定的条件，进行动态均衡分析，借此来介绍经济学中一个最简单的动态模型，即著名的蛛网模型。

1. 蛛网理论的基本假设

蛛网理论（cobweb theory）是20世纪30年代由美国的舒尔茨（Schultz）、荷兰的丁伯根(Tinbergen)、意大利的里西(Ricci)各自提出的,1934年,由英国的卡尔引进英语国家并定名为蛛网理论,目的是为了解释生猪之类的农产品的价格波动。因该模型中,产量和价格变化的路径形成了一个蜘蛛网似的图形,所以称为**蛛网模型(cobweb model)**。

蛛网模型所考察的是价格波动对下一个周期产量的影响,以及由此而产生的均衡的变动,它通常用来分析市场经济中某些产品价格与产量之间的关系。它的假设前提是:第一,从开始生产到生产出产品需要一定时间,且在这段时间内生产规模无法改变;第二,本期产量决定本期价格,而本期价格决定下期产量。若用P、Q分别表示价格和产量,D和S分别表示需求曲线和供给曲线,t表示时期,则上述关系可用公式表述为:

$$P_t = D(Q_t)$$

$$Q_{t+1} = S(P_t) \tag{1.7}$$

根据上述函数关系,以及反映在模型上的需求曲线和供给曲线的陡峭程度不同,均衡价格和数量的变化呈现出一定的规律性,形成收敛型、发散型和循环型三种形式的蛛网。

2. 三种类型的蛛网

(1)收敛型蛛网。

在这种蛛网模型中,供给曲线比需求曲线陡峭,或者说需求曲线比供给曲线平缓,当市场偏离原来的均衡状态后,价格和产量围绕均衡水平以越来越小的幅度上下波动,最终重新回复到均衡点。如图1—22中,D为需求曲线,S为供给曲线,E为供求均衡点。假设Q_1为第一期的产量,Q_1决定了第一期的价格为P_1,此点为a点;第一期价格P_1会决定第二期的产量Q_2,见图中b点,而Q_2又会决定第二期的价格P_2,见c点;第二期价格P_2会决定第三期的产量Q_3,见图中d点,Q_3又会决定第三期的价格P_3,见图中e点……以此,不断循环,依次连接a、b、c、d、e等点,就可以看出,其变化的路径形成了一个逐渐收敛的蛛网,并且收敛的方向是均衡点E点。同时,在价格和时间的坐标图上可以看出,其价格波动是随着时间的推移而逐渐向均衡价格收窄的。所以,遵循该蛛网模型的产品的生产,长期中其价格和数量在调整中最终能够实现均衡。

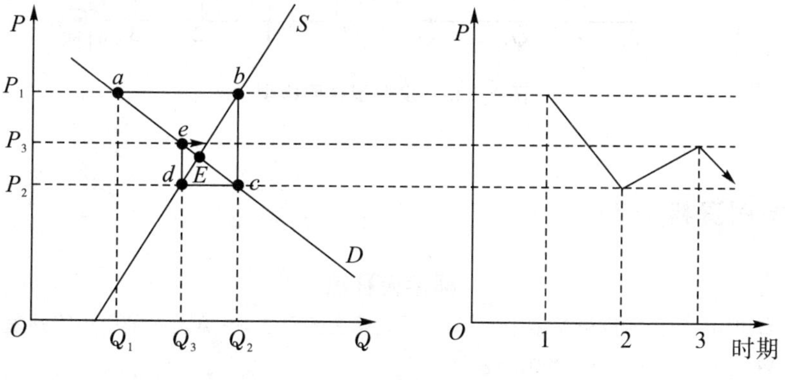

图1—22　收敛型蛛网模型

如果需求曲线用$Q_d = f(P)$表示,供给曲线用$Q_s = f(P)$表示,则需求曲线平缓时,斜率的绝对值较大$\left(\text{斜率是}\frac{dQ}{dP}\text{,不是}\frac{dP}{dQ}\text{,图 1—22 的几何斜率是 } Q=f(P)\text{ 的斜率的倒数}\right)$;反之较小,同理对供给曲线也是如此。因此,当需求曲线的斜率绝对值大于供给曲线的斜率绝对值时,即需求曲线比供给曲线平坦时,蛛网模型趋于稳定,即形成所谓的收敛型蛛网。究其原因，是由于需求曲线比供给曲线弹性大(关于需求和供给弹性的相关知识，下章会详细讲解)，即因为生产者对价格变化的反应程度小于消费者，从而随着时间的推移，价格和数量在调整中的波动逐渐变小，最终到达市场供求的均衡点。

(2)发散型蛛网。

在这种蛛网模型中，需求曲线比供给曲线陡峭，当市场偏离原来的均衡状态后，价格和产量围绕均衡水平以越来越大的幅度上下波动，离均衡点越来越远。如图1－23中，D为需求曲线，S为供给曲线，E为供求均衡点。假设Q_1为第一期的产量，Q_1决定了第一期的价格为P_1，见图中a点；第一期价格P_1会决定第二期的产量Q_2，见图中b点，Q_2又会决定第二期的价格P_2，见图中c点；第二期价格P_2会决定第三期的产量Q_3，见图中d点，Q_3又会决定第三期的价格P_3，见图中e点……以此，不断循环，依次连接a、b、c、d、e等点，就可以看出，其变化的路径形成了一个逐渐发散的蛛网，并且发散的方向是越来越远离均衡点E点。同时，在价格和时间的坐标图上可以看出，其价格波动是随着时间的推移而逐渐加大的，越来越偏离均衡价格水平。所以，遵循该蛛网模型的产品的生产，长期中其价格和数量在调整中最终无法实现均衡，并且是越来越远离均衡。

因此，当需求曲线的斜率绝对值小于供给曲线的斜率绝对值时，即需求曲线比供给曲线陡峭时，蛛网模型趋于不稳定的状态，即形成所谓的发散型蛛网模型。究其原因，是由于供给曲线比需求曲线弹性大，即因为生产者对价格变化的反应程度大于消费者，从而随着时间的推移，价格和数量在调整中的波动越来越大，离市场供求的均衡点也越来越远。

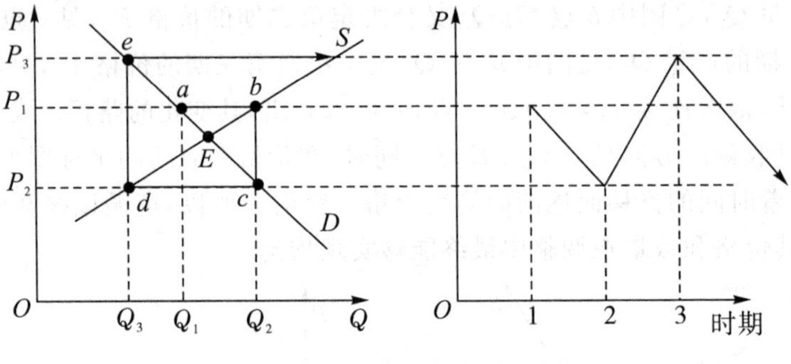

图1－23　发散型蛛网模型

案例资料 1-3

郁金香狂热

17世纪，曾经的欧洲金融中心、东方贸易霸主的荷兰，竟然因一个小小的郁金香球茎而导致了这个世界头号帝国的衰落。

当时荷兰人的投机欲望是如此强烈，美丽迷人而又稀有的郁金香成为他们猎取的对象，投机商开始大量囤积郁金香球茎以待价格上涨。在舆论的鼓吹下，荷兰人对郁金香的"倾慕之情"愈演愈烈，开始表现出一种近乎病态的倾慕与热忱，以至于拥有和种植这种花卉逐渐成为享有极高声誉的象征，人们开始竞相抢购郁金香球茎，稀有品种更是成为人们疯狂追逐的目标。

从1634年开始，荷兰百业荒废，全国上下都开始为郁金香疯狂。由于价格节节攀升，只需低买高卖，参与者最初确实都赚到了钱，进而刺激越来越多的人倾家荡产地把更多的钱投入郁金香的买卖。为了方便交易，人们在阿姆斯特丹的证券交易所内开设了固定的交易市场。随后，在鹿特丹、莱顿等城市也开设了固定的郁金香交易场所。

1637 年 4 月 27 日，荷兰政府决定终止所有合同，禁止投机式的郁金香交易。几乎一夜之间，不知有多少人成为身无分文的穷光蛋，一些大贵族也陷入无法挽救的破产境地。

郁金香事件给荷兰造成了严重的影响，使之陷入了长期的经济大萧条，同时它也作为人类历史上第一起大规模投机泡沫事件，被记入了经济发展史，成为教育后人的生动教材。"郁金香狂热"也被当成一个专业术语，成了经济泡沫的代名词。

资料来源：作者根据有关资料整理。

(3)循环型蛛网。

在这种蛛网模型中，供给曲线和需求曲线同等陡峭，当市场偏离原来的均衡状态后，价格从高到低、产量从低到高均按同一幅度不断循环波动，永远达不到均衡状态。如图 1－24中所示。假设 Q_1 为第一期的产量，Q_1 决定了第一期的价格为 P_1，均衡点在 a 点；第一期价格 P_1 会决定第二期的产量 Q_2，均衡点在 b 点，而 Q_2 又会决定第二期的价格 P_2，均衡点在 c 点；第二期价格 P_2 会决定第三期的产量 Q_3，Q_3 等于 Q_1，均衡点在 d 点，而 Q_3 又会决定第三期的价格 P_3，P_3 又等于 P_1，均衡点在 a 点……以此，不断循环，依次连接 a、b、c、d 四点，就可以看出，其变化的路径形成了一个封闭的蛛网，并且始终围绕均衡点 E 点等幅波动。同时，在价格和时间的坐标图上可以看出，其价格波动随着时间的推移始终保持等幅波动。所以，遵循该蛛网模型的产品的生产，长期中其价格和数量在调整中最终无法实现均衡，并且始终与均衡点保持相同距离。

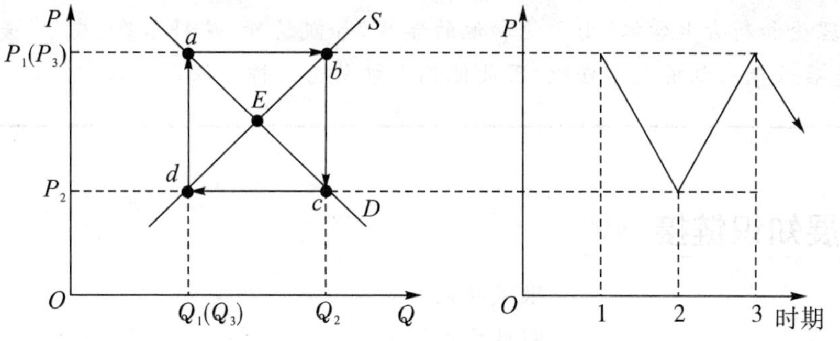

图 1－24　循环型蛛网模型

因此，当需求曲线的斜率绝对值等于供给曲线的斜率绝对值时，或者说需求曲线和供给曲线具有同等的陡峭程度时，产量和价格将循环波动，即形成所谓的循环型蛛网模型或者封闭型蛛网模型。究其原因，是由于供给曲线和需求曲线的弹性相等，即因为生产者对价格变化的反应程度等于消费者，从而随着时间的推移，价格和数量在调整中等幅波动，离市场供求的均衡点始终等距。

经济学家简介——阿尔弗雷德·马歇尔(1842—1924 年)

阿尔弗雷德·马歇尔是近代英国最著名的经济学家之一,是新古典学派的创始人,也是 19 世纪末和 20 世纪初英国经济学界最重要的人物。

马歇尔出生于伦敦郊区的一个工人家庭,虽然家境一般,父母却努力让他受到很好的教育。青年马歇尔进入剑桥大学学习数学、哲学和政治经济学,尽管他对哲学饶有兴趣,但最后还是选定经济学为专业。作出这个决定的重要原因是马歇尔曾走访英国的贫民区,他无法忘却所见到的贫穷和饥饿,认识到资本主义制度下英国社会存在严重不公平,感觉到神学、数学、物理学和伦理学都不能够给人类社会带来"福音"。他专注于政治经济学的研究,希望能分析社会不公平的原因,他把经济学看成增进社会福利、消灭人类贫困的科学。毕业后,马歇尔在剑桥大学任教 9 年,然后到牛津大学,1885 年回到剑桥大学任教直到 1905 年退休。

1890 年他发表的《经济学原理》,被看作与斯密的《国富论》、李嘉图的《赋税原理》齐名的划时代著作,该书构成了现代经济学的基础,成为当时最有影响的专著,多年来一直被奉为英国经济学的《圣经》。在马歇尔的努力下,经济学从仅是人文学科和历史学科的一门必修课发展成为一门独立的学科,剑桥大学建立了世界上第一个经济学系。

马歇尔被认为是英国古典经济学的继承和发展者,他的理论及其追随者被称为新古典理论和新古典学派,由于他和他的学生,如凯恩斯、尼科尔森、庇古、麦格雷戈等人,先后长期在剑桥大学任教,因此他们也被称为剑桥学派。

拓展知识链接

跟风效应
刚性需求
均衡价格论与劳动价值论
黑市(地下经济)
虚拟市场

思考与练习

一、核心概念

需求	需求表	需求曲线	需求定理
需求函数	需求量的变化	需求的变化	供给
供给表	供给曲线	供给定理	供给函数

供给量的变化	供给的变化	市场均衡	均衡价格
均衡数量	供求定理	替代品	互补品
最低限价	最高限价	蛛网理论	收敛型蛛网
发散型蛛网	循环型蛛网		

二、选择题

1. 下列说法正确的是(　　)。
   A. 需求就是需要　　B. 需求是有支付能力的需要
   C. 需求曲线是向右上方倾斜的　　D. 需求定理适用于任何商品
2. 当电蚊香片价格急剧上涨时,电蚊香器的市场需求将(　　)。
   A. 增加　　B. 不变　　C. 减少　　D. 不相关
3. 用机器代替劳动,这会导致(　　)。
   A. 劳动的供给曲线向左移动　　B. 劳动的供给曲线向右移动
   C. 劳动的需求曲线向左移动　　D. 劳动的需求曲线向右移动
4. 饲料价格上涨,会引起猪肉的供给曲线(　　)。
   A. 向右下移动　　B. 向右上移动　　C. 向左上移动　　D. 向左下移动
5. 在同一条供给曲线上,价格与供给量的组合从 A 点移动到 B 点是(　　)。
   A. 供给量的变动　　B. 收入的变动　　C. 供给的变动　　D. 偏好的变动
6. 由于我国南方大旱,北方遭受水灾,这将导致粮食市场(　　)。
   A. 价格上升,数量减少　　B. 价格上升,数量增加
   C. 价格下降,数量减少　　D. 价格下降,数量增加
7. 政府为了扶植某产业而规定的该产业产品的最低价格是(　　)。
   A. 限制价格　　B. 支持价格　　C. 领先价格　　D. 歧视价格
8. 政府扶持农业实行高于市场均衡价格的最低限价后不需要(　　)。
   A. 实行农产品配给制　　B. 收购过剩的农产品
   C. 增加对农产品税收　　D. 加强农产品出口
9. 政府实行的最高限价一般会(　　)。
   A. 高于均衡价格　　B. 低于均衡价格　　C. 等于均衡价格　　D. 无法确定
10. 下列不是最高限价政策可能引起的后果是(　　)。
    A. 产品短缺　　B. 产品过剩　　C. 黑市交易　　D. 价格下降
11. 蛛网模型的假设前提中不包括(　　)。
    A. 生产需要一定时长周期　　B. 本期产量决定本期价格
    C. 本期价格决定下期产量　　D. 本期价格决定本期产量
12. 收敛型蛛网实现的条件是(　　)。
    A. 供给曲线比需求曲线陡峭　　B. 需求曲线比供给曲线陡峭
    C. 供求两条曲线同等陡峭　　D. 以上都不正确

三、思考题

1. 需求曲线的特征是什么? 需求曲线为什么向右下方倾斜?
2. 影响需求的因素有哪些? 这些因素是怎么影响需求的?
3. 简述需求和供给的变动对均衡价格和均衡数量的影响。

4. 指出发生下列几种情况时黄山毛峰的需求曲线的变动情况，并分析原因。

(1)经检测发现茶叶中有大量的农药残留。

(2)六安瓜片的价格上涨了。

(3)消费者的收入增加了。

(4)越来越多的年轻人青睐咖啡了。

(5)加强了黄山毛峰的宣传和推介。

5. 指出发生下列几种情况时马钢的供给曲线的变动情况，并分析原因。

(1)生产钢铁产品的技术有重大革新。

(2)生产钢铁产品的人工和原材料价格上涨了。

(3)钢铁行业的企业数目减少了。

(4)全球金融危机后预计钢铁产品的价格会下降。

(5)国家出台刺激钢铁行业振兴发展的相关政策。

6. 政府实行最低限价和最高限价对经济活动有何影响？

7. 政府对生产者和消费者征收税收或者实行补贴对经济活动有何影响？

8. 借助图形简要说明三种蛛网模型的形成情况。

四、计算题

1. 已知某种商品的供给曲线与需求曲线方程分别是：

供给函数：$P_s=50+4Q_s$

需求函数：$P_d=400-Q_d$

(1)该商品的均衡价格和均衡数量分别是多少？

(2)假设市场上还有另一个需求方，其需求函数是：$P_f=200-4Q_f$，试求市场需求曲线。

2. 假设下表为某品牌电动车的市场供求表，则：

(1)根据表中数据画出市场需求曲线和供给曲线。

(2)市场均衡时电动车的均衡价格和均衡数量分别为多少？

(3)如果价格是每辆 1800 元，该电动车市场会出现过剩还是短缺？过剩或短缺的数量为多少？

(4)如果价格为每辆 2500 元，该电动车市场会出现过剩还是短缺？过剩或短缺的数量为多少？

表 1 某品牌电动车的市场供求表

电动车价格(元/辆)	需求量(百万辆/年)	供给量(百万辆/年)
1500	450	150
1800	350	250
2000	300	300
2500	220	400

五、挑战题*

已知某种商品的供给函数为 $P_s=150+4Q_s$,需求函数为 $P_d=200-Q_d$,则求:

(1)该商品的均衡价格和均衡数量分别是多少?

(2)若政府向厂商征收货物税,单位产品的税收为 10 元,税后的均衡价格和均衡数量是多少?

(3)征税后商品价格上涨多少?

(4)政府对每件商品所征收的 10 元税收,消费者承担多少?生产者承担多少?

第二章 弹性理论

“籴甚贵，伤民；甚贱，伤农。民伤则离散，农伤则国贫。”

——《汉书·食货志上》

学习目的与要求

通过对本章的学习，要求了解一般弹性的概念、含义；掌握需求价格弹性、需求收入弹性、需求交叉价格弹性以及供给价格弹性的概念、含义；学会运用弹性理论与供求均衡理论相结合的分析方法，提高实际应用能力。

重点与难点

本章着重分析需求价格弹性、需求收入弹性和需求交叉价格弹性的概念、分类及计算；弹性和收入的关系原理。难点是点弹性与弧弹性的区别、需求交叉价格弹性的计算以及弹性理论与供求均衡理论相结合的方法应用。

前一章介绍了市场供求理论的有关知识，讲解了影响市场需求和供给的诸多因素，但只是定性地分析了这些因素对市场需求或供给的影响，没有进一步分析这些因素在多大程度上影响市场的需求或供给。针对这个问题，本章引入“弹性”这一概念，定量分析需求和供给受到这些因素的影响程度。本章首先讲述弹性的有关概念，然后再具体分析需求的价格弹性、需求的收入弹性、需求的交叉价格弹性、供给的价格弹性及其实际应用。

第一节　弹性概述

一、弹性的概念

在物理学和机械学上，弹性是指某一物体对外力作用的反应程度。英国经济学家马歇尔(1842－1924)首先在经济学领域引用了弹性概念，用于衡量某商品的价格变化一定比率所引起商品需求量变化的比率，也就是衡量该商品需求量对价格变化的反应程度。比如说，某商品的价格下降1%，该商品的需求量会上升2%，那么我们就可以说该商品的需求价格弹性是－2(这里的负号表示这两个量变化方向相反，在后面将会详细介绍)。另外，消费者的收入变化也可以导致商品的需求量的变化，于是就可以用需求的收入弹性来描述某种商品需求量对收入变化的反应程度，比如说，当我们的收入增加5%时，我们对冰箱的需求量就会增加20%，那么我们就可以说冰箱的需求收入弹性是4，这样弹性概念就进一步扩大了。

事实上，只要两个经济变量之间存在着函数关系，它们之间相对的变化关系都可以用弹性来描述，这样就可以得到更一般的弹性概念：**弹性表示因变量对自变量变化反应的敏感程度**。

弹性系数的一般公式是：

$$\text{弹性系数} = \frac{\text{因变量变动的百分比}}{\text{自变量变动的百分比}} \tag{2.1}$$

弹性的一般意义在于表示当自变量变动百分之一时，因变量变动百分之几。当公式中的两个变量分别是商品的价格和需求量时，此时的弹性称之为**需求的价格弹性**；当公式中的两个变量分别是消费者的收入和商品的需求量时，此时的弹性称之为**需求的收入弹性**；当公式中的两个变量分别一种商品的价格和另一种商品的需求量时，此时的弹性称之为**需求的交叉价格弹性**；当公式中的两个变量分别是商品的价格和供给量时，此时的弹性称之为**供给的价格弹性**，在后面的几节中将会详细介绍这些弹性的概念及其计算方法。

二、弧弹性和点弹性及其计算

设两个经济变量X、Y之间的函数关系为$Y=f(X)$，则其弹性的一般公式为：

$$E=\frac{\frac{\Delta Y}{Y}}{\frac{\Delta X}{X}}=\frac{\Delta Y}{\Delta X}\cdot\frac{X}{Y} \tag{2.2}$$

上式中，E 为弹性系数，ΔX、ΔY 分别为变量 X、Y 的变动量，则 $\frac{\Delta X}{X}$、$\frac{\Delta Y}{Y}$ 表示经济变量 X、Y 变动的百分比。公式(2.2)表示当自变量 X 变动 1%时，因变量将变动 $E\%$。

若经济变量的变化量趋于无穷小，即当(2.2)式中的 $\Delta X\to 0$，且 $\Delta Y\to 0$ 时，则其弹性公式为：

$$E=\lim_{\Delta X\to 0}\frac{\frac{\Delta Y}{Y}}{\frac{\Delta X}{X}}=\frac{\frac{dY}{Y}}{\frac{dX}{X}}=\frac{dY}{dX}\cdot\frac{X}{Y} \tag{2.3}$$

我们通常把(2.2)式称为**弧弹性公式**，把(2.3)式称为**点弹性公式**。

在计算弧弹性时，即使自变量和因变量变化前后两个状态相同，但变化的方向不一样，也会导致弧弹性计算的结果不一样。如图 2—1，当自变量由 X_1 变化到 X_2 时的弹性为：

$$E_1=\frac{\Delta Y}{\Delta X}\cdot\frac{X_1}{Y_1}=\frac{Y_2-Y_1}{X_2-X_1}\cdot\frac{X_1}{Y_1}$$

当自变量由 X_2 变化到 X_1 时的弹性为：

$$E_2=\frac{\Delta Y}{\Delta X}\cdot\frac{X_2}{Y_2}=\frac{Y_1-Y_2}{X_1-X_2}\cdot\frac{X_2}{Y_2}$$

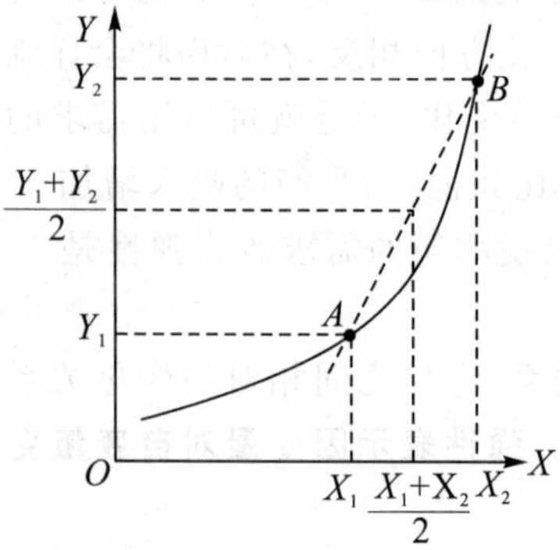

图 2—1　弧弹性与中点弹性

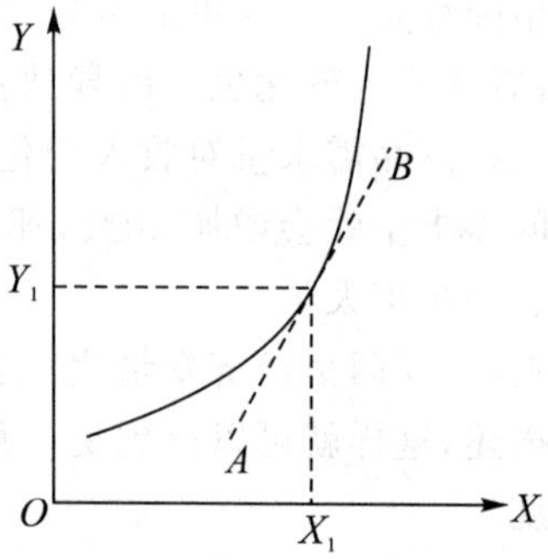

图 2—2　点弹性

我们可以发现：自变量由 X_1 变化到 X_2 时的弹性 E_1 和自变量由 X_2 变化到 X_1 时的弹性 E_2 不相等，其原因是弹性等于因变量和自变量的相对变化量的比值，自变量 X、因变量 Y 变化比率的参照数发生了变化，E_1 是以 A 点的(X_1,Y_1)为参照，E_2 是以 B 点的(X_2,Y_2)为参照，这样尽管自变量与因变量的绝对变化量都相等，但它们变化的百分率却不一样，即相对变化量是不相等的，就会导致弹性不一样。为了避免出现不同的计算结果，自变量与因变量既不以 A 点的(X_1,Y_1)为参照，也不以 B 点的(X_2,Y_2)为参照，而是以线段 AB 的中点位置$\left(\frac{X_1+X_2}{2},\frac{Y_1+Y_2}{2}\right)$作为参照，即以自变量 X 的平均值$\frac{X_1+X_2}{2}$和因变量 Y 的平均值$\frac{Y_1+Y_2}{2}$分别代替(2.2)式中的 X 和 Y，其计算公式是：

$$E=\frac{\Delta Y}{\Delta X}\cdot\frac{\frac{X_1+X_2}{2}}{\frac{Y_1+Y_2}{2}}=\frac{Y_2-Y_1}{X_2-X_1}\cdot\frac{X_1+X_2}{Y_1+Y_2} \tag{2.4}$$

公式(2.4)常称之为弧弹性的**中点公式**。

在以上三种弹性的计算公式中，当我们明确知道自变量和因变量变化的起始位置时，就应该用弧弹性计算公式；当我们知道这两个变量之间的函数关系式和自变量当前的数值，求其弹性时就应该用点弹性计算公式；当我们只知道两个变量的变化前后的状态，而不知道变化方向时，求其弹性就应该用中点弹性计算公式。

例 2—1　已知变量 X、Y 之间的函数关系为 $Y=2X^2+3$

(1)当自变量 X 由 1 增加到 2 时，求 Y 对 X 的弧弹性。

(2)当自变量 X 由 2 减小到 1 时，求 Y 对 X 的弧弹性。

(3)求当自变量 $X=4$ 时 Y 对 X 的点弹性。

解：

(1)当自变量 X 由 1 增加到 2 时，$\Delta X=2-1=1$，$\Delta Y=(2\times 2^2+3)-(2\times 1^2+3)=6$，所以 Y 对 X 的弹性为：

$$E=\frac{\Delta Y}{\Delta X}\cdot\frac{X}{Y}=\frac{6}{1}\cdot\frac{1}{2\times 1^2+3}=\frac{6}{5}=1.2$$

此弹性意义表示：当 X 增加 1%时，Y 将会增加 1.2%。

(2)当自变量 X 由 2 减小到 1 时，$\Delta X=1-2=-1$，$\Delta Y=(2\times 1^2+3)-(2\times 2^2+3)=-6$，所以 Y 对 X 的弹性为：

$$E=\frac{\Delta Y}{\Delta X}\cdot\frac{X}{Y}=\frac{-6}{-1}\cdot\frac{2}{2\times 2^2+3}=\frac{12}{11}\approx 1.1$$

此弹性意义表示：当 X 减少 1%时，Y 将会减少 1.1%。

(3)当自变量 $X=4$ 时，$Y=2\times 4^2+3=35$，所以 Y 对 X 的弹性为：

$$E=\frac{dY}{dX}\cdot\frac{X}{Y}=4\times 4\times\frac{4}{35}=\frac{64}{35}\approx 1.8$$

此弹性意义表示：当 X 增加 1%时，Y 将会增加 1.8%。

三、弹性系数的特点

根据弹性的定义和公式，我们可以发现弹性系数具有以下的特征：

(1)弹性系数是表示两个变量变化的百分率之比，与计量单位无关，弹性系数是一个没有单位的量。这样做可以十分方便地比较具有不同计量单位的商品的弹性大小，而不必考虑它们的单位，如汽车弹性和报纸的弹性是可以比较的。

(2)弹性系数可能是大于 0，可能等于 0，也可能小于 0。当弹性系数大于 0 时，说明这两个经济变量之间变化是同向的；当弹性系数等于 0 时，说明这两个经济变量之间的变化不存在必然的联系，也就是说自变量的变化对因变量没有影响；当弹性系数小于 0 时，说明这两个经济变量之间变化是反向的。

(3)弹性系数与其两个经济变量所确立的函数的斜率不是同一个概念。弹性系数不仅与该函数的斜率有关，而且还与这两个经济变量的大小有关，这一点从弹性系数的计算公式中可以看出，弹性系数是由函数的斜率 $\frac{\Delta Y}{\Delta X}$（或 $\frac{dY}{dX}$）与 $\frac{X}{Y}$ 乘积所得，所以即使函数的斜率相同，弹性系数也不一定相等。

第二节 需求的价格弹性

前一章中我们介绍了在其他因素保持不变时，商品的需求量 Q 与该商品的价格 P 之间存在函数关系，我们称之为需求曲线 $Q=f(P)$，上一节介绍了一般弹性概念及其表示的意义，当上一节弹性定义中的自变量、因变量分别表示某种商品的价格 P、需求量 Q 时，我们就把此时弹性称之为该商品的**需求价格弹性**。

一、需求价格弹性的概念

1. 需求价格弹性的定义及计算

需求价格弹性(the price elasticity of demand)表示在一定时期内一种商品需求量的变动对于该商品的价格变动的反应程度。或者说，需求的价格弹性表示在一定时期内当一种商品的价格变化百分之一时，所引起该商品的需求量变化的百分比。其计算公式为：

$$\text{需求的价格弹性系数}=\frac{\text{需求量变动的百分比}}{\text{价格变动的百分比}} \tag{2.5}$$

假定需求函数为 $Q=f(P)$，其中 P 为商品的价格，Q 为需求量。用 E_d 表示需求价格弹性，则计算公式为：

$$E_d=\frac{\frac{\Delta Q}{Q}}{\frac{\Delta P}{P}}=\frac{\Delta Q}{\Delta P}\cdot\frac{P}{Q} \tag{2.6}$$

当商品的价格变化量趋向于 0 即 $\Delta P\to 0$ 时，我们就可以用点弹性计算公式：

$$E_d=\lim_{\Delta P\to 0}\frac{\frac{\Delta Q}{Q}}{\frac{\Delta P}{P}}=\frac{\frac{dQ}{Q}}{\frac{dP}{P}}=\frac{dQ}{dP}\cdot\frac{P}{Q} \tag{2.7}$$

当表示某商品需求曲线上两点之间的需求量的变动对于价格的变动的反应程度时，我们就可以用中点弹性计算公式：

$$E_d=\frac{\Delta Q}{\Delta P}\cdot\frac{\frac{P_1+P_2}{2}}{\frac{Q_1+Q_2}{2}}=\frac{Q_2-Q_1}{P_2-P_1}\cdot\frac{P_1+P_2}{Q_1+Q_2} \tag{2.8}$$

在计算商品的需求价格弹性时，需要注意以下几点：

(1)需求的价格弹性必须是 Q 与 P 变化率之比，而非变化量之比，即需求价格弹性是表示需求量 Q 与商品价格 P 的相对量之比，而不是绝对量之比。

(2)通常商品的需求量与价格反向变动，$\frac{\Delta Q}{\Delta P}$ 为负值，即需求价格弹性系数一般为负值，为了讨论的方便，我们经常直接用它的绝对值 $|E_d|$ 来度量其大小。

(3)需求价格弹性系数不同于需求曲线的斜率。由需求价格弹性的计算公式我们可以知道,需求价格弹性是 $\frac{\Delta Q}{\Delta P}$ 与 $\frac{P}{Q}$ 两个因数的乘积得到的,其中 $\frac{\Delta Q}{\Delta P}$ 是需求曲线斜率的倒数(需求曲线与数学上画法不一样,在这里自变量 P 是纵轴,因变量 Q 是横轴),$\frac{P}{Q}$ 则是由需求曲线上所测量的点的位置来决定的。所以,即使是各点斜率相同的一条线性需求曲线,这条曲线上的各点的弹性也是不一样的。

例 2—2　某玩具公司生产一种玩具产品毛绒熊猫,消费者对该毛绒熊猫玩具的需求函数为:$Q=30000-200P$

其中,Q 是毛绒熊猫的需求量,P 是毛绒熊猫的价格。

(1)当毛绒熊猫的价格 $P=50$ 时,求它需求价格弹性。

(2)当毛绒熊猫的价格 P 为多少时,它的需求价格弹性等于 1?

解:

(1)根据需求价格点弹性的公式,当 $P=50$ 时,毛绒熊猫的需求价格弹性为:

$$E_d=\frac{dQ}{dP}\cdot\frac{P}{Q}=-200\cdot\frac{50}{30000-200\times 50}=-0.5$$

(2)当 $|E_d|=1$,也就是 $E_d=-1$ 时,由题意有:

$$E_d=\frac{dQ}{dP}\cdot\frac{P}{Q}=-200\cdot\frac{P}{30000-200P}=-1$$

解此方程可得 $P=75$,即当 $P=75$ 时,该商品的需求价格弹性等于 1。

除了根据需求价格弹性公式计算商品的需求价格点弹性外,还可以根据需求价格点弹性的几何意义来计算相应的点弹性值。

2. 需求的价格点弹性的几何意义

(1)线性需求曲线的点弹性的几何意义。

下面用图 2—3 来说明线性需求曲线的点弹性的几何意义,在图中,线性需求曲线与纵轴和横轴分别相交于 A、B 两点,设 C 点为该需求曲线上的任意一点。

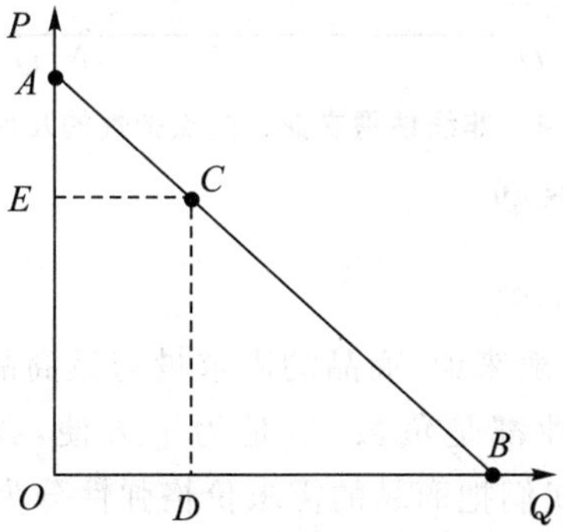

图 2—3　线性需求曲线的点弹性的几何意义

根据点弹性的定义和斜率的定义,C 点的需求价格点弹性为:

$$|E_d|=\left|\frac{dQ}{dP}\right|\cdot\frac{P}{Q}=\frac{BD}{CD}\cdot\frac{CD}{OD}=\frac{BD}{OD}=\frac{BC}{AC}=\frac{OE}{AE}\qquad(2.9)$$

其中,$\left|\frac{dQ}{dP}\right|$ 的倒数对应图 2—3 中线段 AB 的斜率,AB 线段的斜率等于线段 CD

与 BD 之比，即 $\left|\frac{dQ}{dP}\right|$ 可以表示为 BD 与 CD 之比。由此可以看出：线性需求曲线上的任何一点的点弹性，都可以由该点出发向纵轴或横轴引垂线的方法求得，也可以根据该点把线性需求曲线与坐标轴相交所得线段分成的两条线段的比来求得。

由图 2－3 可知：$|E_d|=\frac{BC}{AC}$，随着点 C 向 A 点移动，BC 逐渐增大，AC 逐渐减小，所以此时点 C 的弹性 $|E_d|$ 逐渐增大；反之，当点 C 向 B 点移动时，C 点的弹性 $|E_d|$ 逐渐减小。特别地，当点 C 在 AB 的中点时，由于 $BC=AC$，所以 $|E_d|=\frac{BC}{AC}=1$。

(2)非线性需求曲线的点弹性的几何意义。

非线性需求曲线的点弹性的几何意义与线性需求曲线的点弹性的几何意义基本相同。如图 2－4，根据需求曲线的点弹性的定义，我们也可以得到 A、B 点的弹性分别是：

$$|E_d^A|=\left|\frac{dQ}{dP}\right|\cdot\frac{P}{Q}=\frac{FA}{EA},\qquad |E_d^B|=\left|\frac{dQ}{dP}\right|\cdot\frac{P}{Q}=\frac{NB}{MB} \tag{2.10}$$

可以看出，非线性需求曲线上的需求价格点弹性等于该点把它的切线段分成的两条线段之比，虽然不同点的切线斜率不一样，位置也不一样，但可以从它们分成的两条线段之比的大小来比较这两点的需求价格点弹性的大小，如图 2－4，我们可以看出：

$|E_d^A|>|E_d^B|$

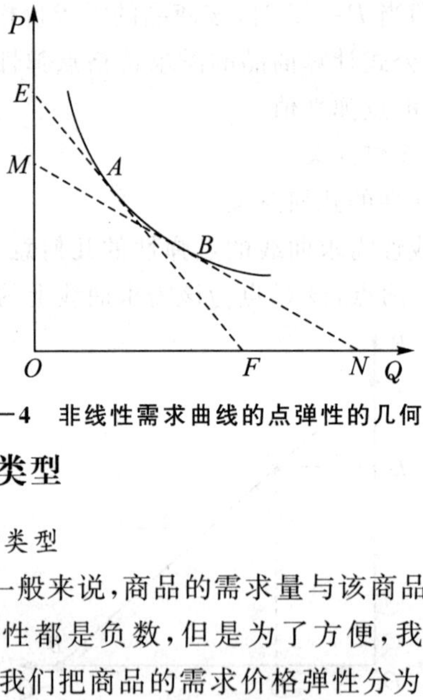

图 2－4 非线性需求曲线的点弹性的几何意义

二、需求价格弹性的类型

1. 需求价格弹性的五种类型

从第一章中我们知道，一般来说，商品的需求量与该商品的价格呈反向变化关系，所以，一般商品的需求价格弹性都是负数，但是为了方便，我们在计算时常取其绝对值 $|E_d|$。根据 $|E_d|$ 的大小，我们把商品的需求价格弹性分为五种类型：

(1)当 $|E_d|>1$ 时，表示需求量的变化率大于价格的变化率，即 $\left|\frac{\Delta Q}{Q}\right|>\left|\frac{\Delta P}{P}\right|$，说明价格稍有变动就会引起需求量较大的变动，这种情况称之为**富有弹性**或**有弹性**。如奢侈品、汽车、珠宝、国外旅行等，这些商品都富有弹性，它们的需求量对于价格变动的反应是比较敏感的。

(2)当 $|E_d|=1$ 时，表示需求量的变化率等于价格的变化率，即 $\left|\frac{\Delta Q}{Q}\right|=\left|\frac{\Delta P}{P}\right|$，说明

价格有多大的变动就会引起需求量多大的变动，这种情况称之为**单一弹性或单位弹性**。

(3)当 $0<|E_d|<1$ 时，表示需求量的变化率小于价格的变化率，即 $\left|\frac{\Delta Q}{Q}\right|<\left|\frac{\Delta P}{P}\right|$，说明价格的变动只会引起需求量较小的变动，这种情况称之为**缺乏弹性或弹性不足**。如生活必需品、粮食、蔬菜等，这些商品都缺乏弹性，它们的需求量对于价格变动的反应不敏感。

(4)当 $|E_d|=0$ 时，表示无论价格如何变动，也不会引起需求量的变动，即 $\left|\frac{\Delta Q}{Q}\right|=0$，这种情况称之为**完全无弹性**。如糖尿病人对胰岛素的需求，在胰岛素对糖尿病人来说是唯一治疗药品时，胰岛素的价格在病人的收入范围内不论如何变化，糖尿病人对胰岛素的需求量都不会改变。

(5)当 $|E_d|=\infty$ 时，表示价格极小的变动也会导致需求量无限的变动，即 $\left|\frac{\Delta Q}{Q}\right|=\infty$，这种情况称之为**完全弹性**。如政府规定银行必须以某个固定价格收购黄金时，黄金的需求价格弹性就是完全弹性。当黄金价格高于这个价格时，银行不会以此价格收购黄金，即对黄金的需求量迅速降为 0。

2.线性需求函数的点弹性

当需求函数 $Q=f(P)$ 的图像是线性时，需求函数的斜率是固定值，由需求价格的点弹性计算公式 $E_d=\frac{dQ}{dP}\cdot\frac{P}{Q}$ 可以知道，由于它的斜率 $\frac{\Delta P}{\Delta Q}$ 是定值，我们可以根据 $\frac{P}{Q}$ 值的大小来比较需求价格点弹性的大小，即需求价格的点弹性与该点所处的位置有关。参见图 2—5。

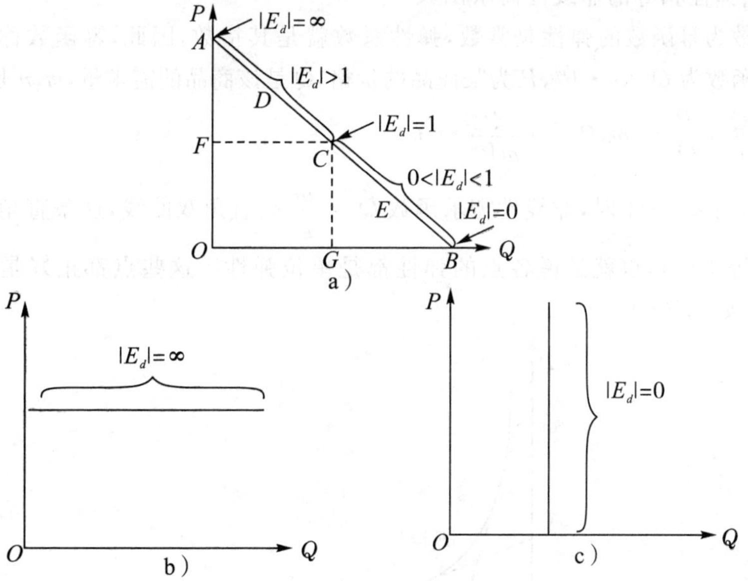

图 2—5　线性需求曲线的点弹性

(1)当需求函数的斜率小于 0 时，需求函数的图像是一条向右下方倾斜的直线，如图 2—5 中的 a)所示。由需求价格的点弹性计算公式 $E_d=\frac{dQ}{dP}\cdot\frac{P}{Q}$ 可知：A 点的 $Q=0$，所以 $|E_d|=\infty$，即 A 点是完全弹性的；B 点的 $P=0$，所以 $|E_d|=0$，即 B 点是完全无弹性

的；C 点是 AB 的中点，则有 $|E_d|=|\frac{dQ}{dP}|\cdot\frac{P}{Q}=\frac{FC}{AF}\cdot\frac{OF}{OG}=1$，即中点 C 点是单位弹性的；在 A、C 之间的 D 点的弹性 $|E_d|>1$，即在 A、C 之间的点是富有弹性的；在 B、C 之间的 E 点的弹性 $0<|E_d|<1$，即在 B、C 之间的点是缺乏弹性的，也可以由弹性的几何意义得出以上结论。

(2)当需求函数的斜率为0，即 $\frac{dQ}{dP}=\infty$ 时，需求函数的图像是一条水平的直线，如图2－5中的b)所示，由需求价格的点弹性计算公式 $E_d=\frac{dQ}{dP}\cdot\frac{P}{Q}=\infty$ 可知，此时需求曲线上每一点的弹性是完全弹性的。

(3)当需求函数的斜率为无穷大，即 $\frac{dQ}{dP}=0$ 时，需求函数的图像是一条垂直于横轴的直线，如图2－5中的c)所示，由需求价格的点弹性计算公式 $E_d=\frac{dQ}{dP}\cdot\frac{P}{Q}=0$ 可知，此时需求曲线上每一点的弹性是完全无弹性的。

3. 非线性需求曲线的点弹性

当需求函数 $Q=f(P)$ 的图像是非线性时，需求函数的斜率不是固定值，由需求价格的点弹性计算公式 $E_d=\frac{dQ}{dP}\cdot\frac{P}{Q}$ 可以知道，此时的需求价格的点弹性不仅与该点所处的位置有关，而且还与该点处的斜率有关。非线性需求曲线上各点的弹性可能相等，也可能不相等。

(1)各点弹性相等的非线性需求函数。

需求函数为幂函数的弹性是常数，弹性系数就是其指数，因此，幂函数称为**常弹性函数**。若需求函数为 $Q=m\cdot P^n$，P 为某商品的价格，Q 是该商品的需求量，m、n 是常数，则：

$$E_d=\frac{dQ}{dP}\cdot\frac{P}{Q}=mnP^{n-1}\cdot\frac{P}{mP^n}=n \tag{2.11}$$

特别地，当 $n=-1$ 时，非线性需求函数 $Q=\frac{m}{p}$ 是直角双曲线，这条直角双曲线上各点的弹性都等于－1，也就是说各点的弹性都是单位弹性。这些点都正好是它们各自切线段的中点，如图2－6。

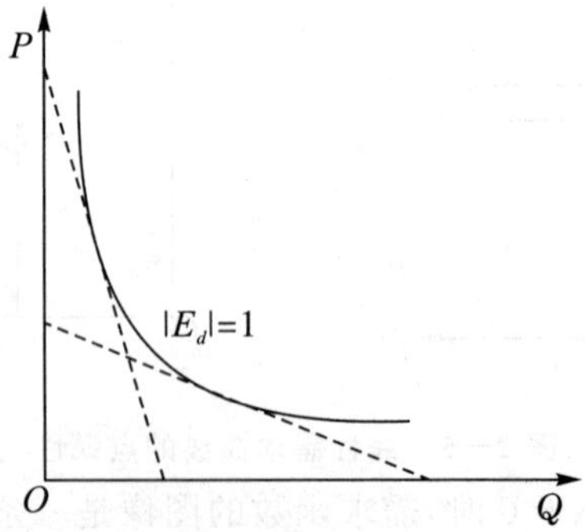

图2－6　直角双曲线型需求曲线的点弹性

(2)各点弹性不相等的非线性需求函数。

除了幂函数外，其他的非线性需求函数上所有点的弹性并不一定相等，但我们也可以从曲线的形状来判断这一部分曲线上各点的弹性类型，如图 2－7。

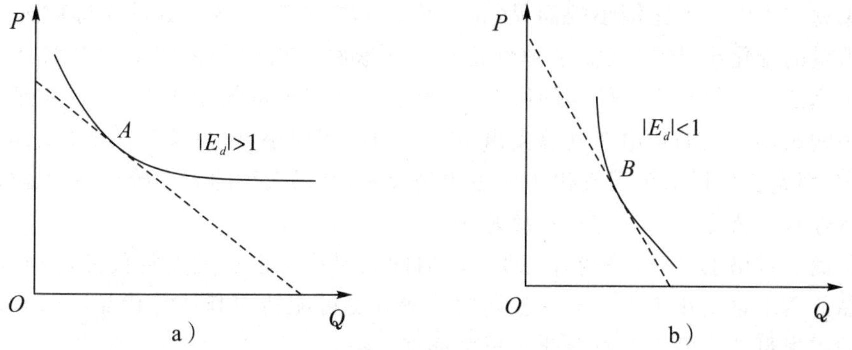

图 2－7　非线性需求曲线的点弹性

图 2－7 的 a)中的需求曲线比较平坦，其中的一个点 A 在其切线段中点的上方，由前面所讲到的点弹性几何意义可以知道，点 A 是富有弹性的；b)图中的需求曲线比较陡峭，其中的一个点 B 在其切线段中点的下方，所以点 B 是缺乏弹性的。因此我们一般用比较平坦的曲线表示富有弹性的需求曲线，用比较陡峭的曲线表示缺乏弹性的需求曲线。

三、影响需求价格弹性的因素

不同商品的需求价格弹性大小是不一样的，影响其需求价格弹性的因素很多，一般认为主要有以下几个：

1. 商品的可替代程度

如果一种商品的替代品越多或者替代程度越高，那么当该商品的价格提高时，大多数消费者会购买它的替代品，该商品的需求量就会急剧地减少，所以其需求价格弹性也就越大；反之，商品的需求价格弹性就越小。例如每一种药品都有它的独特疗效，也就是说每一种药品的替代商品较少，替代程度也较低，药品价格的变化对它的需求量影响较小，所以药品的需求价格弹性就小；而水果类商品的替代品较多，水果价格的变化对它的需求量影响也就比较大，水果的需求价格弹性也就较大。

2. 商品用途的广泛程度

商品的用途越广泛，其需求弹性也就越大；而商品的用途越少，则其需求弹性也就越小。例如生活中，比较而言，电力的需求弹性较大，这就与其用途广泛相关，而小麦的需求弹性较小，就与其用途少有关。

3. 商品对消费者生活影响的重要程度

如果一种商品是消费者的生活必需品，则其需求的价格弹性较小；如果是奢侈品，则其需求的价格弹性较大。这是因为消费者对生活必需品的需求量大而稳定，所以生活必需品的需求弹性小，而且，在生活中越是必需的商品，其需求弹性越小。例如，食盐是人们生活中不可缺少的商品，所以其需求的价格弹性比较小；而旅游消费对目前我国刚进入小康型社会的老百姓来说不是非常重要，所以其需求的价格弹性相对就比较大。因此，旅行社常常利用打折行为吸引更多游客，而降低食盐的价格是不可能使人们增加对食盐的需求数量的。

4.商品的消费支出在消费预算总支出中所占的比重

在家庭支出中所占比例小的商品，价格变动基本不影响该家庭的实际收入，该家庭对其需求量的变化小，所以其需求弹性也小。在家庭支出中所占比例大的商品，价格变动对该家庭的实际收入产生较大的影响，该家庭对其需求量的变化大，所以其弹性也大。例如居民购买调味品的支出在其总支出中所占的比例很小，所以调味品的需求价格弹性很小；汽车消费在居民的消费支出中所占比例较大，所以汽车的需求价格弹性也较大。

5.所考察的消费者调节需求量的时间

当某商品价格上升时，消费者需要一段时间去寻找可以接受的替代品，因此，短期内对该商品的需求量变化不大。而在长期内消费者更可能转向其他替代品。因此，该提价的商品的需求量就会发生明显变化。反之亦然。

对具体商品而言，影响其需求价格弹性的因素很多且可能是不完全一样的。比如，对于住宅的需求价格弹性，除了上述五种因素外，还与消费者拥有的住宅数目、国家调控政策、住宅环境等有关；鲜活产品的弹性还与是否易于存储有关；医疗费用的弹性与公费、私费有关等等，因此，需要具体问题具体分析。

四、需求价格弹性与总收益

需求的价格弹性提示了商品价格变化对该商品需求量变化的影响程度，这对企业决策是很重要的。这个重要性主要体现在：当价格发生变动时，企业销售收入的变动方向将与该商品的需求价格弹性大小息息相关。

1.总收益

总收益也可以称为**总收入**，是指厂商出售一定量商品所得到的全部收入，也就是商品的销售量与该商品价格的乘积。如果以 TR 代表总收益，Q 为销售量，P 为价格，则有：

$$TR = P \cdot Q \quad (2.12)$$

需要指出的是，总收益中包括了成本与利润，只有扣除成本之后的净收益才是利润。我们这里所要分析的是需求弹性对包括成本与利润在内的总收益的影响，而不是对扣除成本之后净收益的影响。由于有成本变动的关系，总收益增加并不一定表示净收益增加，总收益减少也不一定表示净收益减少，但在现代的企业经营模式中，总收益是考核企业经营状况好坏的指标之一，所以分析需求弹性对总收益的影响是企业管理阶层经常关注的方面之一。

此外，总收益也就是总支出。这就是说，从厂商的角度来看，总收益是出售一定量商品的总收入，从居民户来看，这也就是为购买一定量商品而付出的总支出。所以，分析需求弹性对厂商总收益的影响实际上也就是分析需求弹性对居民户总支出的影响。

在讨论总收益与需求弹性的关系时，为了简单起见，我们假设需求量也就是销售量，这样，价格的变动也就引起了销售量的变动，不同商品的需求弹性不同，价格变动引起的销售量的变动不同，从而总收益的变动也就不同。下面，我们分析不同的需求价格弹性与总收益之间的关系。

2.需求富有弹性的商品需求弹性与总收益之间的关系

如果某种商品的需求是富有弹性的，其需求曲线比较平缓，如图 2－8 中 a)所示。价格为 P_1 时收益为 P_1Q_1，价格为 P_2 时收益为 P_2Q_2，当商品的价格由 P_1 下降到 P_2时，总

收益减少了 P_1P_2CA；同时，商品的需求量由 Q_1 增加到 Q_2，总收益增加了 Q_1Q_2BC。由于该产品的需求是富有弹性的，总收益增加的量大于总收益减少的量，所以，从总体上来说，总收益还是增加的；反之，富有弹性的商品价格上升时，总收益是减少的。

根据富有弹性的商品涨价与降价所引起的总收益的变化可以得出：**如果某种商品是富有弹性的，则价格与总收益呈反方向变动，即价格上升，总收益减少；价格下降，总收益增加。**

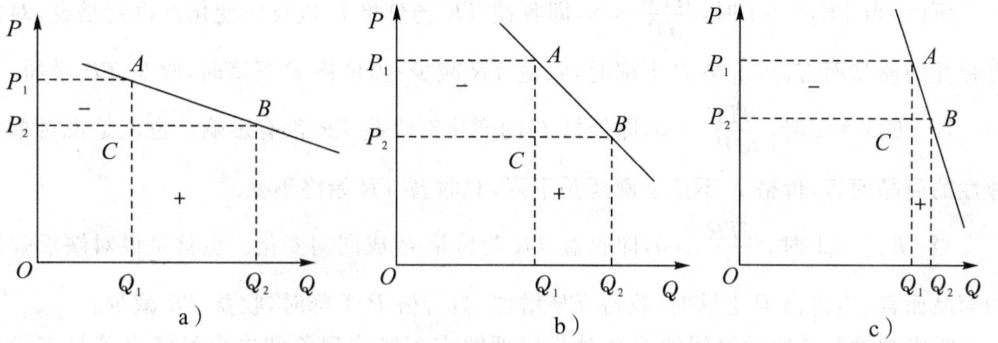

图 2—8　不同需求价格弹性引起收益变动不同

需求富有弹性的商品价格下降会导致总收益增加，就是我们一般所说的"薄利多销"的原因所在。"薄利"就是降价，降价能"多销"，"多销"则会增加总收益，所以，能够做到薄利多销的商品应该是需求富有弹性的商品。

3. 需求缺乏弹性的商品需求弹性与总收益的关系

如果某种商品的需求是缺乏弹性的，如图 2—8 中 c)所示，当商品的价格由 P_1 下降到 P_2 时，总收益减少了 P_1P_2CA；同时，商品的需求量由 Q_1 增加到 Q_2，总收益增加了 Q_1Q_2BC。但由于该产品缺乏弹性，需求量增加所引起总收益增加的幅度小于价格下降所引起总收益减少的幅度，所以，从总体上来说，总收益还是减少的；反之，缺乏弹性的商品价格上升时，总收益是增加的。对企业来说，缺乏弹性的商品降价对提高企业的总收益没有好处的。

根据缺乏弹性的商品涨价与降价所引起的总收益的变化可以得出：**如果某种商品是缺乏弹性的，则价格与总收益呈同方向变动，即价格上升，总收益增加；价格下降，总收益减少。**

4. 单一弹性的商品需求弹性与总收益的关系

如果某种商品的需求是单一或单位弹性，如图 2—8 中 b)所示，当商品的价格由 P_1 下降到 P_2 时，总收益减少了 P_1P_2CA；同时，商品的需求量由 Q_1 增加到 Q_2，总收益增加了 Q_1Q_2BC。但需求量增加所引起总收益增加的幅度等于价格下降所引起总收益减少的幅度，所以，从总体上来说，总收益还是不变的；反之，单位弹性的商品价格上升时，总收益也是不变的。对企业来说，单位弹性的商品降价、涨价对企业的总收益没有影响。

根据单一弹性的商品涨价与降价所引起的总收益的变化可以得出：**如果某种商品是单位弹性的，则价格无论上升还是下降，对总收益都没有影响。**

另外，我们运用数学方法同样可以得出需求价格弹性和总收益之间的关系。

假设某商品的需求函数是 $Q=f(P)$，则其总收益为：

$$TR=P\cdot Q=P\cdot f(P) \tag{2.13}$$

总收益 TR 对价格 P 求导数得：

$$\frac{dTR}{dP}=\frac{d[Pf(P)]}{dP}=f(P)+P\cdot f'(P)$$

$$=Q+P\cdot\frac{dQ}{dP}=Q\left(1+\frac{dQ}{dP}\cdot\frac{P}{Q}\right)$$

$$=Q(1+E_d)=Q(1-|E_d|) \tag{2.14}$$

所以，当 $|E_d|>1$ 时，$\frac{dTR}{dP}<0$，即收益 TR 与价格 P 成反向变化。也就是说，对富有弹性的商品而言，当价格 P 上涨时，收益 TR 减少；当价格 P 下降时，收益 TR 增加。

当 $|E_d|=1$ 时，$\frac{dTR}{dP}=0$，即价格 P 的变化对收益 TR 没有影响。也就是说对单位弹性的商品而言，价格 P 不论上涨还是下降，总收益 TR 始终不变。

当 $|E_d|<1$ 时，$\frac{dTR}{dP}>0$，即收益 TR 与价格 P 成同向变化。也就是说对缺乏弹性的商品而言，当价格 P 上涨时，收益 TR 增加；当价格 P 下降时，收益 TR 减少。

需求弹性与总收益之间的关系对我们理解许多经济现象和作出经济决策具有指导意义。例如，在商业竞争中，降价是一种重要的竞争手段，但是，从需求弹性与总收益的关系中可以看出，降价竞争只适用于需求弹性大的商品，对于需求弹性小的商品，降价竞争是无利的。还有完全弹性与完全无弹性的商品价格变化对总收益的影响，我们也可以同样进行分析。归纳起来，弹性与收益之间的关系如表 2－1。

表 2－1　需求价格弹性与总收益之间的关系

收益　弹性 / 价格	$\|E_d\|>1$	$\|E_d\|=1$	$\|E_d\|<1$	$\|E_d\|=0$	$\|E_d\|=\infty$
降价	增加收入	收入不变	减少收入	收入随价格下降同比例减少	收入$=P\cdot Q_{max}$（由于价格低于市场价格，所以收入没有按市场价格出售得到的大，因此理性经济人不会选择降价）
涨价	减少收入	收入不变	增加收入	收入随价格下降同比例减增加	收入减少为零
企业价格策略	适当降价	针对不同情况涨价或减价	适当涨价	减少供给，涨价	接受市场价格

五、农产品的支持价格与“丰收悖论”

在农业生产活动中，存在着这么一种经济现象：在丰收的年份，农民的收入反而减少了。这种现象在我国民间被形象地概括为**“谷贱伤农”**或**“丰产不丰收”**，在经济学中称之为**“丰收悖论”**。其实，这种表面看起来难以理解的现象，在经济学中就可以用弹性理论加以解释。

在前面分析需求的价格弹性与厂商的销售收益时，我们得出这样一个结论：对于缺乏弹性的商品来说，商品的价格与厂商的销售收益成同方向变化。现在，我们就运用这个结论分析一下农民的收益与粮食价格之间的关系。

一般来说，农产品的需求价格弹性是小于 1 的，即当农产品的价格发生 1％的变化时，农产品的需求量变化小于 1％。在图 2－9 中，农产品的需求曲线 D 是缺乏弹性的，其需求曲线比较陡峭，适宜的气候或技术水平的提高使农产品丰收，供给曲线由 S_1 的位置向右平移至 S_2 的位置，因为需求是缺乏弹性的，农产品的均衡价格由原来的 P_1 大幅度地下降到 P_2，均衡数量由 Q_1 小幅度地增加到 Q_2。由于农产品均衡价格的下降幅度大于农产品的均衡数量的增加幅度，最后致使农民的总收益减小。图 2－9 中，正常年份的收入 $TR_1=P_1 \cdot Q_1$，即矩形 $P_1OQ_1E_1$ 的面积；丰收年份的收入 $TR_2=P_2 \cdot Q_2$，等于矩形 $P_2OQ_2E_2$ 的面积。矩形 $P_1P_2FE_1$ 的面积是指由于价格下降而减少的收入，矩形 $Q_1Q_2E_2F$ 的面积是指因价格下降导致交易量增加而增加的收入，由于该农产品是缺乏弹性的，所以前者大于后者，所以丰收后农民的总收益减少了。

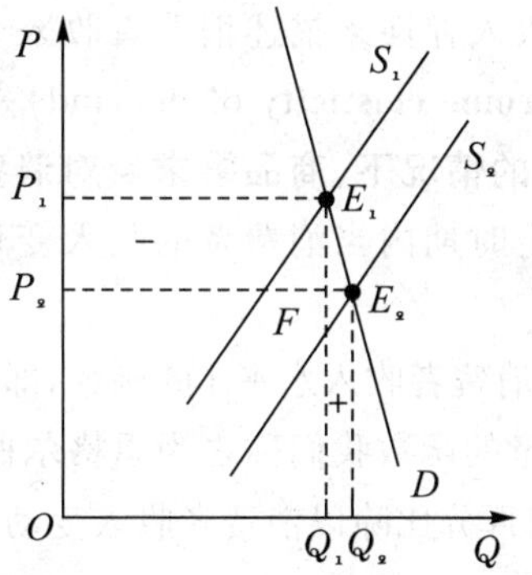

图 2－9　缺乏弹性的需求曲线与谷贱伤农

基于以上的经济学原理以及经验，在许多国家，为了保护农民的利益和支持农业的发展，都执行农产品的支持价格政策：在丰收时以保护价格收购农产品，避免农民丰产不丰收，或减少农产品的种植面积，从而减少农产品的供给，将农产品价格维持在一定的合理水平上，保证农民的利益。

案例资料 2-1

我国旅游业的需求价格弹性

2015 年 9 月 26 日在武汉发布的《2015 中国旅游业发展报告》显示，到 2015 年 7 月，全国 5A 级旅游景区共有 201 家。中国旅游研究院武汉分院院长胡静发布此项报告时分析，到 2014 年底，全国 5A 级景区旺季平均门票价为 102 元，较 2012、2013 年分别下降 22.14%、1.92%；淡季平均门票价格为 92 元，较 2012、2013 年分别下降 19.83%、1.07%。

根据相关资料分析，从 2005 年到 2014 年，我国国内接待游客人次由 12.12 亿人次增长到 36.11 亿人次，年均增长率达 12.9%；国内旅游总收入由 5286 亿元增长到 30312 亿元，年均增长率达 21.4%。据统计，2014 年入境旅游收入达 569 亿美元，同比增长约10.2%，跃居全球第三，仅次于美国和西班牙。

由于我国刚刚步入小康社会，旅游已成为中国家庭重要的休闲方式和消费方式。2012 年，国务院下发《重大节假日免收小型客车通行费实施方案》，通过免费通行方案，拉动了需求，促进了经济增长。旅游消费属于富有弹性的商品，商品价格小幅下降会引起需求量大幅上升，从而引起收益的上升。

资料来源：作者根据有关资料整理。

第三节 需求的收入弹性

一、需求收入弹性的概念

不仅商品价格的变化会影响该商品的需求量，消费者收入的变化也会影响该商品的需求量，我们就可以用需求的收入弹性来描述消费者收入变化对商品需求量变化的影响程度。**需求的收入弹性(the income elasticity of demand)是指在需求函数中除消费者收入以外的其他所有自变量不变的情况下，商品需求量对消费者收入变动的反应程度或敏感程度**。或者说，它表示在一定时期内当消费者的收入变化百分之一时所引起消费者对该商品需求量变化的百分比。

假设某商品的需求量 Q 是消费者收入水平 I 的函数，即 $Q=f(I)$，像这种表示消费者在每一收入水平对某商品需求量的函数我们称之为**恩格尔曲线**，那么此时需求的收入弹性系数 E_I 等于商品需求量变动的百分比除以消费者收入变动的百分比，其计算公式是：

$$E_I=\frac{\frac{\Delta Q}{Q}}{\frac{\Delta I}{I}}=\frac{\Delta Q}{\Delta I}\cdot\frac{I}{Q} \tag{2.15}$$

或：

$$E_I=\lim_{\Delta I\to 0}\frac{\frac{\Delta Q}{Q}}{\frac{\Delta I}{I}}=\frac{\frac{dQ}{Q}}{\frac{dI}{I}}=\frac{dQ}{dI}\cdot\frac{I}{Q} \tag{2.16}$$

公式(2.15)和公式(2.16)分别表示需求的**收入弧弹性**和**点弹性**。

例 2－3 根据中国统计局发布的数据，2011 年我国城镇居民人均可支配收入为 21809.8 元，平均每人消耗粮食 80.7 公斤，平均每人消费猪肉 20.6 公斤，平均每百户购买家用汽车 18.6 辆；2012 年城镇居民人均可支配收入为 24564.7 元，平均每人消耗粮食 78.8 公斤，平均每人消费猪肉 21.2 公斤，平均每百户购买家用汽车 21.5 辆。求

(1)我国城镇居民对粮食的需求收入弹性。

(2)我国城镇居民对猪肉的需求收入弹性。

(3)我国城镇居民每百户对家用汽车的需求收入弹性。

解：(1)根据需求收入弹性的公式，我国城镇居民对粮食的需求收入弹性为：

$$E_1=\frac{\Delta Q}{\Delta I}\cdot\frac{I}{Q}=\frac{78.8-80.7}{24564.7-21809.8}\times\frac{21809.8}{80.7}=-0.19$$

(2)根据需求收入弹性的公式，我国城镇居民对猪肉的需求收入弹性为：

$$E_2=\frac{\Delta Q}{\Delta I}\cdot\frac{I}{Q}=\frac{21.2-20.6}{24564.7-21809.8}\times\frac{21809.8}{20.6}=0.23$$

(3)根据需求收入弹性的公式，我国城镇居民每百户对家用汽车的需求收入弹性为：

$$E_3 = \frac{\Delta Q}{\Delta I} \cdot \frac{I}{Q} = \frac{21.5 - 18.6}{24564.7 - 21809.8} \times \frac{21809.8}{18.6} = 1.23$$

这里要注意以下几点：第一，在计算收入弹性时，假设价格和其他影响需求的因素是不变的，我们所考虑的需求量的变化只是由收入的变化引起的；第二，弹性系数是两个相对量的比值，与这两个变量的单位无关，所以例 2－3 中，汽车以每百户的购买量进行计算，而收入以人均可支配收入进行计算，但这并不影响需求收入弹性的大小；第三，从例 2－3中我们可以发现，需求的收入弹性可能小于 0，也可能在 0 和 1 之间，还可能大于 1，下面我们就详细分析这种现象。

二、需求收入弹性与商品的特性

在其他条件不变的情况下，消费者收入的增加对各种商品的需求量也会产生影响，收入的变化对不同商品需求量的影响程度并不相同，这样，各种商品的收入弹性大小也就不同。

根据商品的需求收入弹性 E_I 的大小，可以把商品分为以下几类：

(1)当 $E_I<0$ 时，称为**收入负弹性**。它表示消费者对该商品的需求量与消费者的收入成反方向变化，我们把需求收入弹性小于 0 的商品称之为**低档品或劣等品**。例如，随着中国经济不断发展，中国消费者的收入不断增加，对化学纤维类服装的需求量越来越小，人们越来越看重天然、环保的棉织品，那么化学纤维类服装就是低档品。在例 2－3 中，粮食的需求收入弹性为－0.19，也就是说，当城镇居民的收入增加 1%时，城镇居民对粮食的需求就减少 0.19%，粮食就属于低档品了，这主要是中国城镇居民的收入提高后，对其他肉类产品如牛奶、鸡蛋、蔬菜、肉类等消费量大幅增加。如图 2－10 中的 a)所示，恩格尔曲线向右下方倾斜时，该商品的需求收入弹性就是负弹性的。

(2)当 $E_I=0$ 时，称为**收入无弹性**。它表示需求量对收入变化没有反应，即无论收入如何变化，商品的需求量均不变。如图 2－10 中的 b)所示，当商品的恩格尔曲线是直线并与表示需求量的数轴垂直时，该商品的需求收入弹性就等于 0。

(3)当 $0<E_I<1$ 时，称为**收入缺乏弹性**。它表示消费者收入增加时，消费者对该商品的需求量也增加，但需求量增加的百分率小于消费者收入增加的百分率，我们把这样的商品称之为**必需品**。在例 2－3 中，猪肉的需求收入弹性为 0.23，也就是说，当城镇居民的收入增加 1%时，城镇居民对猪肉的需求量就增加 0.23%，它就是必需品。如图2－10中的 c)所示，当恩格尔曲线向右上方倾斜并凸向下方时，该商品的需求收入弹性就是缺乏弹性的。

(4)当 $E_I=1$ 时，称为**收入单一弹性**。它表示收入变动会引起需求量同方向变动，且需求量的变动率始终等于收入的变动率。如图 2－10 中的 d)所示，当恩格尔曲线是直线并经过坐标原点时，该商品的需求收入弹性就是单一弹性的。

(5)当 $E_I>1$ 时，称为**收入富有弹性**。它表示消费者收入增加时，消费者对该商品的需求量也增加，且需求量增加的百分率要大于消费者收入增加的百分率，我们把这样的商品称之为**奢侈品或高档品**。在例 2－3 中，家用汽车的需求收入弹性为 1.23，也就是说，当城镇居民的收入增加 1%时，城镇居民对家用汽车的需求量就增加 1.23%，大大超过了收入增加的百分率，因此家用汽车就是奢侈品。如图 2－10e)所示，当恩格尔曲线向右上方倾斜并凸向上方时，该商品的需求收入弹性就是富有弹性的。

需要注意的是，只要是需求的收入弹性 $E_I>0$，消费者对该商品的需求量与消费者的收入就会成同方向变化，也就是说，随着消费者收入的增加，消费者对该商品的需求量也会增加，我们把这样的商品称之为**正常品**，因此必需品和奢侈品都是正常品。

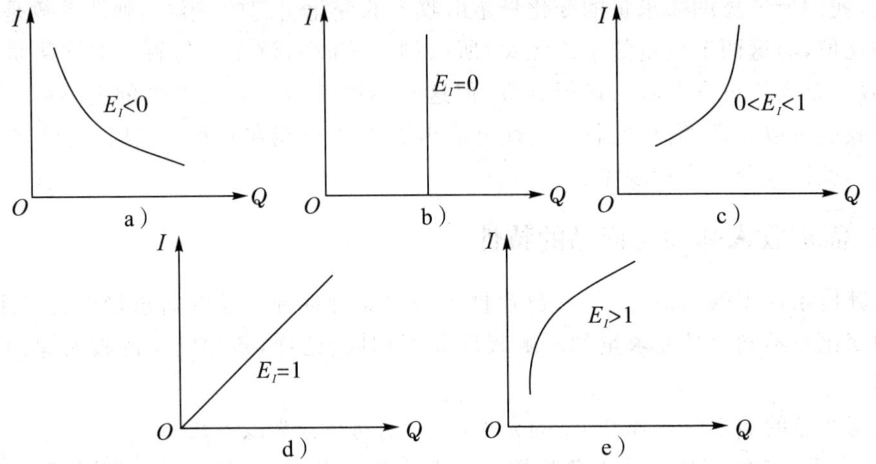

图 2－10 不同形状的恩格尔曲线的需求收入弹性

三、需求收入弹性与恩格尔系数

经济学家根据长期统计资料分析得出：生活必需品的需求收入弹性较小（$0<E_I<1$），而奢侈品的需求收入弹性较大（$E_I>1$）。因此，我们研究需求的收入弹性，可以反映一个家庭、地区或国家的人民生活水平和富裕程度，又可以反映其消费结构变动的趋势。生活水平和消费结构是反映一国经济状况的一个重要指标，国际上常用恩格尔系数来衡量。

19 世纪德国统计学家恩格尔对德国某些地区消费统计资料研究收入弹性系数时，根据统计资料详细地研究了食物方面支出与家庭总支出的关系，从而发现了家庭消费的一个重要规律，即食物支出在总支出中所占的比重与家庭收入成反比。也就是说，一个家庭越穷，家庭收入中用于购买食物的支出所占的比例就越大；随着家庭收入的增加，食物开支所占的比重会越来越小，该规律后来被称为**恩格尔定律（engel's law）**，该规律是在假定其他条件不变的前提下才成立的。

我们把**食物支出在总支出中所占的比重称之为恩格尔系数**，即：

$$\text{恩格尔系数}=\frac{\text{食物支出}}{\text{总支出}} \tag{2.17}$$

由于总支出包括食物支出和其他支出，所以恩格尔系数在 0 和 1 之间，恩格尔系数越是接近于 1，表示该家庭越穷；越是接近于 0，表示该家庭越富有。一般来说，食物是生活必需品，其需求收入弹性介于 0 和 1 之间，也有些食物是低档品，其需求收入弹性小于 0，低档品和生活必需品的恩格尔曲线分别如图 2－11 中的 a）和 b）。

在图 2－11 中，I 表示收入（总支出），X 表示食物支出，用 C_N 代表恩格尔系数，恩格尔系数就可以用公式表示为：

$$C_N=\frac{X}{I}=\frac{OB}{AB}=\cot\theta \tag{2.18}$$

从恩格尔曲线上可以看出，当收入 I 越小，角 θ 就越小，$\cot\theta$ 也就越大，所以 C_N 也就越大，也就是说，当家庭的收入越低时，该家庭也就越贫困，其恩格尔系数也就越大；反之，当家庭的收入越高时，该家庭也就越富裕，其恩格尔系数也就越小。

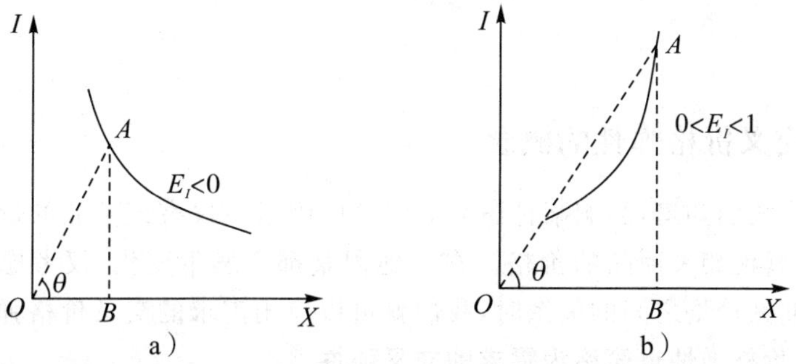

图 2—11 低档品和生活必需品的恩格尔曲线

案例资料 2-2

需求的收入弹性、恩格尔系数与决策

我们知道，食物的需求收入弹性是缺乏弹性的，当我们收入增加时，食物的消费量基本不变，增加的收入主要是购买需求收入弹性较大的商品。因此，食物支出在总收入（或总支出）中的比重即恩格尔系数也就能够反映一个国家或个人的收入支配状况（或贫富状况）。

联合国粮农组织提出的一个划分贫困与富裕之间的标准：恩格尔系数在 59%以上为贫困；在 50%～59%之间为小康；在 30%～40%之间为富裕；在 30%以下为特别富裕。

我国在“十二五”时期，城镇居民食品支出占消费支出的比重即恩格尔系数从 2015 年的 36.5%下降到 2013 年的 35.0%，下降了 1.5 个百分点；农村居民的恩格尔系数由 45.5%下降到 2013 年的 37.7%，下降了 1.5 个百分点。恩格尔系数的下降，标志着我国居民生活水平的进一步提高。

恩格尔系数的降低一方面表明了居民生活质量的提高，另一方面也表明了居民消费结构的变化。随着居民收入水平的提高，居民在物质生活方面得到进一步改善和提高的同时，在精神生活方面也得到了进一步充实，用于陶冶情操、增进身心健康的文化艺术、健身保健、医疗卫生等方面的支出稳步增长，用于子女非义务教育和自身再教育的支出大幅度提高。所以，消费者在即期收入很高而预期稳定和收入不断增加时，趋于追求高质量的生活消费。企业决策者应该随着居民收入的不断增加，不断生产出高品质的商品满足消费者的需求。政府应根据居民收入的不断增加，适时地调整产业布局，发展需求收入弹性大的产业，其需求量增长要快于国民收入增长，因此发展速度应该快些，而需求收入弹性小的产业，发展速度应当相对慢些。

资料来源：作者根据有关资料整理。

第四节 需求的交叉价格弹性

一、需求交叉价格弹性的概念

从第一章中我们知道，影响某种商品需求量的因素不仅有该商品的价格和消费者的收入水平，还有其他相关商品的价格。在其他因素都不发生变化，仅考虑某商品的需求量与其他相关商品价格之间的关系时，我们就可以应用需求的交叉价格弹性进行定量分析，需求的交叉价格弹性也简称为**需求的交叉弹性**。

需求的交叉价格弹性(the cross elasticity of demand)表示在一定时期内消费者对某种商品的需求量的变动相对于其他相关商品的价格变动的反应程度。或者说，表示在一定时期内当一种商品的价格变化百分之一时所引起的另一种商品需求量变化的百分比。某商品的需求交叉弹性就是该商品的需求量的变动率和其相关商品的价格变动率的比值。即：

$$\text{需求的交叉价格弹性}=\frac{\text{某种商品需求量变动的百分比}}{\text{另一种相关商品价格变动的百分比}} \tag{2.19}$$

假设某商品的需求量是 Q_X，与之相关商品的价格为 P_Y，Q_X 是 P_Y 的函数，即 $Q_X=f(P_Y)$，则其需求的交叉弹性系数 E_{XY} 等于商品 X 需求量变动的百分比除以商品 Y 价格变动的百分比，其计算公式是：

$$E_{XY}=\frac{\frac{\Delta Q_X}{Q_X}}{\frac{\Delta P_Y}{P_Y}}=\frac{\Delta Q_X}{\Delta P_Y}\cdot\frac{P_Y}{Q_X} \quad (2.20)\text{或：} E_{XY}=\lim_{\Delta P_y\to 0}\frac{\frac{\Delta Q_X}{Q_X}}{\frac{\Delta P_Y}{P_Y}}=\frac{dQ_X}{dP_Y}\cdot\frac{P_Y}{Q_X} \quad (2.21)$$

同样，公式(2.20)叫作**需求的交叉弧弹性**，公式(2.21)叫作**需求的交叉点弹性**。

例 2—4 2008 年 6 月，国家发改委下发通知，对国内汽油价格进行调整，其中 93# 汽油的价格由以前的 5.34 元/升上调为 6.20 元/升；同年 6 月份，中国家用汽车的销量为 83.7 万辆，而 7 月份的销量急剧下降为 66.6 万辆；同样也是在 2008 年的 7 月份，中国国内天然气的销售额却增加了 32.7%。假设其他条件不变，分别求汽车的需求交叉弹性和天然气的需求交叉弹性。

解：根据需求交叉弹性的公式，可得到汽车的需求交叉弹性为：

$$E_{AO}=\frac{\Delta Q_A}{\Delta P_O}\cdot\frac{P_O}{Q_A}=\frac{66.6-83.7}{6.20-5.34}\times\frac{5.34}{83.7}=-1.27$$

天然气的需求交叉弹性为：

$$E_{GO}=\frac{\Delta Q_G}{\Delta P_O}\cdot\frac{P_O}{Q_G}=\frac{\Delta Q_G}{Q_G}\cdot\frac{P_O}{\Delta P_O}=32.7\%\times\frac{5.34}{6.20-5.34}=2.03$$ [①]

① 这里，天然气的交叉弹性是用交叉弹性点弹性计算方法计算的，是一种实际应用粗略的算法。计算两点之间的弹性按理应该用弧弹性的算法，但事实上弧弹性也是一种近似算法，所以有时候实际应用时就用书中的粗略算法，当价格变动不大时，还是很实用的。

二、需求交叉价格弹性与两种商品的相关性

由例 2—4 可以看出，汽车的需求交叉价格弹性是负的，而天然气的需求交叉价格弹性是正的。需求交叉弹性可以是正值，也可以是负值，还可以是零，据此我们把两种商品之间的关系分为三种：

1. 替代关系

如果两种商品之间可以互相代替以满足消费者的某种欲望，则称这两种商品之间存在着替代关系，这两种商品互为替代品。 即互为替代品的两种商品都可以单独地满足消费者的同一种欲望。两种商品之间的替代关系往往是相互的，如果 A 商品可以被 B 商品替代，则 B 商品也可以被 A 商品替代，因为它们都能满足消费者的某种需求。替代关系有的比较明显，有的却不那么明显。例如，不同品牌的冰箱、空调、彩电之间，公路货运与铁路货运之间，猪肉与鸡蛋之间等，都存在着明显的、较强的互相替代关系；而像一次性打火机、小计算器、圆珠笔或钢笔等，似乎它们的使用差别较大，但从作为馈赠礼品这个角度来看，它们又具有相同的功能，因此存在着较弱的替代关系。若两种商品之间存在着替代关系，则一种商品的价格与它的替代品的需求之间成同方向的变动，相应的需求的交叉价格弹性系数为正值，它们的函数图像是一条向右上方倾斜的曲线，如图 2—12 的 a)。在例 2—4 中，汽油和天然气就是互为替代品，汽油价格上涨了，有些混合动力汽车就可以使用天然气驱动汽车，也有些锅炉可以停止烧油改为烧天然气，这样就会提高天然气的销售量。

2. 互补关系

如果两种商品必须同时使用才能满足消费者的某一种欲望，则称这两种商品之间存在着互补关系，这两种商品互为互补品。 即消费者如果只消费互补品之中任何一种商品，都不能满足这种欲望。例如，冰箱和电就是互补关系，只有在它们共同作用下，消费者才能在夏天长时间保存食物。若两种商品之间存在着互补关系，则一种商品的价格与它的互补品的需求量之间成反方向的变动，相应的需求的交叉价格弹性系数为负值，它们的函数图像是一条向右下方倾斜的曲线，如图 2—12 的 b)。在例 2—4 中，汽车与汽油就是互补品，汽油价格上涨了，使用汽车的成本就提高了，使很多消费者放弃了购车的打算，汽车的销量也就会下降。

3. 不相关

如果两种商品既不存在替代关系，又不存在互补关系，这两种商品就可以称为无相关关系或不相关。 若两种商品之间不存在相互关系，则意味着其中任何一种商品的需求量都不会对另一种商品的价格变动作出反应，相应的需求的交叉弹性系数为零，它们的函数图像是一条垂直于数量轴的直线，如图 2—12 的 c)。如电脑的价格上涨就对冰箱的销售量基本没有影响，电脑和冰箱也就可以认为无相关关系。

两种商品相关性的不同，这两种商品的需求交叉弹性将有不同的符号；反之，根据两种商品的交叉价格弹性的符号，也可以判断所考察的两种商品的相关特性。在需求交叉弹性的符号确定之后，其绝对值的大小就反映了相关程度的强弱。绝对值越大，替代或互补的关系就越强；反之，替代或互补的关系就越弱。

值得一提的是，替代关系有一定的传递性，如 A 和 B 具有替代关系，B 和 C 也具有替

代关系，那么A和C也有一定的替代关系；但互补关系就不一定有传递性，如电和冰箱是互补关系，电和电视机也有互补关系，而冰箱和电视机之间就没有互补关系了。

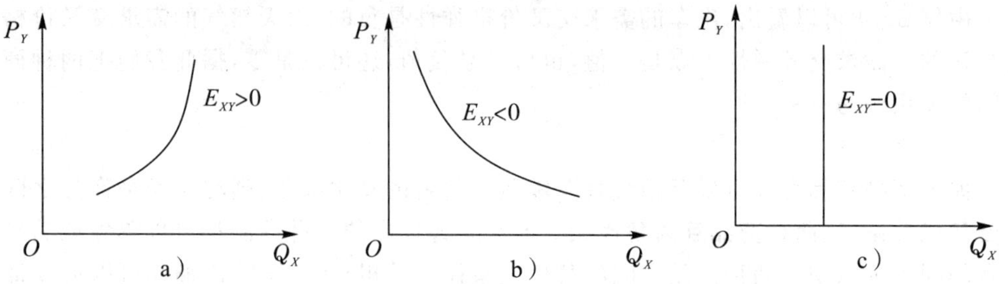

图 2—12 需求交叉弹性与商品之间相关特性

案例资料 2-3

如此定价策略

安徽的姥山位于中国五大淡水湖之一——巢湖的湖心，姥山是巢湖中最大的岛屿，其面积约 1 平方公里，海拔 115 米，是八百里巢湖唯一的“湖上绿洲”。岛上不仅自然景观秀美，而且人文景观也很丰富，每年吸引了大量的游客前来游玩。

由于姥山四面皆水，渡船是其唯一的进出方式，细心的游客可以发现，景点的门票很便宜，进入姥山的船票也不贵，都只要 5 元/人，但是从姥山返回岸上的船票需要 20 元/人。渡船只有两家经营(航运局和旅游局)，而且同样的渡船，同样的路程，乘船进入姥山的票价要比乘船离开姥山的票价要低得多，这是为什么呢？

我们稍加分析就不难发现：到了巢湖，眼前是碧波荡漾的湖水和湖中姥山神秘的美景，你可以选择登临姥山，也可以选择不登临姥山，此时门票价格比较便宜；但是巢湖唯一神秘诱人的景点就是姥山，而只要选择了游览姥山，前往和离开的唯一方式就是乘船，由于渡船垄断经营而需求是刚性的，因此船价相对门票要高许多。

当游完姥山游客急于返程时，因为返程船票的价格变化基本不影响游客对返程船票的需求量，也就是说游客对返程船票的需求价格弹性很小，几乎是完全无弹性的，根据弹性与收益变化之间的关系，提高返程票价可以增加收益。由于进入姥山的游客一定会离开姥山，返程价高自然不足为奇了。

资料来源：作者根据有关资料整理。

三、需求交叉价格弹性与企业的决策

需求交叉价格弹性与需求价格弹性、需求收入弹性一样，对于企业制定正确的决策是很有用处的。如果某企业产品与其他企业的产品存在替代关系，若替代品价格下降，则该企业产品的市场占有率就会降低；若替代品价格上升，则可能给该企业发展带来机遇。当然，影响程度与需求的交叉弹性的大小有关，弹性越大，影响程度也就越大，企业间的竞争就越激烈；反之，弹性越小，影响程度也就越小，企业间的竞争也就越缓和。所以企业必须关注生产替代品的企业在质量、价格、功能和销量等方面的动向，以采取相应的竞争策略。

某些企业生产同类产品，但拥有几个不同的品牌，这些不同品牌的同类产品之间就是一种替代关系，对企业的管理者来说，就有必要估计一种产品的价格变动将对另一种产品的需求产生多大的影响，尽可能地减小这种影响，或者说减小需求的交叉价格弹性。如宝洁公司生产的洗发用品就有好几种品牌：飘柔、潘婷、海飞丝、沙宣等，这些品牌的洗发液就具较强的替代性，这不利于企业总销量的提高，但宝洁公司把这些不同品牌的产品赋予了不同的功能，有的是针对头屑较多的消费者开发的去头屑型洗发液，有的是针对头发油脂较多的消费者开发的去油型洗发液，还有护发型的洗发液等等，这样不同品牌的同类产品之间的替代性就减弱了，一种品牌的价格变化对另一种品牌的销售量影响极小，避免了企业进行市场决策时不同品牌产品间的相互干扰。不同企业生产同一种产品时，也是同样如此，每一个企业在宣传本企业生产的产品时，都特别强调本企业产品的特色，某些功能是其他产品替代不了的，降低了需求的交叉弹性，把其他企业降价行为对本企业造成的影响尽可能地降低到最小。

如果某企业产品与其他企业生产的产品存在互补关系，若互补品价格上升，会导致该企业产品销售不畅；若互补品价格下降，会刺激该企业产品销售。生产互补产品的企业一般具有伙伴关系，因此企业应加强与互补品厂商的协调与合作，甚至可以用并购的方式加强对互补品的控制，以减小互补品的价格波动对本企业产品销量的影响。

第五节　供给的价格弹性

一、供给价格弹性的概念

从第一章中我们知道，影响商品供给量的因素不仅有该商品的价格，还有其他商品的价格、厂商对未来价格的预期等因素。由弹性的一般性定义，我们也可以定义供给的价格弹性、供给的交叉弹性、供给的预期价格弹性。在本节里，我们只考察供给的价格弹性，它通常被简称为“供给弹性”，供给的交叉弹性和供给的预期价格弹性可以以此类推。

1. 供给价格弹性的定义及计算

供给的价格弹性(the price elasticity of supply)表示在一定时期内供给量的变动对该商品价格变动的反应程度。或者说，它表示在一定时期内当某种商品的价格变化百分之一时所引起该商品供给量变化的百分比，它是商品的供给量变化率与价格变化率之比，即：

$$\text{供给的价格弹性} = \frac{\text{某商品供给量变化的百分比}}{\text{该商品价格变化的百分比}} \tag{2.22}$$

假设某商品的供给量 Q 与该商品价格 P 之间的函数关系为 $Q = f(P)$，以 E_S 表示供给价格弹性系数，则供给的价格弧弹性计算公式是：

$$E_S = \frac{\frac{\Delta Q}{Q}}{\frac{\Delta P}{P}} = \frac{\Delta Q}{\Delta P} \cdot \frac{P}{Q}. \tag{2.23}$$

当价格的变化量 $\Delta P \to 0$ 时，我们就可以得出供给的价格点弹性计算公式：

$$E_S = \lim_{\Delta P \to 0} \frac{\frac{\Delta Q}{Q}}{\frac{\Delta P}{P}} = \frac{\frac{dQ}{Q}}{\frac{dP}{P}} = \frac{dQ}{dP} \cdot \frac{P}{Q} \tag{2.24}$$

与需求的价格弹性计算方法类似，给定具体的供给函数，则可以根据要求，由公式(2.23)和(2.24)求出供给的价格弧弹性和供给的价格点弹性；如果只了解变化过程的两种状态，而不知道变化方向时，我们也可以利用供给的价格弧弹性的中点公式进计算，供给弧弹性的中点公式为：

$$E_S = \frac{\Delta Q}{\Delta P} \cdot \frac{\frac{P_1 + P_2}{2}}{\frac{Q_1 + Q_2}{2}} = \frac{Q_2 - Q_1}{P_2 - P_1} \cdot \frac{P_1 + P_2}{Q_1 + Q_2} \tag{2.25}$$

例 2－5　假设某产品的供给函数为 $Q_S = -4 + 2P$，求：

(1)产品的价格 $P=10$ 时供给的价格点弹性；

(2)价格在 4 元和 6 元之间供给的价格弧弹性。

解：

(1)由供给的价格点弹性公式，可以得出：

$$E_S = \frac{dQ}{dP} \cdot \frac{P}{Q} = 2 \times \frac{10}{-4 + 2 \times 10} = \frac{5}{4}$$

(2)当 $P_1=4$ 时，$Q_1=-4+2\times4=4$

当 $P_2=6$ 时，$Q_2=-4+2\times6=8$

由供给的价格弧弹性的中点公式，可以得出：

$$E_S = \frac{Q_2 - Q_1}{P_2 - P_1} \cdot \frac{P_1 + P_2}{Q_1 + Q_2} = \frac{8-4}{6-4} \times \frac{4+6}{4+8} = \frac{5}{3}$$

2. 供给的价格弹性的几何意义

供给的价格点弹性也可以用几何方法来求得。当供给曲线是直线时，如图 2－13 中的 a)所示，由供给的价格点弹性的定义，我们可以得出供给曲线上 A 点的弹性为：

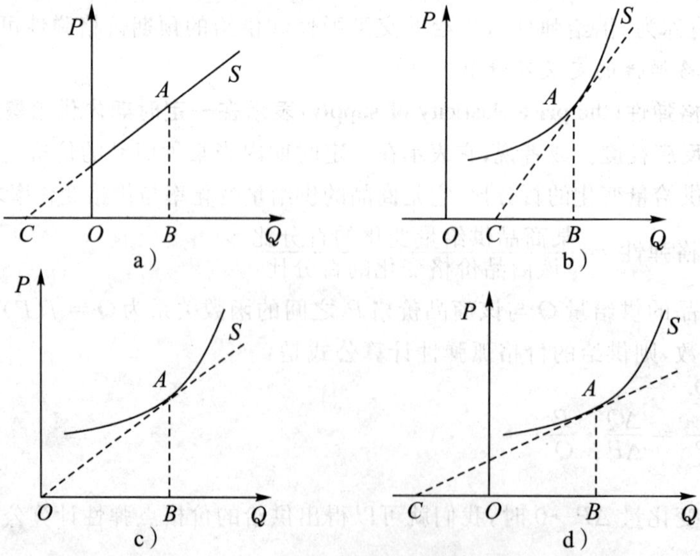

图 2－13　供给的价格点弹性的几何意义

$$E_S = \frac{dQ}{dP} \cdot \frac{P}{Q} = \frac{CB}{AB} \cdot \frac{AB}{OB} = \frac{CB}{OB} \quad (2.26)$$

由图 2—13 的 a)可知，$CB > OB$，所以 A 点的供给弹性大于 1。事实上，当 A 点在这条直线的其他位置时，它的供给弹性也都是大于 1 的。(2.26)式又可以化为：

$$E_S = \frac{CB}{OB} = \frac{OC + OB}{OB} = \frac{OC}{OB} + 1 \quad (2.27)$$

从(2.27)式我们可以看出，随着价格的提高，OB 增大，点 A 向右上方移动，而 OC 不变，点 A 的供给弹性不断地减小。

当供给函数是曲线时，我们由供给的价格点弹性的定义，也可以得出供给点弹性的几何意义，如图 2—13 中的 b)、c)、d)，点 A 供给的价格点弹性为：

$$E_S = \frac{dQ}{dP} \cdot \frac{P}{Q} = \frac{CB}{AB} \cdot \frac{AB}{OB} = \frac{CB}{OB} \quad (2.28)$$

在图 2—13 的 b)中，$CB < OB$，所以 A 点的供给弹性小于 1；在图 2—13 的 c)中，点 C 与原点 O 正好重合，$CB = OB$，所以点 A 的供给弹性等于 1；在图 2—13 的 d)中，$CB > OB$，所以点 A 的供给弹性大于 1。事实上，我们经常根据供给函数曲线或其某点的切线与横轴交点位置来确定其弹性的大小及其类型。

二、供给价格弹性的分类

一般来说，某商品供给量的变动方向与该商品的价格变动方向是相同的，所以供给的价格弹性应该是大于或等于零，与需求的价格弹性类似，根据价格变动对供给量变动的影响程度，我们把供给的价格弹性也分为五种类型：

(1)当 $E_S > 1$ 时，表示供给量的变化率大于价格的变化率，即 $\left|\frac{\Delta Q}{Q}\right| > \left|\frac{\Delta P}{P}\right|$，说明价格稍有变动就会引起供给量较大的变动，或者说供给量对于价格变动的反应是比较敏感的，这种情况称之为**富有弹性**。如图 2—14 的 a)是表示富有弹性的线性供给曲线，它的延长线与横轴的负半轴相交；图 2—14 的 b)表示非线性供给曲线上的点 A 是富有弹性的，它的切线也是与横轴的负半轴相交。

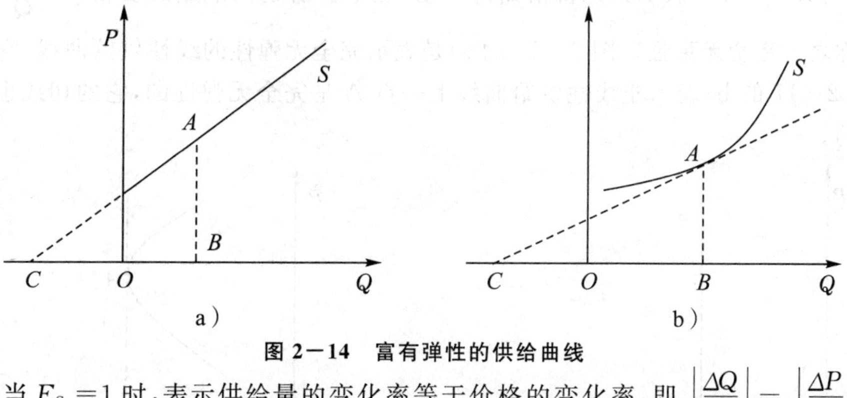

图 2—14 富有弹性的供给曲线

(2)当 $E_S = 1$ 时，表示供给量的变化率等于价格的变化率，即 $\left|\frac{\Delta Q}{Q}\right| = \left|\frac{\Delta P}{P}\right|$，说明价格有多大程度的变动就会引起供给量同样程度的变动，这种情况称之为**单一弹性**或**单位弹性**。如图 2—15 中的 a)是表示单一弹性的线性供给曲线，它恰好经过坐标原点；图

2—15的 b)表示非线性供给曲线上一点 A 也是单一弹性的，它的切线也恰好经过坐标原点。

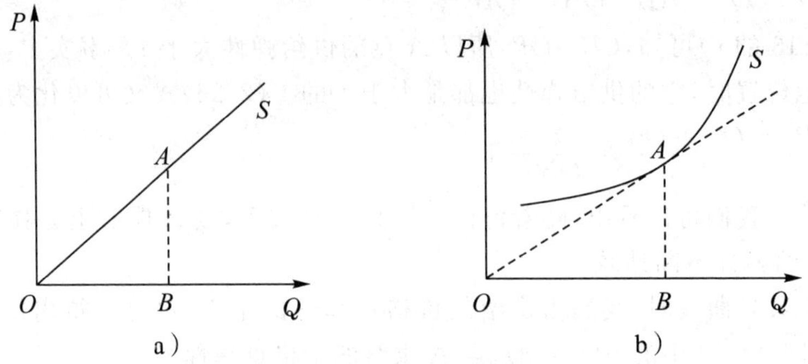

图 2—15　单一弹性的供给曲线

(3)当 $0< E_S <1$ 时，表示供给量的变化率小于价格的变化率，即 $\left|\frac{\Delta Q}{Q}\right| < \left|\frac{\Delta P}{P}\right|$，说明价格的变动会引起供给量较小的变动，或者说供给量对于价格变动的反应是不敏感的，这种情况称之为**缺乏弹性**或**弹性不足**。如图 2—16 的 a)是表示缺乏弹性的线性供给曲线，它与横轴的正半轴相交；图 2—16 的 b)表示非线性供给曲线上一点 A 是缺乏弹性的，它的切线也是与横轴的正半轴相交。

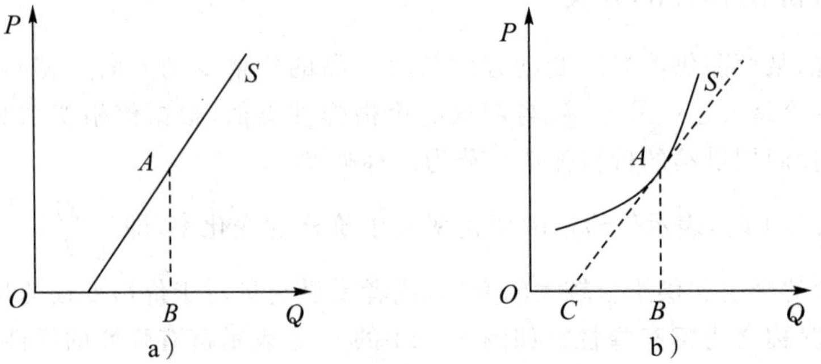

图 2—16　缺乏弹性的供给曲线

(4)当 $E_S =0$ 时，表示无论价格如何变动，也不会引起供给量的变动，即 $\frac{\Delta Q}{Q}=0$，这种情况称之为**完全无弹性**。图 2—17 的 a)是表示完全无弹性的线性供给曲线，它垂直于横轴；图 2—17 的 b)表示非线性供给曲线上一点 A 是完全无弹性的，它的切线也是垂直于横轴的。

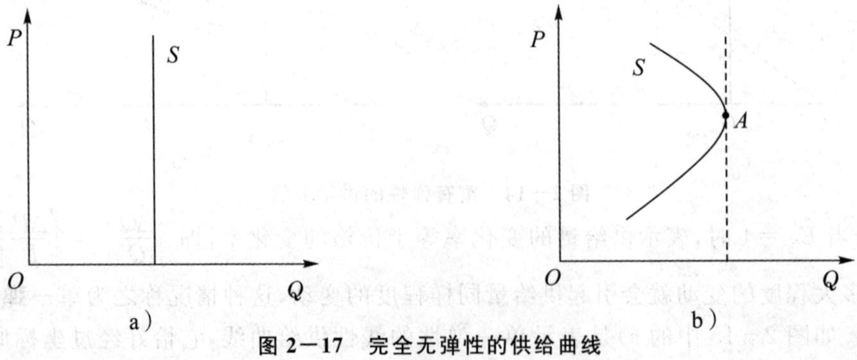

图 2—17　完全无弹性的供给曲线

(5)当 $E_S=\infty$时,表示价格极小的变动也会导致供给量无限的变动,即 $\frac{\Delta Q}{Q}=\infty$,这种情况称之为**完全弹性**。图 2—18 的 a)是表示完全弹性的线性供给曲线,它平行于横轴;图 2—18的 b)表示非线性供给曲线上一点 A 是完全弹性的,它的切线也是平行于横轴的。

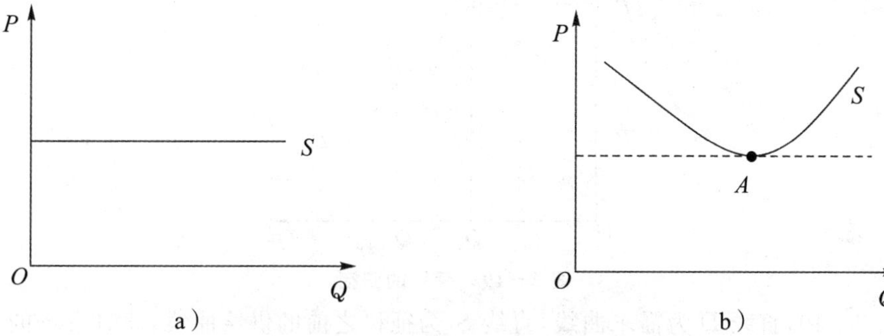

图 2—18　完全弹性的供给曲线

三、影响供给价格弹性的因素

影响供给价格弹性的因素比影响需求价格弹性的因素要复杂得多,主要有以下几点:

1. 所考察时间的长短

在短期内,生产设备、劳动等生产要素无法大幅度调整,从而供给无法大幅度调整,供给弹性也就小。尤其在极短(超短期)的时期内,供给只能由存货来调节,供给弹性甚至几乎是零。在长期中,通过调整生产要素使生产能力提高,因此供给弹性也就大。

2. 产品生产的难易程度

一般而言,工序简单而且生产周期短的产品对价格变动的反应敏感,其供给弹性大;反之,工序复杂且生产周期长的产品对价格变动的反应不敏感,其供给弹性也就小。

3. 生产要素的供给弹性

供给的变动范围取决于生产要素的供给。因此,生产要素的供给弹性大,产品供给弹性也大。反之,生产要素的供给弹性小,产品供给弹性也小。

4. 生产所采用的技术类型

有些产品采用资本密集型技术,这些产品的生产规模一旦固定,变动就较难,从而其供给弹性也小;有些产品采用劳动密集型技术,这些产品的生产规模变动较容易,从而其供给弹性也就大。

在分析某种产品的供给弹性时要把以上因素综合起来。一般而言,重工业产品一般采用资本密集型技术,生产较为困难,并且生产周期长,所以供给弹性较小。轻工业产品,尤其是食品、服装这类产品,一般采用劳动密集型技术,生产较为容易,并且生产周期短,所以供给弹性大。农产品的生产尽管也多采用劳动密集型技术,但由于生产周期长,因此供给是缺乏弹性的。

四、税负的分担原理

我们在生活中经常遇到政府对许多商品征收消费税,这也是许多国家调控消费结构的一种常用的方法。征收赋税使商品的价格上涨,那么赋税结果是由消费者负担还是由生产者负担呢，或者是由双方共同负担呢？如果是双方共同负担，双方各自负担的比例又是多少呢？运用弹性理论我们就可以解释赋税的归宿问题。

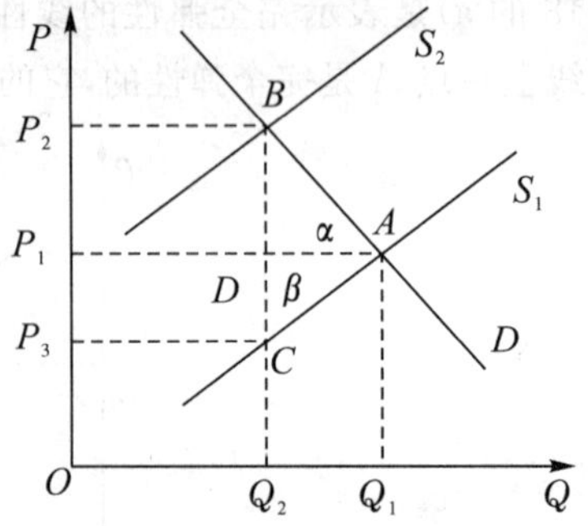

图 2－19　赋税的归宿

如图 2－19，直线 D 为需求曲线，直线 S_1 为征税之前的供给曲线，此时市场的均衡价格为 P_1，均衡数量为 Q_1，均衡点为 A 点；当政府征收一个单位的赋税以后，供给曲线就向上平移一个单位到 S_2，此时新均衡点为 B 点，均衡价格为 P_2，即 $P_2 - P_3 = 1$，又会形成一个新的市场均衡，此时市场的均衡价格为 P_2，均衡点为 B 点。征税后，市场均衡价格虽然为 P_2，但厂商每销售一个单位的商品实际得到的收益应该是（$P_2 - 1$）即 P_3，消费者每购买一个单位的商品实际的支付金额就是 P_2，与征税之前的均衡价格相比，消费者多支付了（$P_2 - P_1$）即图中的 BD 部分，厂商收益减少了（$P_1 - P_3$）即图中的 CD 部分，而政府征收的赋税就是（$P_2 - P_3$）即图中的 BC 部分。所以赋税由消费者和生产者共同负担了，分别负担了 BD 和 CD。

根据图 2－19 可知，$BD = AD \cdot \tan\alpha$，$CD = AD \cdot \tan\beta$，所以：

$$\frac{BD}{CD} = \frac{AD \cdot \tan\alpha}{AD \cdot \tan\beta} = \frac{\tan\alpha}{\tan\beta} = \frac{-\dfrac{dP}{dQ_D}}{\dfrac{dP}{dQ_S}} = \frac{\dfrac{dQ_S}{dP} \cdot \dfrac{P_1}{Q_1}}{-\dfrac{dQ_D}{dP} \cdot \dfrac{P_1}{Q_1}} = \frac{E_S}{|E_D|} \tag{2.29}$$

由以上公式可以看出，赋税的负担比例与均衡点的需求弹性和供给弹性有关。当供给的价格弹性一定时，消费者赋税的负担比例与需求的价格弹性成反比；当需求的价格弹性一定时，生产者赋税的负担比例与供给的价格弹性也成反比。

对需求弹性小于供给弹性的商品征税时，税收就主要由消费者承担，反之，消费者承担较少。对白酒、香烟、汽油和娱乐产业征税就会产生不同效果，各国政府也就是利用赋税分担的原理来调节居民的消费结构和消费方式的。

对需求弹性大于供给弹性的商品征税时，税收就主要由生产者承担。对农产品和电子产品征税时也就会产生不同的效果，各国政府也就是利用赋税分担的原理来调节产业结构的。

案例资料 2-4

医疗服务的价格弹性

很多发展中国家都提供医疗保健补贴，并向消费者收取一部分费用用以弥补部分医疗服务的成本。如果一个国家提高医疗保健定价，这对穷困家庭和富有家庭有何影响？在非洲的象牙海岸，穷困家庭对医院服务的需求价格弹性为 0.47，而富有家庭为

0.29。这意味着如果医疗服务的定价上升 10%，将使穷困家庭的医疗保健减少4.7%，而富有家庭则减少 2.9%。

在秘鲁，穷困家庭和富有家庭之间需求弹性的差距更大，分别为 0.67 和 0.03。因此，穷人对价格更为敏感，当价格上升时，他们的医疗保健将有更大的减少。

国务院办公厅印发《关于城市公立医院综合改革试点的指导意见》指出：理顺公立医院医疗服务价格，试点城市要在 2015 年制定出台公立医院医疗服务价格改革方案。有业内人士认为，公立医院医疗服务价格实现市场化后，医疗收费将会有明显上涨，但具体还要看各地执行的情况。医疗服务价格理顺以后，医疗收费会上升，对于贫困家庭而言，医疗价格弹性比较大，这对于贫困家庭影响非常大。因此，在完全实施该方案之前，我国要建立有效的社会医疗保障体系。

资料来源：作者根据有关资料整理。

经济学家简介——安东尼·奥古斯丁·库尔诺(1801—1877 年)

安东尼·奥古斯丁·库尔诺(又译安东尼·奥古斯丁·古诺)，法国数学家、经济学家和哲学家。他于 1801 年 8 月 28 日出生于法国格雷，最先力图用数学方法解决经济问题，是数理经济学的创始人。

库尔诺受教于著名的巴黎高等师范学校，获巴黎大学博士学位。他曾在巴黎大学和里昂大学任教，担任格勒诺布尔学院院长，成为法国勋级会荣誉军团成员，并被任命为巴黎的教育巡视员。

库尔诺最早提出需求量是价格的反比函数这个需求定理，并建立了垄断模型和分析寡头的双头模型，直到今天双头模型(也称为库尔诺模型)仍然是标准教科书中的重要内容。库尔诺至今被重视的原因还在于他用数学方法分析这些问题，之后的经济学家高度评价了他的这种贡献，认为他对已有的但形态模糊的经济概念和经济命题给予严密的数学表述。他的分析方法强有力地促使经济学从文字的叙述转向形式逻辑的和数字的表达。20 世纪初的著名英国经济学家埃奇沃思指出，库尔诺的论著“是以数学形式把经济科学里的某些高度概括的命题，陈述得最好的”。现代经济学家还指出，库尔诺是用博弈论思想分析经济问题的先驱者，他的双头模型就成功地运用了博弈论。

拓展知识链接

短期弹性与长期弹性

能源消费弹性

要素的产出弹性

生产力弹性(收益规模弹性)

污染一经济时间弹性

思考与练习

一、核心概念

需求的价格弹性　需求的收入弹性　需求的交叉弹性　供给的价格弹性

低档品与正常品　替代品与互补品　恩格尔系数

二、思考题

1. 一般而言，商品的需求价格弹性都是负的，供给价格弹性是正的，但有没有一些商品的需求价格弹性是正的呢？有没有一些商品的供给价格弹性是负的呢？

2. 根据需求的价格弹性与收益的关系，你认为下列哪些商品可以实行“薄利多销”？

(1)食盐　(2)药品　(3)化妆品　(4)服装　(5)粮食　(6)家用电器　(7)旅游　(8)教育　(9)娱乐产品

3. 在彩色喷墨打印机市场，一台新的彩色喷墨打印机（包括一盒新的彩色墨盒与一盒新的黑色墨盒）只要 400～500 元人民币，但如果消费者只购买墨盒（彩色的或黑色的）则需要支付 200 元人民币，从成本上说，喷墨打印机本身比墨盒的成本要高得多，试解释一下这种定价的科学性。

4. 20 世纪 30 年代美国经济萧条时，资本家命令工人把成吨的鲜牛奶倒入下水道，以避免巨额的损失，牛奶为什么倒掉就能避免损失呢？

5. 美国的许多航空公司对于因公务出差者的飞机票和休假旅行者的飞机票实行价格区分政策：提前预订票和低峰时刻订票打折扣，有的甚至一折销售；周末票和最后时刻机票不打折扣。航空公司为什么这样做？

三、判断题

1. 某种商品需求价格弹性为 2，说明此商品价格为 1 单位时，其需求量为 2 个单位。(　　)

2. 一条垂直的需求曲线（横轴为需求量，纵轴为价格）所表示的是需求价格弹性为零。(　　)

3. 一般说来，生活必需品的需求弹性比奢侈品的需求弹性要小。(　　)

4. 需求的价格弹性可以由需求曲线的斜率单独表示。(　　)

5. 需求完全有弹性是指价格的变化对总收益没有影响。(　　)

6. 长期供给一般比短期供给更缺乏弹性。(　　)

7. 垂直的供给曲线表明供给弹性为零。(　　)

8. 需求曲线为直线时，在单位弹性点上总收益为最大。(　　)

9. 当商品的需求价格弹性小于 1 时，降低售价会使总收益增加。(　　)

10. 互补品的交叉弹性系数为负值。(　　)

四、单项选择题

1. 在下列需求价格弹性的表达中，正确的是(　　)。

A. 需求量变动对价格变动的反应程度

B. 价格变动的绝对值对需求量变动的绝对值的影响

C. 价格的变动量除以需求的变动量

D. 需求的变动量除以价格的变动量

2. 如果某产业许多厂商生产同一种标准化产品，则其中任一厂商的产品的需求(　　)。

A. 完全无弹性　　B. 有单位弹性

C. 缺乏弹性　　D. 富有弹性

3. 如果价格下降10%能使买者总支出增加1%，则该商品的需求价格弹性(　　)。

A. 缺乏弹性　　B. 富有弹性

C. 具有单位弹性　　D. 完全无弹性

4. 消费者的收入增加80%时，某商品的需求量增加40%，则该商品可能是(　　)。

A. 奢侈品　　B. 必需品

C. 低档商品　　D. 吉芬商品

5. 如果小麦市场是缺乏弹性的，小麦的产量等于销售量且等于需求量，由于气候原因使小麦产量下降20%，则(　　)。

A. 小麦生产者的收入减少，因为小麦产量下降20%

B. 小麦生产者的收入增加，因为小麦的价格上升低于20%

C. 小麦生产者的收入增加，因为小麦的价格上升超过20%

D. 以上都不对

6. 政府对卖者出售的商品每单位征税5元，假定这种商品的需求价格弹性为零，可以预期价格上升(　　)。

A. 多于5元　　B. 少于5元

C. 等于5元　　D. 以上都不对

7. 政府为增加财政收入，决定对销售者征税，如果政府希望全部税收由买者承担，并尽可能不影响交易量，则应具备下列条件(　　)。

A. 需求和供给的价格弹性均大于零小于无穷大

B. 需求的价格弹性大于零小于无穷大，供给弹性为零

C. 供给弹性大于零小于无穷大，需求价格弹性等于零

D. 以上都有可能

8. 当两种商品中的一种商品的价格发生变化时，这两种商品的需求量同时增加或减少，则这两种商品的需求交叉弹性(　　)。

A. 大于零　　B. 小于零　　C. 等于零　　D. 等于1

9. 商品的供给曲线为过原点的一条直线，则该商品的供给价格弹性(　　)。

A. 等于1　　B. 等于该供给曲线的斜率

C. 不确定　　D. 随价格的变化而变化

10. 某月内，甲商品的替代品和互补品的价格均上升，分别引起甲商品的需求变动量为30和80单位，则在它们共同作用下，该月甲商品的需求数量(　　)。

A. 增加50单位　　B. 增加110单位

C. 减少50单位　　D. 减少110单位

五、简答题

1. 简述影响需求价格弹性的因素。

2. 简要说明需求的价格弹性与收益之间的关系？

3. 根据需求弹性理论解释"薄利多销"和"谷贱伤农"这两句话的含义。

4. 说明供给弹性的大小与时间的关系。

5. 在对某种商品征税时，如何判断其税收负担是由消费者承担还是由生产者承担？

六、计算题

1. 设某种商品的需求曲线为 $Q = 400 - 10P$，求：

(1)价格为 6 和 10 之间的需求价格弧弹性。

(2)价格为 4 时的需求价格点弹性。

(3)用几何方法求出价格为 4 时的需求价格点弹性，它与(2)中的结果相同吗？

2. 设某种商品的供给曲线为 $Q = 5 + 10P$，求：

(1)价格从 6 上涨到 8 的供给价格弧弹性。

(2)价格为 4 时的供给价格点弹性。

(3)用几何方法求出价格为 4 时的供给价格点弹性，它与(2)中的结果相同吗？

3. 已知某产品的需求价格弹性值 $E_d = -0.6$，该产品原销售量为 $Q_d = 1000$ 件，单位产品价格 $P = 10$ 元，若该产品价格上调 20%，计算该产品提价后销售收入变动多少元？

4. 设某种商品的需求弹性为 0.5，该商品现在的价格为 2 元，求商品价格上升为多少时，才能使需求量减少 15%？

5. 某商品的价格由 24 元上升到 30 元后，需求量相应减少 10%，问该商品的需求弹性是多少？该商品价格变化对总收益有何影响？

6. 已知商品 A 的需求函数为 $Q_A = 300 - 2P_A + 3P_B$，其中 Q_A、P_A、P_B 分别表示 A 商品的需求量、A 商品的价格和 B 商品的价格。

(1)求当 $P_A = 10$，$P_B = 20$ 时商品 A 的需求价格弹性。

(2)求当 $P_A = 8$，$P_B = 6$ 时商品 A 的需求交叉弹性，并以此判断 A 商品与 B 商品之间的关系。

7. 在英国，对新汽车需求的价格弹性为 −1.2，需求的收入弹性为 3，求：

(1)其他条件不变，价格提高 3% 对需求的影响。

(2)其他条件不变，收入增加 2% 对需求的影响。

(3)假定价格提高 10%，收入增加 12%，2000 年新汽车销售量为 1000 万辆，利用有关弹性数据，预测英国 2001 年新汽车的销售量。

8. A 和 B 是生产同种有差异的产品的竞争者，其需求曲线分别是：$P_A = 200 - Q_A$，$P_B = 300 - 0.5Q_B$。

两厂商目前的销售量分别为 50 和 100。

求：(1) 两者的需求价格弹性。

(2)如果 B 降价后，B 的需求量增加为 160，同时使 A 需求量减少到 40，问 A 的需求的交叉弹性是多少？

(3)假定 B 的目标是谋求销售收入最大化，问该公司降价在经济上是否合理？

七、案例分析题

你是一个大型艺术博物馆的馆长。你的财务经理告诉你，博物馆缺乏资金，并建议你考虑改变门票价格以增加总收益。你将怎么办呢？你是要提高门票价格，还是降低门票价格？请作图分析。

八、挑战题*

1. 在图 2－20 中有三种线性的需求曲线 AB、AC、AD，E、F、G、M、N 分别是这些线上的点：

(1)比较 E、F、G 三点的需求价格点弹性的大小。

(2)比较 E、M、N 三点的需求价格点弹性的大小。

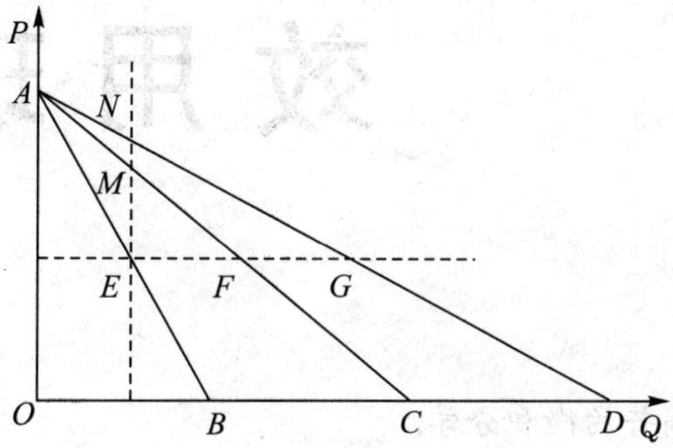

图 2－20

2. 某镇的市场由 2000 个家庭构成，目前每周鸡蛋的销量是 2400 斤，价格为 1.25 元/斤。1200 个家庭住在河西岸，他们买了 1600 斤，需求弹性是－1.5。其他的家庭住在河东岸，买下剩下的，需求弹性是－3。试计算将此镇作为一个整体所具有的市场需求曲线的弹性。

第三章 效用理论

Microeconomics

经济学是快乐和痛苦的微积分学。

——边际效用学派创始人，杰文斯（1832-1882）

幸福=效用/欲望

——1970年诺贝尔经济学奖得主，萨缪尔森（1915-2009）

学习目的与要求

通过本章学习，要求掌握消费者均衡的分析方法；掌握价格和收入变化对消费者均衡的影响分析；当商品价格变化时，能够对不同类别的商品进行替代效应分析和收入效应分析。

重点与难点

本章重点包括基数效用论和序数效用论的基本内容：消费者偏好的特点和无差异曲线的基本特征；边际效用递减规律；消费者均衡的决定及其变动；替代效应和收入效应。难点是消费者均衡变动以及替代效应和收入效应的分析。

需求定理已经告诉我们，消费者对商品的需求量与其价格之间具有反方向变动关系，为什么会有这样的关系呢？也许有人说这是凭经验和直觉。但是，经济学是一门科学，并不能单凭经验和直觉来下结论。在本章里，我们将通过探讨决定需求的消费者行为，对此作进一步的分析。

第一节 效用论概述

一、效用的含义

消费者的大部分欲望是以物品的效用来满足的。经济词典中关于"效用"(utility)的词条给出的解释是：效用是哲学家和经济学家在历史上早就企图用以解释价值现象的一个术语，其最经常的含义为"期望"或是某种商品或服务满足需求的能力。概括起来说，**效用是消费者在消费商品或者服务时所感受到的满足程度**。效用不等同于商品本身所具有的满足人们某种欲望的客观属性(如消费食物可以充饥，饮料可以解渴)，它是消费者对商品所具有的客观物质属性的一种主观感受或评价。下面这一小故事可以帮助你理解为什么说效用是一种主观感受或评价。

案例资料 3-1

钻石与木碗的故事——价值悖论

一个穷人家徒四壁，只好头顶着一只旧木碗四处流浪。一天，穷人上一只渔船去帮工，不幸的是，渔船在航行中遇到了特大风浪，船上的人几乎都淹死了，穷人幸免于难。他被海水冲到一个小岛上，岛上的酋长看见穷人头顶的木碗，感到非常新奇，便用一大口袋最好的珍珠宝石换走了木碗，派人把他送回了家。一个富翁听到了穷人的奇遇，心中暗想，一只木碗都能换回这么多宝贝，如果我送去很多可口的食物，该换回多少宝贝！于是，富翁装了满满一船山珍海味和美酒，找到了穷人去过的小岛。酋长接受了富人送来的礼物，品尝之后赞不绝口，声称要送给他最珍贵的东西。富人心中暗自得意。一抬头，富人猛然看见酋长双手捧着的"珍贵礼物"——那只穷人用过的木碗，不由得愣住了！

价值悖论是指某些物品虽然实用价值大，但是廉价，而另一些物品虽然实用价值不大，但很昂贵的现象。

世界上没有什么东西比水更有用了，可一吨水才几块钱。而成千上万吨水才换得的一颗钻石，除了能让人炫耀他的财富外，几乎没有什么用途，但为什么水的作用大而价格低，而钻石的用途小却价值大呢？这就是著名的"钻石与水悖论"，也称"价值悖论"。

资料来源：董典波，黄晓林. 一口气读懂经济学，新世界出版社，2009.3。

二、基数效用与序数效用

根据假设的不同，经济学家对效用的理解也各不相同，因此先后出现基数效用理论和序数效用理论。较早出现的基数效用理论，其代表人物被后人称为“边际三杰”：杰文斯、门格尔和瓦尔拉斯。基数效用论认为，效用是可以计量的，其大小可以用基数 1、2、3……来表示，并且效用可以加总求和。到了 20 世纪初，经济学家帕累托在其著作《政治经济学教程》中提出了序数效用理论的思想。序数效用论认为，效用是不可以计量的，只能用序数第一、第二、第三……来表示满足程度的高低与顺序，并且由于效用不可计量，所以效用不能加总求和。该理论经过希克斯的进一步发展，得到了 20 世纪绝大多数经济学家的认同。基数效用论用边际效用分析来研究消费者行为，序数效用论用无差异曲线分析来研究消费者行为。两种分析方法虽不相同，但在分析消费者均衡问题时，得出的重要结论却是基本相同的，说明二者在实质上是一样的，都属于主观效用分析。

第二节 基数效用论——边际效用分析法

本节在基数效用理论(theory of cardinal utility)的基础上，分析消费者行为，说明消费者的消费选择。基数效用理论主要是运用总效用和边际效用的概念来分析消费者均衡问题。

一、总效用与边际效用

基数效用论在分析消费者行为时，提出了总效用和边际效用的概念。**总效用(total utility，简记为 TU)是指消费者从消费一定量的商品或劳务消费中所得到的总的满足程度**。一般而言，TU 的大小取决于消费商品的数量 Q 的多少。总效用的函数形式为：

$$TU = U(Q) \tag{3.1}$$

边际效用(marginal utility，简记为 MU)是指消费者每增加消费一个单位的某物品所增加的满足程度。一般而言，边际效用的大小随着消费商品数量的增加而减少。其函数形式为：

$$MU = \frac{\Delta TU}{\Delta Q} \tag{3.2}$$

当商品的增加量为无穷小时，即 $\Delta Q \to 0$ 时，有：

$$MU = \lim_{\Delta Q \to 0} \frac{\Delta TU}{\Delta Q} = \frac{dTU(Q)}{dQ} \tag{3.3}$$

二、边际效用递减规律

边际效用为总效用函数的一阶导数，而总效用函数为边际效用函数的积分，一定消费量的边际效用，可以用总效用曲线在该消费量上的切线斜率来表示。下面换个角度，利用表 3－1 来进一步说明总效用和边际效用之间的关系，理解边际效用递减规律。

表 3－1　某商品的效用表

Q	TU	MU
0	0	
1	10	10
2	18	8
3	24	6
4	28	4
5	30	2
6	30	0
7	28	－2

表 3－1 中 Q 为消费者消费某商品的数量，TU 为消费者消费相应数量商品时获得的总效用，MU 为边际效用，表中数据反映了消费者获得的效用随着消费数量 Q 而变化的情况。根据表 3－1 所绘制的总效用和边际效用曲线如图 3－1 所示。

图中横轴表示商品的数量，纵轴分别为 TU 和 MU，即总效用和边际效用。由于商品消费量是离散的，所以 MU 曲线上的每一个值都记在两个消费量的中点上。

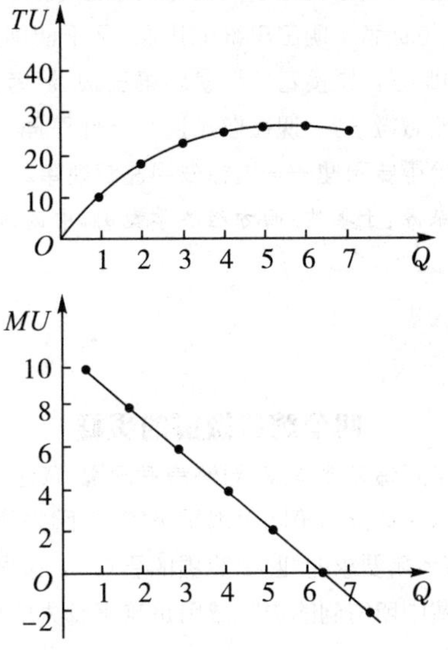

图 3－1　某商品的效用曲线

MU 曲线向右下方倾斜反映了边际效用递减规律，相应 TU 曲线以递减的速率先上升后下降。边际效用为正值时，总效用是增加的；当其等于零时，总效用达到最大值；边际效用为负时，总效用就开始下降。

不难发现边际效用是消费量的递减函数，这主要源于边际效用递减规律的作用。**边际效用递减规律**具体可表述为：**在其他条件不变的情况下，对一个消费者而言，一种商品的边际效用随着消费量的增加而递减**。对于消费者来说，初始消费某种商品的欲望较强，消费者对其的主观评价较高，因而商品初始消费带给消费者的边际效用较大。但随着消费数量的增加，消费者对于该商品的主观评价下降，进而引起边际效用减少。

边际效用会发生递减，这有两种可能的解释：一种解释是由消费者的生理或心理因素造成的。因为消费者消费一种物品的数量越多，生理上得到的满足或心理上对重复刺激的反应就越少了。另一种解释是由于大多数的物品一般都有几种用途，不同的用途满足消费者的不同需求。消费者在使用物品时常常是按物品的重要性来分配其用途的，当消费者只有一个单位的物品时，他一般会将该物品用于满足其最重要的需求，而不会用于其次要的需求上，当他可以支配使用的物品共有两个单位时，他只将其中之一用在次要的需求上，当他可以支配使用的物品共有三个单位时，他也才会将其中之一用在更次要的需求上，如此等等。所以某物品一定数量中的最后一个单位给消费者提供的效用，一定会小于前一单位提供的效用，从而发生边际效用递减的趋势。

边际效用递减规律是西方经济学家在研究消费者行为时用来解释需求规律的一个理论命题，它是在考察和总结消费者日常生活中的行为时得出的一个理论成果，并且这个理论结果的得出，还建立在消费者的消费行为是符合理性人的行为的假设基础之上。

案例资料 3-2

吃三个面包的感觉

美国总统罗斯福连任三届，曾有记者问他有何感想，总统一言不发，只是拿出一块三明治面包让记者吃，这位记者不明白总统的用意，又不便问，只好吃了。接着总统拿出第二块，记者还是勉强吃了。紧接着总统拿出第三块，记者为了不撑破肚皮，赶紧婉言谢绝。这时罗斯福总统微微一笑：现在你知道我连任三届总统的滋味了吧！这个故事揭示了经济学中的一个重要原理——边际效用递减规律。

资料来源：于善波．西方经济学案例，中国商务出版社，2008．12。

案例资料 3-3

四个鸡蛋做成的蛋糕

有种蛋糕必须要四个鸡蛋才能做成，对消费者来说，做这个蛋糕的第一个、第二个、第三个鸡蛋的边际效用似乎远没有第四个鸡蛋来的大，因为如果没有第四个鸡蛋的加入，这个蛋糕就不是消费者所要求的“四个鸡蛋的蛋糕”。很显然，如果以鸡蛋为单位，至少在前四个鸡蛋的消费中所得到的边际效用是越来越大的（即越来越接近顾客想要的“四个鸡蛋的蛋糕”）。

这是否是违反了边际效用递减规律呢？所谓边际效用是指物品的消费量每增加（或减少）一个单位所增加（或减少）的总效用的量。这里的“单位”是指一完整的商品单位，而完整的商品单位是边际效用递减规律有效性的前提。比如这个规律适用于一双鞋子，但不适用于单只鞋子。所以，用四个鸡蛋做成的蛋糕应该用蛋糕的单位来度量效用，而不是用鸡蛋来度量效用。

边际效用递减规律只适用于同种商品，拥有完整单位的商品，还需要具备一定的前提条件。

资料来源：赵英军．西方经济学，机械工业出版社，2007．6。

三、基数效用论的消费者均衡

消费者要满足自己的欲望，一般是要花费一定的货币收入购买一定的物品，通过物品效用的发挥来实现的。欲望是无限的，而消费者的货币收入却总是有限的。那么，消费者应怎样把这些有限的货币收入分配使用于各种消费品，使自己获得的总效用达到极大值，即达到效用最大化？换句话说，一定量的货币收入应买进哪些消费品？每一种消费品又应购买多少数量？消费者均衡就是要研究这一问题。

假设其他条件不变，在一定数量的货币收入下，消费者所购买的各种商品组合能使他得到最大效用，这种状态就称为**消费者均衡(consumer's equilibrium)**。当消费者实现效用最大化时，既不会增加也不会减少任何商品的购买数量，这样就达到了一种相对静止的均衡状态。

基数效用理论认为消费者均衡的条件可以表述为：**消费者花费每一单位货币所购买的各种商品的边际效用都相等**，这被称为**边际效用均等规则**。假设消费者既定的收入为 M，用以购买 n 种商品；$P_1, P_2, \cdots, P_n$ 分别为 n 种商品的既定价格；$Q_1, Q_2, \cdots, Q_n$ 分别为 n 种商品的消费数量；$MU_1, MU_2, \cdots, MU_n$ 分别为 n 种商品的边际效用；λ 表示货币的边际效用，则求解消费者均衡的问题就可转化为在一定收入条件下求效用函数的最大值问题。

收入条件：$P_1Q_1 + P_2Q_2 + \cdots + P_nQ_n = M$

效用函数：$TU = U(Q_1, Q_2, \cdots Q_n)$

消费者均衡条件可表示为：

$$\frac{MU_1}{P_1} = \frac{MU_2}{P_2} = \cdots = \frac{MU_n}{P_n} = \lambda \tag{3.4}$$

推导过程如下，构造拉格朗日函数：

$$L = U(Q_1, Q_2, \cdots, Q_n) + \lambda(M - P_1Q_1 - P_2Q_2 - \cdots - P_nQ_n) \tag{3.5}$$

其中，λ 为拉格朗日乘数。

效用最大化的一阶条件为：

$$\begin{cases} \dfrac{\partial L}{\partial Q_1} = MU_1 - \lambda P_1 = 0 \\ \dfrac{\partial L}{\partial Q_2} = MU_2 - \lambda P_2 = 0 \\ \cdots\cdots \\ \dfrac{\partial L}{\partial Q_n} = MU_n - \lambda P_n = 0 \\ \dfrac{\partial L}{\partial \lambda} = M - P_1Q_1 - P_2Q_2 - \cdots - P_nQ_n = 0 \end{cases}$$

式中，$MU_i = \dfrac{\partial U}{\partial Q_i}$，$i = 1, 2, \cdots, n$

综合联立求解可得(3.4)式：

$$\frac{MU_1}{P_1} = \frac{MU_2}{P_2} = \cdots = \frac{MU_n}{P_n} = \lambda$$

式中拉格朗日乘数 λ 表示单位货币的边际效用。

下面以两种商品为例来说明消费者均衡条件：

当 $\dfrac{MU_1}{P_1} > \dfrac{MU_2}{P_2}$ 时，说明对于该消费者，同样的一元钱收入，购买商品 1 得到的边际效用大于购买商品 2 得到的边际效用，因此理性消费者会增加对商品 1 的购买，减少对商品 2 的购买，由于边际效用递减规律的作用，MU_1 下降，MU_2 上升，最终达到 $\frac{MU_1}{P_1}=\frac{MU_2}{P_2}$。

当 $\frac{MU_1}{P_1}<\frac{MU_2}{P_2}$ 时，说明对于该消费者，同样的一元钱收入，购买商品 2 得到的边际效用大于购买商品 1 得到的边际效用，因此理性消费者会增加对商品 2 的购买，减少对商品 1 的购买，由于边际效用递减规律的作用，MU_1 上升，MU_2 下降，最终达到 $\frac{MU_1}{P_1}=\frac{MU_2}{P_2}$。

如果消费者仅消费一种商品时，则均衡条件可转化为 $\frac{MU_1}{P_1}=\lambda$。表示消费者对任何一种商品的最优购买量是使最后一元货币购买该商品所带来的边际效用和付出这一元货币的边际效用相等。随着对这种商品需求量的增加，MU 是递减的，在 λ 不变的前提下，商品的需求价格 P 必然随着 MU 的递减而递减。由此可见，基数效用理论运用边际效用递减规律和消费者均衡条件，能够推导出单个消费者的需求曲线。另一方面也得出了需求曲线向右下方倾斜的原因，即边际效用递减规律，同时得出需求曲线上的每一点都是满足消费者均衡的价格和需求量的组合点。边际效用曲线如何决定需求曲线可从图 3－2 中得出。

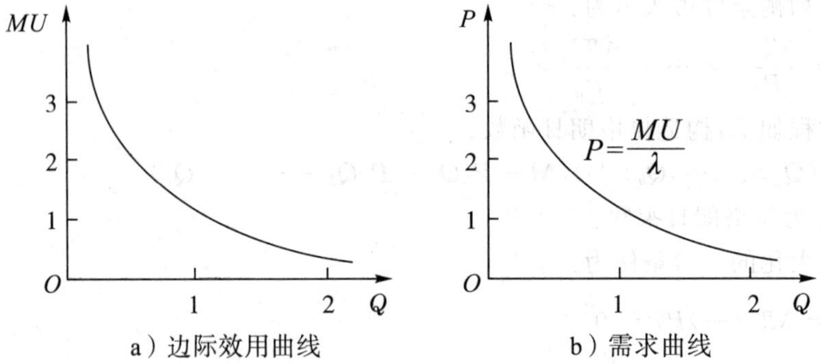

图 3－2　边际效用曲线与需求曲线

四、消费者剩余

既然消费者在不同价格水平下购买不同数量的商品，即价格高，他就少买，甚至不买，价格低，他就多买，那么他的购买行为是如何发生的呢？这就需要探讨消费者剩余这一概念。由于物品的边际效用是递减的，消费者对不同数量的物品，常常是愿意支付不同的价格。但是需要注意的是，消费者在购买商品时，实际支付的价格和愿意支付的最高价格之间有一个差额。以消费者对面包的购买为例，假设面包的价格为 2 元，某消费者购买第一个面包时他愿意支付最高价格为 5 元，这样就创造了额外 3 元的剩余。在之后的购买行为中，由于面包的边际效用递减，购买第二个和第三个面包愿意支付的最高价格是 4 元和 3 元。这样他为购买 3 个面包所愿意支付的最高总额是 12 元，但他实际支付的总额是 6 元，两者的差额是 6 元，这个差额就是消费者剩余。由此可见，**消费者剩余(consumer's surplus)是消费者在购买一定数量的某种商品时愿意支付的最高总额和实际支付总额的差额**。实际上，消费者剩余是消费者在心理上所感受到的一种利益，正是这种利益，促使了消费者购买行为的发生。

消费者剩余也可以用几何图形表示，即消费者需求曲线之下和市场价格线之上的那部分面积。如图 3—3，反需求函数的形式 $P_d = f(Q)$，它表示对于每单位商品消费者愿意支付的最高价格。若消费者在市场价格 P_0 下的购买量为 Q_0，那么消费者剩余可以用图中 AP_0B 部分的阴影面积表示，也可用数学公式表示，消费者剩余记为 CS。

$$CS = \int_0^{Q_0} f(Q)dQ - P_0Q_0 \qquad (3.6)$$

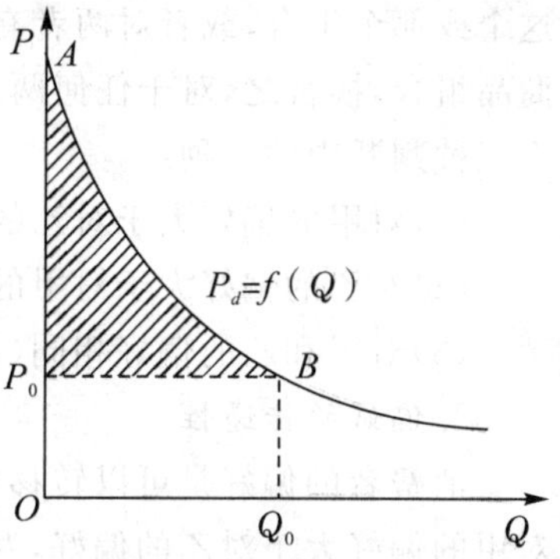

图 3—3 消费者剩余

第三节 序数效用论——无差异曲线分析法

序数效用论(theory of ordinal utility)认为一种商品对消费者的效用，没有一个客观的衡量标准，因此效用是难以衡量、无法计算的，不能像基数效用论那样用基数表示效用的大小。然而，他们也认为效用虽然是不可以计量的，但却能用序数，如第一、第二、第三……来表示满足程度的高低与顺序。因此序数效用理论通过对消费者偏好的性质作出假定，进而提出无差异曲线来研究有关商品的相互关系，形成独立的消费者选择理论体系。

一、有关偏好的假定

序数效用论者认为，物品给消费者带来的效用大小应用顺序或等级来表示，因此提出了“消费者偏好”的概念。所谓偏好，就是爱好或喜欢的意思。在消费者的购买行为中，其偏好是一个极为重要的因素。比如，有两个消费者要分别购买一种水果，可供选择的水果有两种：苹果和桃子。消费者甲特别喜欢苹果，认为苹果比桃子更能满足他想吃水果的愿望，因而感觉苹果的效用应排在第一位，桃子的效用应排在第二位，所以他选择购买苹果。而消费者乙则特喜欢桃子，认为桃子比苹果更能满足他想吃水果的愿望，因而感觉桃子的效用应排在第一位，苹果的效用应排在第二位，所以他选择购买桃子。由此看，消费者甲、乙对苹果和桃子的选择，不是依据苹果和桃子有多少个效用单位来比较其效用的大小，而是依据他们对苹果和对桃子的喜好程度来确定其选择顺序，并由对苹果和桃子的喜好顺序来确定苹果和桃子的效用。

应用序数效用分析法，我们无需说出甲商品与乙商品的效用各为多少个效用单位，而只需说出甲商品的效用是大于、小于或等于乙商品的效用就够了。这就可以避免纯属个人主观心理感觉的效用的计量问题，特别是避免了效用在不同消费者之间无法比较的理论难题。序数效用理论通过对消费者偏好的性质作出三点基本假定，进而提出无差异曲线来研究有关产品的相互关系，形成独立的消费者选择理论体系。基本假定包括：

1. 偏好的完全性

偏好的完全性假设保证消费者对于偏好的表达方式是完备的，消费者总是可以准确地把自己的偏好表达出来。当消费者面临着不同商品消费组合时，他能够自己决定偏好这个或那个组合，或者对两者有同样的偏好。消费者总是可以比较和排列所给出的不同商品组合，换言之，对于任何两个商品组合甲和乙，消费者总是可以作出而且仅能作出以下三种判断中的一种：

(1)对甲的偏好大于对乙的偏好。

(2)对乙的偏好大于对甲的偏好。

(3)对甲和乙的偏好相同(即甲和乙是无差异的)。

2. 偏好的传递性

消费者的偏好是可以转移比较的。例如，对于三个商品组合甲、乙和丙，如果消费者对甲的偏好大于对乙的偏好，对乙的偏好大于对丙的偏好，那么在甲、丙这个组合中，必定有消费者对甲的偏好大于对丙的偏好。偏好的可传递性假定保证了消费者偏好的一致性，因而也是理性的。

3. 偏好的非饱和性

偏好的非饱和性也叫"偏好的单调性"，该基本假设是指如果两个商品组合的区别仅在于其中一种商品的数量不同，那么，消费者总是偏好于含有这种商品数量较多的那个商品组合。这就是说，消费者对每一种商品的消费都没有达到饱和点，或者说，对于任何一种商品，消费者总是认为数量多比数量少好。

二、无差异曲线

所谓**无差异曲线(indifference curve)是指用来表示两种商品或两组商品的不同数量组合点的轨迹，在这个轨迹上任意不同两点所代表的两种商品或两组商品的不同数量组合对消费者所提供的效用都是相同的**，又被称为**等效用线(iso－utility curve)**。无差异曲线是序数效用分析法的工具。如图 3－4，曲线的纵坐标 X_2 与横坐标 X_1 分别表示商品甲数量和商品乙数量，效用 I 是商品组合的效用水平。

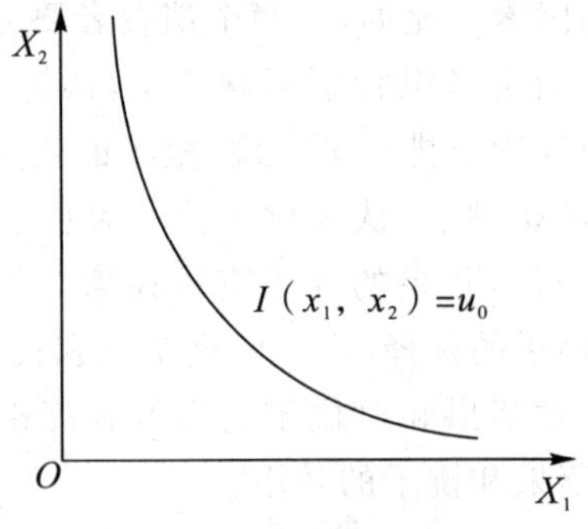

图 3－4　无差异曲线

无差异曲线有如下四个特点：

1. 有无数条无差异曲线存在

在同一坐标平面上，有无数条无差异曲线存在，并且离坐标原点越远的无差异曲线所代表的效用越大，即 I_1 的效用＜I_2 的效用＜I_3 的效用，如图 3－5 所示。

2. 对于同一个消费者而言，任何两条无差异曲线都不会相交

如果相交则会违反偏好的假定。如图 3－6 所示，如果两条不同的无差异曲线 I_1 与 I_2 相交，设交点为 A，并在与 I_1 与 I_2 分别取点 B 和 C，那么由于 A 点与 B 点在同一条无差异曲

线上，所以，A 点所代表的效用必等于 B 点所代表的效用。同样的道理，A 点所代表的效用必等于 C 点所代表的效用，因此，B 点所代表的效用也就必等于 C 点所代表的效用。但是，C 点比 B 点更远离坐标原点，所以 C 点所代表的效用既要等于 B 点代表的效用，同时也要大于 B 点所代表的效用，这显然是不可能的。因此，任何两条无差异曲线都不会相交。

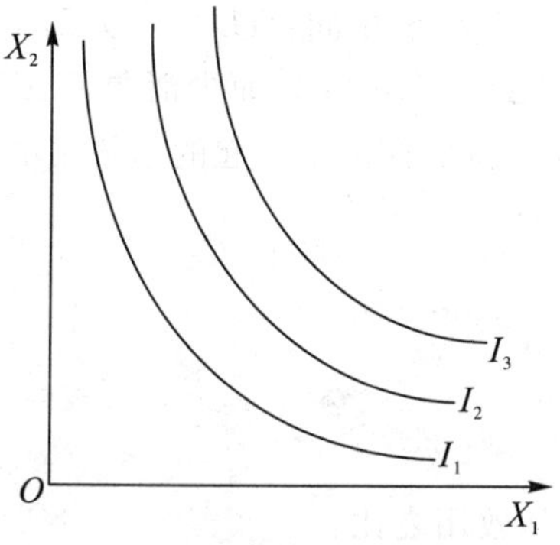

图 3—5　多条无差异曲线图

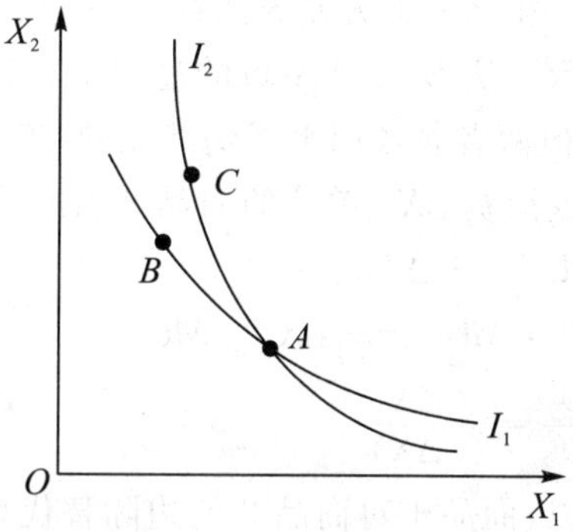

图 3—6　无差异曲线不可能相交证明图

3. 无差异曲线是一条由左上方向右下方倾斜的曲线，其斜率为负数

一般来说，无差异曲线是一条向右下斜的曲线，斜率为负数。这表明，消费者为了保持效用水平相等，必须使所放弃的乙商品的消费能够从增加的甲商品的消费中得到弥补。

4. 无差异曲线是一条凸向坐标原点的曲线

这说明，无差异曲线斜率的绝对值是递减的。无差异曲线的斜率的绝对值被称为**商品的边际替代率**，因为边际替代率递减规律，所以无差异曲线斜率的绝对值也是递减的。

三、商品的边际替代率

1. 边际替代率的含义

消费者在保持效用水平不变的前提下，增加一种商品消费数量的同时会减少另外一种商品的消费量，即两种商品的消费数量之间存在替代关系，这种替代关系可用边际替代率来表示。**边际替代率(marginal rate of substitution，MRS)是指消费者在保持同等程度的满足时，增加一单位某商品的消费时必须放弃的另一种商品的消费数量**。商品 1 对商品 2 的边际替代率表示每增加一个单位商品 1 的消费量而必须放弃的商品 2 的消费量，其定义公式为：

$$MRS_{12}=-\frac{\Delta X_2}{\Delta X_1} \tag{3.7}$$

式中，ΔX_1 和 ΔX_2 分别为商品 1 和商品 2 的变化量。由于 ΔX_1 是增加量，ΔX_2 是减少量，两者的符号肯定是相反的，为了使 MRS_{12} 的计算结果是正值以便比较，就在公式中加了一个负号。当商品数量的变化趋于无穷小时，则商品的边际替代率公式为：

$$MRS_{12}=\lim_{\Delta X_1\to 0}-\frac{\Delta X_2}{\Delta X_1}=-\frac{dX_2}{dX_1} \tag{3.8}$$

显然，无差异曲线上某一点的边际替代率就是无差异曲线在该点的斜率的绝对值。

2. 边际替代率的递减规律

商品**边际替代率递减规律**是指：**在维持现有效用水平不变的前提下，随着一种商品消费数量的连续增加，消费者为得到每一单位的这种商品所要放弃的另一种商品的消费**

数量是递减的。其原因在于随着一种商品消费数量的逐步增加，消费者想要获得更多这种商品的愿望就会递减，从而他为了多获得一单位这种商品而愿意放弃的另一种商品的数量就会越来越少。

此外，还可利用边际效用表示边际替代率并解释边际替代率的递减规律。

假设在同一条无差异曲线上有 A、B 两点，两点效用水平相同：$TU_A = TU_B$，如图3－6所示。从 B 点到 A 点的过程中，消费者多消费了 ΔX_1 的商品 1，而少消费了 ΔX_2 的商品 2，但两者总效用水平仍然相同，说明多消费 ΔX_1 单位的商品 1 引起的总效用增加正好等于少消费 ΔX_2 单位的商品 2 引起的总效用减少，即：

$$\Delta TU_1 = -\Delta TU_2$$

$$\Delta X_1 \cdot MU_1 = -\Delta X_2 \cdot MU_2$$

$$\frac{MU_1}{MU_2} = -\frac{\Delta X_2}{\Delta X_1}$$

所以，商品 1 对商品 2 的边际替代率也就是其边际效用之比：

$$MRS_{12} = \frac{MU_1}{MU_2} \tag{3.9}$$

商品的边际替代率递减规律可以用边际效用递减规律解释：随着某种商品消费量的增加，其边际效用递减，而另一种商品的边际效用又随其消费量的减少而递增，因而边际替代率是递减的。

四、特殊的无差异曲线

由边际替代率递减规律决定的无差异曲线的形状是凸向原点的，这是无差异曲线的一般形状。下面考虑四种极端情况，相应的无差异曲线有着特殊的形状。

1. 替代品无差异曲线

属于完全可以替代一种情况。例如，对某消费者来说一杯茶与一杯咖啡给他带来的效用完全相同，那么一杯茶与一杯咖啡就是可以完全替代的；做饭用的燃料，如天然气和电力是完全可以替代等等。假定某消费者只消费两种商品，且这两种商品之间是完全替代的关系，则相应的效用函数可表达为：$U(X_1, X_2) = aX_1 + bX_2$。其中，$X_1$、$X_2$分别表示两种商品的数量，常数 a、$b>0$。边际替代率 $MRS_{12} = \frac{a}{b}$，该效用函数对应的无差异曲线是斜率不变的一条直线。如图 3－7 所示。

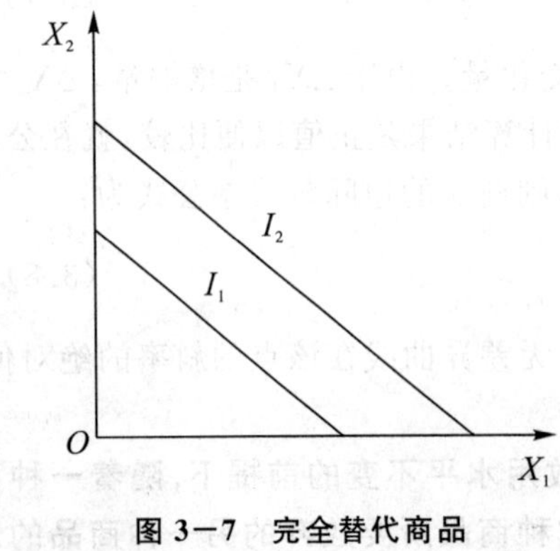

图 3－7　完全替代商品

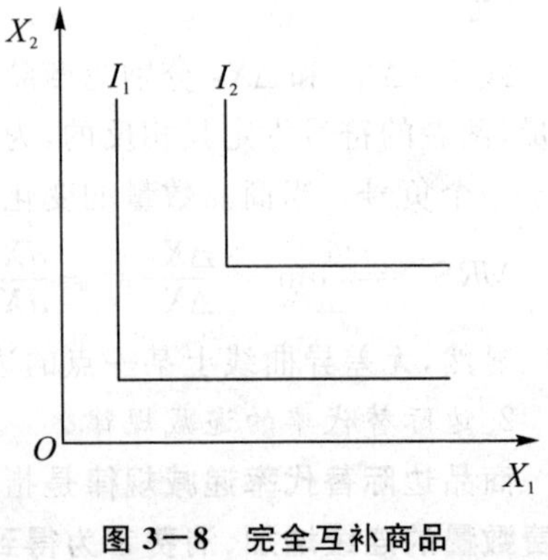

图 3－8　完全互补商品

2. 互补品无差异曲线

属于完全不能替代的一种情况。完全互补品是指两种商品之间必须按固定不变的比例同时被使用。如果保持一种商品的消费量不变，只增加对另外一种商品的消费，是不会提高消费者的效用，只有按照固定比例同时增加两者的消费，才能提高消费者的效用水平。例如，一副眼镜只有架(X_1)和两片眼镜片(X_2)同时配合，才能构成一副可供使用的眼镜，相应的无差异曲线如图 3－8 所示。图中水平部分的无差异曲线表示：对于一副眼镜架来说，只要两个眼镜片即可，任何超量的眼镜片都是多余的。换句话说，消费者不会放弃任何一副眼镜架去换取额外的眼镜片，因此水平部分的无差异曲线相应的 $MRS_{12}=0$；图中垂直部分的无差异曲线表示：对于两个眼镜片来说，只要一副眼镜架即可，任何超量的眼镜架都是多余的。换句话说，消费者会放弃所有超量的眼镜架，只留下一副眼镜架与两片眼镜片相匹配，因此垂直部分的无差异曲线相应的 $MRS_{12}=\infty$。

3. 一种无用商品与一种正常商品的无差异曲线

一种无用商品与一种正常商品的无差异曲线如图 3－9 所示。以牛奶和尿布分别代表正常商品和无用商品，假设 X_1 表示牛奶的数量，X_2 表示尿布的数量，对于成年人而言尿布的无用，不论拥有多少，都不会增加效用；而增加牛奶的消费则可以增加效用。因此，一种无用商品的无差异曲线表现为一条垂直于横轴的直线，在消费一定量正常商品的前提下，无用商品的消费量多少对总效用水平没有影响；效用水平随正常商品消费量的增加而增加，表现为向右平移。

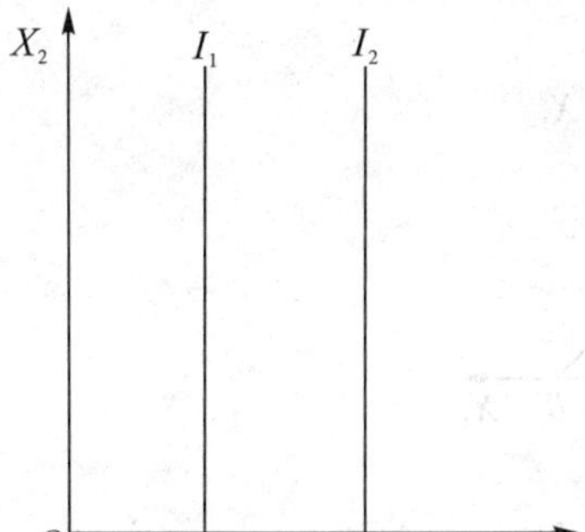

图 3－9 无用商品与正常商品

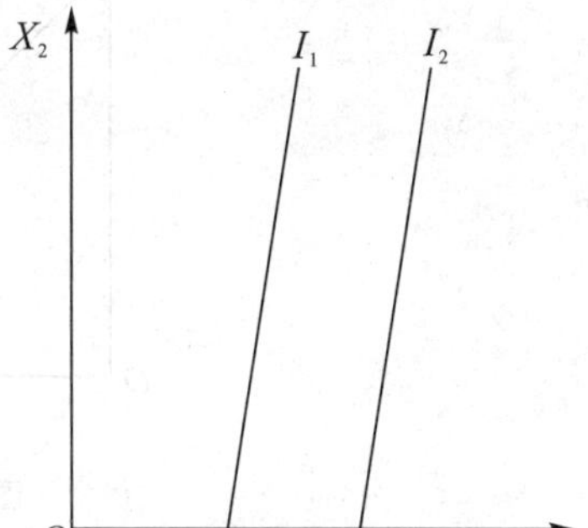

图 3－10 厌恶商品与正常商品

4. 一种厌恶商品与一种正常商品的无差异曲线

一种厌恶商品与一种正常商品的无差异曲线如图 3－10 所示。以合格牛奶和不合格牛奶分别代表正常商品和厌恶商品，假设 X_1 表示合格牛奶的数量，X_2 表示不合格牛奶的数量。消费合格牛奶可以增加消费者的效用；消费不合格牛奶不仅不会增加效用，反而会减少消费者的效用。因此，一种厌恶商品与一种正常商品的无差异曲线表现为一条斜率为正的直线，在消费一定量正常商品的前提下，消费厌恶商品数量越少总效用越大；总效用水平随正常商品消费量的增加而增加，表现为向右平移。

五、预算线

1. 预算线的含义

无差异曲线只表示两种商品的各种不同数量组合，使消费者得到相同的满足水平。

边际替代率也只表示消费者对这两种商品相互替代的能力的主观评价，它们都没有指出消费者应作何种具体的选择。要决定消费者对这两种商品的购买量，还必须知道与这个消费者购买行为有关的客观因素，这就包括这两种商品的市场价格以及消费者用于购买这两种商品的总支出。在研究消费者行为时，除假定消费者的无差异曲线图为已知和固定不变以外，还要假定消费品的价格和消费者的支出总额是已知的。

假设某消费者的收入为 M，商品 1 和商品 2 的价格分别为 P_1 和 P_2，并假定该消费者用全部收入 M 来购买商品 1 和商品 2，记购买商品 1 的数量为 X_1，购买商品 2 的数量为 X_2，那么，花费在商品 1 上的支出为 P_1X_1，花费在商品 2 上的支出为 P_2X_2，由于该消费者用全部收入 M 来购买商品 1 和商品 2，因此，该消费者花费在商品 1 和商品 2 上的支出之和应等于消费者的总收入 M，即：

$$P_1 \cdot X_1 + P_2 \cdot X_2 = M \tag{3.10}$$

或：$$X_2 = \frac{M}{P_2} - \frac{P_1}{P_2}X_1 \tag{3.11}$$

上述方程是一条直线方程，它表示**消费者在一定的货币收入和一定的价格水平上，所能购买到的两种商品最大组合的点的轨迹**，这条直线就称为**预算线(budget line)**。如图3－11所示，AB 为一条预算线。

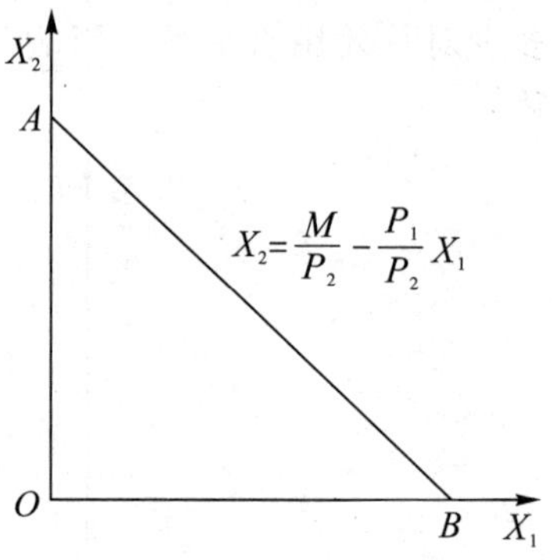

图 3－11　预算线

2. 预算线的特征

预算线 AB 的斜率 $\frac{dX_2}{dX_1} = -\frac{P_1}{P_2}$，或者说等于商品**相对价格比**，它是一个负数，表示 X_1 商品与 X_2 商品的数值呈反方向变化，即增加商品 1 的购买量就必须相应地减少商品 2 的购买量。由于 M、P_1、P_2 为既定常数，所以对 X_1 的任一给定值就可以求出 X_2 的数值。

当 $X_1=0$，有 $X_2 = \frac{M}{P_2}$，也就是说消费者将全部收入用于消费 X_2，此时 X_2 的数值等于纵截距 OA；同理可得，当 $X_2=0$，有 $X_1 = \frac{M}{P_1}$，也就是说消费者将全部收入用于消费 X_1，此时 X_1 的数值等于横截距 OB。

无论是 A 点、B 点还是预算线 AB 上的任意一点，消费者购买的商品组合即“菜篮子”不同，但所用的开支水平大小是相等的，都是 M。

3. 预算线的变动

一条预算线表示在一个固定的总收入和已知的价格水平下，消费者可能购买的商品数量，但如果收入或价格发生变化，则预算线将发生移动。

假设原预算线为 AB，如果价格不变，收入增加，则消费者可以购买更多的商品，因而这时预算线向右上方平行移动，其斜率仍为两种商品的价格的比率，如图 3－12 的 a) 中 A_1B_1。但如果价格不变，收入减少，则预算线将向左下方平行移动，如图 3－12 的 a) 中 A_2B_2。

如果收入不变，而价格变化，则预算线也将变动。假设商品 2 的价格不变，商品 1 的价格上升，那么同样支出能够买商品 1 的数量将减少，预算线的斜率增大，$\frac{M}{P_2}$ 不变，即纵截距 A 点不变，预算线以 A 点为轴向左转动，由 AB 变为 AB_1，如图 3－12 的 b)；反之，若商品 2 的价格不变，商品 1 的价格下降，那么同样支出能够买到的商品 1 的数量将增加，这时预算线就由 AB 变为 AB_2，如图 3－12 的 b)。

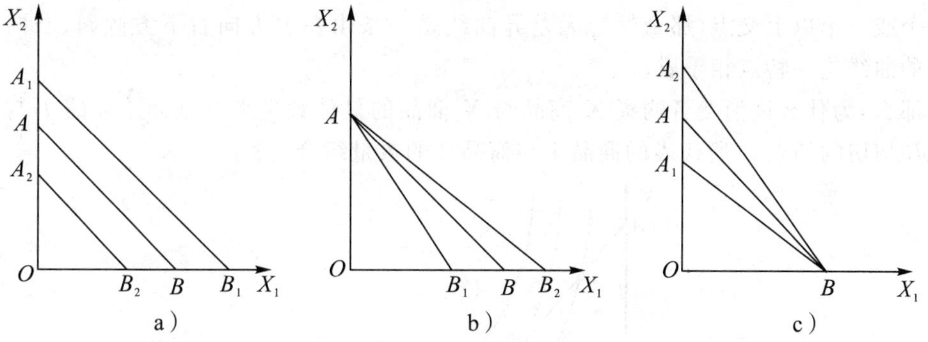

图 3－12　预算线的变动

同理，收入不变，若商品 1 的价格不变，商品 2 价格变化，则预算线也将变动。假设商品 2 的价格上升，那么同样支出能够买商品 2 的数量将减少，预算线就由 AB 变为 A_1B，如图 3－12 的 c)；若商品 1 的价格不变，商品 2 的价格下降，那么同样支出能够买到的商品 2 的数量将增加，这时预算线就由 AB 变为 A_2B，如图 3－12 的 c)。

六、序数效用论的消费者均衡

我们知道，无差异曲线是从主观上表示消费者可作出多种购买选择而实现满足程度相同，预算线则从客观上表示消费者能够购买到的商品数量的各种组合。消费者是把客观限制与主观选择结合起来，以决定最佳购买组合，实现其消费的最大满足水平，这一最佳消费状态，就是消费者均衡。为了研究消费者实现均衡的条件，我们作如下假定：

(1)消费者的偏好是既定的，即消费者的无差异曲线图为既定的。

(2)消费者的收入 M 也是既定不变的。

(3)商品 1、2 的价格 P_1 和 P_2 是已知的。

如图 3－13 所示，我们知道，预算线 AB 上的任一点表示消费者花费 M 元钱能够买进商品 1 与商品 2 的各种数量的组合。那么，在上述假定下，我们要研究的问题是：该消费者究竟应消费多少单位的商品 1 和商品 2，才能使得两种商品的组合所提供的效用达到极大值。可以证明，消费者购买商品 1 与商品 2 的最佳数量组合，是许多条无差异曲线中恰好与既定的预算线相切的那一条无差异曲线的切点所代表的商品的数量组合。

由无差异曲线的特点可知，在同一坐标平面上，有无数条无差异曲线，并且离坐标原点越远的无差异曲线所代表的效用越大，如图 3－13 中 I_1 的效用 < I_2 的效用 < I_3 的效用。那么，在无数条无差异曲线中，与预算线 AB 没有交点的无差异曲线也有无数条，我们选择其中的任一条作代表，并用 I_3 表示。在无数条无差异曲线中，与预算线 AB 有一个切点的只有一条。这是因为无差异曲线图对某一消费者而言被假设是既定的，所以如果存在两条不同的无差异曲线与预算线分别有一个交点，那么这两条不同的无差异曲线必定相交，这与任意两条不同的无差异曲线不能相交的无差异曲线特点相矛盾。我们用 I_2 表示与预算线 AB 有一个切点的无差异曲线，并用 E 表示这个切点。

在无数条无差异曲线中，与预算线 AB 有两个交点的无差异曲线也有无数条，我们选择其中的任一条作代表，并用 I_1 表示。在无数条无差异曲线中，与预算线 AB 有三个或三个以上交点的无差异曲线是不存在的。这是因为如果有一条无差异曲线与预算线有三个或三个以上交点，那么就与无差异曲线是一条由左上方向右下方倾斜、凸向坐标原点的曲线这一特点相矛盾。

那么，为什么说消费者购买 X_1 商品与 X_2 商品的最佳数量组合是无差异曲 I_2 与预算线 AB 相切的切点 E 所代表的商品 1 与商品 2 的数量组合呢？

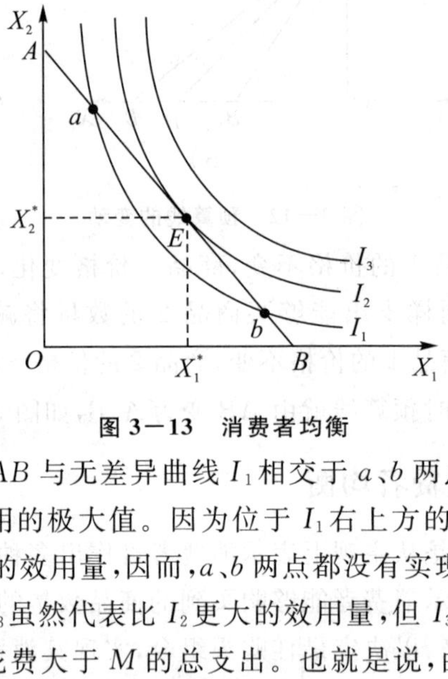

图 3－13　消费者均衡

首先，在图 3－13 中，AB 与无差异曲线 I_1 相交于 a、b 两点，这两点代表的商品 1 与商品 2 的数量组合不是效用的极大值。因为位于 I_1 右上方的任一条无差异曲线所代表的效用量都大于 I_1 所代表的效用量，因而，a、b 两点都没有实现消费者均衡。

其次，位于 I_2 右上方 I_3 虽然代表比 I_2 更大的效用量，但 I_3 上任何一点所代表的商品 1 与商品 2 的数量组合要花费大于 M 的总支出。也就是说，由于预算金额的限制，消费者无法获得这么多的效用，所以在 I_3 上任何一点都不能实现消费者均衡。E 点是无差异曲线 I_2 与预算线 AB 的切点，因为 E 点是预算线 AB 上的一点，它表示给定的预算金额 M 和已知的价格 P_1、P_2 下能够买进的商品 1 和商品 2 的数量，同时，E 点又在无差异曲线 I_2 上。由于 I_3 不能实现均衡，a、b 两点也不能实现均衡，而 E 点与 a、b 两点相比，所用预算是相同的，都是 M，但是 E 点的效用却是大于 a、b 两点的效用的，因此只有 E 是效用最大点，即消费均衡点。无差异曲线 I_2 与预算线 AB 的切点 E 所代表的商品 1 与商品 2 的数量组合能够实现消费者均衡，因此我们称 E 点为消费者均衡点，X_1^*、X_2^* 为商品 1 和商品 2 的均衡消费量。

由上述分析可知，预算线斜率的绝对值为两种商品价格之比 $\frac{P_1}{P_2}$；而无差异曲线的斜率的绝对值即边际替代率 MRS_{12}，在 E 点切点处，应该满足预算线斜率和无差异曲线的斜率相等的条件，因此消费者均衡条件还可以写为：

$$MRS_{12} = \frac{P_1}{P_2} \tag{3.12}$$

假如消费者选择 E 点以外的某一点进行消费，无差异曲线的斜率可能大于预算线的斜率，即 $MRS_{12} > \frac{P_1}{P_2}$，根据边际替代率法则，消费者将增加商品 1 的购买量，减少商品 2 的购买量，以便实现更大的满足；无差异曲线的斜率也可能小于预算线的斜率，即 $MRS_{12} < \frac{P_1}{P_2}$，同理，消费者将增加商品 2 的购买量，减少商品 1 的购买量，以便实现更大的满足。只有当 $MRS_{12} = \frac{P_1}{P_2}$ 时，消费者才能达到均衡的购买量，得到最大的满足。

由于 $MRS_{12} = \frac{MU_1}{MU_2}$，也就意味着 $MRS_{12} = \frac{MU_1}{MU_2} = \frac{P_1}{P_2}$，此公式可进一步转化为 $\frac{MU_1}{P_1} = \frac{MU_2}{P_2}$，即基数效用理论的消费者均衡条件。可见，由基数效用论的均衡条件可以推导出序数效用论的均衡条件，说明二者实质上是一样的。

第四节　消费者均衡的变动分析

商品价格和消费者收入的变化会分别影响预算线的斜率和位置。可以想象，当商品的价格或消费者的收入发生变化时，预算线也会发生变动。新的预算线不再和原无差异曲线相切，而是会与新的无差异曲线相切，会形成新的消费者均衡点，使消费者均衡发生变动。

一、价格-消费曲线与需求曲线

在其他条件均保持不变时，某种商品的价格变化会引起消费者效用最大化均衡点位置的变动，并可由均衡点的移动轨迹得出价格-消费曲线 PCC。价格-消费线反映了消费者在不同的价格水平下商品消费量的变化。如图 3－14 上图所示，假设初始均衡点为 E_1 点，预算线为 AB_1，此时 X 的价格为 P_1，X 的均衡数量为 X_1。当 X 的价格下降至 P_2 时，预算线从 AB_1 移至 AB_2，均衡点从 E_1 移至 E_2，需求量从 X_1 增至 X_2；当 X 的价格进一步下降至 P_3 时，预算线从 AB_2 移至 AB_3，均衡点从 E_2 移至 E_3，需求量从 X_2 增至 X_3；当 X 的价格再进一步下降至 P_4 时，预算线从 AB_3 移至 AB_4，均衡点从 E_3 移至 E_4，需求量从 X_3 增至 X_4。E_1、E_2、E_3、E_4 等类似点所形成的轨迹即为**价格-消费曲线（price-consumption curve）**。从价格-消费曲线可以推导出某商品的需求曲线，如图 3－14 下图所示。

分析图 3－14 上图中的四个均衡点 E_1、E_2、E_3、E_4 可以看出，在每个均衡点上，都存在 X 商品价格与 X 商品需求量之间一一对应的关系。在均衡点 E_1 处，X 商品价格为 P_1，对应的 X 商品的需求量为 X_1；在均衡点 E_2 处，X 商品价格为 P_2，对应的 X 商品的需求量为 X_2；在均衡点 E_3 处，X 商品价格为 P_3，对应的 X 商品的需求量为 X_3；在均衡点

E_4处，X 商品价格为 P_4，对应的 X 商品的需求量为 X_4。根据 X 商品的价格和需求量之间的这种对应关系，把每一个价格 P_1、P_2、P_3、P_4和与之相对应的均衡点所确定的数量 X_1、X_2、X_3、X_4绘制在价格-数量坐标图内，就可以得到 X 商品的需求曲线。图 3－14 下图中的曲线就是 X 商品的需求曲线，其中 a、b、c、d 点分别和上图中价格-消费曲线上的均衡点 E_1、E_2、E_3、E_4相对应。由图 3－14 可见，序数效用论推导出来的需求曲线一般的形态是向右下方倾斜的，它表示商品的价格和需求量呈相反方向变化。另外，通过以上的图形推导，我们应该清楚需求曲线上与不同价格水平对应的需求量都是能给消费者带来最大效用的均衡点。

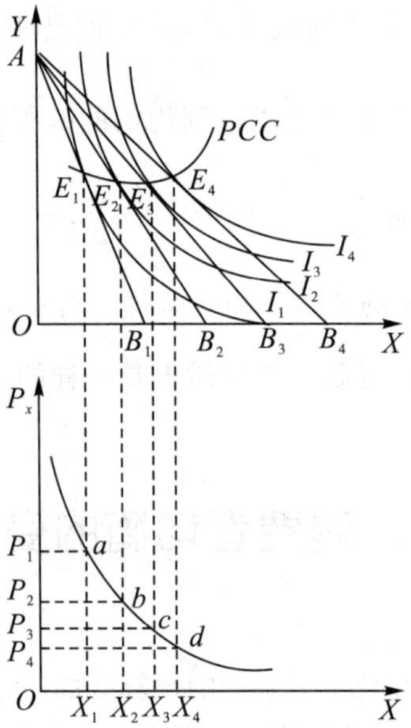

图 3－14　价格-消费曲线与需求曲线

二、收入-消费曲线与恩格尔曲线

在商品价格不变的条件下，消费者的实际收入变动也会对该商品购买量带来变动。假设消费者的偏好不变，商品的价格也不变，但消费者的收入水平发生了变化。这时有两种情况，一种是消费者的收入增加，另一种是消费者的收入减少。

如图 3－15 上图所示，如果消费者的收入从 M_1 增加到 M_2，那么消费者的总支出将由于收入的增加而增加，但因两种商品的价格没有发生变化，所以预算线 A_1B_1 将向右上方平行移动到 A_2B_2。A_2B_2将与另一条离坐标原点更远的无差异曲线 I_2 相切于 E_2点，这表示消费者因收入增加获得的效用增加到 E_2点，消费者对商品 1 与商品 2 的需求量分别增加至 X_2、Y_2。这种在商品价格不变的条件下，消费者由于收入的变化而引起的购买量变化的现象，就是**收入效应**。当消费者的收入进一步从 M_2 增加到 M_3 时，预算线又从 A_2B_2移至 A_3B_3，均衡点自 E_2移至 E_3，对商品 1 与商品 2 的需求量也分别增加至 X_3、Y_3。E_1、E_2、E_3等类似点的连线即为**收入－消费曲线(income-consumption curve)**。

从收入－消费曲线(ICC)我们可以推导出**恩格尔曲线(engel curve,EC)**。恩格尔曲线是由德国的统计学家恩格尔提出的，是表示消费者的收入与某种商品的需求量之间关系的曲线。如 3－15 下图，纵轴 I 表示的是消费者收入水平，横轴表示的是某种商品 X（或商品 Y）的消费量，EC 曲线反映了收入水平和 X 商品的需求量之间存在一一对应的关系。当收入水平为 M_1 时，X 商品的需求量为 X_1，对应 A 点；当收入水平增加为 M_2 时，X 商品的需求量增加为 X_2，对应 B 点；当收入水平增加为 M_3 时，X 商品的需求量增加为 X_3，对应 C 点。根据收入水平和 X 商品需求量之间的这种对应关系，把每一个收入水平 M_1、M_2、M_3 和与之相对应的 X 商品的需求数量 X_1、X_2、X_3 的点连接起来，就可以得到相应的恩格尔曲线。其中 EC 曲线上的 A、B、C 点分别和上图中收入消费曲线上的均衡点 E_1、E_2、E_3 相对应。

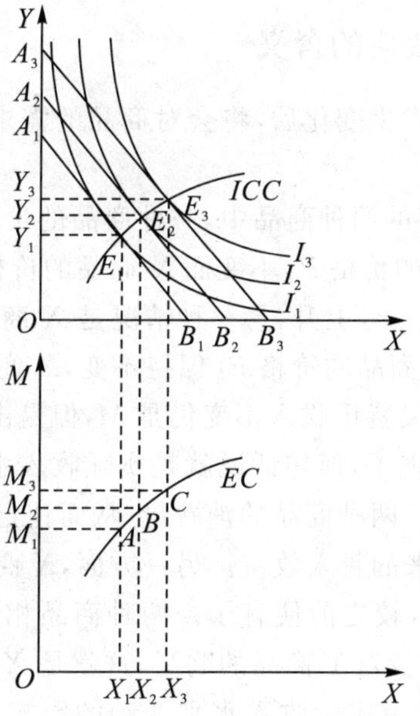

图 3－15　收入－消费曲线与恩格尔曲线

不同的商品在消费者的收入变化时购买量的变化是不同的。一些商品，比如生活必需品购买量增加的幅度小于收入增加的幅度，需求的收入弹性小于 1，其恩格尔曲线形状类似于 3－16 的 a)。另一些商品，比如奢侈品的购买量增加的幅度大于收入增加的幅度，需求的收入弹性大于 1，其恩格尔形状类似于 3－16 的 b)。不管是必需品还是奢侈品，它们都属于正常商品，因此恩格尔曲线的斜率为正；若一种商品的消费量随着收入的增加而减少，如吉芬商品，那么这种商品的恩格尔曲线则表现为一条斜率为负的曲线。

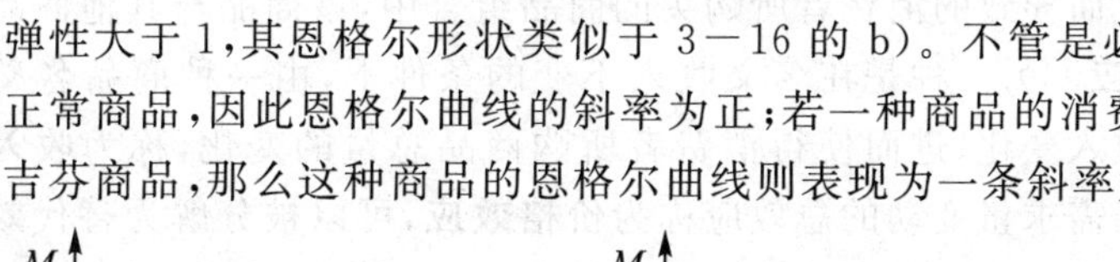

图 3－16　不同商品的恩格尔曲线

第五节 替代效应与收入效应

一种商品价格的变化会引起该商品需求量的变化，这种变化可以被分解成替代效应和收入效应两个部分。不同的商品，正常物品、低档物品和吉芬物品的替代效应和收入效应是不同的。

一、替代效应和收入效应的含义

当一种商品的名义价格发生变化后，将会对商品的需求量产生多大的影响？这种影响是如何发生的呢？

例如，消费者在其所购买的两种商品中，一种商品的价格不变，而另一种商品的价格发生变化，那么，若是 Y 商品的价格 P_Y 不变而 X 商品的价格 P_X 发生变化，则这时有两种情况，一种情况是 X 商品价格 P_X 上升，另一种情况是 X 商品价格 P_X 下降。下面我们讨论偏好不变，收入 M 不变，Y 商品的价格 P_Y 保持不变，X 商品价格 P_X 下降的情形。一方面，对于消费者来说，虽然名义货币收入不变仍是 M，但是由于 X 商品价格 P_X 下降，现有的货币收入的实际购买力增强了，换句话说就是实际收入水平提高了。实际收入水平的提高，会让消费者改变 X 和 Y 两种商品的消费量，从而让自己的效用水平达到更高，这就是 X 商品价格 P_X 下降所带来的收入效应。另一方面，X 商品价格 P_X 下降，使得 X 商品相对价格不变的 Y 商品来说，较之前便宜了。两种商品相对价格的这种变化，会使消费者增加对 X 商品的购买而减少对 Y 商品的购买，这就是 X 商品价格 P_X 下降所带来的替代效应。显然，替代效应不考虑实际收入水平变动的影响，所以替代效应不改变消费者的效用水平。用同样的道理，也可以分析偏好不变，收入 M 不变，Y 商品的价格 P_Y 保持不变，X 商品价格 P_X 上升时的替代效应和收入效应，只是和刚才分析的情况刚好相反。

综上所述，一种商品价格变动对该商品需求量将产生两种影响：一种是由于该商品的名义价格变化而导致的消费者所购买的商品组合中，该商品与其他商品在消费上的替代，称为**替代效应**。另一种是在名义收入不变的条件下，由一种商品名义价格变化而导致消费者实际收入变化，进而使得消费者所购商品总量的变化，称为**收入效应**。价格变动所引起的商品需求量变动的总效应称为**价格效应**，可以被分解为替代效应和收入效应两个部分，即：**价格效应＝替代效应＋收入效应**。

二、正常物品、低档物品的替代效应和收入效应

1. 正常物品的替代效应和收入效应

图 3－17 分析的是正常物品价格下降时的替代效应和收入效应。其中，预算线 AB 与无差异曲线 I_1 相切于 E 点，现在假定价格 P_Y 不变，P_X 下降，收入 M 不变，则预算线 AB 绕 A 点沿逆时针方向旋转到 AB_1 的位置，AB_1 与更远的无差异曲线 I_2 切于 G 点。当名义收入不变时，由于其中 X 商品的价格下降，使消费者的实际收入增加，从而能够获得更大的效用水平，也就是从较低的无差异曲线 I_1 上的 E 点转移到较高的无差异曲线 I_2 上的 G

点，X 商品的购买量增加，由 X_1 增加到 X_3，这是由 X 商品价格变化造成的对其购买量的变化的总效应，即价格效应。

为什么价格效应是由替代效应和收入效应共同构成的呢？为了说明这个问题，需要引入**补偿性预算线**的概念。什么是补偿性预算线？当商品的价格发生变化引起消费者的实际收入水平发生变化时，**补偿性预算线是通过假设货币收入增减来维持消费者的实际收入水平不变的一种分析工具**。比如，在商品价格下降引起消费者的实际收入提高时，假设可以取走消费者的一部分货币收入，以使消费者的实际收入维持在原来的水平，那么补偿性预算线就可以用来表示使消费者的货币收入下降到只能维持原有的无差异曲线的效用水平的情况。相反，在商品价格上升引起消费者收入水平下降时，假设可以对消费者的损失给予一定的货币收入补偿，以使消费者的实际收入维持在原来的水平，那么补偿性预算线就可以用来表示使消费者的货币收入提高到维持原有的无差异曲线的效用水平的情况。

在图 3－17 中，为了剔除商品价格变化对实际收入水平变化的影响，使消费者收入能回到原有的 I_1 上去，具体的做法是：作一条平行于预算线 AB_1 且与无差异曲线 I_1 相切的补偿性预算线 CD。这种做法的意义如下：补偿性预算线 CD 与预算线 AB_1 平行，则两条预算线的斜率相同，是 X 商品价格和 Y 商品价格的比值，是一个相等的值 $\frac{P_X}{P_Y}$。另一方面，将 AB_1 向左下方平行移动到与 I_1 相切的位置，根据前面有关预算线变动的知识可知，这相当于在收入 M 中减少一部分收入（相当于扣除因 P_X 下降而增加的实际收入，使得收入水平与原来相同）。这时 CD 与 I_1 相切于 F 点，均衡点也从点 E 移到 F 点。

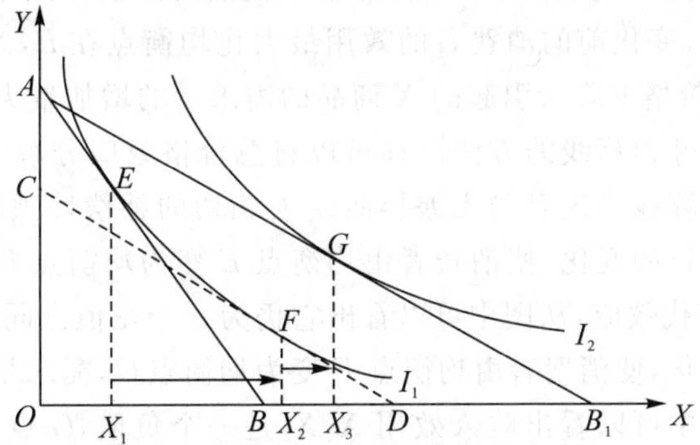

图 3－17　正常物品的替代效应与收入效应

对替代效应做进一步分析，对预算线 AB 和补偿性预算线 CD 而言，它们都与无差异曲线 I_1 相切，切于 E、F 两点，但预算线 AB 和补偿性预算线 CD 的斜率却不相等。预算线 AB 的斜率绝对值大于补偿性预算线 CD 的斜率绝对值，可知预算线 AB 所表示的商品的相对价格 $\frac{P_X}{P_Y}$ 大于补偿性预算线 CD 所表示的相对价格，这是由 P_X 下降而 P_Y 不变所引起的。这种情况下，当预算线由 AB 移至 CD 时，随着 X、Y 商品的相对价格 $\frac{P_X}{P_Y}$ 变小，消费者为了维持原有的效用水平，其消费必然会沿着既定的无差异曲线 I_1 由 E 点下滑到 F 点，用 X 商品去替代 Y 商品，即增加对 X 商品的购买，同时减少对 Y 商品的购买。因此，从 E 点到 F 点的 X 商品需求量的增加量如图所示为 X_1X_2，就是由 P_X 下降引起的替代效应。它归因于商品相对价格的变化，不改变消费者的效用水平。X 商品价格下降所引起的需求量的增加量 X_1X_2 是一个正值，也就是说正常物品的替代效应与价格呈反向变动的关系。

再来看收入效应，它也是总价格效应的一个组成部分。假设把补偿性预算线 CD 向右上方平移至与 AB_1 重合，那么消费者效用最大化的均衡点就会由无差异曲线 I_1 上的 F 点回到 I_2 上的 G 点。现在我们再将 F 点与 G 点进行比较，这时就相当于增加了一部分收入（相当于因 P_X 下降而增加的实际收入），这表示 X 商品价格下降导致实际收入增加，从而该消费者购买的 X 商品的数量就由 OX_2 增加到 OX_3。从 F 点到 G 点的 X 商品需求量的增加量如图所示为 X_2X_3，就是由 P_X 下降引起的收入效应。它归因于 X 商品价格变化所引起的实际收入水平的变化，它改变了消费者的效用水平。在图中，X 商品价格下降使得消费者的实际收入提高时，消费者会增加对 X 商品的购买，即 P_X 下降所引起的需求量的增加量 X_2X_3 是一个正值，也就是说正常物品的收入效应与价格呈反向变动的关系。

由此可见，在收入不变的情况下，X 商品价格下降所引起的价格效应，是替代效应与收入效应共同作用的结果，即：

（价格效应）X_1X_3 =（替代效应）X_1X_2 +（收入效应）X_2X_3

综上所述，对正常物品来说，替代效应与价格成呈反向变动关系，收入效应也与价格成反向变动关系，在它们的共同作用下，总价格效应一定与价格成反向变动的关系。正因为如此，正常物品的需求曲线是向右下方倾斜的。

2. 低档物品的替代效应和收入效应

用同样的方法分析低档物品价格下降时的替代效应和收入效应，如图 3－18 所示。图中的横轴 OX 和纵轴 OY 分别表示 X 商品和 Y 商品的数量，其中假设 X 商品是低档物品。X 商品的价格 P_X 变化前的消费者的效用最大化均衡点在 E，X 商品价格下降后的均衡点为 G 点，因此价格下降所引起的 X 商品的需求量的增加量为 X_1X_3，X_1X_3 是总价格效应。通过作补偿性预算线的方法同样可以将总价格效应分解为替代效应和收入效应。作一条平行于预算线 AB_1 且与无差异曲线 I_1 相切的补偿性预算线 CD。P_X 价格下降引起的商品相对价格的变化，使消费者由均衡点 E 变为均衡点 F，相应的需求量的增加量为 X_1X_2，这是替代效应，从图中可以看出它仍为一个正值。同时，P_X 价格下降引起的实际收入水平的变化，使消费者由均衡点 F 变为均衡点 G，需求量由 X_2 减少到 X_3，这就是收入效应。从图中可以看出收入效用 X_2X_3 是一个负值，G 点必定落在 F 点左侧。收入效应为负值的原因是，X 商品价格下降所引起的实际收入水平的提高，会使消费者减少对低档物品 X 商品的需求量。

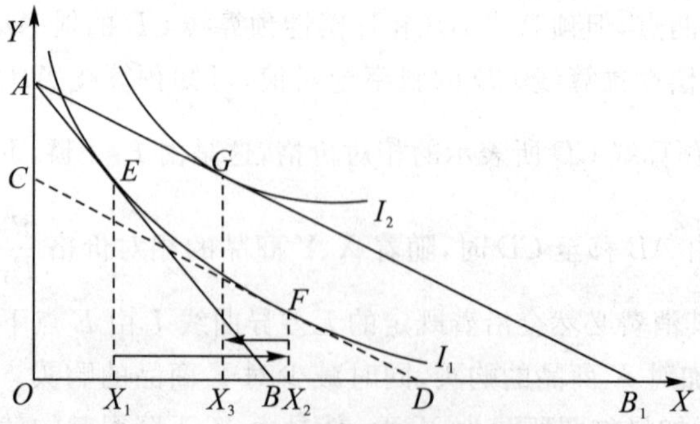

图 3－18　低档物品的替代效应与收入效应

图 3—18 中 X 商品的价格下降所引起的对此商品需求量的变化的总价格效应为 X_1X_3，它是由两个部分组成：正的替代效应 X_1X_2 和负的收入效应 X_2X_3。由于替代效应 X_1X_2 的绝对值大于收入效应 X_2X_3 的绝对值，因此总价格效应为正值。

案例资料 3-4

保姆赚“小费”的故事

一对夫妻事业蒸蒸日上，但为特爱哭泣的孩子伤透了脑筋。为此小两口想了不少办法，但收效甚微。经过一段时间的摸索，最后总算找到了偏方：小孩特别爱吃一种小颗粒糖，也爱玩，所以每当小宝贝快要哭的时候，给一两个欢乐球或吃几粒糖，小孩很快就会安静下来，若多给些球或糖，小孩甚至还会高兴得手舞足蹈。要是不让宝贝哭，每周至少得破费 54 元，包括购买 105 个价格为 0.25 元/个的欢乐球（共计约 26 元）和约 280 粒价格为 0.1 元/粒的糖（共计 28 元）。

有一天，他们从保姆市场雇了一位保姆专门照顾小孩，基本要求是不能让宝贝哭，当然每周的预算仍然是 54 元。在主人的帮助下，保姆很快学会了如何买球和糖以及对付小孩哭泣的招数。然而，一个多月以后，欢乐球降价了，由原来的 0.25 元/个降到 0.15 元/个。保姆当然很高兴，因为现在虽然买 280 粒糖仍需 28 元，但买 105 个欢乐球不需要 26 元了，只需要大约 16 元，每周就可以省出 10 元。但保姆没有把省出的钱交还给主人，而是塞进自己的腰包，算是赚点“小费”。就这样，降价后保姆每次花约 44 元买 105 个球和 280 粒糖，并赚 10 元小费，主人全然不知。

一次，保姆利用每周给的一天假，到正在经济系读研究生的哥哥处串门，并得意地把在主人家的故事一五一十地讲给哥哥听。哥哥听后，夸妹妹有心计，但仔细想想觉得她的心计还不够，因为让小孩高兴当然好，但她完全可以在不让小孩哭泣的前提下，更好地组合球与糖，省出更多的“小费”。妹妹觉得言之有理。回去之后，经过不断尝试，她每次买大约 140 个球和 210 粒糖，花费约 42 元，就能保证小孩不哭。结果，她每次可以省出 12 元的“小费”！

转眼间已是春节临近，保姆打算回家过年，期间只能由主人替代去买东西和照顾小孩。她知道，如果主人去买东西，她赚“小费”之事就会暴露无遗。为此，她以退为进，开始将每次能省出的 12 元分文不要，即把主人所给的 54 元全部购买球和糖。至于购买的数量，经尝试，最后觉得每周买 180 个球和 270 粒糖，能使小孩最高兴。见此情景，主人当然非常高兴，夸保姆很能干，而保姆就将球降价的事告诉主人，还得了个“诚实”的美名。

这个故事揭示了消费中的替代效应和收入效应。在此不妨假设小孩不哭为低的无差异曲线为 1，而小孩高兴的无差异曲线为 2。起初在球和糖的价格分别是 0.25 元/个和 0.1 元/粒的条件下，总预算为 54 元就达到了无差异曲线 1，糖和球的均衡量分别为 105 个和 280 粒。当球的价格降至 0.15 元/个后，理性的保姆经过调整商品组合，赚取了 12 元“小费”，这 12 元“小费”就是补偿预算线下形成的补偿变量，而球的均衡数量由降价前的 105 增至 140 个，这增加的 35 就是替代效应。最后，为保诚实荣誉，保姆放弃所能得到的“小费”，达到了无差异曲线 2 的效用水平，球的均衡数量达到了 180 个，比降价前增加了 75 个，这就是欢乐球的全部降价效应。

资料来源：作者根据有关资料整理。

三、吉芬物品的替代效应和收入效应

通过上面的分析，在收入 M 和 Y 商品的价格均给定不变的条件下，X 商品的价格下降后，消费者对价格下降商品 X 增加需求，是上述替代效应与收入效应共同作用的结果。那么，替代效应与收入效应共同作用的结果是否一定会导致消费者对价格下降的商品需求量增加呢？

1845 年爱尔兰发生灾荒，土豆价格上升，但是人们对这一低档物品的需求量不仅没有减少，反而增加了，这一现象被 19 世纪英国经济学家罗伯特·吉芬发现，后被命名为**吉芬难题**。这种现实存在的极少数低档商品，需求量随价格呈同方向变动的特殊商品就被后人称为**吉芬物品(Giffen goods)**。其价格下降后，由于收入效应相当大，即实际收入增加引起的需求量的减少，超过了替代效应引起的需求量的增加，使得对该商品的需求量不仅没有因价格下降而增加，反而比价格下降前减少了，这是违反需求定理的一种较为罕见的现象。因为按照需求定理，商品价格下降会引起对其需求量的增加。

下面以图 3－19 来分析这个问题。图中的横轴 OX 和纵轴 OY 分别表示 X 商品和 Y 商品的数量，其中假设 X 商品是吉芬物品。X 商品的价格 P_X 变化前的消费者效用最大化均衡点在 E，X 商品价格下降后的均衡点为 G 点，因此 X 商品价格下降所引起的需求量的增加量为 X_1X_3，X_1X_3 是总价格效应。通过作补偿性预算线的方法同样可以将总价格效应分解为替代效应和收入效应。作一条平行于预算线 AB_1 且与无差异曲线 I_1 相切的补偿性预算线 CD，P_X 价格下降引起的商品相对价格的变化，使消费者由均衡点 E 变为均衡点 F，相应的需求量的增加量为 X_1X_2，这是替代效应，从图中可以看出它仍为一个正值。同时，P_X 价格下降引起的实际收入水平的变化，使消费者由均衡点 F 变为均衡点 G，需求量由 X_2 减少到 X_3，这就是收入效应。从图中可以看出收入效用 X_2X_3 是一个负值，G 点不仅落在 F 点左侧，也落在 E 点左侧，收入效应的绝对值大于替代效应的绝对值。

图 3－19 中 X 商品的价格下降所引起的对此商品的需求量的变化的总价格效应为 X_1X_3，它是由两个部分组成：正的替代效应 X_1X_2 和负的收入效应 X_2X_3。由于替代效应 X_1X_2 的绝对值小于收入效应 X_2X_3 的绝对值，因此总价格效应为负值。

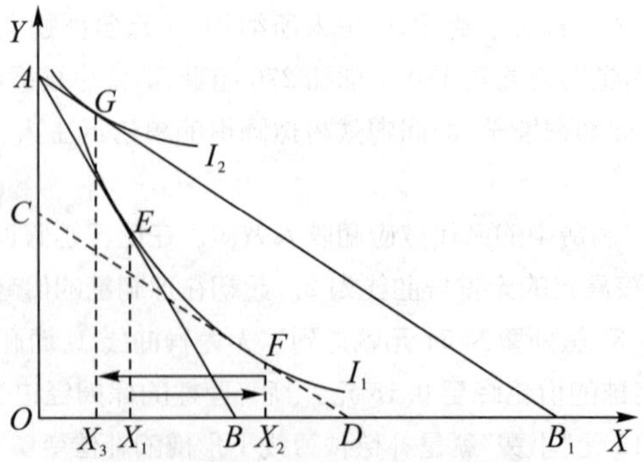

图 3－19　吉芬物品的替代效应与收入效应

现将以上分析正常商品、低档商品和吉芬商品所得到的结论综合于下表 3－2。

表 3－2 不同商品替代效应、收入效应与价格的关系

商品类别	与价格的关系			需求曲线形状
	替代效应	收入效应	总效应	
正常商品	反向变化	反向变化	反向变化	右下方倾斜
低档商品	反向变化	同向变化	反向变化	右下方倾斜
吉芬商品	反向变化	同向变化	同向变化	右上方倾斜

值得注意的是，低档商品与吉芬商品是有区别的。低档商品是指随着实际收入的增加，消费者对其需求量反而减少的商品，即该商品的需求收入弹性是负数；而吉芬商品是指价格下降后，实际需求量较前减少的商品。可见，上述低档品定义是收入变化影响需求量，吉芬商品定义是价格变化影响需求量。因此，低档商品的价格下降时（这里说的是价格下降不是收入增加），需求量总体是增加的，这是因为其替代效应引起的需求增加量超过了收入效应引起的需求减少量，从而使总需求量仍然是较之前增加的，低挡商品的需求曲线形状仍然服从需求法则，是向右下方倾斜的。吉芬商品价格下降时需求量总体是减少的，这是因为替代效应引起的需求增加量小于收入效应引起的需求减少量，或者说是吉芬商品收入效应引起的需求减少量超过了替代效应引起的需求增加量，从而导致总需求量是减少的，吉芬商品不再遵从需求法则，其需求曲线形状是向右上方倾斜的。

经济学家简介——威廉·斯坦利·杰文斯（1832—1882 年）

威廉·斯坦利·杰文斯是英国经济学家、统计学家和逻辑学家，是边际效用学派的创始人之一，也是数理经济学派早期代表人物之一。杰文斯出生于利物浦一个铁器商人家庭，16 岁时到伦敦大学学习化学和生物学，并对工业经济产生兴趣，后因家庭破产辍学。1857 年他开始自学政治经济学，之后返回英国，复学于伦敦大学。1866 年任曼彻斯特欧文斯学院逻辑学、道德哲学、政治经济学教授，1876 年转任伦敦大学学院教授。他的主要著作是《政治经济学理论》（1871）、《略论政治经济学的一般数学理论》（1862）、《关于周期性商业波动的研究》（1884）等。

杰文斯是边际效用价值论在英国的奠基者。他较系统地把边际效用论与数学结合起来，运用数学方法研究和表述经济范畴和规律，企图建立一套新的“数理经济学”理论体系。杰文斯以主观效用作为分析价值的基础，认为物品对人能产生“快乐”和避免“痛苦”，因而具有效用，这种效用决定物品的价值。杰文斯不是一般地用主观效用，而是以“最后效用程度”来解释价值。他把一种物品的总效用和这种物品的一个部分在一定时间对一个人的效用区别开来。照他的看法，一种物品随着其总量的不断增加，该物品对人的每单位效用是递减的，而最后增加的物品单位对人所提供的效用程度，即是最后效用程度。这种最后效用程度也就是人对物品增加到某一单位上所表现的需求强度，它直接关系到人的快乐和痛苦，和总效用相比，它对人的福利具有更大的重要性，因此它是决定和衡量物品价值的标准和尺度。

拓展知识链接

戈森定律

间接效用函数

生产者剩余

幸福方程式

思考与练习

一、核心概念

总效用	边际效用	基数效用论	序数效用论
边际效用均等法则	无差异曲线	预算线	补偿性预算线
边际效用递减规律	边际替代率	替代效应	收入效应
价格—消费曲线	恩格尔曲线	吉芬商品	

二、选择题

1. 总效用曲线达到顶点时，（　　）。

A. 边际效用曲线达到顶点　　B. 边际效用为正

C. 边际效用为零　　D. 边际效用为负

2. 无差异曲线上任意一点上商品 X 对商品 Y 的边际替代率等于它们的（　　）。

A. 价格之比　　B. 数量之比　　C. 边际效用之比　　D. 平均成本之比

3. 预算线的斜率取决于（　　）。

A. 消费者收入　　B. 消费者的收入和商品价格之比

C. 商品的价格之比　　D. 消费者的偏好

4. 如果消费者甲的 $\frac{MU_Y}{MU_X}$ 小于消费者乙的 $\frac{MU_Y}{MU_X}$，甲可以（　　）来增加效用。

A. 用 x 从乙处换得更多的 y

B. 用 y 从乙处换得更多的 x

C. 用 x 从乙处换得更多的 y 或者用 y 从乙处换得更多的 x

D. 无法判断

5. 对一个消费者来说，民族音乐磁带对流行音乐磁带的边际替代率是 1/3，如果（　　）。

A. 民族音乐磁带的价格是流行音乐磁带价格的 3 倍，他可以获得最大效用

B. 民族音乐磁带的价格和流行音乐磁带价格相等，他可以获得最大效用

C. 民族音乐磁带的价格是流行音乐磁带价格的 1/3，他可以获得最大效用

D. 他用 3 盘流行音乐的磁带交换 1 盘民族音乐的磁带，可以获得最大效用

6. 对正常商品来说，当价格上升时，（　　）。

A. 替代效应导致了更少的消费　　B. 收入效应导致了更少的消费

C. 需求的数量下降了　　D. 以上都对

7. 在两种商品 xy 的模型中，若 x 的价格下降，消费 x 的替代效应远大于相应的收入

效应，则我们可以肯定的是(　　)。

A. x 是一种正常商品　　B. x 是一种吉芬商品

C. x 不是吉芬商品　　D. y 是一种正常商品

8. 在下列各种情况中，何种情况意味着是吉芬商品(　　)。

A. 需求的收入弹性和需求的价格弹性都是正的

B. 需求的收入弹性和需求的价格弹性都是负的

C. 需求的收入弹性为正，但需求的价格弹性为负

D. 需求的收入弹性为负，但需求的价格弹性为正

9. 对劣质品来说当价格上升时，(　　)。

A. 替代效应导致了更少的消费　　B. 收入效应导致了更少的消费

C. 收入效应导致了更多的消费　　D. A 和 C 都对

10. 消费者预算线发生平行移动时，连接消费者诸均衡点的曲线称为(　　)。

A. 需求曲线　　B. 价格—消费曲线

C. 收入—消费曲线　　D. 恩格尔曲线

11. 当某种商品给消费者带来的边际效用为零时，那么该商品给消费者带来的总效用(　　)。

A. 达到最大　　B. 是最小的　　C. 可以进一步增加　　D. 为负数

12. 消费者均衡的原则是(　　)。

A. $MU_X/P_X=MU_Y/P_Y$　　B. $MU_X/P_Y=MU_Y/P_X$

C. $TU_X/P_X=TU_Y/P_Y$　　D. $TU_X/P_Y=TU_Y/P_X$

13. 下列说法正确的是(　　)。

A. 无差异曲线通常凹向原点　　B. 无差异曲线通常向右下倾斜

C. 两条无差异曲线可能会相交　　D. 无差异曲线的“无差异”是指产量无差异

14. 如果一个国家的恩格尔系数为 0.8，说明该国家(　　)。

A. 很富裕　　B. 收入分配较平均

C. 很贫穷　　D. 收入分配高度不均

15. 在其他条件不变的情况下，价格的下降使消费者剩余(　　)。

A. 增加　　B. 减少　　C. 不变　　D. 消失

16. 价格下降的总效应为负的商品一定是(　　)。

A. 正常商品　　B. 高档商品　　C. 吉芬商品　　D. 以上都不对

三、判断题

1. 效用的大小取决于消费者的主观感受。(　　)

2. 基数效用分析与序数效用分析的结果是不一致的。(　　)

3. 当边际效用为零时，消费者的总效用达到最小。(　　)

4. 消费者的均衡是无条件的。(　　)

5. 如果价格不变，边际收益会小于平均收益。(　　)

6. 边际收益与产品需求的价格弹性没有关系。(　　)

四、思考题

1. 什么是商品的替代效应和收入效应？试作图加以说明。

2. 在经济学中，有一个著名的钻石和水的价格难题，又叫“钻石和水的价值悖论”，那就是：水应当比钻石更值钱吗？著名的古典经济学家亚当·斯密在研究不同物品的相对价格如何决定的问题时，就提出过这个问题：根据常识，一个物品的价格决定于它给消费者的效用。但是，水为消费者所必需，水的有无，生死攸关，效用极大，但水的价格很低；而钻石是非必需品，效用有限，价格却非常高。这是为什么？

3. 用图分析说明序数效用论消费者均衡条件，在此基础上对需求曲线进行推导。

4. 用替代效应和收入效应之间的关系解释一般商品、低档商品和吉芬商品之间的区别，并说明这三类商品需求曲线的特征。

5. 试画出以下各位消费者对两种商品（咖啡和奶茶）的无差异曲线，同时请对(2)和(3)分别写出消费者B和消费者C的效用函数。

(1)消费者A喜欢喝咖啡，但对喝奶茶无所谓。他总是喜欢有更多杯的咖啡，而从不在意有多少杯的奶茶。

(2)消费者B喜欢一杯咖啡和一杯奶茶一起喝，他从来不喜欢单独只喝咖啡，或者只喝奶茶。

(3)消费者C认为，在任何情况下，1杯咖啡和2杯奶茶是无差异的。

(4)消费者D喜欢喝奶茶，但厌恶喝咖啡。

五、计算题

1. 已知衬衫价格为80元，快餐的价格为40元，在某消费者关于这两种商品的效用最大化的均衡点上，一份快餐对衬衫的边际替代率 MRS 是多少？

2. 某消费者的效用函数 $U=x_1^{0.5}x_2^{0.5}$，两商品价格分别为 P_1、P_2，消费者收入为 M。求该消费者关于商品1和商品2的需求函数。

3. 已知某人的效用函数是 $U=xy$，他打算购买 x 和 y 两种商品，当其每月收入为1200元，$P_x=2$ 元，$P_y=3$ 元时，试问：

(1)为获得最大效用，他应该如何选择商品x和y的组合。

(2)货币的边际效用和总效用各是多少？

(3)假设商品 x 的价格提高44%，商品 y 的价格不变，他必须增加多少收入才能保持原有的效用水平？

4. 假设消费者的效用函数是 $U=x^4y^3$，则消费者在 y 商品上的支出占总支出比例是多少？对商品 y 的需求与商品 x 的价格有什么关系？

5. 若无差异曲线是一条斜率为 $-a$ 的直线，当价格为 P_1、P_2，收入为 M 时，求最优商品消费组合。

6. 假定某消费者的效用函数为 $U=q^{0.5}+3M$，其中，q 为某商品的消费量，M 为收入。求：

(1)该消费者的需求函数。

(2)该消费者的反需求函数。（提示：即 $p=f(q)$）

(3)当 p 为1/12，q 为4时的消费者剩余是多少？

六、挑战题*

1. 证明：若效用函数为 $U=X^rY$，$r>0$，则收入－消费曲线是一条直线。

2. 假设某消费者的效用函数形式为 $U = x^{\alpha}y^{\beta}$，商品 x 和商品 y 的价格分别为 P_x 和 P_y，消费者的收入为 M，α 和 β 为常数，且 $\alpha + \beta = 1$。

(1)分别求该消费者关于 x 和关于 y 的需求函数。

(2)证明当商品 x 和商品 y 的价格与消费者的收入同时变动相同比例时，消费者对于每个商品的需求关系维持不变。

(3)证明消费者效用函数中的参数 α 和 β 分别为商品 x 和商品 y 的消费支出占消费者收入的比重。

Microeconomics

第四章 生产理论

所谓“创新”，是指建立一种新的生产函数，即把一种从来没有过的关于生产要素和生产条件的“新组合”引入生产体系，而“企业家”的职能就是引进“新组合”，实现“创新”。

——美籍奥地利人，西方著名经济学家，约瑟夫·阿洛伊斯·熊波特(1883-1950)

学习目的与要求

本章以企业生产为研究对象。这里的企业，通常指以赚取利润为目的而从事生产的经济组织。由于利润只有量的大小而无质的区别，因而我们可以合理地假定企业追求利润最大化，这是我们展开生产理论研究的出发点。生产理论涉及企业资源(投入)生产产品(产出)的全过程，在这个过程中，企业面临着两个基本的生产决策:(1)如何在现有市场条件下使投入成本最小，产出规模最大，从而实现利润最大化目标?(2)如果企业需要扩大生产能力，应该怎样进行规划? 通过本章的理论学习，可以掌握投入产出的基本规律和研究方法、单一可变要素的最优利用原则和多种要素最优组合的原则，提高投入产出效率。对上述两个问题做出解答，加深对企业生产决策的理解，并为更深入的分析打下基础。

本章的学习，要求分别掌握生产函数、短期和长期的概念；总产量、平均产量与边际产量的概念及其关系；边际报酬递减规律、合理投入区域和单一可变要素最优量的确定；等产量线、等成本线、边际技术替代率、确定生产要素最优投入组合的等边际准则；柯布—道格拉斯生产函数、规模报酬的概念等等。

重点与难点

总产量、平均产量与边际产量的关系，边际报酬递减规律，生产要素最优投入组合的等边际准则及其应用。

第一节　生产函数

一、生产函数概念

厂商进行生产的过程就是从投入生产要素到产出产品（或劳务）的过程。在经济学中，**生产要素一般被划分为劳动、土地、资本和企业家才能这四种类型**。劳动指人类在生产过程中提供的体力和智力的总和。土地不仅指土地本身，还包括地上和地下的一切自然资源，如森林、江河湖泊、海洋和矿藏等。资本可以表现为实物形态或货币形态。资本的实物形态又称为**资本品**或**投资品**，如厂房、机器设备、动力燃料、原材料等。资本的货币形态通常称为**货币资本**。企业家才能指企业家组织建立和经营管理企业的才能。通过对生产要素的运用，厂商可以提供各种实物产品，如房屋、食品、机器、日用品、书籍等，也可以提供各种无形产品即劳务，如理发、医疗、金融服务、旅游服务等。

生产过程中生产要素的投入量和产品的产出量之间的关系，可以用生产函数来表示。**生产函数表示在一定时期内，在生产技术水平不变的情况下，生产中所使用的各种生产要素的数量与所能生产的最大产量之间的关系**。任何生产函数都以一定时期内的生产技术水平作为前提条件，一旦生产技术水平发生变化，原来的生产函数就会发生变化，从而形成新的生产函数。新的生产函数可能是以相同的生产要素投入量生产出更多或更少的产量，也可能是以变化了的生产要素的投入量进行生产。

假定 $X_1, X_2, \cdots, X_n$ 顺次表示某产品生产过程中所使用的 n 种生产要素的投入数量，Q 表示所能生产的最大产量，则生产函数可以写成以下形式：

$$Q = f(X_1, X_2, \cdots, X_n) \tag{4.1}$$

该生产函数表示在一定时期内，在既定的生产技术水平下的生产要素组合（X_1，$X_2, \cdots, X_n$）所能生产的最大产量为 Q。

一般在经济学的分析中，为了简化分析，通常假定生产中只使用劳动和资本这两种生产要素。若以 L 表示劳动投入数量，以 K 表示资本投入数量，则生产函数表示为：

$$Q = f(L, K) \tag{4.2}$$

生产函数表示生产中的投入量和产出量之间的依存关系，这种关系普遍存在于各种生产过程之中。一家工厂必然具有一个生产函数，一家饭店也是如此，甚至一所学校或医院同样会存在着各自的生产函数。研究生产函数，对于经济理论研究和生产实践都具有一定的意义，这也是很多经济学家和统计学家对生产函数感兴趣的原因。

二、短期与长期的概念

微观经济学的生产理论可以分为短期生产理论和长期生产理论。如何区分短期生产和长期生产呢？**短期指生产者来不及调整全部生产要素的数量，至少有一种生产要素的数量是固定不变的时间周期。长期指生产者可以调整全部生产要素的数量的时间周期**。相应地，在短期内，生产要素投入可以区分为不变投入和可变投入。生产者在短期内无法进行数量调整的那部分要素投入是不变要素投入，例如，机器设备、厂房等。生产者在短期内可以进行数量调整的那部分要素投入是可变要素投入，例如，劳动、原材料、燃料等。在长期，生产者可以调整全部的要素投入，例如，生产者根据企业的经营状况，可以缩小或扩大生产规模，甚至还可以加入或退出一个行业的生产。由于在长期所有的要素投入量都是可以改变的，因而也就不存在可变要素投入和不变要素投入的区分。

在这里，短期和长期的划分是相对的，是以生产者能否变动全部要素投入的数量作为标准的。对于不同的行业和产品生产，短期和长期的界限规定是不相同的。譬如，变动一个大型钢铁厂的规模可能需要 3 年甚至更长时间，而变动一个豆腐作坊的规模可能仅需要 1 个月的时间。即前者短期和长期的划分界线为 3 年，而后者仅为 1 个月。

三、常见生产函数类型

由于技术和行业特点的不同，生产函数的具体形式也是多种多样的，根据不同的标准，生产函数可以分为以下几类：

1. 按照可变生产要素数目的多少，可将生产函数划分为一种可变要素的生产函数、两种可变要素的生产函数与多种可变要素的生产函数。

生产函数表示各种生产要素的投入及与最大产量之间的技术关系，如果在使用的生产要素中，只有一种生产要素的数量是可变的，而其他生产要素的数量保持不变，这样的生产函数即为一种可变要素的生产函数。例如，假定厂商在生产中只使用两种要素，即劳动 L 和资本 K，并且只有劳动要素 L 是可变的，而资本 K 始终保持不变，那么该种生产的生产函数可以表示为：

$$Q = f(L, \overline{K}) \tag{4.3}$$

该式表示在技术水平、资本数量不变的条件下，劳动这一要素的使用量与相应的最大产出之间的关系。

在上例中，如果劳动 L 与资本 K 两种生产要素都是可变的，这样的生产函数称为"两种可变要素的生产函数"，可以表示为：

$$Q = f(L, K) \tag{4.4}$$

该式表示在技术不变的条件下，劳动与资本的各种不同的数量组合与相应的最大产出之间的关系。

如果在生产中有多种要素的数量可变，反映投入与产出之间的关系则是多种可变要素的生产函数，可以表示为：

$$Q = f(X_1, X_2, \cdots, X_n) \tag{4.5}$$

该式表示在技术不变的条件下，X_1、X_2，…，X_n 种可变要素不同的数量组合与相应的最大产出之间的关系。

2. 按照技术系数是否发生变化，可以将生产函数划分为固定比例生产函数与可变比例生产函数。

所谓技术系数是指生产一定量的产品所要求的各种生产要素之间的配合比例。不同生产过程的技术系数是不同的。

(1)固定比例生产函数。

如果生产中各种生产要素投入之间的技术系数是固定不变的，那么，反映投入与产出之间关系的是固定比例生产函数。

例如，挖树坑的劳动，一个人用一把铁锹一次只能挖一个树坑，这时劳动与资本的配合比例就是固定的，在这里是 1∶1 的形式。此时生产函数可以表示为：

$$Q = f(L,K) = \min(L,K) \tag{4.6}$$

固定比例生产函数也叫**里昂惕夫生产函数**。当厂商的生产函数为固定比例时，要生产更多产量，所有的投入必须同比例地增加，两种投入之间很难替代。

一般地，如果生产中只使用两种要素，即劳动与资本，且劳动与资本的配合比例为 $L/K=a/b$，则有 $L/a=K/b$，故生产函数可以表示为：

$$Q = \min\left(\frac{L}{a},\frac{K}{b}\right) \tag{4.7}$$

其中，Q 为产量，L 和 K 分别为劳动和资本的投入量，常数 a、$b>0$，分别为固定的劳动和资本的生产技术系数，它们分别表示生产一单位产品所需要的固定的劳动投入量和固定的资本投入量。(4.7)式的生产函数表示：产量 Q 取决于 L/a 和 K/b 这两个比值中较小的那一个，即使其中的一个比例数值较大，那也不会提高产量 Q。因为，在这里，常数 a 和 b 作为劳动和资本的生产技术系数是给定的，即生产必须按照 L 和 K 之间的固定比例进行。当一种生产要素的数量不能变动时，另一种生产要素的数量再多，也不能增加产量，(4.7)式中使用 min 就表示的是这个意思。需要指出的是，在该生产函数中，一般又通常假定生产要素投入量 L、K 都满足最小的要素投入组合的要求，所以有：

$$Q = \frac{L}{a} = \frac{K}{b} \tag{4.8}$$

同样可以有：

$$\frac{L}{K} = \frac{a}{b} \text{ 或 } \frac{K}{L} = \frac{b}{a} \tag{4.9}$$

(4.9)式清楚地体现了该生产函数的固定投入比例的性质，在这里，它等于两种要素固定的生产技术系数之比。对于一个固定投入比例生产函数来说，当产量发生变化时，各要素的投入量将以相同的比例发生变化，所以，各要素的投入量之间的比例维持不变。

(2)可变比例生产函数。

在生产中，如果技术系数是可变的，那么，反映投入与产出关系的是可变比例生产函数。大多数产品的生产，投入的配合比例是可以改变的，既可以采用多用资本少用劳动的方式，又可以采用多用劳动少用资本的方式来生产同一产量。柯布—道格拉斯生产函数就是一种典型的可变比例生产函数。

柯布—道格拉斯生产函数是在 20 世纪 30 年代由数学家柯布和经济学家道格拉斯共同提出的，其一般形式为：

$$Q = f(L,K) = AL^{\alpha}K^{\beta} \tag{4.10}$$

式中 A、α、β 为参数，$0<\alpha<1$，$0<\beta<1$。

柯布—道格拉斯生产函数中的参数 α 和 β 的经济含义是：当 $\alpha+\beta=1$ 时，α 和 β 分别表示劳动和资本在生产过程中的相对重要性，α 为劳动所得在总产出中所占的份额，β 为资本所得在总产出中所占的份额。根据柯布和道格拉斯两人对美国 1899－1922 年期间有关经济资料的分析和估算，α 值约为 0.75，β 值约为 0.25。它说明，在这一期间的总产量中，劳动所得的相对份额为75%，资本所得的相对份额为25%。

此外，根据柯布—道格拉斯生产函数中的参数α与β之和，还可以判断规模报酬的情况。若$\alpha+\beta>1$，则为规模报酬递增；若$\alpha+\beta=1$，则为规模报酬不变；若$\alpha+\beta<1$，则为规模报酬递减。规模报酬的有关知识在本章第三节中介绍。

3. 按照考察时期的长短，可以将生产函数分为短期生产函数与长期生产函数。

在短期，产量变化时总有一些生产要素的投入数量不变，因此，短期分析时，可以将生产要素分为固定投入与可变投入，相应的生产函数为**短期生产函数**。例如，$Q=f(L,\overline{K})$或$Q=f(\overline{L},K)$就是短期生产函数的形式，前者L是可变的，K是固定的，后者L是固定的，K是可变的。而在长期中，由于所有投入要素都可以变动，故没有要素的可变与固定之分，相应的生产函数则为**长期生产函数**。例如，$Q=f(L,K)$，L、K都是可变的。因此，一种可变要素的生产函数就是短期生产函数，而两种可变要素的生产函数以及多种可变要素的生产函数是长期生产函数。

第二节　单一可变要素生产函数的最优确定

一、单一可变要素生产函数

本节考察的是短期生产理论，短期中生产要素不能全部变动。这里假定生产中只使用资本和劳动两种生产要素，资本的投入量是固定的，用$\overline{K}$表示，劳动的投入量是可变的，用L表示，则生产函数可以写成：

$Q=f(L,\overline{K})$ 或者 $Q=f(L)$　　(4.11)

这就是通常采用的一种可变生产要素的生产函数的形式，它也被称为**短期生产函数**。当然，如果L是固定的，K是可变的，也可以写成$Q=f(K)$。

二、总产量、平均产量、边际产量的概念

短期生产函数$Q=f(L,\overline{K})$表示：**在资本投入量固定时，由于劳动投入量变化所带来的最大产量的变化**。由此，我们可以得到**劳动的总产量(total product)**、**劳动的平均产量(average product)**和**劳动的边际产量(marginal product)**这三个概念。总产量、平均产量和边际产量的英文简写顺次为TP_L、AP_L和MP_L。

劳动的总产量TP_L指与一定的可变要素劳动的投入量相对应的最大产量。

它的定义式为：$TP_L=f(L,\overline{K})$　　(4.12)

劳动的平均产量AP_L指平均每一单位可变要素劳动的投入量所产生的产量。

它的定义式为：$AP_L=TP_L/L$　　(4.13)

劳动的边际产量MP_L指增加一单位可变要素劳动的投入量所增加的产量。

它的定义式为：

$MP_L=\Delta TP_L/\Delta L$　　(4.14)

或：$MP_L = dTP_L/dL$

类似地，对于生产函数 $Q = f(\overline{L}, K)$ 来说，它表示：**在劳动投入固定时，由资本投入量的变化所带来的最大产量的变化**。由该生产函数可以得到相应的资本的总产量、资本的平均产量和资本的边际产量，它们的定义式分别是：

$$TP_K = f(\overline{L}, K) \tag{4.15}$$

$$AP_K = TP_K/K \tag{4.16}$$

$$MP_K = \Delta TP_K/\Delta K \tag{4.17}$$

MP_K 也可以表示为：$MP_K = dTP_K/dK$

三、总产量、平均产量、边际产量的变动规律分析

1. 总产量、平均产量、边际产量之间的关系

我们来讨论短期总产量、平均产量和边际产量之间的关系。短期生产中假定资本的投入量是固定的，劳动的投入量是可变的，于是根据短期生产函数 $Q = f(L, \overline{K})$ 以及劳动的总产量、平均产量和边际产量的定义公式，可以编制一张反映它们之间关系的表格，见表4－1。

表 4－1　总产量、平均产量和边际产量

劳动投入量 L	劳动的总产量 TP_L	劳动的平均产量 AP_L	劳动的边际产量 MP_L
0	0	—	—
1	10	10	10
2	30	15	20
3	60	20	30
4	80	20	20
5	95	19	15
6	108	18	13
7	112	16	4
8	112	14	0
9	108	12	－4
10	100	10	－8

根据表 4－1 中的数据，可以在同一坐标系中绘制出总产量、平均产量和边际产量曲线图，如图 4－1，图中的横坐标表示可变要素劳动的投入量 L，纵坐标表示产量，当然包括总产量 TP_L、平均产量 AP_L 和边际产量 MP_L，图中三条曲线顺次表示了劳动的总产量曲线、劳动的平均产量曲线和劳动的边际产量曲线。

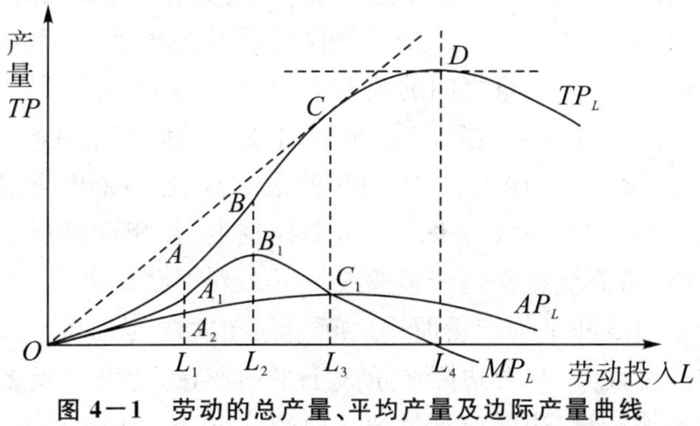

图 4－1　劳动的总产量、平均产量及边际产量曲线

从图 4－1 可以清楚地看到，劳动的边际产量曲线先是上升的，并且在 B_1 点达到最高点，然后再下降。由短期生产的这一基本特征出发，我们利用图 4－1 可以从三个方面来分析总产量、平均产量和边际产量相互之间的关系。

(1)关于边际产量和总产量之间的关系。

根据边际产量的定义公式 $MP_L = dTP_L(L,\overline{K})/dL$ ，其**几何意义是总产量 TP_L 曲线上切线的斜率**。可以推知，经过总产量 TP_L 曲线上任何一点的切线的斜率就是该点劳动投入量对应的边际产量 MP_L 值。例如，在图 4－1 中，当劳动投入量为 L_1 时，对应 TP_L 曲线上的 A 点，那么，过 A 点的切线的斜率，就是相应的 MP_L 值，它等于 A_1L_1 的高度。

在 TP_L 的最高点 D 点，切线是水平的，其斜率为 0，所以 D 点相应的 MP_L 等于 0，也即 MP_L 在 TP_L 最大时与横轴相交。

正是由于每一劳动投入量上的边际产量 MP_L 值就是相应的总产量 TP_L 曲线切线的斜率，由 TP_L 曲线的形状可以确定斜率的变化，因而可以确定 MP_L 曲线的形状。根据总产量 TP_L 曲线的形状，总产量曲线切线的斜率先是递增的，在 B 点为拐点，然后再是递减的。由此可知，边际产量曲线先上升，而后下降的，在 B_1 点到达最大值，也就是说，边际产量 MP_L 曲线的最大值点 B_1 和总产量 TP_L 曲线的拐点 B 是相互对应的。

所以，边际产量 MP_L 曲线和总产量 TP_L 曲线之间存在着这样的对应关系：劳动投入量小于 L_4 的区域，边际产量均为正值，则相应的总产量曲线的斜率为正值，即总产量曲线是上升的；在劳动投入量大于 L_4 的区域，边际产量均为负值，则相应的总产量曲线的斜率为负值，即总产量曲线是下降的。当劳动的投入量恰好为 L_4 时，边际产量为零值，则相应的总产量曲线的斜率为零，即总产量曲线达到极大值，亦即总产量曲线达到最高点。以上这种关系可以简单地表述为：**只要边际产量是正的，总产量总是增加的；只要边际产量是负的，总产量总是减少的；当边际产量为零时，总产量达到最大值**。

(2)关于平均产量和总产量之间的关系。

根据平均产量的定义公式 $AP_L = TP_L(L,\overline{K})/L$ ，可以推知，其**几何意义是连接总产量 TP_L 曲线上任何一点和坐标原点的线段的斜率，就是相应的平均产量 AP_L 值**。例如，在图中，当劳动的投入量为 L_1 时，连接 TP_L 曲线上 A 点和坐标原点的线段 OA（图 4－1 中 OA 的连线未标出）的斜率即 AL_1/OL_1 的比值，就是相应的 AP_L 值，它等于 A_2L_1 的高度。

正是由于这种关系，总产量 TP_L 曲线必然有一条从原点出发的最陡的切线（亦是连线），其切点为 C 点，对应 AP_L 曲线的 C_1 点，此时，平均产量 AP_L 曲线达到最大值。因为 OC 即是 TP_L 上的切线，又是 TP_L 上的连线，故 C 点必有 $MP_L = AP_L$，即 MP_L 与 AP_L 交于 C_1 点，对应横轴的 L_3 处。AP_L 的变动规律也是先上升而后下降的。

(3)关于边际产量和平均产量之间的关系。

在图 4－1 中，我们可以看到边际产量 MP_L 曲线和平均产量 AP_L 曲线之间存在着这样的关系：两条曲线相交于平均产量 AP_L 曲线的最高点 C_1。在相交以前，边际产量曲线高于平均产量曲线，边际产量曲线将平均产量曲线拉上；在相交以后，边际产量曲线低于平均产量曲线，边际产量曲线将平均产量曲线拉下。

为什么边际产量曲线和平均产量曲线之间会存在这样的关系？这是因为，就任何一对边际产量和平均产量而言，只要边际产量大于平均产量，边际产量就把平均产量拉上；只要边际产量小于平均产量，边际产量就把平均产量拉下。因此，就平均产量和边际产量来说，**当边际产量大于平均产量时，平均产量曲线是上升的；当边际产量小于平均产量时，平均产量曲线是下降的；当边际产量等于平均产量时，平均产量曲线达到极大值。**

此外，由于在可变要素劳动投入量的变化过程中，边际产量的变动相对于平均产量的变动要更敏感一些，所以，不管是增加还是减少，边际产量的变动都快于平均产量的变动。

2. 边际报酬递减规律

由表4－1和图4－1可以清楚地看到，对于一种可变生产要素的生产函数来说，边际产量表现出的先上升而最终下降的特征，这一特征被称为**边际报酬递减规律**，有时也被称为**边际产量递减规律**或**边际收益递减规律**。

西方经济学家指出，在短期生产中普遍存在这么一种现象或规律：**在技术水平不变的条件下，连续等量地把某一种可变生产要素增加到其他一种或几种数量不变的生产要素上去的过程中，当这种可变生产要素的投入量小于某一特定值时，增加该要素投入所带来的边际产量是递增的；当这种可变要素的投入量连续增加并超过这个特定值时，继续增加该要素投入带来的产量增加是递减的**。这就是边际报酬递减规律，是短期生产的一条基本规律。例如，对于给定的10公顷麦田来说，在技术水平和其他投入不变的前提下，考虑使用化肥的效果。如果只使用1公斤化肥，那可想而知，这1公斤化肥所带来的总产量的增加量即边际产量是很小的，可以说是微不足道的，但随着化肥使用量的增加，其边际产量会逐步提高，直至达到最佳的效果即最大的边际产量。但必须看到，若超过化肥的最佳使用量后，还继续增加化肥使用量，就会破坏土壤，对小麦生长产生不利影响，化肥的边际产量就会下降。过多的化肥甚至会烧坏庄稼，导致负的边际产量。

从理论上讲，边际报酬递减规律成立的原因在于：对于任何产品的短期生产来说，可变要素投入和固定要素投入之间都存在着一个最佳的数量组合比例。在开始时，由于不变要素投入量给定，而可变要素投入量为零，因此，生产要素的投入量远远没有达到最佳的组合比例。随着可变要素投入量的逐渐增加，生产要素的投入量逐渐接近最佳的组合比例，相应的可变要素的边际产量呈现出递增的趋势。一旦生产要素的投入量达到最佳的组合比例时，可变要素的边际产量达到最大值。在这一点之后，随着可变要素投入量的继续增加，生产要素的投入量越来越偏离最佳的组合比例，相应的可变要素的边际产量便呈现出递减的趋势了。正因为如此，也有人把**边际报酬递减规律**称为**变动比例规律**。

边际报酬递减规律强调的是：**在任何一种产品的短期生产中，随着一种可变要素投入量的增加，边际产量最终必然会呈现出递减的特征**。或者说，该规律提醒人们要看到在边际产量递增阶段后必然会出现的边际产量递减阶段。

在理解这一规律时，要注意这样几点：

(1)这一规律作用的前提是技术水平不变。

技术水平不变是指生产中所使用的技术没有发生重大变革。一般来说，无论在农业生产还是工业生产中，一种技术水平一旦形成，总会有一个相对稳定的时期，这一时期就可以称为**技术水平不变时期**。例如，农业生产技术可以分为传统农业与现代农业，传统农业是以人力和简单的工具为基本技术，现代农业以机械化、电气化、化学化为基本技术。从传统农业变为现代农业，技术发生了重大变化。在传统农业中，技术也有较小的变化(例如简单生产工具的改进)，但在未进入现代农业之前，则可称为**技术水平基本不变**。离开了技术水平不变这一前提，边际报酬递减规律不能成立。

(2)这一规律作用的条件是一种要素投入不变而另外一种是可变要素。

边际报酬递减规律研究的是把一种可变的生产要素不断增加到不变的生产要素上时对产量或收益所产生的影响,这种情况也是普遍存在的。在农业生产中,当土地等生产要素不变时,增加施肥量;或者在工业生产中,当厂房、设备等生产要素不变时,增加劳动力都属于这种情况。

(3)这一规律作用的时间必须是连续的。

在可变要素投入增加时,还要强调一种可变生产要素的投入在一定条件下是连续增加的,不能间隔或中断,边际报酬递减规律才会发生。比如,在一亩地里投入肥料以增加产量,在土地面积固定为一亩不变的情况下,假设增加 1 公斤肥料可以增产 10 公斤,再增加 1 公斤(总计 2 公斤)又可以增产 8 公斤(总计增产 18 公斤),但是,第二个 1 公斤如果不是当时根据增产需要及时增加的,而是第二年增加的,那么,第二年的增产就未必是 8 公斤了。再比如,连续吃面包会导致边际效用递减,但是,如果是今天吃 2 个,第 3 个明天再吃,边际效用就不会发生递减了。

边际报酬递减规律是从科学实验和生产实践中得出来的,在农业中的作用最明显。早在 1771 年英国农学家 A·杨格就用在若干相同的地块上施以不同量肥料的实验,证明了肥料施用量与产量增加之间存在着这种边际报酬递减的关系。以后,国内外学者又以大量科学实验证明了这一规律,这一经验规律同样存在于其他部门。我国俗话所说的"一个和尚担水吃,两个和尚抬水吃,三个和尚没水吃"正是对边际报酬递减规律的形象表述。

案例资料 4-1

"互联网+"下商业银行的新生产函数的最优解

真正的大变革,在最初阶段看上去往往像是自然而然的演化。互联网金融所带来的社会要素再分配正在潜移默化的改变人类社会长期以来形成的生产和生活方式。可以说,互联网金融正推动社会经济构建出全新的生产函数(Production Function)。在经济学理论中,经典的"柯布一道格拉斯"生产函数(CobbDouglas Function)认为,资本和劳动力是最为重要的两种生产要素,技术进步仅作为外生变量存在。尽管后人为了弥补这一不足,引入了时间趋势因子,在理论上对技术进步的重要意义给予了重视。但直到互联网出现,人们才真切意识到社会生产要素最优组合方式发生了翻天覆地的变化。在互联网经济中,信息的生产和分配成本几乎为零,各行业的信息不对称壁垒正在迅速消除,创新与知识已成为企业重要的生产要素。目前,全球有近 20 亿人在网络上以光速彼此相连,一向处于信息分散、分散孤立地位的消费者逐渐变得见多识广、积极主动,其信息能力的提升速度远高于企业,这让原本以企业为中心的产销格局,转变为以消费者为中心的全新格局,"消费决定生产"这一新法则出现,商业生态系统的竞争进入信息流量"入口为王"的互联网时代。

面对全新的社会生产函数,商业银行如何寻求最优解?换言之,商业银行应如何面对滚滚而来的互联网金融浪潮?互联网对传统银行业态的改变,从本质上讲,就是金融的充分信息化,银行通过信息不对称获取利润将变得越来越困难。此时,银行经营信息的模式必须予以变革,不应逆势创造信息壁垒,而应顺势提升信息经营服务能力,借助互联网突破行业发展的天花板。

资料来源:左创宏.《金融电子化》,2014 年第 12 期。

案例资料 4-2

跨过“马尔萨斯陷阱”的关键是改革与创新

20 世纪 50 年代，学界对“贫困陷阱”进行了集中探索，贫困陷阱也叫“马尔萨斯陷阱”，即人口围绕自然生产力波动，不能逃脱自然力的束缚而处于贫困的状态。工业革命后，人们挣脱了自然力的约束，人口增长、富裕程度提高，打破了马尔萨斯陷阱，后发国家通过引入现代工业部门逐步从二元经济结构中突破贫困陷阱走向了现代化，中国就是成功突破贫困陷阱的国家，但世界上仍有很多国家难以突破。进入新世纪，世界银行根据全球的经验统计又提出了“中等收入陷阱”，认为当前主要是东亚国家和地区突破了中等收入陷阱，成功转型为发达国家，拉美的大多数国家仍在陷阱中徘徊，需要突破。现在，发达国家自己又提出了“高收入陷阱”理论，认为发达国家进入了长期停滞的状态。

事实上，规范的经济增长理论都会假设经济要素受到边际收益递减规律的作用，导致经济增长会逐步收敛在一个均衡的轨道中。因此，经济发展到任何阶段都会遇到“增长停滞”的问题。由于只有技术进步被假设为是外生的，因此，要突破均衡状态只有通过技术革命和创新，创新驱动的激励则来自于市场竞争。

2008 年美国金融危机之后，大量的经济学家开始讨论“长期停滞”理论和“新卡尔多事实”。学者们发现，可以通过更多的创新要素来突破“卡尔多事实”提出的生产要素收敛到均衡路径的问题。当前国内外讨论中国经济增长均值回归理论的逻辑就源于“卡尔多事实”提出的均衡路径理论。与“卡尔多事实”不同，“新卡尔多事实”强调除一般的技术创新外，还有大量的新增长要素呈现出规模收益递增的特性，如信息、知识、教育、创意分享、制度等新的供给要素，它们不仅能带来新的技术创新，自身也会成为生产和消费中的重要组成部分，使得知识生产和知识消费更为一体化，从而成为推动经济突破瓶颈的重要方面。

从潜在增长率的计算来看，根据传统的生产函数，中国的要素积累能力下降是客观的。但按照新要素供给理论，如果能够提供更多的优化资源的制度安排、提高人力资本、加大研发投入推动技术进步、促进知识生产与消费互动，互联网＋等新要素会推动实现规模收益递增，从而抵消传统的资本和劳动要素的规模收益递减，形成新的经济增长点。因此，如果能够通过改革释放经济增长的活力，大幅度提高新要素的供给，不断提高创新贡献，中国将能够顺利步入中高收入水平。总之，创新是经济高质量发展的关键，而这均需要全面深化经济体制改革。

资料来源：张平（中国社科院经济研究所副所长），7％是走向创新发展之路的新起点，光明日报，2015 年 8 月 17 日。

3. 生产的三个阶段——合理生产阶段的确定

总产量、平均产量、边际产量之间的关系反映了边际收益递减规律。我们就从这种关系来说明一种生产要素的合理投入问题。厂商为了实现利润最大化，在生产中必须作出使用多少要素的最优方案选择。在这里，由于要素及产品的价格是未知的，因此，只选择要素使用的合理区间，也就是确定要素使用的合理生产阶段。

在确定一种生产要素的合理投入时，我们根据总产量、平均产量与边际产量的关系，可将短期生产划分为三个阶段，分别由图 4－2 中的Ⅰ、Ⅱ、Ⅲ三个区域来表示。Ⅰ区域是

劳动量从零增加到 A 点所在虚线这一阶段，这时平均产量一直在增加，边际产量大于平均产量。这说明了这一阶段相对于不变的资本量而言，劳动量不足，所以劳动量的增加可以使资本得到充分利用，从而使产量递增。由此来看，劳动量最少要增加到 A 点为止，否则资本无法得到充分利用。Ⅱ区域是劳动量从 A 增加到 B 这一阶段，这时平均产量开始下降，边际产量递减但仍为正值，即增加劳动量仍可使总产量增加，但总产量增长率是递减的。在劳动量增加到 B 时，总产量可以达到最大。Ⅲ区域是劳动量增加到 B 点以后，这时边际产量为负数，总产量绝对减少。由此看来，劳动量的增加超过 B 之后是不利的。

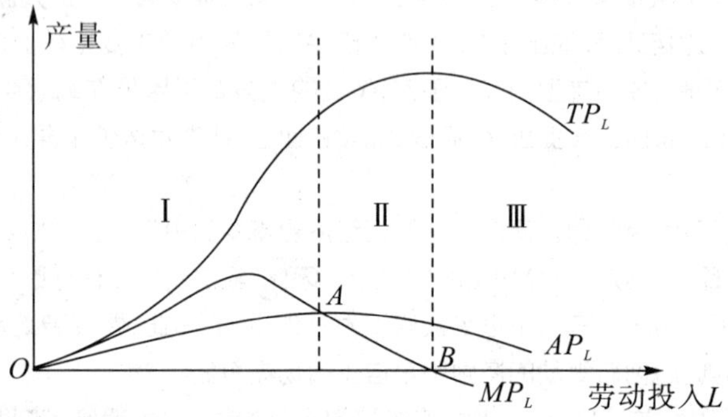

图 4—2　总产量、平均产量及边际产量的关系和生产的三个阶段

以上的分析可以看出，劳动的增加应在Ⅱ区域（$A \sim B$）为宜。但应在Ⅱ区域的哪一点上呢？这就还要考虑到其他因素。首先要考虑厂商的目标，如果厂商的目标是使平均产量达到最大，那么，劳动量增加到 A 点就可以了；如果厂商的目标是使总产量达到最大，那么，劳动量就可以增加到 B 点；如果厂商以利润最大化为目标，那就要考虑成本、产品价格等因素。因为平均产量为最大时，并不一定是利润最大；总产量为最大时，利润也不一定最大。劳动量增加到哪一点所达到的产量能实现利润最大化，还必须结合成本与产品价格来分析。

第三节　两种可变要素生产函数的最优组合

一、等产量曲线

如果生产一定量产品时使用的两种生产要素都可以变动，且可以相互替代，则对生产函数的分析就转到可变比例生产函数。假定生产中使用的是劳动与资本两种要素，这时生产函数可以表示为：

$$Q = f(L, K) \tag{4.18}$$

式中，L 为劳动的使用数量，K 为资本的使用数量。

生产中的等产量线是指在技术水平不变的条件下，生产一定产量产品所需要的两种要素投入的各种有效组合的轨迹。等产量线给出了厂商进行生产决策的可行空间。为得到特定的产出，厂商可以使用各种不同的要素投入组合。

假设生产函数为 $Q=LK$，则产量 $Q_1=16$ 时可以采用的生产方法如表 4－2 所示。

表 4－2 产量为 16 个单位时可供选择的生产组合

L	64	32	16	8	4	2	1	$\frac{1}{2}$	$\frac{1}{4}$
K	$\frac{1}{4}$	$\frac{1}{2}$	1	2	4	8	16	32	64

根据表 4－2 中的有关数据，可以绘制出生产 16 单位产量时各种不同的投入组合的点的轨迹，即生产 16 单位产量的等产量线。

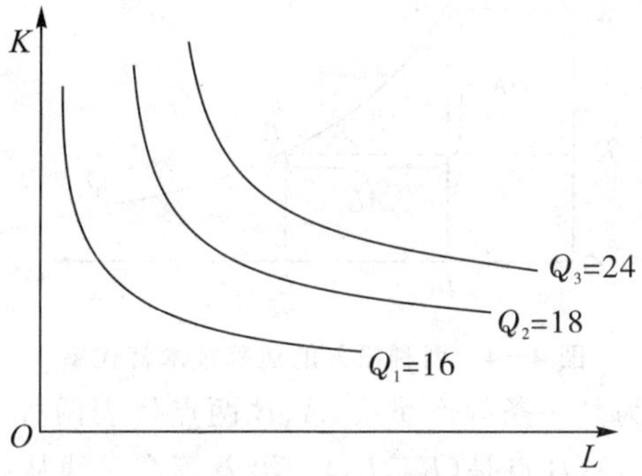

图 4－3 等产量线

在图 4－3 中，横轴为劳动投入量 L，纵轴为资本投入量 K，图中 $Q_1=16$ 即为使用劳动与资本的各种不同组合数量生产 16 单位产品的等产量线。应用同样的方法可以得到生产 18 单位、24 单位产量时的两条等产量线 $Q_2=18$ 与 $Q_3=24$。从图 4－3 中可以看出，三条等产量线具有以下特征：

第一，在同一平面上，可以有无数条等产量线，同一条等产量线上产量处处相同，表明不同的 K、L 组合生产实现的产量相同，离原点越远的等产量线代表的产量水平越高。

第二，在同一平面上，任意两条等产量线不能相交。

第三，等产量线向右下方倾斜，斜率为负，并凸向原点。这是因为，两种要素可以相互替代，为了保持产量不变，增加一种要素投入时就要减少另一种要素的投入。

从以上的分析中可以看出，等产量线的特征与前面所讨论的无差异曲线的特征极为相似，所不同的是，每一条等产量线都对应着特定的产出水平，而无差异曲线所对应的效用水平只具有排序意义，效用无法像产量那样度量。

二、边际技术替代率

在同一条等产量线上，为了保持产量不变，在增加一种要素使用量的同时，必须减少另外一种要素的使用数量，二者之间的这种替代关系，可以采用边际技术替代率来表示。

边际技术替代率 MRTS 是指：在保持产量水平不变的情况下，厂商增加一单位某种生产要素的投入量所能减少(或替代)的另一种生产要素投入的数量。劳动对资本的边际技术替代率的定义公式为：

$$MRTS_{LK}=-\frac{\Delta K}{\Delta L}=-\frac{K_2-K_1}{L_2-L_1} \qquad (4.19)$$

式中 ΔL 为劳动投入量的变化量，ΔK 为资本投入量的变化量，因为 ΔL 和 ΔK 的变化方向相反，为了研究方便，边际技术替代率取正值，所以公式中加上负号使其值为正值。当劳动的变化趋于零时，$MRTS_{LK}$ 又可表示为：

$$MRTS_{LK}=\lim_{\Delta L\to 0}-\frac{\Delta K}{\Delta L}=-\frac{dK}{dL} \tag{4.20}$$

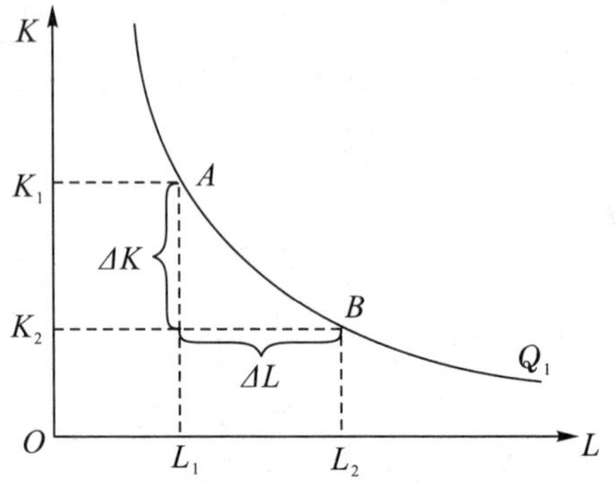

图 4—4　两种投入的边际技术替代率

如图 4—4 所示，Q_1 为某一条等产量线，A、B 两点代表两种 K、L 组合实现的产量都是 Q_1，其中 A 点是 (K_1,L_1)，B 点是 (K_2,L_2)。沿着等产量线从 A 点向 B 点移动，为了保持产量不变，在增加劳动使用量 L 的同时，必须减少资本使用量 K，从 A 点到 B 点，资本的减少量为 $\Delta K=K_2-K_1$，劳动的增加量为 $\Delta L=L_2-L_1$，则 ΔK 与 ΔL 之比，即为劳动与资本的边际技术替代率，当 $\Delta L\to 0$ 时，亦即等产量线上任意一点切线的斜率。由于劳动与资本的变动方向相反，故边际技术替代率为一负值，为使其取正值，在公式中两种投入的比率前加一负号。

从图 4—4 中还可以看出，当我们沿着等产量线从左上方向右下方移动时，等产量线斜率的绝对值递减，即劳动对资本的边际技术替代率递减，这一现象称为**边际技术替代率递减规律**。

边际技术替代率递减规律同边际产量递减规律既有联系，又有区别。边际产量递减（边际报酬递减）只是适用于短期中变动一种投入而其他投入不变时的情况，而边际技术替代率递减规律则是在两种投入都可以变化，且增加一种投入，相应地减少另一种投入时适用。但两者并不矛盾，边际技术替代率递减是以边际产量递减为基础的，边际技术替代率与边际产量的关系，可以通过图 4—4 加以分析。

在图 4—4 中，当沿着等产量线从 A 点向 B 点移动时，减少资本使用量所带来的总产量的减少，与增加劳动使用量所带来的总产量的增加应该是相等的，即有：

$|MP_K\cdot\Delta K|=|MP_L\cdot\Delta L|$ 亦即：

$$MRTS_{LK}=-\frac{\Delta K}{\Delta L}=\frac{MP_L}{MP_K} \tag{4.21}$$

从公式中可以看出，当沿着等产量线从 A 点向 B 点移动时，资本的投入量减少，资本的边际产量递增，劳动的投入量增加，劳动的边际产量递减，两者的比值即边际技术替代率递减，故等产量线凸向原点。

三、等成本线

厂商在要素市场购买各种要素以生产产品，厂商购买要素的支出即生产成本。假设生产者在一个完全竞争的要素市场上购买劳动与资本，这样可以排除大量购买导致要素价格变化的可能性，并假设固定成本为零，则有成本方程：

$$C = wL + rK \tag{4.22}$$

式中 C 为生产成本，L 与 K 分别为生产中使用的劳动与资本的数量，w 与 r 分别为劳动与资本的价格。上式又可以变换为：

$$K = \frac{C}{r} - \frac{w}{r}L \tag{4.23}$$

根据上式可以计算出在要素价格既定时，生产中既定成本所对应的各种不同的劳动与资本的使用数量组合，即等成本线。如图 4－5 所示。

图 4－5 表示了等成本线及其变动情况。图中纵轴表示生产中所使用的资本数量，A 点（纵截距）表示全部成本所能购买的资本数量，即 C/r，此时，$K=C/r$，$L=0$；横轴表示生产中所使用的劳动数量，B 点（横截距）表示全部成本所能购买的劳动数量，即 C/w，此时，$K=0$，$L=C/w$。A、B 两点的连线即为使用 C 量成本生产时所能得到的各种劳动与资本的不同数量组合轨迹。因此，**等成本线表示等量的成本在既定生产要素价格条件下所能购买的两种要素投入的各种不同组合的点的轨迹**。或者说，同一条等成本线上，各种劳动与资本投入不同组合的成本是相同的。

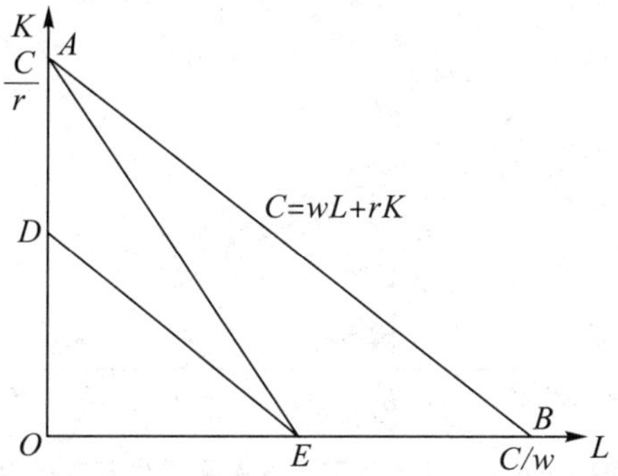

图 4－5　等成本线与等成本线的移动

从图 4－5 中可以看出，等成本线 AB 的斜率为$-w/r$，即两种要素价格之比的相反数。给定两种要素价格及成本水平，则等成本线的位置就可以确定下来。如果要素价格或成本水平发生变动，则等成本线的位置将发生变动。如果成本水平不变，一种要素的价格发生变动，例如要素 L 的价格变得更高了，则等成本线将绕 A 点向内转动，如等成本线 AE，说明既定的成本可以购买更少的劳动；反之，等成本线将绕 A 点向外转动。如果要素 L 的价格不变，要素 K 的价格变高了，则等成本线 AB 将绕 B 点向内转动，反之，则向外转动。如果两种要素的价格不变，而成本状况发生了变化，则等成本线将发生平行移动。如果成本变小了，等成本线向内平移，如图 4－5 中从 AB 移至 DE；反之，如果成本变大了，则等成本线向外平移。

四、生产要素最优组合原则

如果厂商的生产是理性的，必将选择最佳生产要素组合以追求利润最大化。当厂商实现了生产要素的最优组合时，也就实现了利润最大化，这时我们说作为生产者的厂商实现了均衡，如同消费者达到效用最大化就实现了消费者均衡一样。厂商最佳生产要素组合的选择分为两种情况，一种是在产量既定时选择成本最小化，一种是在成本既定时选择产量最大化。下面分别对这两种情况进行分析。

1. 关于既定产量条件下的成本最小化

假定在一定的技术条件下，厂商用两种可变要素劳动和资本生产一种产品，生产中两种要素 L、K 的价格是已知的，分别为 w、r，并假定为常数不变（即不随 L、K 的变化而变化），在给定的技术条件下，为了生产既定的产量 Q，厂商选择所使用的要素最优组合。如前所述，厂商的生产技术及产量给定，则等产量线的位置给定，结合等成本线，可以找到生产中的最佳要素组合。

如图 4－6 所示，给定产量水平，则等产量线 Q_1 的位置给定，生产中的成本状况由等成本线表示，图中有 3 条等成本线，分别为 AB、A_1B_1、A_2B_2，要素价格既定的条件下三条等成本线具有相同的斜率，但所代表的成本水平不同。其中只有等成本线 AB 与等产量线 Q_1 相切于 E 点，该点即为生产的均衡点或最优要素组合点。生产的均衡点表示，在既定的产量条件下，生产者选择 E 点的要素组合（L_1，K_1），可以实现成本最小化。

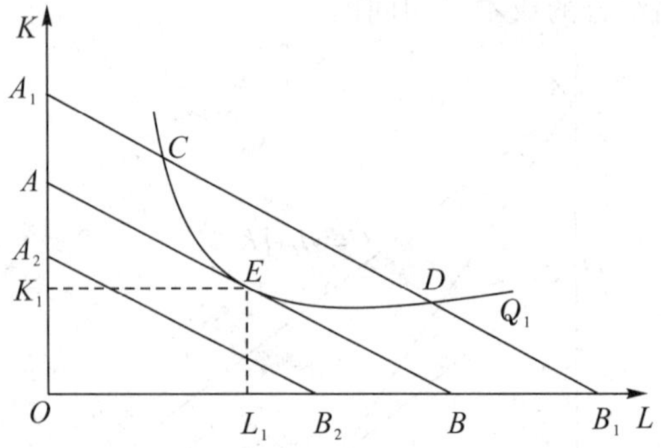

图 4－6　既定产量下的成本最小化要素组合

为什么 E 点就是最优的生产要素组合点呢？在图中，等成本线 A_2B_2 位于 AB 的左下方，虽然所代表的成本水平较低，但它与既定的等产量线 Q_1 既无交点，又无切点，无法实现等产量线 Q_1 所代表的产量。如果等成本线与等产量线 Q_1 相交，如等成本线 A_1B_1，虽然与等产量线 Q_1 相交于 C、D 两点，但所代表的成本水平高于等成本线 AB 所代表的成本水平，通过沿着等产量线 Q_1 由 C 点向 E 点或由 D 点向 E 点移动，都可以获得相同的产量水平并可以使成本下降。故只有在 E 点，才能够满足既可以实现既定产量，又可以使成本水平降到最低的条件。因此，E 点是生产的均衡点，在生产的均衡点上满足等成本线的斜率等于等产量线的斜率，由(4.23)可知等成本线的斜率为 $-w/r$，而等产量线在 E 点的斜率的绝对值等于等产量线在该点的边际技术替代率，所以有：

$$MRTS_{LK} = \frac{w}{r}$$

该表达式表示：**生产者均衡条件应该满足两种要素的边际技术替代率等于两种要素的价格之比，以实现既定产量下的最小成本**。这就是产量既定条件下两种生产要素最优组合的原则。由(4.21)式可知，**边际技术替代率可以表示为两种要素的边际产量之比**，所以上式又可以写为：

$$MRTS_{LK}=\frac{MP_L}{MP_K}=\frac{w}{r}\text{ 或：}$$

$$\frac{MP_L}{w}=\frac{MP_K}{r} \tag{4.24}$$

它表示：**当厂商对两种要素的投入量进行调整，使得最后一单位的成本支出无论购买哪种生产要素所获得的边际产量都相等时，就实现了既定产量条件下的成本最小**。

由以上分析可知：如果给定技术、要素价格及产量，则生产者的最佳要素组合将唯一地给定，如果上述三个因素发生变化，最佳要素组合也将发生变化。

2. 关于既定成本条件下的产量最大化

厂商为了获取最大限度的利润，就像在产量既定时要力求实现成本最小化一样，当成本既定时厂商也要力求实现产量最大化。这里依然假定在一定的技术条件下，厂商用两种可变要素劳动和资本生产一种产品，生产中两种要素 L、K 的价格是已知的，分别为 w、r，并且同样假定不变，在给定的技术条件下，有 Q_1、Q_2、Q_3 等多条产量不同的等产量线，且离原点越远的等产量曲线表示的产量水平越高。

如图 4－7 所示。有一条等成本线 AB 代表给定的成本，三条等产量曲线 Q_1、Q_2 和 Q_3 分别代表不同的产量水平。其中，只有等产量曲线 Q_2 与等成本线 AB 相切于 E 点，该点即为生产的均衡点。它表示，在既定的成本条件下，生产者选择 E 点的要素组合 (L_1, K_1)，可以实现产量最大化。

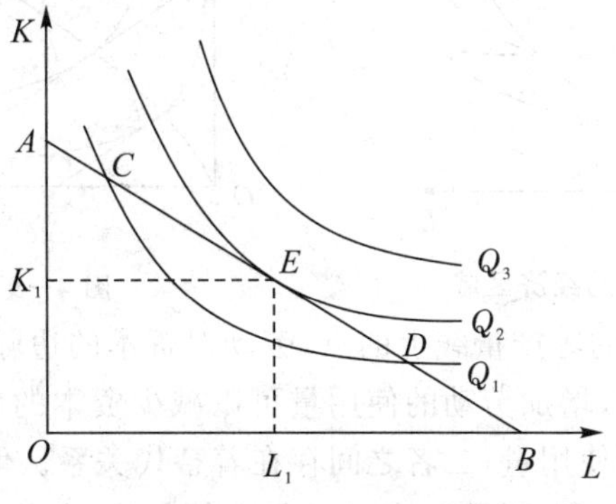

图 4－7　既定成本下的产量最大化要素组合

运用既定产量条件下的成本最小化的类似分析方法，不难得出 E 点就是最优的生产要素组合点。在图 4－7 中，Q_3 代表的产量水平最高，但是等产量曲线 Q_3 与既定成本线 AB 既不相交也不相切，这说明 Q_3 所代表的产量水平是在既定成本条件下达不到的；等产量曲线 Q_1 与等成本线 AB 有两个交点 C、D，表明 Q_1 是既定的成本下能达到的产量水平，但是通过沿着等成本线 AB 将 C 点向 E 点或将 D 点向 E 点移动都可以使等产量曲线 Q_1 向右上方移动，亦即都可以在成本不变的条件下使产量增加，E 点是等产量曲线 Q_2 与等成本线 AB 的切点，E 点的要素组合 (L_1, K_1) 能得到产量 Q_2，Q_1 曲线在 Q_2 曲线的左下方，代表的产量水平比 Q_2 小，因此，E 点是生产的均衡点。

同样，在生产的均衡点 E 点，不难得出：

$MRTS_{LK}=\frac{w}{r}$ 以及相同的公式：

$$\frac{MP_L}{w}=\frac{MP_K}{r}$$

它表示：当厂商对两种要素的投入量进行调整，使得最后一单位的成本支出无论购买哪种生产要素所获得的边际产量都相等时，就实现了既定成本条件下的产量最大化。

综上分析可知：**在生产技术、要素价格给定的情况下，达到产量既定条件下成本最小化或成本既定条件下产量最大化的最优要素组合原则都是各要素的边际产量与要素价格的比例相等**。这也就是实现生产者均衡的条件。

五、相关概念

1. 生产的经济区域

如图 4－8 所示，横轴、纵轴代表两种投入的生产要素 L 和 K，Q_1、Q_2 是给定的一组等产量线，每一条等产量线上都有一个切线为水平或垂直的切点，把每一条水平切线的切点连接起来，得到一条脊线 OC，把每一条垂直切线的切点连接起来，便得到另一条脊线 OB。

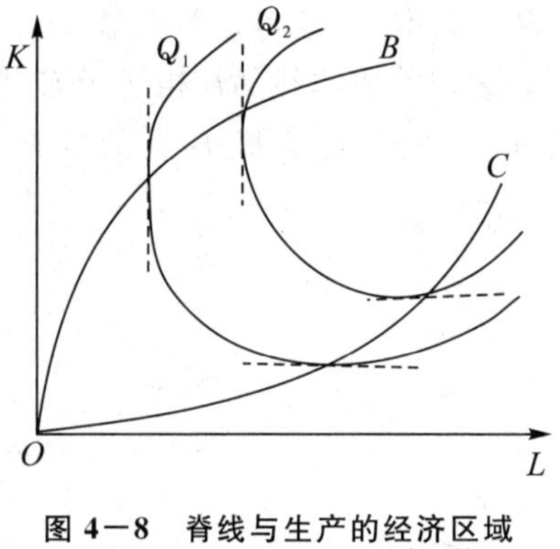

图 4－8 脊线与生产的经济区域

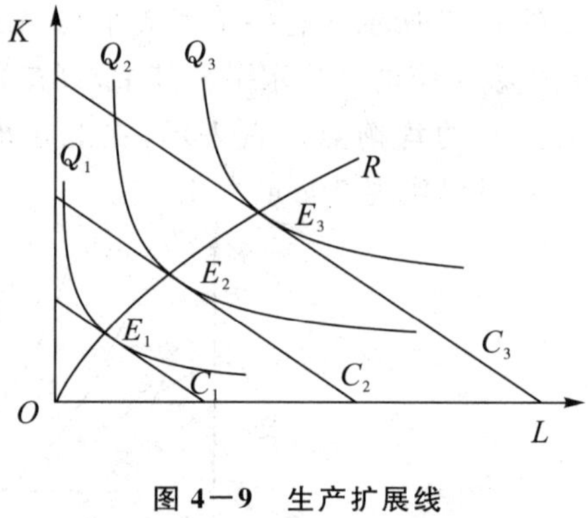

图 4－9 生产扩展线

在脊线 OB、OC 以内的等产量线上的点，劳动对资本的边际技术替代率为负值，表示在保持产量不变的情况下，增加劳动的使用量可以减少资本的使用量，同样，增加资本的使用量也可以减少劳动的使用量，二者之间存在着替代关系。但在脊线 OB 以外，表示生产同样产量，如果劳动量一定，则需要使用更多的资本量，或者表示生产同样的产量需要更多的劳动投入量和更多的资本投入量，二者之间不存在替代关系；而在脊线 OC 以外，与脊线 OB 以外的情况相同，即表示生产同样的产量，如果资本量一定，则需要使用更多的劳动投入量，或者表示生产同样的产量需要更多的劳动投入量和更多的资本投入量，二者之间不存在替代关系。因此，理性的厂商不会将生产安排在脊线以外的区域，故把脊线 OB、OC 以内的区域，称为厂商**生产的经济区域**，而这两条脊线以外的区域则为生产的**非经济区域**。厂商生产的经济区域与上述厂商生产的合理生产阶段的理论是相互关联的，前者的分析更加广泛，而后者是指短期生产而言的。至于厂商生产在经济区域内的要素组合点的具体选择，还必须结合投入、价格等状况再作具体决定。

2. 生产扩大路线

在长期，其他条件不变(比如劳动与资本的价格不变)的前提下，如果厂商要扩大产量规模，则必须增加两种要素的投入量，这将引起生产中最佳要素组合的变动，如图4－9所示。其中横轴、纵轴依然代表两种投入的生产要素，有3条等产量线Q_1、Q_2、Q_3分别与3条等成本线C_1、C_2、C_3相切于E_1、E_2、E_3点，E_1、E_2、E_3点则分别是产量为Q_1、Q_2、Q_3的生产者均衡点，把这三点连接起来的曲线OR即为生产扩展线。**生产扩展线表示在技术、要素价格和其他条件不变时，当产量扩张时对应于不同产量水平的要素最佳组合点连线的轨迹，也即随着产量的变动生产者均衡点变动的轨迹。**

生产扩展线表明，厂商为了保持成本最低，生产要素的组合如何随产出的变化而变化。当厂商生产规模扩大时，只有扩展线上的点才能实现成本最低，即生产要素的最优组合，因此，扩展线表明了生产每一产出的长期最低总成本，是厂商扩展生产规模时必须遵循的最佳路径。生产扩展线上的每一点，都满足生产者最优组合的均衡条件，且$MRTS_{LK}=\frac{w}{r}$，w，r不变，故边际技术替代率不变。

与生产扩展线相关的一个概念是**等斜线**。**等斜线是一组等产量曲线中两种要素的边际技术替代率相等的点的轨迹**。因此生产扩展线一定是等斜线，但等斜线不一定是生产扩展线。

3. 规模报酬的概念

规模报酬考察的是企业生产规模变化与所引起的产量变化之间的关系。企业只有在长期内才可能变动全部生产要素，进而变动生产规模，因此，企业的规模报酬分析属于长期生产理论问题。

在生产理论中，通常是以全部的生产要素都以相同的比例发生变化来定义企业的生产规模的变化。**规模报酬变化是指在其他条件不变的情况下，企业内部各种生产要素按相同比例变化时所带来的产量变化**。企业的规模报酬变化可以分为规模报酬递增、规模报酬不变和规模报酬递减三种情况。

所谓**规模报酬递增是指，产量增加的比例大于各种要素投入同比例增加的比例**。例如，生产规模扩大了10％，而产量的增加大于10％。**规模报酬不变是指，产量增加的比例等于各种要素投入同比例增加的比例**。例如，生产规模扩大了10％，而产量的增加也等于10％。**规模报酬递减是指，产量增加的比例小于各种要素投入同比例增加的比例**。例如，生产规模扩大了10％，而产量的增加小于10％。

4. 规模报酬与边际报酬

规模报酬和边际报酬是两个不同的概念和问题，规模报酬考察的是长期生产投入与产出的关系，是指长期中所有生产要素投入量同时变化从而生产规模的变化所引起的产量变化情况。边际报酬考察的是短期里一种可变要素投入量的变化所带来的产量变化情况，二者的比较见下表。

表4－4 规模报酬与边际报酬

报酬性质	适用时期	适用条件
规模报酬	长期	所有投入同比例变动
边际报酬	短期	其他投入不变，一种投入变动

一种技术会呈现不同的区段性(locally)边际报酬特性。随着可变要素的连续不断增加,边际报酬将从递增转为递减。

一种技术也可以呈现不同的区段性规模报酬特性。随着生产规模的扩张,规模报酬可以从递增转为递减。

案例资料 4-3

我国快递业的并购与规模报酬递增

在 2013 年《关于快递企业兼并重组的指导意见》出台之前,我国快递业已经发生了两次规模较大的并购活动。第一次集中在 2004 年至 2006 年间,以外资快递企业重组国内国有或民营快递企业为主;第二次集中在 2009 年至 2010 年间,以内资企业投资重组国内民营快递企业为主。

进入 2013 年,我国快递业加速并购扩张活动。通过并购活动,快递企业利用原有的经营资产、销售渠道和占有的市场份额,从低端走向高端,增进产业链的整合,更大限度地发挥规模优势。与内部扩充相比,并购能有效降低进入新产业和新市场的壁垒,并可最大限度地降低企业经营风险。

2015 年是中国经济加速探底的一年,快递业的生存愈加艰难。经过多年的累积发展,我国的快递业已经进入资本时代。在资本、技术、人才和商业模式四个要素中,人才和资本是核心。据调查,在 20 家国内知名快递品牌或具有一定知名快递品牌中,有一半快递企业总部仍没有实现盈利,对资本和人才的依赖度很高。同时,这些民营快递企业如果离开资本和人才的支撑,将会面临倒闭风险。强强整合,抱团取暖,并购重组,充分发挥重组后人才和资本的规模经济,将是快递业在经济萧条背景下寻求生存和发展的必然选择。

快递企业出现规模报酬递增的原因可以归结为以下三点:

一是技术、工艺上的原因。快递企业规模的扩大必定不断采用更先进的工艺、使用更高效率的大型专用设备,引入专业快递信息系统进行统筹安排,提升单位劳动力和资本的产出水平。

二是专业化分工与协作。斯密认为"有了分工,相同数量劳动者就能完成比过去多得多的工作量"。其原因有三:第一,劳动者的技巧因专业而与日俱增;第二,由一种工作转到另一种工作,通常会损失不少时间,有了分工,就可以免除这种损失;第三,许多简化劳动和缩减劳动的机械发明,使一个人能够做许多人的工作。在进行并购以后,对于原来和现在快递企业的雇员进行合理分工,人岗匹配,充分发挥员工的积极性和创造性。而且整合后富余雇员在新领域开拓和创新,提升产出水平。

三是学习效果。企业规模的扩大会导致生产劳动过程中"学习效果"的产生。学习效果是指通过反复性劳动形成的熟练性。一个企业在长期的生产经营过程中会逐步积累一定的技术和管理经验,企业并购之后,优势企业与劣势企业得以互通有无,相互学习对方先进的技术和管理,进而降低成本。学习效果的产生降低了原来生产中较高的次品发生率,它不仅在劳动过程中及质量管理上,而且在库存管理、工厂设计、产品研制和开发、原料供应和市场交易以及财务管理和其他经营等方面都发挥着重要作用。总之,伴随着企业规模积累性的扩大,学习效果使得平均费用呈现指数性下降。

资料来源:张平(中国社科院经济研究所副所长),7%是走向创新发展之路的新起点,光明日报,2015 年 8 月 17 日。

规模报酬的概念可以用生产函数来表示。假设生产中使用劳动和资本两种生产要素，生产函数为：$Q = f(L,K)$，另外假设有一常数 $\lambda > 0$，那么，则有：

如果 $Q = f(\lambda L, \lambda K) > Q = \lambda f(L,K)$，则生产函数 $Q = f(L,K)$ 具有规模报酬递增的性质；

如果 $f(\lambda L, \lambda K) = \lambda f(L,K)$，则生产函数 $Q = f(L,K)$ 具有规模报酬不变的性质；

如果 $f(\lambda L, \lambda K) < \lambda f(L,K)$，则生产函数 $Q = f(L,K)$ 具有规模报酬递减的性质。

还可以用图来表示规模报酬的几种情况。在图4－10中，横轴表示生产要素 L、K 的投入量，纵轴表示产出数量 Q，OA、OB、OC 分别代表 L、K 同比例变动时产出变化的曲线，OA 斜率较陡，表明 L、K 按某一比例变化时引起的产出 Q 的变化大于 L、K 的变动比例，所以，OA 代表规模报酬递增。同样道理，OB 是一条直线，代表规模报酬不变，OC 斜率较缓，代表规模报酬递减。

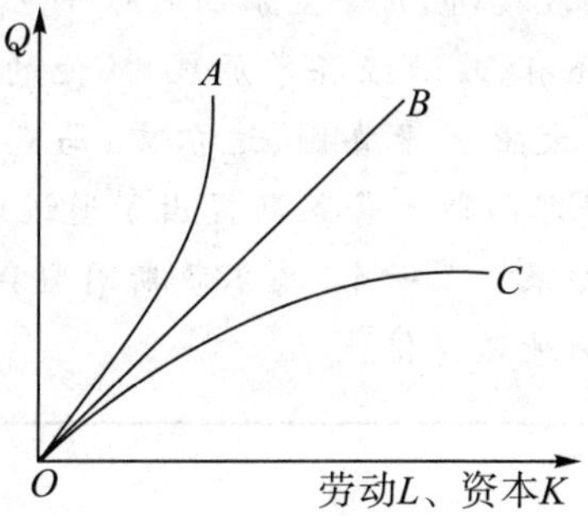

图 4－10 规模报酬的三种情况

在理解这一规律时，需要注意两点：

(1)这一规律发生作用的前提也是技术水平不变。

(2)这一规律强调生产中使用的各种生产要素都在同比例地增加。

这时生产技术系数可以是可变的，也可以是不变的。但由于它并不改变技术系数，从而生产要素的增加只是一种量的增加。这一规律就是研究技术系数不变时各种要素，通常是两种生产要素的增加所引起的生产规模扩大，给产量所带来的影响。例如，农业中土地与人力的同时增加，或把若干小农场合并为大农场；工业中设备与人力的同时增加，或把若干小厂合并为大厂，都属于这种情况。

一般来说，在长期生产过程中，企业的规模报酬的变化呈现出如下的规律：当企业从最初的很小的生产规模开始逐渐扩大的时候，企业经历着规模报酬递增的阶段；在企业得到了生产规模扩大所带来的产量递增的全部好处以后，生产将进入规模报酬不变的阶段，这个阶段有可能比较长，企业一般会继续扩大生产规模。在这以后，企业若继续扩大生产规模，就会进入一个规模报酬递减的阶段。

经济学家简介——托马斯·罗伯特·马尔萨斯(1766—1834年)

1766年,马尔萨斯出生在英国萨里郡多金附近一个富有的家庭。他的父亲丹尼尔是哲学家、怀疑论者大卫·休谟和让·雅克·卢梭的朋友。

马尔萨斯年幼时在家接受教育,直到1784年被剑桥大学耶稣学院录取,主修科目是数学。他是一名优秀的学生,于1788年毕业,同年被委任为英国国教牧师。马尔萨斯在1791年获得硕士学位,1793年成为耶稣学院的一名牧师,1803年发表了著名的《人口原理》,这部书经过不断的修订和增补,1926年正式出版。1805年,马尔萨斯被聘为海利伯利东印度公司学院历史和政治经济学教授,他的学生亲切地称呼他为“人口”马尔萨斯。

马尔萨斯的重要论著还有《政治经济学原理》。他的控制人口的方法虽没有被采纳,但产生了重大影响。大卫·李嘉图、达尔文、马克思等都受到了其思想的影响。1822年,英国改革家弗郎西斯·普莱斯提出了通过避孕控制人口的建议,也是马尔萨斯基本思想的必然结果。第一个“马尔萨斯同盟会”于19世纪60年代成立,计划生育的倡导者们在不断地赢得信徒。

拓展知识链接

资本度量与“两个剑桥”的争论
技术效率与经济效率
产量山的概念
技术进步与生产函数
新生产要素理论
企业家与创新
技术创新活动与国家创新体系

思考与练习

一、核心概念

生产函数	短期与长期	边际产量	平均产量
等产量曲线	边际技术替代率	等成本曲线	脊线
规模报酬	生产的经济区域	扩展线	

二、判断题

1. 一年以内的时间是短期,一年以上的时间可看作长期。(　　)
2. 生产要素的边际技术替代率递减是规模报酬递减造成的。(　　)
3. 在任何一种产品的短期生产中,随着一种可变要素投入量的增加,边际产量最终

必然会呈现递减的特征。( )

4.假定生产某种产品要用两种要素,如果这两种要素价格相等,则该生产者最好就是要用同等数量的这两种要素投入。( )

5.规模经济和边际收益递减规律所研究的是同一个问题。( )

6.等产量曲线平行向外移动意味着成本增加了。( )

7.$\frac{MP_L}{MP_K}\rangle\frac{P_L}{P_K}$表明,由于使用的资本数量过少,劳动数量过多。( )

8.不论什么条件下,边际技术替代率总是递减的。( )

9.规模报酬递增的厂商不可能也会面临报酬递减的现象。( )

10.如果生产函数具有规模报酬不变特征,那么,要素在生产上的边际替代率是不变的。( )

三、选择题

1.如果连续地增加某种生产要素,在总产量达到最大时,边际产量曲线( )。

A.与纵轴相交　　B. 经过原点

C.与平均产量曲线相交　　D.与横轴相交

2.当 MP_L 为负时,则劳动投入处于( )。

A.对 L 的Ⅰ阶段　　B.对 K 的Ⅲ阶段

C.对 L 的Ⅱ阶段　　D.以上都不是

3.当 AP_L 为正但递减时,MP_L 是( )。

A.递减　　B.负的　　C.零　　D.上述任何一种

4.边际报酬递减是在下述情况下发生的,( )。

A.按比例连续增加各种生产要素

B.不按比例连续增加各种生产要素

C.连续地投入某种生产要素而保持其他生产要素不变

D.上述都正确

5.下列说法正确的是( )。

A.生产要素的边际技术替代率递减是规模报酬递减造成的

B.边际收益递减是规模报酬递减造成的

C.规模报酬递减是边际收益递减规律造成的

D.生产要素的边际技术替代率递减是边际收益递减规律造成的

6.如果以横轴表示劳动,纵轴表示资本,则等成本线的斜率是( )。

A.P_L/P_K　　B.$-P_L/P_K$　　C.P_K/P_L　　D.$-P_K/P_L$

7.如果某厂商增加一单位劳动使用量能够减少三单位资本,而仍生产同样的产出量,则 $MRTS_{LK}$ 为( )。

A.1/3　　B.3　　C.1　　D.6

8.等成本曲线平行向外移动表明( )。

A.产量提高了

B.成本增加了

C.生产要素的价格按相同比例提高了

D. 生产要素的价格按不同比例提高了

9. 如果等成本曲线在坐标平面上与等产量曲线相交，那么要生产等产量曲线表示的产量水平(　　)。

A. 应增加成本支出　　B. 不能增加成本支出

C. 应减少成本支出　　D. 不能减少成本支出

10. 如果厂商 A 的劳动 L 对资本 K 的边际技术替代率是 1/3，厂商 B 的是 2/3，那么(　　)。

A. 只有厂商 A 的生产成本是递减的

B. 只有厂商 B 的生产成本是递减的

C. 厂商 A 的资本投入是厂商 B 的两倍

D. 如果厂商 A 用 3 单位劳动与厂商 B 的 2 单位资本相交换，厂商 A 的产量将增加

11. 生产函数的斜率是：(　　)。

A. 总产量　　B. 平均成本　　C. 平均产量　　D. 边际产量

12. 经济学中的短期与长期的划分取决于(　　)。

A. 时间长短　　B. 可否调整全部要素的投入量

C. 可否调整产品价格　　D. 可否调整生产规模

13. 下列说法正确的是：(　　)。

A. 总产量曲线的切线斜率等于平均产量

B. 边际产量一直递减

C. 边际产量为零时总产量最大

D. 平均产量最大时边际产量大于平均产量

14. 当劳动的总产量处于下降阶段时，(　　)。

A. 平均产量为负　　B. 平均产量为零

C. 边际产量为负　　D. 边际产量为零

四、思考题

1. 生产的合理区域为什么通常在生产函数的第Ⅱ区域？在什么条件下生产的合理区域可以不在第Ⅱ区域？

2. 规模报酬的递增、不变和递减这三种情况与可变比例生产函数的报酬递增、不变和递减的三种情况有何区别？

3. 如果某厂商的总产量曲线是一条过原点的直线，那么这个厂商的平均产量曲线和边际产量曲线有何特征？这样的总产量曲线是否有可能出现？为什么？

4. 柯布—道格拉斯生产函数的含义及其特点。

5. 一个企业主在考虑再雇佣一名工人时，在劳动的平均产量和边际产量中他更关心哪一个？为什么？

五、计算题

1. 已知生产函数为 $Q = f(K, L) = \dfrac{10KL}{K+L}$

(1)求出劳动的边际产量及平均产量函数。

(2)分析该生产函数的边际技术替代率函数($MRTS_{LK}$)的增减性。

(3)计算该生产函数的边际产量函数(MP_L)的增减性。

2.已知某厂商的生产函数为 $Q = L^{3/8}K^{5/8}$，又设 $P_L = 3$ 元，$P_K = 5$ 元。

(1)求产量 $Q = 10$ 时的最低成本支出和使用的 L 与 K 的数量。

(2)求产量 $Q = 25$ 时的最低成本支出和使用的 L 与 K 的数量。

(3)求总成本为 160 元时厂商均衡的 Q、L 与 K 的值。

六、挑战题*

1.如果把劳动的边际产出作为劳动报酬，请说明并解释在资源有限条件下劳动的收入变化趋势。

2.某组织编制藤条筐的个体企业的生产函数为：

$Q=-1.2+4.5L-0.3L^2$

这里，Q 是每天产量，L 是每天雇用的劳动人数，若每只筐的价格是 5 元，每人每天的工资是 4.5 元，问：

(1)要利润最大化，每天应投入多少劳动？

(2)每天的利润是多少？

(3)你认为上式对于产量和劳动投入之间的关系在各种 L 值下都是正确的吗？为什么？

第五章 成本理论

成本记录的是竞争的吸引力。

——美国著名经济学家，弗兰克·H.奈特(1885-1972)

生产成本若不影响供给，则不会影响竞争价格。

——英国著名经济学家，约翰·斯图亚特·穆勒(1806-1873)

学习目的与要求

通过本章的学习，掌握厂商生产成本的相关概念、函数以及各种成本与产量之间的关系，为分析厂商利润最大化行为做准备。要求学生应充分理解并掌握机会成本、显成本、隐成本、超额利润、正常利润等基本概念；掌握短期成本函数的基本规律及其相互之间的联系；掌握长期成本曲线的基本规律及其之间的联系。

重点与难点

重点包括机会成本、短期成本曲线之间的关系、短期成本曲线与边际报酬递减规律、长期成本曲线；难点主要是短期成本曲线之间的关系、长期成本曲线与短期成本曲线之间的关系。

成本是厂商进行经济决策的重要因素。本章将在上一章生产理论的基础上，在技术水平和生产要素价格不变的前提下，介绍有关厂商的成本理论。该章的内容将为下一章分析研究厂商的利润最大化问题提供理论基础。

第一节　有关成本与利润的重要概念

经济学的“成本”概念与会计学上的“成本”概念是有区别的。经济学是从稀缺性的角度出发来研究厂商的成本及收益的，主要涉及的成本概念有机会成本、显成本和隐成本、经济利润、正常利润等。

一、机会成本

机会成本是指厂商将一定资源用作某种用途时所放弃的其他各种用途中的最大收入。例如：当一个厂商决定将一吨原油用作燃料来发电时，就不能再用这一吨原油生产化纤等其他产品。假定一吨原油价格为 1000 元，可发电 1000 度，也可生产化纤 500 吨（假定化纤收入是其他产品中最高的，且化纤价格为每吨 10 元，出售收入为 500×10＝5000 元），则这 1000 度电的机会成本就是这一吨原油用来生产化纤所能带来的收入 5000 元，而 1000 度电的会计成本仅为厂商购买原油的支出 1000 元。

经济学之所以从机会成本的角度出发研究厂商的生产成本，是因为经济学分析的目的在于考察资源的最优配置，从机会成本的角度来考察生产过程，可促使厂商作出正确的决策，将生产要素投向收益最大的项目，从而可以避免生产的浪费，以实现资源的最优配置。

利用机会成本进行经济分析需要三个前提条件：第一，资源是稀缺的；第二，资源具有多种生产用途；第三，资源的投向不受限制。

二、显成本和隐成本

按照经济学中成本的定义，厂商的生产成本可以分为显成本和隐成本。

1. 显成本（explicit cost）

显成本是指厂商为生产一定商品而在生产要素市场上购买或租用生产要素所支付的实际费用。例如：某厂商为了生产，雇用了工人，从银行取得了贷款，租用了土地，并购买了原材料。为此，该厂商就需要给工人支付工资，向银行支付利息，向土地出租者支付地租以及支付购买原材料的费用。这些是厂商对生产所投入要素的全部实际的货币支出，它们构成了该厂商生产的显成本。从机会成本角度讲，这些支出的总价格必须等于这些生产要素的所有者将相同的生产要素用作其他用途时所能得到的最大收入，否则企业就不能购买或租用这些生产要素并保持对它们的使用权。

2. 隐成本（implicit cost）

隐成本是指厂商自己所拥有的且被用于该企业生产过程中的那些生产要素的总价格。例如：该厂商为了生产，除了雇用工人，从银行取得贷款，租用土地和购买原材料之外，还用了自己的资金和房屋，并亲自管理企业。厂商使用自己的这些生产要素时，在会计账目上并无相应的利息、租金和工资支出，因此不属于显成本。但从机会成本的角度看，厂商在将自己的资金、房屋和劳动用于该企业时，就同时放弃了将这些生产要素用于其他用途所能获得的利息、租金和工资收入，所以，这些价值应该计入成本之中。并且这些价值必须按照企业自有生产要素在其他最佳用途中所能得到的收入来支付，否则，厂商就会把自有生产要素转移出本企业，以获得更多的报酬。由于这笔成本不如显成本那么明显，所以被称为**隐成本**。

三、经济利润与正常利润

企业利润等于总收益减去总成本。根据前面对成本的分析得知，经济学上的企业成本包括显成本和隐成本两部分。因此，经济学中的利润，即**经济利润**，通常又被称为**超额利润，指的是总收益减去全部总成本(即显成本和隐成本之和)的差额**。我们所说的企业追求利润最大化，指的就是最大的经济利润。在后面的各章节中，只要不作特殊说明，我们所提到的"利润"指的都是经济利润。

在经济学中，还有一种正常利润。**正常利润(normal profit)是指厂商对自己所提供的企业家才能的报酬及支付**。正常利润属于生产成本的一部分，是隐成本的一部分，以隐成本计入成本。因此，当厂商的经济利润为零时，厂商仍得到了全部的正常利润。

经济利润可以为正、负或零。在经济学中经济利润对资源配置和重新配置具有重要意义。如果某一行业存在着正的经济利润，这意味着该行业内企业的总收益超过了生产成本，生产资源的所有者将要把资源从其他行业转入这个行业中。因为他们在该行业中可能获得的收益超过该资源的其他用途收益。反之，如果一个行业的经济利润为负，生产资源将要从该行业退出，因此，经济利润是资源配置和重新配置的信号。正的经济利润是资源进入某一行业的信号；负的经济利润是资源从某一行业撤出的信号；只有经济利润为零时，企业才没有进入某一行业或从中退出的动机。

事实上，机会成本、经济利润有两种不同的计算方法，一种是经济学中的算法，另一种是管理会计中的算法。上述利润与成本之间的关系可用下列公式表示：

第一种：经济学的计算方法：

机会成本＝隐成本＋显成本

经济利润(超额利润)＝总收入－机会成本

＝总收入－(显成本＋隐成本)

＝会计利润－隐成本

其中：会计利润＝总收益－显成本

第二种：管理会计的计算方法：

经济利润＝总收入－ 经济成本

＝总收入－(会计成本＋机会成本)

＝会计利润－机会成本

两个公式计算方法的不同，主要是机会成本理解意义上的不同。第一种算法公式中的机会成本指的外显机会成本，包括显成本和隐成本，第二种算法公式中的机会成本指的是内涵成本，不包括显成本。只包括隐成本。

案例资料 5-1

服装店老板是否应该继续经营服装店

张老板是某服装店的所有者，并且亲自管理该服装店。如果张老板为其他商店当经理，则每年可得收入 80 万；如果张老板把自己所拥有的开店资金借贷给他人，则每年可得 40 万元的利息收入；如果张老板把自己拥有的店铺租给他人，则每年可得 30 万元的租金收入。经营一年后，会计计算出张老板一年的利润为 120 万元。

张老板是否应该继续经营该服装店？

案例中的 120 万元是会计利润。在决定张老板是否继续该服装店时，我们应计算的是经济利润，也就是说，需要考虑放弃的机会成本。张老板自己管理服装店放弃了为其他商店当经理每年可能得到的 80 万元收入，以及利用自有资金开服装店放弃的 40 万元利息收入，所以，经济利润＝会计利润－隐成本＝120－80－40－30＝－30 万元。从经济利润来计算，张老板亏了 30 万元。因此，张老板不应该继续经营该服装店。

资料来源：作者根据有关资料整理。

上述两种算法算然有所区别，但不会影响经济利润的计算结果，从而也不会影响决策的效果。

例如，企业甲每年耗用钢材 100 吨，用的是库存材料，当时价格为 10000 元/吨；企业乙每年也耗用钢材 100 吨，用的是现购材料，市价为 12000 元/吨；计算甲、乙两企业的会计成本和机会成本。

第一种经济学算法：

甲的会计成本＝100×10000＝100（万元）

乙的会计成本＝100×12000＝120（万元）

甲的机会成本＝100×12000＝120（万元）

乙的机会成本＝100×12000＝120（万元）

第二种管理会计的算法：

甲的会计成本＝100×10000＝100（万元）

乙的会计成本＝100×12000＝120（万元）

假设此时的钢材有两种用途，要么直接用于生产，要么直接出售获得差价收益。那么直接用于生产的机会成本就是放弃直接出售可能获得的差价收益：

甲的机会成本＝100×12000－100×10000＝20（万元）

乙的机会成本＝0

经济成本＝会计成本＋机会成本

甲的经济成本（全部成本）＝100＋20＝120（万）

乙的经济成本（全部成本）＝120＋0＝120（万）

根据上述的计算结果，甲、乙的机会成本或经济成本都是 120 万元，两种方法分别计算的经济利润是相同的。

第二节　厂商的短期成本理论

成本理论是建立在生产理论的基础之上的，生产理论分为短期生产理论和长期生产理论，相应地，成本理论也分为短期成本理论和长期成本理论。

在短期中，由于生产要素分为不变投入和可变投入，因此成本也有不变成本（固定成本）和可变成本之分。为描述短期中成本和产量之间的关系，厂商的短期成本函数共有七种：总不变成本、总可变成本、短期总成本、平均不变成本、平均可变成本、短期平均成本及短期边际成本。本节将具体分析各类短期成本函数、曲线及其相互之间的关系。

一、短期成本函数及曲线

1. 总不变成本（Total Fixed Cost，即 TFC）

总不变成本 TFC 是指厂商在短期内为生产一定数量的产品对不变生产要素所支付的总成本，是不随产量变化的成本。 例如，厂房和机器设备的折旧费。由于在短期内不管企业的产量是多少，这部分不变生产要素的投入量是不变的（即使在企业停产，即产量为 0 的情况下，也必须支付这些费用），所以总不变成本不随产量的变化而变化。如图 5－1所示，*TFC* 曲线应该为一条水平线，这条线与横坐标的距离表示总不变成本的数额。

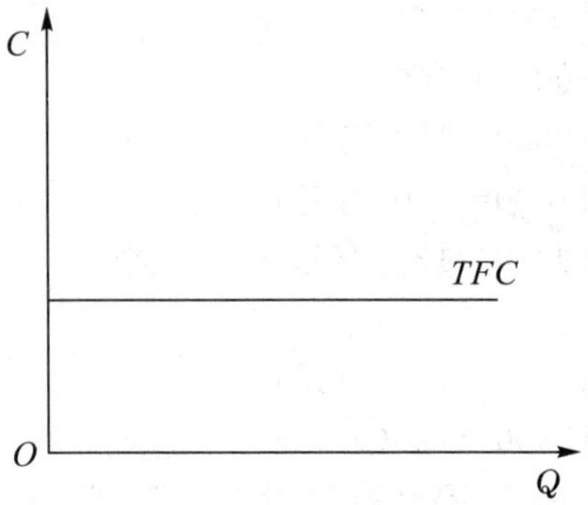

图 5－1　总不变成本曲线

2. 总可变成本（Total Variable Cost，即 TVC）

总可变成本 *TVC* 是指厂商在短期内为生产一定数量的产品对可变生产要素所支付的总成本。 例如，原材料、燃料、动力支出、雇用工人的工资等。由于在短期内厂商是根据产量的变化不断地调整可变要素的投入量，所以总可变成本随产量的变化而变化。用公式表示为：

$TVC = TVC(Q)$

当产量为零时，总可变成本为零；产量增加，总可变成本也增加。因此，如图 5－3 中的 a）所示，总可变成本曲线是一条从原点出发的不断向右上方上升的曲线。并且，从图 a）中可看到，TVC 曲线随着产量增加先以斜率递减的方式上升，经过拐点后便转为以斜率递增的方式上升，这一特征将在后面进行说明。

3. 短期总成本(Short Total Cost,即 STC)

短期总成本 *STC* 是指厂商在短期内为生产一定数量的产品对全部生产要素所支出的总成本。厂商的短期总成本等于总不变成本与总可变成本之和,用公式表示为:

$$STC(Q) = TFC + TVC(Q) \tag{5.1}$$

由于 *TFC* 值固定不变,所以 *STC* 曲线可通过将 *TVC* 曲线沿纵坐标上移 *TFC* 距离获得,如图 5－3 的 *b*)。我们会发现,*STC* 曲线与 *TVC* 曲线的形状完全相同,都是向右上方延伸,在上升的过程中斜率都是先递减后递增。所不同的是,*STC* 曲线不从原点出发,其与纵轴的交点就是 *TFC* 的值。

4. 平均不变成本(Average Fixed Cost,即 AFC)

平均不变成本 *AFC* 是指厂商在短期内平均每生产一单位产品所消耗的不变成本。用公式表示为:

$$AFC = \frac{TFC}{Q} \tag{5.2}$$

从公式中可以看到,短期中由于 *TFC* 保持不变,因此随着 *Q* 增加,*AFC* 会递减。因此,如图 5－2 所示,*AFC* 曲线随产量的增加一直呈下降趋势,但 *AFC* 曲线不会与横坐标相交,这是因为短期中总固定成本不会为零。

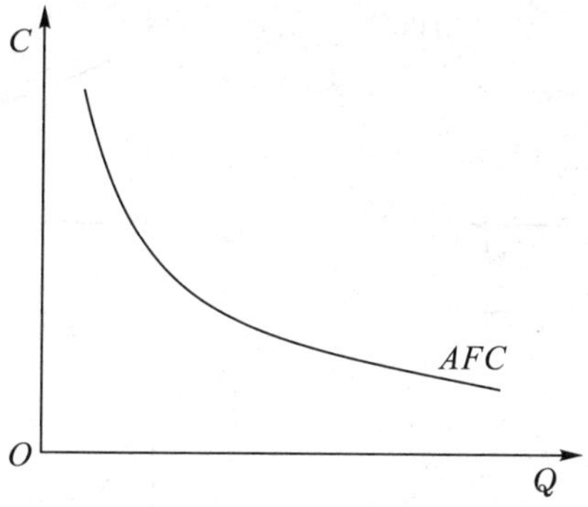

图 5－2　平均不变成本曲线

5. 平均可变成本(Average Variable Cost,即 AVC)

平均可变成本 *AVC* 是指厂商在短期内平均每生产一单位产品所消耗的可变成本。公式为:

$$AVC(Q) = \frac{TVC(Q)}{Q} \tag{5.3}$$

从公式中可看出,图 5－3 的 a)中,*TVC* 曲线上任一点与原点连线的斜率就是该产量的 *AVC* 之值。在 Q_2 产量水平上,一条直线与 *TVC* 曲线相切于 *B* 点,而且,在 *TVC* 曲线上的点与原点的所有连线中,这条直线是最平直的一条。这说明:随着产量的不断增加,*TVC* 曲线上的点与原点连线的斜率在 *B* 点之前是递减的,在 *B* 点之后是递增的,而在 *B* 点是最小的。这就意味着,随着产量的增加,*AVC* 的值是先递减的,在达到最小值以后再递增。因此,相应的 *AVC* 曲线是先降后升呈 U 形的,如图 5－3 的 c),其中 *AVC* 曲线的最低点 *B′* 点与 *TVC* 曲线的切点 *B* 点相对应。

6. 短期平均成本(Short Average Cost,即 SAC)

短期平均成本 *SAC* 是指厂商在短期内平均每生产一单位产品所消耗的全部成本。

公式为：

$$SAC(Q)=\frac{STC(Q)}{Q}=\frac{TFC+TVC(Q)}{Q}=AFC(Q)+AVC(Q) \quad (5.4)$$

从公式中可看出，图 5－3 的 b)中 *STC* 曲线上任一点与原点连线的斜率就是该产量的 *SAC* 值，在 Q_3 产量水平上，一条直线与 *STC* 曲线相切于 *C* 点，在 *STC* 曲线上的点与原点的所有连线中，这条直线是最平直的一条。这说明：随着产量的不断增加，*STC* 曲线上的点与原点连线的斜率在 *C* 点之前是递减的，在 *C* 点之后是递增的，而在 *C* 点是最小的。这就意味着，随着产量的增加，*SAC* 的值是先递减的，在达到最小值以后再递增。因此，相应的 *SAC* 曲线是先降后升呈 U 形的，如图 5－3 中的 d)所示，其中 *SAC* 曲线的最低点 *C′* 点与 *STC* 曲线的切点 *C* 点相对应。

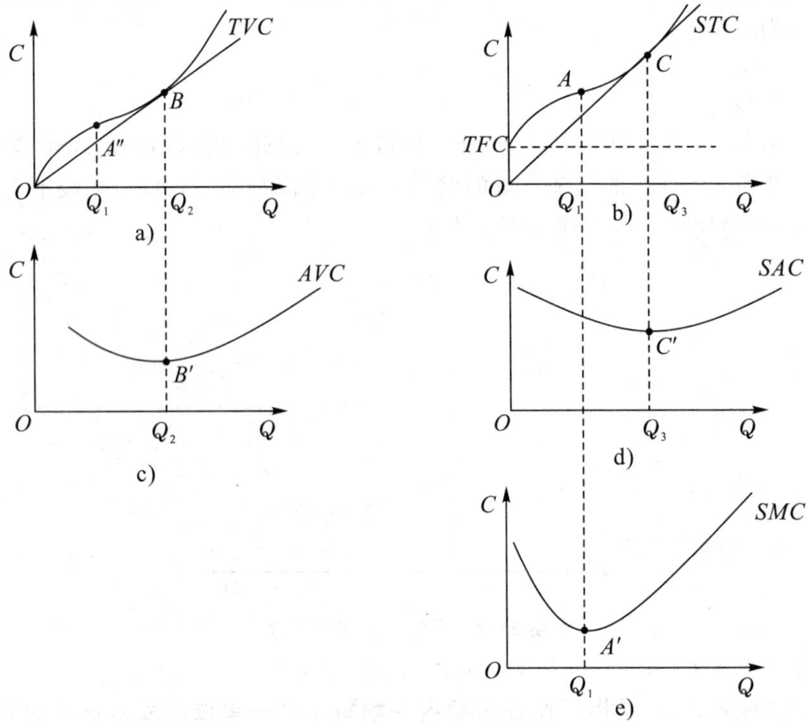

图 5－3　总可变成本、短期总成本、平均可变成本、短期平均成本及短期边际成本曲线

7. 短期边际成本(Short Marginal Cost，即 SMC)

短期边际成本 *SMC* 是指厂商在短期内增加一单位产量所引起的总成本的增加。公式为：

$$SMC=\frac{\Delta STC}{\Delta Q}，或者\ SMC=\lim_{\Delta Q\to 0}\frac{\Delta STC}{\Delta Q}=\frac{dSTC}{dQ} \quad (5.5)$$

从(5.5)公式可知，*SMC* 的几何意义是 *STC* 曲线上相应点的切线斜率。

此外，由于 $STC(Q)=TFC+TVC(Q)$，而 *TFC* 始终不变，因此 *SMC* 实际上也等于增加一单位产量所增加的总可变成本。因此，*SMC* 的公式也可以写为：

$$SMC=\frac{\Delta TVC}{\Delta Q}，或者\ SMC=\lim_{\Delta Q\to 0}\frac{\Delta TVC}{\Delta Q}=\frac{dTVC}{dQ} \quad (5.6)$$

同理可知：*SMC* 也可以表示为 *TVC* 曲线上相应点的切线斜率。

由此，可以得出的结论是：任何产量水平上的 *SMC* 的值既可以是 *STC* 曲线又可以

是 TVC 曲线上的相应的点的切线斜率。

由图 5—3 的 b)和图 5—3 的 a)可看出，STC 曲线和 TVC 曲线都是先以斜率递减的速度上升，经过拐点 A 和 A'' 点后，再以斜率递增的速度上升，因此，可以得到图 5—3 的 e)中先降后升呈 U 型的 SMC 曲线，并且图 5—3 的 b)和 a)中 STC 曲线、TVC 曲线分别对应的拐点 A 点和 A'' 点，与图 5—3 的 e)中 SMC 曲线的最低点 A' 是相对应的。

二、短期成本变动的决定因素——边际报酬递减规律

为什么短期成本具有以上所述的变动规律？原因恰在于边际报酬递减规律的作用。边际报酬递减规律是短期生产中的一个基本规律，这一规律同样适用于短期成本分析。

1. 由边际报酬递减规律决定的 SMC 曲线

假定短期生产函数为：$Q=f(L,\overline{K})$，其中 L 为可变要素，K 为不变要素，要素 L 的价格为 w，要素 K 的价格为 r，则短期总成本函数为：

$$STC(Q)=TVC(Q)+TFC=wL(Q)+r\overline{K}$$

$$SMC=\frac{dSTC}{dQ}=\frac{d(w\cdot L(Q)+r\overline{K})}{dQ}$$

$$=w\cdot\frac{dL(Q)}{dQ}+0$$

又因为：$MP_L=\dfrac{dQ}{dL(Q)}$

所以有：$SMC=w\cdot\dfrac{1}{MP_L}$ (5.7)

从上式中可看出，短期边际成本 SMC 与边际产量 MP_L 之间呈反方向关系。具体来讲，由于边际报酬递减规律的作用，可变要素的边际产量 MP_L 是先上升，达到最高点以后再下降。所以，如图 5—4 所示，当 MP_L 递增时，SMC 递减；当 MP_L 递减时，SMC 递增；当 MP_L 达到最大值时，SMC 则达到最小值。由此可得出，正是因为存在着边际报酬递减规律，才使得 SMC 曲线随产量的增加先递减，然后递增，最终形成一条 U 形的曲线。

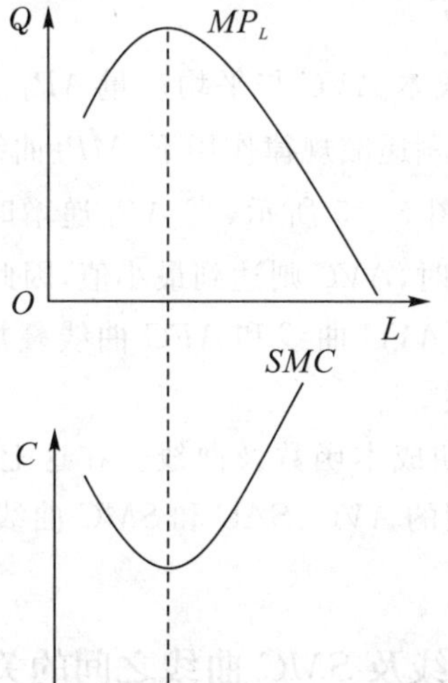

图 5—4 边际产量曲线与短期边际成本曲线的关系

2. 由边际报酬递减规律决定的 STC 曲线、TVC 曲线

前面我们介绍到，任何产量水平上的 SMC 值既可以是 STC 曲线，又可以是 TVC 曲线上相应点的切线斜率。因此，随着由边际报酬递减规律所决定的 U 形 SMC 曲线先降后升，STC 曲线和 TVC 曲线必然是先以斜率递减的方式上升，到达斜率最小值的拐点后，再以斜率递增的方式上升。并且，SMC 曲线的最低点与 STC 曲线及 TVC 曲线的拐点相对应。

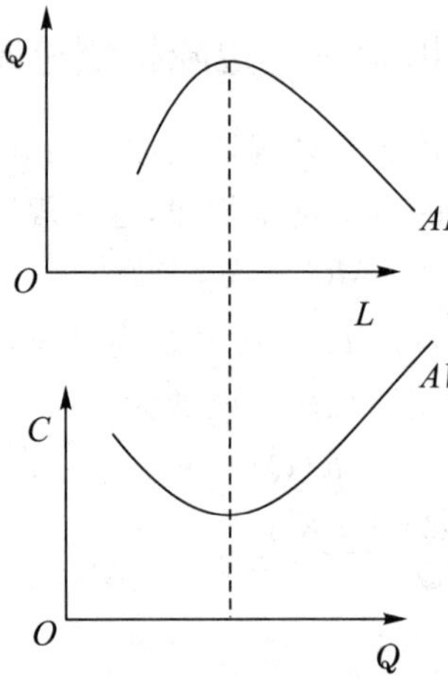

图 5—5　平均产量曲线与平均可变成本曲线的关系

3. 由边际报酬递减规律决定的 AVC 曲线、SAC 曲线

假定短期生产函数为：$Q = f(L, \overline{K})$，其余假设与上述相同。

则总可变成本函数为：$TVC = TVC(Q) = w \cdot L(Q)$

$$AVC(Q) = \frac{TVC(Q)}{Q} = w \cdot \frac{L(Q)}{Q}$$

又因为：$AP_L = \dfrac{Q}{L(Q)}$

所以：$AVC(Q) = w \cdot \dfrac{1}{AP_L}$　　(5.8)

由上式可看出，平均可变成本 AVC 与平均产量 AP_L 之间呈反方向关系。在生产理论中，我们已经知道，在边际报酬递减规律作用下，MP_L 曲线先升后降的特点决定了 AP_L 曲线也是先升后降。所以，如图 5－5 所示，当 AP_L 递增时，AVC 递减；当 AP_L 递减时，AVC 递增；当 AP_L 达到最大值时，AVC 则达到最小值，因此 AVC 曲线呈现出先降后升的 U 形。另外，由于 SAC 曲线是 AVC 曲线和 AFC 曲线叠加的结果，所以 SAC 曲线也必然是一条先降后升的 U 形曲线。

以上，我们介绍了七种短期成本函数及曲线。在这七条短期成本曲线中，在后面章节中使用最多的是三条呈 U 型的 AVC、SAC 和 SMC 曲线。下面，我们来看看这三条 U 型线之间的关系。

三、AVC 曲线、SAC 曲线及 SMC 曲线之间的关系

三条 U 型曲线之间的关系表现在以下几个方面：

1. 关于 SAC 曲线与 AVC 曲线之间的关系

由于 $SAC=AFC+AVC$，所以如图 5－6 所示，SAC 曲线一定在 AVC 曲线的上方，两者的差别在于垂直距离永远是 AFC。当 Q 增加时，由于 AFC 递减，所以 SAC 曲线与 AVC 曲线会无限接近，但永不相交。另外，SAC 曲线与 AVC 曲线的最低点不在同一个产量上，SAC 的最低点是 C 点，AVC 的最低点是 B 点，SAC 曲线最低点对应的产量较大，即 AVC 已经达到最低点并开始上升时，SAC 仍在继续下降。原因在于 AFC 是不断下降的。只要 AVC 上升的数量小于 AFC 下降的数量，SAC 就仍在下降。

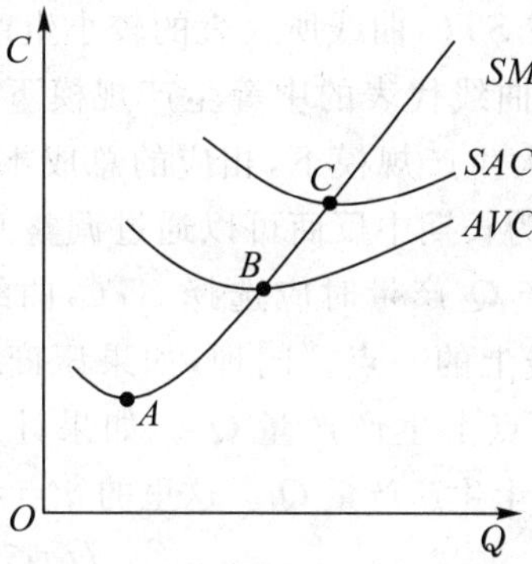

图 5－6　平均可变成本、短期平均成本与短期边际成本曲线的关系

2. 关于 SMC 曲线、AVC 曲线与 SAC 曲线之间的关系

如图 5－6 所示。SMC 曲线在上升的过程中会依次穿过 AVC 曲线和 SAC 曲线的最低点。根据平均量和边际量之间的关系，我们知道：当 AVC 递减时，则意味着这时 $SMC<AVC$；当 AVC 递增时，则意味着这时 $SMC>AVC$；当 AVC 达到最小值时，则 $SMC=AVC$。所以，SMC 曲线会相交于 AVC 曲线的最低点。另外，还有一个重要的特点就是：由于对于产量变化的反应来说，边际成本 SMC 要比平均可变成本敏感，所以不管是下降还是上升，SMC 曲线的变动都快于 AVC 曲线的变动。

同理，我们也可以分析出：当 SAC 递减时，则意味着这时 $SMC<SAC$；当 SAC 递增时，则意味着这时 $SMC>SAC$；当 SAC 达到最小值时，则 $SMC=SAC$。所以，SMC 曲线会相交于 SAC 曲线的最低点。而且，不管是下降还是上升，SMC 曲线的变动也都快于 SAC 曲线的变动。

第三节　厂商的长期成本理论

在长期成本分析中，所有的生产要素都是可变的，没有固定成本和变动成本的区别。这样，我们长期中用到的成本概念只有三个：长期总成本、长期平均成本和长期边际成本。

一、长期总成本

在长期中，所有生产要素都是可变的，这意味着厂商可以调整生产规模。因此长期中厂商可以在每一个产量水平上选择最优的生产规模进行生产。**长期总成本(*Long***

***Total Cost*，即 *LTC*）是指厂商在长期中在各种产量水平上通过选择最优的生产规模所能达到的最低总成本。**长期总成本函数形式为：

$$LTC = LTC(Q)$$

长期总成本曲线可以由短期总成本曲线推导出。

假设长期中只有三种可供选择的生产规模，分别由图 5－7 中的 STC_1 曲线、STC_2 曲线和 STC_3 曲线表示。一般来说，总不变成本的大小可以代表生产规模的大小，因此，STC_1、STC_2、STC_3 曲线所代表的生产规模依次由小到大。假设厂商的计划产量是 Q_2，厂商面临三种选择：第一种是在 STC_1 曲线所代表的较小生产规模下进行生产，相应的总成本在 d 点；第二种是在 STC_2 曲线代表的中等生产规模下生产，相应的总成本在 b 点；第三种是在 STC_3 所代表的较大生产规模下，相应的总成本在 e 点。在 d、b、e 三点中，b 点代表的总成本水平最低。因为长期中厂商可以通过调整并选择最优的生产规模，以实现最低总成本，所以厂商在生产 Q_2 产量时应选择 STC_2 曲线所代表的生产规模进行生产。这里的 b 点便是 LTC 曲线上的一点。同理，如果厂商的计划产量是 Q_1，则应选择 STC_1 所代表的生产规模，在 a 点上生产产量 Q_1。如果计划产量是 Q_3，则厂商应选择 STC_3 所代表的生产规模，在 c 点上生产产量 Q_3。这里的 a 点和 c 点同样是在 LTC 曲线上。

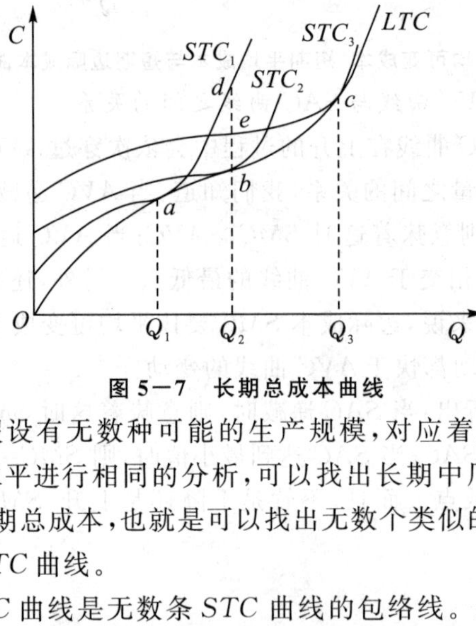

图 5－7　长期总成本曲线

在此基础上，我们假设有无数种可能的生产规模，对应着无数条短期总成本曲线。这样，通过对每一产量水平进行相同的分析，可以找出长期中厂商在每一产量水平上的最优生产规模和最低长期总成本，也就是可以找出无数个类似的 a、b 和 c 点，连接这些点即可得到长期总成本 LTC 曲线。

由图中可看出，LTC 曲线是无数条 STC 曲线的包络线。并且，LTC 曲线有如下的特点：

（1）LTC 曲线从原点出发向右上方倾斜。这表示在长期中，当产量为零时，长期总成本为零，以后随着产量的增加，长期总成本开始递增。

（2）LTC 曲线的斜率先递减，经过拐点之后，又变为递增。

（3）在每一个产量水平上，LTC 曲线都会与一条 STC 曲线相切，该 STC 曲线所代表的生产规模就是生产该产量的最优生产规模，该切点所对应的总成本就是生产该产量的最低总成本。

二、长期平均成本与规模经济

长期平均成本(*Long Average Cost*,即 *LAC*)是指厂商在长期中在各种产量水平上通过选择最优的生产规模所能达到的最低平均成本。厂商在长期中在每个产量水平上实现最低总成本的同时,就必然实现了相应的最低平均成本。所以,长期平均成本实际上就是厂商在长期内按产量平均计算的最低总成本。公式为:

$$LAC(Q)=\frac{LTC(Q)}{Q} \tag{5.9}$$

1.长期平均成本曲线的推导

从上式可以看出,*LAC* 是 *LTC* 曲线连接相应点与原点连线的斜率。因此,可以从 *LTC* 曲线推导出 *LAC* 曲线。此外,根据长期和短期的关系,也可由 *SAC* 曲线推导出 *LAC* 曲线。这里,主要介绍后一种方法。

假设长期中只有三种可供选择的生产规模,分别由图 5－8 中的 SAC_1 曲线、SAC_2 曲线和 SAC_3 曲线表示,三条曲线所代表的生产规模依次由小到大。假设厂商计划生产的产量是 Q_1,则厂商应选择 SAC_1 曲线所代表的生产规模进行生产,因为此时的成本 OC_1 是生产 Q_1 产量的最低平均成本,因此 *A* 点是 *LAC* 曲线上的点;如果计划生产 Q_2 产量,则厂商应选择 SAC_2 曲线所代表的生产规模进行生产,其成本 OC_2 为此时的最低平均成本,因此 *B* 点也是 *LAC* 曲线上的点;如果厂商的计划产量是 Q_3,则厂商会选择 SAC_3 曲线所代表的生产规模进行生产,*C* 点同样是 *LAC* 曲线上的点,OC_3 为此时的最低平均成本。

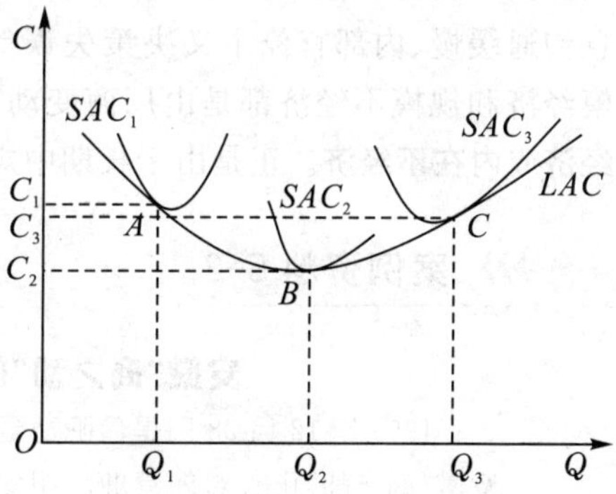

图 5－8　长期平均成本曲线

在此基础上,假设有无数种可能的生产规模,对应着无数条短期平均成本曲线。厂商可以在任何一个产量水平上,找到相应的最优生产规模和最低长期平均成本点,也就是可以找出无数个类似的 *A*、*B* 和 *C* 点,连接这些点即可得到长期平均成本 *LAC* 曲线。

由图中可看出,*LAC* 曲线是无数条 *SAC* 曲线的包络线。并且,*LAC* 曲线有如下的特点:

(1)*LAC* 曲线先降后升,呈 U 形。

从形状上看,*LAC* 的形状和 *SAC* 的形状是相似的,也是一条 U 型曲线,受规模报酬规律的影响,随着企业长期规模的扩大,*LAC* 是先下降而后上升的。

(2)在每一个产量水平上,*LAC* 曲线都会与一条 *SAC* 曲线相切。

该 *SAC* 曲线所代表的生产规模就是生产该产量的最优生产规模,该切点所对应的平均成本就是生产该产量的最低平均成本。

(3)*SAC* 相切于 *LAC* 的最低点时对应的是长期最优规模。

在 *LAC* 曲线的下降段,*LAC* 曲线相切于相应的 *SAC* 曲线最低点的左边;在 *LAC* 曲线的上升段,*LAC* 曲线相切于相应的 *SAC* 曲线最低点的右边;只有在 *LAC* 曲线的最低点,*LAC* 曲线才相切于相应的 *SAC* 曲线的最低点,此点是长期规模的最优点。

2. *LAC* 曲线呈U形特征的原因——规模经济

LAC 曲线呈U形特征是由长期生产中内在的规模经济与规模不经济所决定的。在这里，需要注意的是“规模经济”或“规模不经济”与“规模报酬”是不同的概念。规模报酬表示在扩大生产规模时产量的变化情况，并假定多种要素投入数量增加的比例是相同的。规模经济或规模不经济表示在扩大生产规模时成本的变化情况，而且各种要素投入数量增加的比例可能相同，也可能不同。但二者关系密切，一般说来，规模报酬递增时，对应的是规模经济阶段；规模报酬递减时，对应的是规模不经济的阶段。

规模经济是指厂商由于扩大生产规模而使经济效益得到提高，此时产出增加倍数大于成本增加倍数。规模不经济是指厂商由于生产规模扩大而使经济效益下降，此时产出增加倍数小于成本增加倍数。在企业生产规模由小到大的扩张过程中，往往先出现规模经济，主要原因是劳动分工、专业化以及技术因素，此时会导致 *LAC* 曲线下降；然而，物极必反，当规模继续扩大时，会出现规模不经济，主要原因是规模过大，造成管理人员信息沟通缓慢、内部官僚主义决策失误等现象出现，此时会导致 *LAC* 曲线上升。显然，规模经济和规模不经济都是由厂商变动自己的企业生产规模所引起的，所以，也被称为**内在经济**或**内在不经济**。正是由于长期中规模经济与规模不经济的作用，*LAC* 曲线呈U形。

案例资料 5-2

安徽“商之都”的连锁经营(1995—2010 年)

1995 年 12 月 28 日是合肥乃至安徽商业发展史上一个里程碑式的时刻。这一天，安徽“商之都”正式对外营业。如今 15 年已经过去，历经市场风浪洗礼的安徽“商之都”，经过多次破茧重生式的蝶变，并由昔日仅有一家单体店的“战列舰”发展成为多业态发展的混合型“超级航母”。

在安徽“商之都”的发展进程中，第一个 5 年是探索单店管理运营的 5 年；第二个 5 年，“商之都”从 2000 年开始改变单店运营这一“单打独斗”的经营格局，迈入新一轮发展期，即连锁加盟店快速发展的时期；第三个 5 年，是安徽“商之都”大力发展直营连锁的 5 年，百货商场、红府超市、国生电器，并形成了齐头并进、竞相发展的格局，这一时期，“商之都”也迎来了历史上空前未有的大扩张。

随着企业地域扩张、网络增加、销售规模加大等情况的出现，安徽“商之都”渐渐地显现出人员众多、地域分散、层级增多的大企业特征，出现规模不经济的局面。2007 年，经过多年高速发展的“商之都”，开始遭遇发展瓶颈，旗下部分加盟店出现经营不善的现象。面对所出现的“规模不经济”局面，“商之都”最终决定放弃此前的粗放式发展战略，果断关闭了阜阳等地的 3 个加盟店，提出了“一条主线，两轮驱动，一个定位”的发展战略。“一条主线”即以经济效益为主线，不片面追求规模；“两轮驱动”即内涵式增长和外延式扩张，内涵式增长主要是指提升单店运营质量，外延式扩张就是新增经营网点，扩大连锁规模；“一个定位”即把未来发展定位为“建设和经营商业综合体”。

截至 2010 年，安徽“商之都”已在省内合肥、亳州、滁州、宣城、六安、巢湖等市(县)开设了 16 家百货门店、17 家国生电器专业店、21 家红府超市直营店，销售收入也从 5 年前的 10 多亿元跃升至 2010 年的 80 多亿元。

“商之都”的快速发展得益于连锁经营的规模经济，这是对传统经营模式的突破。在其发展历程中，单店经济规模的扩张由于受到企业内部管理效率和企业外部市场规模、政府规制等因素的限制，其规模的扩张是有限度的。而连锁经营有效地打破了这些限制，它通过分店数量的增加，避开购物者的交通限制，使其商圈不断扩大。连锁经营的规模经济，是以单店规模经济为基础，并通过连锁经营方式降低公司的经营成本，以分店数量的扩张来实现的。

资料来源：作者根据安徽“商之都”提供的资料整理。

3. *LAC* 曲线的位置移动——外在经济与外在不经济

与规模经济或规模不经济（即企业的内在经济或内在不经济）相对应，还存在着外在经济或外在不经济。所不同的是，前者是就一条给定的 *LAC* 曲线而言，而后者会导致 *LAC* 曲线位置（上、下）的变化。

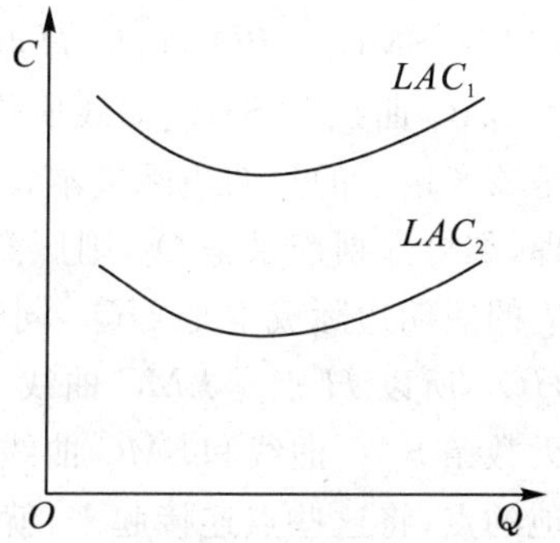

图 5－9 长期平均成本曲线的移动

企业的外在经济是由于厂商的生产活动所依赖的外界环境得到改善而产生的。例如整个行业的技术水平发展，可以使行业内的单个厂商从中受益。外在经济会使厂商的 *LAC* 曲线向下平移，如图 5－9 中的 LAC_1 移至 LAC_2。相反，如果厂商的生产活动所依赖的外界环境恶化了，则可能会产生企业的外在不经济。例如，整个行业的生产成本水平提高，从而使行业内的单个厂商受损。外在不经济会使厂商的 *LAC* 曲线向上平移。

三、长期边际成本

长期边际成本（*Long Marginal Cost*，即 *LMC*）是指厂商在长期内增加一单位产量所引起的最低总成本的增量。

公式为：$LMC(Q)=\dfrac{\Delta LTC(Q)}{\Delta Q}$，

或者 $LMC(Q)=\lim\limits_{\Delta Q\to 0}\dfrac{\Delta LTC(Q)}{\Delta Q}=\dfrac{dLTC(Q)}{dQ}$ (5.10)

从上式中可以看出，*LMC* 是 *LTC* 曲线上相应点切线的斜率，因此可以从 *LTC* 曲线推导出 *LMC* 曲线。此外，也可根据短期和长期的关系由短期边际成本 *SMC* 曲线推导出长期边际成本 *LMC* 曲线。这里，主要介绍后一种方法。

假设长期中只有三种生产规模可供厂商选择，如图 5－10 所示。规模由小到大依次用 SAC_1、SAC_2 和 SAC_3 曲线表示，相应的短期边际成本曲线分别为 SMC_1、SMC_2、SMC_3。由前述 *LAC* 的特点可知，*LAC* 曲线与每条 *SAC* 曲线只有一个切点（设切点分别为 *A*、*B*、*C*），对应的产量分别为 Q_1、Q_2 和 Q_3。接下来，我们要找的是与这些产量相对应的 *LMC* 的值在哪里。根据前面的内容，我们已知在长期内，在每

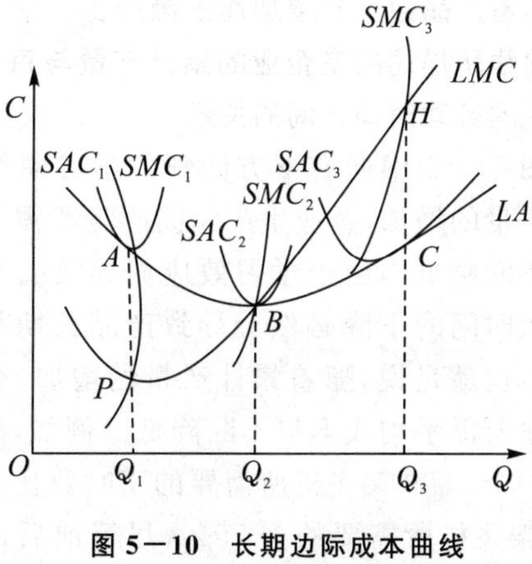

图 5－10 长期边际成本曲线

一个产量水平下，*LTC* 曲线会与一条代表最优生产规模的 *STC* 曲线相切，这说明在这个产量水平上，这两条曲线的斜率相等，同时，*LTC* 曲线的斜率是相应的 *LMC* 值，*STC* 曲线的斜率是相应的 *SMC* 的值。由此，我们可以得出结论：**在长期中，在每一个产量水平上，*LMC* 的值都与代表最优生产规模的 *SMC* 的值相等**。

假设厂商计划生产的产量是 Q_1，则厂商会选择由 SAC_1 曲线和 SMC_1 曲线所代表的生产规模，相应的短期边际成本是 PQ_1，同时 PQ_1 也是该产量下的长期边际成本，即 $LMC=SMC_1=PQ_1$，所以 *P* 点是 *LMC* 曲线上的点；如果计划产量是 Q_2，则厂商会选择由 SAC_2 曲线和 SMC_2 曲线所代表的生产规模，相应的短期边际成本是 BQ_2，同时 BQ_2 也是该产量下的长期边际成本，即 $LMC=SMC_2=BQ_2$，所以 *B* 点是 *LMC* 曲线上的点；同理，如果计划产量是 Q_3，则厂商会选择由 SAC_3 曲线和 SMC_3 曲线所代表的生产规模，相应的短期边际成本是 HQ_3，同时 HQ_3 也是该产量下的长期边际成本，即 $LMC=SMC_3=HQ_3$，所以 *H* 点是 *LMC* 曲线上的点。在此基础上，假设有无数种可能的生产规模，对应无数条 *SAC* 曲线和 *SMC* 曲线，厂商可以在任何一个产量水平上，找到类似 *P*、*B*、*H* 的其他的点，将这些点连接起来，就可以得到 *LMC* 曲线。

从图中，我们可以看到 *LMC* 曲线的特点：

(1)*LMC* 曲线呈 U 形。

(2)*LMC* 曲线相交于 *LAC* 曲线的最低点。

LMC 曲线产生这两个特点的原因在于：我们已经知道在规模经济或规模不经济的作用下，*LAC* 曲线呈先降后升的 *U* 形。根据边际量和平均量的关系，当 *LAC* 递减时，则意味着这时 $LMC<LAC$，；当 *LAC* 递增时，则意味着这时 $LMC>LAC$；当 *LAC* 达到最小值时，则意味着 $LMC=LAC$。所以，对应着 *LAC* 曲线的下降阶段，*LMC* 曲线一定位于 *LAC* 曲线的下方；对应着 *LAC* 曲线的上升阶段，*LMC* 曲线一定位于 *LAC* 曲线的上方；对应着 *LAC* 曲线的最低点，*LMC* 曲线与之相交，此时 $LMC=LAC=SAC=SMC$。

四、学习效应与学习曲线

学习效应是引起企业长期平均成本下降的另一重要因素。**学习效应(learning effects)是指在长期的生产过程中，当企业对某种产品生产的数量因日积月累而增多时，工人、技术人员及管理人员的学习和操作经验也随之提高，从而使得完成单位产品所需的时间会随着产品数量的增加而逐渐减少**。学习效应通常用**学习曲线(*learning curve*)**来表示。**学习曲线所描述的是企业的累计产量与每单位产量所需投入的劳动时间之间的关系**。

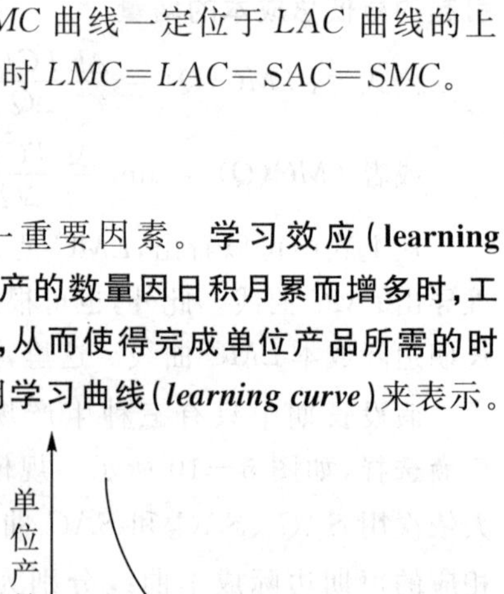

图 5—11　学习曲线

图 5—11 中向右下方倾斜的学习曲线表示随着累计产量的增加，企业生产相同产量所需劳动投入时间将不断降低。由于学习效应而导致的单位产品劳动投入时间的下降必然会导致产品长期平均成本的下降。也就是说，随着累计产量的增加，企业生产相同产量所需平均成本将不断降低。例如，波音公司生产第一个 1000 架飞机所需要的工时数比生产第二个 1000 架飞机所需要的多 75%，尽管前后两个阶段公

司每月生产的飞机数量大致相等。这表明飞机的平均成本随着累计产量的增加而大幅度下降。

需要注意的是,因学习效应而产生的成本下降与因规模经济作用而产生的成本下降是不同的。如果保持企业以往累计产量一定,企业现期生产的产量越高则平均成本越低的话,则这种成本的下降来自于规模经济。如果保持企业每期生产的数量一定,企业累计产量越高则平均成本就越低的话,则这种成本的下降来自于学习效应的作用。

学习曲线在企业的生产决策过程中发挥着重要作用。例如,当企业竞争策略的重点放在低成本时,为了维持一定的利润,必须有足够的产量,因此企业总是尽快增加产量,以使得成本降到学习曲线的最低点。

案例资料 5-3

7—ELEVEN 的多元化经营与范围经济的利用

7—ELEVEN 是一家 24 小时经营的便利店(小型超市),最初是美国企业,后被日本企业收购,成为日本企业。

7—ELEVEN 不以低价取胜,其经营的最大特点是“便利”。商店面积虽然不大,但消费者日常所需商品一应俱全。7—ELEVEN 是营业时间最长的商店之一,全年每天 24 小时营业。7—ELEVEN 也是日本店铺最多的企业,不管是繁华的商业街、居民小区还是路边,也不管是城市还是乡村,只要有人的地方几乎都有 7—ELEVEN 的店铺。

随着店铺数量的增加,7—ELEVEN 开始发展多元化经营。首先,7—ELEVEN 扩大了经营的范围,开始代售电话卡、各种演出门票和一些生活类杂志等。此后,7—ELEVEN 在每个店面都安装了复印机,消费者可以投币复印。逐渐地,7—ELEVEN 将业务扩展到了金融领域,可以代收水电费、煤气费、电话费等各种款项。近几年,7—ELEVEN 的店铺又安装了 ATM 机,顾客可以在 7—ELEVEN 提取存款,而不必去银行排队。今天的 7—ELEVEN,利用其覆盖全日本的销售网络优势,成功地实现了多元化经营。

资料来源:吴德庆、王保林、马月才.管理经济学,中国人民大学出版社,2014 年。

五、范围经济

范围经济是引起企业长期平均成本下降的又一重要因素。范围经济产生于多产品生产,而不是单一产品生产的情况。**范围经济(economics of scope)是指由于产品种类的扩大而导致平均成本下降的情况**。出现范围经济的原因可以是通过多种产品共同分享设备或其他投入物而获得产出或成本方面的好处,也可以是通过统一的营销计划或统一的经营管理获得成本方面的好处。测算范围经济的公式如下:

$$SC = \frac{C(X) + C(Y) - C(X + Y)}{C(X + Y)}$$

其中,$C(X)$表示用既定的资源只生产 X 商品所耗费的成本,$C(Y)$表示用既定的资源只生产 Y 商品所耗费的成本,$C(X+Y)$表示用既定的资源同时生产 X、Y 两种商品时所耗费的成本。如果 SC 大于零,则存在范围经济,表示两种商品的单一生产所耗费的成本总额大于这两种商品联合生产所耗费的成本。如果 SC 小于零，则存在范围不经济。如果 SC 等于零，则既不存在范围经济，也不存在范围不经济。

经济学家简介——保罗·萨缪尔森(1915—2009 年)

保罗·萨缪尔森(Paul A. Samuelson)，现代主流经济学之父。他出生于美国印第安纳州的加里，1935 年，获芝加哥大学文学学士学位，1936 年，获芝加哥大学文学硕士学位，1941 年获哈佛大学理学博士学位。

萨缪尔森是第一位获得诺贝尔经济学奖的美国经济学家。他发展了数理和动态经济理论，将经济科学提高到新的水平。他还首次将数学分析方法引入经济学，帮助经济困境中上台的肯尼迪政府制定了著名的“肯尼迪减税方案”。他对静态、比较静态、动态三者的联系和区别所做的精辟论述被奉为经典。

萨缪尔森注意到了乘数论和加速原理相互作用的关系，他在导师的提示下巧妙地把两者合为一体。1939 年，他发表了他的处女作《乘数分析与加速原理的相互作用》，并首创经济波动的模型，指出政府开支对国民收入的重大作用。西方经济学界认为，这一开创性的研究是他在经济周期理论方面的重要贡献之一。

1948 年，萨缪尔森发表了他最有影响的巨著《经济学》，这本书一出版即告脱销，许多国家的出版商不惜重金抢购它的出版权，不久即被翻译成日、德、意、匈、葡、俄等多种文字。至 2008 年这本书已经再版 18 版，成为当代经济学界最有影响力的经典教科书之一。

萨缪尔森是当代凯恩斯主义的集大成者，是经济学的一个通才，是当今世界经济学界的巨匠之一，他所研究的内容十分广泛，涉及经济学的各个领域，是世界上罕见的多能学者。

拓展知识链接

马克西—西尔伯斯通曲线
集聚经济
虚拟企业
外包
最小有效规模

思考与练习

一、核心概念

机会成本	显成本与隐成本	总不变成本	总可变成本
短期总成本	平均不变成本	平均可变成本	短期平均成本
短期边际成本	长期总成本	长期平均成本	长期边际成本
规模经济	外在经济	学习效应	范围经济

二、选择题

1. 对应于边际报酬的递增阶段，*STC* 曲线(　　)。
   A. 以递增的速率上升　　B. 以递增的速率下降
   C. 以递减的速率上升　　D. 以递减的速率下降
2. 在短期内，随着产量的增加，*AFC* 会越变越小，于是 *SAC* 与 *AVC* 曲线(　　)。
   A. 最终相交　　B. 重合
   C. 不会相交，仅可无限接近　　D. 无法确定
3. 若企业生产处于规模报酬递增阶段，长期平均成本曲线相切于短期平均成本曲线的(　　)。
   A. 左端　　B. 右端　　C. 最低点　　D. 无法确定
4. 由企业购买或租用任何生产要素所发生的成本是指(　　)。
   A. 显成本　　B. 隐成本　　C. 变动成本　　D. 固定成本
5. 企业总固定成本为 1000 美元，平均总成本为 50 美元，平均可变成本是 10 美元，那么企业现在的产量是(　　)。
   A. 20　　B. 25　　C. 30　　D. 40
6. 随着产量的增加，*TFC*(　　)。
   A. 增加　　B. 不变　　C. 减少　　D. 先增后减
7. 一个厂商的总收益为 80000 美元。劳动成本为 40000 美元，原材料成本为 20000 美元，所有者若为其他人工作可赚 15000 美元。对一个经济学家而言，利润等于(　　)；对会计而言，利润为(　　)。
   A. 40000 美元，5000 美元　　B. 5000 美元，20000 美元
   C. 40000 美元，15000 美元　　D. 20000 美元，5000 美元
8. 边际成本低于平均成本时(　　)。
   A. 平均成本上升
   B. 总成本下降
   C. 平均可变成本可能上升也可能下降
   D. 平均可变成本上升
9. *SMC* 曲线是由(　　)决定的。
   A. *TFC* 曲线的斜率
   B. *TVC* 曲线的斜率
   C. *STC* 曲线的斜率

D. 既是 TVC 曲线的斜率也是 STC 曲线的斜率

10. 生产者短期平均成本曲线成为 U 形的原因与(　　)。

A. 规模报酬有关　　B. 外部经济与不经济有关

C. 要素的边际报酬有关　　D. 固定成本与可变成本所占比重有关

三、思考题

1. 您选择了接受研究生教育，而不是工作挣得薪水，请举例说明研究生教育的显成本是什么？隐成本又是什么？在经济萧条期或失业率较高的年份中，研究生入学率较高，换句话说，报考研究生的竞争十分激烈，为什么？

2. 请说明边际报酬递减和规模报酬递减有什么区别。

3. 为什么平均成本和边际成本这二者相等时，平均成本达到最小值？

四、计算题

1. 已知某企业的成本函数为 $STC(Q)=50+8Q-2Q^2+\frac{1}{3}Q^3$，

(1) 写出该企业的 SMC、AVC 和 SAC 的表达式。

(2) 分别求出 SMC 最小时和 AVC 最小时的产出水平。

2. 某企业长期生产函数为 $Q=2x^{0.5}y^{0.5}z^{0.25}$，其中 Q 为产量，x、y、z 为三种要素，且三种要素的价格分别为 $Px=1$，$Py=9$，$Pz=8$，试导出其长期总成本函数。

五、挑战题*

1. 某电力公司以重油 x 和煤炭 z 为原料进行生产，其生产函数为：

$y=(2x^{\frac{1}{2}}+z^{\frac{1}{2}})^2$

x 和 z 的市场价格分别为 30 和 20，其他生产费用为 50。

(1) 求电力产量 $y=484$ 时的 x、z 投入量及总成本。

(2) 求该电力公司的总成本函数。

第六章

完全竞争与完全垄断

进行垄断价值分析所需要的第一个工具就是一对曲线，边际曲线和平均曲线；平均值和边际值的概念可以应用于生产成本、效用、收益、生产要素的劳动生产率等分析方面。

——英国著名的女性经济学家，琼·罗宾逊(1903-1983)

最好的垄断利润就是平静的生活。

——英国著名经济学家，约翰·希克斯（1904-1989）

学习目的与要求

从竞争角度而言，市场结构可以分为完全竞争市场、完全垄断市场、垄断竞争市场和寡占（寡头）市场。这些市场都有自身的特点，而正是这些不尽相同的特点，使得我们在学习不同的市场结构时，应该有不同的理解，也应该有不同的收获。本章主要目的和要求是，学习完全竞争市场和完全垄断市场的有关知识。在学习过程中，要求联系实际，并将理论和模型较好地结合。

重点与难点

在完全竞争市场下，学习重点是其市场结构特征、厂商短期和长期均衡的实现条件和特点，厂商的供求曲线与行业供求曲线关系；在完全垄断市场下，学习重点是垄断的特征、垄断厂商的短期均衡、长期均衡和价格歧视。本章难点主要是，完全竞争的短期均衡和长期均衡，以及完全垄断市场的均衡形成。

第一节 市场结构划分与特征

一、市场的概念

所谓市场(market),就是促使消费者(顾客)与生产者(厂商)完成商品与劳务交易的场所以及与此相关的规章制度的总称。通常所说的**市场**主要是指买卖双方进行交易的场所。经济中有多少种交易物品,就相应地有多少个市场。例如,可以有石油市场、土地市场、大米市场、自行车市场、铅笔市场等等。在高度概括的市场经济中,市场没有阶级、贵贱之分,只有价格的高低之分,市场代表着一种平等的商品买卖和交易关系。

二、市场种类的划分

关于市场种类的划分是多种多样的,通常主要有以下几类:

1. 按照交易场所的不同划分

市场可以分为有形市场和无形市场。有形市场通常有一个固定的交易场所,如传统意义上的农贸市场。无形市场,也可称为**虚拟市场**,通常没有具体的交易场所,仅仅是凭借电话、电报、电传、网络等现代通讯手段,把买卖双方联系在一起的市场,如借助于互联网进行交易的证券市场。

2. 按照交易方式的不同划分

市场可以分为现货市场和期货市场。现货市场是传统意义上的市场,通常是指买卖双方按当前标明的价格和折扣进行交易、当即或者稍后实现"钱货两讫"的市场。期货市场是指买卖双方按约定价格在未来某个特定日期进行交易(交割)的市场。

3. 按照交易范围的不同划分

市场可以分为国内市场和国际市场。国内市场是局限于某国范围内进行交易的市场。国际市场是超越国界、跨国实现交易的市场。

4. 按照交易物品的不同划分

市场可以分为商品市场和要素市场。商品市场是一般消费者为了消费的目的而购买商品和劳务的市场,如服装市场、家电市场等。要素市场是生产者为了生产商品的需要而引申出来的购买生产要素的市场,如劳动力市场、资本市场等。需要注意的是,在商品市场和要素市场中,需求者和供给者的地位是互换的:对于一般消费者,在商品市场是需求者,但是在要素市场可能会变成要素供给者。相反地,对于厂商而言,在商品市场是产品供给者,但是在要素市场就成了要素需求者。在微观经济学中,一般市场行为的均衡分析是在商品市场下进行的,但是在后面的第八章中关于要素市场的均衡分析则是在要素市场(并结合商品市场的作用)下进行的。

5. 按照市场结构的竞争程度划分

市场还可以分为完全竞争市场、完全垄断市场、垄断竞争市场和寡占(寡头)市场。这就是微观经济学中关于市场论要重点讲述的市场,也是本章及下一章的主要内容。

三、市场结构的划分及特征

市场理论主要是说明在消费者和厂商经济行为的相互作用下，不同类型市场的价格和产量是如何决定的理论。通常市场竞争程度的强弱是划分市场结构类型的标准，而影响市场竞争程度的因素主要有以下四点：(1)市场上厂商的数目；(2)厂商之间各自提供的产品的差别程度；(3)单个厂商对市场价格的控制程度；(4)厂商进入或退出一个行业的难易程度。

根据这四点，市场被划分为四个类型：完全竞争市场、完全垄断市场、垄断竞争市场和寡头市场。其中，完全竞争市场与完全垄断市场是两种极端或者说是理想的市场结构形式，一般意义上的市场通常属于垄断竞争市场与寡头市场等形式。

关于四类市场结构特征的比较可以通过表 6－1 说明。

表 6－1　市场结构特征比较

市场类型	厂商数量	产品差别度	产品价格决定度	行业进退难度	接近实例
完全竞争市场	大量厂商	同质、无差别	不能决定市场价格，只能被动接受价格	完全自由进退，没有壁垒	传统农产品、初级产品
完全垄断市场	一个厂商	唯一的、无替代品	能很大程度地决定价格，但是有时要受到政府干预	进退非常困难，有非常高的壁垒，近乎封锁	燃气、供水等有关公用事业
垄断竞争市场	许多厂商	有心理的或者真实的差别	某种程度上能决定价格	进退比较自由，壁垒不高	洗发产品、特色酒店
寡占市场	有限几个厂商	有的有差别，有的无差别	很大程度上能决定价格	进退很困难，有较高的壁垒	汽车、电信、石油、化工、部分国家的钢铁

第二节　完全竞争市场的短期均衡

一、完全竞争市场的概念和特点

1. 完全竞争市场的概念

经济学中的**完全竞争市场(perfect competitive market)**，一般是指市场中存在大量的参与者，任何一方交易者(消费者和生产者)都不具备竞争优势，都是价格接受者(price taker)，任何个体消费者的消费决定或者个体生产者的生产决定都不会对商品的市场价格产生影响，即所有厂商均以相同价格销售同样的产品，所有消费者均以相同价格购买该产品。所谓**完全竞争行业**是由若干个生产相同产品的生产者组成的行业，其中全部生产者都是价格接受者。在一个完全竞争的行业中，每家厂商都失去了“个性”，并且不必考虑自己的行动对整个市场将产生什么影响，因为每一家厂商在市场中所占份额都是微不足道的。

2.完全竞争市场的特点

一般认为，完全竞争市场必须具有如下几个条件特点：

(1)市场上有大量的生产者和消费者。

有大量的生产者和消费者是完全竞争市场必要的条件特点。由于市场上有大量的生产者和消费者，他们每一个人对市场价格都没有任何控制的力量。对于生产者而言，任何一个生产者都不具有较大的市场份额，其市场份额是该生产者的产出在行业总产出中所占的比例。由于厂商数量众多，每一厂商的产量仅占市场总产量的一个极小份额，因此不足以形成垄断，则单个厂商的产量波动不会影响整个市场的交易量，对市场价格不会产生影响。对于消费者而言，因为数量众多，每一个买者的需求量也都是微不足道的，所以每一个买者都不能决定和影响价格，只能被动地接受价格。另外，完全竞争市场并不一定要求数目庞大的厂商队伍，只要厂商数目较多且行为相互独立，价格接受者的假设就是基本成立的。

对于很多农产品市场而言，通常都是完全竞争市场。但是，如果国家为了稳定农产品价格和维持农民生产积极性，以最低保护价收购农产品，则这个市场可能会发生一系列变化。

(2)产品是无差别的。

产品无差别也是完全竞争市场必要的条件特点。在完全竞争行业内，每个厂商生产的产品都是完全无差别的产品(undifferentiated product)或同质的产品(homogeneous product)。在消费者看来，这些产品在品质、原料、加工、包装、服务等方面完全一样，可以相互替代，因此不管购买哪家厂商的产品都是没有差异的，所以，整个行业的总产量可以等于所有单个厂商产品量的相加。

产品的同质性(homogeneity)之所以重要，是因为有产品差别就会有垄断，每一种有差别的产品都可以在一定的消费者中形成垄断地位；产品差别越大，垄断程度越高。因此，生产产品有差别的市场就不可能是完全竞争的市场，只有许多企业生产的产品没有差别，才会没有垄断因素的存在，也才能是完全竞争市场。在这样的市场中，每一个厂商既不会提价，也没有必要降价。

具体到农产品市场，如果甲厂商生产的小麦与乙厂商生产的小麦被认为是完全同质的、可充分替代的，那么甲厂商的小麦就不可能比乙厂商定价高，否则甲厂商的小麦就很难卖出去。

(3)厂商进退市场是自由的。

在完全竞争市场中，厂商进入和退出行业是毫无困难的，所有资源的流动也是完全自由的。当行业有盈利的时候，新的厂商可以自由地进入该行业，劳动力、资本和土地等资源可以自由流入该行业；相反，当行业发生亏损时候，行业内原有的厂商可以自由地退出该行业，各种资源也可以自由流出该行业而另觅出路。其中主要原因是市场中不存在任何有关法律、社会、技术和资金的限制，不存在任何人为的或者自然的壁垒(man-made or natural barriers)限制，这就是通常所说的行业进退的门槛(threshold)较低。在这里，人为的壁垒包括政府要求的进入某一行业的执照或特许权、某种产品或生产工艺的专利权技术、非专利的专有技术以及劳工工会等；自然壁垒则包括行业的规模经济因素、自然条件、地理位置等。

因此，在这种状况下，各种要素可以在行业间完全自由地流动，厂商可以自由地进入或退出一个行业，这样就可以保证资源流向效率最高的行业，并可以及时地从亏损的行业中退出。所以从这个意义上讲，在所有市场结构中，完全竞争市场是资源配置效率最高的市场。

当然，厂商进退市场自由不是完全竞争市场必要的条件特点。美国新泽西州盛产蛤蜊，但是在20世纪80年代，过渡捕捞对蛤蜊的生长产生了极大的威胁。出于经济方面和环保方面的考虑，政府对捕捞船只的数量进行了限制，尽管如此，参与捕捞的船只数量仍然多到使所有的渔民都成为价格的接受者。但是，在绝大多数的完全竞争行业中，自由进入和退出是一个关键因素，这是因为生产者数量的变化足以改变市场环境；并且，该因素特指某行业中的生产者不具备人为阻止其他生产者进入该行业的能力。

(4)生产者和消费者具有完备的信息。

生产者和消费者具有完备的信息，意味着对他们而言，拥有着与产品有关的充分、完备的信息(sufficient and complete information)。也就是说，在完全竞争市场上，所有与该产品有关的信息都是完全公开的，每一个从事交易活动的生产者和消费者都能准确地掌握与自己的经济决策有关的全部信息，并因此进行正确的决策，不会有任何人以高于市场价格购买，也不会有任何人以低于市场价格出售。

对生产者来说，有关信息包括产品的生产技术方法、投入的各种要素的价格，以及所产产品的价格确定等；对消费者来说，有关信息则包括其自身的消费偏好、收入以及产品的价格等。此外，消费者同时也是生产要素的提供者，他们必须知道自己提供的要素会得到多少报酬。当然，完备的信息也不是完全竞争市场必要的条件特点。

案例资料 6-1

竞争之痛

有些时候，完全竞争是可以实现的。现实生活中，药品案例通常会出现这种情况：当一种专利到期时，完全竞争所需要的市场环境就会出现。

当一家公司开发一种新药时，其通常会受到专利保护——一种合法的垄断，保证公司从专利注册之日起拥有独自销售该药品20年的排他权。当专利到期后，该药品的市场就要对其他公司开放，允许他们按照该配方销售自己生产的药品——使用药品学名以“通用”形式销售而不是使用老厂商的注册品牌。例如阿司匹林，通用产品都是标准化产品，由大量厂商进行销售。

一个很好的例子就是1984年当UP约翰公司的布洛芬(一种止痛药，现在仍在以莫特琳商标销售)专利到期时，与绝大多数使用阿司匹林的消费者一样，绝大多数使用布洛芬的消费者现在可以从其他生产者处购买通用产品了。向完全竞争的转变伴随着市场价格的大幅下降，这种情况绝非偶然。当专利保护到期时，UP约翰公司马上将莫特琳的价格降低了35%，但是，随着越来越多的公司开始销售通用药品，最终布洛芬的价格再次下降了2/3，UP约翰公司痛失大量利润份额。

10年之后，止痛药萘普生(以消痛灵商标进行销售)的专利保护到期，大量竞争厂商的涌入使得萘普生的通用产品的售价下跌至消痛灵原先价格的1/10。

资料来源:保罗·克鲁格曼.黄卫平等译.微观经济学,中国人民大学出版社,2009年。

由以上四点可以看出,完全竞争市场的假设条件是很严格的。在现实的经济生活中,完全竞争的市场基本上是很难存在的,通常认为初级产品、农产品市场最接近完全竞争市场。经济学中之所以要研究在现实生活中几乎不存在的完全竞争市场,是因为完全竞争市场仍不失为微观经济理论中最关键的部分。即使许多现实情况多多少少偏离了完全竞争的假设前提,但对完全竞争模型的有效解释性和预测性并没有太大的影响,而且从对完全竞争市场模型的分析中,可以得到关于市场机制及其资源配置的一些基本原理,并可以为其他类型的市场的经济效率分析和评价提供一个基准。分析完全竞争模型的重要性还在于,从纯粹的完全竞争极端出发,有助于我们分析和理解现实中的不完全竞争行为。

二、完全竞争市场下行业的短期均衡

关于完全竞争市场的短期均衡问题,需要从整个行业和厂商两个角度分析。在完全竞争市场中,行业是由若干个厂商组成。一般说来,消费者对整个行业所生产产品的需求量称为**行业面对的需求量**,相应的需求曲线就是行业面对的需求曲线。而消费者对行业中某个厂商所生产产品的需求量称为**厂商面对的需求量**,相应的需求曲线就是厂商面对的需求曲线。

图6—1说明了完全竞争市场均衡与厂商需求曲线的关系。对于整个行业而言,行业面对的需求曲线,也就是市场的需求曲线,通常是一条从左上向右下倾斜的曲线,而行业产品的供给曲线通常是一条从左下向右上倾斜的曲线,整个行业的价格由市场的供给与需求决定。

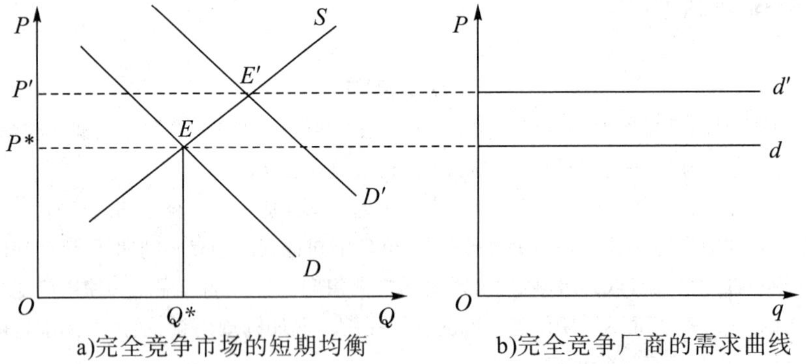

a)完全竞争市场的短期均衡　　b)完全竞争厂商的需求曲线

图6—1　完全竞争市场的均衡与厂商需求曲线关系

在图6—1的a)图中,坐标的纵轴表示产品价格,横轴表示产品的需求量。D为行业面对的需求曲线,S为行业供给曲线,两者交点E点是整个市场在某个短期内发生均衡的点。这时,市场的价格就是均衡价格P^*,市场的均衡产量为Q^*。当市场由于某种因素引起需求或者供给变化的时候,均衡也会发生相应的变化。例如,某种因素使需求增加,D右移至D',S不动,则新的均衡点在E'点,市场价格上升为P'。

三、完全竞争市场下厂商的短期均衡

1. 完全竞争厂商面对的需求曲线

对于单个厂商而言，由于完全竞争市场有大量相同厂商，每个完全竞争厂商都是价格的接受者。每个厂商的产量 q 在行业总产量 Q^* 中只占极小的部分，单个厂商生产产量的多少对市场价格不足以产生影响，因此单个厂商所面对的需求曲线就是一条水平的曲线，其高度就是整个行业实现短期均衡时的市场价格 P^* 的高度，并且会随着市场均衡状况的变化而变化，具体见图 6—1 中的 b)图。厂商需求曲线 d 与横轴平行，表明单个厂商产量的变动不会对市场价格造成影响；但是如果整个市场所有厂商同时都改变产量，或者需求变动时，市场的价格必然会发生变化。例如，当 D 右移至 D'，市场价格上升为 P'时，这时对单个完全竞争厂商而言，其需求曲线水平地向上移动至 d'。

2. 完全竞争市场下厂商的短期均衡

(1)完全竞争市场下厂商计算利润的有关指标。

经济学中，厂商决策行为的最根本目标是为了实现利润最大化，所以完全竞争市场下厂商的短期均衡也是为了追求利润最大化。与利润计算有关的指标有：

总收益(total revenue，即 TR)是指厂商销售产品所得到的收入总额，其等于销售产品量 q 乘以产品价格 P。公式可以写成：

$$TR(q) = P \cdot q \qquad (6.1)$$

平均收益(average revenue，即 AR)是指厂商销售产品所得到的单位产品收入。公式可以写成：

$$AR = TR(q)/q = (P \cdot q)/q = P \qquad (6.2)$$

在完全竞争市场下某个具体的短期内，P 为既定的常数，也即市场价格 P 与单个厂商的产量 q 无关。

边际收益(marginal revenue，即 MR)是指厂商每增加(减少)单位产品销售所引起的收入变量。公式可以写成：

$$MR = \Delta TR(q)/\Delta q \text{ 或：} MR = \lim_{\Delta q \to 0} \frac{\Delta TR}{\Delta q} = dTR(q)/dq$$

在完全竞争市场下某个具体的短期内，由于 P 为既定的常数，MR 等于 P，所以有：

$$MR = AR = P \qquad (6.3)$$

或者 $P=AR=MR$，此即所谓的**“三线合一”**现象。

(2)完全竞争市场下厂商短期均衡的实现。

根据上述概念和分析关系，厂商可以通过以下公式计算利润：

利润＝总收益－总成本，用公式表达即：

$$\pi = TR - TC = TR(q) - TC(q)$$

对于任何一个厂商而言，要实现利润最大化，可以通过对上述的利润计算公式求导，并且令一阶导数等于 0，即有：

$d\pi/dq = dTR/dq - dTC/dq = 0$，也即：

$$MR = SMC \qquad (6.4)$$

由上述 MR 和 AR 计算公式可知，在完全竞争市场下，厂商实现利润最大化的条件可以写成：

$MR = SMC = AR = P$ ，或者一般写成：

$$P = SMC \tag{6.5}$$

在图 6－2 中，市场价格用 P^* 表示，高度为 P^* 的水平线代表厂商面对的需求曲线 d，同时也是平均收益 AR、边际收益 MR 和价格曲线，厂商的需求曲线与边际成本曲线在 E 点相交，因此，E 点代表了 $MR = SMC = AR = P^*$。这一点之前，$P^* = MR > SMC$，没有实现利润最大化。为了实现利润最大化，厂商可以进一步增加产量。这一点之后，$P^* = MR < SMC$，也没有实现利润最大化。为了实现利润最大化，厂商相应应该减少产量。只有在这个 E 点上，厂商才实现了利润最大化，此时，$P^* = SMC$。

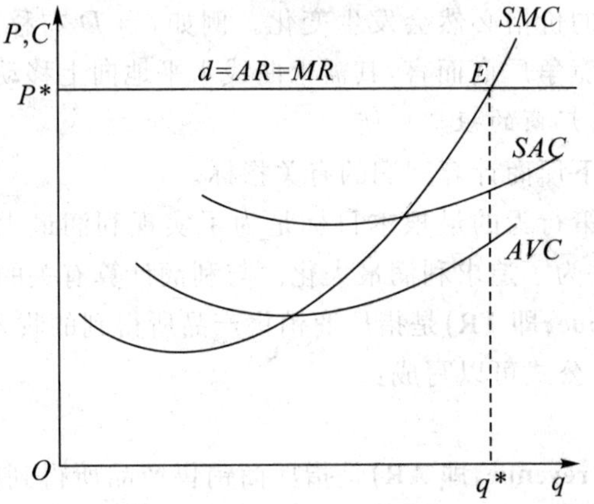

图 6－2　完全竞争厂商短期均衡的实现

3. 完全竞争市场下厂商实现短期均衡的盈利分析——歇业原则或停产点

当 $MR = SMC = AR = P$ 或者简称为 $P = SMC$ 的时候，厂商实现了短期利润最大化。当然，实现利润最大化并不意味着厂商就一定可以获得超额利润；厂商发生亏损也不一定就应该停产。现实中有些厂商或者厂商经营的某项业务，明明会发生亏损，但是其仍然继续生产，就是很好的说明。理论上，厂商是否盈利、是否应该停止生产，还必须取决于市场价格 P 与厂商的短期平均成本 SAC 以及平均可变成本 AVC 的大小。具体有以下几种情况：

(1)实现超额利润的短期均衡。

在完全竞争厂商实现利润最大化的条件下，如果产品市场价格高于厂商平均成本，厂商在短期内就可以获取超额利润。

如图 6－3 所示，厂商的边际成本 SMC 曲线与 MR 曲线的交点 E 点上的市场价格 P^*（在纵坐标上的截距为 Eq^*）大于平均成本 SAC（在纵坐标上的截距为 Nq^*），厂商生产一个单位产品可以获得超额利润为（$P^* - SAC$），即 Eq^* 与 Nq^* 之间的差额（图中表现为 EN 的距离）。在厂商利润最大化的相应产量为 q^* 的时候，厂商可以从产量 q^* 中获得的总利润为（$P^* - SAC$）$\cdot q^*$ ，在图中表现为阴影部分 MP^*EN 的面积，这就是厂商获取的超额利润。

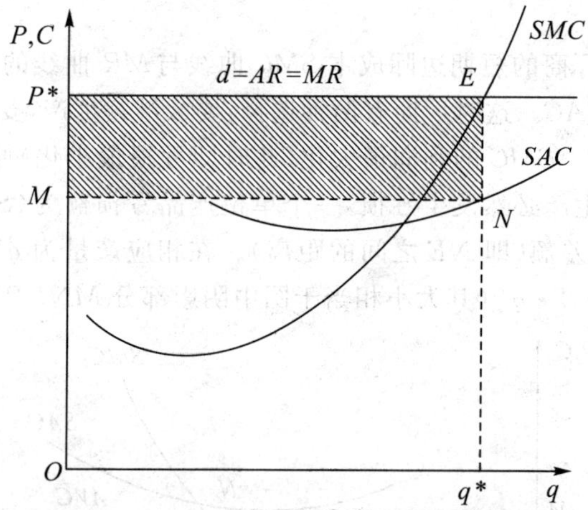

图 6—3　完全竞争厂商实现超额利润的短期均衡

(2)实现盈亏平衡的短期均衡。

一方面,由于有超额利润,必然吸引新的厂商进入本行业进行产品生产,导致产品供给增加,从而可能引起产品市场价格下降,而且只要有超额利润的存在,这种状况就会一直持续下去,直至在某个短期内产品的市场价格 P^* 等于产品的单位成本 SAC。另一方面,由于某些原因引起生产产品的原材料等要素价格上升,导致生产产品的单位成本上升,直至在某个短期内产品的市场价格 P^* 等于产品的单位成本 SAC。这两种情况下,因为产品的市场价格 P^* 等于产品的单位成本 SAC,所以厂商超额利润为零,厂商实现了盈亏平衡。如图 6—4 所示。

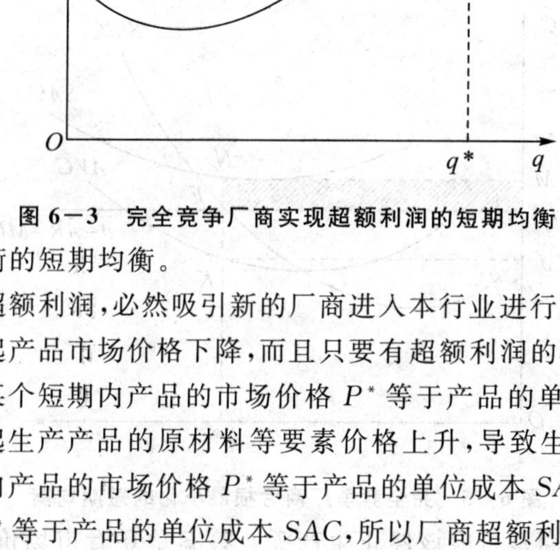

图 6—4　完全竞争厂商实现盈亏平衡的短期均衡

E 点为 SMC、SAC 的交点,也即 SAC 的最低点,厂商短期的边际成本 SMC 曲线与 MR 曲线的交点 E 点上的市场价格 P^* 等于短期平均成本 SAC,厂商生产一个单位产品获得的超额利润为零。此时满足 $P^*=SMC$,厂商利润最大化的相应产量为 q^*,厂商可以从产量 q^* 中获得的总利润为零。这时,厂商没有超额利润,实现了盈亏平衡。

(3)亏损最小化的短期均衡。

如果上述原因导致产品市场价格进一步下降,或者产品成本进一步上升,以至于出现产品的市场价格低于产品单位成本的时候,厂商将出现亏损。如果出现亏损,厂商是否停止生产呢？

如图 6－5 所示，厂商的短期边际成本 SMC 曲线与 MR 曲线的交点 E 点上的市场价格 P^* 低于平均成本 SAC。这时厂商有两种选择：要么继续生产，要么停产。如果继续生产的话，仍应该按照 P＝SMC 的利润最大化（此时即亏损最小化）原则生产，即损失最小化的产量为 q^*，厂商生产必然发生亏损，一个单位产品亏损额为（$SAC-P^*$），图中表现为 Nq^* 与 Eq^* 之间的差额（即 NE 之间的距离）。在相应产量为 q^* 的时候，厂商出现的亏损数额为（$SAC-P^*$）·q^*（其大小相当于图中阴影部分 $MNEP^*$ 的面积）。

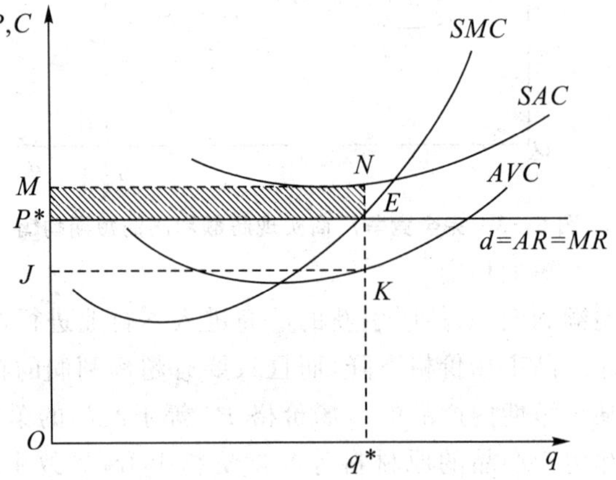

图 6－5　完全竞争厂商亏损最小化的短期均衡

因为出现亏损，厂商是否应该停止生产呢？答案是要看市场价格 P^* 是否低于平均可变成本 AVC。在图 6－5 中，市场价格 P^* 虽然低于平均成本 SAC，但是却高于平均可变（变动）成本 AVC。此时，如果继续生产，总亏损为图中的阴影部分 $MNEP^*$ 的面积；而如果不生产，则亏损额为总的固定成本 $TFC=STC-VC=(SAC-AVC)q^*$，即图中 MNKJ 的面积。后者的面积大于前者的面积。由此可见，此时继续生产要比不生产好，可以实现亏损最小化，所以应该继续生产。

（4）歇业原则。

如果价格持续下降（或者成本持续上升）致使市场价格 P^* 等于平均可变成本 AVC，此时生产与不生产没有区别。

如图 6－6 所示，市场价格 P^* 等于平均可变成本 AVC。此时，生产一个产品的成本是 Nq^* 线段表示的大小，厂商生产一个单位产品亏损（Nq^*-P^*）＝NE，结果等于单位固定成本 AFC，q^* 个产品亏损总额为 AFC · q^* 等于全部固定成本 TFC，正好等于图6－6中 $MNEP^*$ 表示的矩形面积。如果不生产，则总亏损为全部固定成本 TFC。此时，生产与不生产没有区别。

类似地，如果产品市场价格低于 AVC，厂商继续生产比不生产亏损更多，这不符合利润最大化（这里是亏损最小化）原则，所以此时厂商不应该继续生产，而应该停止生产。

因此，市场价格 P^* 等于平均可变成本 AVC 时的交点 E 点，是判断厂商是否停止生产的分界点，通常被称为**歇业点**，也叫**关闭点**、**停产点**、**停止营业点(shut－down point)**等。根据这一点判断是否应该继续生产的原则通常称为**歇业原则**。根据歇业原则，**当市场价格 P 小于短期平均成本 SAC，但大于平均可变成本 AVC 的时候，厂商如果继续生产，可以实现亏损**

最小化；当市场价格 P 等于平均可变成本 AVC 的时候，厂商可以继续生产，也可以停产；当市场价格 P 小于平均可变成本 AVC 的时候，厂商则应该停止生产。

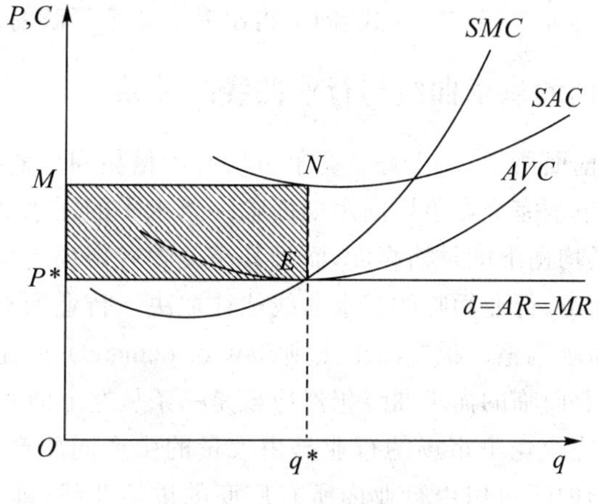

图 6—6　完全竞争厂商歇业原则下的短期均衡

4. 完全竞争厂商的短期供给曲线

所谓完全竞争厂商的**短期供给曲线，是指短期内在一定条件下，每一个价格水平与厂商愿意并且能够提供的商品数量之间一一对应的数量关系**。对于完全竞争厂商而言，根据上述分析可见，在市场价格 P 大于平均可变成本 AVC 的时候，市场价格曲线与 SMC 曲线的交点就是厂商为了实现利润最大化或者亏损最小化所愿意提供的产品数量。一个市场价格对应一个利润最大化产量，将不同价格下产品供给量连成一条曲线，就是厂商短期产品供给曲线；在市场价格 P 小于平均可变成本 AVC 的时候，厂商会选择停产，此时厂商的产品供给量为零，是落在纵轴的一段直线，见图 6－7。由于该曲线上的每一点都对应在 SMC 曲线上，但是不包括当市场价格小于平均可变成本 AVC 以下的 SMC 曲线部分(因为厂商此时停产)。因此也可以说，完全竞争厂商的短期供给曲线就是厂商边际成本曲线位于平均可变成本曲线最低点 E 点以上的部分。如果 E 点是歇业点，则完全竞争厂商的短期供给曲线 S 就是 SMC 曲线在 E 点之上的那部分。

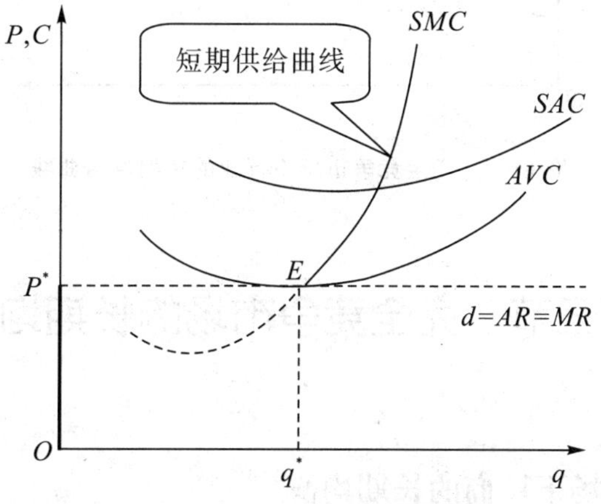

图 6—7　完全竞争下厂商的短期供给曲线

完全竞争厂商短期供给曲线的公式可以表达为：

$P = SMC$，其中：$P \geqslant AVC$ (6.6)

$q = 0, P \leqslant AVC$

由(6.6)式解出 P 与 q 之间的关系式，即可得出完全竞争厂商的短期供给曲线。

四、完全竞争厂商的供求曲线与行业曲线的关系

从需求来看，正如前面所说，由于完全竞争市场有大量相同厂商，每个完全竞争厂商都是价格的接受者，因此单个完全竞争厂商短期面临一条水平的需求曲线。厂商面临的需求曲线高度就是短期市场均衡下的价格高度，而且其高度随着市场均衡状况的变化发生相应变化。对于整个行业而言，行业面临的需求曲线往往取决于行业所有的消费者随着产品价格变化而进行的消费需求调整。根据需求法则(law of demand)，一定条件下需求量与价格成反比例变化，所以行业面临的需求曲线仍然应该是一条从左上向右下倾斜的曲线。

从供给来看，由于完全竞争市场的行业是由大量的生产同质产品的厂商组成，因此完全竞争市场行业的供给曲线可以由行业内所有厂商的供给曲线(即 SMC 曲线在大于平均可变成本 AVC 之上那部分曲线)横向加总(或水平加总)得到。

这里，行业的供给曲线 S 与厂商的供给曲线之间的函数关系可以通过公式表达：

$Q_S(P) = f_1(P) + f_2(P) + f_3(P) + \cdots + f_n(P)$，其中，$f_n(P)$ 表示第 n 个厂商供给曲线对应的供给函数，$Q_S(P)$ 为行业供给函数。

它们之间的关系可以用图 6－8 表示。

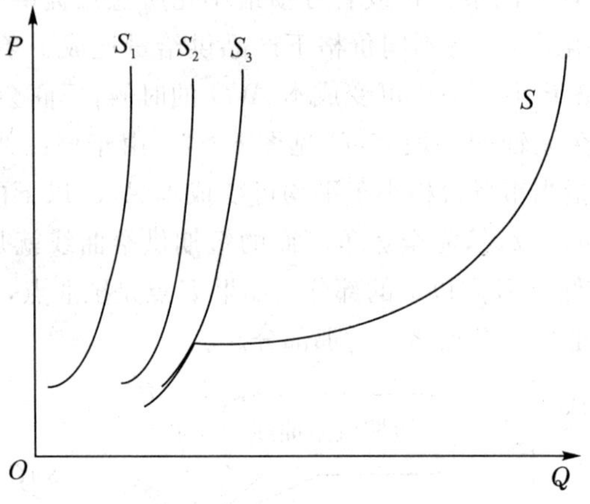

图 6－8 完全竞争市场下行业的短期供给曲线

第三节 完全竞争市场的长期均衡

一、完全竞争市场下厂商的长期均衡

因为完全竞争市场有大量的参与者，长期内厂商仍是价格的接受者，所以其面临的需求曲线仍是一条水平线。

1. 完全竞争市场厂商长期均衡的实现

在长期内,由于所有生产要素都是可变的要素,因此厂商需要根据要素的变化与产量之间的关系在规模报酬递增、不变和递减之间进行选择。厂商的短期均衡可能有三种状态:厂商获得超额利润、盈亏平衡和发生亏损。而在长期内,厂商不仅可以通过调节产量,而且可以通过对规模的调整来实现利润最大化目标。

长期厂商可以进行如下选择:调整生产要素的使用数量,进而选择最优的生产规模,以实现利润最大化;厂商可以决定继续留在该行业或者退出该行业。正是因为这些选择,所以长期内厂商实现长期均衡时只能获取零经济利润。

长期内厂商实现利润最大化的条件也是边际收益等于边际成本,只是不是前面讲述的短期边际成本(short－run marginal cost,为了与长期以示区别,这里简称 *SMC*),而是长期边际成本(long－run marginal cost,简称 *LMC*)。

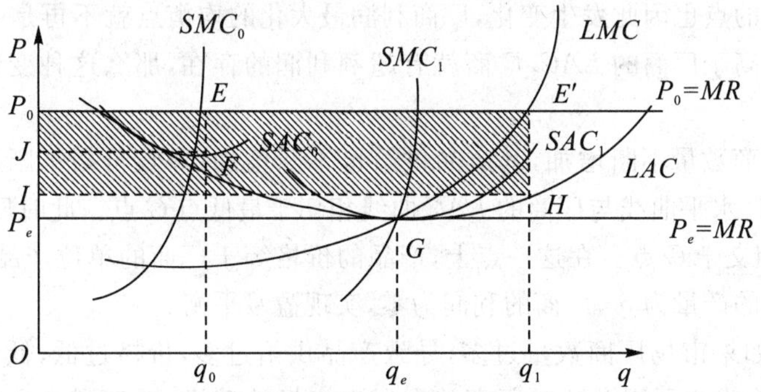

图 6－9　完全竞争市场厂商的长期均衡

如图 6－9 所示,市场价格 P_0 是厂商面临的需求曲线,其等于 *MR* 和 *AR* 曲线。

对于某个厂商而言,长期平均成本曲线 *LAC* 与若干条短期平均成本曲线 SAC_0、SAC_1、SAC_2……相切,也即 *LAC* 是若干个短期平均成本曲线 *SAC* 的下包络线。为图形清晰起见,无数个 *SAC* 没有画出,图 6－9 只给出了分析用的 SAC_0 和 SAC_1,其中 SAC_0 切于 *LAC* 的左边,对应的边际成本是 SMC_0;SAC_1 正好切于 *LAC* 的最低点 *G* 点,*G* 点也是 SAC_1 的最低点,对应的边际成本是 SMC_1。

在图 6－9 中,厂商短期的 SMC_0 曲线与市场价格 P_0 的交点(即 SMC_0 曲线与 *MR* 曲线的交点)*E* 点是该短期内厂商最优选择的利润最大化的点,而且也是该短期的均衡点,相应的短期均衡产量是 q_0,在该产量水平上对应 SAC_0 曲线的短期成本点是 *F* 点,Fq_0 反映了在价格 P_0 时 q_0 产量的短期平均成本大小。由于此时 P_0 价格水平大于 Fq_0,所以有盈利,单位产品盈利为价格 P_0 与此时平均成本的差额,即 *EF* 之间的距离,q_0 个产品就会有 $(P_0-SAC_0)\cdot q_0$ 个超额利润,如图 6－9 中的阴影部分 P_0EFJ 的面积。

E 点是短期内厂商利润最大化的点,可以形成短期均衡,但是 *E* 点却不是该厂商的长期利润最大化点和均衡点,因为长期内资源可以自由流动,完全竞争的市场进出入是自由的。那么长期均衡点在哪里呢? 这要分以下两种情况来讨论:

(1)其他厂商长期规模不变。

在图 6－9 中,在其他厂商不采取决策行动的前提下,在 P_0 的价格水平,厂商有超额利润,长期就会扩大生产规模,因此长期厂商的均衡应是长期边际成本曲线 *LMC* 与市场价格

P_0的交点E'点，这是厂商长期利润最大化的点。此时厂商的长期利润最大化的产量为q_1。在q_1处对应的LAC曲线的点是H点，q_1H大小反映了此时生产q_1个产量的单位平均成本，$E'H$距离大小则表示此时生产单位产品的利润。由于价格水平P_0大于q_1H，表明厂商长期是有超额利润的，生产q_1个产品就会有$(P_0-LAC)\cdot q_1$个单位的超额利润，就是图中的$P_0E'HI$的面积。

（2）其他厂商改变规模、进入或退出。

在完全竞争的条件下，如果有超额利润，假设其他厂商长期规模不变其实是不现实的。因此E'点最终并不会成为该厂商的长期利润最大化的均衡点。理由是，在长期内，完全竞争市场各种资源是自由流动的。当产品价格较高、平均成本较低时，行业会有超额利润，厂商也可能有超额利润。在长期内一旦有超额利润，必然会吸引其他厂商进入该行业，也必然会引起市场上该产品供给增加。在供给增加的同时，产品价格必然因此下降。那么此时厂商利润最大化的点也因此发生变化，厂商利润最大化的均衡点就不再是E'点。而且只要该市场产品价格高于厂商的LAC，厂商就有超额利润的存在，那么这种变化就会一直存在下去。

随着市场厂商数量不断增加，其产品供给也不断增加，导致价格不断下降。当价格下降到P_e水平时，P_e水平曲线与厂商的LAC曲线相切于最低点G点。此时厂商的LMC曲线与P_e曲线正好相交于G点。在这一点上，产品的价格等于厂商的单位产品LAC，此时厂商长期利润最大化的产量为q_e，厂商的利润为零，实现盈亏平衡。

同样道理，如果市场厂商数量过多，导致产品供给过多，价格过低，低于厂商的单位产品LAC，厂商就会发生亏损。这时厂商就有退出市场的动机，一直到产品的价格等于产品LAC为止。

通过以上分析可以看出，G点不仅可以使厂商实现长期利润最大化，而且可以实现厂商的长期均衡。在这一点，由于厂商的经济利润为零，但赚取了正常利润，表明厂商在该行业所得与放弃的行业所赚没有差异，因此不会有企业进入，也不会有企业退出，达到了长期均衡。

2. 完全竞争市场厂商长期均衡的条件

根据以上分析，由图6－9可以得出完全竞争市场厂商实现长期均衡时的条件：

在均衡点上，市场价格曲线与厂商LAC曲线在最低点G点相切；短期的SAC_1曲线也与LAC曲线相切，厂商的LMC曲线通常与LAC曲线交于最低点G点上；厂商的SMC_1曲线也与SAC_1曲线交于最低点G点上。正因为如此，所以在厂商长期均衡点上，必然满足如下条件：

$$MR=P=LMC=LAC=SMC=SAC \tag{6.7}$$

此又称“五线合一”，这时厂商实现了长期均衡。在长期均衡状态下，厂商通常没有改变生产决策的愿望，除非市场某种因素变化引起了整个市场状况的变化。

二、完全竞争市场下行业的长期均衡与行业供给曲线

1. 完全竞争市场行业长期均衡的实现

如果市场上所有的厂商都能够通过调整生产规模使得自身能够达到利润最大化的长期均衡，或者因为利润的原因使一些厂商自由进退该行业，从而导致整个行业厂商数量符合利润

最大化的要求，那么最后整个市场就会形成一个稳定状态，这就可以产生行业的长期均衡。

在行业实现长期均衡的时候，每个厂商都将产量调整到利润最大化状态下进行生产。此时行业总产量必然等于社会对该行业的总需求量。这时市场就可以形成一种稳定状态，直至由于其他因素变化重新引起市场变化为止。

如果因为技术进步、需求观念等因素变化引起市场的总需求或者总供给发生变化，必然会引起市场上整个行业面对的需求曲线和整个行业的供给曲线发生移动，从而导致行业原有的均衡被破坏。在经过自身的调节以及必要的人为调节后有可能再次实现市场均衡。

如图 6－10 所示，E_0 点是当行业所有厂商都实现长期均衡时的市场均衡点，此时整个市场每个厂商都实现了利润最大化，所以都没有改变决策的要求。除非因为技术水平、需求观念等变化，导致行业面对的需求和供给一方或者两方发生了变化，整个行业的均衡才会发生相应的变化，并可能出现新的均衡点，如 E_1、E_2 点等。

2. 完全竞争市场行业的长期供给曲线

由于长期内完全竞争市场资源可以自由流动，加之技术进步、消费观念等原因变化产生的作用，行业长期均衡可能因此会发生相应变化。而且由于行业产量的变化还可能引起生产该产品的相关要素价格发生一定的变化，并最终反映在该产品的成本上来。其中具体有三种可能的情况，下面以需求增加导致需求曲线右移，以及由此引起的供给增加导致供给曲线右移为例加以说明(需求和供给下降时的分析与此类似)。

(1)成本不变行业的长期供给曲线。

所谓**成本不变行业**，指的是整个行业的产量扩张不会带来投入要素价格的上升或者下降。对于所谓“成本不变行业”，行业长期供给曲线是一条水平的曲线。

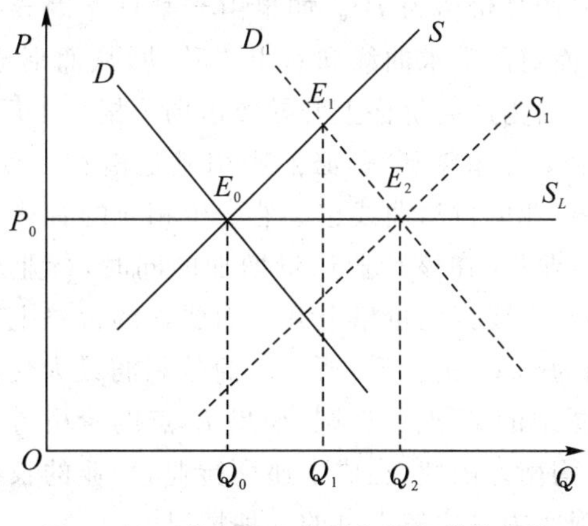

图 6－10　成本不变的行业长期供给曲线

如图 6－10 所示，行业初始均衡点为 E_0 点，此时在行业初始均衡下的市场产品价格为 P_0。如果由于某种原因导致整个市场对该产品的需求增加，可能导致行业面对的需求曲线向右上方移动，如图 D_1 曲线，从而形成新的均衡点 E_1 点。行业产品价格因此会上升。因为产品价格上升导致市场价格高于厂商的 LAC，使得厂商乃至行业获得超额利润。由于有超额利润，必然吸引其他潜在厂商进入该行业，结果市场上产品供给量增加，此时行业的供给曲线也发生了相应移动，如图 S_1 曲线。在这个新的时期里，S_1 与 D_1 曲线的交点 E_2 就是新的均衡点。在成本不变行业里，新的均衡点 E_2 点和原有的均衡点 E_0 点水平高度应该相同。否则，如果 E_2 点高，则新的厂商继续进入，必然导致供给继续增加，直到价格回到原来水平；或者如果 E_2 点低，则有些厂商开始退出，必然导致供给下降，直到价格回到原来水平。这样，连接 E_0 点（P_0，Q_0）和 E_2 点（P_0，Q_2）两点，就会得到行业长期供给曲线，如图 6－10 中的 S_L，其弹性为无穷大。在成本不变行业，行业的长期供给曲线是一条水平的直线。

（2）成本递增行业的长期供给曲线。

所谓**成本递增行业**，指的是整个行业的产量扩张会带来投入要素价格的上升，从而使得厂商的单位成本 LAC 上升，致使整个行业的产品价格上升。对于所谓“成本递增行业”，行业长期供给曲线是一条向右上方倾斜的曲线，如图 6－11 中 S_L。

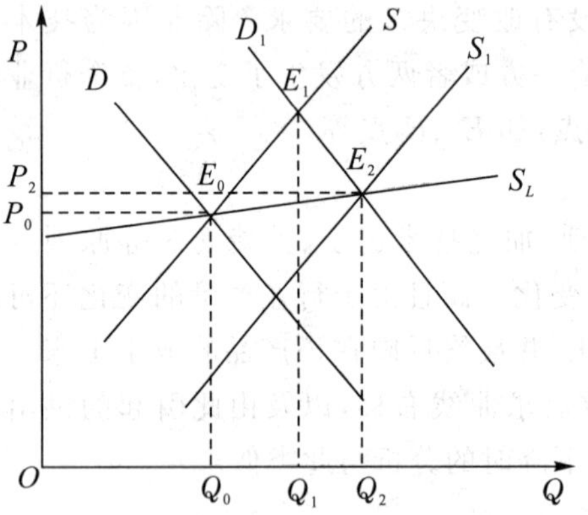

图 6－11　成本递增的行业长期供给曲线

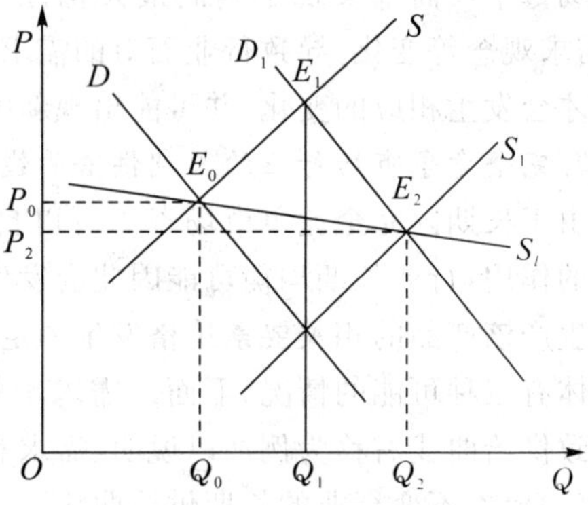

图 6－12　成本递减的行业长期供给曲线

如图 6－11 所示，行业初始均衡点为需求曲线 D 与供给曲线 S 的交点 E_0 点，此时市场上在行业初始均衡下的产品价格为 P_0。如果由于某种原因导致整个市场对该产品的需求增加，可能导致行业面对的需求曲线向右上方移动，从而形成新的均衡点 E_1 点。行业产品价格因此会上升。因为产品价格上升导致市场价格高于厂商的 LAC，使得厂商乃至行业获得超额利润。由于有超额利润，必然吸引其他潜在厂商进入该行业，结果市场上产品供给量增加，此时行业的供给曲线也必然发生相应的右移，如 S_1 曲线。

但是在成本递增的行业里，在该行业产量增加的同时，行业对生产该产品的原材料等要素的需求增加，从而导致要素的价格上升。而要素的价格上升结果导致了该产品的单位成本 LAC 上升。因为 LAC 的上升，所以厂商的利润最大化的均衡点的价格必然要比初始价格 P_0 高，比如图中的 E_2 点。否则，如果 E_2 点的价格等于或者低于 P_0，行业厂商出现亏损，则很难形成均衡。因此，在成本递增行业，行业的长期供给曲线是一条向右上方倾斜的曲线。这在现实中是比较常见的一种情况。

（3）成本递减行业的长期供给曲线。

所谓**成本递减行业**，指的是整个行业产品产量的扩张带来对生产要素需求增加，致使要素生产从过去的规模不经济实现规模经济或者要素替代品的出现，结果导致要素的价格下降，从而使得厂商生产产品的单位成本 LAC 下降，致使整个行业的产品价格下降。用同样的分析方法可以得到，对于所谓“成本递减行业”，行业长期供给曲线是一条向右下方倾斜的曲线，如图 6－12 中的 S_L 曲线。

在成本递减的行业里，当该行业产量增加的同时，行业对生产该产品的原材料等要素的需求增加，从而导致要素生产规模扩大，并且可能出现由原来的规模不经济发展到规模经济(这种情况比较少见),或者迫使要素厂商找到了更加便宜的替代品。因为规模经济或者替代品的原因,可能导致要素的价格下降,并进而引起产品生产单位成本 LAC 下降。因为 LAC 的下降,所以厂商的利润最大化均衡点的价格也可以比初始价格 P_0 低,比如图 6－12 中的 E_2 点。否则,行业厂商有超额利润,则很难形成均衡。因此,在成本递减行业,行业的长期供给曲线是一条向右下方倾斜的曲线。

每个行业的厂商在经济活动过程中,本身都会追求规模经济和利润最大化。追求利润最大化是任何一个理性厂商在市场经济中经济活动本能的目标;相反,对于理性厂商而言,通常不会把追求利润最大化目标被动地寄托在其他行业的厂商行为上,所以由于产品扩张引起要素从规模不经济到规模经济的情况比较少见。但是,由于科技进步的影响,产品扩张引起要素出现价格便宜的替代品,或要素生产效率提高并因此降低要素价格的情况在现实中是比较常见的。

第四节　完全垄断市场的均衡

一、完全垄断市场的概念和特点

1. 完全垄断市场的概念

经济学中的**完全垄断市场(perfect monopoly market),是指在某产品市场中,只有唯一一个厂商从事产品生产,产品没有其他的替代品。这个市场中,单个厂商就是垄断厂商,其产量就是整个行业的产量。**

现实中,真正意义的完全垄断市场是比较少见的,有线电视、供水以及高速公路等有关公用事业的产品或服务在某些地区可以视为这类市场。

2. 完全垄断市场的特点

一个市场如果要成为完全垄断市场,必须具备以下几个条件特点:

(1)市场上只有一个厂商。

在完全垄断市场上,只有一个厂商从事该产品生产乃至销售。因为只有一个厂商,所以其可以根据利润最大化的要求控制和制定产品的价格或产量。

(2)产品没有任何形式的替代品。

在完全垄断市场上,该厂商的产品是没有任何形式的替代品的。因为如果存在替代品的话,该厂商不得不和别的厂商进行竞争而很难控制市场。在现实的各种产品市场上,绝大多数商品都可以在一定程度上被其他商品替代,但怎么样的替代品才能构成竞争,理论界却没有统一的标准。例如,对于照明用电而言,蜡烛可以作为替代品,但算不上良好或相近的替代品,因为其替代程度非常低,所起作用也非常小,但是电子图书就可以是纸质图书很好的替代品。

(3)行业存在较高的壁垒。

在完全垄断市场上,厂商要想成为长久的垄断者,该行业必须存在很高壁垒,这样可以使得即使有超额利润,其他厂商也不可能(或者很难)进入该行业。通常,由于专利权(非专利专有技术)、特许经营权、市场准入制度等人为原因,以及某些行业存在规模经济要求的限制、自然资源优势、地理位置的差异等自然原因,会导致某个行业具有较高的进入壁垒。

案例资料 6-2

商业竞争的市场结构之争

淮南市位于国内著名河流之一——淮河的中游,在安徽省的中部偏北,地处东经116°21′21″~117°11′59″与北纬32°32′45″~33°01′14″之间,东与滁州市属凤阳、定远县毗邻,南与合肥市属长丰县接壤,西南与六安市属霍邱县相连,西及西北与阜阳市属颍上县,亳州市属利辛、蒙城县交界,东北与蚌埠市属怀远县相交。

淮南市是全国著名的能源城市,能源产业造就了其城市布局具有相对分散性的特点。因此,曾有人赞誉淮南市为"一条彩带上散落着一些璀璨的明珠",这句话比较形象地表现了淮南市城市布局格局。

近年来,由于能源产业的快速发展和效益提升,加上淮南市山南新区获准建立,淮南城市发展重心逐渐向南部、东南部扩展,其城市布局不再完全是狭长结构,城市结构也逐渐合理。

田家庵区是该市重要的政治、经济、文化、交通中心,也是重要的商贸中心,是商家争夺的要地。在田家庵区中心区域内,除了众多的中小型商店、商场以外,大型的商业企业有华联商厦、苏果超市、家乐福超市、安徽商之都、安徽新百、五星电器、新天地广场等,还有淮南商贸文化广场和一些商品专卖店。

对于该地区商业竞争的市场结构,有人认为是完全竞争,有人认为是垄断,有人认为是垄断竞争,有人认为是寡占,甚至还有人认为应该区别商品种类加以判定是何种竞争模式。一日,在MBA的课堂上,安徽商之都面临的市场结构问题引起了争论。理论上认为,服务是有差别的,而安徽商之都是属于服务业的零售业,因此是处于垄断性竞争状态的,而来自商之都的王总坚持认为商之都是属于完全竞争状态的。像淮南市商业竞争的市场结构之争的情况在全国很多地区都存在,不论这个城市是否非常有名,也不论该城市商业企业是否非常有名,这种争论的结果都很有推广意义,也非常值得争论。

资料来源:作者根据淮南市政府网提供数据整理。

二、完全垄断市场的短期均衡

1. 完全垄断市场厂商面对的需求分析

(1)完全垄断市场厂商面对的需求曲线。

因为垄断厂商是完全垄断市场唯一的供给者,所以分析厂商的均衡也就是分析行业的均衡。垄断厂商面对的需求曲线也就是整个行业面对的需求曲线。通常对于行业而言,需求曲线是遵从需求法则的,即当产品价格高时,市场对产品的需求量就小;当产品价格低时,市场对产品的需求量就大,所以垄断厂商面对的需求曲线应该是一条向右下方倾斜的曲线。

(2)完全垄断市场厂商的边际收益曲线——MR与需求曲线分离。

当需求曲线确定了以后,就可以相应地确定厂商的边际收益曲线MR。例如,当厂商面对的需求曲线的函数为 $Q = 1000 - 50P$ 时，可以很容易地得到 $P = 20 - \frac{1}{50}Q$。由于 $TR = P \cdot Q = 20Q - \frac{1}{50}Q^2$，因此，$MR = 20 - \frac{1}{25}Q$。一般情况下，假设垄断厂商的需求曲线可以用如下线性方程表示：

$P = a - bQ$，那么根据上述分析，很容易得到垄断厂商的边际收益曲线和平均收益曲线分别是：

$$MR = a - 2bQ \tag{6.8}$$

$$AR = \frac{TR}{Q} = P = a - bQ\text{（}AR\text{ 仍然与 }D\text{ 吻合）} \tag{6.9}$$

从几何意义上来看，关于完全垄断市场厂商面对的需求曲线和边际收益曲线可以参见图 6—13。其中，D 为完全垄断市场厂商的线性需求曲线，亦是行业需求曲线，相应的 MR 就是其边际收益线，二者纵截距相同，但是 MR 的斜率是 $-2b$，D 的斜率是 $-b$，前者是后者的两倍，因此，MR 是线性需求曲线 D 的中分线，二者发生分离，不像完全竞争时是吻合的。完全垄断的重要特征就是 MR 与需求曲线 D 及 AR 分离。

2. 完全垄断市场厂商的短期均衡

(1)完全垄断市场厂商短期均衡的实现。

任何一个厂商要实现利润最大化，都必须满足边际收益等于边际成本的条件，完全垄断厂商也不例外。下面我们将边际收益与边际成本曲线放在一起进行分析。

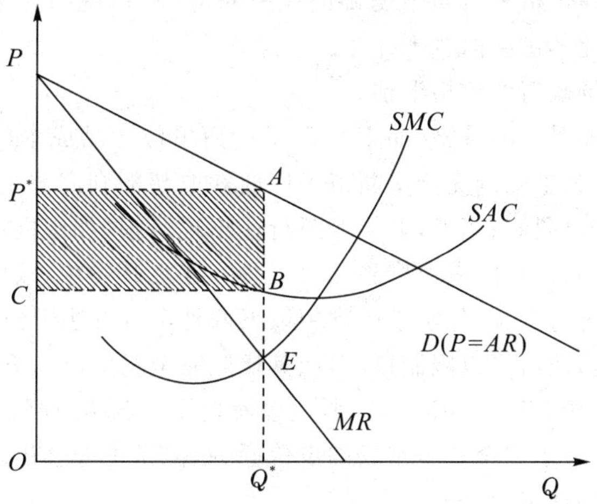

图 6—13　完全垄断市场厂商的短期均衡

如图 6—13 所示，垄断企业的需求曲线 D 是右斜的，相应的中分线 MR 曲线与 SMC 曲线交于 E 点。此时，厂商利润最大化的产量为 Q^*。将其代入厂商面对的需求曲线 D 对应的函数中，可以求出厂商供给市场的产品价格为 P^*，这就是厂商实现利润最大化的产品价格。由于需求曲线向右下倾斜，垄断的需求等于整个市场的需求，就有：$P^* = a - bQ^*$，这里，垄断企业确定了 Q^* 就等于确定了市场价格 P^*；反之，确定了市场价格 P^* 就等于确定了产量 Q^*。因此，完全垄断厂商无论是通过先确定利润最大化产量，再确定利润最大化的产品价格，还是通过先确定利润最大化价格，再确定利润最大化的产量，都可以达到控制市场价格的目的。所以垄断厂商不是价格的接受者(price taker)，而是价格的制定者(price maker)，这和完全竞争市场是不同的。

(2)完全垄断市场厂商实现短期均衡的盈利分析。

垄断厂商实现利润最大化时，有无超额利润，还要看其提供的产品价格是否高于平均单位产品成本。在如图 6—13 中，最优产量 Q^* 分别对应于 SAC、需求曲线 D 于 B 点和 A 点，价格 P^* 与此时 B 点表示的平均成本 BQ^* 比较，显然 P^* 大于 BQ^*，因此就有超额利润，如图 6—13 中 $ABCP^*$ 表示的矩形面积，并且因为完全垄断市场存在着较高的壁垒，所以这种超额利润可以长久存在。

图 6—13 表示的只是完全垄断企业均衡的一种状态。事实上，垄断企业并不能始终保证价格大于平均成本。因为在垄断的生产经营中，生产成本和需求经常会发生变化，如果价格等于平均成本，厂商盈亏平衡；如果价格低于平均成本，完全垄断市场厂商同样可能出现亏损。换言之，在短期，即使完全垄断的厂商也不能保证时时都是盈利的。

(3)完全垄断市场厂商的供给曲线。

在完全竞争市场中，分析厂商实现均衡时可以得到相应的供给曲线。那么在完全垄断市场中，当垄断厂商实现利润最大化时能否得到供给曲线呢？答案是否定的。因为所谓的**供给曲线**是不同价格下的不同供给量的点的连线，也就是说，供给曲线反映了产品价格和供给量之间的一一对应关系。但是在完全垄断市场中，厂商调整产量改变自身的供给就等于调整整个市场的产量或供给，为了实现利润最大化，在同一价格水平下，完全垄断厂商可以做到提供不同的供给量(参见第八章的图 8—3 可以帮助理解)，这也就是说，垄断条件下不存在价格和供给量明确的一一对应关系，说明完全垄断厂商的供给行为是没有规律的，因此其供给曲线不存在。

(4)完全垄断市场政府的价格干预。

在图 6—13 中，如果产品价格(如 P^*)高于厂商单位产品成本(如平均成本 AC)，厂商必然有超额利润。为了限制完全垄断市场厂商获取超额利润数量，政府一般通过市场价格干预的方法来加以限制；当然，如果垄断行业出现亏损(如国内一些电厂近年出现一些亏损)的情况，政府同样可能采取措施加以干预。在财政学中，政府可以通过制定保护价、税收等多种方法进行干预，经济学中常用以下两种定价方法干预超额利润：

其中一种做法是，政府可以限制厂商，让其比照完全竞争市场 P 等于 SMC 的原理定价。因为完全竞争市场 $MR = AR = P$，所以也就是按照 SMC 曲线与需求曲线交点进行定价。这样做虽然符合了完全竞争市场的定价原理，但是可能会出现价格低于产品单位平均成本，厂商亏损的情况。

第二种做法是，政府可以限制厂商，让其比照 $P=AC$ 的原理定价，厂商可以实现盈亏平衡，对于厂商来讲，这比第一种做法有利。

案例资料 6-3

美国政府与微软公司之争

过去十多年里，微软公司已经发展成为世界上最大的计算机软件公司，它的 Windows 操作系统在个人计算机范围内拥有 90%以上的全球市场份额。微软也占据了办公软件市场：它的办公套装 Word、Excel、PowerPoint，在 2003 年掌握着超过 90%以上的世界市场份额。

微软令人刮目相看的成功大部分来源于公司的创新技术、市场决策及其总裁比尔·盖茨。伴随着如此巨大的成功和领先，公司在经济或者法律方面存在问题吗？答案是依情况而定。依据反托拉斯法，公司限制贸易或不恰当地维持垄断地位的行为是非法的。微软参与了反竞争是违法的吗？

美国政府说"是"，而微软公司不同意政府说法。1998 年 10 月，美国司法部反托拉斯局把微软推上了被告席：它申请立案并提出了一系列广泛的问题。接下来的审判于 1999 年 6 月结束，但是直到 2003 初美国政府与微软大战仍没有结束。这一案件成为了过去 20 多年最重大的反托拉斯法律案件。

在为期数月的审理中，双方围绕着一些经济议题的要点进行激烈交锋。区域法院依据 1999 年 11 月的案件事实和 2000 年 4 月的法律结论得到了调查结果，认为微软在个人计算机操作系统市场确实存在垄断势力。法院进一步认为，微软把网景视为威胁，为此微软相应地进行了一系列反竞争行为来保护和延长其在操作系统上的垄断，而这些行为违反了《谢尔曼法》第 2 条。然而，法院也认为与计算机生产商和互联网服务提供商的排他性协议对竞争的阻碍还不足以违反《谢尔曼法》第 1 条。2001 年 6 月，微软决定上诉至哥伦比亚区巡回法院，上诉法院支持区域法院关于微软垄断和参与了为保护垄断而采取反竞争行为的决定。但最终法院对把 IE 浏览器嵌入操作系统是否违法并未作出裁决。

这个政府控告公司的案件现在基本上结束了。它的成功鼓励了许多为竞争者和消费者利益而控告的私人民事案件。

资料来源：罗伯特·S·平狄克，丹尼尔·L·鲁宾菲尔德. 王世磊等译. 微观经济学(第六版)，中国人民大学出版社，2008 年。

政府采取价格干预的目的是，通过限制完全垄断市场厂商的定价，控制其获得的超额利润，以此来保护消费者的利益。但是这些干预必须以充分、科学和客观地收集与该产品生产和销售有关的信息为基础，否则不仅不能起到干预厂商定价的效果，也未必能够保护消费者的利益，甚至还会进一步地扰乱市场(关于政府干预及管制的内容详见第十章)。

三、完全垄断市场厂商的长期均衡

长期内厂商可以调整所有生产要素的投入。在完全垄断市场，垄断厂商的长期调整只有两种情况，要么退出市场，要么进行自身规模调整。如果在短期内垄断厂商是亏损的，而在长期中，又不存在一个使它盈利的生产规模，那么，该厂商就会退出市场，垄断市场也就不再存在。如果在长期中存在一个使垄断厂商获得利润的规模，那么无论短期中是亏损还是盈利，它都将留在市场内，并通过生产规模的调整，使自己获得比短期更大的利润。

在完全垄断市场里，市场内总是只有一个厂商。如果垄断厂商在短期内能够获得利润，在长期内这部分利润仍然可以保持；而且垄断厂商还可以通过调整生产经营的规模，扩大这部分利润。

如图 6－14 所示，假设在某个短期内，垄断厂商根据 $MR=SMC_0$ 的条件在 E_1 点实现短期均衡。此时产品的产量和价格分别为 Q_0 和 P_0。因为价格 P_0 高于单位成本 SAC_0，所以垄断厂商有超额利润，如图 6－14 上面较小的阴影面积所示。这个利润在这个短期可以存在，在长期也可以存在，因为没有其他厂商可以进入。

同时，长期内垄断厂商可以通过扩大生产经营的规模来扩大利润。在图 6－14 中，长期内，垄断厂商扩大生产规模，按照 $MR=LMC$ 的长期均衡条件在 E_2 达到均衡。此时产品的产量和价格分别为 Q_e 和 P_e。因为价格 P_e 高于此处的单位成本 SAC_1（自然也高于长期的 LAC），所以垄断厂商获得了长期垄断的超额利润，这是一个更大的利润，如图 6－14下面较大的阴影面积所示。因此，在 E_2 点上，垄断厂商达到了长期最优的生产规模，此时也实现了长期利润最大化的均衡。

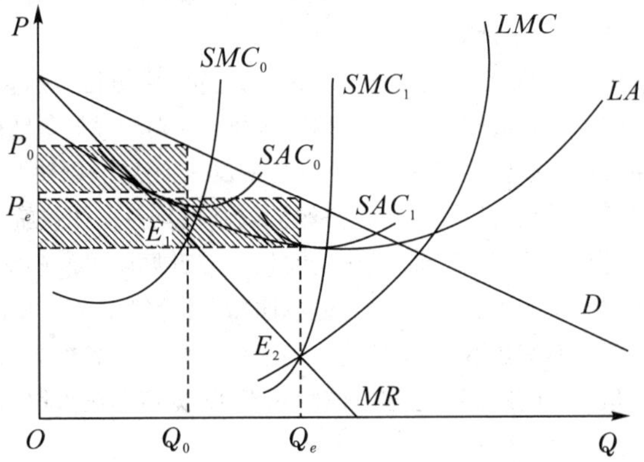

图 6－14　完全垄断市场厂商的长期均衡

四、完全垄断市场的价格歧视

在前面分析完全垄断市场的均衡时，我们只考虑了垄断厂商对所售的商品采取统一的价格，但现实中，作为价格制定者的垄断厂商，还可以根据不同的产品数量和不同的消费者采取价格歧视（价格差异）。所谓**价格歧视（price discrimination），是指不是由于成本的差异而索取不同的价格**。我们经常看到，火车票销售时，成人和小孩票价不同；商店消费商品时，消费者购买数量不同，价格也不同，这些都是价格歧视。根据定价机制不同，价格歧视可以分为三类，分别为一级价格歧视、二级价格歧视和三级价格歧视。

1. 一级价格歧视

所谓**一级价格歧视（first－degree price discrimination），是指厂商在销售产品时，对每一个产品都索取不同的价格**。现实中，一级价格歧视是存在的，通常对人力资源，不同的人才使用索取不同价格；一些稀有物品往往也多见一级价格歧视。

如图 6－15 所示，如果完全垄断市场厂商销售产品为 N 个，假设生产产品的边际成本 MC 正好与 P_N 相等（即 MC 是常数，且等于 P_N），或者假设每个产品的单位生产成本等于 P_N，那么 N 个产品总成本为 $P_N \cdot N$，即图形中的 P_NFNO 的面积。如果不实行价格歧视，销售 1 个产品时，单位价格为 P_1，收益为 $P_1 \cdot 1$；销售 2 个产品时，2 个产品单位价格都为 P_2（1 和 2 价格一样，没有歧视），收益为 $P_2 \cdot 2$；销售 N 个产品时，N 个产品单位价格都为 P_N，其总收益为 $P_N \cdot N$，也即图形中的 P_NFNO 的面积，此时因为总收益等于总成本，垄断厂商没有利润。

但是如果实行一级价格歧视，垄断厂商对所售的每一个产品索取不同价格，即第 1 个产品价格为 P_1，第 2 个产品价格为 P_2，第 3 个产品价格为 P_3，…，第 N 个产品价格为 P_N，这时垄断厂商的总收益为 $TR=P_1+P_2+P_3+\cdots+P_N$，与总成本相减，差额为垄断厂商获得的超额利润。可以看出，垄断厂商实行一级价格歧视是有好处的。

从图 6－15 看，垄断厂商获得的超额利润和本书前面关于消费者选择时的消费者剩余有很大的关系，这里其实是将全部的消费者剩余转化为了垄断厂商的超额利润。

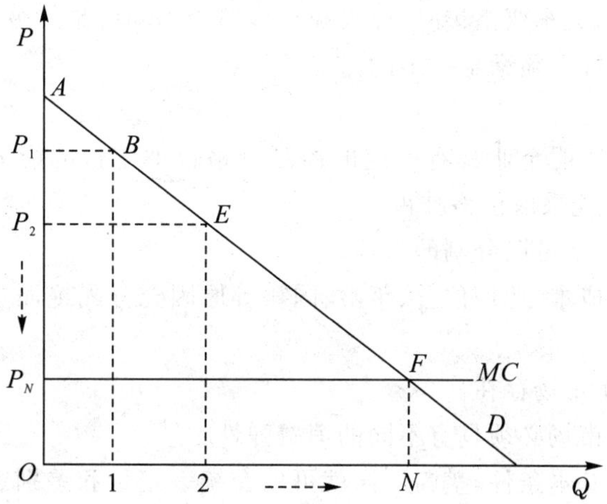

图 6－15　完全垄断市场的一级价格歧视

2. 二级价格歧视

所谓**二级价格歧视（second－degree price discrimination），是指厂商在销售产品时，对一定数量的产品索取一定价格，对另外一定数量的产品索取另外的价格**。现实中，成批定价就是二级价格歧视。

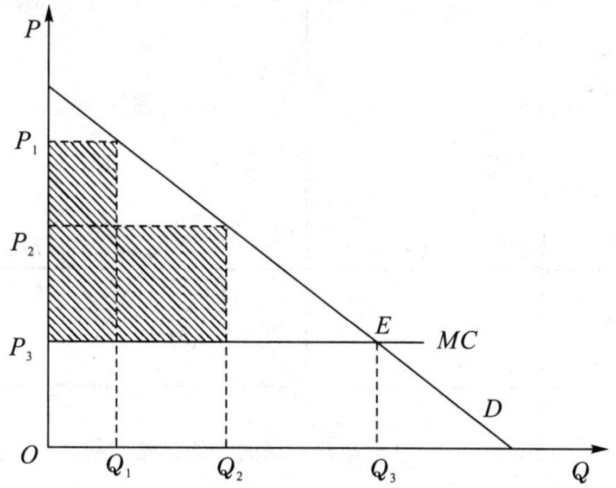

图 6－16　完全垄断市场的二级价格歧视

如图 6－16 所示。假设一共有 Q_3 个产品，假设生产产品的边际成本 MC 正好与 P_3 相等（即 MC 是常数，且等于 P_3），或者假设每个产品的单位生产成本等于 P_3，则 Q_3 个产品总成本为 $OQ_3 \cdot P_3$，即图形中的 P_3EQ_3O 的面积。如果实行二级价格歧视，垄断厂商对所售的 Q_1 个产品索取 P_1，对 Q_2 个产品中，超过 Q_1 的部分索取 P_2 价格，对 Q_3 个产品，超过 Q_2 个的部分索取 P_3，其总收益为 $Q_1 \cdot P_1+(Q_2-Q_1) \cdot P_2+(Q_3-Q_2) \cdot P_3$。总收益与总成本相减（即减去 $OQ_3 \cdot P_3$），差额为垄断厂商获得的超额利润，即图中的阴影部分面积。可以看出，垄断厂商实行二级价格歧视是将部分消费者剩余转化为超额利润。

3. 三级价格歧视

所谓三级价格歧视(third－degree price discrimination),是指厂商将自身的顾客群(产品市场)划分为两个或两个以上更多个群体(即不同的子市场),在不同的子市场索取不同的价格。现实中,火车票销售时,成人和小孩票价不同就是三级价格歧视。

实行三级价格歧视必须满足一定的前提条件:

(1)一定的垄断力量。

一定的垄断势力表明企业具有一定的控制价格也即定价的能力。在完全竞争市场中,$P = MC$,所以不能采取价格歧视。

(2)必须有两个以上可以分割的市场。

子市场之间由于成本、地理位置、年龄、国籍等原因充分隔绝而不可能存在相互流动的情况。

(3)不同弹性的子市场存在。

两个以上分割的市场必须具有不同的消费弹性。

具备了上述三个基本条件,垄断厂商就可以在统一定价和差别定价中作出利润最大化的价格策略选择。

如图 6－17 所示,假设垄断厂商有两个不同的子市场 A 和 B,相应的需求曲线和边际收入曲线分别为 d_1、MR_1 和 d_2、MR_2。由于差别定价的产品是相同的,所以无论是 A 市场还是 B 市场,MC 都是相同的,厂商利润最大化的差别定价原则应该满足每个分市场能够实现利润最大化,即 A 市场和 B 市场的边际收益等于边际成本的基本原则。具体来说就是:

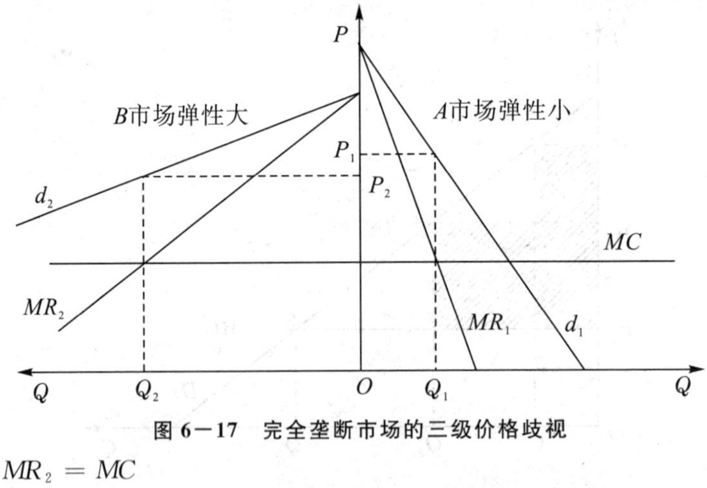

图 6－17　完全垄断市场的三级价格歧视

$$MR_1 = MR_2 = MC \qquad (6.10)$$

因此,差别定价的结果是:在弹性大的市场(面对的需求曲线比较平坦,如 B 市场),索取较低的价格,如 P_2,相应的 B 市场产量是 Q_2;而在弹性小的市场(面对的需求曲线比较陡峭,如 A 市场),索取较高的价格,如 P_1,相应的 A 市场产量是 Q_1。因为在弹性大的市场,如果索取高价,会使得消费者需求量明显减少,从而导致垄断厂商收入减少较多。相反,在弹性小的市场,如果索取高价,不会使消费者需求量明显减少,也不会导致垄断厂商收入明显减少。这样有利于垄断厂商在不同子市场实现利润最大化,从而在市场总体上实现利润最大化。

五、完全垄断市场与完全竞争市场的比较

完全垄断市场与完全竞争市场既有区别又有联系。相同之处在于，都是比较特殊的市场结构，在现实生活中都比较少见。

不同之处在于，除了前面分析的两者具有不同市场结构特点之外，两者体现的效率也有不同。在完全竞争市场，长期均衡时价格切于 LAC 最低点，产量最大且处在规模最优之点，因此，厂商的设备和生产能力被充分利用，成本最低，故而生产效率也是最高的；消费者获得了最低价格，实现了消费效用最大化，厂商也实现了利润最大化（因为满足 $P = MC$），买卖双方都实现了最佳均衡，因此在西方经济学中通常把 $P = MC$ 视为衡量资源是否实现了优化配置的判断标准之一。而在完全垄断市场中，厂商为了实现利润最大化，通常会限制产量，其利润最大的市场产量不是处于规模最优点（不在 LAC 的最低点），因此其生产能力也就没有被充分利用，生产效率也不是最高的；由于产量较小，价格较高，厂商实现最大化均衡时，消费者被迫接受较高价格，没有达到消费最大化，厂商获得的最大利润中一部分来自于对消费者剩余的侵占；垄断从社会整体角度来看，还会造成社会福利的损失。因此，垄断通常被认为是低效率的，这也是西方国家早就倡导竞争、反对垄断的主要原因之一。但是垄断也并非一无是处，完全垄断市场可以使得厂商获得超额利润，所以厂商实力才有可能比较雄厚，其才有能力、有资金进行科学技术的研究和新产品的研发，而在完全竞争市场，长期内厂商的超额利润为零，厂商实力很难提高，因此也很难有实力进行研发投入。

经济学家简介——琼·罗宾逊(1903—1983年)

琼·罗宾逊是著名女经济学家，英国剑桥大学教授，生于英格兰坎伯利。罗宾逊早年受到马歇尔经济学的熏陶，并受到庇古的影响。主要著作有《不完全竞争经济学》《就业理论引论》《论马克思经济学》《资本积累》《经济增长理论文集》《现代经济学导论》等。其中，《不完全竞争经济学》与张伯伦（1899－1967）的《垄断经济理论》一起，并称为现代微观经济理论与厂商理论发展的里程碑。

罗宾逊是凯恩斯就业理论的信奉者和传播者，她认为凯恩斯革命的实质，在方法上就是从传统的均衡概念转变为历史概念，因而她反对均衡的理论，并同美国的新古典综合派围绕资本理论进行了长期的论战。她试图把凯恩斯的短期经济分析运用到长期发展中去，提出她的独具特色的经济增长理论。她还很重视对马克思经济学说的研究，她虽否定马克思的劳动价值论和剩余价值论，但她认为《资本论》中有许多深刻的思想，赞扬《资本论》对资本主义经济分析的历史观点和宏观的总量分析，并把马克思的理论称为有效需求理论的前驱。罗宾逊夫人有很多经典语录，比如她曾经说过，“学习西方经济学的目的不是要得到对经济问题的一套现成的答案，而是学习怎样避免遭受经济学家的欺骗”。

拓展知识链接

标准化产品
勒纳指数
垄断的最优定价法则
撇脂定价法
成本加成定价法
掠夺性定价法
市场渗透定价法
网络效应与赢家通吃
自然垄断

思考与练习

一、核心概念

完全竞争市场　　完全垄断市场　　歇业原则(停产点)
成本不变行业　　成本递增行业　　成本递减行业
价格歧视

二、选择题

1. 关于差别价格,以下正确的说法是(　　)。
   A. 三级差别价格最厉害,消费者剩余最小
   B. 一级差别价格主要是针对不同的市场制定不同的价格
   C. 实行三级差别价格的一个重要前提是市场可以进行分割
   D. 一级差别价格意味着根据不同的需求数量进行定价
2. 当边际成本曲线垂直时,厂商会(　　)。
   A. 实现全部生产能力
   B. 有剩余生产能力
   C. 最小化成本
   D. 最大化收益
3. 在完全竞争的条件下,如果某行业中的厂商的商品价格等于平均成本,那么(　　)。
   A. 新的厂商要进入这个行业
   B. 原有厂商要退出这个行业
   C. 既没有厂商进入也没有厂商退出这个行业
   D. 既有厂商进入也有厂商退出这个行业
4. 假定在某一产量水平上,某厂商的平均成本达到了最小值,这意味着(　　)。
   A. 边际成本等于平均成本
   B. 厂商获得了最大利润
   C. 厂商获得了最小利润

D. 厂商的超额利润为零

5. 厂商在停止营业点(　　)。

A. $P=AVC$　　B. $TR=TVC$

C. 企业总损失等于 TFC　　D. 以上都对

6. 下列行业中最接近完全竞争模式的是(　　)。

A. 飞机　　B. 卷烟　　C. 大米　　D. 汽车

三、思考题

1. 完全竞争市场有何特点? 有人认为完全竞争市场条件太过苛刻,在现实生活中不具有实际意义,你认为呢?

2. 完全竞争市场厂商短期内实现利润最大化的条件是如何形成的? 这是否意味厂商就有超额利润? 完全竞争市场厂商短期内需求曲线和供给曲线有何特点?

3. 公园对成人和小孩收取不同的门票价格的现象,在经济学中通常被称为什么? 其产生条件如何? 请分析说明其基本原理。采取这种定价有何作用?

四、计算题

1. 如果某行业单个企业的生产成本始终是 $TC=88q-12q^2+0.5q^3$,市场的需求函数始终是 $P=22-0.0005Q$。

(1)该行业处于完全竞争长期均衡时,求产品市场价格。

(2)市场上有多少家企业? 每家企业的产量多大?

2. 完全竞争行业中,某企业的短期成本函数为 $SC=Q^3-1.5Q^2+30Q+40$,产品价格为 90 元。求:企业的利润最大化产量 Q 和平均成本 AC 是多少? 此时利润是多少?

3. 在垄断市场结构中,厂商的成本函数是 $C=4000+600Q+30Q^2$,产品的需求函数为 $P=3000-10Q$。求:垄断厂商利润最大化的产量、价格和利润。

4. 完全竞争市场中某厂商的短期成本函数为 $STC=Q^3-6Q^2+30Q+40$,成本用元计算,假设产品价格为 66 元。

(1)求利润最大时的产量及利润总额。

(2)由于竞争市场供求发生变化,由此决定的新价格为 30 元。在新的价格下,厂商是否发生亏损? 如果是,最小亏损额是多少?

(3)该厂商在什么情况下才会停止生产?

5. 垄断厂商在 A、B 两个子市场采取三级价格歧视销售同样产品。其在两个子市场面对的需求曲线分别为 $P_1=1100-100Q_1$ 和 $P_2=820-60Q_2$,企业的成本函数是 $C=200+100Q$。求垄断厂商在两个子市场的销售价格、销售量和该企业销售总利润。

五、挑战题*

1. 中国是世界上钢铁大国,也是铁矿石需求大国。按照中国钢铁协会的观点,在与国外铁矿石商进行原料采购谈判时,中国钢铁企业应该有话语权,世界市场上应该有“中国价格”。但是很遗憾,截至 2010 年,中国钢铁企业并未取得满意的所谓“中国价格”。

问:中国钢铁企业是否是垄断行业? 为什么中国企业没有话语权?

2. 一个垄断厂商生产产品 A,其总成本曲线和需求曲线方程如下:

$Q=360-20P$

$TC=6Q+0.05Q^2$

其中 Q 是每周生产产品 A 的单位数，P 是产品价格。试求：

(1)计算纯利润最大化时的价格、产量和纯利润额。

(2)政府打算制订限制价格以引导厂商生产出最大产量，政府将制订什么价格？厂商将生产多少产品？厂商可获得多少纯利润？

(3)在什么样的价格和产出下厂商实现盈亏平衡，以此价格最高限价将会产生什么影响？

Microeconomics

第七章 垄断竞争与寡头垄断

只要是同一行业的人在一起聚会，即使只是娱乐和消遣，聚会也是以反对公众的阴谋或某种提高价格的计谋而结束。

——经济学之父，亚当·斯密(1723-1790)

不想当老大的企业就不是好企业。

——商界流行语录

学习目的与要求

通过本章学习，让学生了解垄断竞争市场中厂商的需求曲线、厂商的短期均衡和长期均衡，寡头市场的古诺模型、斯威奇模型与卡特尔模型，并会用博弈论的初步知识来解释寡头市场的特征。

重点与难点

本章重点主要是垄断竞争市场下厂商的短期均衡和长期均衡，非价格竞争；寡头市场的特征及古诺模型、斯威齐模型、卡特尔模型等。难点是垄断竞争市场的长期均衡、寡头市场的古诺模型。

上一章我们分析了两种极端的市场组织——完全竞争市场和完全垄断市场。在现实生活中，通常存在的是介于两者之间垄断竞争和寡头市场，其中，垄断竞争市场与完全竞争市场比较接近，而寡头市场与完全垄断市场比较接近。

第一节　垄断竞争均衡

一、垄断竞争的条件

在现实生活中，普遍存在这样一种市场组织，即一个市场中有许多厂商生产和销售有差别的同类产品，例如，牙膏市场、香烟市场、洗发水市场等。这样的市场被称为**垄断竞争市场**。具体来说，一个垄断竞争市场具有以下三个基本条件：

第一，存在大量的厂商，单个厂商所占的市场份额比例较小，每个厂商都会认为自己行为的影响力很小，不会引起竞争对手的注意和反应。

第二，各厂商生产有差别的同类产品，这些产品之间的替代性很强。在这里，产品差别不仅指在质量、外形、销售服务等方面的差别，还包括商标、广告以及消费者主观判断等方面的差别。

在垄断竞争市场中，一方面，由于市场上的每种产品之间存在差别，因此，每个厂商对自己产品的价格都具有一定的垄断力量，从而使得市场中带有垄断的因素。另一方面，由于有差别的产品之间又有很强的替代性，因此，市场上又有竞争的因素。这便构成了垄断因素和竞争因素并存的垄断竞争市场。

第三，厂商进入或退出这个市场比较容易。即新厂商带着这种产品的新品牌进入市场和已有厂商在产品无利可图时退出都比较容易。

此外还有信息相对完全的条件。在垄断竞争理论中，把**市场上大量的生产非常接近的同类新产品的厂商全体称为生产者集团(producer group)**。从理论上说，生产者集团内的每一个厂商所面临的需求曲线都是不一样的。但是在垄断竞争市场模型中，西方学者总是假定生产者集团内部所有的厂商具有相同的成本曲线和需求曲线，并以代表性厂商为例来进行分析。

二、垄断竞争厂商的需求曲线

与完全竞争和完全垄断厂商的需求曲线不同，垄断竞争市场面临两条需求曲线：d 需求曲线和 D 需求曲线，两者的区分涉及每个厂商与本行业其他厂商的关系。**d 需求曲线表示，当某个厂商改变自己产品的价格，而该行业中与之竞争的其他厂商保持产品价格不变时，该厂商的产品价格与其销售量之间的关系**。d 需求曲线也称为**预期需求曲线(expectation demand curve)**或**主观需求曲线(subjective demand curve)**。在这种情况下，产品价格较小的变动，会导致该厂商的销售量大幅度的变动，因此，这条需求曲线比较平直，如图 7—1 所示。

在图 7—1 中 d 所表示的就是一家厂商价格变动而其他厂商价格保持不变的需求曲

线。当某厂商价格为 P_0 时销售量为 Q_0，价格由 P_0 降至 P_1 时，在其他厂商价格不变的条件下，其销售量由 Q_0 增至 Q_1。

另一条需求曲线 **D 表示，当一个厂商改变自己产品的价格，该行业中其他与之竞争的厂商也随之改变价格时，该厂商的产品价格与其销售量之间的关系**。D 需求曲线又称为**客观需求曲线(objective demand curve)**。在图 7—1 中，D 表示的就是这样一条需求曲线，当某垄断竞争厂商价格为 P_0 时，该厂商的销售量为 Q_0，其价格由 P_0 降至 P_1 时，该行业其他厂商也随之降价，其销售量增至 Q_2。显然，与前一种情况不同的是，价格下降的程度相同，但销售量增加程度却不一样。

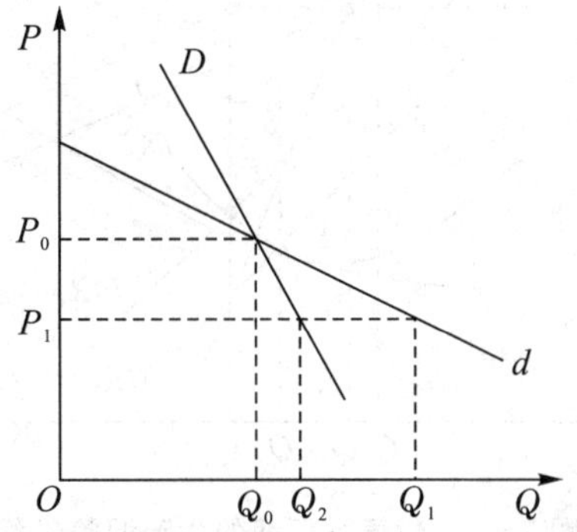

图 7—1　代表性厂商的 d 需求曲线和 D 需求曲线

d 需求曲线和 D 需求曲线的一般关系有：

(1)当所有垄断竞争厂商都以相同方式改变产品价格时，整个市场价格的变化会使单个厂商的 d 需求曲线的位置沿着 D 需求曲线上下平移。如果市场价格下跌，则 d 需求曲线沿着 D 需求曲线向下平移；如果市场价格上升，则 d 需求曲线沿着 D 需求曲线向上平移。

(2)由于 d 需求曲线表示单个垄断竞争厂商单独改变价格时所预期的需求量，D 需求曲线表示每个垄断竞争厂商在每一价格水平实际所面临的需求量，所以，d 需求曲线和 D 需求曲线相交意味着垄断竞争市场的供求相等的均衡状态。

(3)d 需求曲线的弹性大于 D 需求曲线的弹性。

三、垄断竞争厂商的短期均衡

我们以垄断竞争市场的代表性厂商为例来分析垄断竞争条件下的均衡。在短期内，垄断市场的代表性厂商在现有的生产规模下通过产量和价格的同时调整，来实现 $MR=SMC$ 的均衡条件。

在图 7—2 中，SAC 曲线和 SMC 曲线分别表示代表性厂商现有生产规模的平均成本曲线和边际成本曲线，MR_1 与 MR_2 分别是对应于 d_1 曲线、d_2 曲线的边际收益曲线。我们假定代表性厂商最初在 d_1 曲线和 D 曲线相交的 A 点进行生产，此时，市场价格为 P_0，产量为 Q_0。这一价格和产量与实现最大利润的 $MR_1=SMC$ 的均衡点 E_1 所要求的价格 P_1 和产量 Q_1 相差甚远。于是，该厂商决定将生产由 A 点沿着 d_1 需求曲线调整到 B 点，即将价格降低为 P_1，将产量增加为 Q_1。

然而，由于每个垄断竞争厂商面对的情况都是相同的，而且，每个企业都是在假定自己改变价格而其他企业不会改变价格的情况下采取了相同的行动，即都把价格降为 P_1，

都计划生产 Q_1 的产量。于是,当整个市场的价格下降为 P_1 时,每个厂商的产量实际上都是 Q_2,而不是 Q_1。相应地每个厂商的 d_1 需求曲线也都沿着 D 需求曲线向下平移到了 d_2 需求曲线的位置。所以,首次降价的结果是使代表性厂商的经营位置由 A 点沿着 D 需求曲线运动到 C 点。

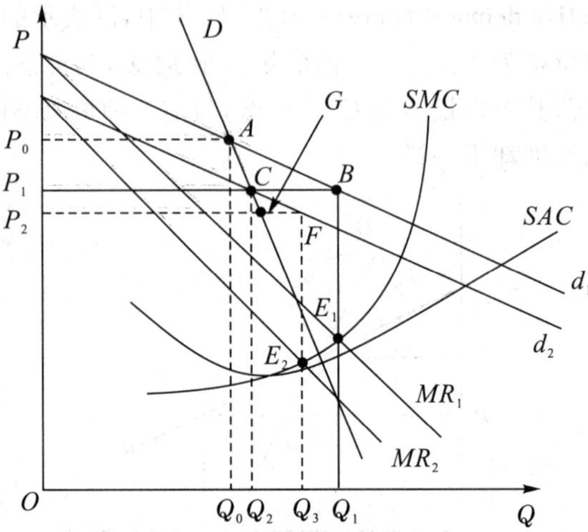

图 7－2　代表性厂商的生产调整过程

在 C 点位置上,d_2 需求曲线与 D 曲线相交,相应的边际收益曲线为 MR_2。显然,C 点对应的产品价格 P_1 和产量 Q_2,仍然不符合在新的市场价格水平下的 $MR_2=SMC$ 的均衡点 E_2 上的价格 P_2 和产量 Q_3 的要求。因此,该企业又会再一次降价。与第一次降价相似,企业将沿着 D 需求曲线由 C 点运动到 G 点。相应地,d_2 曲线将向下平移,并与 D 曲线相交于 G 点。依次类推,代表性厂商为实现利润最大化的原则,会继续降低价格,d 需求曲线会沿着 D 需求曲线不断向下平移,并在每一新的价格水平与 D 曲线相交。

上述过程一直要持续到代表性厂商没有理由再降价为止,即一直持续到代表性厂商所追求的 $MR=SMC$ 的均衡条件实现为止。如图 7－3 所示,代表性厂商连续降价的最终结果,将使得 d 曲线和 D 曲线相交点 H,其产量和价格恰好是 $MR=SMC$ 时的均衡点所要求的产量 Q_e 和价格 P_e,此时就实现了垄断竞争厂商的短期均衡,Q_e 和 P_e 分别是垄断竞争厂商的短期均衡产量和价格。

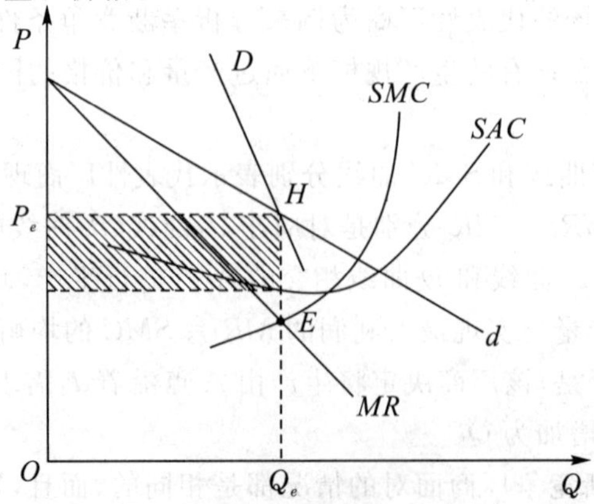

图 7－3　垄断竞争的短期均衡

除了有两条需求曲线之外，垄断竞争厂商的短期均衡条件也是：$MR = SMC$ 。

在短期均衡的产量上，必须存在一个 d 曲线和 D 曲线的交点，它意味着市场上的供求是相等的。此时，垄断竞争厂商可能获得最大利润，可能利润为零，也可能受到最小的亏损。但只要均衡价格在平均可变成本曲线之上，该厂商在短期内就会继续生产。图7－3说明了获得经济利润的短期均衡状况，经济利润为图中的阴影部分面积。

四、垄断竞争厂商的长期均衡

由于短期内垄断竞争厂商可能获得超额利润，也可能亏损。如果出现了亏损，垄断竞争厂商通过调整生产规模和产量仍不能摆脱亏损，就会和完全竞争厂商一样退出该行业。如果垄断竞争厂商在短期内存在超额利润，必然会引起其他厂商进入垄断竞争市场，这就意味着通过调整生产规模、进入或退出行业，垄断竞争厂商达到长期均衡时的经济利润必定为零。即在垄断竞争长期均衡点上，d 需求曲线必定与 LAC 曲线相切。

图 7－4 所表示的就是垄断竞争厂商经过不断调整所达到的长期均衡状态，其中 H 点是长期均衡点。SAC、SMC 分别表示短期某一条平均成本曲线和边际成本曲线，MR 曲线、LMC 曲线和 SMC 曲线相交于同一均衡点 E，即有 $MR=LMC=SMC$。同时 $d(AR)$ 曲线与 LAC 曲线相切于 LAC 曲线与 SAC 曲线的切点 H 点，H 点的价格为 P_0，产量为 Q_0，E 点和 H 点的产量相同，都等于 Q_0，则有 $P(AR)=LAC=SAC$。厂商的利润为零，又有 D 曲线和 d 曲线也相交于 H 点，这就意味着市场的供求相等，市场达到了长期均衡。

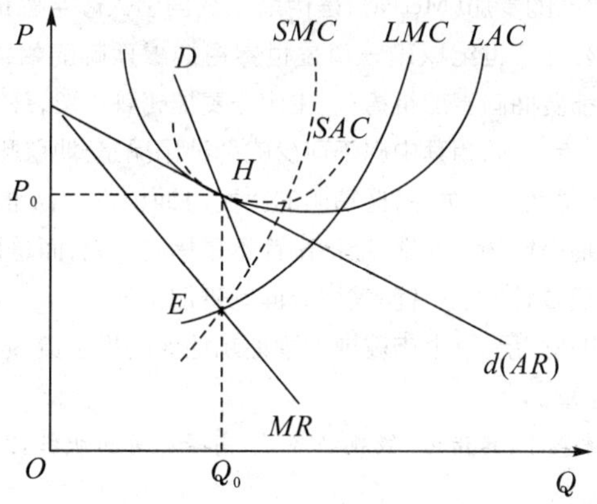

图 7－4 垄断竞争厂商的长期均衡

总之，垄断竞争厂商的长期均衡条件为：

$MR = LMC = SMC$

$P(AR) = LAC = SAC$

在长期均衡产量上，垄断竞争厂商的经济利润为零，且存在一个 d 需求曲线和 D 需求曲线的交点。与完全竞争长期均衡不同的是：$P = AR = LAC = SAC > MR = LMC = SMC$ ，五线不再合一，中间断裂，上式"＞"左边表现了垄断竞争市场所具有的竞争的特点，右边则反映出垄断竞争市场所具有的垄断的特点。

第二节 非价格竞争

在垄断竞争市场上，企业之间存在价格竞争，这种竞争方式从长期来看将会导致企业产品价格持续下降，最终导致厂商利润消失。因此，非价格竞争便成为垄断竞争厂商普遍采取的另一种竞争方式。我们把非价格竞争归纳为两种：品质竞争与广告竞争。

一、品质竞争

垄断竞争市场中的企业可以通过变化产品特征来使自己的产品区别于其他企业生产的同类产品。这种改变包括商标、质量、功能、颜色、式样、包装以及销售服务等，从而让特定的消费者对自己的产品产生偏好，进而扩大市场份额，提高垄断势力，这样做同时也可以避免激烈的正面竞争。正是因为如此，品质竞争是企业非价格竞争的基本策略之一。

案例资料 7-1

地毯＋指南针

沙特阿拉伯西北部的麦加(Mecca)，是伊斯兰教创始人穆罕默德的诞生地，也是伊斯兰教的发源地，自公元 7 世纪以来一直是世界各地穆斯林的朝拜方向和朝拜圣地。虔诚的穆斯林，每天都要面向麦加祈祷，一生应去麦加朝觐一次，并定时参加集体大典。由于必须朝向麦加一步一跪，朝拜中必不可少的两种用品是：地毯和指南针。

地毯和指南针本是两种无关品，但精明的比利时地毯商范德维格敏锐地捕捉到了这一商机，将扁平的指南针嵌入地毯，且指南针不是指向正南，而是指向麦加。这样，穆斯林无论走到哪里，只要将地毯一铺，就可以面向麦加祷告。

这种极具创意的新产品，一上市就成为穆斯林地区的抢手货，范德维格也因善于制造产品差异而成为巨富。

资料来源：黎诣远. 微观经济学，高等教育出版社，2007. 9，第 3 版。

二、广告及渠道竞争

鉴于垄断竞争市场产品的差异性，如何将自己产品的信息及产品准确地传递给消费者显得非常重要，这主要取决于企业制定什么样的广告及渠道营销策略。

案例资料 7-2

传统商业模式的转型——安徽百大易商城

近年来，零售业的激烈竞争使得商家的促销手段层出不穷。尤其是网络购物对商业企业更是造成了前所未有的冲击。据此，安徽合肥百大集团正式上线官方购物网站——百大易商城(http://www.bdysc.com/)。

百大易商城是中国500强、安徽最大的零售连锁企业——合肥百大集团于2011年11月24日正式上线的官方购物网站，是百大集团重点打造的集综合百货、超市和家电等为一体的网上销售模式。目前经营商品主要涵盖母婴奶粉、零食生鲜、日用化品、美容化妆、生活服务、办公文娱、厨卫清洁等七大品类。百大易商城在短短三年的运营中，已经实现了线上线下融合，发展成为一个商品全、价格优、绝对正品、服务便利，在安徽极具影响力的企业。

2014年11月22日上午，2014中国(合肥)互联网大会在合肥市政务中心会议隆重举行，来自国内外互联网领域的领军人物云集合肥。经网络投票和专家评审，百大电商易商城脱颖而出，荣获“安徽十大优秀电商奖”的荣誉称号。

资料来源：http://www.bdysc.com/notice/detail.jsp? id=a_890002&cid=c_520006

第三节　寡头垄断的常见模型

一、寡头市场的含义及特征

寡头(oligopoly)市场，又称寡占市场，是指少数几家厂商控制着整个市场的产品生产和销售的一种市场结构。寡头市场既包含垄断因素又包括竞争因素，但更接近于完全垄断市场。寡头市场的特征是市场中只有很少几家厂商，这些厂商之间存在高度的相互依存关系，一家厂商产量或价格的任何变化都将影响市场价格，从而影响竞争对手的利润。正是由于寡头间的相互依存性，任何一个寡头厂商的最佳决策不仅取决于自身，也取决于其他寡头厂商的决策。因此，寡头厂商在决定自己的最佳策略时必须考虑竞争对手的行为和反应，必须意识到自己策略的调整可能会诱发其竞争对手策略的改变。

寡头垄断在西方发达国家是一种常见的市场结构。如美国的电气设备零配件业一直受到通用电气和西屋电气的支配。寡头垄断的形成是竞争的必然结果，也是某些产业部门的技术经济特点使然，是客观的经济现象。造成一些产业部门呈现寡头垄断特征的原因主要有：长期竞争的结果；规模经济与范围经济的要求；行业中几家企业对基本生产资源供给的控制；政府的特许、扶植和支持等。这与完全垄断产生的原因很相似，只是在程度上有所差别而已。

如果寡头市场每个寡头所生产的产品是同质的，例如从事钢铁、水泥、铜等产品生产的寡头，则称为**纯粹寡头(pure oligopoly)**。如果寡头所生产的产品是有差别的，例如，汽车、电脑产品生产的寡头，则称为**差别寡头(differentiation oligopoly)**。此外，寡头市场还可按厂商的行动方式，分为有勾结行为的(即合作的)和独立行动的(即不合作的)寡头类型。

在完全竞争、完全垄断、垄断竞争三种市场上，厂商的行为是相互独立的，每个厂商在作决策时都无须考虑其他厂商会作出什么反应。而在寡头市场上，少数几个厂商生产一个产业的全部或绝大部分产量，因此每一个厂商的行为都会对其他寡头发生举足轻重的影响。一个厂商通过产品降价或新式产品推出而扩大自己的产品市场，就会使得消费者对其他寡头产品的需求量下降。正因为如此，一个厂商采取某种对策扩大自己的产量就会遭遇到对手的策略性反击行为。厂商之间的竞争行为是不确定的，一个厂商通过降价来扩大自己的市场份额可能会导致对手如法炮制。一个寡头通过广告战争夺市场，也会引起对手用相同手法来遏制它的行为。有时，寡头之间也可能不是通过竞争而是通过合作的方式共同谋取好处。

由于寡头之间的决策行为存在相互依赖的关系，具有对策的性质和不确定性，所以寡头厂商的价格和产量的决定是一个很复杂的问题。一般说来，有多少关于竞争对手的反应方式的假定，就有多少寡头厂商的模型，就可以得到多少不同的结论。因此，寡头模型是厂商定价理论中最不定型的模型，也没有任何一个寡头模型能对寡头市场的价格和产量作出一般的理论总结。

本节我们介绍几种常见的模型：古诺模型、斯塔克博格模型、相互勾结模型、斯威齐模型。

二、古诺模型

古诺模型是早期的寡头模型，通常被作为寡头理论分析的出发点。该模型属于独立行动条件下的寡头厂商模型，它是由法国经济学家古诺于1838年提出的。古诺模型是一个只有两个寡头厂商的简单模型，该模型也被称为“双头模型”。

古诺模型分析的是两个出售矿泉水的生产成本为零的寡头厂商的情况。古诺模型的假定是：

1. 市场上只有A、B两个厂商生产和销售相同的产品，它们的生产成本为零；

2. A、B两个厂商都准确地了解市场的需求曲线，共同面临的市场需求曲线是线性的；

3. A、B两个厂商都是在已知对方产量的情况下，各自确定能够给自己带来最大利润的产量，即每一个厂商都是消极地以自己的产量去适应对方已确定的产量。

古诺模型的价格和产量的决定可以用图7—5来说明。在图7—5中，曲线D为两个厂商共同面临的线性的市场需求曲线。$\overline{P}$为D与纵轴的交点，$\overline{Q}$为D与横轴的交点，由于生产成本为零，故图中无成本曲线。

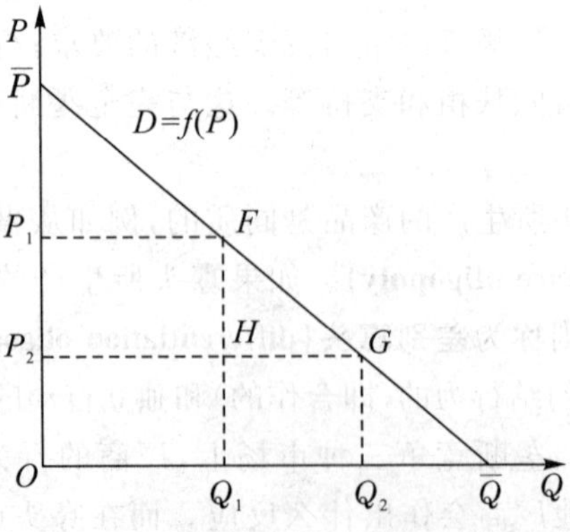

图7—5 古诺模型

在第一轮，厂商A首先进入市场。由于生产成本为零，所以，厂商的收益就等于利润。厂商 A 面临市场需求曲线 D，产量定为市场总容量的 1/2，即产量为 $OQ_1 = \frac{1}{2}O\overline{Q}$，将价格定为 OP_1，从而实现了最大利润，其利润量相等于图中矩形 OP_1FQ_1 的面积(因为从几何意义上讲，该矩形是直角三角形 $O\overline{P}\,\overline{Q}$ 中面积最大的内接矩形)。然后，厂商 B 进入市场。厂商 B 准确地知道厂商 A 在本轮留给自己的市场容量为 $Q_1\overline{Q} = \frac{1}{2}O\overline{Q}$，厂商 B 也按相同的方式行动，生产它所面临的市场容量的 1/2，即产量为 $Q_1Q_2 = \frac{1}{4}O\overline{Q}$。此时，市场价格下降为 P_2 水平，厂商 B 获得的最大利润相当于图矩形 Q_1HGQ_2 的面积。而厂商 A 的利润因价格的下降而减少为矩形 OP_2HQ_1 的面积。

在第二轮，厂商 A 知道厂商 B 在本轮中留给它的市场容量为 $\frac{3}{4}O\overline{Q}$，为实现最大的利润，厂商 A 将产量定为自己所面临的市场容量的 1/2，即产量为 $\frac{3}{8}O\overline{Q}$。与上一轮相比，厂商 A 的产量减少了 $\frac{1}{8}O\overline{Q}$，在本轮留给厂商 B 的市场容量为 $\frac{5}{8}O\overline{Q}$，于是，厂商 B 生产自己所面临的市场容量的 1/2 的产量，即产量为 $\frac{5}{16}O\overline{Q}$。与上一轮相比，厂商 B 的产量增加了 $\frac{1}{16}O\overline{Q}$。

在这样轮复一轮的过程中，厂商 A 的产量会逐渐地减少，厂商 B 的产量会逐渐地增加，最后，达到 A、B 两个厂商的产量都相等的均衡状态为止。在均衡状态，A、B 两个厂商的产量都为市场总容量的三分之一。因为：

厂商 A 的均衡产量为：

$$O\overline{Q}\left(\frac{1}{2}-\frac{1}{8}-\frac{1}{32}-\cdots\cdots\right)=\frac{1}{3}O\overline{Q}$$

B 厂商的均衡产量为：

$$O\overline{Q}\left(\frac{1}{4}+\frac{1}{16}+\frac{1}{64}+\cdots\cdots\right)=\frac{1}{3}O\overline{Q}$$

行业的均衡总产量为：

$$\frac{1}{3}O\overline{Q}+\frac{1}{3}O\overline{Q}=\frac{2}{3}O\overline{Q}$$

以上双头古诺模型的结论可以很容易地推广到三个或三个以上的寡头厂商的情况中去。设寡头厂商的数量为 m，则可以得到一般的结论如下：

$$\text{每个寡头厂商的均衡产量}=\text{市场总容量}\cdot\frac{1}{m+1} \tag{7.1}$$

$$\text{行业的均衡总产量}=\text{市场总容量}\cdot\frac{m}{m+1} \tag{7.2}$$

古诺模型也可以用以下例子说明。假设市场的线性反需求函数为：

$$P=30-Q=30-(Q_A+Q_B)$$

其中，Q 是市场的总需求量。

$$Q=Q_A+Q_B$$

寡头厂商 A 利润函数为：

假定 $TC_A = 0$，则有：

$\pi_A = TR_A - TC_A = P \cdot Q_A - 0$

$$TR_A = P \cdot Q_A = 30Q_A - Q_A^2 - Q_B \cdot Q_A \tag{7.3}$$

那么，厂商 A 的利润最大化产量应符合条件：

$MR_A = 30 - 2Q_A - Q_B = MC = 0$，即有：

$$Q_A = 15 - 0.5Q_B \tag{7.4}$$

公式(7.4)叫作寡头厂商 A 的反应函数，意味着厂商 A 的最优产量是厂商 B 产量的函数。类似地，可求得厂商 B 的反应函数：

$$Q_B = 15 - 0.5Q_A \tag{7.5}$$

求解以上两个反应函数所组成的方程组，得到古诺均衡的产量：

$Q_A = Q_B = 10$

$Q_A + Q_B = 20$

当 $P=0$ 时，$Q=30$，此即市场总容量。可见，每个寡头厂商的均衡产量是市场总容量的三分之一，行业的均衡总产量是市场总容量的三分之二。

三、斯塔克博格模型：先行者利益

古诺模型假设我们的两个寡头厂商是同时作出它们的产量决策的。这样的假设有时候并不现实，如果两个厂商中有一个先行决定产量，结果又会是什么呢？

我们仍然使用前面的例子。设两个厂商的生产成本为零，且市场的需求函数由 $P = 30 - Q = 30 - (Q_A + Q_B)$ 给出，此处 Q 为总产量。

假设厂商 A 先决定它的产量，厂商 B 是在厂商 A 的产量以后作出它的产量决策的。

由于厂商 B 是在厂商 A 之后作自己的产量决策，因此它可以将厂商 A 的产量看作是固定的。因而，厂商 B 的利润最大化产量条件是：

$Q_B = 15 - 0.5Q_A$

那么厂商 A 呢？它也会在边际收益等于边际成本的条件下确定产量。由(7.3)得知，因为 TR_A 取决于 Q_B，所以厂商 A 必须要预计厂商 B 会生产多少，而且厂商 A 知道厂商 B 会根据 $Q_B = 15 - 0.5Q_A$ 去选择 Q_B，因此我们可以求得厂商 A 的收益为：

$TR_A = P \cdot Q_A = 30Q_A - Q_A^2 - Q_A \cdot (15 - 0.5Q_A)$

$= 15Q_A - 0.5Q_A^2$

可求得：

$$MR_A = 15 - Q_A \tag{7.6}$$

然后我们根据 $MR_A = MC = 0$ 的利润最大化条件，可求得厂商 A 的最优产量：

$Q_A = 15$

厂商 B 则会在厂商 A 产量既定的情况下去决定自己的最优产量：

$Q_B = 15 - 0.5Q_A = 7.5$

我们发现，先行宣布自己的产量是有利的。这是为什么呢？理由是先宣布实际上造成了一种既成事实：不管你的竞争者怎么做，你的产量都是最大的。为了使利润最大化，你的竞争者必须将你的高水平产量作为给定的，并在此基础上给自己定一个低水平的产量(如果你的竞争者生产一个大的产量水平,则势必使得价格下降,双方都会亏损)。

四、相互勾结模型:共谋与卡特尔

前面所介绍的两种寡头垄断模型都属于独立行动条件下的寡头厂商模型,即寡头厂商之间均未采用达成正式协议或建立正式组织的形式来垄断市场,从而获得最大利润。如果寡头厂商之间达成了正式协议或建立了正式组织,这就是“卡特尔”。**卡特尔是指一个行业的各个独立的厂商,为了获得高额利润,就价格、产量和销售地区等事项达成了必须严格遵守的协议,通常是正式的一种组织形式。**参加卡特尔组织的企业在生产和销售上保持经营的独立性,只是根据协议划分销售市场,确定产量及价格等。

卡特尔是有勾结行为的寡头垄断。建立卡特尔组织的目的在于协调相互之间的行动,尽量避免寡头厂商之间由于竞争而造成的损失,以最大限度地增加它们的总利润,减少各种不确定性因素的威胁,阻止其他厂商进入他们的垄断市场分享利润。但卡特尔理论认为,相互独立的寡头们通常不可能成功地使其联合利润最大化,它们的联合收益低于垄断者的收益。

卡特尔在美国是非法的,在其他国家有的属于非法,有的属于合法。在美国,虽然早在 1890 年就产生了“谢尔曼反托拉斯法”,但卡特尔组织仍然存在,例如,20 世纪 50 年代,在美国电力制造商中,就普遍存在着这一情况。有的卡特尔形式甚至还得到美国政府的正式认可,例如,某些飞越大西洋航线的航空公司是“国际航空交通运输协会”的成员,该协会能够规定该航线的统一价格。

案例资料 7-3

欧佩克和世界石油市场

世界上大部分石油是少数国家(主要中东国家)生产的。这些国家在一起组成了一个卡特尔,这就是世界著名的石油输出国组织欧佩克(OPEC)。欧佩克在 1960 年最初成立时,包括伊朗、伊拉克、科威特、沙特阿拉伯和委内瑞拉,到 1973 年,又有其他 8 个国家加入:卡塔尔、印度尼西亚、利比亚、阿联酋、阿尔及利亚、尼日利亚、厄瓜多尔和加蓬。这些国家控制了世界石油储藏量的 3/4。

欧佩克与任何一个卡特尔一样,力图通过协调减少产量来提高其产品的价格,努力确定每个成员国的生产水平,通过维持或控制世界石油的高价格来获取利润最大化。但是,卡特尔的每个成员都受到增加生产以得到更大的总利润份额的诱惑。欧佩克成员常常就减少产量达成协议,然后又私下各自违背协议。从 1973 年到 1985 年,欧佩克成功地维持了合作和高价格,原油价格从 1972 年的每桶 2.64 美元上升到 1974 年的 11.17 美元,在 1981 年又上升到 35.10 美元。但在 20 世纪 80 年代初,各成员国开始提高生产水平,欧佩克在维持合作方面变得无效率了。到了 1986 年,原油价格回落到每桶 12.52 美元。

近年来,欧佩克成员继续定期开会,但这个卡特尔在达成和实施协议上再也不那么成功了。根据总体通货膨胀调整的原油价格仍然远低于欧佩克在 1981 年达到的水平。这种合作缺乏性损害了产油国的利润,但有利于全世界消费者。

资料来源:李立春.西方经济学,高等教育出版社,2004.7,第 1 版。

卡特尔的种类很多，我们在这里介绍最基本、最常见的一种——利润分配卡特尔。

“利润分配卡特尔”就是先求出作为寡头厂商的卡特尔的总体最高利润点，并以最高利润点的价格作为其所有成员的价格，然后再将最高利润点的产量分配给每个成员厂商。这种方法实际上是把卡特尔所有成员厂商看成一个整体，以获得完全垄断情况下的最大利润。

利润分配卡特尔的图形见图7－6。该图形和完全垄断的生产均衡相似。唯一的区别在于图7－6中边际成本曲线 MC 不是一个厂商的曲线，而是卡特尔全体成员的个别边际成本曲线的水平总和。

参加卡特尔的各厂商之所以会结成一个卡特尔，就是它们愿意根据整个行业产品需求状况和各厂商的成本状况，按利润最大化原则确定产品价格和全行业的产销量，如图7－6。此时，卡特尔的最大利润点是 E 点，即 $MR=MC$，最优产量是 Q_m 单位，垄断价格是 P_m。如果边际成本大于边际收益，卡特尔就会减少产量；反之，如果边际收益大于边际成本，卡特尔就会增加产量。在图7－6中，寡头垄断与完全竞争时的情况是不同的，完全竞争时的产出和价格由 MC 曲线与市场需求曲线的交点所确定，相应的最优价格是 P_C，最优产量是 Q_C。P_C 低于 P_m，而 Q_C 大于 Q_m。

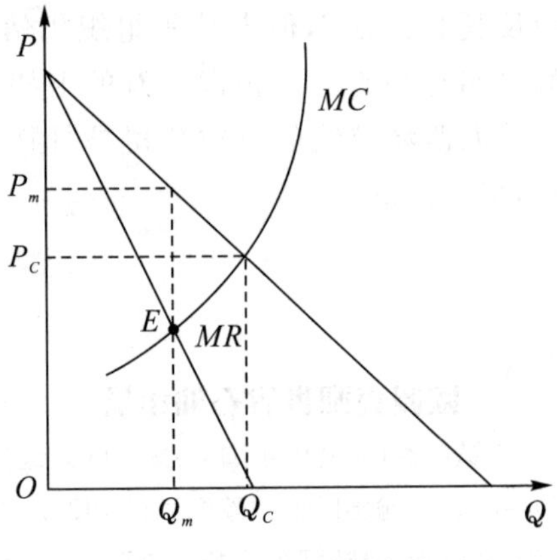

图7－6　卡特尔模型

在寡头垄断追求卡特尔组织利润最大化的情况下，价格和产量的决定就与独占行业（完全垄断）一样。为使行业利润最大，各厂商协商一致决定，根据全行业产品需求曲线所对应的边际成本相等来瓜分产量，出售产品。由于通常各厂商的成本情况不同，因此各厂商的产量通常不相等。由于是按照卡特尔统一规定的价格出售产品，因此，有些厂商会盈利少或成为亏损的企业。

这里，关键问题是如何把这 Q_m 单位的产量分配给每个卡特尔成员厂商，其中的方法多种多样。如果卡特尔组织的目的是为了整个行业获得最大利润，那么它将会按照每个成员厂商的边际成本都等于整个卡特尔的边际收益 MR 时各自的产量来分配。但是，这种分配方法不能保证每个厂商都能够在其自己的利润最大点（即个别厂商的边际成本等于其边际收益）上生产。而如果每个成员厂商都在自己的均衡点生产，则形成竞争，从而使卡特尔组织瓦解。产量分配额大都是根据成员厂商过去的销售水平以及其生产能力来确定的。

从上述分析可以看出，尽管卡特尔能够达成协议，但是往往成员厂商都不会感到满意，他们只不过是在害怕由于竞争而使得大家的利益受到损失的情况下的一种暂时的妥协。

进一步地，我们将实现勾结的寡头厂商均衡产量与均衡价格与完全竞争市场及古诺模型(即厂商独立行动，不勾结)下的均衡产量与均衡价格做一个比较。张伯伦在古诺模型的基础上，提出了相互勾结模型：如果两个寡头厂商相互串通，共同瓜分利润，就会出现所谓的共谋均衡，见图7－7。

我们还是沿用古诺均衡中的例子，但此时厂商A和厂商B二者勾结形成共谋，它们按照 $MR = MC = 0$ 条件去确定它们的产量。

$TR = P \cdot Q = (30 - Q) \cdot Q = 30Q - Q^2$

$MR = 30 - 2Q$

令 $MR = 0$（假设 $MC = 0$），则容易得出当 $Q=15$ 时卡特尔实现了利润最大化。

在任何相加为15的产量 Q_A 和 Q_B 的组合都能使总利润最大化。因而 $Q_A + Q_B = 15$ 的这条线我们称之为**契约曲线**，即在这条线上的点构成了厂商A和厂商B的产量分配。如果两个厂商同意平分利润，则它们将各生产总产量的一半，即：

$Q_A = Q_B = 7.5$

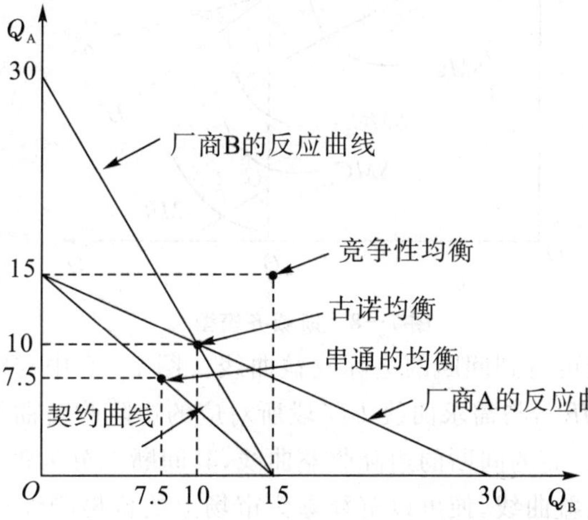

图7－7　共谋均衡、古诺均衡与竞争性均衡

在图7－7中，共谋均衡产量使得行业的边际收益等于行业的边际成本，这个产量也就是卡特尔的全部市场份额。可以看到，相互勾结模型下的共谋均衡产量低于古诺模型下的均衡产量，而古诺均衡产量又低于竞争性均衡下的产量；共谋均衡价格高于古诺模型下的价格，而古诺均衡价格又高于竞争性均衡下的价格。

五、斯威齐模型：价格刚性

斯威齐模型也被称为**弯折的需求曲线模型**。该模型由美国经济学家斯威齐于1939年提出。这一模型用来解释一些寡头市场的价格刚性现象。

该模型的基本假设条件是：如果一个寡头厂商提高价格，行业中其他寡头厂商都不会跟着改变自己的价格，因而提价的寡头厂商的需求量会减少很多；如果一个寡头厂商降低价格，行业中的其他寡头厂商会将价格下降到相同的水平，以避免销售份额的减少，因而该寡头厂商的需求量的增加是很有限的。

在以上的假设条件下，可推导出寡头厂商的弯折的需求曲线，我们用图 7－8 加以说明。在图 7－8 中，有某寡头厂商的一条需求曲线 dd' 和一条需求曲线 DD'，它们与上一节分析的垄断厂商所面临的两条需求曲线的含义是相同的。需求曲线 dd' 表示该厂商变动价格而其他寡头厂商保持价格不变时的该寡头厂商的需求状况，需求曲线 DD' 表示行业内所有寡头厂商都以相同方式改变价格时的该厂商的需求状况。假定开始时的市场价格为需求曲线 dd' 和曲线 DD' 的交点 B 所决定的 $\overline{P}$，那么，根据该模型的基本假设条件，该垄断厂商由 B 点出发，提价所面临的需求曲线是需求曲线 dd' 上的 dB 段，降阶所面临的需求曲线是需求曲线 DD' 上的 BD' 段，于是，这两段共同构成的该寡头厂商的需求曲线为 dBD'。显然，这是一条弯折的需求曲线，折点是 B 点。这条弯折的需求曲线表示该寡头厂商从 B 点出发，在各个价格水平上所面临的市场需求量。

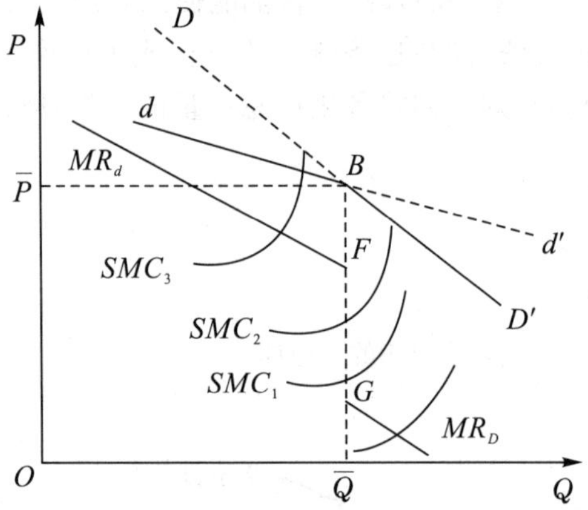

图 7－8　斯威齐模型

由弯折的需求曲线可得到间断的边际收益曲线。图 7－8 中与需求曲线 dB 段所对应的边际收益曲线为 MR_d，与需求曲线 BD' 段所对应的边际收益曲线为 MR_D，两者结合在一起，便构成了寡头厂商的间断的边际收益曲线，其间断部分为垂直虚线 FG。

利用间断的边际收益曲线，便可以解释寡头市场上的价格刚性现象。只要边际成本 SMC 曲线的位置变动不超出边际收益曲线的垂直间断范围，寡头厂商的均衡价格和均衡数量都不会发生变化。譬如，在图 7－8 中，边际收益曲线的间断部分为 FG，SMC_1 曲线上升为 SMC_2 曲线的位置，但 SMC_2 仍然处在 FG 之间，此时，无论是 MR_d 还是 MR_D，与 SMC_2 都没有交点，即利润最大化原则 $MR_d=MC$ 和 $MR_D=MC$ 不成立或者说无解，寡头厂商仍将均衡价格和均衡产量保持在 $\overline{P}$ 和 $\overline{Q}$ 的水平。除非成本发生很大变化，如成本上升使得边际成本曲线上升为 SMC_3 曲线的位置，才会影响均衡价格和均衡产量水平。

一般地，人们认为弯折的需求曲线是存在于寡头厂商决策者心目中的主观需求曲线，它为寡头厂商维持刚性价格提供了一种解释。有的西方经济学家认为，虽然弯折的需求曲线模型为寡头市场较为普遍的价格刚性现象提供了一种解释，但是该模型并没有说明具有刚性的价格本身，如图 7－8 中的价格水平 $\overline{P}$ 是如何形成的，这是该模型的一个缺陷。

第四节　寡头厂商之间的博弈：合作与不合作

一、博弈论概述

博弈论，也称“对策论”，是描述和研究行为者之间策略相互依存和相互作用的一种决策理论。自 20 世纪 80 年代以来，博弈论在经济学中得到广泛应用，它对寡头理论、信息经济学等方面作出了重要的贡献，因而被认为是微观经济学的重要发展。本节，我们介绍博弈论的一些基本概念，并以此分析相关的寡头博弈行为。

任何一个博弈都有三个基本要素：参与者、策略和报酬或支付。在每一个博弈中，都至少有两个参与者，每一个参与者都有一组可选择的策略。作为博弈的结果，每个参与者都得到各自的报酬，这个报酬是所有参与者各自所选择的策略共同作用的结果。

我们用个简单的例子来分析一个博弈。假定某寡头市场上有两个参与者（甲厂商和乙厂商），每个厂商都有两个可选择的策略（合作与不合作），图 7－9 表示的是一个报酬矩阵或支付矩阵。甲的两种策略写在左边，乙的两种策略写在上边。矩阵中每一格表示对应于甲、乙的一个策略组合的一个报酬组合，每格中的第一个数字表示甲的报酬，第二个数字表示乙的报酬。通过这个报酬矩阵我们发现，如果甲、乙双方都选择合作的策略，则总报酬为 20（最大），每个参与者得 10；如果有一方选择合作，而另一方选择不合作，则总报酬为 18（次之），且不合作一方可得 12，合作一方只得 6；如果甲、乙双方都选择不合作，则总报酬为 16（最小），每个参与者均得 8。那么，在这个例子中，甲、乙双方博弈的最终结局是什么呢？是总报酬 20（双方收益最大）的组合吗？在此，我们需要引入“占优策略均衡”这一概念。

所谓**占优策略均衡，是指无论其他参与者采取什么策略，某参与者的唯一的最优策略就是他的占优策略**。以图 7－9 为例，对于甲来说，当乙选择合作策略时，甲会选择不合作（因为 12＞10）；当乙选择不合作策略时，甲还会选择不合作（因为 8＞6）。于是，无论乙采取何种策略，甲肯定会选择不合作策略。同样，无论甲采取何种策略，乙也肯定会选择不合作策略（因为 12＞10，8＞6）。那么，我们说甲的占优策略是不合作，乙的占优策略也是不合作。因此，（不合作，不合作）这一对策略组合（前者表示甲的选择策略，后者表示乙的选择策略）就是这个例子中甲、乙双方博弈的最终结局。我们把这种博弈中的所有参与者都不想改变自己策略的这样一种相对静止的状态叫作**博弈均衡**。一般地说，由博弈中所有参与者的占优策略的组合所构成的均衡就是占优策略均衡。

		乙			
		合作		不合作	
甲	合作	10	10	6	12
	不合作	12	6	8	8

图 7－9　占优策略均衡

二、寡头厂商合作的不稳定性:囚徒困境

前面我们介绍了占优均衡,但由于“占优均衡”是一个很强的概念,现实生活中应用更广泛的是**纳什均衡**。**纳什均衡是指在给定对手策略的前提下,博弈方所作的最佳选择**。在纳什均衡下,只要其他参与者不改变策略,任何单个参与者都没有改变策略的积极性。

现在我们来分析寡头市场。在寡头市场上,只有为数很少的几个厂商,因此,每个厂商的行为对市场的影响都很大。每个厂商为了获得更大的市场份额,往往都会采取降价的竞争手段。但是,若有一个厂商首先降价,其他厂商必然会采取相应的降价手段作出回应或报复。于是,在经过寡头厂商轮番降价的竞争后,市场价格会降低到一个很低的水平,而这实际上对每个寡头厂商都是不利的。因此,这些寡头厂商开始认识到与其竞争而两败俱伤,还不如相互之间达成协议,使价格维持在一个较高的水平上,这样,每个厂商都可以稳定地获得较高的经济利益,这就是通常所说的“共谋”或“合作”。

寡头市场上的共谋现象很普遍,但是,寡头厂商之间的共谋却又很脆弱。当寡头厂商之间为了各自的利益达成共谋后,这种合作协议却随时有可能会被破坏,这叫作**寡头厂商合作的不稳定性**。

为什么寡头厂商之间的合作往往具有这种不稳定性呢?我们将首先介绍博弈论中的一个经典案例——囚徒困境,然后再把这种博弈模型体现的思想运用到寡头市场的共谋问题中,以此来解释寡头厂商合作的不稳定性问题。

囚徒困境的假设条件是:甲、乙两个被怀疑为合谋偷窃的嫌疑犯被警方抓获,但警方对他们偷窃的证据并不充分。他们每一个人都被单独囚禁,并单独进行审讯,即双方无法互通信息。警方向这两个嫌疑犯交代的量刑原则是:如果一方坦白,另一方不坦白,则坦白者从宽处理,判刑1年,不坦白者被处以重刑,判7年;如果两人都坦白,则每人各判5年;如果两人都不坦白,警方由于证据不足,只能对每人各判2年。如图7—10所示的报酬矩阵。

我们来分析一下这个报酬矩阵。很明显,对于甲来说,存在一个占优策略(坦白,因为$-5>-7$,$-1>-2$);对于乙来说,也存在一个占优策略(坦白,因为$-5>-7$,$-1>-2$),那么这个博弈存在占优均衡策略,即(坦白,坦白),前者表示甲的选择策略,后者表示乙的选择策略。然而,这是最优结局吗?答案是否定的。因为从个人理性角度出发所选择的占优策略的结局(-5,-5)劣于合作策略的结局(-2,-2)。或者说,从个人理性角度出发所选择的占优策略的结局,从整体来看,反而是最差的结局。很清楚,囚徒困境的占优策略均衡反映了一个矛盾:个人理性和集体理性的冲突,而这恰好可以解释寡头市场上厂商之间共谋的不稳定性问题。

		乙:坦白		乙:不坦白	
甲	坦白	-5	-5	-1	-7
甲	不坦白	-7	-1	-2	-2

图7—10 囚徒困境

让我们重新回到图7—9中的两个寡头之间博弈的例子,很明显,(合作,合作)的策

略组合要优于(不合作,不合作)的策略组合。这表明,甲、乙两个寡头勾结起来,达成合作协议,共谋总报酬最大化(总报酬为 20,每人得 10),就可以避免由于双方不合作造成的两败俱伤的结果(总报酬为 16,每人仅得 8),即在寡头市场上,成立合作性质的卡特尔组织是可以谋得整体利益最大化的。然而,在这个博弈中,如果有一方坚持合作策略,而另一方偷偷采取不合作策略,则对于不合作的这个参与者来说,其个人利益是会上升的(因为 12>10)。因此,在寡头市场中达成协议以后,每一个寡头都会从个人理性的角度出发,去偷偷背离协议,以获得自身的更大利益,从而最终(合作,合作)的策略组合将会让位于(不合作,不合作)的策略组合,即出现(不合作,不合作)的占优策略均衡。也正因为如此,寡头之间所达成的卡特尔协定往往是不稳定的。

三、重复博弈:走出囚徒困境

前面所分析的博弈都是一次性的,即每个参与者只有一次策略选择。在这种一次性的博弈中,一旦每个参与者的策略选定,整个博弈的均衡结局也就确定了,每个参与者不可能再对博弈的过程和结果施加什么影响,这类博弈被称为**静态博弈**。与此相对应的是**动态博弈**,它是一种反复进行的博弈。

上述寡头竞争博弈均衡的实现过程就属于静态博弈。在达成协议之后,每个寡头厂商出于对自己利益的考虑,会有一种采取机会主义的冲动,即单方面偷偷采取不合作的策略。更糟糕的是,在一次性博弈中,任何厂商的违约和欺骗行为都不会受到惩罚。因为,当每个厂商完成一次性的策略选择以后,整个博弈也就永远地结束了。正因为如此,寡头厂商之间共谋的不稳定性是不可避免的。

而在重复博弈中,以上的情况就会得到改变。在分析重复博弈时,我们要增加一个假定条件:在结成合作同盟的寡头厂商之间都采取一种"以牙还牙"的策略。该策略是指:所有的成员一开始是合作的。一旦有一个成员背弃合作协议,采取不合作的策略,其他成员便会"以牙还牙",进行惩罚和报复,即其他成员都采取相同的不合作策略,并将这种不合作的策略在重复博弈中一直进行下去,以示对首先破坏协议者的惩罚和报复。

我们首先来分析无限期(次)重复博弈。**所谓无限期(次)重复是指相同的博弈可以无限次地重复进行下去**。对于甲而言,如果他始终采取遵守协议的合作策略,则他所得到的长期报酬是 10+10+10+10……如果他采取机会主义的行为,首先破坏协议,则他所得到的长期报酬是 12+8+8+8+……这样一来,通过长期所得报酬的比较,任何一个寡头厂商都不会因为短期(第一期)的一次性好处而丧失长期的经济利益。于是,在具有"以牙还牙"策略的无限次重复博弈中,所有的寡头厂商都会遵守协议,采取合作的策略,博弈的占优策略均衡解就是(合作,合作)。

其次,我们来分析有限次重复博弈的情况。假设博弈只重复 4 次,且仍然保持"以牙还牙"的策略假定。由于第 4 次是最后一次博弈,则在第 4 轮采取违约和欺骗行为是不可能被报复的,于是,在第 4 轮,单个厂商会出于个人理性的角度,采取不合作的策略。逆推到第 3 轮,由于第 3 轮每个参与者都知道第 4 轮大家肯定是不合作的,所以在第 3 轮的每个参与者都会选择不合作的策略(因为反正下一轮大家都肯定不合作)。以此类推,在有限次重复的第一轮博弈中,每个参与者都可能会采取不合作的策略。因此,在有限次重复博弈中,寡头厂商的共谋是不稳定的,博弈的占优策略均衡解就是(不合作,不合作)。

综上所述，在“以牙还牙”策略的前提下，对于无限期重复博弈而言，博弈的均衡解是(合作，合作)；而对于有限期博弈而言，博弈的均衡解是(不合作，不合作)。在现实中，参与者之间的博弈总是有期限的，那么，这是否意味着寡头之间的长期合作是不存在的呢？我们认为不会的。其实，无限期重复的一个重要特征就是每一个参与者都不知道哪一期是最后一期，所以，欺骗或违约行为总会被报复的这一威胁会使得每一个参与者都会把合作策略维持下去。换言之，在一个有限期的重复博弈中，如果任何一个参与者都不能准确地知道哪一期是最末一期，则每一个参与者都不会轻易冒险去违约或欺骗，每一个参与者都会认为在下一期还要和其他人继续打交道，因而这和无限期重复博弈是没有什么差别的。

因此，在这种不能确定终期的有限期重复博弈中，寡头厂商最终是可以走出囚徒困境的。

经济学家简介——约翰·纳什(1928—2015年)

约翰·纳什是美国数学家，前麻省理工学院助教，现为普林斯顿大学数学教授，主要研究博弈论和微分几何学。

纳什的数学天分大约在14岁时开始展现。他在普林斯顿大学读博士时刚刚20出头，1950年即获得美国普林斯顿大学的博士学位，他的一篇关于非合作博弈的博士论文和其他相关文章，确立了他博弈论大师的地位。在20世纪50年代末，纳什已是闻名世界的科学家了。1994年，他和其他两位博弈论学家约翰·C·海萨尼和莱因哈德·泽尔腾共同获得了诺贝尔经济学奖。

约翰·纳什是所有诺贝尔经济学奖得主中最不幸的，但又是不幸中最万幸的人。他30岁时得了严重的精神分裂症，举止古怪，离经叛道。尽管如此，基于纳什的天才及成就，他在普林斯顿近20年被容许作“魅影”，拥有自己的研究室，他可以自由出入图书馆，可以继续活在数学天地中。他的妻子艾利西亚——麻省理工学院物理系毕业生，表现出钢铁一般的意志：挺过了丈夫被禁闭治疗、孤立无援的日子，走过了唯一儿子同样罹患精神分裂症的震惊与哀伤……漫长的半个世纪之后，她的耐心和毅力终于创下了了不起的奇迹：纳什教授渐渐康复，并在1994年获得诺奖。

2001年基于Sylvia Nasar为纳什所写的同名传记而改编与拍摄的美国影片《美丽心灵》(A Beautiful Mind)上映。该影片一举获得8项奥斯卡提名，获得了包括最佳影片奖在内的4项奥斯卡奖，影片艺术地重现了纳什的妻子艾莉西亚以及普林斯顿的朋友、同事们爱心呵护天才的真实、感人的传奇故事。2015年5月23日，约翰·纳什夫妇遇车祸，在美国新泽西州逝世。

拓展知识链接

理想的产量
捆绑与搭售
伯川德模型
“焦土”政策
超竞争

思考与练习

一、核心概念

垄断竞争　主观需求曲线　客观需求曲线　非价格竞争
寡头市场　卡特尔　古诺模型　弯折的需求曲线模型
占优均衡　纳什均衡　囚徒困境

二、选择题

1. 假设垄断竞争厂商面临的主观需求曲线需求价格弹性的绝对值是 E_d，客观需求曲线需求价格弹性的绝对值是 E_D，则两个需求弹性的大小关系是(　　)。

A. $E_d > E_D$　B. $E_d = E_D$　C. $E_d < E_D$　D. 无法确定

2. 垄断竞争厂商实现短期均衡时，产品的销售价格(　　)。

A. 大于短期总成本　B. 等于短期总成本
C. 小于短期总成本　D. 以上三种情况都可能存在

3. 垄断竞争厂商实现长期均衡时，厂商的获利情况是(　　)。

A. 亏损　B. 获得正常利润
C. 获得超额利润　D. 以上三种情况都可能存在

4. 寡头垄断厂商的产品(　　)。

A. 可以是同质，也可以有差别　B. 是独特无二的
C. 是互补的　D. 以上都不对

5. 在斯威齐模型中，拐点左右两边的需求价格弹性情况是(　　)。

A. 左右两边弹性一样大　B. 左边弹性大于右边弹性
C. 右边弹性大于左边弹性　D. 以上都不对

6. 卡特尔的解体将引起(　　)。

A. 价格下降，产量下降　B. 价格下降，产量上升
C. 价格上升，产量下降　D. 价格上升，产量上升

7. 所谓“囚徒困境”指的是在涉及两方的简单博弈中，(　　)。

A. 双方都独立按照自己的利益作决策，结果是没有输赢
B. 双方都独立按照自己的利益作决策，结果是一方输一方赢
C. 双方都独立按照自己的利益作决策，结果是双方都得到了最好结果
D. 双方都独立按照自己的利益作决策，结果是双方都得不到最好结果

三、思考题

1. 垄断竞争厂商短期均衡和长期均衡的条件是什么？

2. 试述古诺模型的主要内容和结论。

3. 试述斯威齐模型是如何解释寡头市场上的价格刚性现象的。

四、计算题

1. 假设两个寡头垄断厂商的行为遵循古诺模型，它们的成本函数分别是：$TC_1=0.1Q_1^2+20Q_1+100000$；$TC_2=0.4Q_2^2+32Q_2+20000$。这两个厂商生产某种同质产品，市场需求函数为：$Q=4000-10P$。根据古诺模型，试计算：

(1)厂商 1 和厂商 2 的反应函数。

(2)市场均衡价格、厂商 1 和厂商 2 的均衡产量。

(3)厂商 1 和厂商 2 的利润。

2. 假定双寡头面临市场需求曲线 $P=60-Q$，$Q=Q_1+Q_2$；设 $MC_1=AC_1=MC_2=AC_2=6$，求古诺均衡时均衡价格和产量。如果厂商 1 和 2 串谋的话，均衡时均衡价格和产量如何？假设市场是完全竞争的话，均衡价格和产量如何？

3. 已知某公司面临的需求曲线如下：

$P=25-0.25Q(0\leqslant Q\leqslant 20)$

$P=35-0.75Q(Q>20)$

公司的总成本函数为 $TC=200+5Q+0.25Q^2$。要求：

(1)说明该公司所在行业属于哪种市场结构？

(2)该公司的最优价格和产量是多少？此时的利润(或亏损)是多少？

4. 假设两家企业 A 与 B 之间就做广告与不做广告展开博弈，它们的收益矩阵如下所示：

广告的博弈单位：百万元

		企业 B	
		做广告	不做广告
企业 A	做广告	100,100	300,0
	不做广告	0,300	200,200

请分析并回答：

(1)如果该对局只进行一次，两家企业的决策均衡是什么？

(2)这是不是一个囚徒困境？

五、挑战题*

垄断竞争市场中某厂商的长期总成本函数为：$LTC=0.001Q^3-0.425Q^2+85Q$。该厂商所在的生产集团不存在进入障碍，如果生产集团内所有厂商按同样的比例调整其价格，销售产品的实际需求曲线为：$Q=300-2.5P$。

(1)计算该厂商实现长期均衡时的均衡产量和均衡价格。

(2)计算该厂商主观需求曲线上长期均衡点的需求弹性。

(3)假设该厂商主观需求曲线是线性的，求出厂商长期均衡时的主观需求曲线。

第八章

生产要素市场分析

Microeconomics

在巨富中死去是一种耻辱。

——美国钢铁大王、慈善家安德鲁·卡耐基(1835-1919)

"钱不捐光我死不瞑。因为裹尸布上没有口袋。"

——美国大西洋慈善基金会掌门查克·费尼(1929-)

学习目的与要求

本章研究生产要素的供给原则，分析不同要素供给的特点以及其对要素市场均衡价格决定的影响，提出收入分配平等与否的评价指标。通过本章学习，要求掌握要素市场的相关概念、要素供给原则与效用最大化原则的关系，理解不同要素供给的特点，能够结合实际分析收入分配不平等的问题。

重点与难点

本章重点是：效用最大化的要素供给均衡原则；向后弯曲的劳动供给曲线、土地与资本的市场均衡理论、经济租金的含义；边际生产力分配理论，边际产品价值、洛伦兹曲线、基尼系数等概念。难点是：劳动、资本供给曲线的性质及理解；不同市场均衡的区别等。

第一节　生产要素市场概述

一、要素市场与产品市场

19 世纪传统的西方经济学习惯于把生产要素分为三类，即土地、劳动和资本，直到 19 世纪末，第四种生产要素——企业家才能被"发现"，于是，利润不再视为资本家[①]对工人剩余价值的剥削，而被看成企业家才能的收益，资本所有者的收益则被看作"利息"，劳动要素的报酬体现为工资收入。因此，和产品市场一样，产品市场的均衡理论称为**价格理论**或者**价格决定论**，生产要素市场的均衡理论也可以称为**生产要素价格理论**或者**要素价格决定论**。

在一个封闭的经济系统中，有三大主体市场：产品市场、货币市场和生产要素市场，由于要素也被看作资源或投入品，所以要素市场也被称为**资源市场**或**投入品市场**。广义上生产资源又可以划分为**人力资源**和**非人力资源**。人力资源包括劳动者的技能和知识；非人力资源可以进一步分解为实物资本(可以生产出来的机器、建筑物、生产工具等)、土地以及自然资源。本书前几章讨论了产品市场的价格和数量的决定，这一部分内容通常被看成价值理论，即产品市场的价格中心论。由于讨论的范围局限于产品市场本身，因而这部分价格决定的论述对于其他市场应用而言具有很大的局限性。在产品市场的分析中，需求曲线推导时假定消费者的收入水平为既定，而实际上消费者的收入水平在很大程度上取决于其所拥有的生产要素的价格和使用数量，而要素的价格和数量又取决于要素市场的供求变动情况，也就是说，消费者的收入水平是随着生产要素市场的变化而变化，不是固定不变的。此外，要素，尤其是劳动要素，由于劳动者的双重身份，其生产供给和使用过程与物质产品相比具有很大的特殊性。因此，产品市场分析得出的基本结论不能够完全照搬到生产要素市场中来，经济学仅仅分析产品市场是不够的。

产品市场与生产要素市场(在这里简称要素市场)既相互关联，又有显著区别。企业对生产要素的购买体现为产品的生产成本，同时形成了要素所有者的收入；消费者消费时支出自己的收入，又形成产品的价值和企业的收益，产品市场和要素市场的基本关系为：产品成本＝要素收入＝产品价值。因此，分析要素市场的均衡状况必须结合产品市场才行。一般来讲，产品价格理论与要素价格理论都是基于需求与供给的相互作用，但有下列三点不同：

1. 需求供给来源不同

产品市场——需求来自个人，供给来自企业；

要素市场——需求来自企业，供给间接或直接来自个人；

---

① 资本家和企业家不再是同一概念。张维迎根据社会分工理论对此有过四种类型的划分：既有财产又有企业家才能的称为真正的企业家；只有财产没有企业家才能的人是纯粹的资本家；只有企业家才能没有财产的人是纯粹的管理者；既没有财产又没有企业家才能的只是生产者。

在产品市场，消费者是买方，厂商是卖方，而在要素市场正好相反，需求是厂商，供给是家庭成员（消费者）。这种买卖双方供求关系的转变导致交易过程中的利益最大化的主体发生了变化。

2. 需求的动机不同

产品市场——需求直接来自个人欲望的满足；

要素市场——厂商对要素需求只是一种引致需求（derived demand），即从产品需求引申出来的需求，是间接需求。

3. 价格含义有区别

产品价格——是指购买产品本身的价格；

要素价格——只是使用要素的价格，而不是购买要素本身的价格（参见下页“源泉价格”和“服务价格”概念）。

二、要素市场分析的基本假设前提

除了经济学的基本假定之外，在分析要素市场之前，还需要再有一些基本假定：

基本假设一，假定要素是均质的，也即目前暂时不考虑要素质量方面的差别，比如劳动能力的差异。尽管我们在分析消费者收入差异时经常考虑劳动要素的差异是收入差异的原因之一，但是我们在分析要素市场的均衡时还是没有考虑要素差异的因素。

基本假设二，假定要素（包括劳动要素）是物化的，不考虑劳动者在提供劳动供给时的道德风险因素，关于这一点，后面第十章的信息不对称理论会展开讨论。

基本假设三，由于技术上的原因，生产要素往往不是单独发生作用的，一个人赤手空拳不能生产任何东西，同样机器本身也无法创造产品，只有人与机器（以及原材料等）相互结合起来才能达到目的。对生产要素的需求是共同的、相互依赖的，这种特点称为生产要素需求的**共同性**。严格来说，对某种生产要素的需求，不仅取决于该生产要素的价格，也取决于其他生产要素的价格。生产要素理论应当是关于多种生产要素共同使用的理论，但同时处理多种要素将使分析过于复杂，为简化起见，西方经济学教材往往集中分析一种生产要素的情况，本书也采用了相同的做法。

基本假设四，为明确起见，假定下面讨论的劳动、劳动供给、劳动价格均指劳动服务、劳动服务的供给、劳动服务的价格；土地、土地供给及土地价格均是指土地服务、土地服务的供给及土地服务的价格；资本、资本供给及资本价格均指资本服务、资本服务的供给以及资本服务的价格。

三、基本概念

在讨论生产要素市场之前，最好先弄清以下几个重要概念：

1. 引致需求

在产品市场上，需求来自消费者。消费者为了满足自己的需要而购买产品，例如面包、服装、汽车等，因此，其对产品的需求是直接需求。在要素市场上，需求来自厂商，厂商购买生产要素并不是为了直接消费得到效用，而是为了生产和出售某种产品以获得收益。例如，厂商购买一台机器并不是用来厂商自己消费的，而是用来增加生产能力，从而生产和出售更多满足消费者欲望的产品以获得更多的利润。厂商对要素的需求是因为消费者对某种商品的需求而引发的，是一种间接需求，又称**派生需求**或**引致需求**。

2. 生产服务源泉和生产服务本身

生产服务的源泉不同于生产服务本身。例如，劳动服务的源泉是指劳动者（提供劳动力的人），劳动服务本身是指劳动者从事的生产活动内容（劳动者所提供的工作），劳动者的单位是人，但劳动服务的单位却是"人-时"（或代表劳动者在某个特定时期工作的其他单位）；同样，土地是生产服务的源泉，但其生产服务本身指的是土地的使用，一般用"公顷-年"之类的单位来衡量的；类似的区别也适用于资本，比如，建筑物和机器作为源泉也不同于它们所提供的服务。

3. 源泉价格和服务价格

如果源泉和服务二者均可在市场上交易，就会有两个价格，即**源泉价格**和**服务价格**。这是内涵不同的两个概念。例如，就土地而言，有一个源泉价格，即"1 亩土地交易的价格"，购买者获得了土地的所有权；还有一个服务价格，即一段时间内"使用（租用）1 亩土地的价格"，使用者获得的是土地使用权。再如建筑物和机器，有一个市场的源泉价格，即"建筑物和机器自身的市场交易价格"，也有一个服务价格，即一定时间内"使用（租用）它们的价格"。

有些生产要素的源泉及其服务都可以在市场中交易，例如，土地和资本，而有些生产要素则不能，例如劳动是一个例外，劳动服务可以被买卖，但劳动服务的源泉（即劳动者自身）却不能被买卖①，因此劳动没有源泉价格，只有一个服务价格。生产要素的源泉价格，特别是资本（如机器）的价格，由它们的市场供求所决定，这与产品市场论述过的商品价格的决定大致相同，而服务价格则由于企业对生产要素的购买，一般只获得使用权而没有获得所有权，因此，本章讨论的生产要素价格只代表其使用价格，即服务价格，要素市场的价格均衡或价格决定也指的是服务价格。

4. 地租、工资、利率

对土地、劳动和资本这三类生产要素而言，其服务价格一般使用专用术语，分别称作地租、工资和利率。特别需要说明的是，**地租作为土地的服务价格，仅指当土地的供给固定不变（或供给曲线垂直）时土地服务的价格**。

在生产要素理论里，还有经济租金、准经济租金等概念（参见本章第四节），租金一词被用来泛指一般资源的服务价格，而不管该资源的供给如何，以区别于劳动的服务价格——工资。

5. 边际收益产品（MRP）与边际产品价值（VMP）

边际收益产品和边际产品价值是分配论中的两个核心概念。用 TR 表示厂商的总收益，P 为产品价格，Q 为产品产量，厂商收益函数可以表示为 Q 与 P 的乘积。由于厂商的收益取决于产量，产量又取决于要素，这里假定所讨论厂商的收益函数和生产函数分别为 $TR = TR(Q)$ 和 $Q = Q(L)$，L 为要素数量，则收益可以看成要素的复合函数：

$$TR = TR(Q(L))$$

根据复合函数求导法则以及生产函数的知识，即有：

$$\frac{dTR}{dL} = \frac{dTR}{dQ} \cdot \frac{dQ}{dL} = MR \cdot MP$$

---

① 在历史上，奴隶社会曾经有过买卖奴隶（即劳动者）的现象。

其中，MR 为边际收入，它反映了增加一单位产品所增加的收益；MP 为边际产出，它反映了增加一单位要素所增加的产品。**厂商使用要素的边际收益等于边际收入 MR 和要素的边际产出 MP 的乘积，这个乘积通常被称作要素的边际收益产品**①，并用 MRP 来表示，即：

$$MRP = MR \cdot MP$$

在完全竞争的产品市场中，产品需求是一条水平线，产品的市场价格 P 不随企业产量的变化而变化，视为常数，因此有：

$$MR = P$$

MP 和 P 的乘积，通常称为要素的边际产品价值，用 VMP 表示，即：

$$VMP = MP \cdot P$$

边际收益产品和边际产品价值既有区别又有联系，边际产品价值是边际收益产品中价格不变时的表现情况。此外还应特别注意 MRP、VMP 与边际收益 MR 的区别：MR 是对产量而言，故又称为**产品的边际收益**；MRP 与 VMP 则是对要素而言的。

6. 边际要素成本 MFC

边际要素成本是指增加一单位要素使用所增加的成本，或者说，成本对要素的导数 dTC/dL，通常被叫作边际要素成本，用 MFC 表示。设 ΔL 表示所使用的要素增量，而由此引起的成本增加量用 ΔTC 表示。则：

$$MFC = \lim_{\Delta L \to 0} \frac{\Delta TC}{\Delta L} = \frac{dTC}{dL} = \frac{dTC}{dQ} \cdot \frac{dQ}{dL} = MC \cdot MP$$

这里应特别注意的是，边际要素成本与边际成本的区别。边际成本 MC 是对产量而言的，MC 是指增加一单位产品所增加的成本，即所谓产品的边际成本；而边际要素成本 MFC 是对要素而言的，MFC 指增加一单位要素所增加的成本，是所谓要素使用的边际成本。这两个概念既有区别又有联系，边际要素成本 MFC 等于产品边际成本 MC 与边际产量 MP 的乘积。

第二节　生产要素的需求理论

分析要素市场必须结合产品市场，因为产品市场的不同市场结构对要素市场的影响不同，本节对此将分别加以说明。

一、厂商生产要素使用的基本原则

假设 π 代表完全竞争厂商的利润，它等于厂商的总收益减去厂商的总成本。假设仍然讨论厂商对 L 要素的使用情况，如上节所述，厂商的总收益是要素 L 的复合函数，为 $TR[Q(L)]$；厂商的总成本也是要素 L 的函数，等于所使用的要素数量 L 和要素价格 W

① 在高鸿业主编的《西方经济学》(微观部分)里，$MR \cdot MP$ 称为边际收益产品，有学者建议，为了和 VMP 边际产品价值概念的称呼一致，将 $MR \cdot MP$ 称为边际要素收益更为合适，可以和后面的边际要素成本相对应。

的乘积，而要素价格 W 通常又是要素数量 L 的函数（厂商面临的要素供给函数），即有 $TC(L)=W(L)\cdot L$，则由利润的定义可有：

$$\pi(L)=TR(Q(L))-TC(L)=TR(Q(L))-W(L)\cdot L \tag{8.1}$$

厂商为了达到利润最大化，必须使：

$$\frac{d\pi(L)}{dL}=\frac{dTR}{dL}-\frac{dTC}{dL}=0$$

由上节已知：$\dfrac{dTR}{dL}=\dfrac{dTR}{dQ}\cdot\dfrac{dQ}{dL}=MR\cdot MP$

而：$MFC=\dfrac{dTC}{dL}=\dfrac{d(W(L)\cdot L)}{dL}=W(L)+L\cdot\dfrac{dW(L)}{dL}$

则：$\dfrac{d\pi(L)}{dL}=\dfrac{dTR}{dL}-\dfrac{dTC}{dL}=MR\cdot MP-W(L)-L\cdot\dfrac{dW(L)}{dL}=0$

故有：$MR\cdot MP=MFC=W(L)+L\cdot\dfrac{dW(L)}{dL}$

或：$MRP=MFC$ (8.2)

公式(8.2)即是厂商生产要素使用的基本原则。

在产品市场、要素市场完全竞争的情况下，$MR=P$（常数），$W(L)=W$（常数），$\dfrac{dW(L)}{dL}=0$，故有：$P\cdot MP=W$。在这里，由于 P、W 此时均为常数，只有 MP 是 L 的函数，并遵从边际递减法则，所以得出，一种要素 L 的价格取决于其边际生产力，且边际生产力随着 L 的增加是递减的，这就是边际生产率分配理论的由来。

二、不同市场结构对厂商生产要素使用原则的影响[①]

上述分析可知，由于边际要素成本 MFC 由两个部分组成，第一部分是要素价格 $W(L)$，表示厂商为使用要素 L 而必须支付的要素价格，$W(L)$ 随着 L 使用量的增加而增加；第二部分为乘积项，其中 $\dfrac{dW(L)}{dL}$ 反映了由于增加使用要素而引起的要素价格的变动，它乘上所雇用的要素数量 L，即 $L\cdot\dfrac{dW(L)}{dL}$ 恰好是由于增加 L 使用量导致价格上涨而引起的成本增加。

另外，$W(L)$ 是厂商所面临的要素供给曲线，它的具体形状依赖于厂商所处的市场类型，即厂商是要素市场中的唯一买主呢，还是与许多其他买主并列的买主之一？而边际要素成本的第二部分 $L\cdot\dfrac{dW(L)}{dL}$ 显然取决于第一部分 $W(L)$。由于 $W(L)$ 随不同市场类型而不同，故 $L\cdot\dfrac{dW(L)}{dL}$ 亦是如此。因此全部边际要素成本函数 MFC 的形状必须针对不同的要素市场类型分别加以研究。

要素市场的结构划分与产品市场基本相同，也可以分为完全竞争、垄断性竞争、寡头垄断和完全垄断 4 种类型，由于后 3 种类型有着大体相同的要素需求和供给曲线，因此

---

① 关于市场结构划分的标准参见第六章。

为简便起见，这里分析时只把产品市场和要素市场分别划分为完全竞争和非完全竞争两种类型。两种市场结构组合起来共有 4 种情况，见表 8－1。

表 8－1 产品市场与要素市场的结构划分

<table>
<tr><td colspan="2" rowspan="2">产品市场结构
要素市场结构</td><td colspan="2">产品市场</td></tr>
<tr><td>完全竞争</td><td>非完全竞争</td></tr>
<tr><td rowspan="2">要素市场</td><td>完全竞争</td><td>A</td><td>B</td></tr>
<tr><td>非完全竞争</td><td>C</td><td>D</td></tr>
</table>

对生产要素需求的主体是厂商，厂商追求利润最大化的行为决定了在一定价格水平下的要素使用数量。在不同的市场结构下，产品和要素的价格决定不同，厂商对要素需求的数量不同，以下分别就产品市场和要素市场加以分析。

1. 产品市场影响产品的价格

根据第六章、第七章的市场结构理论，产品市场完全竞争时，买卖双方数目很多且产品毫无差别，任何一家厂商单独增加或减少其产量都不会影响产品的市场价格。换句话说，产品价格与单个厂商的产量多少没有关系，厂商只是市场价格的接受者，产品价格 P 相对固定不变。此时，厂商收益对要素的导数 $MRP = MR \cdot MP = VMP = P \cdot MP$，$MRP$ 与 VMP 重合，即边际收益产品与边际产品价值重合。

当产品市场非完全竞争时，由于有垄断势力的存在，产品的需求曲线是向右下方倾斜的，产品价格 P 不再是常数，价格 P 与需求量 Q 遵从反比的需求法则，P 是 Q 的函数。此时，厂商收益对要素的导数 $MRP = MR \cdot MP$ 不再等于 VMP，即边际收益产品 MRP 与边际产品价值 VMP 分离。

2. 要素市场影响要素的价格

同产品市场的分析相同，当要素市场完全竞争时，要素买卖双方数量很多且要素毫无区别，任何一家厂商单独增加或减少其要素购买量都不会影响要素价格，要素价格 W 由要素市场的总需求和总供给决定，与单个厂商的要素使用量没有关系，与单个要素供给者提供的要素量多少也没有关系，W 可以视为是既定不变的常数，厂商面临的要素供给曲线就是一条水平线。也即 $W(L) = \omega$(常数)，因此，MFC 表达式中第二项 $L \cdot \frac{dW(L)}{dL} = 0$，由上述分析便有：

$$MFC = \frac{dTC}{dL} = W(L) + L \cdot \frac{dW(L)}{dL} = \omega \tag{8.3}$$

它表明要素市场完全竞争时，厂商增加使用一单位生产要素所增加的成本就等于要素市场的价格，厂商可以在不变的要素价格水平上增加 L 使用量。假设要素价格 W 固定为每小时 5 元，则厂商每增加使用一小时劳动就需要且仅需要付出 5 元的成本，即边际要素成本为 5 元，MFC＝5 元。

当要素市场非完全竞争时，比如完全垄断厂商是要素市场上的垄断买方，称为**买方垄断**。由于厂商在要素市场上是买方垄断者，它所面临的要素供给曲线 $W(L)$ 就是整个市场的要素供给曲线，因此不再是水平的，通常 $W(L)$ 总是向右上方倾斜，即要素的市场供给量随要素价格的上升而增加，从而其导数 $L \cdot \frac{dW(L)}{dL} \geqslant 0$，因此有：

$$MFC = W(L) + L \cdot \frac{dW(L)}{dL} \geqslant W$$

这种情况下，由于要素价格不再是固定不变的常数，因而边际要素成本亦不再等于要素的价格。在表 8－1 的 A、B、C、D 4 种情形中，归纳起来，厂商对生产要素的使用原则受市场结构的影响而具体不同。

(1)产品市场完全竞争和要素市场完全竞争(A 情形)。

此时，$MRP = MR \cdot MP = P \cdot MP$ 而 $MFC = \omega$，因此有：

$$P \cdot MP = W \text{ 或者 } VMP = \omega \tag{8.4}$$

在产品和要素市场均为完全竞争的条件下，厂商使用要素的原则是使生产要素的边际产品价值恰好等于生产要素的价格。

(2)产品市场非完全竞争和要素市场完全竞争(B 情形)。

此时，$MRP = MR \cdot MP$，$MR \neq P$ 而 $MFC = W$ 因此有：

$$MR \cdot MP = \omega \text{ 或者 } MRP = \omega \tag{8.5}$$

在产品市场非完全竞争和要素市场完全竞争的条件下，厂商使用要素的原则是使生产要素的边际收益产品恰好等于生产要素的价格。

(3)产品市场完全竞争和要素非市场完全竞争(C 情形)。

此时，$MRP = P \cdot MP$ 而 $MFC = W(L) + L \cdot \frac{dW(L)}{dL} \geqslant W$

$$P \cdot MP = W(L) + L \cdot \frac{dW(L)}{dL} \text{ 或者 } VMP = MFC \tag{8.6}$$

在产品市场完全竞争和要素市场非完全竞争的条件下，厂商使用要素的原则是使生产要素的边际产品价值等于边际要素成本。

(4)产品市场非完全竞争和要素市场非完全竞争(D 情形)。

此时 $MRP = MR \cdot MP$ 而 $MFC = W(L) + L \cdot \frac{dW(L)}{dL} \geqslant W$

$$MR \cdot MP = W(L) + L \cdot \frac{dW(L)}{dL} \text{ 或者 } MRP = MFC \tag{8.7}$$

在产品市场非完全竞争和要素市场非完全竞争的条件下，厂商使用要素的原则是使生产要素的边际收益产品等于边际要素成本。

三、厂商对生产要素的需求曲线

与产品市场的需求分析相同，要素的需求曲线可以定义为：**在一定假设前提条件下，要素价格和其要素使用量之间一一对应的数量关系**，表明对应每一个要素的市场价格，企业愿意购买并能够购买的生产要素的最佳数量，是厂商对要素需求行为的规律性描述。在产品市场分析中，要素 x 的价格一般用 P_x 表示，劳动 L 的价格用 P_L 表示，资本的价格用 P_K 表示，但在要素市场分析中，习惯上，要素 L 的价格常常用 w 表示，资本 K 的价格用 r 表示，因此，厂商对劳动要素 L 的需求曲线用函数表达，就是 $L = f(w)$。

以下分两种情况讨论。一种是要素市场完全竞争的情形，另一种是要素市场不完全竞争的情形，两种情况下厂商对要素的需求理论是截然不同的，前者可以得出有规律的要素需求曲线，而后者的结论是要素的需求曲线不存在。

1. 要素市场完全竞争时厂商对要素的需求曲线

假定其他条件不变，特别地，假定分析时不考虑其他厂商的调整行为，厂商只使用某一种要素。事实上，前面的分析就已经得到了厂商对要素的需求曲线。这里先以产品市场完全竞争和要素市场完全竞争时为例，此时厂商对要素的使用原则是：

$P \cdot MP = \omega$

或写成：

$$P \cdot MP(L) = \omega \tag{8.8}$$

式中，$MP(L)$为边际产量，是要素 L 的函数。由于此时产品价格 P 为既定常数，(8.8)式显然确定了要素价格 ω 和要素使用量 L 的一个函数关系，即确定了完全竞争厂商对要素的需求函数就是 $P \cdot MP(L) = W$，或者 $VMP = W$。当产品价格 P 和要素价格 W 为常数时，$P \cdot MP(L) = W$ 表明厂商对要素的最优使用量大小取决于边际产量 $MP(L)$，下面我们来分析论证这一点。

由于只使用一种要素，要素数量的调整属于短期生产决策问题，$MP(L)$将遵从边际生产力递减这一规律，L 与 $MP(L)$呈反向变化关系，要想 $MP(L)$上升只有减少要素 L 使用量，反之亦然。现在假设要素价格 W 相对高了，于是有 $P \cdot MP(L) < W$，此时表明厂商雇佣的要素 L 多了，增加一个单位要素增加的收益即 VMP 相对小了，利润没有达到最佳化，必须调整要素使用量 L。由于 L 与 $MP(L)$反向，减少使用一单位要素 L 所损失的收益就会小于所节省的成本，因而厂商将决定减少要素的使用以提高利润。随着要素使用量的减少，要素的边际产量上升，从而边际产品价值 VMP 上升，最终将达到 $VMP = W$，厂商利润实现了最大化。

反之，如果要素价格相对低了，$P \cdot MP(L) > W$，说明增加一个单位要素增加的收益大于增加的成本，厂商趋于增加要素使用，直到实现利润最大化。这样便得到了结论：随着要素价格的上升，厂商对要素的最佳使用量即需求量将下降。因此，完全竞争厂商的要素需求曲线与其边际产品价值曲线一样向右下方倾斜。即：

假定其他条件不变，完全竞争厂商对要素的需求数量与要素价格呈反比，其需求曲线与边际产品价值 VMP 重合。

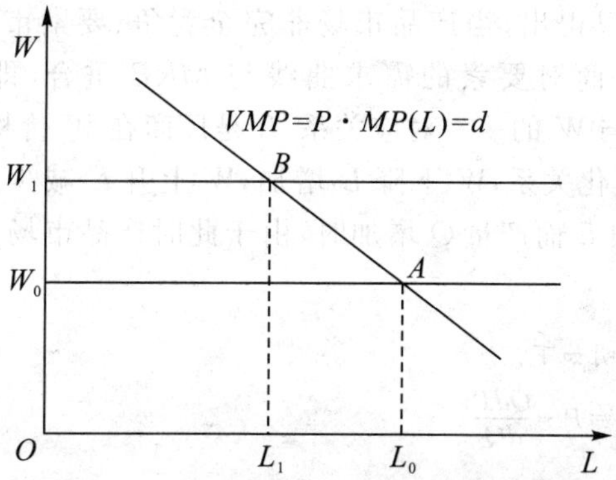

图 8－1　完全竞争厂商的要素需求曲线

在图 8－1 中，边际产品价值 VMP 是 L 的函数，受 MP 影响，是一条向右下方倾斜的曲线。要素价格 W 是常数，也可以看成 L 的函数，在完全竞争时，它的形状就是一条水平线，现在设 $W=W_0$，根据要素使用原则，VMP 和 W_0 这两条曲线的交点 A 决定最优要素需求量为 L_0，这样得到点 $A(L_0, W_0)$；如果市场变化导致要素价格上升至 W_1，则另有一条上移的水平的要素价格曲线 W_1，与 VMP 交于 B 点，相应地最优要素需求量为 L_1，又得到点 $B(L_1, W_1)$，连接 A、B 两点得到 L 与 W 一一对应的一条直线，即是完全竞争厂商对要素的需求曲线。由此可见，给定不同的要素价格，就有相应的要素需求量与之对应，该对应关系恰好由边际产品价值曲线所描绘。这就是说，完全竞争厂商的要素需求曲线恰好与边际产品价值曲线重合。

理解这一需求函数需要把握如下几点：

(1)$P\cdot MP(L)=W$ 表达了一定价格水平下，仅使用一种要素 L 时厂商愿意购买又能够购买的 L 要素的最佳使用量，这是使厂商利润达到最大化的使用量。

(2)上述分析表明，在产品市场和要素市场完全竞争的条件下，$P\cdot MP=W$ 或者 $VMP=W$ 决定了厂商对要素的需求曲线，因此厂商对单一要素的需求曲线与其边际产品价值曲线完全重合为一条线。但特别应当指出的是，这同一条线在两个场合的含义却是截然不同的。首先，它包含的变量含义不同。作为边际产品价值曲线 VMP 时，它的 L 表示要素使用量，$VMP(L)$ 的数值说明使用不同要素数量时边际产品价值(在这里主要是 MP)的结果，其大小受生产技术效率的影响，与要素价格无关；而 VMP 或 $VMP(L)$ 作为要素需求曲线时，这个 L 却是表示最优要素使用量或要素需求量。其次，它反映的函数关系也不同，在边际产品价值曲线场合，自变量为要素使用量 L，边际产品价值是要素使用量的函数，而在要素需求曲线场合，自变量却是要素价格 W，要素需求量 L 是要素价格的函数。

(3)要素需求曲线等于边际产品价值曲线的结论实际上还要依赖于两个“潜在假定”：第一是要素的边际产品价值曲线 VMP 不受要素价格变化的影响，只采用一种生产要素的情况时，这一假定自然满足，考虑使用多种生产要素时就不再合理；第二是产品价格 P 不受要素价格变化的影响，同样这一假定只满足一个厂商进行生产调整的情况，如果考虑其他多个厂商同时调整的行为，则上述假定也不再合理，需要另外分析。

(4)P 为常数是指产品价格不随企业产量 Q 的多少而变化，但是 P 会随着产品市场供求均衡状况的变化而变化，有时上升有时下降；同理，这里说的要素 L 的价格 W 为常数是指 W 不随某一厂商雇佣 L 的数量多少而变化，但是 W 会受整个要素市场均衡状况的影响而相应变化，有时上升有时下降。

运用同样的方法可以得出，当产品市场非完全竞争、要素市场完全竞争时，此时 W 是常数，为水平曲线，厂商对要素的需求曲线与 MRP 重合，即 $MR\cdot MP=W$，或者 $MRP=W$，它确定了 L 与 W 的一一对应关系，L 是厂商在 W 价格下的最优使用量，且 L 与要素价格 W 呈反向变化关系，W 下降 L 增加，W 上升 L 减少。这是因为，MR①与 P 的变化同向，当厂商增加 L 而产量 Q 增加时，由于此时产品市场不是完全竞争而是垄断

① MR 与 P 的关系证明如下：

$$MR=\frac{dTR}{dQ}=\frac{d(P\cdot Q)}{dQ}=P+\frac{QdP}{dQ}$$

$$=P\left(1+\frac{dP}{dQ}\cdot\frac{Q}{P}\right)=P\left(1+\frac{1}{Ed}\right)$$

$$=P\left(1-\frac{1}{|Ed|}\right)$$

的，一个厂商增加产量会影响整个市场供给增加，从而导致价格 P 下降，相应 MR 减少。边际收益产品 MRP 取决于要素的边际产量和产品的边际收入两个因素，除了受要素的边际产量 MP 递减影响之外，还受产品的边际收益曲线 MR 随 L 增加而下降的影响。一般而言，MRP 曲线要比边际产品价值 VMP 曲线更加陡峭一些。

2.要素市场不完全竞争时厂商对要素的需求分析——需求曲线不存在的情况

上述分析已知，当要素市场不完全竞争时，产品市场完全竞争则有 $VMP=MFC$；产品市场不完全竞争则有 $MRP=MFC$。因此，与完全竞争厂商的要素使用原则相比，差别仅仅在于：要素市场不完全竞争，即买方垄断厂商的边际要素成本 MFC 不再等于要素价格 W，不再是常数和水平曲线。正是由于这一差别，使得买方垄断厂商的要素需求理论大大不同于其他厂商类型。

由于 VMP 是 $MRP=MR\cdot MP$ 当 $MR=P$ 时的一种特定情况，且 MRP 与 VMP 都是 L 的函数，都随 L 的增加而递减。为简化起见，假定要素供给函数为线性的，要素成本曲线也是线性的，分别可以表示为：

$W(L)=a+bL$，其中，a、b 均为常数，且 $b>0$；

$TC=C_0+L\cdot W(L)$，其中，C_0 为常数，则：

$$MFC=\frac{dTC}{dL}=W(L)+L\cdot\frac{dW(L)}{dL}=a+bL+bL=a+2bL$$

其中：

$$MFC=\underbrace{W(L)}_{\text{要素价格}}+\underbrace{L\cdot\frac{dW(L)}{dL}}_{\text{要素使用增加引起的要素价格变动导致的成本变化}}$$

因此，边际要素成本曲线与要素供给曲线的纵截距相等，均为 a，但前者斜率为 $2b$，是后者的两倍。厂商对要素的最优使用原则可以写成：

$VMP=MFC=a+2bL$（产品市场完全竞争）

$MRP=MFC=a+2bL$（产品市场不完全竞争）

如图 8－2 所示。这里先以 VMP 为例分析，要素价格 $W(L)$ 与边际要素成本 MFC 分离是要素市场不完全竞争的典型特征，根据厂商对要素的使用原则，MFC 与 VMP 交于 E 点，相应的厂商对要素的最优需求量为 L_0，但是最优价格是不是图中 E 点对应的 W_1 呢？由于 $W(L)$ 与 MFC 分离，当要素需求量为 L_0 时，对应 $W(L)$ 曲线的价格为 W_0，对应 MFC 的价格为 W_1，哪一个是厂商愿意支付的价格水平呢？很显然，它应由要素供给曲线 $W(L)$ 来确定，即为 W_0。这是因为：

$W<W_0$，厂商没法吸收足够的生产要素；

$W>W_0$，厂商不会吸收多于 L_0 的要素。

$W=W_0$，厂商能以该价格吸收到足够的要素量 L_0，它当然不会支付任何更高的价格，比如 W_1。由于要素市场不完全竞争使得 $W(L)$ 与 MFC 分离，买方垄断的厂商具有控制价格能力，能够以较低的要素价格支付成本。因此，在买方垄断下我们得出如下结论：

最优要素使用量 L 由 E 点决定，最优供给量是 L_0；

要素价格由供给曲线上 F 点决定，最优价格是 W_0。

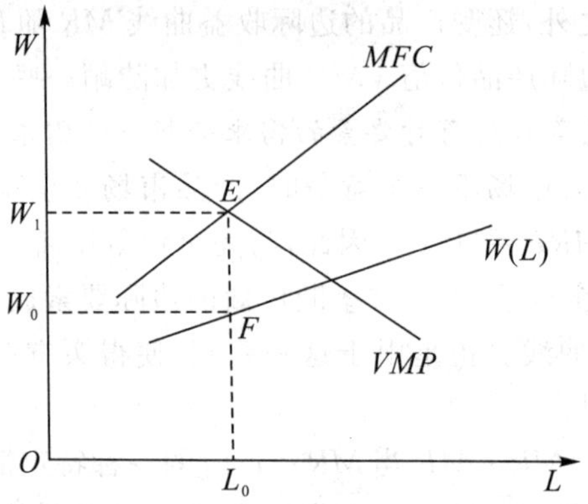

图 8－2　买方垄断厂商的要素需求

到此为止所得到的结论是：当要素价格为 W_0 时，买方垄断的要素需求量为 L_0，我们得到了一个点 (W_0, L_0)，但要得到买方垄断的要素需求曲线，仅仅一个点是无法确定的，我们至少还需要另外一个对应的点才能够得到我们想要的需求曲线——如果这条要素需求曲线确实存在的话。

在图 8－2 中，E 点是 VMP 与 MFC 的唯一交点，(W_0, L_0) 是唯一确定的均衡时的要素最优价格和要素供给量。假如我们再任意确定一个要素价格，比如 W_2，W_2 既不等于 W_0 也不等于 W_1，在 $W(L)$ 不移动的情况下，我们无法找到对应于该价格下的最优要素使用量，能够同时满足要素最优使用原则 $VMP = MFC$！事实上，在这种情况下，只要 $W(L)$ 既定，要素价格就不可能为 $W(\neq W_0)$。换句话说，图 8－2 的模型本身只能确定要素价格和要素需求量的一个点，即 (W_0, L_0)。①

因此，要想得到确定需求曲线的另外一个点，除非要素的供给曲线 $W(L)$ 发生变化！而要素供给曲线一旦发生变化，则边际要素成本曲线 MFC 亦将发生变化，从而它与边际产品价值 VMP 曲线的交点发生变化，于是可以得到其他不同的要素价格和要素需求量的组合。但是，按这个方法得到的所有这些要素价格和要素需求量的组合是否一定构成要素的需求曲线？即对于每一个要素价格，是否都有一个唯一的要素需求量与之对应？利用简单的几何方法即可说明答案是否定的。在图 8－3 中，$W(L)$ 和 MFC 是初始的情况，它们与 VMP 共同决定了要素价格 W_0 和要素需求量 L_0。现在假设要素供给曲线变动到 $W'(L)$，相应的边际要素成本曲线变动 MFC'，MFC' 与 VMP 交于 F 点，F 点对应的要素需求量为 L_1，FL_1 与曲线 $W'(L)$ 的交点对应的要素价格水平恰好等于 W_0，这样我们得到了第二个点 (W_0, L_1)。这说明，对应同一个要素价格 W_0 有两个不同的要素需求量 L_0 和 L_1，可见 W 与 L 不存在一一对应的关系，因此垄断买主的要素需求曲线不存在，

① 上述分析已知，当要素市场为完全竞争（产品市场则可为完全竞争或垄断）时，我们通过改变要素价格（W 常数，曲线水平，变化时上下移动）来确定不同的要素需求量，就可以得到 W、L 一一对应的需求曲线 VMP，换言之，当要素价格 W 变化时要素需求曲线 VMP 是不移动的，但是在要素市场不完全竞争时并非如此。

或者说当要素市场不完全竞争时，厂商对要素的需求缺乏规律性，垄断买主具有市场控制能力，能够针对要素供给曲线 $W(L)$ 的变化，在同样的价格水平下，通过改变要素使用量来实现利润最大化。

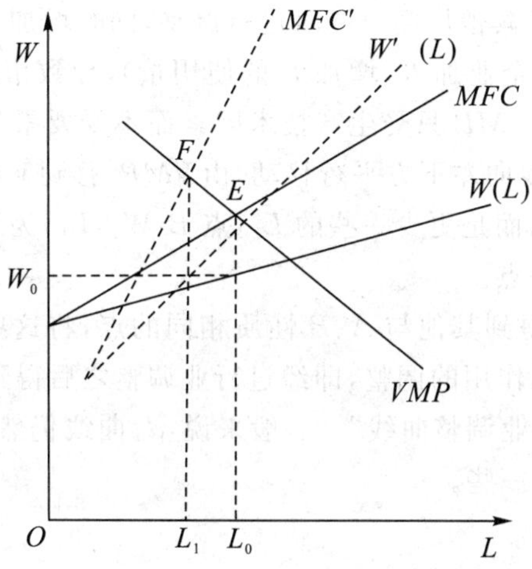

图 8－3　价格 W_0 对应不同的要素需求量

四、多种要素及多个厂商的复杂情形*

上面分析的是单个要素、单个厂商对要素的需求曲线，得出的结论是：当要素市场是不完全竞争的时候，无论产品市场是否是竞争的，厂商对要素的需求曲线都不存在，自然而然，要素的市场需求曲线也不存在；只有当要素市场是完全竞争的时候，厂商对要素的需求曲线存在，且分别是 $VMP=W$（产品市场完全竞争时）及 $MRP=W$（产品市场不完全竞争时），接下来就可以根据这一结论推导出厂商使用单个生产要素时的市场需求曲线。

1. 厂商使用单个要素的市场需求曲线

分析单个厂商的要素需求时，有一个前提条件：假定其他厂商均不同时进行调整。下面先来分析要素市场完全竞争、产品市场也完全竞争的情形。

假设市场上总共有 n 个厂商，其中某一厂商是 m，使用单个生产要素。当要素价格发生变化时，如果其他厂商均不调整，只有厂商 m 的要素需求量和使用量发生变化，从而只引起厂商 m 的产品数量变化，单个厂商的供给量增加或减少，在产品市场完全竞争时并不能改变产品的市场价格，这时厂商对单个要素的需求曲线就等于其边际产品价值曲线 VMP。但若其他厂商也同时进行调整，则情况就不同了。分析整个要素市场的需求，显然"假定其他厂商均不同时进行调整"这一假设条件不复存在，要素的市场价格变动会引起厂商 m 而且引起所有其他厂商的要素需求量和使用量的变动，进而引起相应产量的变动，全体厂商的产量变动将改变产品的供给曲线，在产品市场需求不变时，将改变产品的市场价格。产品价格的改变再反过来使每一个厂商（包括厂商 m）的边际产品价值曲线发生改变，厂商 m 的要素需求曲线也不再等于其边际产品价值曲线。因此，不能够通过简单加总市场上所有厂商的边际产品价值曲线来求得市场的要素需求曲线。

图 8－4 中表现了所有厂商同时调整时厂商 m 对要素需求曲线的变化，仍以要素 L 为例，假设初始要素价格为 W_0，相应的产品价格为 P_0，厂商 m 对要素 L 的初始需求曲线

为边际产品价值曲线 $VMP_0=P_0\cdot MP$，要素需求量 L_0，则 $A(L_0, W_0)$ 为所求需求曲线上一点。

现在假定要素价格下降到 W_1，其他厂商不作同时调整的话，厂商 m 对要素 L 的需求量就应增加到 L_2。但由于其他厂商也同时进行调整，同时增加 L 的使用量(要素 L 的价格下降时还可能会有新的企业加入，增加 L 的使用量)，导致市场上产品供给增加，产品价格下降，由 P_0 下降到 P_1，MP 只受生产技术因素而不受要素价格的影响，因此，MP 不变，于是边际产品价值曲线向左下方平行移动，由 VMP_0 移到 VMP_1，从而在要素价格 W_1 下，L 的需求量不再是 L_2，而是更少一些的 L_1，点 $B(W_1, L_1)$ 为所有厂商同时调整时厂商 m 对要素 L 需求的另外一点。

重复上述过程，可以得到其他与 A、B 性质相同的点，将这些点连接起来即得到 d_m，d_m 表示经过多个厂商相互作用的调整，即经过行业调整之后得到的第 m 个厂商的要素需求曲线，可简称为"m 的行业调整曲线"。一般来说，d_m 曲线仍然是向右下方倾斜的，但比边际产品价值曲线要陡峭一些。

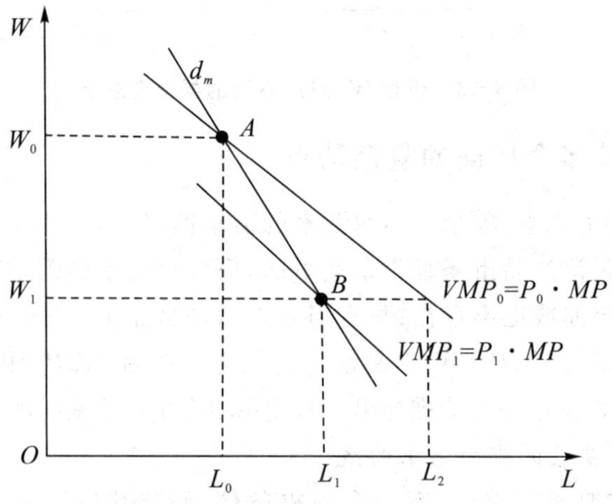

图 8—4　多个厂商同时调整时厂商 m 的要素需求曲线

用同样的方法可以得到在行业调整情况下的 n 个单个厂商的要素需求曲线 d_1、d_2、$d_3\cdots d_m\cdots d_n$，则整个市场的要素需求曲线 D 可以看成所有这些厂商的要素需求曲线的简单水平相加，即：

$$D=\sum_{m=1}^{n} d_m \tag{8.9}$$

特别地，如果 n 个厂商的情况完全一样，即 $d_1=d_2=\cdots=d_n$ 的话(例如在产品市场、要素市场完全竞争的理想情况下，可以假设所有厂商的情况均一样)，则市场的要素需求曲线就是：

$$D=\sum_{m=1}^{n} d_m = n\cdot d_m \tag{8.10}$$

但特别应当注意的是，被简单地水平相加的是每个厂商"真正的"要素需求曲线，即是在考虑了多个厂商共同行动所引起的全部调整之后得到的行业调整曲线 d_m，而不是边际产品价值曲线 $VMP=P\cdot MP$ 的水平相加。

当要素市场完全竞争而产品市场不完全竞争时，如果产品市场完全垄断，只有一家垄断企业，则不存在其他厂商及其同时调整的情况，此时厂商对一种要素的需求曲线正如前面分析的一样，与边际收益产品重合，即 $MRP=W$。但如果产品市场是寡头垄断或垄断性竞争的市场，或是不完全垄断的市场，情况将更加复杂。在寡头垄断情况下，寡头企业的数目、产品是否同质、企业是否有共谋等等会对产品市场价格产生不同的影响，因而每个厂商的调整对其 MRP 的影响不同，需要具体情况具体分析，不能由几个寡头的 MRP 水平相加来简简单单地求得。

同样道理，如果产品市场是垄断性竞争的，产品之间存在一定的差异性，又有一定的替代性，所有厂商同时调整要素使用量，比如同时增加时(在这种结构下，厂商也有可能不同时调整)，某一个厂商 m 的产量增大虽然说不直接影响市场需求，其自己的 $MRP=MR\cdot MP$不会因为自己的调整而改变位置，而只是收益变化即 MR 的数值变化。但是厂商 m 的供给增加会使其产品价格下降，因而需求量增加，可能导致对其具有产品替代性的厂商的产品需求减少，引起其他厂商的 MRP 的减少，MRP 曲线向左移动，反之，若其他厂商的调整也会使厂商 m 的 MRP 减少，MRP 曲线向左移动。因此情况比较复杂，也不能简单地直接由所有厂商的 MRP 水平相加求得。

除非是，如果产品市场不完全竞争时，在多个厂商共同调整之后得到的所有厂商的行业调整曲线 MRP'_1、$MRP'_2\cdots MRP'_n$，这时，市场的要素需求曲线可以由多个垄断厂商行业调整后的边际收益产品曲线的水平相加得到，即：

$$D=\sum_{r=1}^{n}MRP'_r \tag{8.11}$$

2.厂商使用多种变动要素的需求曲线

厂商使用一种变动要素时，例如 L 为变动要素，其他要素均为固定要素，L 的价格变化不会对要素 L 的边际产出即 MP 曲线产生影响，因此可得 MRP(产品市场完全竞争时是 VMP)就是厂商对要素 L 的需求曲线。但如果厂商同时使用多种变动生产要素，结果就不同了。这时 L 只是其中之一，其他要素不再固定不变，当要素 L 的价格变化时不仅会导致企业对 L 的使用量变化，同时也会导致对其他要素使用量的变化，要素之间的替代或组合关系会影响要素 L 的边际产量曲线，换言之，MP 曲线的形状或位置会发生变化，边际收益产品曲线 MRP 就不再是厂商对要素 L 的需求曲线了。

厂商使用多种变动要素的情况下，当其中一种要素价格变化时，厂商会重新调整各种要素的使用量，寻找各种要素之间资源配置的最优组合，以实现利润最大化。这一过程会产生三种效应：

(1)替代效应。

如果要素 L 的价格从 W_1 下降到 W_2，其他要素价格不变，则要素 L 相对便宜，厂商会尽量用要素 L 来替代其他相对较贵的要素，L 的使用量增加而其他要素的使用量减少。

(2)产量扩张效应。

企业在要素价格下降的情况下，意味着同样的总成本支出可以购买使用更多的要素数量，各种变动投入可以同时增加，从而产量扩大。

(3)利润极大化效应。

替代效应与产量扩张效应最终结果是利润极大化效应，厂商在各种要素同时调整的条件下，按照边际收入等于边际成本的利润最大化要求，重新确定实现利润最大化的产量水平，于是厂商将对所有变动要素的使用量作进一步调整，直到获得利润最大化均衡。

最后，要素 L 价格变化引起的各种要素调整的结果使 L 的 MRP 产生移动，下降时向右移动，上升时向左移动，和图 8－4 中的分析相似，找到 L、W 的两个点，得到厂商使用多种要素情况下要素 L 的需求曲线，也是向右下倾斜的，L、W 呈反比关系，但不是 MRP，这一点不难得出，不再赘述。

第三节　生产要素的供给理论

本章第二节探讨了要素的需求理论，现在开始分析要素的供给理论，虽然思考的出发点仍然遵循最大化的分析思路，但是比较起来，生产要素的供给理论要比需求理论复杂，而且争论较多。关于资本的问题，西方经济学展开了长达数年的"两个剑桥的争论"，一方是以英国经济学家罗宾逊夫人为代表的英国剑桥大学学者，另一方是以索洛和萨缪尔森为代表的美国麻省理工学院的学者，争论的焦点主要是资本的衡量与边际生产率问题，首先提出疑问的是罗宾逊夫人①。从资本度量来看，生产要素的边际生产率（如 MP_L、MP_K 等）是根据生产函数而求得的，而生产函数中所包括的变量又必须以实物单位加以表示。例如产品单位包括重量、长度、容积、个数等，劳动单位可用日、小时等，土地单位可使用公顷或其他面积单位。但是在生产函数的分析中，资本代表一组形状不同、功能各异的实物，如化肥、车床、拖拉机、通信工具、运输器材等，找不到一个大致适用的实物单位，换言之，资本缺乏一个共同的单位，那么生产函数中的资本总量 K 也就无法加以衡量。这样就延伸出另外一个问题，资本既然无法度量，也就找不到资本的边际生产率，边际生产率分配论赖以成立的 MP_K＝利息的说法也就无从建立。

"两个剑桥的争论"历经多年，表面看来胜利似乎偏向罗宾逊夫人一方，但最后终因没有明确定论而不了了之，资本衡量的问题不再有人问津，但是边际生产率分配理论至今仍然广为流传。

一、要素供给者的特点

在西方经济学的要素需求理论中，要素使用者是相对"单一"的，即生产者或厂商，因而其行为目标也是"单一"的，即追求利润的最大化。但转到要素的供给理论方面，问题稍稍复杂一些：因为要素所有者——供给者具有双重身份，既可以是生产者，也可以是消费者。生产者通常是"中间产品"或"中间生产要素"（如钢材、厂房、车床等，有时称为资本品）的所有者或供给者；消费者则是"原始生产要素"（如劳动、土地和资本等）的所有者或供给者。由于要素所有者的身份不同，因而其行为目的也大不相同。按照西方学者的假定，生产者追求利润最大化，消费者追求的是效用最大化，这种行为目标的不一致自然会影响到对要素供给的分析。

① 罗宾逊.生产函数和资本理论，经济研究评论，1953－1954，81～106。

生产者作为“中间要素”的所有者或供给者时，由于中间要素的供给与一般产品的供给并无任何区别，钢材、厂房、车床等这些中间要素即中间产品本身就是一般的产品，而相关产品市场理论在前面几章中已经详细讨论过，在这里可以直接使用而无须赘述。因此，本节关于要素供给的讨论现在可以完全局限于要素所有者仅为消费者的范围，即只从消费者的效用最大化行为出发来建立其要素供给量与要素价格之间关系的理论。

与生产者不同的是，消费者作为要素所有者或供给者时，要素的供给问题有两个明显的特点：一是消费者拥有的要素数量（简称为资源）在一定时期内总是既定不变的，或者说资源是既定的，不能够像生产厂商那样通过劳动加工而连续生产出来。例如，消费者一天的劳动供给无论如何增加也不可能超过 24 小时，劳动时间无疑是固定的；消费者拥有的土地也是固定的，比如某消费者目前拥有 10 亩土地，则他可能的土地供给量最大不可能超过 10 亩，因为土地无法通过生产的方法增加数量。

第二个特点是，由于在一定时期内，消费者拥有的资源数量总是既定的，生产要素对于其所有者来说具有两种用途：**市场供给和保留自用**。即除去供给市场的生产要素外，剩下的部分则“保留自用”，以下简称为**“自用”**资源。因此，要素供给问题可以看成：消费者在一定的要素价格水平下，将其全部既定资源在要素的**“市场供给”**和**“保留自用”**两种用途上进行分配，以获得最大效用。

二、要素供给的一般原则

按照消费者追求效用最大化的原则，可以有几种方法得到相同的要素供给原则，主要有：边际效用均等法则、无差异曲线分析法（图解法）、拉格朗日函数求极值的方法等。

在分析之前先做一些假设：设消费者拥有的单一既定资源或生产要素总量为 $\overline{L}$，资源价格或要素价格为 W，在该价格下，消费者的自用资源量为 l，则其市场的要素供给量为$\overline{L}-l$，从要素供给中得到的收入为 $Y=W\cdot(\overline{L}-l)$，也可以书写成 $Y+W\cdot l=W\overline{L}$

1. 边际效用均等法则

边际效用均等法则我们在效用理论章节中已经分析过，在这里这一理论可以直接应用。消费者将单一既定资源或要素总量 $\overline{L}$ 分配两种用途：供给市场 $\overline{L}-l$ 和保留自用 l，达到效用最大化时应该满足：

作为要素供给的资源的边际效用要与作为保留自用的资源的边际效用相等。

如果要素供给的边际效用小于保留自用的边际效用，则可以将原来用于要素供给的资源转移一单位到保留自用上去，这时减少一单位要素供给所损失的效用要小于增加一单位保留自用资源所增加的效用，从而增大总的效用。这样不断调整直至总效用达到最大为止。反之，如果要素供给的边际效用大于保留自用的边际效用，要素所有者反过来将原来用于保留自用的资源转移一单位到要素供给上去，以使总的效用增大直到效用最大化为止。上述调整过程可以最终达到均衡状态，即要素供给的边际效用和保留自用的边际效用相等。

(1)要素供给的边际效用。

要素供给的边际效用是指增加一个单位要素供给增加的效用。消费者把生产要素供给市场的目的是为了获得收入，有了收入才可以通过消费获得效用，没有收入，即使供给市场也没有丝毫效用，因此要素的市场供给本身对消费者并无任何效用，消费者的效用是收入带来的。所以说,要素供给的效用是**“间接效用”**,要素供给通过收入与效用相联系。假设要素供给增量为 ΔL,由此引起的收入增量为 ΔY,而由收入增量所引起的效用增量为 ΔU,则要素供给的边际效用:

$$\frac{\Delta U}{\Delta L}=\frac{\Delta U}{\Delta Y}\cdot\frac{\Delta Y}{\Delta L}$$

(2)自用资源的边际效用。

自用资源的边际效用是指增加一个单位保留自用的资源增加的效用。消费者保留自用的资源通过不同的途径产生效用,既可带来间接效用,亦可带来直接效用。例如,保留自用的资源可以用来做家务或干脆休息,前者可以理解为自用资源实际上是“为自己劳动”(要素供给市场时是为他人劳动),它节省了本来需请别人来帮忙做家务的昂贵开支,等于变相增加了收入,因而这时和要素供给一样,可以说是节约开支,相对增加收入,间接地带来了效用;后者则直接地增加了消费者的效用,因为它直接地满足了消费者的健康和娱乐的需要。

为简化分析起见,以后假定自用资源的效用都是直接效用,即不考虑类似可以用来干家务这类现象,则自用资源的边际效用为:$\frac{\Delta U}{\Delta l}$。

根据效用均等法则即可得到满足消费者追求效用最大化前提条件的要素一般供给原则是:

$$\frac{\Delta U}{\Delta l}=\frac{\Delta U}{\Delta Y}\cdot\frac{\Delta Y}{\Delta L}$$

也可以取极限的表达式:

$$\frac{dU}{dl}=\frac{dU}{dY}\cdot\frac{dY}{dL}$$

假设要素供给是均质的,一般来说,单个消费者不过是要素市场上众多要素所有者之一,即他是要素市场上的完全竞争者,面临的要素需求曲线是一条水平线。在这种情况下,要素 L 的边际收入显然就等于该要素的价格 W,即有 $dY/dL=W$,所以上式又可以表示为:

$$\frac{dU}{dl}=\frac{dU}{dY}\cdot W \text{ 或者 } \frac{dU/dl}{dU/dY}=W \text{①} \tag{8.12}$$

最后得到**要素供给的一般原则是:自用资源的边际效用与要素收入的边际效用之比正好等于要素的市场价格**。

2. 无差异曲线分析*

同效用理论、生产函数理论的应用方法相似,关于要素供给一般原则的确定也可以利用无差异曲线的分析工具,通过效用曲线与预算线的切点定律得出要素供给的一般原则。

仍以要素 L 为例,其价格 W。图 8—5 中,横轴表示自用资源的数量 l,纵轴 Y 表示要

① 为得到与效用论一章完全一致的结论,考虑有所谓“收入的价格”W_y,显然有 $W_y=1$,因此有:$\frac{dU/dl}{dU/dY}=\frac{W}{W_y}$

素供给所带来的收入，$\overline{L}$ 为单一既定资源或要素总量，U_0、U_1、U_2 是消费者的三条无差异曲线，假定它们具有一般无差异曲线一样的特点。例如：在同一条曲线上不同的点代表不同的收入 Y 和自用资源 l 的组合产生的效用相同；U_0、U_1、U_2 不会相交且向右下方倾斜，向原点凸出；距离原点越远效用值越大，即 $U_2>U_1>U_0$，这意味着收入和自用资源对消费者而言多多益善。

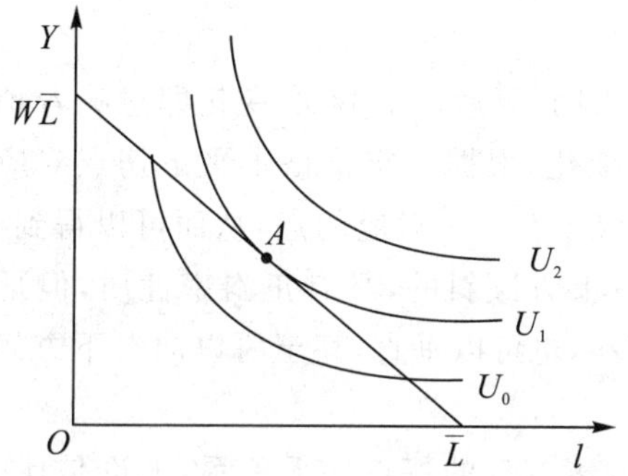

图 8－5　要素供给原则——无差异曲线分析

消费者分配既定要素资源的“预算线”或约束条件就是已知的 $Y=W(\overline{L}-l)=W\overline{L}-W\cdot l$，其中 W 视为不变的常数。该预算线是一条直线，斜率是要素价格的相反数 $-W$；当自用资源 $=0$ 时，要素资源全部供给市场，收入最大为 $W\overline{L}$，即是图中的纵截距；当 $l=\overline{L}$ 时，要素完全保留自用，收入 $Y=0$，$\overline{L}$ 等于横截距的数值。

该“预算线”总要与某一条无差异曲线相切于一点，不妨假设是图中的 A 点，根据切点定律，两条曲线的斜率应恰好相等。其中无差异曲线的斜率可以表示为收入增量与自用资源增量之比的极限值 dY/dl（由于无差异曲线向右下倾斜，dY/dl 结果应为负值），即收入对自用资源的导数，又可称为**资源供给的边际替代率**，它表示消费者为增加一单位自用资源所愿意减少的收入量，则资源供给的边际替代率 dY/dl 可以表示为自用资源和收入的边际效用之比（参见第三章效用论的有关推导）：

$$\frac{dY}{dl}=\frac{MU_l}{MUy}=\frac{dU/dl}{dU/dY}$$

最优点 A 的必要条件即要素供给最优原则可以写成（斜率相对）：

$$\frac{dY}{dl}=\frac{dU/dl}{dU/dY}=W$$

结果与公式（8.12）相同。

3.拉格朗日效用函数求极值的方法*

设消费者即要素所有者的效用函数为：

$$U=U(Y,l)$$

受到的预算约束条件为：

$$Y+W\cdot l=W\overline{L}$$

构造拉格朗日函数：$f=U(Y,l)+\lambda(Y+W\cdot l-W\overline{L})$，其中 λ 为拉格朗日乘子。求该函数的极值。于是新函数 f 的一阶条件满足：

$$\begin{cases} \dfrac{\partial f}{\partial Y} = \dfrac{\partial U}{\partial Y} + \lambda = 0 \\ \dfrac{\partial f}{\partial l} = \dfrac{\partial U}{\partial l} + \lambda W = 0 \end{cases}$$

两式联立求解，即可以求得要素供给原则 $\dfrac{\partial U}{\partial l} / \dfrac{\partial U}{\partial Y} = W$，也即 $\dfrac{dU/dl}{dU/dY} = W$。

4. 一般要素的供给曲线

要素供给的一般原则表明：要素价格 W 的变化即意味着预算线斜率的变化，切点定律确定的最优点就会发生变化，根据一定价格水平下切点对应的 Y、l，容易找到 W 与 l 一一对应的点，也即 W 与 $(\overline{L}-l)$ 一一对应的点，从而可以得到要素的供给曲线。一般来说，要素的供给曲线是向右上方倾斜的，具有正斜率性质，但是并不尽然。事实上，要素供给曲线可以向右上方倾斜，也可以垂直，甚至可以向右下方倾斜，其形状主要受无差异曲线特征的影响。

一般而言，收入 Y 与要素本身的特点并无关系：无论是什么要素带来的收入都被假设是一样的，只要其数量相同就有一样的效用；但是自用资源却可能因为其性质不同而对效用的影响大相径庭。有些东西保留下来即足以增加效用，例如时间资源就是如此；另外一些东西保留下来却未必能增加效用，或者即使能增加效用，其效果也微不足道，可以忽略不计，例如，不存在其他用途的土地就可能属于此类情况；还有一些东西保留下来不仅不能增加，反而要减少效用，例如收入。保留收入意味着减少当前的消费，从而减少当前的效用。因此，保留自用要素资源的不同特点影响无差异曲线形状，从而导致要素供给曲线之形状不同，需要区别分析。以下主要针对劳动、土地、资本三种不同种类的要素分别讨论其供给方面的特点。

三、单个劳动的供给曲线——向后弯曲

根据供求理论可以知道，产品市场供给曲线描述的是一定条件（非价格因素不变）下，商品价格和供给量之间一一对应的数量关系。同理，劳动要素的供给曲线也可以理解为一定条件下（非价格因素不变）劳动价格与劳动供给量之间的一一对应数量关系。

一般来说，影响劳动供给的主要因素有：

(1)劳动的价格——工资率。

(2)劳动者的偏好，即劳动者对工作或闲暇的选择。

(3)人口总量或人口规模。

(4)劳动力与其他要素相比较的投放比率。

(5)劳动者受教育的程度、职业及地理分布。

(6)有关的立法制度等等。

在这里，(1)为价格因素，(2)～(6)都是非价格因素，假设非价格因素不变，对要素劳动而言，劳动供给问题可以看成消费者如何决定其拥有的既定时间资源在闲暇和劳动供给两种用途上的分配，或者更一般地说，是在自用资源（闲暇）和劳动收入之间进行选择。那么，劳动的供给是怎样的一种规律变化呢？

时间资源对任何劳动者而言都是既定的，这里的“既定”含有两层含义：一是指每天

只有 24 小时，这是不会改变的；其二是指在这固定的 24 小时中，必须有一部分用来睡眠以保证劳动力的再生产。睡眠对具体的消费者而言虽然可长可短，但正常情况下，通常认为短期不会有大的变化。因此，为分析方便起见，不妨假设消费者每天必须睡眠 8 小时，这样，消费者可以自由支配的时间资源就固定为 24－8＝16 小时。

这 16 小时消费者一部分用于市场供给，即向市场提供劳动，余下部分称为“闲暇时间”，主要用于吃、喝、玩、乐，即用于各种消费活动的时间。在现实生活中，闲暇时间也可用于非市场活动的“劳动”，例如干家务活，自己维修家电等，这里暂先不考虑这种情况。消费者选择一部分时间作为闲暇来享受，选择其余时间作为劳动供给，闲暇直接增加了效用，劳动供给则可以带来收入，通过收入用于消费再增加消费者的效用。因此，就实质而言，消费者并非是在闲暇和劳动二者之间进行选择，而是在闲暇和劳动收入之间进行选择，或者更一般地说，是在自用资源和收入之间进行选择。

在图 8－6 的 a）中，横轴 H 表示闲暇，纵轴 Y 表示劳动供给的收入，U_0、U_1、U_2 为消费者的三条无差异曲线；b）中横轴 $16-H$ 代表消费者的劳动供给量，纵轴 W 代表要素劳动的价格。假定初始劳动的价格即工资为 W_0，如果消费者 16 个小时的时间资源全部用于市场供给，则最大可能的收入是 $16W_0$，a）中消费者在工资 W_0 条件下的预算线为 K_0E，与无差异曲线 U_0 的切点为 A，对应的闲暇为 H_0，从而劳动供给量为（$16-H_0$），于是得到 b）中的劳动供给曲线上一点 $a(W_0, 16-H_0)$。

假设劳动的价格由 W_0 上升到 W_1 和 W_2，消费者的预算线斜率上升，a）中预算线由 K_0E 转到 K_1E 和 K_2E，分别与无差异曲线 U_1、U_2 相切于 B 点和 C 点，对应的最优闲暇量分别为 H_1 和 H_2，从而相应的劳动供给量一个为（$16-H_1$），一个为（$16-H_2$），这样又得到 b）中劳动供给曲线上两点：$b(W_1, 16-H_1)$、$c(W_2, 16-H_2)$。重复上述过程，可以得到更多类似的点。连接 A、B、C 点得到**价格扩展线** PEP；连接 a、b、c 即得到消费者的劳动供给曲线 S。

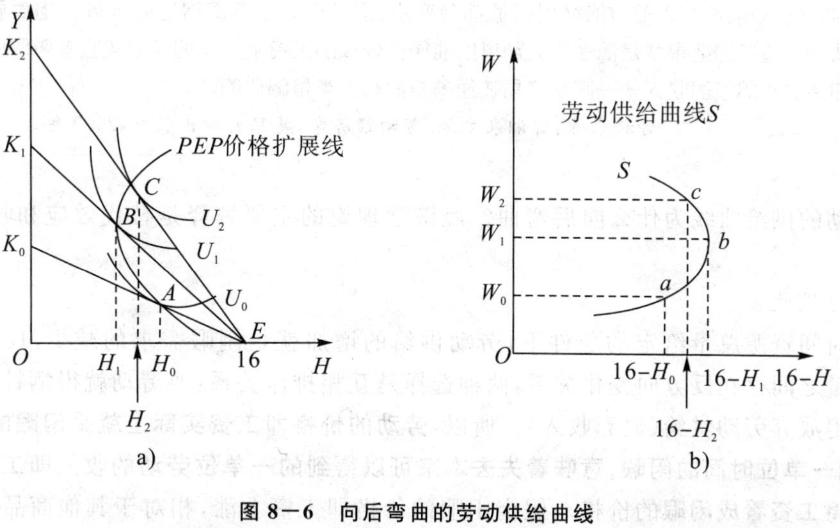

图 8－6　向后弯曲的劳动供给曲线

图 8－6 中的 b）得到的劳动供给曲线的形状，基本上是一种经验性的共识，即它拥有两个不同阶段。理论界普遍认为，第一个阶段与一般要素的供给曲线相同，第二阶段则具有一个鲜明的特点：与一般要素供给不同，具有“向后弯曲”的形状。这说明，当初始工

资较低时,随着工资的上升,消费者愿意为较高的工资减少闲暇,增加劳动供给量,获取更多收入,谋求效用最大化,在这个阶段,劳动供给曲线向右上方倾斜。但是,工资上涨对劳动供给的吸引力是有限的。例如当工资涨到 W_1 时,消费者的劳动供给量达到最大,此时如果继续增加工资到 W_2,劳动供给量非但不会增加,反而会减少,于是劳动供给曲线从 b 点处起开始向后弯曲。

案例资料 8-1

鸽子的劳动供给

经济学一直被认为是“研究如何在无限竞争使用中分配稀缺资源问题”。因为这个目的,经济学的工具就被用来分析动物的行为,和分析人的行为一样。在一个经典的研究中,瑞门德·白特里奥、里纳德·格林、约翰·卡格描述了一个他们对动物的收入和替代效应预计的实验。

这个实验的主角是白卡里奥特斯鸽子,它们的工作任务是叼拾一个反应钥匙。如果鸽子叼拾到一个足够次数的水平,它们的报酬就是可以进入一个盛满混合谷物的食油漏斗中。“工资”将随着每次报酬叼拾的平均数目的改变而变化,从最多的每次报酬400 配克到最少的 12.5 配克。此外,“非劳动收入”可以通过让鸽子自由进入食物漏斗而不需要叼拾(闲暇)来表示。这个环境意味着可以观察在钥匙叼拾(“工作”)和鸽子的基本活动——用喙整理自己的羽毛以及到处走动(“闲暇”)之间的交易活动。这个工作任务对鸽子来说完成并不困难,但需要花费精力。

白特里奥、格林、卡格发现鸽子的行为完全符合经济理论。在实验的第一阶段,他们减掉了工资率(每配克报酬)但增加了足够的自由食物以只观察替代效应。几乎每一次这些鸽子都减少了它们的劳动供给而增加了闲暇时间。在实验的第二阶段,他们拿走了自由食物以只观察收入效应。他们发现当鸽子的收入被减时每只鸽子都增加了叼拾的数目(减少了闲暇)。这样可以看到,闲暇对鸽子来说是正常商品。此外,工资增长时,替代效应和收入效应的绝对价值都会变小,但替代效应下降得比收入效应相对要快——造成的结果就是鸽子的劳动供给曲线在较高的工资上。正如三位实验者所得出的结论:“鸽子的收入——闲暇交易在很多方面和人类是相似的。”

资料来源:曾湘泉主编.劳动经济学,复旦大学出版社,2009 年。

劳动的供给曲线为什么向后弯曲?经济学理论的主要解释是替代效应和收入效应的影响。

1.替代效应

在时间资源总量给定的条件下,劳动供给的增加就是闲暇需求的减少,反之亦然。二者数量之间存在反方向变化关系,两种选择是互相排斥关系:要劳动就得牺牲闲暇,要闲暇就得放弃劳动供给(放弃收入)。所以,**劳动的价格即工资实际上就是闲暇的机会成本:增加一单位时间的闲暇,意味着失去本来可以得到的一单位劳动的收入即工资,或者亦可以将工资看成闲暇的价格**。假定闲暇的价格即工资上涨,相对于其他商品而言,闲暇这个商品现在变得更加“昂贵”了(其机会成本上升了),于是消费者减少对它的“购买”,而转向其他替代商品。因此,与其他正常商品一样,由于替代效应,闲暇需求量与闲暇价格(即工资代表的价格)反方向变化,工资上涨,闲暇减少,工资下降,闲暇增加。

由于劳动供给与闲暇的"对立",闲暇需求随着劳动价格的下降而下降等价于劳动供给随着劳动的价格上升而上升,反之亦然。

2.收入效应

劳动供给与闲暇的"对立"实际上也即是收入与闲暇的"对立"。假定其他条件不变时,对于一般商品,价格上升意味着消费者实际收入下降,但对闲暇这种商品来说却正好相反。工资价格上升等价于闲暇价格的上升,此时消费者放弃等量的闲暇提供等量的劳动供给可以获得比之前更多的收入,或者说,即使减少一些劳动供给以增加闲暇享受也不会减少收入。这意味着价格上升,收入增加,而随着收入的增加,消费者将增加对商品的消费,亦会同时增加对闲暇商品的消费。结果,由于收入效应,闲暇需求量与闲暇价格的变化方向相同,闲暇商品与一般正常商品的收入效应相反。当工资的提高使人们富足到一定的程度以后,人们会更加珍视闲暇。因此,当工资达到一定高度而又继续提高时,即使工资很高,消费者一般也不会把有限的自由支配的时间资源全部用于劳动的市场供给,这时人们的劳动供给量不但不会增加,反而会减少。当价格(收入)高到一定水平后,只需要提供很少的劳动供给,就可以获得可观的收入,甚至可以干脆放弃更多的工作,选择闲暇,尽情享受。

工资价格上升时,两种效应同时起作用,闲暇需求量的最终结果究竟是下降还是上升要取决于这两种效应的大小。如果替代效应大于收入效应,则闲暇需求量随其价格上升而下降;反之,如果收入效应大于替代效应,则闲暇需求量随其价格的上升而上升,闲暇需求随着工资增加而向右上倾斜,因劳动供给与闲暇对立,这就意味着劳动供给减少,从而劳动供给曲线是向后弯曲的。

那么,闲暇的收入效应会不会超过替代效应导致劳动的供给曲线不再向后弯曲呢?对一般商品来说,收入效应通常要小于替代效应。这是因为消费者消费的商品有很多种,彼此是很相近的替代品,而每一种只占消费者预算上的很小部分,单个商品价格变动通常并不对消费者收入造成很大影响,但却非常容易引起消费者的替代行为。闲暇商品情况却有所不同。消费者收入的大部分可能是来自劳动供给(当然还有一部分非劳动收入)。如果原来的工资即闲暇价格较低,则此时工资稍稍上涨的收入效应不一定能抵消,当然更谈不上超过替代效应,因为此时的劳动供给量较小,从而由工资上涨引起的整个劳动收入增量(它等于工资增量与劳动供给量之乘积)并不很大;但如果工资已经处于较高水平(此时劳动供给量也相对较大),则工资上涨引起的整个劳动收入增量就很大,从而可以超过替代效应,于是单个消费者的劳动供给曲线可能"向后弯曲",**即在较低工资水平上,劳动供给量随工资的上升而增加,但在较高工资水平上,劳动供给量可能会随工资的上升而减少。**

把单个消费者的劳动供给曲线水平相加,即可得到市场的劳动供给曲线。一般认为,尽管单个消费者的劳动供给曲线可能会向后弯曲,但劳动的市场供给曲线却未必如此。在较高的工资水平上,现有的工人也许会提供较少的劳动,但是高工资也会吸引新的工人进来,因而整个劳动的市场供给量还是随着工资的上升而增加,整个市场的劳动供给曲线仍然还是向右上方倾斜的。

四、垂直的土地供给曲线

土地作为生产要素的时候，具有土地的源泉价格和土地的服务价格、土地的源泉供给和土地的服务供给之分，土地服务不是指土地所有者从事土地本身的交易，而是考虑出租以获得租金收入（地租）。假定下面讨论的土地供给及土地价格均是指土地服务的供给及土地服务的价格。为方便起见，分析时仍然简称为“土地供给”和“土地价格或地租”，土地服务的供给曲线简称为**土地的供给曲线**。

和劳动供给曲线的分析一样，假定消费者是土地所有者，其行为目的是效用最大化；它所拥有的土地数量在一定时期内也是既定的和有限的；有限的土地有两种用途和选择：保留自用和供给市场（即假定土地只有两种用途：保留自用和生产性用途，供给市场的生产性用途可以获得土地收入）。土地供给本身并不直接增加效用，土地所有者供给土地的目的是为了获得土地收入，把土地收入用于各种消费，从而增加效用。而土地如果保留自用的话，可以用来建造花园、高尔夫球场、别墅或其他用途等，这些消费性使用当然能增加土地所有者的效用。因此，土地的供给问题实际上是：消费者在土地供给所可能带来的收入与自用土地之间进行合理的配置选择以实现效用最大化。

设 Y 是土地供给的收入，q 为保留自用的土地数量，则土地所有者的效用函数可以写为：

$$U=U(Y,q)$$

对于 $U=U(Y,q)$，在分析时通常认为：与劳动闲暇不同的是，土地的消费性使用 q 只占土地的一个很微小的部分，不像时间的消费性使用占去全部时间的一个较大的部分。如果假定不考虑 q 这个微小部分，即不考虑土地所有者自用土地的效用，认为 $q=0$，或者等于一个很小的不变的量，那么土地供给的效用只取决于土地收入，而与自用土地数量大小无关。因此，为了获得最大效用就必须使土地收入达到最大，这就要求尽可能地多供给土地，最大达到土地所有者拥有的全部土地。所以一般认为土地供给与土地的价格无关，其曲线是一条垂直的或近乎垂直的直线，参见图 8－7，其中，R 是土地的服务价格，$\overline{Q}$ 为消费者拥有的既定的土地数量。

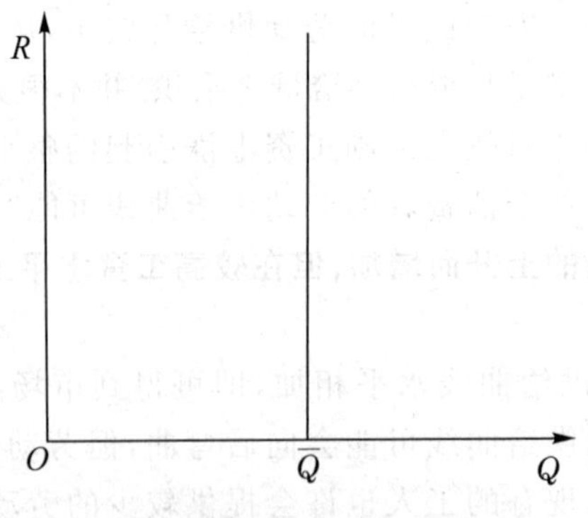

图 8－7　垂直的土地供给曲线

需要说明的是，理论界一般认为，经济学上的土地，泛指一切自然资源，其特点被描述为“原始的和不可毁灭的”。说它是原始的，因为它不能被生产出来；说它是不可毁灭的，因为它在数量上不会减少。土地的自然数量既不能增加也不能减少，是固定不变的。

因而也可以说土地的“自然供给”是固定不变的，它不会随着土地价格的变化而变化。

上述分析得到的土地的市场供给曲线垂直不是因为土地的“自然供给”不随价格变化的属性导致，是因为我们假定了土地除了少量保留自用以外，用于市场供给时只有一种生产性用途。如果土地只有生产性用途，则它对该用途的供给曲线当然是垂直的。事实上，这个结论不仅适用于土地，同样也适用于类似的其他任何要素。我们可以作出如下一般性的陈述：**任意一种资源，如果只能（或假定只能）用于某种用途而无其他用处，则该资源对该种用途的供给曲线就一定是垂直的**。从机会成本的角度可以理解，如果任意一种资源在某种用途上的机会成本等于0，则它对该种用途的供给曲线就垂直，即使该资源价格下降，它也不会转移到其他方面，即它的供给量不会减少。

当然，土地的供给曲线垂直不是绝对的。因为我们假定土地自用的部分q微不足道，可以忽略不计，这个假定显然并不完全符合实际。如果将土地的自用价值也考虑进来的话，则土地的供给曲线就可能不再是那么垂直，而是略微向右上方倾斜。此外，如果考虑土地除了一种用途之外还有其他多种用途，比如用来修道路等，则土地的服务价格下降以后，用于供给的土地可能就会减少，因为一部分土地会转移到其他相对而言更加有利的用途上去。这样，具有多种用途的土地供给曲线就会和一般商品一样向右上方倾斜。

五、资本的供给曲线

1. 资本的界定与特点

“资本”这个词在不同的场合，因为不同的需要，被赋予不同的内涵，从而引导出不同的资本理论。在日常生活中，资本常常被看成一个包罗万象的东西：它代表着一个经济系统的所有有形资源，包括劳动人口（称为人力资源）以及一切有用之物。例如，消费品（住房、家具、汽车等）、生产资料（厂房、油料、机器、半成品、电脑等），甚至包括现金余额和自然资源（如矿石、石油等，土地除外）。相对来说，资本要素的含义要比劳动和土地要素的含义复杂得多。

在这里，我们分析的资本，不再是与劳动及土地并列的生产要素，为区别起见，特别定义：**资本是由经济制度本身生产出来并被用作投入要素以便进一步生产更多的商品和劳务的物品**。资本必须是生产过程中形成厂房、机器设备等中间投入品或称资本品的部分，否则不能称之为资本。

这般定义的资本具有如下独特的特点：

第一，它的数量是可以改变的，即可以通过人们的经济活动生产出来的。这一点区别于劳动和土地，因为劳动和土地是自然给定的，是不能由人们的经济活动生产出来或创造出来的。

第二，它之所以被生产出来，是作为投入要素，即通过用于生产过程来得到更多的商品和劳务的。因此，资本不同于非生产要素的东西，比如电脑如果用来开网吧赚取利润，以获得更多的商品与劳务，其就是资本，但如果用来娱乐和购物就是一般消费品，汽车、房产等是也一样的道理。

第三，资本甚至也不同于单纯的储蓄。单纯的储蓄本身仅仅意味着可贷资金的增加，如果这些资金并不实际贷出，形成资本品，则不能增值；即使贷出去获得增值，但如果不是被用于生产过程，比如消费信贷，这样贷出的储蓄也不能视为我们这里所说的资本。

但是为了分析起见，我们仍然需要假定：所有的储蓄都能够贷出形成资本。

2. 向后弯曲的个人资本供给曲线

和劳动与土地一样，资本也有源泉供给与源泉价格、服务供给与服务价格之分，这里分析的资本价格是指资本服务的价格，即使用资本的价格，或者说，资本所有权所得到的价格，这个价格通常称为**利率**，并用 r 来表示。

资本的供给曲线定义为，**一定条件下，资本的服务价格（利率 r）与资本供给量（储蓄）之间一一对应的数量关系。**

资本与劳动和土地要素不同的是，土地和劳动是"自然给定"的，单个人购买的土地数量增加，同时也意味着其他人拥有的土地数量减少了，土地买卖的行为并没有改变整个社会总的土地数量，土地所有权的转移本身并不会对土地的市场供给状况产生任何影响。但资本数量是可以变化的，单个个人完全可以在不影响其他人资本拥有量的情况下，通过个人储蓄增加来增加自己的资本资源。储蓄是流量，它来自于消费者拥有的资源或收入，而一定时期内消费者拥有的资源或收入基本上是变化不大的，可以看成既定的，而资本的供给——储蓄，即来自于这一不大变化的、既定的资源或收入。

资本与劳动及土地要素分析一样的是，在既定的资源或收入约束下，可以假设消费者只有市场供给和保留自用两种选择，在这里，资本的市场供给和保留自用可以理解为：消费者提供给市场的资本即是储蓄，而储蓄的目的是为了将来能够得到更多的收入，从而有可能在将来更多地进行消费；保留自用即是用于当前的消费。因此，资本的供给问题实际上就转变成：既定收入如何在消费和储蓄之间分配的问题，也可以看成消费者在当前消费和未来消费之间如何配置选择以实现效用最大的问题，也有人说是长期消费决策问题。这个问题曾在效用理论里有所涉及，可以用无差异曲线或其他方法分析。

设 Y^0 = 当前收入，r= 利率，C^0 = 当前消费，S^0 = 当前储蓄，C^1 = 未来消费（假定就是明年一年），消费者的效用函数为：$U=U(C^0, C^1)$，则有：

$$Y^0 = C^0 + S^0 \tag{8.13}$$

$$(1+r)S^0 = C^1 \tag{8.14}$$

将(8.14)代入(8.13)可得消费者的预算约束为：$Y^0 = C^0 + \frac{C^1}{1+r}$；

或者写成：$C^1 = Y^1 - (1+r)C^0$ (8.15)

其中，这一预算线的斜率为负值，即 $-(1+r)$；$Y^1 = Y^0(1+r)$，假设在一年的消费与储蓄优化选择时，收入是既定的。现在的问题即是，在上述预算约束下，如何实现 $U=U(C^0, C^1)$ 效用最大化。

图 8—8 中，U_0、U_1、U_2 是三条通常的 C^0、C^1 不同组合构成的无差异曲线，其中，$U_0>U_1>U_2$，DB_0、DB_1、DB_2 是对应于 r_0、r_1、r_2 的三条预算线，资本价格假设是下降的，即 $r_0>r_1>r_2$，三条预算线的斜率分别是：$-(1+r_0)$、$-(1+r_1)$ 和 $-(1+r_2)$，它们与三条无差异曲线的切点是 C^0、C^1 组合的效用最大点，三个切点对应的当前最佳消费分别为：OA、OA' 和 OA''，注意图 a)中 OA 位于 OA' 和 OA'' 之间。由(8.13)式 $Y^0=C^0+S^0$，得知 $S^0=Y^0-C^0$，将切点对应的三个当前最佳消费代入可得相应的三个当前储蓄分别为：$S_0=Y^0-OA$，$S_1=Y^0-OA'$，$S_2=Y^0-OA''$，很显然，$S_2<S_0<S_1$，这样可以得到三个一一对应的点 (r_0, S_0)、(r_1, S_1)、(r_2, S_2)，连接这些点就得到图 8—8 中 b)图所示的资本供给

曲线，随着利率的下降，个人储蓄曲线呈向后弯曲的形状。这意味着个人资本的供给曲线也是向后弯曲的。

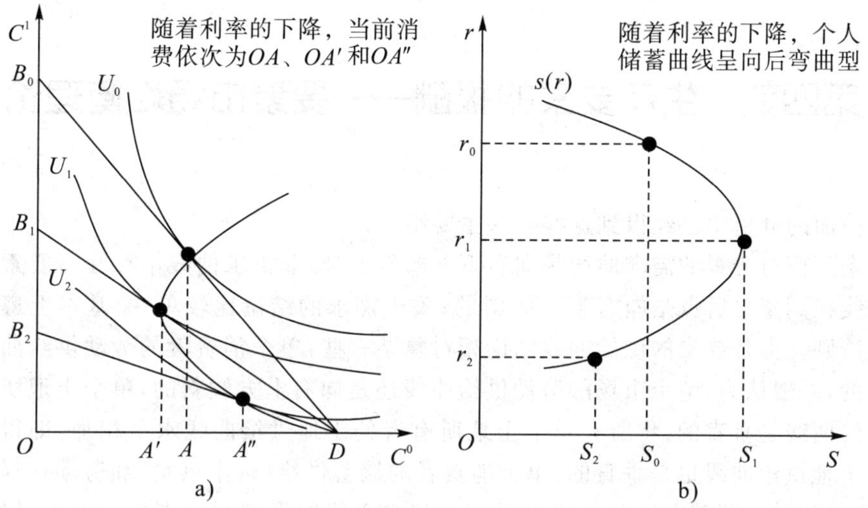

图 8－8　向后弯曲的资本供给曲线

3. 为什么个人储蓄曲线是向后弯曲的？

和劳动的供给曲线向后弯曲一样，也可以用利率变化的替代效应和收入效应来说明个人储蓄曲线向后弯曲的现象。

(1)替代效应。

当前消费和未来消费(即储蓄)两种选择是互相排斥的，在资源和收入总量既定的条件下，消费与储蓄的数量存在反方向变化关系。当利率上升时，表明当前消费昂贵，增加未来消费比较有利，消费者会减少当前消费，转而将节省的资源用于增加储蓄，以获取未来更多的消费。即利率上升时储蓄替代了消费，同时也说明，储蓄随着利率上升而增加，反之亦然。

(2)收入效应。

利率上升不仅表明当前消费昂贵，同时也意味着将来的利息收入增加，会使得消费者认为自己比较富有，从而增加当前的消费，这样会减少储蓄，这种储蓄的减少是利率对储蓄的收入效应。

图 8－9 中，储蓄的供给曲线具有向右上方倾斜和向后弯曲的两个阶段。第一阶段，利率较低，此时储蓄较少，利率上涨引起的整个收入增量并不很大，所以利率变化的收入效应较小，不能抵消，更不可能超过替代效应，因此，储蓄将随利率上涨而增加，储蓄的供给曲线和正常供给曲线一样向右上方倾斜；第二阶段，利率较高，此时储蓄较多，当利率达到一定水平后，利率上升引起的利息收入相对增加要多些，从而引起的整个收入增量将是很大的，从而利率变

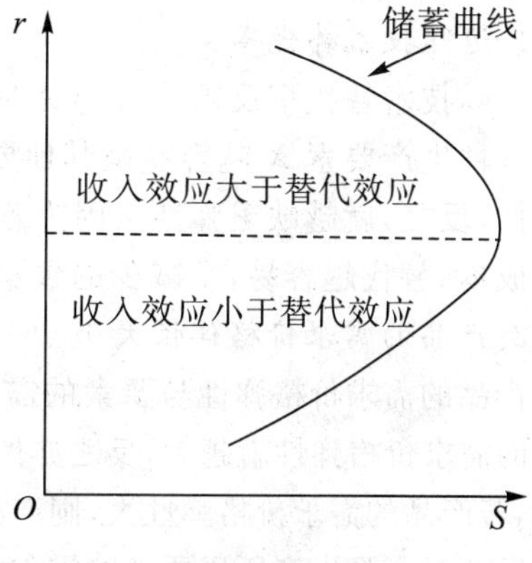

图 8－9　利率变化的替代效应和收入效应

化的收入效应可以超过替代效应，结果储蓄将随利率上涨而减少，从而储蓄的供给曲线向后弯曲。

第四节　生产要素的报酬——要素市场均衡理论

在前面的分析中已经得到这样一些主要结论：

单个厂商对要素的需求曲线是向右下方倾斜的(除非需求曲线不存在)；要素的市场需求曲线在调整之后也是向右下方倾斜的；关于需求的结论比较单一，基本上遵从反比的需求法则。但是要素的供给曲线结论相对复杂一些：单个消费者的劳动供给曲线是向后弯曲的，一般认为，整个市场的劳动供给曲线还是向右上方倾斜的；单个土地所有者的土地供给曲线是垂直的，将所有单个土地所有者的土地供给曲线水平相加，即得到整个市场的土地供给曲线也是垂直的；单个消费者的储蓄供给(资本供给)和劳动一样也是弯曲的，所有的单个消费者储蓄曲线水平相加却未必能够得到整个市场的资本供给曲线，关于资本市场的均衡将在后面专门分析。

详细探讨了要素的需求和供给后，我们更关心地是要素市场的均衡。现在将市场供求结合起来就可以确定一般要素的市场均衡，从而也就可以确定要素的市场价格了。生产要素的价格就是生产要素的报酬：工资是劳动的报酬，地租是土地服务的报酬，利息是资本服务的报酬，利润则是企业家才能的报酬。

一、关于要素的需求价格弹性

在供求理论、弹性理论章节里得到的基本原理和方法在要素市场的均衡分析中基本上都可以使用。比如，非价格因素引起的需求或供给曲线的左移、右移；弹性概念、弹性关于富于弹性、缺乏弹性、单元弹性的分类以及其他相关理论等等。与产品市场相似，关于要素的需求价格弹性可以定义为(类似的还有要素的供给弹性)：**要素价格的相对变化引起的要素需求量的相对变化之比；或者说，要素需求量相对于要素价格变化的敏感程度**。要素的需求价格弹性及供给弹性对要素市场的均衡水平有很大的影响，是市场均衡分析不可忽略的因素。一般来说，要素需求价格弹性的大小由以下几个因素决定：

1. 边际技术替代率

边际技术替代率反映了要素之间相互替代的程度，其大小影响要素的需求价格弹性。一种生产要素 X 越容易被其他要素替代，则该要素的需求价格弹性就越大，即越富有弹性，反之，就越缺乏弹性。因为若 X 要素的价格上升，企业会用其他要素替代 X 以降低成本，替代越容易，X 减少的数量就越大，这样 X 要素的需求价格弹性就越大。

2. 产品的需求价格弹性大小

产品的需求价格弹性与要素的需求价格弹性是联动的，产品的需求价格弹性越大，则要素的需求价格弹性就越大，反之亦然。这是因为产品的价格变化与要素的价格变化相互关联，若产品的需求价格弹性大，则产品价格变化时将导致产品需求量有较大的变化，进而引起厂商对产品生产所用要素的需求量的较大变化，因此要素的需求价格弹性也大。

3. 短期与长期的影响

一般来说，长期关于生产要素的需求格弹性比短期的要大一些，因为相对于同样幅度的价格变化，企业在长期可以作出全方位的调整，所有生产要素的调整，甚至退出或进入某一行业，使要素的使用量(需求量)发生较大的改变。

4. 其他要素的供给价格弹性

对某一要素 X 而言，如果其他要素的供给价格弹性大，则关于 X 要素的需求价格弹性就大。当其他要素的价格发生变化时，如果这些要素的供给价格弹性大，这些要素的供给量将发生较大的变化，必然导致与之结合的 X 要素的使用量发生较大变化，因此 X 的需求价格弹性就大。

5. 要素自身特点的影响

劳动、土地、资本等生产要素的供给不同于产品供给，其自身的特点更多地受自然因素的影响，通常这些要素在短期内的供给是比较缺乏弹性的，特别地，对于土地和资本而言，其短期供给曲线近乎垂直，因此，其短期供给几乎是完全没有弹性的。

二、工资的确定

在竞争的条件下，劳动的市场需求曲线和供给曲线的交点决定了均衡时的劳动价格水平，即劳动的报酬——工资，如图 8－10 中的 a)图及 b)图所示。其中，a)图为单个消费者的劳动均衡，由于单个消费者的劳动供给曲线是向后弯曲的，因此向右下方倾斜的劳动需求曲线 d_l 与弯曲的供给曲线 S_l 有两个均衡点 A 和 B，分别对应于 W_0 和 W_1 的价格水平。

b)图是整个劳动市场的均衡情况。由于整个劳动市场的 S_L 是向右上方倾斜的，它与向右下方倾斜的需求曲线 D_L 只有一个均衡点 E_0。

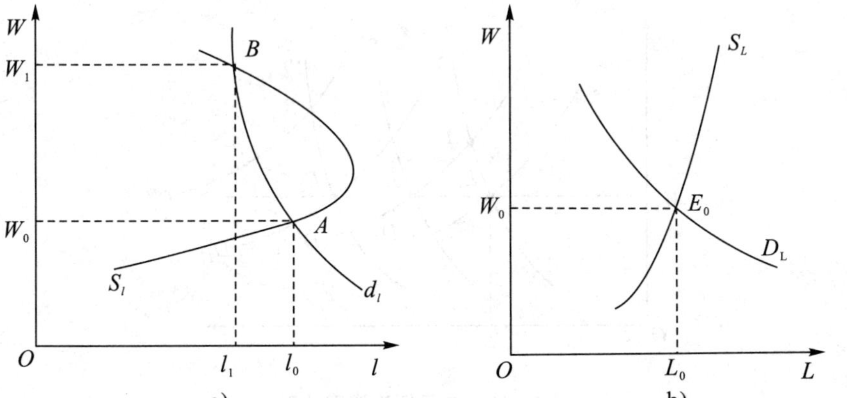

图 8－10　劳动市场的均衡

劳动市场(有时又称人才市场)的供求分析有许多经典的例子，以下是其中的一个例子。

案例资料 8-2

刘易斯的劳动力无限供给模型

1954 年,刘易斯在英国《曼彻斯特学报》发表题为"劳动力无限供给条件下的经济发展"一文,提出了著名的二元经济模型。刘易斯假定:①发展中国家只有资本主义部门和维持生计部门,即非农的工商业部门和农业部门;②由于收入极低,广大劳动人民不进行储蓄,只有资本家进行储蓄;③资本主义部门的工资由农业部门的平均收入决定,即为了吸引剩余劳动力,资本主义部门的工资必须略高于农业部门的平均收入;④农业部门存在大量的剩余劳动力。

在上述假定下,刘易斯认为,经济发展的关键在于了解资本家剩余的使用。资本家把剩余再投资,用于创造新资本,扩大生产和劳动需求,以略高于农业部门平均收入的工资吸引越来越多的剩余劳动力加入,这一过程直到剩余劳动力消失为止。由于存在大量的剩余劳动力,劳动力的供给实际上是无限的,因此工资不会因为劳动力的需求增加而上涨,从而形成一条水平的劳动力供给曲线。

刘易斯模型也可以用短期和长期的供求均衡分析和解释。如图 8－11 所示,假设初期的劳动力供给均衡于 E_0点,对应的工资与就业量分别为 W_0、L_0。资本的扩大使劳动力的需求增加,D_L曲线右移至 D'_L处,根据供求原理,如果劳动力的供给 S_L 不变,工资水平就会上升,如图中的 A 点水平。但是,由于大量剩余劳动力的存在,新的劳动者很快加入,劳动力供给曲线相应右移,只要工资高于 W_0,新的劳动者就会"源源不断"地加入,直到工资水平重新与 W_0相等,短期则形成新的均衡点 E_1,此时,S_L右移到 S'_L 的位置。一般来说,工资水平不会低于 W_0,因为只要低于 W_0,就会接近农业部门的平均收入,剩余劳动力的转移就会停止。这样用同样的方法可以得到 D''_L、S''_L和又一个均衡点E_2,如此反复,连接 E_0、E_1、E_2 这些短期的均衡点,在剩余劳动力没有消灭之前,就可以得到一条长期的劳动力供给曲线,如图 8－11 的水平虚线。

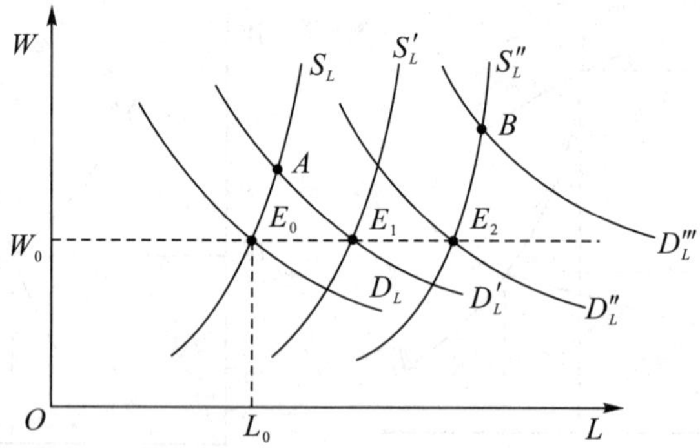

图 8－11　二元经济模型的形成

经济学中有"刘易斯拐点"之说,意指劳动力从无限供给到短缺的临界点。刘易斯模型中,当工业化将剩余劳动力都吸纳干净,工资水平就取决于劳动的边际生产力——如果不提高工资福利,不改善劳动条件,就雇请不到所需的劳动力,从而出现"刘易斯拐点":剩余劳动力不再无限供给,长期的劳动供给曲线不再水平,开始向右上倾斜。比如,假设经济持续发展导致劳动需求继续增加,D''_L 右移到 D'''_L 处,而此时已不再有剩余劳动力,劳动力的供给不再增加,劳动供给曲线仍在 S''_L 处,新的均衡点是 S''_L 与 D'''_L 的交点 B 点,这就意味着厂商必须支付高于 W_0 的劳动价格市场才能均衡。从而水平的劳动力供给曲线从 E_2 处开始向 B 点上翘，不再水平，E_2 点则可视为刘易斯拐点。简而言之，在"刘易斯拐点"之前，是人求工作，不涨工资也会有源源不绝的劳动力；拐点之后，则是工作求人，不涨工资就找不到合适的员工。

资料来源：作者根据有关资料整理。

三、土地市场的均衡——地租的决定

1. 地租

同工资决定的分析方法基本相同，土地的市场需求曲线和供给曲线的交点决定了使用土地的均衡价格。参见图 8—12，向右下方倾斜的土地需求曲线 D 与土地供给曲线 S 的交点是土地市场的均衡点，该均衡点决定了土地服务的市场均衡价格 R_0。特别是假定土地没有自用价值时，单个土地所有者的土地供给曲线为垂直线，所有单个供给曲线水平相加得到的市场土地供给曲线亦为垂直线。**当土地供给曲线垂直时，它与土地需求曲线的交点所决定的土地服务价格具有特殊意义：它常常被称为地租。**

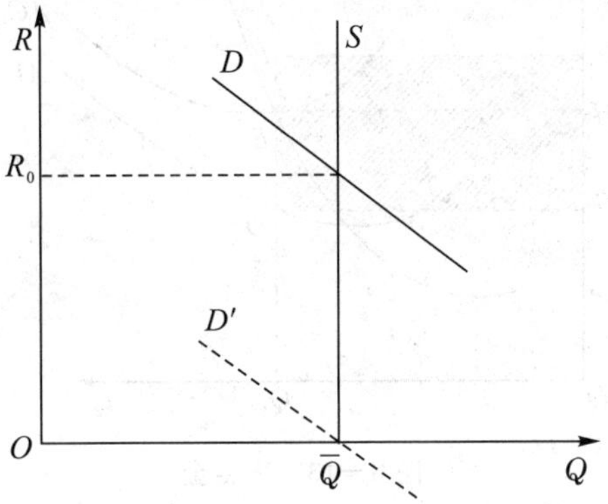

图 8—12　地租的决定

当土地的供给曲线垂直且固定不变时，地租主要取决于土地的需求曲线：它随着需求曲线 D 的上升而上升，随着需求曲线 D 的下降而下降；如果需求曲线下降到 D'，则地租将消失，等于 0。

根据上述地租决定理论，可以给出一个关于地租产生的解释。假设开始时，土地供给量是固定的，对土地的需求曲线为 D'，从而地租为 0；现在由于技术进步使土地的边际生产力提高，或由于人口增加使粮食需求增加，从而粮食价格上涨，对土地的需求曲线便开始向右边移动，例如图 8—12 中的 D，从而地租开始出现。因此，可以这样来说明地租产生的(技术)原因：当土地需求增加时，土地的供给固定，不能增加，因而导致土地需求曲线右移，从而产生地租。土地需求曲线右移是因为土地的边际生产力提高或土地产品(如粮食)的需求增加，如果假定技术不变，则地租就随土地产品价格的上升而产生，且随着产品价格的上涨而不断上涨。

2. 租金

按照上面的定义，地租是当土地供给固定时的土地服务价格。但在很多情况下，不仅土地可以被看成固定不变的，许多其他资源在某些情况下，也可以被看成固定不变的。

例如某些人的天赋才能、某本著作的版权等,一样是自然固定或不变的。这些固定不变的资源也有相应的服务价格,与土地的地租非常类似,**为与特殊的地租区别起见,一般把这种供给数量同样固定不变的一般资源的服务价格叫作租金**。

3.准租金

租金以及特殊的地租均与资源的供给固定不变相联系。但是,在现实生活中,有些生产要素的固定与否与经济学意义上的长期、短期有关,有些要素在长期中是可变,但在短期中却是固定的。例如,厂商的生产规模短期不能变动,其不变生产要素对厂商来说就是固定供给的:它不能从现有的用途中退出而转到收益较高的其他用途中去,也不能从其他相似的生产要素中得到补充。这些要素的服务价格在某种程度上也类似于租金,通常被称为**准租金**。**所谓准租金就是对供给量暂时固定的生产要素的支付(相当于价格),即固定生产要素的收益**。参见图8－13,其中MC代表边际成本,AC代表平均成本,AVC为平均变动成本,P_1为价格水平。其中矩形P_1FDG的阴影面积就是固定要素的准租金,矩形$HEDG$的阴影面积是固定总成本。

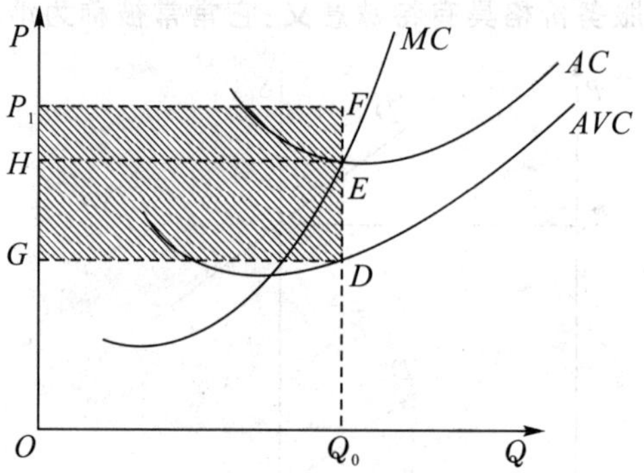

图8－13 准租金

准租金等于总固定成本与经济利润之和。当经济利润为0时,准租金便等于固定总成本。当然,准租金也可能小于固定总成本——当厂商有经济亏损时。

4.经济租金

要素收入中对供给量不产生影响的那部分称作经济租金,也即如果从要素的全部收入中减去这部分并不会影响要素的供给,其性质类似于租金,因此我们将这样的一部分要素收入叫作经济租金。

经济租金的几何解释类似于所谓的生产者剩余,简而言之,**经济租金等于要素收入与其机会成本之差**,相当于图8－14中R_0EA的面积,其中R表示要素价格。经济租金是准租金的一种特殊形式。

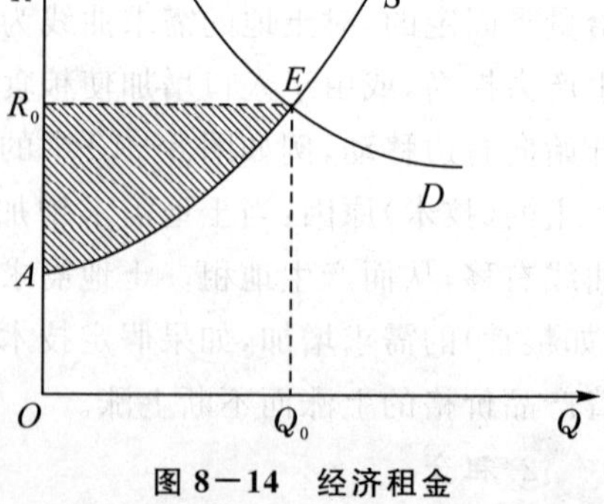

图8－14 经济租金

在图8－14中,供给曲线越是陡峭,经济租金部分就越大。如果供给曲线成为水平的,则经济租金完全消失;而当供给曲线垂直时,全部要素收入均变为经济租金,它恰好等于租金或地租。因此,租金实际上是经济租金的一种特例,即要素供给曲线垂直时的经济租金,而经济租金则是更为一般的概念。

四、资本市场的短期与长期均衡——利率的决定

在封闭的经济社会里，资本的主要来源是储蓄，资本有存量和流量之分，储蓄的增减则影响到资本供给总量的大小。在本章第三节的要素供给理论中，我们已经得到个人资本的供给曲线是向后弯曲的，消费者储蓄先是随着利率 r 的上升而上升，然后随 r 的上升而减少。

假设 K、K_0、ΔK 分别为资本存量、资本期初存量和资本增量；I、δ、S 分别为投资、折旧率和储蓄；并且有 $I=S$（投资等于储蓄恒等式），那么一定时期内一般有如下关系式①：

资本存量＝资本期初存量＋资本增量

即：$K=K_0+\Delta K$

而 $\Delta K = I-\delta K_0 = S-\delta K_0$

则有：$K= K_0+S-\delta K_0$　　(8.16)

上式中，K_0 是固定不变的，影响资本存量 K 的只有 δ 和 S，即资本数量的变化主要是折旧和储蓄的结果。其中储蓄 S 受消费者供给行为的影响，由于 S 是利率 r 的函数，上式可写成：

$K=K_0+S(r)-\delta K_0=K_0+[S(r)-\delta K_0]$，这样就容易得出如下分析结果：

如果 $S(r)>\delta K_0$，即储蓄大于折旧时，资本存量 K 增加；

如果 $S(r)=\delta K_0$，即储蓄等于折旧时，资本存量 K 不变；

如果 $S(r)<\delta K_0$，即储蓄小于折旧时，资本存量 K 减少。

储蓄是一个“流量”，要通过储蓄来显著地改变资本“存量”通常需要相当长的时间，如同涓涓细流不断流入一个大水库，需要经过一段相当长的时间才能显著改变水库的水位。因此从短期来看，储蓄引起的资本增量与原有的庞大资本存量相比可能微不足道。为分析方便起见，一般假定储蓄在短期内对资本数量不产生影响，再加上上述资本的自用价值为零的假设，这样短期分析中的资本存量就可以视为固定不变，也即短期（或某一时点）资本的供给曲线是垂直的，表明短期资本供给 Q 与利率 r 的高低无关。

图 8－15 中，D 代表资本的需求曲线，S_0、S_1、S_2 分别代表三条资本供给曲线，对应的资本供给量是固定的，分别为 K_0、K_1、K_2。其中资本需求曲线是向右下方倾斜的，三个短期资本供给曲线是垂直的，它们与 D 的交点分别决定了三个短期均衡时的利率水平 r_0、r_1、r_2，资本市场实现了短期均衡。

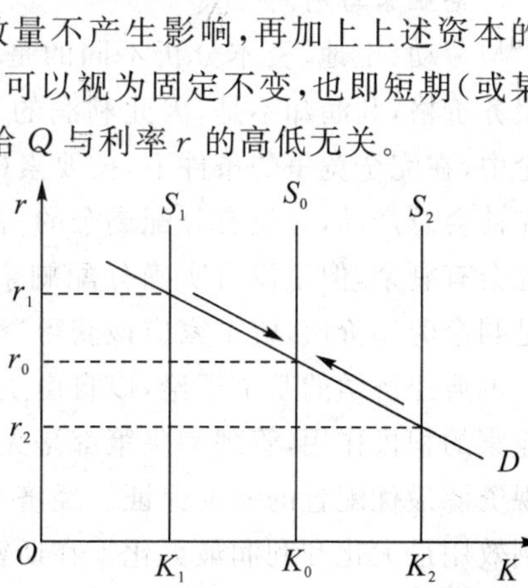

图 8－15　资本市场的均衡

短期均衡是长期均衡的基础，但是长期来看，短期均衡了，长期可能均衡，也可能不均衡。这是因为短期均衡是短暂的，$S(r)$ 与 δK_0 的相对变化以及资本需求等的变化随时会打破

① 参见高鸿业《西方经济学》（宏观部分）第四版，第十二章第五节国民收入的基本公式，436～438；第二十一章第四节新古典经济增长理论，693～695，有 $\Delta K = I-\delta K_0 = S-\delta K_0$

这种短期均衡，现在来看资本市场是如何从短期均衡走向长期均衡的。

假定初始某一时点(r_1, K_1)的资本市场是短期均衡的，利率相对较高而资本存量相对较低，相对较高的利率意味着相对较高的储蓄（等于投资），相对较低的资本存量意味着相对较低的折旧，于是，在(r_1, K_1)上，储蓄大于折旧，即净投资大于零，导致资本存量增加。这意味着，从长期来看，短期资本供给曲线S_1将沿着资本的需求曲线D向右移动，均衡点沿着图中的箭头方向不断移动，其结果是一方面资本存量不断增加，相应地折旧不断增加[①]；另一方面利率下降，储蓄相应下降，原先的储蓄与折旧的差距会缩小。这个过程将一直继续下去，直到储蓄与折旧之间的差距缩小到零，即二者趋于相等为止。设短期资本供给曲线右移到S_0时，储蓄恰好等于折旧，净投资为零，故资本存量将稳定在K_0水平上不变，则S_0与资本需求曲线D的交点(r_0, K_0)既表示资本市场达到了短期均衡，也表示它达到了长期均衡。如果初始某一时点是(r_2, K_2)的短期均衡，则此时是利率低，资本存量大，储蓄小于折旧，导致资本供给曲线S_2左移，读者可以自行分析。

一般社会现实是，经济社会是发展的，正常情况下储蓄大于折旧，存量资本K都是增加的。但这并不意味着随着存量资本K的不断增加，S曲线始终向右移动，利率始终是下降的，经济社会的发展对资本的需求也是不断变化的，需求可能会大大增加，从而资本需求曲线D也会向右移动，资本市场的长期均衡将由资本的供给和需求同时决定，如果资本需求增加的幅度大于资本存量K增加的幅度，利率就会上升。

五、利润的决定——企业家与利润*

本章前面讨论了劳动、土地、资本的市场均衡，即工资、地租、利率的决定问题，现在再来简单分析一下利润的决定。

1. 企业家与利润

与劳动、土地、资本分析不同的是，古典经济学认为，工资、地租、利率分别是其要素的服务价格，利润却不是，因此利润的分析没有用市场均衡理论来解释。在早期的分配理论中，在完全竞争的条件下，按要素（劳动、土地、资本）的边际产品进行分配，恰好能分配完社会总产品，是没有分配剩余的；在规模报酬递减的情况下，按要素的边际产品进行分配会有剩余，但是没有明确分配剩余的归属问题。按照马克思理论的观点，利润的本质是剩余劳动价值，资本家应该获得资本的利息收入，利润则是对剩余劳动价值的剥削。

古典经济学的基本理论，以自由主义为中心，强调自由竞争，认为企业的发展不需要企业家的积极作用，管理和决策都是无足轻重的，而由分工和交换组成的市场经济，则是实现资源最优配置的制度保证。经济人依据偏好在价格的指导下协调生产和消费，同时达到效用最大化和利润最大化。在斯密的理论中，产品的提供，不管是生产费用说，还是劳动价值论，似乎都不需要依赖生产和交换活动的组织，都忽略了决策的重要性。因此在现代化大生产以前，由于资本家同时又是企业家，利息与利润不易区分，所以利润并不是经济学研究的重要课题。

随着大规模生产的出现，企业需要专门的经营管理人才。许多企业的所有权与经营

① 假定在讨论的范围内储蓄供给曲线没有向后弯曲。

权逐渐分开，所有权属于资本家，经营权属于企业家，对这一观点的认识随着企业家理论的产生与发展逐步转变。19世纪，马歇尔明确地在土地、资产和劳动三个生产要素之外，提出“具有利用资本的经营能力”的一个生产要素，在其分配理论中，他把早期的“三位一体”公式扩大为“四位一体”的公式，即劳动—工资，土地—地租，资本—利息，企业家才能—利润。这也就是说，资本家的收入为利息，企业家的收入为利润，正常利润被认为是对企业家才能的基本报酬，利润则可以视为对企业家才能的支付。

2. 企业家利润的来源

企业家利润是超过成本的剩余，从企业家的角度看，它是一个企业收入与支出的差额。所谓“支出”，按照传统的成本定义，在这里可以理解为在生产中企业家所有必须的直接或间接的支付，包括企业家因付出劳动而应得的适当工资，企业家拥有的土地的租金以及风险的保险金。此外，资本成本也应该包括在成本开支内，无论是以明显的方式支付利息，还是按照合同付给企业家的工资（如果资本属于企业家自己），或者以租金的会计方式支付给他的土地的报酬，把它作为收入的第三种“静态”分支，都将包含在企业成本里。

那么根据上述对成本支出所下的定义，究竟是否还有超出成本的剩余呢？如果有，这个余额又是如何产生的呢？是否是企业家利润的来源呢？于是，证明有剩余存在就是我们的首要任务。对此，传统经济学的解答可以简短地表述如下：在循环流转中，在竞争的市场经济中，一个企业的总收入——不包括垄断收入——恰好足够与支出相抵，不存在多出的余额。在这种情况下，只有既不获得利润也没有遭受损失的生产者，他们的收入特征可以用“管理的工资”这个短语来概括。但是如果有发展，就会产生新的组合，它必然比老的组合更有利，所以在这种情况下，总收入一定大于总成本，产生余额，这个余额是什么呢？

庞巴维克以织布机为例作过仔细的分析。他指出，如果在一个纺织工业只用手工劳动来生产的经济系统里，有人发现了建立使用动力织布机的企业的可能性，他觉得足以克服创建新企业的种种困难，并最终下定决心这样做，那么他首先就需要有购买力，他从银行借款来创建他的企业。现在，使用这种动力织布机的一个工人每天能生产的数量是手工工人日产量的6倍，那么显然，只要满足下面三个条件，这家企业就一定能获得超过成本的剩余，即收入大于支出的差额：第一，当出现新的供给时，产品价格不一定下降，或者即使下降，其跌价程度还不至于使现在每一个工人因较大产量所带来的收益小于以往手工工人较小产量带来的收益；第二，动力织布机每天的成本必须要么低于所裁减的5名工人的工资，要么低于可能的产品价格的下降额和需要增加一名工人的工资额之和；第三个条件是对前两个的补充，前两个条件中，包括照管织布机的工人的工资，以及为获得织布机而支付的工资和地租，假定这些工资和地租的情况处于企业家想出使用织布机计划之前的状态。

在现实中，上述三个条件的成立已经出现过无数次（无需额外证明），当条件成立并被企业家预见到时，企业将获得超过成本的余额；反之，当条件不成立也被企业家预见到时，新企业（或新组合）将不会成立，自然就不会有剩余，甚至还会有损失。

可见这种剩余实际上就是一种真正的净利润，它是企业家带来的利润，但是这种利润不会维持太久。在诱人的利润刺激下，新的企业不断出现，于是整个行业的全面重新组合发生了,伴随而来的是,产量增长,竞争加剧,过时企业被淘汰,工人更有可能被解雇等等。最终结果将必然达到一个新的均衡状态,在那里,有新的生产资料,成本规律又开始起作用,所以产品价格又等于体现在织布机中的为使用劳动力和土地服务应支付的工资和地租、利息等实际支出,因此,我们所说的这位企业家以及他的直接跟随者的剩余就会消失。当然,不是立即消失,而总是在一个递减的或长或短的时期后消失。尽管如此,剩余还是实现了,在一定的条件下,这个剩余构成了一笔数额确定的净收益,尽管是暂时的。

利润与垄断收益存在一定的关系。当新产品刚刚出现时,企业家还没有竞争对手,新产品价格的决定完全或者在一定范围内,根据垄断市场的原则确定。这样,在资本主义经济内,利润就包含有一种垄断因素。假定,新的组合想要建立一种永久性的垄断,或者想形成一种完全不用担心外界竞争的托拉斯,利润显然只被看作永久的垄断收入。然而,这里还存在两种截然不同的经济现象,一是实现垄断性组织是一种企业家行为,它的"成果"表现在利润中,企业家自然享有这个"剩余"的索取权;二是这个组织一旦顺利地运行,企业就能持续地获得剩余,这些剩余必然归属于垄断地位所依靠的自然力和社会力——它只是一种垄断收入。创建一个企业所得的利润与持续性的收入,在实际中是相区别的,前者是企业家行为产生的垄断价值,后者只是来自于已经形成的垄断条件的收入,自然不能归属于企业家利润的范畴。从这个意义上讲,企业家利润只是企业利润的来源之一。

3.利润理论

按照经济学理论,经济利润等于总收入中减去一切显性成本和隐性成本后的剩余,是一种超额利润。当收益大于厂商的显性成本和折旧费用、隐性的利息、工资和地租成本的总和时,则经济利润为正,企业获得超额利润,即是企业家利润;反之即亏损。

造成亏损的原因一般归结为不确定性。例如发生了没有预期到的对成本和收益不利的变动,就可能出现亏损。

关于利润的产生来源,归纳起来主要有以下5种观点:

(1)创新理论。

该理论认为高于正常水平的利润是对成功创新的报酬。开发出独特的高质量产品的厂商(如计算机软件行业中的微软公司)、成功地抓住独特市场机会的厂商(如联邦快递公司)所得到的报酬都可能会高于正常利润。专利制度的设置就是为了确保创新者能够获得高于正常利润的收益,为持续创新提供了强有力的激励。创新是利润的来源,这一观点也是解释企业家利润源泉的核心内容。

(2)风险回报假说。

一些经济学家认为,高于正常收益率的经济利润,对于补偿厂商所有者进行投资时所承担的风险是必不可少的,由于厂商的股东并没有获取固定比率投资收益的权力,所以他们需要以更高的收益率来对这个风险进行补偿。利润的风险承担理论是以正常利润的内容来解释的,正常是以不同备选投资方案的相对风险来界定的。一个高风险厂商(如一家娱乐场经营者)的正常利润应该高于低风险厂商(如自来水公司)的正常利润。

(3)垄断利润理论。

在某些行业中,一家厂商若能有效地支配市场,就可能在较长的时期内赚取高于正常收益率的利润。这种支配市场的能力可以产生于规模经济性(大厂商生产一单位产品的成本要低于小厂商)以及对必要自然资源的控制、对重要专利的控制或政府对竞争的限制等因素。

(4)动态均衡(或摩擦)利润理论。

在任一时点上,某一具体行业的一个厂商或若干厂商赚取的利润可能会高于或低于长期均衡下的正常水平的收益率。这种情况的发生是因为不同经济部门中的暂时错位(震荡)。经济体制不能对市场条件的变化立即作出调整,就会导致短期利润高于或低于正常水平。

(5)管理效率利润理论。

此理论认为,高于正常水平利润的产生在于管理良好的厂商拥有的特别的管理技能。运用高水准的管理技能赚取高于正常水平利润的能力,这是对经济体制实现更高效率的一种持续性激励。

特别需要说明的是,有些理论认为企业家从来都不是风险承担者。如果新企业经营失败,贷款给这个企业的债权人就会深受损失,这时,尽管企业家所拥有的任何财产都有偿债义务,不过有没有财富对于这个问题并不重要。如果企业家是用以前的利润来提供资金支持,或者如果他利用属于他的“静态”企业的生产手段来经营,那他也只是以资本家或者商品拥有者的身份承担风险,而不是以企业家的身份承担。在任何情况下,承担风险并不是企业家职能的一个要素。即使他可能冒名声的风险,但是经营失败的直接经济责任从来都不会由他承担。

4. 利润的决定——企业家才能的支付

当作为利润的余额产生时,这个剩余应该属于谁呢?经济学认为应该归属于把织布机引入循环流转中的那些人,而不是纯粹的发明者,也不是单纯的制造者或使用者。因为那些按照订单生产织布机的人只得到他们的成本价格,那些按照说明书使用织布机的人,起初购买时花费了很大代价,他们几乎没有得到任何利润。换句话说利润将归于那些成功地把织布机引入该产业的人们,不管他们自己是否制造并使用织布机,也不管他们是只制造或只使用,这都无关紧要,因为通过创建新的企业,动力织布机进入产业才得以实现,余额才会产生。

企业家的贡献是什么?企业理论开创者之一法国经济学家J. B. 萨伊最先对企业家作了定义:**“把经济资源从生产率较低、产量较小的领域,转到生产率较高、产量更大的领域的人是企业家。”**在经济思想史上,给予企业家以重要地位的是约瑟夫·熊彼特(Joseph · Schumpeter),他发现许多企业没有系统的书面战略,而是靠企业家个人的诸如直觉、判断、智慧、经验和洞察力等素质,来预见企业未来的发展,并通过他的价值观、权力和意志来约束企业的发展。他认为,企业发展的因素,不是企业为追求利润最大化的目标而进行的企业行为,而是企业应对即将变化的环境的战略意图。在熊彼特看来,**企业家是企业发展的发动机**,正是企业家带领企业实现着“创造性破坏”。企业家的功能不在于去寻找初始资本,也不是去开发新产品,他最核心的功能在于提供一种经营思想,这种经营思想与企业资源结合后,将使企业创造巨大利润。企业家可以在不增加任何现有有形生产要素的情况下,通过引入一种“新的生产组合”,使得企业现有生产要素更加合理、更加有效地得到利用,从而创造出超额利润。

熊彼特认为,企业家是以创新为己任的,并从市场均衡到不均衡的过程中获取利润,其创新主要表现在5个方面：

(1)引入一种新产品或一种产品的新质量。

(2)采用一种新的生产方法。

(3)获得一种原材料或半成品的新的供应来源。

(4)开辟新市场。

(5)实行一种新的企业组织形式。

他们不以具体的商品作贡献，因为他们要购买商品——要么从其他企业购买，要么从他自己的企业购买；他们也不是以所拥有的购买织布机的购买力作贡献，因为他们的购买力是从别人那里借来的。他们没有积累任何品种的商品，也没有创造任何独特的生产手段，只是用了与别人不同的、更恰当的、更有利的方式，使用现存的生产手段，他们"实现了新的组合"，当然这种剩余就是企业家的利润，可以视为企业家这种市场预见和"实现了新的组合"的才能的一种支付。

利润的大小，不像循环流转中收入的度量那样可以明确地确定。特别地，不能说像循环流转中成本各要素那样，利润的度量恰好可以确切地引发"必需的企业家活动量"，这一数量，在理论上是可以确定的，但它不存在。事实上，在一定时期内实际获得的利润总量，以及个别企业家实现的利润，可能远大于必然引发的实际起作用的企业家活动量，这个总量常常被高估。但是，因为获得这种成就的可能性发挥着一种更强大的激励作用，它比按理应用利润量乘以概率(成功的可能性)的积所表示的那个激励作用还大。对于那些没有实现这种成就的企业家而言，这种前景似乎也属于一种有吸引力的"报酬"。企业家利润不同于工资、利息、永久性要素差别优势的租金回报，它不是一种简单的余额，而是企业家对生产所作贡献的价值表现，正像工资是工人"生产"的价值表现，利润与工资一样，不是剥削。

5.利润在经济中的作用

由于利润是对企业家才能的报酬，所以它是提高企业经济效益的重要条件，也是提高企业经济效益的报酬，是对企业提高经济效益的奖赏。

利润对投资具有最重要的吸引力。社会发展、经济增长、科技进步都离不开不断增加的投资，利润是投资的吸引力和推动力。

超额利润是创新的动力。如果没有超额利润，就没有企业家的创新，从而也就没有对创新的模仿或创新的普及，社会发展、经济增长、技术进步都将处于停滞状态。

利润刺激投资者愿意去承担一定的风险，如果没有利润的诱惑或驱动，具有风险的事业或产品试验就不会有人去从事。

利润影响资源的利用和配置。利润的存在会促使企业加强管理，降低成本，增加产量，从而提高经济资源的利用率，也会促使厂商重新调整决策，重新优化资源配置，扭亏为盈。

第五节　分配理论

由于要素价格和使用量是决定消费者收入水平的重要因素，而收入的高低涉及社会分配的公平程度，因此生产要素价格理论亦被视为地主、工资收入者和资本家这三个主要社会经济阶级之间的收入分配理论，是西方经济学分配理论的一个重要部分。除了要素价格决定之外，分配理论还包括收入分配的不平等程度以及收入差异的原因等，从要素的价格理论转到收入分配理论，显示了研究要素市场的意义和价值。

一、克拉克的新古典边际生产力分配论*

生产要素价格决定的主要理论基础是所谓的边际生产力分配论，是19世纪最后25年由新古典主义发展起来的。该理论最先由美国经济学家J. B. 克拉克提出，他借助于企业追求利润最大化的行为假设，主要使用边际分析法，通过把要素组合方式、产品市场和要素市场三个方面相联系来说明要素价格的决定，其中，市场供求因素和要素之间的技术关系（如生产函数）是决定要素价格的关键条件。他认为在竞争均衡下，谋求利润最大化的企业将会一直使用生产要素（如资本或劳动），直到其边际收益产品等于要素价格时才会停止。也即在其他条件不变和边际生产力递减的前提下，一种生产要素的价格取决于其边际生产力。后来的西方经济学家——英国的马歇尔和威克斯蒂德、瑞士的瓦尔拉斯，以及瑞典的威克塞尔等对克拉克的理论作了改进，他们认为，生产要素的价格不仅取决于其边际生产力，也取决于其他一些因素。边际生产力只是决定要素需求的一个方面，厂商在决定要素需求时还要考虑要素的边际成本。只有当使用要素的边际成本和边际收益相等时，厂商才在要素使用上达到了利润最大化。此外，要素的供给也是决定其价格的一个重要方面。

根据克拉克的观点，在完全竞争的条件下，对于劳动要素市场，由上述分析可以得到：

$P \cdot MP_L = W$　　　　即：$MP_L = \dfrac{W}{P}$

其中，$\dfrac{W}{P}$为劳动要素价格与产品价格之比，可以视为劳动的实际价格或实际工资，$MP_L = \dfrac{W}{P}$公式可以理解为劳动的实际报酬等于劳动的实际贡献。

同理，对于完全竞争的资本要素市场，也有同样的结论，即：

$P \cdot MP_K = r$　　　　即　$MP_K = \dfrac{r}{P}$

r是资本服务的价格或利率，上式可以理解为，资本的实际报酬等于资本的实际贡献（资本的边际产品或资本的边际产量）。

任何社会都存在两种生产要素——劳动和资本，两种要素共同创造了财富，也就要求共同参与财富的分配。正像商品价格受边际效用规律支配一样，资本与劳动的收入份额——利润率与工资率的决定也将遵循边际规律，即分别是由资本与劳动的最后的边际生产力决定,也就是"如果自然规律能够充分发挥作用,那么,从事任何生产职能所应当分配到的收入量,都将以它实际所生产的成果来衡量。换句话说,自由竞争倾向于将劳动所生产的部分给予劳动者,将资本所生产的部分给予资本家,而将调和职能所生产的部分给予企业家"①。

长期以来,这种新古典的边际生产力分配理论一直居于西方主流经济学的重要地位而为人们广泛接受,似乎所有现实问题都可以用其理论推理得到合理解释。其核心观点就是:产品的定价和生产要素的定价由共同的原则支配,即主要是由最大化目标的经济行为者的供给和需求力量决定,这其实也正是其分配理论研究的切入点。只不过这一理论构成的基础自创立以来一直处于争论之中。一方面,从绝大多数的社会现实来看,收入分配的决定性因素并不完全取决于生产要素的贡献——要素的边际生产力,克拉克的理论摒弃了古典传统对社会经济关系和所有权制度的关注,否定了古典学者斯密的"有了地主和雇主,才有了这种巨大的变化"的观点。经济思想史学家布劳格曾指出,所谓"分配理论",应当是关于个人的收入分配问题或者是总收入在工资、利润和地租之间的分配比率问题的相关理论,但上述边际生产力论却只是一个并不与收入份额的分配相关的要素定价理论,即"在要素供给既定的前提下,一种所谓的要素价格的边际生产力理论",所以充其量也不过是一个"拟分配理论(a theory of pseudo-distribution)"。另一方面,按要素的边际生产力即贡献大小进行分配,理论上看来似乎是完美无缺的,但是在资本与劳动共同生产创造的产品价值中,劳动与资本的贡献往往是无法独立分割的,因此如何合理分配收入份额依然难以确定,而必然取决于其他因素,如社会经济关系和所有权制度。尽管如此,争论归争论,克拉克创立的"边际生产力分配论"在经济学分配理论中的重要地位并未改变和动摇。

案例资料 8-3

公平重要吗

——"最后通牒游戏"(ultimatum game)实验

经济学家利用实验来增强对公平性在消费者决策制定中所扮演角色的认识。"最后通牒游戏"可以用来检测公平是否在消费者的决策制定中起到重要作用。在非常相似的条件下,不同的经济学家进行了"最后通牒游戏",但他们都得到了几乎一致的结论。

在这一实验中,一组志愿者被两两分开,每一对中,一名成员被称为"配给者"(allocator),另一名被称为"接受者"(recipient)。每一对会分得100元的现金,由配给者决定这100元如何在两个人之间分配。他(她)可以将100元占为己有,也可以全部给接受者,或者均分。接受者能够做的就是同意或者拒绝,如果接受的话两个人各自将得到自己的那份,如果接受者拒绝的话两个人都将一无所获,两手空空。

如果两个人都不怎么关心公平的话,"最后通牒游戏"的结果是非常直接的:即配给者将会自己拿走99元,而接受者只能得到剩余的1元,毕竟1元比两手空空要好。但事实上,参与游戏的结果,配给者通常会给接受者至少40%的份额,与此同时,当只能

① 克拉克.财富的分配,商务印书馆,1997年,第11页。

得到少于 10%的时候，接受者往往会拒绝配给者的方案。

为什么配给者会给接受者这么多的份额呢？虽然配给者自己可以不在乎公平性，但是他们担心接受者在乎公平性，在感觉不公平的时候会加以拒绝，宁愿一无所有。为此，诺贝尔奖获得者之一丹尼尔·卡恩曼等人进行了"独裁者游戏"实验：只有两种方案，无论哪种接受者都不能拒绝。要么配给者拿走 90 元，余下的 10 元给接受者；要么两人均分 100 元。结果在受试的 161 人中，有 122 人选择了平均分配。因为 90 对 10 的分配方案不能拒绝，显然，配给者一定是因为关注公平性才选择平均分配 100 元的。

资料来源：R·格伦·哈伯德，安东尼·P·奥布赖恩.

经济学(微观)，机械工业出版社，2007.05。

二、产量分配净尽原理——欧拉定理*

假定整个社会的劳动量和资本量分别为 L 和 K，其边际产出分别为 MP_L 和 MP_K，相应地劳动要素和资本要素各自所得的实际报酬分别为 $L\cdot MP_L$ 和 $K\cdot MP_K$。如果生产函数是规模收益不变的，也就是一阶齐次的，那么每种生产要素按照边际产出获得的收入恰好等于它们的总产量。用公式表示为：

$$Q=L\cdot MP_L+K\cdot MP_K \tag{8.17}$$

也就是说整个社会的总产品的分配恰好等于全部要素的实际报酬。即**在完全竞争的条件下，按要素的边际产出进行分配，恰好能分配完社会总产品，既不多，亦不少，这就是产量分配净尽原理**。由于这个定理可以用数学上的欧拉定理加以说明，所以，它也被称为**欧拉定理**。

这一结论对于边际分配论具有很强的解释意义。在完全竞争市场上，当所有的要素市场处于均衡状态的时候，**厂商对要素的均衡使用量所对应的边际产品价值恰好等于此时的要素价格**。根据这一原理，当厂商的生产规模收益不变的时候，要素按照这个价格取得的收入恰好等于所有的产品的价值。因此，按照要素的边际产出进行分配是合理的。

需要说明的是，产量分配净尽原理（或欧拉定理）只有在规模报酬不变（或生产函数为一次齐次式）的条件下才是适用的。

在报酬递增的情况下，整个产量会不够分配给各个生产要素之用，有 $Q<L\cdot MP_L+K\cdot MP_K$；

在收益递减的情况下，产量分配给各生产要素之后又会有剩余，有 $Q>L\cdot MP_L+K\cdot MP_K$，当处于不够和剩余的两种情况下，为了使得各生产要素都能得到与它们的边际产出相应的报酬，在经济社会中，应该有某种机构来补足缺额和取走剩余。

欧拉定理的证明*：

假设生产函数 $Q=f(L,K)$ 为线性齐次方程，规模报酬不变，对该函数两边同时乘以 $1/L$，并设 $k=\dfrac{K}{L}$，则有：

$$\frac{Q}{L}=f(\frac{L}{L},\frac{L}{K})=f(1,k)=\varphi(k)$$

其中 k 为**资本—劳动比率或人均资本**，上式表明人均产量 Q/L 是人均资本 k 的函数。

同理，若生产函数 $Q=f(L,K)$ 为 γ 次齐次函数，则有 $Q=L^{\gamma}\varphi(k)$，从而有：

$$\frac{\partial Q}{\partial L}=\gamma L^{\gamma-1}\varphi(k)-L^{\gamma-1}k\varphi'(k)$$

$$\frac{\partial Q}{\partial K}=L^{\gamma-1}\varphi'(k)$$

于是有：

$$L\cdot\frac{\partial Q}{\partial L}+K\cdot\frac{\partial Q}{\partial K}=\gamma L^{\gamma}\varphi(k)=\gamma Q$$

当 $\gamma=1,\gamma>1$ 和 $\gamma<1$ 时可以得出以下三个结论：

1. $\gamma=1$，即规模报酬不变，线性齐次时，$L\cdot\frac{\partial Q}{\partial L}+K\cdot\frac{\partial Q}{\partial K}=Q$，此即上述的产量分配净尽原理；

2. $\gamma>1$，即规模报酬递增，线性齐次时，$L\cdot\frac{\partial Q}{\partial L}+K\cdot\frac{\partial Q}{\partial K}>Q$，即：$Q<L\cdot MP_L+K\cdot MP_K$，此时产品不足分配；

3. $\gamma<1$，即规模报酬递减，线性齐次时，$L\cdot\frac{\partial Q}{\partial L}+K\cdot\frac{\partial Q}{\partial K}<Q$，即：$Q>L\cdot MP_L+K\cdot MP_K$，此时产品分配后尚有剩余。

三、洛伦兹曲线

边际生产力分配理论说明了生产要素价格是如何决定的，但它并没有说明社会收入分配的公平程度如何，美国统计学家 M·O·洛伦兹在研究国民收入分配的公平性程度时提出了一种测度方法。在表 8－2 的收入分配数据中，第一列为一国总人口累计百分数，第二列是相应的收入累计百分数，数据表明，占总人口 20％的人口收入累计为 3％；占总人口 80％的人口收入累计为 49％，不到总收入的一半，换言之，即 20％的人口拥有 51％的收入，以此类推。洛伦兹以人口累计百分数为横轴 H，收入累计百分数为纵轴 M，利用表中数据描点作图得到一曲线 ODL，这就是十分著名的洛伦兹曲线，参见图 8－16。

洛伦兹曲线表示一国按人口数量累计的百分比与该百分比所占有的国民收入比重之间的关系。

表 8－2 收入分配数据

人口累计	收入累计
0％	0％
20％	3％
40％	8％
60％	29％
80％	49％
100％	100％

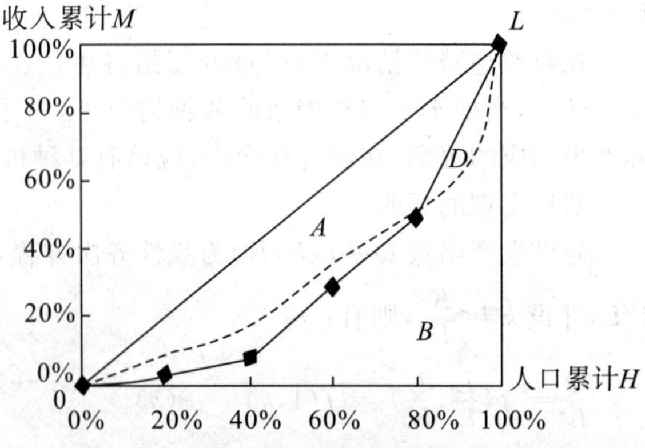

图 8－16 洛伦兹曲线

在图 8－16 中，OL 为 45°直线，OHL 为 90°折线，ODL 为曲线。这三条实线分别表示不同的内涵：

1. 完全平等线 OL

如果任一人口累计百分比均等于相应的收入累计百分比，则收入分配是完全平等的，这是一种理想的状态，此时洛伦兹曲线表现为通过原点的45°直线 OL，称为**完全平等线**。

2. 完全不平等线 OHL

如果所有收入都集中在某一人手中，其余人口均一无所获时，这是一种极端的情况，此时收入分配完全不平等，洛伦兹曲线表现为90°折线 OHL，称为**完全不平等线**。

3. 弯曲的洛伦兹曲线

通常情况下，一个国家的收入分配很难完全平等，也不会完全不平等，而是介于完全平等与完全不平等之间，因此，洛伦兹曲线一般情况下表现为凸向横轴的曲线，如图8－16中的实线曲线 ODL。

显而易见，洛伦兹曲线的弯曲程度具有重要意义，它反映了收入分配的不平等程度，其弯曲程度越大，越凸向横轴，表明收入分配的程度就越不平等，反之亦然。

案例资料 8-4

平均≠公平

平均收入水平是反映收入分配的重要指标之一。在洛伦兹的收入分配数据中，通常情况下，较多的财富集中在较少的人手中，多数人的收入水平处在平均收入水平之下。但是平均收入往往会掩盖真实的收入分配状况，参见下面的则柯模型与顾田模型。

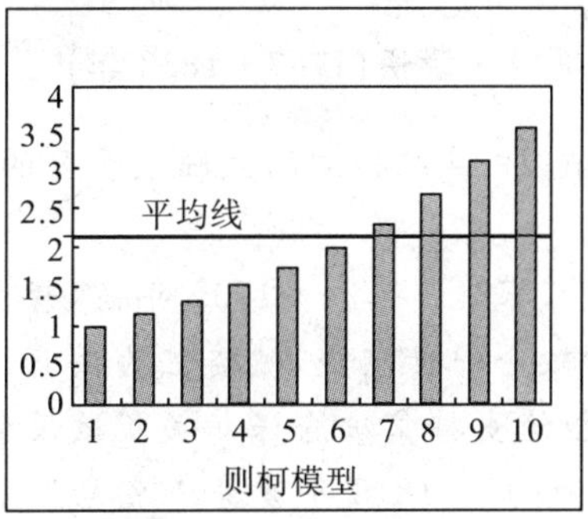

则柯模型：10组居民，第1组收入为1，由1到10每组收入递增15%，则第10组、第6组收入分别是3.5179和2.0114，10组平均收入为2.0303，有6个组即60%的居民收入水平在平均线以下。

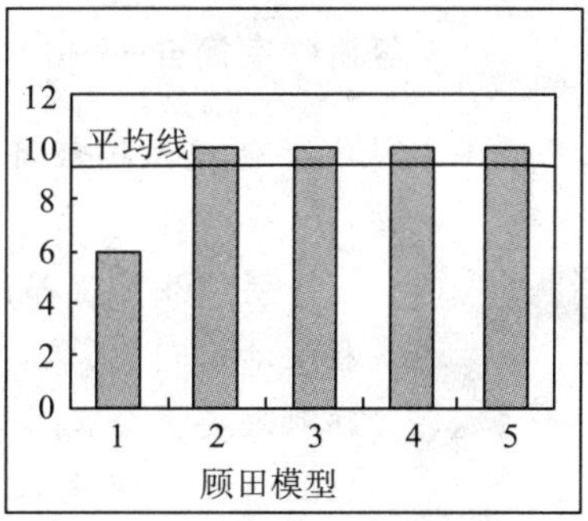

顾田模型：有5组居民，设第1组收入为6，其余4组收入均为10，则5组居民的收入差较小，平均收入线为9.2水平，有4组，即80%的人收入水平在平均线以上。

则柯模型可以粗略地理解为，多数居民生活在平均线以下的例子，甚至距离平均水平非常非常遥远；顾田模型说明多数居民生活在平均线以上的例子也不是不可能的。问题的关键还是收入分配是否真正的公平，而不是用平均来代替公平的。

资料来源：经济学讨论中的假设和模型，经济学茶座，2006.3（整理）。

四、基尼系数

在图 8－16 中，直线 OL 与曲线 ODL 之间的面积用 A 表示，叫作**不平等面积**；曲线 ODL 和 90°折线 OHL 之间的面积用 B 表示；$A+B$ 就是**完全不平等面积**。不平等面积与完全不平等面积之比为基尼系数，它是衡量一个国家的贫富差距、收入分配是否公平的标准之一，用公式表示为：

$$G=\frac{A}{A+B} \tag{8.18}$$

基尼系数的大小在 0 和 1 之间，即 $1\geqslant G\geqslant 0$。$G=0$，表示收入分配完全平等；$G=1$ 则表示收入分配完全不平等；通常 $1>G>0$，G 值越小表示收入分配越平等，反之，越大表示越不平等。不过基尼系数也有一定的局限性，有时候并不能如实反映收入分配的公平程度。例如图 8－16 中的虚线代表的洛伦兹曲线确定的基尼系数和实线 ODL 确定的基尼系数差别不是很大，但是虚线反映的收入分配的公平程度明显要高一些(低收入人口累计百分比所占的收入累计百分比相对要高)。根据美国经济学家西蒙·库此涅茨(Simon Kuznets)研究结果，一个国家收入分配中的不公平程度与人均收入水平之间呈现倒 U 型的关系。即随着人均收入水平的增长，不公平程度开始递增，在某一中等收入水平处达到最大值，然后伴随着国家经济的发展、工业化的进程不公平程度不断降低。换言之，在非常贫困和非常富裕的国家中，收入分配的不公平程度相对较低，而处在经济发展过程中的中等国家往往两极分化严重，贫富差距很大，收入分配的不公平程度较高。

经济学家简介——让·巴蒂斯特·萨伊(1767—1832 年)

让·巴蒂斯特·萨伊是法国经济学家，是 19 世纪初欧洲大陆最重要的经济学家之一。

萨伊生于里昂一个商人家庭。1794—1799 年任《哲学、文艺和政治旬刊》主编，曾受拿破仑一世重视，被委任为法官，又被派往财政委员会工作，又因拒绝支持拿破仑保护关税政策被解职。1805—1813 年与人合伙办纱厂。1815 年波旁王朝复辟后，先后在法国阿森尼大学、工艺学院和法兰西学院讲授政治经济学。著有《政治经济学概论》《政治经济学问答》《政治经济学教程》等。

萨伊建立了政治经济学的三分法，把政治经济学划分为财富的生产、财富的分配和财富的消费三部分。他提出效用价值论，认为生产只创造效用，物品的效用是物品价值的基础，劳动、资本、土地(自然力)共同创造了产品的效用，从而创造了产品的价值，他用工资、利息、地租这三种收入组成生产费用来构成价值，建立起“三位一体”公式的分配论基石，利润则被看作企业家才能的报酬，否定资本主义剥削。

此外，萨伊还提出供给创造需求的原理(即著名的萨伊定律)，全面否认资本主义经济危机产生的必然性。萨伊的这些理论多被后来的资产阶级经济学家接受，在经济思想发展史上产生了重大影响。

拓展知识链接

经济歧视

补偿性工资差异

H—O 要素禀赋理论

黏性工资理论

威茨曼的利润分享理论

思考与练习

一、核心概念

引致需求	源泉价格	服务价格	地租
经济租金	准经济租金	边际收益产品	边际产品价值
边际要素成本	要素需求曲线	一般要素的供给曲线	劳动的供给曲线
替代效应	收入效应	个人资本供给曲线	要素的需求价格弹性
边际生产力分配论	劳动力无限供给模型		产量分配净尽原理
洛伦兹曲线	基尼系数		

二、选择题

1. 在完全竞争条件下，要素边际产品价值的公式是(　　)。

A. $\Delta Q/\Delta L$　B. $MP \cdot P$　C. $\Delta TR/\Delta Q$　D. $MP \cdot MR$

2. 当产品市场和要素市场完全竞争时，厂商使用生产要素最优数量的原则是(　　)。

A. $VMP=W$　B. $MRP=W$　C. $MP=W$　D. $MR=W$

3. 在完全竞争的要素市场上，整个市场的要素供给曲线是一条(　　)。

A. 水平线　B. 垂直线

C. 向右上方倾斜的曲线　D. 向右下方倾斜的曲线

4. 随着工资水平的提高，(　　)。

A. 劳动的供给量会一直增加

B. 劳动的供给量逐渐减少

C. 劳动的供给量先增加，但工资提高到一定水平后，不仅不会增加反而减少

D. 劳动的供给量增加到一定程度后就不会增加也不会减少

5. 素质较差的生产要素，在长期内由于需求增加而获得的一种超额收入，称为(　　)。

A. 一般准租金　B. 经济租金　C. 纯租金　D. 地租

6. 一厂商生产某产品，其单价为 10 元，月产量 100 单位，产品的平均可变成本为 5 元，平均不变成本为 4 元。则准租金和经济利润分别为(　　)。

A. 500 和 100 元　B. 100 元和 500 元

C. 500 和 600 元　D. 500 和 600 元

7. 收入分配绝对平均时，基尼系数(　　)。

A. 等于 0　B. 等于 1　C. 大于 0 小于 1　D. 小于 1

8. 根据基尼系数的大小，下列四个国家中分配最为平均的是(　　)。

A. 甲国的基尼系数为 0.1　　B. 乙国的基尼系数为 0.15

C. 丙国的基尼系数为 0.2　　D. 丁国的基尼系数为 0.18

9. 如果收入分配越不均等，洛伦兹曲线就会(　　)。

A. 越直　　B. 越弯曲　　C. 越小　　D. 越长

10. 洛伦兹曲线与基尼系数的关系是(　　)。

A. 洛伦兹曲线的弯度越大，基尼系数越大

B. 洛伦兹曲线的弯度越大，基尼系数越小

C. 洛伦兹曲线与基尼系数没关系

D. 洛伦兹曲线与基尼系数有关系，但不能明确断定

三、思考题

1. 对于以下要素，列出其作为派生需求的最终产品：麦地、汽油、理发师、制作篮球的机器、榨汁机、经济学教科书。

2. 劳动供给曲线、个人资本供给曲线为什么是向后弯曲的？

3. 土地的供给曲线为什么是垂直的？

4. 试述边际收入与边际收益产品、边际产品价值以及边际成本与边际要素成本的区别。

5. 为什么下列说法是错误的？

(1)边际收益产品即为每个工人挣得的全部收入。

(2)分配理论很简单，你只要算出每一要素生产了多少，然后将其在产出中所占份额分配给他即可。

(3)在竞争条件下，工人的工资是其生产的全部产出减去原材料的成本。

6. 假定一个行业面临着竞争的劳动市场，劳动的供给来自两个来源：本国工人和外国工人。所有的工人都有相同的技能，同时假定该行业的产品要与进口产品竞争。

(1)作图说明最初的竞争劳动市场，画出劳动需要与供给曲线，并确定均衡的工资率与就业水平。

(2)假定本国工人组成了工会，工会支持禁止厂商雇佣外国工人的法律。这对就业与工资率有什么影响？用图加以说明。

(3)该行业与工会支持通过一项限制与之竞争的进口产品的法律。用同一个图形说明工资率与就业率的变动。

四、计算题

1. 某消费者将固定的时间分配于劳动和闲暇得到满足，其效用函数是 $U=lY+al$，其中，a 是正的参数，留作闲暇的时间为 l，其余时间出售劳动获得收入(假定他出售劳动的工资率是固定的)。求消费者对劳动的供给函数，他的劳动供给曲线是不是向右上方倾斜的？

2. 某厂商为开办工厂租用了 100 亩土地，该厂商每年用于购买机器设备的总支出为 12000 元，用于原材料的支出为 3000 元。假设该农场的总产出是劳动 L 的函数，具体关系为 $Q=-L^3+20L^2+72L$，厂商面对的是完全竞争的产品市场，产品价格为50 元/单位，最优劳动雇佣量为 14 人，最大年利润为 3200 元，机会成本为 5000 元。试求：

(1)每个农场工人的年工资是多少?

(2)每亩土地的年租金是多少?

3.假定一垄断厂商仅使用劳动 L 去生产产品,其产品按竞争市场固定价格 2 个单位出售,生产函数为 $q=6L+3L^2-0.02L^3$,劳动供给函数为 $W=60+3L$,求利润极大时的 L、q 和 W 之值。

4.时代休闲公司雇佣熟练工人,使用资本来安装热浴盆。资本包括工人用来构建和安装热浴盆的工具和设备。在竞争性的市场上,每个热浴盆的安装价格是 1200 元。时代休闲公司能以每月 2200 元来雇佣工人,包括工资、工资外补贴以及就业税。多雇佣一个工人时,能够多安装的热浴盆数量如下表。

雇佣的工人人数	热浴盆的安装数
1	5
2	12
3	18
4	23
5	27
6	30
7	32
8	33
9	34

(1)指出工人边际产量以及 MRP 明细表。

(2)为了达到利润最大化,时代公司于该雇佣多少工人?

(3)如果对热浴盆的强劲需求使得安装服务的价格上升到 1500 元。如果工人的工资持续在 2500 元不变,这将如何影响熟练工人的就业?

五、挑战题*

1.假设一厂商在完全竞争的产品和要素市场上从事生产经营。其生产函数为 $Q=48L^{0.5}K^{0.5}$,其中 Q 是年产出数,L、K 分别是雇佣工人人数和使用资本的单位数,产品价格为产出 50 元/单位,每年工人的工资率是 14 400 元/单位,资本价格是 80 元/单位。在短期内资本是固定的。该厂商共有资本 3600 单位。

(1)计算短期情况下的下列各问:

a)厂商对劳动的需求方程;

b)雇佣工人的均衡数量;

c)短期均衡时厂商对劳动的需求弹性;

d)短期均衡时厂商的年纯利润。

(2)假设长期里产品价格和劳动的工资率保持上述不变,由于工业发展,资本的价格上升导致工业成本上升,计算:

a)资本的长期均衡价格;

b)在长期,厂商雇佣工人的均衡数量。

2. 假设劳动者每天的时间资源是 24 小时，用 T 表示，24 小时中提供劳动的时间用 L 表示，保留自用的时间即闲暇用 l 表示，劳动者的工资率用 ω 表示，劳动者提供劳动获取的收入用 Y 表示，劳动者从劳动收入和闲暇中获得的总效用函数为：$U=48l+lY-l^2$，试求劳动的供给曲线。并证明：

(1) 当 $\omega=0$ 时，他完全不劳动。

(2) 劳动供给 L 随 ω 上升而增加。

(3) 不管工资率 ω 有多高，劳动时间 L 不超过 12 小时。

Microeconomics

第九章 一般均衡与福利经济学

Microeconomics

平等和效率（的冲突）是最需要加以慎重权衡的社会经济问题，它在很多的社会政策领域一直困扰着我们。我们无法按市场效率生产出馅饼之后又完全平等地进行分享。

——阿瑟·奥肯(1928-1980)

学习目的与要求

通过对本章的学习，要求基本了解所有市场价格的同时确定以及各个市场的供求完全均衡是如何实现的；能够准确理解判断经济效率的帕累托最优标准和交换、生产之帕累托最优的实现条件，以及论证完全竞争市场能够达到帕累托最优效率的原因；学会运用福利经济学原理对我国体制改革过程中的一些政策进行分析和预测。

重点与难点

本章的重点是局部均衡与一般均衡、帕累托最优标准理论；难点是运用埃奇渥斯盒状图分析生产的帕累托最优条件、交换的帕累托最优条件以及生产和交换同时实现的帕累托最优条件。

在前面几章中，我们都是分析单个的商品市场或单个的要素市场，研究这些单个市场的均衡即局部均衡是如何形成的。很显然，局部均衡不等于整体均衡，在现实生活中，整个经济体系中的市场是相互联系的。当整个经济的价格体系恰好使所有的商品都供求相等时，我们就说市场达到了一般均衡。本章主要讨论的问题就是：在整个市场经济体系中，这种一般均衡状态是否存在？如果存在，它又是否具有经济效率？第一个问题我们在第一节一般均衡论理论里进行分析，第二个问题在第二节福利经济学里进行研究。

第一节　一般均衡理论

一、局部均衡与一般均衡

对微观经济学的价格理论的分析，按照研究的假设不同分为局部均衡和一般均衡理论。**局部均衡是指在假定其他市场商品（或要素）的价格不变时，某市场的商品（或要素）的需求和供给相等时的均衡状态；一般均衡是指所有市场的商品（或要素）的需求和供给相等时的均衡状态**。下面我们就先从简单的局部均衡开始分析，再对一般均衡理论进行分析。

1.局部均衡

从第一章我们知道，影响商品需求的因素有很多，如该商品的价格、消费者的收入水平、相关商品的价格、消费者对未来商品价格的预期、消费者的偏好等，我们可以把这些影响商品需求的因素与商品的需求量之间建立函数关系式：

$$Q_X^D = f(P_X, I, P_Y, P_F, P_R \cdots\cdots) \tag{9.1}$$

式子(9.1)中 Q_X^D 表示商品 X 的需求量，P_X表示商品 X 的价格，I 表示消费者的收入水平，P_Y表示相关商品的价格，P_F表示消费者对未来商品价格的预期，P_R表示消费者的偏好。一般地，为了研究问题的方便，我们现在假设 I、P_Y、P_F、P_R……不变，在这一前提下单独研究 Q_X^D 和 P_X之间的数量关系，这样就有：

$$Q_X^D = f(P_X) \tag{9.2}$$

同样，影响商品供给的因素也有很多，如该商品的价格、生产的技术水平、其他相关商品的价格、生产者对未来商品价格的预期等，我们可以把这些影响商品供给的因素与商品的供给量之间建立函数关系式：

$$Q_X^S = f(P_X, T, P_Y, P_F, \cdots\cdots) \tag{9.3}$$

其中 Q_X^S 表示商品 X 的供给量，P_X表示商品 X 的价格，T 表示生产的技术水平，P_Y表示相关商品的价格，P_F表示生产者对未来商品价格的预期。同样，为了研究问题的方便，我们假设 T、P_Y、P_F……不变，这样：

$$Q_X^S = f(P_X) \tag{9.4}$$

通过以上的假设，我们就把商品 X 的市场从整个经济系统中隔离出来，只考虑商品 X 的需求量与其价格的关系以及供给量与其价格的关系，联立(9.2)和(9.4)式，我们就可以求得，在某个价格水平上，这个单个商品市场的需求量与供给量相等，该市场就达到均衡。由于假设了其他市场不变，这种特定商品（或要素）市场的均衡就是**局部均衡（partial equilibrium）**。但相对于整个经济系统而言，某个商品（或要素）市场达到了局部均衡，并不意味着商品（或要素）市场也达到了一般均衡。

这种假定条件不变，把单个商品（或要素）市场从整个经济体系的全体市场中隔离出来单独加以研究的方法叫作**局部均衡分析法（partial equilibrium approach）**。这种分析方法是马歇尔最先于 1890 年在他的代表著作《经济学原理》中提出的，同时也成了马歇尔经济学说在方法论上的一个主要特点。然而，局部均衡分析法与我们现实生活中的市场环境有较大的距离，现实中各个市场之间并不是独立的，它们是相互联系、相互影响的，一个市场供求的变化会引起一系列相关的市场供求的连锁反应，这也是现代市场经济的基本特征之一。

2. 市场之间的相互联系

为了理解各个市场之间的相互影响关系，我们来看一个简化的经济系统，它包括四个市场：钢铁市场、汽车市场、汽油市场、劳动市场，见图 9－1。在刚开始时，四个市场都处于均衡状态，钢铁市场的均衡价格为 P_A，均衡数量为 Q_A；汽车市场的均衡价格为 P_B，均衡数量为 Q_B；汽油市场的均衡价格为 P_C，均衡数量为 Q_C；劳动市场的均衡价格为 W_D，均衡数量为 L_D。

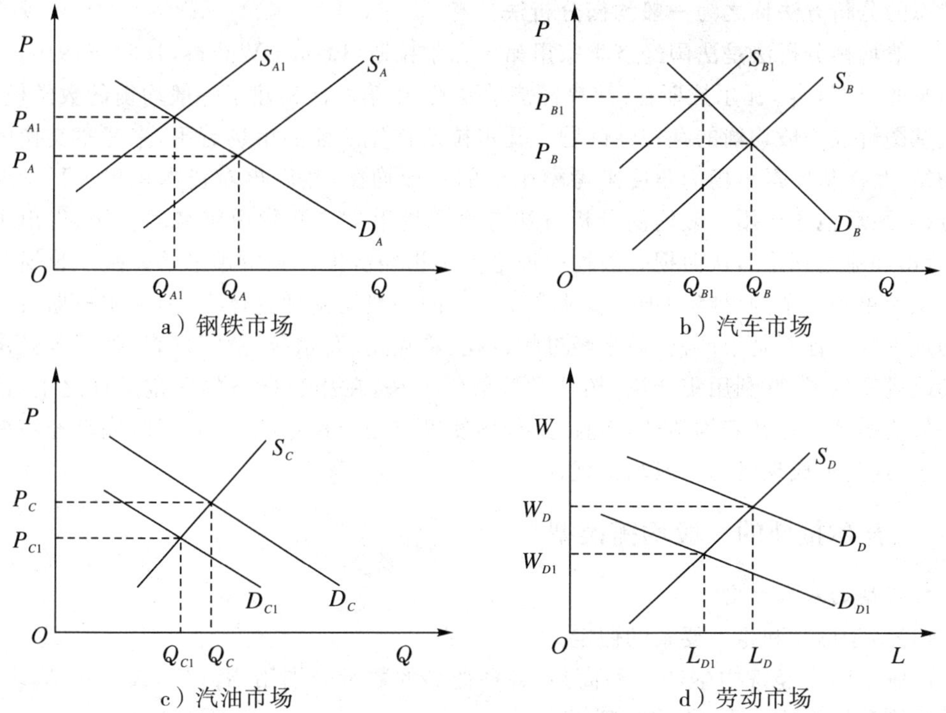

图 9－1　各个市场之间的相互联系

当钢铁市场由于某个意外原因导致钢铁的供给减少时，相应地，它的供给曲线由 S_A 向左平移到 S_{A1}，如图 a）所示，可以看出，钢铁的均衡价格上升到 P_{A1}，均衡数量下降到 Q_{A1}；我们再分析汽车市场，由于生产汽车必须要用到钢铁，钢铁价格的上涨，会导致汽车的供给减少，它的供给曲线会由 S_B 向左平移至 S_{B1}，如图 b）所示，此时汽车市场的均衡价

格上升到 P_{B1}，均衡数量下降到 Q_{B1}；我们再来分析汽油市场，由于汽车与汽油是互补品，汽车销量的减少必然会导致汽油的需求减少，汽油市场的需求曲线由 D_C 向左平移到 D_{C1}，如图 c)所示，汽油的均衡价格下降到 P_{C1}，均衡数量下降到 Q_{C1}；最后，我们再看看劳动市场，由于钢铁、汽车、汽油的均衡数量减少，必然使生产这些产品的企业减少雇佣劳动者的数量，这会导致对劳动的需求减少，劳动市场的需求曲线由 D_D 向左平移到 D_{D1}，如图 d)所示，劳动的均衡价格下降到 W_{D1}，均衡数量下降到 L_{D1}；劳动的均衡价格下降又会反过来影响钢铁市场的均衡。这样，一个市场发生的变动，会引起一系列市场的变动，而市场的变动，又会反过来导致最初发生变动的市场再次发生变动。因此，我们可以说：整个经济体系内的各个市场之间是相互联系、相互影响的，局部均衡分析并不适合分析整个经济体系所有的市场状态。

3. 一般均衡

从图 9－1 可以看出，要全面、准确地分析一个市场的变动，就要把所有的市场放到一起来进行分析，研究在各个市场之间的相互作用下，某单个商品或要素市场如何实现均衡，从而得出所有市场的均衡价格与均衡产量。我们把一个经济体系中所有市场(包括商品市场和要素市场)的供给和需求同时达到市场均衡的状态叫作**一般均衡**。这种从微观经济主体行为的角度出发，考察每一种产品和每一个要素的供给和需求同时达到均衡状态的分析方法称之为**一般均衡分析法**。

一般均衡分析法是法国经济学家里昂 · 瓦尔拉斯(Léon · Walras，1834－1910)首先提出来的，1874 年，瓦尔拉斯在《纯粹经济学要义》中第一次构建了一般均衡的数学模型，并且试图解决一般均衡的存在性问题。瓦尔拉斯首先从商品市场着手，来考察交换的一般均衡，其次从要素市场的角度来考察生产的一般均衡，然后再对资本积累进行一般均衡分析，最后他还运用一般均衡分析方法考察了货币交换和货币窖藏的作用，得出了他的“货币和流通理论”，从而把一般均衡理论由实物经济推广到货币经济。瓦尔拉斯就是按照从简单到复杂的思路一步一步地建立自己的一般均衡理论体系，但瓦尔拉斯对一般均衡理论的论证不是很严密，后来经过帕累托、希克斯、谢尔曼、萨缪尔森、阿罗等经济学家的改进和发展，并利用集合论、拓扑学等数学方法，在相当严格的假定条件之下，证明了一般均衡体系存在着均衡解，而且，这种均衡可以处于稳定状态，并同时满足经济效率的要求，这就形成现代的一般均衡理论。

二、瓦尔拉斯的一般均衡模型

1. 模型的基本假定

(1)对于商品和生产要素的假定。

a)假定整个经济中生产 n 种商品，各种商品的数量分别用 $X_1, X_2, X_3, \cdots, X_n$ 表示，其价格则分别为 $P_1, P_2, P_3, \cdots, P_n$；

b)假定整个经济中有 m 种生产要素，各种生产要素的数量用 $Y_1, Y_2, Y_3, \cdots, Y_m$ 表示，其价格分别为 $V_1, V_2, V_3, \cdots, V_m$；

c)假定所有商品市场和生产要素市场均为完全竞争市场。

(2)对于消费者的假定。

a)假定整个经济中有若干个消费者，每个消费者都是商品的需求者和生产要素的供给者，他们通过供给生产要素得到收入，并在要素收入的约束条件下购买各种商品以使效用得到最大。假定每个消费者的全部收入均来自要素供给，且将全部收入均用于消费，既没有储蓄，也没有负储蓄；

b)每一消费者的偏好即效用函数是既定不变的。

(3)对于厂商的假定。

假定整个经济中有若干个厂商，每个厂商都是要素的需求者和商品的供给者，它在生产函数的约束条件下生产各种商品以使利润达到最大。假定每一厂商的生产函数为既定不变，即生产技术不变，规模报酬也不变，并且各种要素都被充分利用，没有中间产品，没有投资或负投资。

2.商品市场和要素市场的一般均衡

(1)消费者行为：商品需求与要素供给。

在产品和要素市场均为完全竞争时，产品和生产要素的价格对单个消费者来说是既定不变的常量，由于消费者不存在储蓄和负储蓄，所以每一个消费者的全部支出就等于各种要素的供给量与相应要素的价格乘积，于是，每个消费者在收入预算约束的条件下，根据效用最大化原则选择最优的商品消费量(即商品需求量)和最优的要素销售量(即要素供给量)，所以每个消费者对某种商品的需求量和对某种生产要素的供给量都是商品价格和要素价格的函数。

a)商品的需求方程。

每个消费者对某种商品的需求量是商品价格和要素价格的函数，整个市场对某种商品的需求量就是每个消费者对该种商品需求量的加总，所以某种商品的市场需求量也是商品价格和生产要素价格的函数。设 P_i 为第 i 种商品的价格，V_j 为第 j 种生产要素的价格，第 i 种商品的市场需求量 X_i^D 可表示为：

$$X_i^D = F_i^D(P_1, P_2, \cdots, P_n; V_1, V_2, \cdots, V_m) \qquad (i = 1, 2, \cdots, n) \qquad (9.5)$$

b)生产要素的供给方程。

每个消费者对某种生产要素的供给量是商品价格和要素价格的函数，整个市场对某种生产要素的供给量就是每个消费者对该种生产要素的供给量的加总，所以某种生产要素的供给量也是商品价格和生产要素价格的函数。设 P_i 为第 i 种商品的价格，V_j 为第 j 种生产要素的价格，第 i 种生产要素的供给量 Y_i^S 可表示为：

$$Y_i^S = G_i^S(P_1, P_2, \cdots, P_n; V_1, V_2, \cdots, V_m) \qquad (i = 1, 2, \cdots, m) \qquad (9.6)$$

(2)厂商行为：商品供给和要素需求。

在产品和要素市场均为完全竞争时，产品和生产要素的价格对单个厂商来说也是既定不变的常量，由于厂商不存在投资和负投资，所以每一个厂商销售全部商品的总收益就等于购买生产要素的总成本，厂商的总收益就是商品的价格与商品的销售量的乘积，厂商的总成本就是购买生产要素的数量与生产要素的价格的乘积，厂商根据利润最大化原则选择最优的商品生产量(即商品供给量)和最优的要素购买量(即生产要素需求量)，所以每个厂商对某种商品的供给量和对某种生产要素的需求量都是商品价格和生产要素价格的函数。

a)商品供给方程。

每个厂商对某种商品的供给量是商品价格和要素价格的函数，整个市场对某种商品的供给量就是每个厂商对该种商品供给量的加总，所以某种商品的市场供给量也是商品价格和生产要素价格的函数。设 P_i 为第 i 种商品的价格，V_j 为第 j 种生产要素的价格，第 i 种商品的市场需求量 X_i^S 可表示为：

$$X_i^S = F_i^S(P_1, P_2, \cdots, P_n; V_1, V_2, \cdots, V_m) \qquad (i = 1, 2, \cdots, n) \tag{9.7}$$

b)生产要素的需求方程。

每个厂商对某种生产要素的需求量是商品价格和要素价格的函数，整个市场对某种生产要素的需求量就是每个厂商对该种生产要素需求量的加总，所以某种生产要素的市场需求量也是商品价格和生产要素价格的函数。设 P_i 为第 i 种商品的价格，V_j 为第 j 种生产要素的价格，第 i 种商品的市场需求量 X_i^S 可表示为：

$$X_i^D = G_i^D(P_1, P_2, \cdots, P_n; V_1, V_2, \cdots, V_m) \qquad (i = 1, 2, \cdots, m) \tag{9.8}$$

(3)经济体系的一般均衡条件。

要使经济体系处于一般均衡状态，就必须使所有的商品市场和生产要素市场同时达到均衡，即 n 个商品市场的需求和供给都相等，m 个生产要素市场的需求和供给都相等：

$$\begin{aligned} X_i^D &= X_i^S \qquad (i = 1, 2, \cdots, n) \\ Y_j^D &= Y_j^S \qquad (j = 1, 2, \cdots, m) \end{aligned} \tag{9.9}$$

现在的问题是：是否存在一组价格($P_1^*, P_2^*, \cdots, P_n^*; V_1^*, V_2^*, \cdots, V_m^*$)恰好使得上述一般均衡的条件(9.9)式成立？如果存在这样的一组价格，我们就可以说此时达到了一般均衡。

(4)一般均衡的存在性。

(9.9)式的瓦尔拉斯均衡条件中，方程的个数为($m+n$)个，变量个数为($m+n$)个，这($m+n$)个方程是否有解呢？如果我们从整个社会来考虑的话，就会发现：对于任意的价格，整个经济社会中所有成员用于购买商品的支出一定等于出售生产要素所得到的收入，即

$$\sum_{i=1}^{n} P_i \cdot X_i \equiv \sum_{j=1}^{m} V_j \cdot Y_j \tag{9.10}$$

在均衡方程(9.9)中，如果有($m+n-1$)市场达到均衡，从而确定了($m+n-1$)个均衡价格，那么剩下的一个市场可以根据恒等式(9.10)来确定变量的值，但是这个变量的数值是否满足均衡条件(9.9)就不能肯定了。或者说瓦尔拉斯均衡条件中只有($m+n-1$)个独立方程，剩下的一个方程可以由这($m+n-1$)个独立方程推导出来，而这些方程中变量的个数为($m+n$)个，显然不能确定这个模型是否有均衡解。为了能够求解，瓦尔拉斯引入法定价值作为商品价格的计算单位。瓦尔拉斯规定某一种商品为一般等价物，那么该商品的价格就是法定价值，则其他商品价格可以用和该商品价格相比的相对价格来计算，此时价格变量就变为相对价格。这样，在一般均衡模型中，须要决定的未知数是($m+n-1$)个，独立方程的数目也是($m+n-1$)个。瓦尔拉斯认为，在一般均衡模型中，($m+n-1$)个独立方程可以唯一地决定($m+n-1$)个未知数，即($m+n-1$)个价格，从而得到结论：**存在一组价格，使得所有市场的供给和需求都恰好相等，亦即存在着整个经济体系的一般均衡。**

(5)一般均衡的调整过程。

瓦尔拉斯均衡模型主要贡献在于它一般均衡分析的基本思想，而它对一般均衡价格的存在性的说明缺乏说服力，因为瓦尔拉斯认为未知价格变量的个数和方程的个数相等时就一定有解，这种想法并不正确。事实上，未知价格变量的个数等于方程个数的条件，既不是一组方程有解的必要条件，也不是充分条件。如两个方程 $x+y=5$ 和 $x+y=-6$

组成的方程组，未知数的个数也是两个，但它却没有解。即使是一个方程组有数学解，我们也不能保证这些解都有经济意义，比如说均衡价格解中出现负值，很显然它不是经济学中的解。对此，瓦尔拉斯采用通过一系列连续的近似方式来逼近均衡解的方法，瓦尔拉斯称之为**退约调整过程**，并用这种程序来模拟市场实际发生的交换过程。根据这一方法，市场机构通过反复试验来“感觉”和“摸索”逼近均衡的途径。假定市场过程中存在一个拍卖者来组织交易的进行。商品的交换中，由拍卖者喊价，由交易者随着喊出的价格调整供求，直到供求相等而成交，首次喊价是随意的，随后就在喊价的基础上，比较供给与需求的意愿。如果它们不一致，则第二次喊价根据供求意愿的相对情况，对有超额需求意愿的商品提高价格，对有超额供给意愿的商品降低价格，从而逐步接近均衡。这就是瓦尔拉斯一般均衡的“调整过程”。

当然，在现实的市场经济中根本不存在瓦尔拉斯所设想的拍卖者。针对瓦尔拉斯一般均衡所存在的上述问题，许多经济学家对一般均衡理论进行了完善和发展。尤其是20世纪50～60年代，阿罗和德布鲁在相当严格的假定条件下证明了一般均衡体系存在着均衡解，而且，这种均衡可以处于稳定状态，并同时满足经济效率的要求。这些假设条件有：任何厂商都不存在规模报酬递增的现象；每一种商品的生产至少必须使用一种原始生产要素；任何消费者所提供的原始生产要素都不得大于它的初始存量；每个消费者都可以提供所有的原始生产要素；每个消费者的序数效用函数都是连续的；消费者的欲望是无限的；无差异曲线凸向原点等等。总之，在这些的假设条件全部得到满足时，一般均衡体系就有均衡解存在。

第二节　福利经济学

一、福利经济学概述

1. 福利经济学的含义

人类社会发展到今天，历经几千年，在各个领域都取得了较高的成就，但人类社会发展的终极目标是什么呢？对此问题，目前比较一致的看法是人能得到充分的自由与发展。而人的物质生活与精神生活的满足程度是衡量人的自由与发展程度的主要指标，我们就把这种一个人获得的物质生活需要与精神生活需要的满足程度称作个人福利，把一个社会全体成员的个人福利的总和或个人福利的集合称作社会福利。在社会福利中，能够直接或间接地用货币来衡量的那部分社会福利，叫作经济福利。经济福利的大小能够衡量人的自由与发展的程度，所以对经济福利进行研究并使其朝着人类社会发展的终极目标方向前进是福利经济学(welfare economics)的主要任务。

由于不同时期对福利经济学的任务和目标的认识不同，西方经济学家对福利经济学的定义尚不统一。早期的福利经济学家把福利经济学定义为研究社会幸福及其变化的经济原因的科学；旧福利经济学的代表人物之一庇古(A・C・Pigou)则认为，福利经济学是“研究增进世界的或某一国家的经济福利的主要影响”的；美国普林斯顿大学经济学家哈维·S·罗森认为:“福利经济学是研究不同经济状态的社会合意性的经济理论”;英国经济学家李特尔(I·M·D·Little)认为:“最好是把福利经济学看成研究经济体系的一种形态比另一种形态是好还是坏,以及一种形态是否应当转变为另一种形态的问题”;美国著名经济学家萨缪尔逊(Paul A. Samuelson)给福利经济学下的定义是:“福利经济学是一门关于组织经济活动的最佳途径,收入的最佳分配以及最佳的税收制度的学科”。综上所述,福利经济学是从微观经济主体的角度出发,考察一个社会全体成员的经济福利最大化问题的经济学。

2. 福利经济学的社会目标

由于受到科学技术等一些因素的限制,人类社会还没有达到我们所追求的终极目标,那么在现有的条件下,如何找到一个经济社会的资源(包括生产要素和产品)在各个部门的最优配置或不同个体之间的最优分配,使整个社会福利达到最大化?这就是福利经济学研究的主要目标。在这个目标的指导下,福利经济学主要从两个方面进行研究:其一是社会的资源配置在什么条件下达到最优状态?如何才能达到最优状态?也就是说,福利经济学要寻找到一种最优的资源配置方式,使整个社会的经济福利达到最大化,我们把最优的资源配置方式称之为经济效率。其二是国民收入如何进行分配才能使社会全体成员的经济福利达到最大?国民收入分配的均等程度体现了国民收入分配的公平程度,一般来说,收入分配越公平,社会全体成员的福利也就越大。但效率和公平并不能同时出现,越有效率的资源配置方式也就意味着国民收入分配越不公平;反之,越公平的收入分配制度也就意味着越没有效率的资源配置方式。

3. 庇古的福利命题

在福利经济学发展的过程中,尽管人们对福利经济学的认识及定义有不同的看法,但不可否认的是,对福利经济学的发展最有影响的经济学家当属英国经济学家A·C·庇古。1920年,庇古出版了代表作《福利经济学》,标志着旧福利经济学的产生,福利经济学重新受到重视。庇古的福利经济学思想包含以下几个内容:(1)福利经济学是解决人的物质福利问题的,追求物质福利最大化,而物质福利与人的生产能力有关,进而与经济效率有关。(2)个人的福利可以用效用来表示,效用可以用基数来计量,可以进行人际间比较,边际效用是递减的,整个社会的福利应该是所有个人效用的简单加总。(3)影响经济福利的因素有两个:一是国民收入的总量,国民收入水平越高,社会福利就越大;二是国民收入分配的状况,国民收入分配越平均,社会福利就越大。

但是,旧福利经济学也存在着一些问题。旧福利经济学以基数效用理论为基础,而当时的西方经济学家们认为,效用是人的主观感受,是不可以用基数来度量的;一个人的效用和另一个人的效用是不能够进行比较的;适用于所有人的基数效用的度量单位是不存在的等等。这些问题在20世纪30年代引起了一场大争论,争论的结果是新福利经济学取代旧福利经济学。

二、判断经济效率的标准

从前面介绍的福利经济学的目标及其主要内容我们知道,福利经济学必须判断各种不同的资源配置的优劣,以及确定所有可能的资源配置中最优的资源配置;也必须要判断各种不同的国民收入分配的优劣,以确定所有可能的分配方式中最优的国民收入分配方式。在市场经济制度下，资源配置和国民收入分配都是通过市场机制来实现的，因此，福利经济学把对市场经济的运行和市场机制的功能缺陷进行评价并纳入自己的研究范围。通过分析市场经济制度的缺陷，福利经济学提出如何通过政府的作用及其相应的政策措施纠正这些缺陷，以实现社会福利的最大化。福利经济学家试图利用他们所提出的道德标准和福利理论作为政府制定经济政策的指导原则。下面主要介绍帕累托标准。

1. 帕累托最优状态的含义

要从一定的社会价值判断标准出发，对一个经济体系的运行进行评价，并进一步说明一个经济体系应当怎样运行，以及为此提出相应的经济政策，找到一个最优的社会资源的配置状态和最优的国民收入的分配状态，在这些状态下，每个人以致整个社会的"福利"要更大一些，这些都牵涉到优劣、好坏的问题，即价值判断的问题。对这些问题的研究属于规范经济学的范畴，因此福利经济学是规范经济学。福利经济学要对资源配置的优劣进行价值判断，那价值判断以什么作为标准呢？为了回答这个问题，先来考虑如下的简单情况：假定整个社会包括两个人甲和乙，且只有两种可能的资源配置状态A和B。甲和乙在A和B之间进行选择，是状态A优于状态B，还是状态B优于状态A，或者状态A与状态B一样？我们由两个单一的个人的判断来分析社会的判断。

(1)从个人角度出发的判断标准。

单一的个人根据自己在各种资源配置状态下的效用水平大小来对资源配置状态的优劣进行判断，属于主观评价。因此，甲对两种资源配置状态A、B判别其优劣时，就有三种情况：

资源配置状态A优于B；资源配置状态A劣于B；资源配置状态A与B一样。

同样，乙对两种资源配置状态A、B判别其优劣时也有三种情况：

资源配置状态A优于B；资源配置状态A劣于B；资源配置状态A与B一样。

(2)从社会角度出发的判断标准。

从整个社会(仅有甲乙两个人组成的社会)来看，这两种资源配置状态A和B的优劣取决于甲、乙两人对其的判断。由于甲有三种可能的判别情况，乙也有三种可能的判别情况，因此从整个社会来看，就存在有九种可能的判别情况，如表9—1，从中可以看出，如果甲和乙的意见完全相反，则从社会的观点看，状态A与B是"不可比较的"，即没有任何"客观"的标准对它们进行判断。

表9—1　个人判断与社会判断的关系

乙 / 甲	A优于B	A与B一样	A劣于B
A优于B	A优于B	A优于B	不可比较
A与B一样	A优于B	A与B一样	A劣于B
A劣于B	不可比较	A劣于B	A劣于B

如果甲和乙的意见不完全相反，则从社会的观点看，状态A与B是"可比较的"。按它们形成的社会观点可以重新分类如下：

a)A优于B。

如果甲和乙中至少有一人认为A优于B，而没有人认为A劣于B，则从社会的观点看有A优于B。

b)A与B一样。

如果甲和乙都认为A与B无差异,则从社会的观点看有A与B无差异。

c)A劣于B。

如果甲和乙中至少有一人认为A劣于B,而没有人认为A优于B,则从社会的观点看有A劣于B。

(3)帕累托标准。

意大利经济学家帕累托(V·Pareto)对于只有两个人的社会,对两种资源配置方式进行判别时,提出了自己的看法:如果两人中至少有一人认为A优于(或劣于)B,而没有人认为A劣于(或优于)B,则从社会的观点看有A优于(或劣于)B。如果两人都认为A与B无差异,则从社会的观点看,亦有A与B无差异。

把这种情况推广到包含任意多个人的社会时,**如果至少有一人认为A优于B,而没有人认为A劣于B,则从社会的观点看就有A优于B,这就是帕累托最优状态标准**,简称帕累托标准。

利用帕累托标准,可以对资源配置状态的任意变化作出"好"与"坏"的判断:如果既定的资源配置状态的改变使得至少有一个人的状况变好,而没有使任何人的状况变坏,则认为这种资源配置状态的变化是"好"的;否则认为是"坏"的。这种以帕累托标准来衡量状态向"好"的方向的改变称为**帕累托改进**。更进一步,利用帕累托标准和帕累托改进,可以来定义所谓"最优"资源配置,即:如果对于某种既定的资源配置状态,所有的帕累托改进均不存在,即在该状态上,**任意改变都不可能使至少有一个人的状况变好而又不使任何人的状况变坏,则称这种资源配置状态为帕累托最优状态**。反之,如果对于某种既定的资源配置状态,还存在有帕累托改进的可能,即在该状态上,还存在某种(或某些)改变可以使至少一个人的状况变好而不使任何人的状况变坏,则这种状态就不是帕累托最优状态。

帕累托最优状态又称作经济效率。满足帕累托最优状态就是具有经济效率的;反之,不满足帕累托最优状态就是缺乏经济效率的。例如,如果产品在消费者之间的分配已经达到这样一种状态,即任何重新分配都会至少降低一个消费者的满足水平,那么,这种状态就是最优的或最有效率的状态。同样,如果要素在厂商之间的配置已经达到这样一种状态,即任何重新配置都会至少降低一个厂商的产量,那么,这种状态就是最优的或最有效率的状态。也可以说,经济状态的任何改变都不能使此状态中的任何一个人的境况变得更好而又不使任何人的境况变坏,或者说如果不使别人的境况变坏,就无法使任何一个人的境况变得更好,这种经济状态就称为**帕累托最优状态**。

案例资料9-1

安徽小岗村的变革

1978年11月24日晚上,安徽省凤阳县凤梨公社小岗村西头严立华家低矮残破的茅屋里挤满了18位农民,关系全村命运的一次秘密会议此刻正在这里召开。这次会议的直接成果是诞生了一份不到百字的包干保证书,其中最主要的内容有三条:一是分田到户;二是不再伸手向国家要钱要粮；三是如果干部坐牢，社员保证把他们的小孩养活到 18 岁。

在会上，队长严俊昌特别强调，“我们分田到户，瞒上不瞒下，不准向任何人透露”。在 1978 年，这个举动是冒天下之大不韪，也是一个勇敢的甚至是伟大的创举。1979 年 10 月，小岗村打谷场上一片金黄，当年粮食总产量 66 吨，相当于全队 1966 年到 1970 年的 5 年粮食产量的总和。

从 1958 年人民公社化以来，在关于农村的文字中，“包产到户”是个出现频率很高的词汇，也是常被质疑和批判的词汇。即使在小岗村获得丰收的 1979 年，但批评“包产到户”的声音也是不绝于耳。可喜的是，1980 年 5 月 31 日，邓小平在一次重要谈话中公开肯定了小岗村“大包干”的做法。中国改革开放的总设计师邓小平以及当时国务院主管农业的副总理万里对这一举动表示的支持传达了一个明确的信息：农村改革势在必行。1982 年 1 月 1 日，中国共产党历史上第一个关于农村工作的一号文件正式出台，明确指出包产到户、包干到户都是社会主义集体经济的生产责任制。此后，我国政府不断稳固和完善家庭联产承包责任制，鼓励农民发展多种经营，使广大农村地区迅速摘掉贫困落后的帽子，逐步走上富裕的道路，中国因此创造了令世人瞩目的用世界上 7%的土地养活世界上 22%人口的奇迹。

家庭联产承包责任制使安徽小岗村每一位老百姓的粮食产量增加了，当地老百姓从变革中得到了实惠。在后来的几年内，中国农村各地都以小岗村为榜样开展了家庭联产承包责任制，促使中国农业发展史上的一次大飞跃。这种变革使一部分人状况变好而且没有使任何一个人状况变坏，这就是帕累托改进。但是这还不是帕累托的最优状态，要想达到帕累托的最优状态，就要不断地进行帕累托改进，也就是我们还要不断地进行改革。

资料来源：根据凤凰读书网站等有关资料收集整理。

2. 帕累托最优状态的条件

(1)交换的帕累托最优条件。

a)交换的好处。

如果两个人之间进行交换，结果两个人的福利水平都有所提高，社会总的福利水平也提高，这是一种帕累托改进。假设有两个人 A 和 B，他们的效用无差异曲线ⅠA、ⅡA、ⅢA 和ⅠB、ⅡB、ⅢB 分别如图 9－2 所示，A 目前对两种商品 X、Y 的拥有数量分别为 X_1、Y_1，B 目前对两种商品 X、Y 的拥有数量分别为 X_2、Y_2。现在 A 如果减少商品 Y 的消费量、增加商品 X 的消费量，那么他的效用水平会增加，由 F 点向 G 点移动。同样，B 如果减少商品 X 的消费量、增加商品 Y 的消费量，那么他的效用水平也会增加，由 H 点向 J 点移动。这时，A 就会愿意用一定量的商品 Y 去与 B 交换一定量的商品 X，B 也正好有这样的意愿，这样的交换发生后，他们的效用水平都增加了。

事实上，只要通过交换能够使两个消费者的效用都提高，或者一个消费者的效用提高而另一个消费者的效用不变，消费者就有动力将交换不断进行下去。但是这种交换到什么条件下不会再进行下去呢？下面用一个分析工具——埃奇渥斯盒更能直观地表示这种变化及最终结果。

b)埃奇渥斯盒状图与交换的契约曲线。

埃奇渥斯盒状图是英国经济学家埃奇渥斯(F・Y Edgeworth)于 19 世纪末建立的，

他运用这一盒状图来说明交换的帕累托最优状态及其最优条件。首先假设一个社会只有数量一定的两种商品在 A、B 两人中分配，A、B 两人效用的无差异曲线如图 9－2 所示，那么把 b)图围绕 O 点顺时针方向旋转 180 度，与 a)图放在一起得到一个矩形，如 9－3所示，这就是埃奇渥斯盒状图。

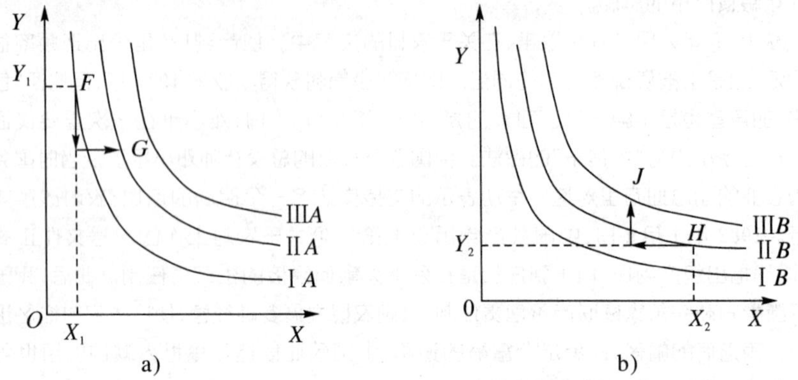

图 9－2　两个消费者的交换过程

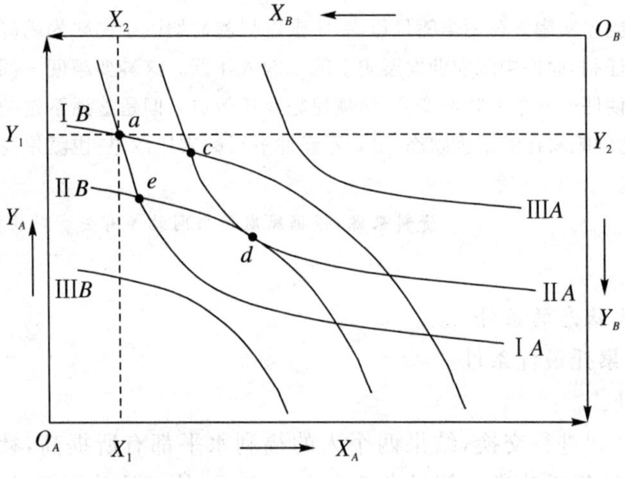

图 9－3　交换的埃奇渥斯盒

埃奇渥斯盒状图中，矩形的长表示商品 X 的既定数量，矩形的宽表示商品 Y 的既定数量，在矩形内的任何一点，都表示这两种商品在消费者 A、B 之间分配状况，如图中 a 点表示 A 目前对两种商品 X、Y 的拥有数量分别为 X_1、Y_1，B 目前对两种商品 X、Y 的拥有数量分别为 X_2、Y_2。由图 9－3 可知，在既定的分配状态 a 点时，可以通过交换使商品的分配状态到达 c 点，这样可以不改变 B 的效用水平的同时使 A 的效用水平由ⅠA增加到ⅡA，这显然就是一个帕累托改进；也可以再通过交换使商品的分配状态到达 d 点，这样可以不改变 A 的效用水平的同时使 B 的效用水平由ⅠB 增加到ⅡB；还可以通过交换使商品的分配状态由 a 点直接到达 d 点，这样 A、B 两个人的效用水平都提高了，这些也都是一个帕累托改进。但在 d 点时，不存在一种交换方式使某一个人的效用水平提高而又不使另一个人的效用水平降低，也就是说不存在帕累托改进，此时就是帕累托最优状态，并称之为交换的帕累托最优状态。

以上的分析，我们可以推广到埃奇渥斯盒内的任意一点，在交换的埃奇渥斯盒状图中，任意一点，如果它处在消费者 A 和 B 的两条无差异曲线的交点(非切点)上，则它就不是帕累托最优状态，因为在这种情况下，总存在帕累托改进的余地；如果它处在消费者 A 和 B 的两条无差异曲线的切点上，则它就是帕累托最优状态，因为在这种情况下，不存在帕累托改进的余地。对于消费者 A 和 B 来说，在埃奇渥斯盒状图中都有无数条效用的无差异曲线，这些无差异曲线就会有无数个像 d 一样的切点，所有无差异曲线的切点的轨迹构成曲线 O_AO_B，叫作**交换的契约曲线**，如图 9－4，它表示两种产品在两个消费者之间的所有最优分配(即帕累托最优状态)的集合。给定任何不在曲线 O_AO_B 上的点，总存在比它更好的点，这些点在曲线 O_AO_B 上。凡是不在交换的契约曲线上的产品组合点，总是可以通过交换实现帕累托改进的，当产品的组合点运动到契约曲线上的时候，则不存在帕累托改进的余地。

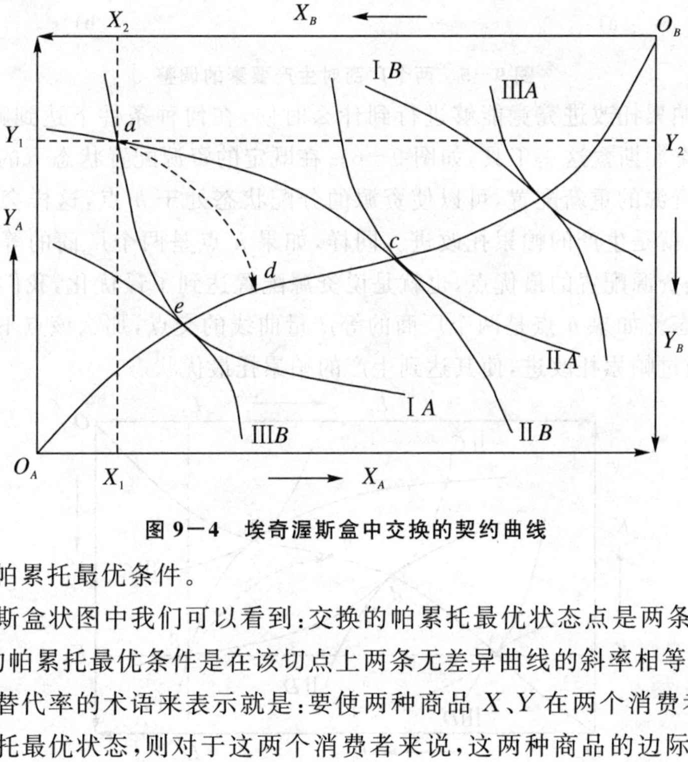

图 9－4　埃奇渥斯盒中交换的契约曲线

c)交换的帕累托最优条件。

从埃奇渥斯盒状图中我们可以看到：交换的帕累托最优状态点是两条无差异曲线的切点，那交换的帕累托最优条件是在该切点上两条无差异曲线的斜率相等。

如用边际替代率的术语来表示就是：要使两种商品 X、Y 在两个消费者 A、B 之间的分配达到帕累托最优状态，则对于这两个消费者来说，这两种商品的边际替代率必须相等。即有：

$$MRS_{XY}^{A}=MRS_{XY}^{B} \tag{9.11}$$

式子(9.11)中，MRS_{XY}^{A} 表示对消费者 A 来说商品 X 对商品 Y 的边际替代率；MRS_{XY}^{B} 表示对消费者 B 来说商品 X 对商品 Y 的边际替代率。

d)生产的帕累托最优条件。

假设经济中有两个厂商 C 和 D，使用两种要素资本 K 和劳动 L，分别生产两种产品 X 和 Y。a)图代表厂商 C，b)图代表厂商 D，如图 9－5 所示。如果厂商 C 减少劳动使用的同时增加资本的使用，即从图中的 E 点运动到 F 点，那么其产量将从ⅡC 增加到ⅢC；同样如果厂商 D 减少资本使用的同时增加劳动的使用，即从图中的 G 点运动到 H 点，其产量也会从ⅠD 运动到ⅡD。可以看到，在资源总量一定的条件下，厂商 C 和厂商 D 通过调整资本和劳动的比例，增加了产量，这毫无疑问是一种资源配置状况的改善，属于帕累托改进。

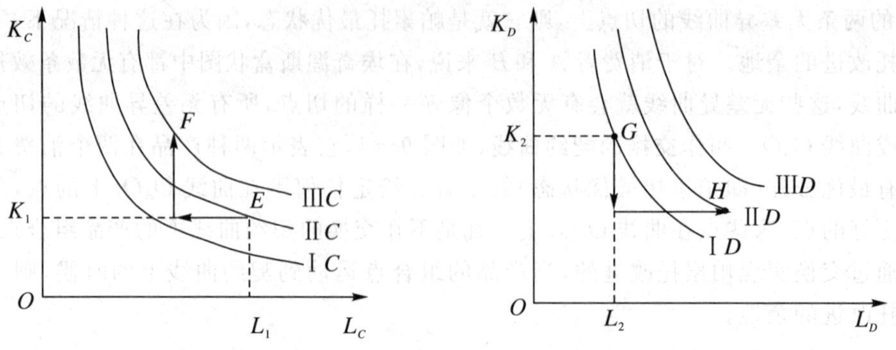

a)　　　　　　b)

图 9－5　两个厂商对生产要素的调整

为了搞清帕累托改进究竟能够进行到什么时候，在何种条件下达到帕累托最优，我们同样引入埃奇渥斯盒这一工具，如图 9－6。在既定的资源配置状态下的 g 点，厂商 C、D 可能通过对资源的重新配置，可以使资源的分配状态处于 h 点，这样会同时增加两个厂商的产量，这就是生产的帕累托改进。同样，如果 h 点是两个厂商的等产量曲线的切点，那么该点是资源配置的最优点，也就是说资源配置达到了最优化，我们称之为生产的帕累托最优状态。如果 h 点是两个厂商的等产量曲线的交点，那么该点不是资源配置的最优点，可以通过帕累托改进，使其达到生产的帕累托最优状态。

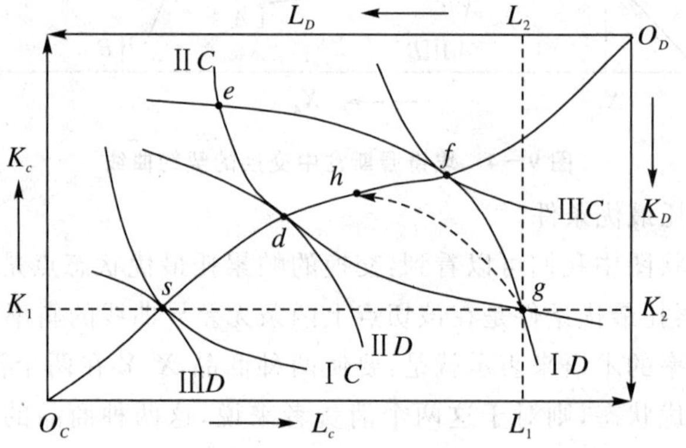

图 9－6　生产的埃奇渥斯盒

对于厂商 C、D 来说，在埃奇渥斯盒状图中也都有无数条等产量曲线，这些等产量曲线就会有无数个像 h 一样的切点，所有等产量曲线的切点的轨迹构成曲线 O_CO_D，叫作**生产的契约曲线**，如图 9－6 的 O_CO_D，它表示两种资源在两个厂商之间的所有最优分配（即帕累托最优状态）的集合。给定任何不在曲线 O_CO_D 上的点，总存在比它更好的点，这些点在曲线 O_CO_D 上。凡是资源组合点不在生产的契约曲线上，总是可以通过资源配置实现帕累托改进的，当资源的组合点运动到生产的契约曲线上的时候，则不存在帕累托改进的余地，也就是帕累托最优状态。

厂商将生产要素调整到生产的契约线上之后，便不再有继续调整的动力，所以契约线上的点同时也是均衡点。由于生产的契约线就是等产量曲线的切点，所以在生产的契

约线的任一点,两个厂商的边际技术替代率必然相等。因此,生产的帕累托最优的条件也可以写成:

$$MRTS_{LK}^{C}=MRTS_{LK}^{D} \tag{9.12}$$

式子(9.12)中,$MRTS_{LK}^{C}$ 表示对厂商 C 来说要素 L 对要素 K 的边际技术替代率;$MRTS_{LK}^{D}$ 表示对厂商 D 来说要素 L 对要素 K 的边际技术替代率。

(2)交换与生产的帕累托最优条件。

a)生产的可能性曲线。

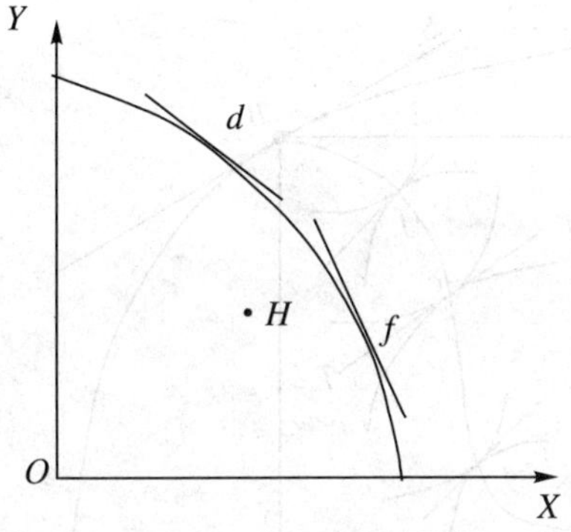

图 9—7 生产的可能性曲线

在埃奇渥斯盒状图中生产的契约曲线是一条从 O_C 出发到达 O_D 的线段,根据等产量曲线的性质,我们知道厂商 C 所生产的商品 X 不断增加的同时,厂商 D 所生产的商品 Y 不断减少,我们把按照生产的帕累托最优条件所表示的商品 X、Y 的数量关系的曲线称之为**生产的可能性曲线**。也就是说,**生产可能性曲线表示在技术水平和生产要素总量一定时,一个经济社会所能达到的最大产出组合**,在这些组合中,任何一种产品的产量都是与另一种产品的产量相对应的该产品的最大产量。生产可能性曲线有两个特点,一是它向右下方倾斜,二是它向右上方凸出。如图 9—7,图中横轴表示最优产出量中 X 的数量,纵轴表示最优产出量中 Y 的数量。在该曲线上的每一点也表示了一定量投入要素在最优配置时所能生产的商品 X、Y 最大的产出;曲线上每一点均为两个生产者的等产量线的切点,故它同时处在(两个生产者的)两条等产量线上,从而代表了两种产品的产量;这两种产出还是帕累托意义上的最优产出,即此时要增加某一产出的数量,就不得不减少另一种产出的数量。

b)边际转换率。

从生产可能性曲线我们知道,一个社会总的资源是有限的,当要增加商品 X 的产量时,就必须增加生产要素的使用数量,所以商品 Y 的生产要素的使用量就必须减少,从而减少了商品 Y 的产量。我们把增加 1 个单位商品 X 产量时必须减少商品 Y 的产量,叫作**边际转换率**,用 MRT_{XY} 来表示,这样写成极限的形式,就是:

$$MRT_{XY}=\lim_{\Delta X\to 0}\left|\frac{\Delta Y}{\Delta X}\right|=\left|\frac{dy}{dx}\right| \tag{9.13}$$

从式(9.13)看出,边际转换率实际上就是生产可能性曲线的斜率的绝对值。从生产可能性曲线我们可以发现:随着 X 产量的不断增加,X 转换为 Y 的边际转换率是递增的。

c)生产与交换的帕累托最优。

前面讨论了生产的帕累托最优和交换的帕累托最优，但在一个生产和交换同时存在的经济中，要实现经济效率，不仅要实现不同生产要素在厂商生产过程中的有效配置，而且还要同时实现不同产品在消费者之间的有效配置，即厂商生产的产品组合要与消费者的购买意愿相一致，符合消费者的需要。那么在什么情况下可以同时实现生产和交换的帕累托最优呢？

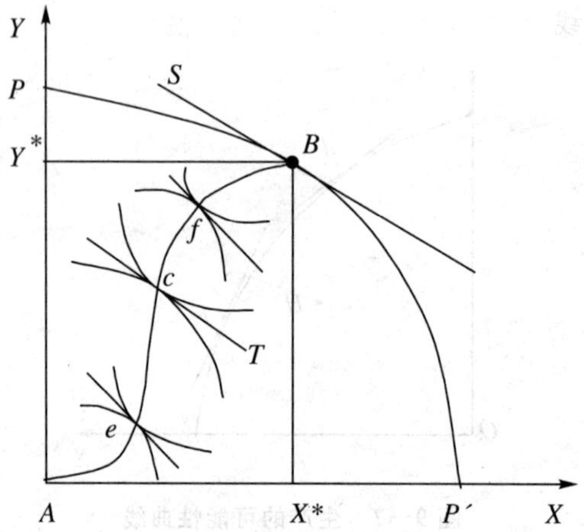

图 9－8　生产和交换的帕累托最优

由前面我们可以知道：生产的帕累托最优条件是 $MRTS_{LK}^{C}=MRTS_{LK}^{D}$，交换的帕累托最优条件是 $MRS_{XY}^{A}=MRS_{XY}^{B}$，设 $MRS_{XY}=MRS_{XY}^{A}=MRS_{XY}^{B}$，则 MRS_{XY} 表示 A、B 两个消费者在维持效用水平不变时，都愿意增加 1 个单位商品 X 的消费而放弃 MRS_{XY} 个单位商品 Y 的消费；MRT_{XY} 表示 C、D 两个厂商增加 1 个单位商品 X 的生产时必须减少 MRT_{XY} 个单位商品 Y 的生产。当 $MRS_{XY}>MRT_{XY}$ 时，此时厂商如果增加 1 个单位商品 X 的生产，商品 Y 的数量就减少了 MRT_{XY} 个单位，由于 X 商品的总产量增加了一个单位，因而消费者在维持效用水平不变时，增加这一个单位商品 X 消费，就可以放弃消费 MRS_{XY} 个单位商品 Y，而实际上只要放弃 MRT_{XY} 个单位，由于 $MRS_{XY}>MRT_{XY}$，所以厂商增加 1 个单位商品 X 的生产时会使消费者的效用增加；反之亦然。所以，无论是 $MRS_{XY}>MRT_{XY}$，还是 $MRS_{XY}<MRT_{XY}$ 的情况，都存在着帕累托改进的余地，即只有 $MRS_{XY}=MRT_{XY}$ 的时候，才实现了帕累托最优，如图 9－8，点 B 就表示生产和交换同时达到帕累托最优时的状态。所以，生产和交换的帕累托最优的条件可以表述为：

$$MRS_{XY}=MRT_{XY} \qquad (9.14)$$

综上所述，帕累托最优状态须满足三个条件：

$MRS_{XY}^{A}=MRS_{XY}^{B}$；$MRTS_{LK}^{C}=MRTS_{LK}^{D}$ 和 $MRS_{XY}=MRT_{XY}$

帕累托最优条件在多个消费者、多个生产者、多种商品、多种要素的情况下也同样适用。

三、完全竞争与帕累托最优状态

前面叙述了完全竞争的一般均衡状态与帕累托最优状态，那完全竞争的一般均衡是不是帕累托最优状态呢？如果是，那么这样的帕累托最优状态是由什么方式实现呢？下面来回答这个问题。

1. 一般均衡状态下完全竞争市场的特征

一般均衡状态下的完全竞争市场中，必存在一组价格使所有商品需求和供给相等，假设在完全竞争市场的一般均衡状态下，商品价格为 Px、Py，则所有消费者、生产者都是这个价格的接受者。要素价格为 w、r（假设分别是劳动和资本的价格），对于所有消费者和生产者来说同样都是价格的接受者。所有消费者在这样的价格条件下达到效用最大化，所有的生产者在这样的价格条件下达到产量最大化。

2. 完全竞争市场最优分析

(1)从消费者角度看。

由第三章效用论可以知道，所有消费者在达到效用最大化时，必然有任何两种商品的边际替代率都等于这两种商品的价格之比，即对于消费者 A、B 来说有：

$$MRS_{XY}^{A}=\frac{P_X}{P_Y} \tag{9.15}$$

$$MRS_{XY}^{B}=\frac{P_X}{P_Y} \tag{9.16}$$

由式(9.15)和(9.16)可知，$MRS_{XY}^{A}=\frac{P_X}{P_Y}=MRS_{XY}^{B}$，即对于消费者 A、B 来说，商品 X 对商品 Y 的边际替代率相等，所以完全竞争的产品价格之比满足了交换的帕累托最优的条件。

(2)从生产者角度看。

由第四章生产论可以知道，所有生产者在达到产量最大化时，必然有任何两种生产要素的边际技术替代率都等于这两种生产要素的价格之比，即对于生产者 C、D 来说有：

$$MRTS_{LK}^{C}=\frac{w}{r} \tag{9.17}$$

$$MRTS_{LK}^{D}=\frac{w}{r} \tag{9.18}$$

对比式(9.17)和(9.18)可知，$MRTS_{LK}^{C}=\frac{w}{r}=MRTS_{LK}^{D}$，即对于厂商 C、D 来说，要素 L 对要素 K 的边际技术替代率相等。因此完全竞争的要素价格之比满足了生产的帕累托最优状态的条件。

(3)生产和交换的综合情况。

从生产可能性曲线我们知道，如果投入的要素既定，当增加商品 X 的产量时必然要减少商品 Y 的产量，反之亦然，因而增加商品 X 的机会成本就是商品 Y 产量的减少，所以 ΔX 可以用 Y 的边际成本 MC_Y 来表示①，ΔY 可以看成 X 的边际成本 MC_X，因此有：

---

① 也可以从数学的角度证明：

$MRT_{XY}=\left|\frac{d_y}{d_x}\right|=\left|\frac{\frac{dTC_X}{dX}}{\frac{dTC_Y}{dY}}\right|=\frac{MC_X}{MC_Y}$，式中减少商品 Y 生产的资源正好全部用于增加商品 X 的生产，即 $dTC_X=dTC_Y$。

$$MRT_{XY} = \left|\frac{dy}{dx}\right| = \frac{MC_X}{MC_Y} \tag{9.19}$$

完全竞争的市场达到长期均衡时，$P_X = MC_X$，$P_Y = MC_Y$，再加上消费者效用最大化的条件，可知：

$$MRS_{XY} = \frac{P_X}{P_Y} = \frac{MC_X}{MC_Y} \tag{9.20}$$

由式(9.19)和(9.20)可知，完全竞争的市场满足了等式 $MRS_{XY} = MRT_{XY}$，因此完全竞争市场满足了生产和交换的帕累托最优条件。

从上面的分析我们可以得出结论：任何完全竞争市场的一般均衡都是帕累托最优状态，而达到这个最优状态是通过一套竞争性价格机制来实现的。从而我们得出福利经济学的两个定理：**福利经济学第一定理**（又称福利经济学基本定理）：**在完全竞争市场的经济体系中，如果存在着竞争性均衡，那么这种均衡就是帕累托最优。福利经济学第二定理：如果存在完全竞争市场并且满足有关个人效用函数（凸的无差异曲线）和生产函数（凸的生产函数）的某些条件，那么通过资源（初始资源禀赋）在个人之间的合理再分配，竞争性均衡的结果可以实现每一种帕累托最优状态。**

四、非完全竞争与次优理论

从前面我们知道：任何完全竞争市场的一般均衡都是帕累托最优状态，但是由于诸如垄断、外部性、公共物品等导致市场失灵的因素存在，现实生活中的市场是非完全竞争市场，它们并不能完全满足完全竞争市场苛刻的假设条件，也就是说，由于条件的限制而不能够达到帕累托最优状态。那么，为了更接近帕累托最优状态，我们是否应该创造更多的满足帕累托最优状态的条件呢？换句话说，是不是达到帕累托最优状态的条件越多，就越接近帕累托最优状态呢？事实上，许多国家的微观经济政策的实施是对这个问题一个肯定的答复。政府希望通过适当的微观经济政策修正市场失灵的不足之处，缩小现实经济和完全竞争模型的假设条件之间的差距，以期能使经济达到或接近于帕累托最优状态。

但 20 世纪 50 年代在西方出现的**“次优理论”（theory of second best）**却对这个问题给了一个否定的回答。该理论证明，在不能全部满足完全竞争模型所要求的假设条件的情况下，即使微观经济政策成功地弥补了一些现实和假设条件之间的差异，政策的执行仍然不能保证现实经济更接近帕累托最优状态。也就是说，如果不能满足最优状态所要求的全部条件，也就不必作出努力去满足其中的某一个或某些条件。因为在全部条件得不到满足从而最优状态不能达到时，去满足部分条件的努力并不一定能增进福利。

次优理论是经济学家李普西（R. G. Lipsey）和兰卡斯特（K. Lancaster）在 1956 年分析并总结前人的理论而创立的。之前的西方学者承认完全竞争可使资源最优配置的说法是建立在一系列不符合事实的假设之上，这些假设在现实经济中是不可能出现的。但是他们认为，完全竞争模型却可以被当作为一个标准，用以判别现实经济状态与完全竞争的理想状态之间的差距。要想判断现实市场情况的优劣，可以把该市场和完全竞争市场的理想状态进行比较，二者差距的大小决定现实市场的优劣，现实市场的条件与完全竞争市场的假设条件差距越大，这样的市场就越不完善，均衡状态就会离帕累托最优状态越远。然而，次优理论却证明：在不能全部符合完全竞争条件的情况下，满足较多条件的市场未必优于满足较少条件的市场。这就是说，现实与理想市场之间差距的大小并不能判别现实市场的优劣，从而，作为判别的标准，完全竞争模型已经没有任何意义。

如图 9—9 所示，假设社会的生产可能性曲线由图中的 EAF 表示，偏好由无差异曲线 U_1、U_2、U_3……给定。又假定经济系统中存在一个约束条件 MN，使得帕累托最优点 A 无法达到。由于存在着这一约束，经济难以达到直线 MN 右上方的商品组合。社会最优化问题是在 MN 线的约束下取得福利（由无差异曲线表示的）最大化。图 9—9 清楚地显示出生产可能性边界 EAF 线上点 C，比无差异曲线与约束条件直线 MN 的切点 B 更接近完全竞争市场的假设条件，但从图 9—9 中可以看出点 B 比点 C 的福利水平更高。所以，与完全竞争市场更接近的市场，其均衡状态与帕累托最优状态不一定更接近。

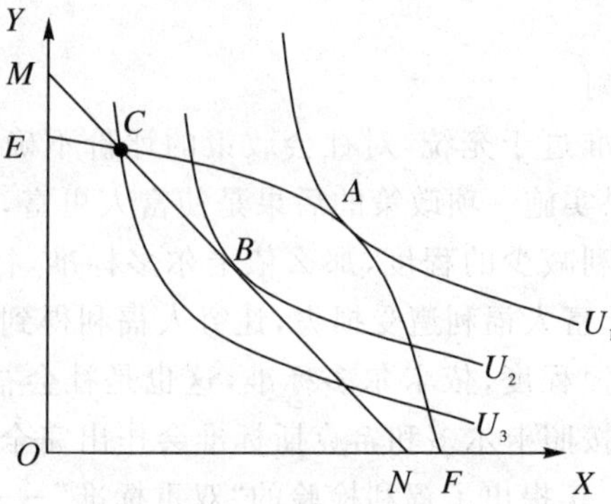

图 9—9　次优理论

需要指出的是，次优理论并不否定微观经济政策的必要性和效果，它的意义在于，人们不能把完全竞争模型当作为理论依据来论证微观经济政策的必要性和评价该政策的效果。

五、增加社会福利的判断标准与若干补偿原则

帕累托法则认为，如果一项变革或一个变动使社会上一部分人的境况改善，而且其他人的境况并未变坏，那么，这项变革或变化就增加了社会福利，这项变革或变动就是可取的。但是只要经济中有一个人变坏，按照帕累托法则，我们就不能说这项经济变动是有益的。例如，消除垄断虽然能使许多人获益，但一定使垄断者本人受损，如果用帕累托法则衡量，就无法说消除垄断是有益的。因而，在一项变革使某些人的状况改善而另一些人的状况恶化的场合，应用帕累托法则难以作出判断，一些经济学家针对这种情况提出了另外一些判断原则。

1. 卡尔多补偿原则

帕累托标准适用于判断社会状况变动时有人变好而没有人变坏的情况，但对一个社会状况的变动导致一部分人变好，另一部分人变坏的这种变动是有利的还是有害的就无法判断了。为了在帕累托法则的基础上扩大福利经济学的适用范围，英国经济学家卡尔多(N. Kaldor)1939 年提出这样一种检验标准：当社会状况变动中有人变好，有人变坏时，假设受益者在充分补偿损失者后，其状况仍能有所改善，则这就是社会福利的改进。也就是说，如果一项变革使受益者从中得到的利益，比受损者从中遭受的损失，用货币价值来衡量要大的话，则该变革就增加了社会福利，就是有利的。

2. 希克斯补偿原则

英国学者希克斯(J. R. Hicks)支持卡尔多补偿标准,并进一步提出一个“姐妹标准”:如果受损者不能在反对社会状况变化中从受益者身上获利,则这就是一种社会福利的改进。这就是说,一项变革会使一部分人受益,也会使一部分人受损,但如果不进行变革,那些因变革而受损的人也不能从因变革而受益人那里获取益处,那么这种变革就是社会福利的改进。希克斯进一步指出另一种“长期自然的补偿原则”:即从长期来看,如果政府的一项政策能够提高全社会的生产效率,尽管在短期内某些人会受损,但经过较长时间以后,所有人的情况都会由于社会生产率的提高自然而然地获得补偿。卡尔多标准与希克斯标准是一个变化过程的两个方向,人们经常把他们合称为“卡尔多—希克斯”标准。

3. 西托夫斯基补偿原则

“卡尔多—希克斯”标准过于笼统,对社会政策的评价不确定。例如,一个社会中分穷人和富人两个部分,如果实施一项政策的后果是使富人更富,穷人更穷,且富人福利增加的程度足以补偿穷人福利减少的程度,那么依卡尔多标准,社会福利改进了;同样,如果此项政策反向变动,即让富人福利遭受损失,让穷人福利得到改善,且更穷的人改善程度足以补偿更富的人的受损程度,依卡尔多标准,这也是社会福利的改进。但是到底前者正确还是后者正确呢?按照卡尔多和希克斯标准会作出完全相反的判断。于是,西托夫斯基(T. Scitovsky)1941 年提出了福利检验的“双重标准”——顺检验和逆检验。只有顺检验和逆检验同时满足时,才算是社会福利的改进。顺检验就是卡尔多标准:有的人受益,有的人受损,且受益者的程度足以补偿受损者的程度;逆检验就是希克斯标准:受损者不能从贿赂受益者以反对社会状况中获利。例如,若受益者能诱使受损者接受 A 变为 B,而受损者又无法诱使受益者不将 A 变为 B,那么,对整个社会来说,状态 B 比 A 好。西托夫斯基标准,使效率标准的作用大大拓展了,是至今被接受最广泛的标准。

4. 李特尔补偿原则

然而,以上这些标准不足之处是它需要的仅仅是潜在或者说假设的补偿,而不要求实际收入的转移。因此,这些标准只能判断资源配置效率的优劣,但从公平的角度来说,也有可能产生不正当的后果。李特尔(Ian. M. D. Little)在 1950 年指出,只有资源配置效率最优,且收入分配合意的状态才算是社会福利的最优状态,资源配置效率最优是社会福利最优的必要条件,收入分配合意是社会福利最优的充分条件。李特尔标准与庇古的经济福利思想内容相似,都认同社会福利与两个因素有关:一是资源的配置效率,资源的配置效率越高,社会福利就越大;二是收入分配的状况,收入分配越平均,社会福利就越大。所以判断标准不仅应采用西托夫斯基的双重标准,此外还要保证从情况 A 到情况 B 的变化不会导致更不好的福利分配。他认为,关于分配的道德标准,特别是关于收入分配的价值判断,在福利经济学中是不可回避的。李特尔的社会福利改变状况的价值判断标准在当代福利经济学中最具有影响力,可用于评判收入再分配的政策优劣。李特尔标准必然还要研究个人福利与社会福利的关系,也就是社会福利函数,但经济学界对社会福利函数还存在着争论,所以很多经济学家对李特尔标准持反对意见。

六、社会福利函数

1. 社会福利函数

福利经济学要研究社会福利的最大化问题，必须知道社会福利函数，即能够知道如何由个人的福利来推导社会的福利，由个人的偏好推导出社会的偏好。目前经济学界对此说法不一，在这只做一般性的说明。

首先，社会福利 W 可以看成个人福利的总和，以效用水平表示个人的福利，则社会福利就是个人福利的函数。假设社会中共有 n 人，社会福利函数可以记作：

$$W = f(U_1, U_2, \cdots, Un) \tag{9.21}$$

为了使问题简单化，我们假定社会中共有两人 A 和 B，这时社会福利函数可以写成：

$$W = f(U_A, U_B) \tag{9.22}$$

虽然我们无从得知式(9.22)的具体的函数关系，但仍可以得出一些基本的结论：如果两个人的效用都提高了，社会福利必定是提高的；如果一个人的效用提高，另一个人的效用不变，社会福利也必定是提高的，这也就是之前所提到的帕累托改进。我们分析了帕累托的最优状态，资源分配状态不同时，会导致不同的帕累托最优状态，所以，帕累托最优状态不唯一，可以有无数种可能，每种可能的状态下，消费者 A 与 B 的效用为 U_A、U_B，所有帕累托最优状态下的 U_A、U_B 构成了 A、B 的效用可能性曲线，如图 9－10 中的曲线 MEN，由于每一点都是帕累托最优，U_A 增大，必然有 U_B 减小，所以效用可能性曲线与生产的可能性曲线一样，向右下方倾斜并凹向原点，并且消费者只能在此曲线的左下方的区域内进行消费。在此基础上，我们假定社会福利水平 W_1 维持不变时 A、B 消费者的个人效用水平 U_A、U_B 的不同组合组成一条**等福利线**，也称作**社会无差异曲线**，那么当 U_A 不断升高时，U_B 必定是不断减少的，如图 9－10 中的 W_1，它也是向右下方倾斜并凸向原点的。同样，对于不同的社会福利水平 W_2、W_3、…、W_n 等，我们都可以得出一系列的等福利线。

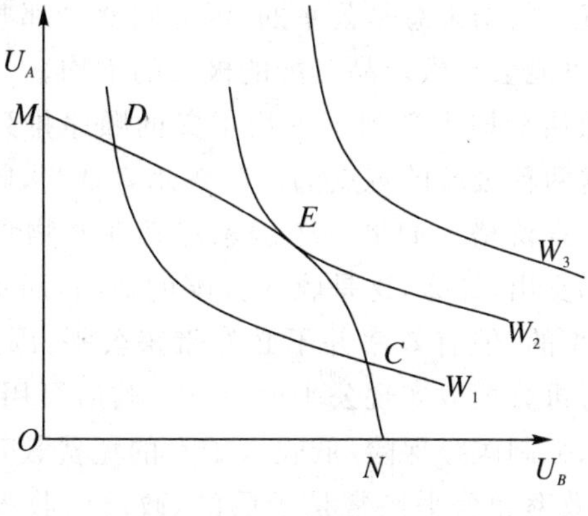

图 9－10　社会福利函数

在图 9－10 中，曲线 MEN 是效用可能性曲线，由于等福利线有无数条，所以必有一条等福利线与效用可能性曲线相切，在图中是等福利线 W_2 与 MEN 相切于 E 点。可以看出，等福利线 W_1 与曲线 MEN 相交于 D 和 C，因而是经济上可以实现的，但 W_1 代表的社会福利水平较低；W_3 代表的社会福利水平很高，但在既定的资源和技术条件下是无法实现的，因而在等福利线 W_2 与效用可能性曲线 MEN 相切的 E 点，经济实现了社会福利的最大化。由于E点同时位于效用可能性曲线上，即它是满足帕累托最优的点，因此E点既是经济上有效率的，又实现了社会福利最大化，这一点又被叫作**“限制条件下的最大满足点”**。

但是，关于社会福利函数，有两个重要的问题需要解决，一是社会福利函数的存在性问题，也就是说，能否从个人的偏好推导出社会的偏好，二是公平问题，经济学界对于公平的理解相差甚远。社会福利函数的存在性问题由后面的阿罗不可能性定理给予解答，在这里先了解一下公平问题。

对公平的不同理解必然会导致不同的社会福利函数。而恰是在这一点上，却是经济学界分歧最大的。如果归纳一下，至少有四种主要的观点：

(1)平均主义的公平观。

这种观点认为应该将社会所有的产品在社会全体成员之间作绝对平均的分配，每个社会成员得到相同的产品。但是由于消费者并不具有相同的偏好，所以这种平均的分配并不是帕累托有效率的。

(2)罗尔斯主义的公平观。

罗尔斯认为，最公平的配置是使一个社会里境况最糟的人的效用最大化。罗尔斯主义并不意味着平均主义，因为对生产力较高的人比对生产力较低的人给予更高的奖励，就能使最有生产力的人更努力地工作，从而生产出更多的产品和劳务，其中一些可以通过再分配使社会中最穷的人的境况变好。

(3)功利主义的公平观。

在经济学中经常用个人效用的加权求和来反映从社会来看什么是理想的。功利主义的社会福利函数给每个人的效用以相同的权数，随之将社会成员的效用最大化。所以功利主义的社会福利函数就是社会成员的总效用最大化。

(4)市场主导的公平观。

这种观点认为市场竞争的结果总是公平的，因为它奖励那些最有能力的和工作最努力的人。按照这种观点，可能会导致产品分配的极大的不均。

以上四种观点是按照从平均主义到不平均主义的顺序排列的。多数经济学家是反对平均主义和市场主导这两种极端的观点的。萨缪尔森认为，收入取决于继承权的随意方式、不幸、努力工作和要素价格。如果一个国家花费在宠物食品上的支出高于它花费在给穷人以高等教育上的支出，那么，这是收入分配的缺陷，而不是市场的过错。可以知道，市场竞争结果是有效率的，但有效率并不必然带来公平，因此，社会就必须在某种程度上依靠政府对收入进行再分配以实现公平的目标。政府可用的调节手段很多，比如个人收入的累进税、遗产税、强制医疗保险、低收入子女的免费教育和培训、社会保障计划、失业救济等。遗憾的是，效率和公平经常是矛盾的，政府的收入再分配计划会给经济效率带来某种程度的损害，厂商为了避税所采取的一些措施可能导致产量的减少。因此，政府要做的常常是在公平与效率之间作出某种权衡。

3.阿罗不可能性定理

要形成社会福利函数，就是在已知社会所有成员的个人偏好次序的情况下，通过一定的程序，把各种各样的个人偏好次序归结为单一的社会偏好次序。那么，按照民主制度的多数票规则，能否做到这一点呢？

美国经济学家阿罗对此进行了研究，结论是：**不可能存在一种能够把个人对 N 种备选方案的偏好次序转换成社会偏好次序，并且准确表达社会全体成员的各种各样的个人偏好的社会选择机制**。阿罗的这个结论被称为**阿罗不可能性定理**。阿罗不可能性定理的证明需要用到高深的数学知识，这里只举一个例子进行说明。

现在假设有 3 个人 a、b、c 参加并对三个备选方案 x、y、z 进行投票。比如说现在投票的议题是税收问题，x 代表高税率方案，y 代表中等税率方案，z 代表低税率方案。a、b、c 三人的个人偏好如下：

a 的偏好：$x > y > z$

b 的偏好：$y > z > x$

c 的偏好：$z > x > y$

这 3 个人投票的结果见表 9－2。

从表 9－2 可以看出，如果只在两个备选方案中进行选择，其中一个必定能赢得多数票而获胜。但是如果是在三种方案中进行选择，投票的结果则是循环的。如果对 x 和 y 投票，结果是 $x>y$；如果对 y 和 z 投票，结果是 $y>z$；如果对 x 和 z 投票，则结果是 $z>x$。显然投票的结果是不相容的。在随后的投票中，任何最初被决定的选择都有可能被另一种选择所击败，任何均衡都不能达成。这一现象被称作**投票悖论**。投票悖论说明，在各个人的偏好不同时，任意加总或者总和这些偏好时，其结果可能是不相容的。

表 9－2　投票悖论

对 y 与 z 投票	对 x 与 z 投票	对 x 与 y 投票
a 投 y	a 投 x	a 投 x
b 投 y	b 投 z	b 投 y
c 投 z	c 投 z	c 投 x
$y > z$ 通过	$z > x$ 通过	$x > y$ 通过

阿罗的结论是对福利经济学的一个重大打击，因为福利经济学的任务是使社会福利最大化，但现在社会福利函数都不能得到，我们无法知晓社会需要什么，也就无法决定我们应该提供什么、怎么提供的问题。

七、效率与公平的交替

社会福利的大小一方面与整个社会所能够生产商品的数量有关，因为整个社会的产量大小决定了人类所能得到的物质生活的满足程度，经济社会的资源在各个部门之间的最优配置体现了社会生产"效率"；社会福利的大小另一方面也与整个经济社会的产品在个体之间的分配状况有关，因为个人的福利是社会福利的基础，国民收入分配的均等化意味着"公平"，所以"公平"与"效率"既是福利经济学所追求的基本社会目标，也是它的基本政策目标。从这个角度也可以说，福利经济学是研究一个国家如何实现公平与效率以及在这二者之间如何进行权衡选择的一门学科。福利经济学家一致认为，实现资源的最优配置是增进社会福利的基本途径，至于收入均等化是否是增进社会福利的必要条件，福利经济学家们意见仍然存在分歧，多数经济学家是反对平均主义和市场主导这两种极端的观点的。

经济学家简介——阿瑟·塞西尔·庇古(1877—1959年)

阿瑟·塞西尔·庇古是英国著名经济学家,剑桥学派的主要代表人之一。他由于《财富与福利》(后称《福利经济学》)一书而被西方经济学界奉为"福利经济学之父",成为福利经济学的创始人。

庇古出生在英国一个军人家庭,青年时代进入剑桥大学学习。最初的专业是历史,后来受当时英国著名经济学家马歇尔的影响,并在其鼓励下转学经济学。毕业后投身于教书生涯,成为宣传他的老师马歇尔的经济学说的一位学者。

他担任过剑桥学派领袖马歇尔的继承人,当时他年仅31岁,是剑桥大学历来担任这个职务最年轻的人。他的任期长达35年,一直到1943年退休为止。退休后,仍留剑桥大学从事著述研究工作。另外他还担任英国皇家科学院院士、国际经济学会名誉会长、英国通货外汇委员会委员和所得税委员会委员等职。他的著作很多,比较著名的有:《财富与福利》(1912)、《福利经济学》(1920)、《产业波动》(1926)、《失业论》(1933)、《社会主义和资本主义的比较》(1938)、《就业与均衡》(1941)等。庇古在1950年出版的《福利经济学》中,提出了"庇古税方案",提倡对有正外部性的活动给予补贴,庇古因"庇古税"享誉后世。

拓展知识链接

福利国家
社会选择理论
国家偏好函数
宏观福利理论
福利效应
相对福利理论

思考与练习

一、核心概念

一般均衡　局部均衡　契约曲线　效用可能性边界

帕累托最优状态　帕累托最优条件　边际转换率　阿罗不可能性定理

二、判断题

1. 为了达到帕累托最优,必须使任何仅消费两种产品的消费者所消费的这两种产品之间的边际替代率相等。(　)

2. 处于非帕累托最优位置的经济,要成为一个处于帕累托最优位置的经济即达到更高的福利水平是不可能的。(　)

3. 现代经济学所认为的最有经济效率的状态，一般就是指帕累托最优状态。（　　）
4. 契约曲线得名于它是所有可能消费或生产的组合点的轨迹。（　　）
5. 消费者均衡条件满足后，也就达到帕累托最优状态。（　　）
6. 社会福利函数应该能够代表全社会所有人对福利的判断。（　　）
7. 对一个社会来说，只应有一个社会福利最大值。（　　）

三、选择题

1. 在两个人甲和乙、两种商品 X 和 Y 的经济中，达到交换的全面均衡的条件是（　　）。

   A. 对甲和乙，$MRT_{XY}=MRS_{XY}$　　B. 对甲和乙，$MRS_{XY}=\frac{P_X}{P_Y}$

   C. $(MRS_{XY})_{甲}=(MRS_{XY})_{乙}$　　D. 上述所有条件

2. 假定一个经济中只有两种商品 X 和 Y、两种生产要素 L 和 K，那么该经济达到生产的全面均衡的条件是（　　）。

   A. $MRTS_{LK}=MRS_{LK}$　　B. $MRT_{XY}=MRS_{XY}$

   C. $MRTS_{LK}=MRS_{XY}$　　D. $(MRTS_{LK})_X=(MRTS_{LK})_Y$

3. 在两个人 A 和 B、两种商品 X 和 Y 的经济中，生产和交换的全面均衡发生在（　　）。

   A. $MRT_{XY}=\frac{P_L}{P_K}$　　B. A 与 B 的 $MRT_{XY}=\frac{P_L}{P_K}$

   C. $(MRS_{XY})_A=(MRS_{XY})_B$　　D. $MRT_{XY}=(MRS_{XY})_A=(MRS_{XY})_B$

4. 一个有两个独立的经济主体（A 和 B）、生产两种产品（X 和 Y）和拥有两种要素（L 和 K）的经济组织要实现最大的经济福利，即达到帕累托最优状态，应当具备的条件是（　　）。

   A. 满足生产均衡的条件：$(MRTS_{LK})_X=(MRTS_{LK})_Y$

   B. 满足交换均衡的条件：$(MRS_{XY})_A=(MRTS_{XY})_B$

   C. $MRT_{XY}=MRS_{XY}$

   D. 同时满足上述三个条件

5. 如果对于消费者 A 来说，商品 X 与商品 Y 的边际替代率为 3，对于消费者 B 来说，商品 X 和商品 Y 的边际替代率为 1，那么有可能发生下列情况（　　）。

   A. B 用 X 向 A 交换 Y　　B. B 用 Y 向 A 交换 X

   C. A 和 B 不会交换商品　　D. 以上均不正确

6. 假定在完全竞争条件下，构成一个经济组织的生产契约曲线的所有的点表示（　　）。

   A. 生产者获得了最大利润

   B. 生产者支出了最小成本

   C. 通过生产要素的重新配置，生产者提高了总产量

   D. 以上均正确

7. 生产可能性曲线是从（　　）导出来的。

   A. 消费契约曲线　　B. 效用可能性曲线

C. 社会福利曲线　　D. 生产契约曲线

8. 在两种商品在两个经济主体之间的分配的环境中，帕累托最优的条件为(　　)。

A. 不使一方受损失，另一方的收益就不能提高

B. 两方都处在消费契约曲线上

C. 两方都分别处在其效用可能性曲线上

D. 包括以上所有条件

9. (　　)不能从帕累托效率得出。

A. 交换的效率　　B. 生产的效率

C. 产品组合的效率　　D. 所有人平等地分配收入

10. 局部均衡分析是对(　　)的分析。

A. 一个部门的变化对其他部门的影响

B. 一个市场出现的情况而忽视其他市场

C. 经济中所有的相互作用和相互依存关系

D. 与供给相独立的需求变化

四、思考题

1. 什么是局部均衡和一般均衡？两者的区别和联系是什么？

2. 为什么完全竞争可以实现帕累托最优所需具备的三个条件？

五、计算题

1. 甲有 300 单位商品 X，乙有 200 单位商品 Y，甲、乙两人的效用函数都是 $U(x,y)=xy$，推导出所有满足帕累托最优的状态。两人通过交换达到帕累托最优，求出社会的价格体系，并求出交换结果。

2. 已知 X 商品的生产函数为 $X=5L^{0.4}K^{0.6}$，而 Y 商品的生产函数为 $Y=40L^{0.5}K^{0.5}$，若社会上有 $L=100$，$K=200$，且只生产 X 与 Y 商品，试问：该社会的生产契约线是什么？

六、挑战题*

考虑由 A、B 两个人，商品 1、2 两种商品组成的纯交换经济。已知该经济系统既有的商品总量分别为 q_1^0 和 q_2^0，两个人的效用函数分别为 $u_A=q_{A1}^{\alpha}q_{A2}$，$u_B=q_{B1}^{\beta}q_{B2}$，且 $q_{A1}+q_{B1}=q_1^0$，$q_{A2}+q_{B2}=q_2^0$。试求：作为 q_{A1} 和 q_{A2} 的函数的契约曲线方程。如要使该契约曲线成为一条直线，对 α 和 β 要加上什么条件？

Microeconomics

第十章

市场失灵与调节

亚当·斯密的看不见的手，就像皇帝的新装。之所以看不见，是因为本来就不存在的。信息总是不充分的，市场总是不完全的，也就是说市场总是不具有受约束的帕累托效率的。

——1979年克拉克奖、2001年诺贝尔经济学奖得主，约瑟夫·斯蒂格利茨(1943-　)

学习目的与要求

通过本章学习，要求掌握市场失灵的种种原因和表现、政府干预经济的理论依据、行为决策及其对资源配置产生的影响，充分认识市场机制的局限性，能够运用相关知识解决市场失灵情况下，不同的企业如何针对政府干预的不同手段，进行经济决策的调整，从而提高资源的优化配置的问题。

重点与难点

本章重点是垄断、外部效应、公共产品、不完全信息的概念以及它们是如何导致市场失灵的机理；科斯定理、政府干预和管制的手段及理论依据，包括自然垄断企业的价格管制、反托拉斯法等等。难点主要是垄断的社会福利分析，外部效应、公共物品的市场均衡以及公共物品市场需求的垂直相加等。

由前面的分析我们已经知道，在完全竞争的市场中资源配置可以实现帕累托最优，之所以如此，是因为一系列理想化的假设前提。而这些假设在现实生活中基本上是不能满足的，因而在不完全竞争的市场中，市场本身不能“自动”实现资源的优化配置，这种情况通常称之为**市场失灵（market failure）**。本章将逐一分析导致市场失灵的四个主要原因及相应的政府调节措施。

第一节　垄断及反垄断

一、垄断对市场效率的影响

1. 垄断对产量和价格的影响

为了说明垄断的低效率，我们比较垄断与完全竞争的市场效率。

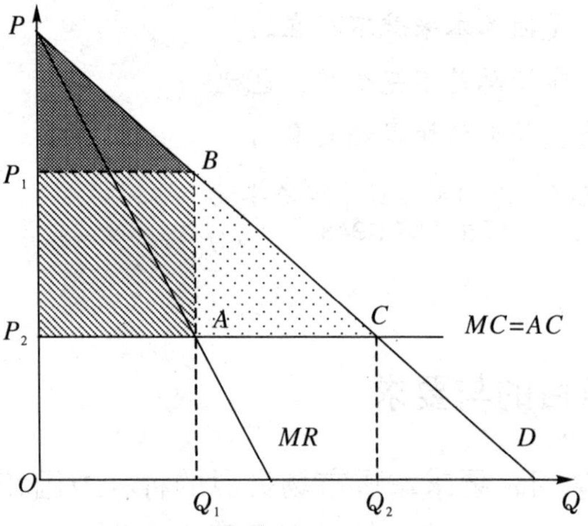

图 10－1　垄断下的市场低效率

首先来看垄断情况下的市场效率，参见图 10－1。该图中，横轴表示产量，纵轴表示价格，D 表示垄断厂商的需求曲线，MR 表示垄断厂商的边际收益曲线。为便于与完全竞争的市场效率比较，这里假定平均成本和边际成本相等，即 $MC = AC$ 且固定不变。

在完全竞争情况下，厂商按照 $P = MR = MC$ 组织生产，此时，$P_2 = MR = MC = AC$，厂商利润最大化的产量和价格分别是 Q_2 和 P_2。价格 P_2 与需求曲线 D 交于 C 点，消费者剩余为$\triangle PCP_2$的面积，生产者剩余为 0（也可以理解为资源全部充分利用），因为假设了 $MC = AC$ 。社会总的净福利＝消费者剩余＋生产者剩余＝$\triangle PCP_2$ 的面积。

在垄断的前提下，如果政府不加干预，垄断厂商将按照企业利润最大化的条件决策和组织生产，即 $MR = MC$ ，在图 10－1 的 A 点，垄断厂商利润最大化的产量和价格分别为 Q_1 和 P_1，此时，消费者剩余为$\triangle PBP_1$的面积，生产者剩余为 $\square P_1BAP_2$ 的面积，社会总的净福利＝消费者剩余＋生产者剩余＝$\triangle PBP_1$的面积＋$\square P_1BAP_2$ 的面积。

与垄断情况下相比，完全竞争情况下的产量和价格分别大于、小于垄断情况下的产量和价格(即 $Q_2 > Q_1$，$P_2 < P_1$)，社会福利相对增加了$\triangle ABC$ 的面积，消费者福利相对增加了 P_1BCP_2 的面积，在 $P = MR = MC = AC$ 的条件下社会福利没有改进的余地，社会福利实现了最大化。把增加的社会总福利$\triangle ABC$ 在垄断厂商和消费者之间进行适当的分配，使得两者的福利水平均大于垄断情况下的福利水平，实现资源配置的帕累托最优。

在垄断情况下，由于产品价格 P_1 高于边际成本 MC，消费者愿意为增加消费额外一单位产品而支付高于边际成本的价格，价格高而产量小，社会总福利减少了$\triangle ABC$，没有实现社会福利最大化，因此并没有实现资源的最优化配置(参见第七章内容)，即垄断情况下的资源配置是低效率的。

现实当中，均衡产量之所以不是发生在帕累托最优状态是因为：

(1)垄断厂商与消费者之间及消费者之间针对如何分配因增加产量而增加的社会福利问题难以达成一致意见。

(2)消费者之间在如何分担弥补垄断厂商因增加产量而损失的利润问题上难以达成一致意见。

(3)无法杜绝某些消费者搭便车的可能。

因此，现实中往往难以实现资源配置的帕累托最优。

对于垄断情况下的低效率分析，同样适用于垄断竞争和寡头垄断等导致的低效率情况。只要市场不是完全竞争、厂商面临的不是水平需求曲线而是向下倾斜的需求曲线，厂商利润最大化原则就是 $MR = MC$，而不是 $P = MR = MC$。只要 $P > MR = MC$，就存在资源配置的低效率。

2. 垄断对产品质量的影响①

除了产品的价格以外，垄断厂商还可以利用市场上的其他力量，如果垄断厂商在其生产的产品类型、质量或多样性方面具有市场力量的话，垄断厂商的决策也可能不同于完全竞争厂商。垄断厂商生产出比完全竞争情况下质量更高还是质量更低的产品，取决于消费需求与厂商的成本性质。

假设消费者愿意为质量 X 所作的支付由反需求函数 $P(Q,X)$ 给出，其中：

$$\frac{\partial P}{\partial Q} < 0, \frac{\partial P}{\partial X} > 0 \tag{10.1}$$

如果生产 Q 与 X 的成本为 $C(Q,X)$，垄断厂商将选择 Q 与 X 使得利润最大：

$$\pi = P(Q,X) \cdot Q - C(Q,X) \tag{10.2}$$

最大化的一阶条件是：

$$\begin{cases} \dfrac{\partial \pi}{\partial Q} = P(Q,X) + Q \cdot \dfrac{\partial P}{\partial Q} - \dfrac{\partial C}{\partial Q} = 0 \\ \dfrac{\partial \pi}{\partial X} = Q \cdot \dfrac{\partial P}{\partial X} - \dfrac{\partial C}{\partial X} = 0 \end{cases} \tag{10.3}$$

我们已经知道，垄断厂商的最优决策基于边际收益等于边际成本。(10.3)式中的第二个方程中，$\frac{\partial P}{\partial X} > 0$，$\frac{\partial P}{\partial X}$ 表示产品质量每增加一个单位时价格的上涨变化，而 $Q \cdot \frac{\partial P}{\partial X}$

① 沃尔特·尼科尔森著. 朱幼为等译. 宁向东校. 微观经济基本原理与扩展(第九版)，北京大学出版社，2008.5，第 364～365 页。

则表示产品质量每提高一个单位使得价格上涨而增加的收入，也就是说每增加一个质量单位增加的收入，$\frac{\partial C}{\partial X}$ 表示每增加一个质量单位增加的成本，根据(10.3)式中的第二个方程可得：$Q\cdot\frac{\partial P}{\partial X}=\frac{\partial C}{\partial X}$，这说明垄断厂商是依据利润最大化原则确定产品的质量来组织生产的。当 Q 适当地确定时，垄断厂商将选择适当的质量水平(获取利润最大)，使得其产品的质量增加一个单位所能获得的边际收益等于其增加的边际成本。正如可能已经预料到的，利润最大化的假设要求垄断厂商沿着所有能获利的方向前进，不仅仅是产量、价格，还包括质量水平。

二、寻租与垄断

在上述图 10－1 的分析中得出，垄断将导致△ABC 的社会福利损失，根据传统的经济理论，这部分社会福利损失从数量上来说还是比较小的。

从上世纪 60 年代后期以来，西方一些经济学家认识到传统经济理论可能大大低估了垄断造成的社会福利损失。垄断可能发生寻租行为，从而导致比非寻租垄断更大的社会福利的损失。**所谓寻租是指为获得和维持垄断地位从而得到垄断利润的非生产性活动**。根据他们的看法，传统垄断理论着重分析垄断的结果，而不是分析获得和维持垄断的过程。如果把分析的重点从结果转向过程，垄断带来的社会福利损失就不再仅是△ABC 的面积，而是比它大得多。为了获得和维持垄断从而享受垄断的好处，厂商需要而且愿意付出一定的代价，如向政府官员行贿、雇佣律师向政府官员游说等。寻租行为的存在造成垄断市场进一步的低效率，导致社会福利损失远远大于△ABC 的面积。

三、政府管制与反垄断

垄断常常导致低效率，且不能通过市场本身来解决这种低效率问题，这就为政府参与市场经济活动提供了依据，政府不再仅仅充当守夜人的角色，垄断的低效率需要政府干预来解决。政府对垄断的干预是多样的，这里主要讨论政府对垄断产量和价格的管制以及反垄断法。

1. 政府对垄断产量和价格的管制

政府对垄断价格和产量的管制分两种情况讨论，一是对成本递增垄断价格和产量的管制；一是对成本递减垄断(自然垄断)价格和产量的管制。

(1)政府对递增成本垄断的管制。

参看图 10－2，考察垄断的厂商边际成本 MC、平均成本 AC 的递增阶段。在没有政府管制的情况下，根据 $MR=MC$ 的原则组织生产，垄断厂商利润最大化的产量和价格分别为 Q_1 和 P_1，厂商获得垄断利润，但没有实现资源的优化配置。现假定政府对垄断进行管制，那么政府应该制定怎样的价格及与之相对应的产量呢？这取决于政府管制的目标，如果政府的目标是提高效率，那么依据上述经济学资源配置的最优原则，政府应该将价格制定在 $P=MC$ 处，即图 10－2 中需求曲线 D 与 MC 的交点 A 点，此时相应的价格为 P_2，产量为 Q_2，AQ_2 与边际收益曲线 MR 相交于 C 点。由于政府规制的价格 P_2 是厂商最高必须接受的价格，低于 P_2 厂商可以自己决定，因此，垄断厂商面临的需求曲线在政

府管制下改变为 P_2AD，边际收益曲线改变为 P_2A 和 C 点以下的 MR 部分，此时 MR 发生了断裂。这样在产量为 Q_2 时，相应价格 $P_2 = MC > AC$，优化了资源配置，增加了社会福利，并且垄断厂商还能获得经济利润。

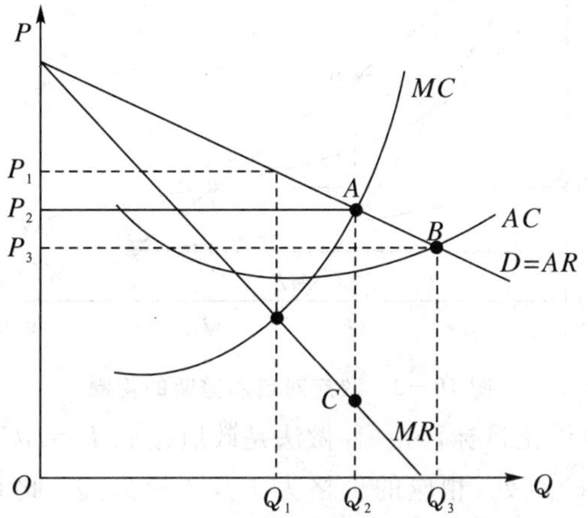

图 10－2　政府对递增成本垄断的管制

如果政府管制的目标是制定更公平的价格以消除垄断厂商的经济利润，即**零经济利润**的状况，则应该将价格制定为 $P_3 = AC$，即需求曲线 D 与平均成本曲线 AC 的交点 B 点处，相应的产出水平为 Q_3，价格为 P_3，垄断厂商只能获得正常利润。但这样就会出现另外一个问题：此处边际成本大于价格，即 $MC > P_3$，与帕累托最优原则相悖。

(2)政府对成本递减垄断(自然垄断)的管制。

当一个行业存在显著的规模经济，而市场容量只允许一家以经济规模生产的企业存在(或者说，一家企业生产比多家企业经济)时，就形成了自然垄断。自然垄断的显著特点是规模经济显著，行业大多需求价格弹性小，先期投入大，变动成本小，具有平均成本递减的特征。例如，地铁、高速公路、信息产品等都属于自然垄断。

从上面的分析可知，政府按照 $P = MC$ 对成本递增垄断厂商进行价格和产量管制，能够优化资源配置和提高社会福利水平，但是对成本递减的垄断厂商按 $P = MC$ 的原则进行价格和产量管制是否有同样的效果呢？图 10－3 反映的是成本递减垄断的情况。其中，平均成本曲线 AC 一直在下降，故边际成本 MC 始终位于 AC 曲线的下方。在政府不加以管制的时候，厂商按照 $MC = MR$ 组织生产，垄断产出水平为 Q_1，产品价格为 P_1，此时 $P_1 > MC$，显然垄断厂商是有垄断利润可赚的，并且实现了利润最大化，但如上述分析已知的结论，这样没有达到资源的最优配置。

现在假设政府进行管制，如何确定自然垄断企业的产品价格？

理想的做法之一是按照 $P = MC$ 的最优原则来定价，即 MC 与需求曲线 D 的交点 B 点，政府将价格定为 P_2，相应的需求量为 Q_2，此时 $P_2 = MC$，价格 P_2 低于垄断厂商的定价 P_1，产量 Q_2 大于垄断厂商的产出水平 Q_1，政府定价 P_2 达到了优化资源配置的目的。但是，由于厂商的边际成本曲线递减，价格 P_2 低于平均成本 AC，在此管制下，垄断厂商势必亏损。没有厂商愿意承担亏损，这就造成了政府管制的困境：要么放弃边际成本定价目标，要么永远资助垄断厂商。

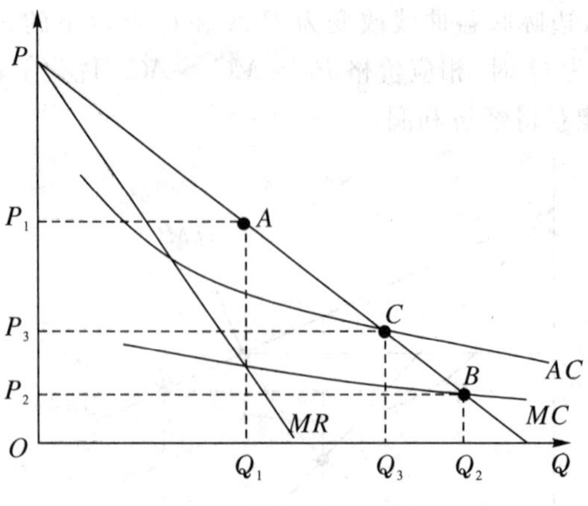

图 10－3　政府对自然垄断的管制

如果不追求理想的优化目标，另一种做法是政府按照 $P=AC$ 的原则将价格定在 AC 与需求曲线 D 的交点 C 点处，相应的价格为 P_3，产量为 Q_3，此时垄断厂商没有利润可赚，但也不至于亏损，只是赚取了正常利润，可以长期维持生产。这种做法 $P_3>P_2=MC$，$Q_3<Q_2$，虽然没有实现最优，但 $P_3<P_1$，$Q_3>Q_1$，资源配置优于完全没有管制时的垄断厂商利润最大化的状况，一定程度上限制了垄断行为。但是这种做法并非没有缺点，由于体制、经营信息不对称等等的原因，垄断企业会不断提高平均成本 AC，从而使政府管制无效。

另一种常见的做法是根据平均投资利润率来确定价格，这样做的优点是可以确保垄断企业没有超额利润；但缺点是垄断企业将缺乏改进的动力，并且可能导致过度投资。

2.反垄断法

垄断的形成和发展，深刻地影响到社会各个阶级和阶层的利益。由于垄断的低效率，西方很多国家制定了反垄断法或反托拉斯法来减轻垄断的低效率程度，其中美国尤为突出。

19 世纪末 20 世纪初，美国企业界出现了第一次大兼并，形成了一大批经济实力雄厚的大企业，这些大企业被称为**垄断厂商**或者**托拉斯**。这里的垄断不仅指完全垄断，也指寡头垄断。

从 1890 年到 1950 年，美国国会通过了一系列反对垄断的法案。这些反垄断法案中比较突出的有：谢尔曼法(1890)、克莱顿法(1914)、联邦贸易委员会法(1914)、罗宾逊—帕特曼法(1936)、惠特—李法(1938)和塞勒—凯弗维尔法(1950)。美国通过的这些反垄断或反托拉斯法规定，限制贸易的协议或共谋、垄断或企图垄断市场、兼并、排他性规定、价格歧视、不正当竞争或者欺诈行为等，都是非法的。

美国反托拉斯法的执行机构是联邦贸易委员会和司法部反托拉斯局。前者主要反对不正当的贸易行为，后者主要反对垄断活动。对违法者可以由法院提出警告、罚款、改组公司直至判刑。

在我国，1994 年，我国把反垄断法草案列入人大立法议程。历经 13 年后，2007 年 8 月 30 日第十届全国人民代表大会常务委员会第二十九次会议通过《中华人民共和国反垄断法》，该法共八章五十七条，自 2008 年 8 月 1 日起实施。《中华人民共和国反垄断法》

在第一章第一条阐述了制定该法的目的："为了预防和制止垄断行为，保护市场公平竞争，提高经济运行效率，维护消费者利益和社会公共利益，促进社会主义市场经济健康发展"；第一章第三条规定如下行为是垄断行为：（一）垄断者达成垄断协议，（二）经营者滥用市场支配地位，（三）具有或者可能具有排除、限制竞争效果的经营者集中；在第七章第四十六条、第四十七条、第四十八条对这三种垄断行为作了相应的处罚规定。

第二节　外部效应及其解决

上一节讨论了垄断会影响市场效率，导致资源配置的低效率。如果不存在垄断，而是完全竞争的市场，按照斯密"无形的手"的原理，市场应该是能够达到均衡，实现资源最优配置的。但是这需要有一个前提，就是经济当事人的生产或消费行为不会对其他人的福利造成影响。很显然，这个前提条件在现实中常常是不成立的，外部效应的存在就会扭曲资源配置，无法自动达到优化均衡。

一、外部效应的定义及分类

外部效应的定义如下：**若经济当事人的行为以不反映在市场交易中的方式影响未参与该经济行为的第三人，这就是外部效应**。外部效应有正的外部效应（也称为外部经济）和负的外部效应（也称外部不经济）。例如，有人把泥泞的小路修成水泥路，其他没有参与修路的人同样可以走这条路，这就是正的外部性（外部经济）；某工厂生产过程中排泄废水、废气污染环境进而影响其他与该工厂生产无关的居民的身心健康，这就是负的外部效应（外部不经济）。

1. 生产的外部效应

生产的外部效应有正的外部效应和负的外部效应。若一个生产者的生产行为对未参与该生产的第三人产生了有利的影响，而自己没有从中得到报酬，这就是生产上的正外部效应。例如，著名高校上课时经常有人旁听；专利发明经常使模仿的企业受益等。如果一个生产者的生产行为对未参与该生产的第三人产生了不利的影响，而自己又没有为之付出代价，这就是生产的负外部效应。例如"楼贴贴"和"楼抱抱"，房地产开发遮挡了相邻楼房的阳光；卡拉OK影响附近居民夜晚休息等。

2. 消费的外部效应

同样，消费也有外部效应，且也有正的外部效应和负的外部效应。若一个消费者的消费行为对未参与该消费的第三人产生了有利的影响，而自己没有从中得到报酬，这就是消费的正外部效应。例如，集体宿舍的一位同学每天打开水，打来的开水大家都可以喝，对其他人都有利；天热了某人自己花钱安装了空调，其他的同学不付费也能享受到等等。如果一个消费者的消费行为对未参与该消费的第三人产生了不利的影响，而自己又没有为之付出代价，这就是消费的负外部效应。例如，在密闭的房间里吸烟影响了他人健康；家庭养狗污染了居民的生活环境等。

二、外部效应与低效率

外部效应是市场失灵的原因之一，即便在完全竞争的市场条件下，由于外部效应的存在，也会导致资源配置不能达到帕累托最优。具体体现为：正外部性会造成资源配置不足，负外部性会造成资源配置过度。

假设在某偏僻的农村，农户 A 家门前有一条几乎全村村民都要走的道路，由于走的人多了，每逢下雨，这条道路就被踩得十分泥泞，使得农户 A 一家几乎不能出门。农户 A 考虑到自己的利益，很想把这条路修一修，他盘算了一下，修路的成本为 C，路修好后能为他家人带来的效用为 V_P，给全村人带来的总效用为 V_S，且有 $V_S > C > V_P$，盘算再三，农户 A 没有修这条道路。在这里，从全村的角度看，修路是有利的，但由于 $C > V_P$，最后农户 A 没有修路。

在农户 A 修路的案例中，常常出现正的外部效应。假设农户 A 是当地首富，道路不通严重影响了他的经济效益，此时修路的收益变成 $V_S > V_P > C$ 的情况，对农户 A 而言修路是划算的，因为从他个人角度来看，$V_P > C$，但是，农户 A 修路对全村而言更是划算的，因为其他村民分文未出而白白沾光，产生正的外部效应。

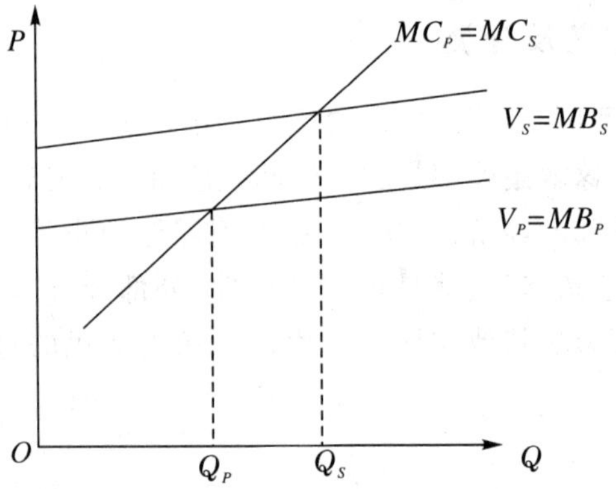

图 10－4　农户修路的外部效应

图 10－4 中，修一条路的成本为 C，C 也可视为修一条路增加的成本即边际成本。如果由农户 A 独资修一条全村公用的道路，那么修路的社会边际成本 MC_S 就是农户 A 的个人边际成本 MC_P，即有：$MC_P = MC_S$。同理，修一条路给农户个人和村民带来的效用也可以视为边际效用，且有：$V_P = MB_P$，$V_S = MB_S$。根据边际收益等于边际成本的最佳化原理，对于农户 A 而言，$MC_P = V_P$ 的交点对应的最优道路供给量为 Q_P，而对全村农户而言，$MC_S = V_S$ 的交点对应的最优道路供给量应该为 Q_S，由于存在外部经济，$Q_P < Q_S$（供给不足），甚至出现 $Q_P = 0$ 的不修路情况，导致资源配置不能实现帕累托最优。

又如，在东北某农村，在外出打工的浪潮席卷大江南北的大背景下，该村村民无一人外出务工，这要归功于该村的村主任。在村主任的领导下，该村村民基本上家家户户种植蔬菜，轮流到附近的城镇去卖，该村种植的蔬菜物美价廉，大受欢迎。村里还有一家效益不错的造纸厂，厂子位于村子后面，也是上游的山里，不少村民都在厂子里面干活。村里面还有一个大水库，被一个外来人承包养鱼。挺长时间里面，村子里和睦安逸，大家相安无事。

意外的事情发生了:有一天,村民食物中毒了,经检验,是该村种植的蔬菜含有有毒物质。这个消息一经传出,对于靠种菜、卖菜为生的村民来说,无疑是飞来横祸,城镇里面的人再也不买该村的蔬菜了。祸不单行,外地人承包的水库养的鱼大批死亡,经检验,水库里面的水含有毒物质。村里乱成一锅粥了。

经过再三的检验,罪魁祸首找到了,是山里的造纸厂把未经处理的污水排放出来,顺流而下到了水库和村民浇灌菜地的河水里面,污染了水库的水和河里的水,导致蔬菜有毒和鱼大量死亡。

在这里,假设该厂主生产的私人成本为 MC_P,社会成本为 MC_S,他的收益为 MR_P。由于私人厂商常常不承担污染治理费用而由社会承担,因此,从全社会角度来看,生产一个产品的社会成本大于私人成本,因此有 $MC_S > MC_P$,MC_S 位于图中的上方,参见图 10－5。按照该厂主的最优决策,$MR_P = MC_P$,最优产量是 Q_P,而按照全社会的最优决策,$MR_P = MC_S$,该厂主个人的利润最大化产量则应该在 Q_S 处。由于存在负的外部效应,厂商不承担污染治理费,其开工生产最优量为 Q_P,但 Q_P 大于全社会要求的 Q_S,他在谋取利润最大化的同时,污染了环境,损害了大部分村民的利益。

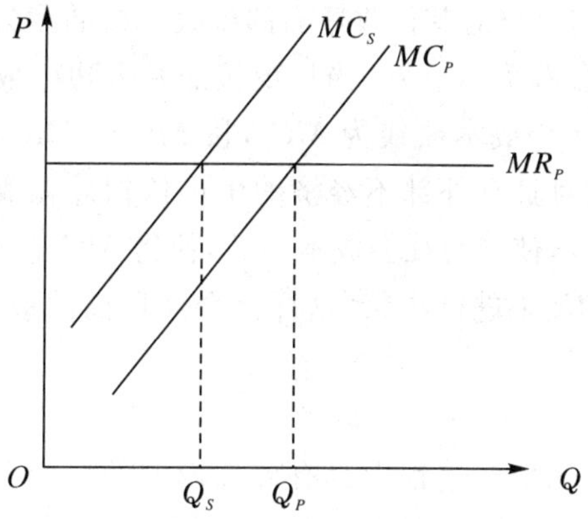

图 10－5 造纸厂的负外部效应

三、外部效应的解决

既然外部效应会导致资源配置的低效率,那么如何解决这个问题呢?一般认为有如下几种方法:

1. 税收和补贴

对于外部经济,政府或相关部门可以适当地对生产者采取补贴或征税的做法。通常,对于生产者提供正的外部性产品的情况,按照外在效益的大小使用补贴的做法来促使资源配置达到帕累托最优,如图 10－6 所示。D_P 为私人需求曲线,D_S 为全社会需求曲线,MC 为边际成本。一般具有外部经济的产品往往具有公共产品的性质,私人一旦提供这类产品的话,其他人也会获得便利或好处,但并不作任何支付给私人生产者,这样,私人只愿意提供 $MC = MR_P$ 决定的私人最优供给量 Q_P。从社会角度而言边际效益是 MR_S,按照 $MR_S = MC$,社会对该种产品的最优需求量是 Q_S。由于 MR_S 大于 MR_P,虽然社会需要多生产,但是私人因为没有获得全部应得的收益 MR_S,只愿意提供 Q_P 的数量。如果政府对私人提供适当的补贴,相当于私人生产者的收益增加,使得私人提供 Q_S 的边际收益与提供Q_P的边际收益一致，MR_P曲线向右移动到MR_S的位置，Q_S变成补贴条件下的最优供给量，那么私人就愿意提供有外部经济的产品，达到社会需要的Q_S水平，提高社会的效用水平，优化了资源配置。

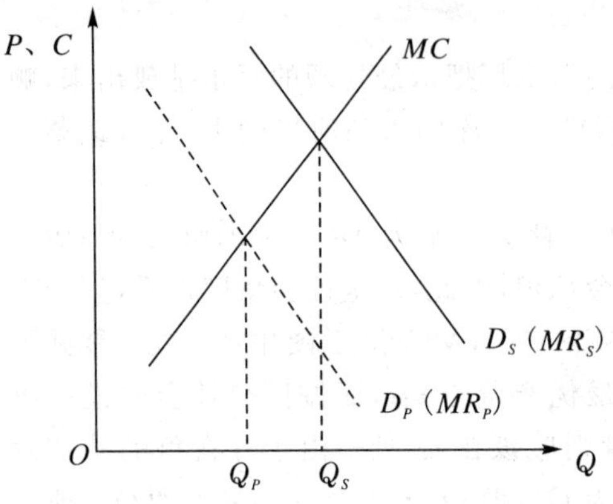

图 10－6　政府补贴对外部经济效应的影响

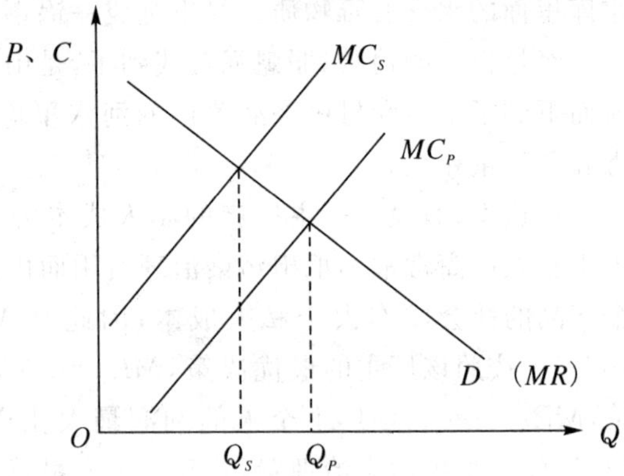

图 10－7　政府征税对外部不经济效应的影响

对于外部不经济，政府可以对其征收适当的税收[①]（庇古税），抑制私人过量地进行有外部不经济的生产活动，参看图 10－7。当厂商按照私人边际成本 $MC_P=MR$ 的原则组织生产时，产量为 Q_P，而社会成本曲线为 MC_S，按 $MC_S=MR$ 原则组织生产时，产量为 Q_S，$Q_S<Q_P$。此时政府应对具有外部不经济的生产依据外在成本的大小进行征税或者罚款，提高厂商的生产成本，使其与社会成本一致，使得 MC_P 向左移动至 MC_S 的位置，相当于促使厂商以 $MC_S=MR$ 来进行决策，这样就会使厂商的最优产量由 Q_P 减少到社会需要的最优量 Q_S。

2. 合并、内部化

合并与内部化就是把在生产过程中具有外部影响的厂商和受其影响的厂商进行合并，使得外部影响内部化。合并后，在存在正的外部影响的情况下，外在收益变成内部收益，厂商将按照 $MC=MR_S$ 的原则组织生产，产量为 Q_S，如图 10－6；在存在负的外部影响的情况下，合并后外在成本变成内部成本，厂商将按照 $MC_S=MR$ 的原则组织生产，产量为 Q_S，如图 10－7。

3. 科斯定理、资源配置和社会福利

罗纳德·哈里·科斯(Ronald H. Coase)，是新制度经济学的鼻祖，1910 年 12 月 29 日出生于伦敦的威尔斯登。按照瑞典皇家科学院的公告，科斯之所以能获得 1991 年的诺贝尔经济学奖，在于他的杰出贡献，就是发现并阐明了交易成本和产权在经济组织和制度结构中的重要性及其在经济活动中的作用。

科斯的代表作是两篇著名的论文。其一是 1937 年发表的《企业的本质》，该文独辟蹊径地讨论了产业企业存在的原因及其扩展规模的界限问题，科斯创造了“交易成本”(transaction costs)这一重要的范畴来予以解释。**交易成本指外部性当事人建立交易关系，进行讨价还价、订立契约并督促执行所花费的成本。**即“利用价格机制的费用”或“利

① 该税种最早由英国经济学家庇古(Pigou, Arthur Cecil, 1877－1959)提出，也称庇古税。

用市场的交换手段进行交易的费用”，包括提供价格的费用、讨价还价的费用、订立和执行合同的费用等。另一篇著名论文是1960年发表的《社会成本问题》，该文重新研究了交易成本为零时合约行为的特征，批评了庇古关于“外部性”问题的补偿原则（政府干预），并论证了在产权明确的前提下，市场交易即使在出现社会成本（即外部性）的场合也同样有效。科斯发现，一旦假定交易成本为零，而且对产权（指财产使用权，即运行和操作中的财产权利）界定是清晰的，那么法律规范并不影响合约行为的结果，即最优化结果保持不变。换言之，只要交易成本为零，那么无论产权归谁，都可以通过市场自由交易达到资源的最佳配置。斯蒂格勒和其他一些西方经济学家将科斯的这一思想概括为“在完全竞争条件下，私人成本等于社会成本”，并与其他西方经济学家一起将之命名为**“科斯定理”**。

科斯定理主要包括科斯第一定理、科斯第二定理和科斯第三定理三个方面的内容。

(1)科斯第一定理。

在科斯第一定理的诸多表述中，被人们广泛接受的定义是：如果交易费用为零，不管产权初始如何安排，当事人之间的谈判都会导致资源的最优配置，即市场机制会自动达到帕累托最优。科斯第一定理包含两个重要的假设前提：

a)交易成本为零。交易成本为零，意味着交易中上述几个方面的活动可以无成本地完成，这是新古典经济学隐含的一个基本假设。

b)产权的初始界定清晰。即外部性问题所涉及的公共权利的归属明确，是可以交易的，至于具体归属于哪一方当事人，则没有给予明确限制。

(2)科斯第二定理。

科斯第二定理可以简述为：交易费用大于零，不同的产权界定，会带来不同效率的资源配置。也就是说，交易是有成本的，在不同的产权制度下，交易的成本可能是不同的，因而，资源配置的效率可能也不同。所以，为了优化资源配置，产权制度的选择是必要的。科斯第二定理才是科斯产权理论的核心部分。科斯把权利安排即制度形式与资源配置直接对应了起来，使人们认识到权利（产权）的初始界定与经济运行效率之间存在着内在联系。科斯第二定理中的交易成本就是指在不同的产权制度下的交易费用。在交易费用至上的科斯定理中，它必然成为选择或衡量产权制度效率高低的唯一标准。因此，不同的产权制度和法律制度，会导致不同的资源配置效率，产权制度是决定经济效率的重要内生变量。

科斯第二定理的实质在于揭示产权界定的重要性，即当存在交易费用时，可交易权利的初始配置将影响交易效率。

(3)科斯第三定理。

科斯第三定理是对科斯第二定理的补充，其内容主要是：在交易成本大于零的情况下，由政府选择某个最优的初始产权安排，就可能使福利在原有的基础上得以改善；并且这种改善可能优于其他初始权利安排下通过交易所实现的福利改善，即产权的清晰界定是市场交易的前提。

科斯第三定理假设政府能够成本比较低地近似估计并比较不同权利界定的福利影响，同时它假定政府至少能公平、公正地界定权利。科斯第三定理描述了这种产权制度的选择方法。第三定理主要包括四个方面：

a)如果不同产权制度下的交易成本相等,那么,产权制度的选择就取决于制度本身成本的高低。

b)某一种产权制度如果非建不可,而对这种制度不同的设计和实施方式及方法有着不同的成本,则这种成本也应该考虑。

c)如果设计和实施某项制度所花费的成本比实施该制度所获得的收益还大,则这项制度没有必要建立。

d)即便现存的制度不合理,然而,如果建立一项新制度的成本无穷大,或新制度的建立所带来的收益小于其成本,则一项制度的变革是没有必要的。

从科斯定理的内涵来看,在产权既定、交易成本为零或较低的前提下,可以通过产权的交易来解决外部性问题,改进资源的优化配置,增进社会福利①。例如,有 A、B 两家厂商,他们分别生产产品 X、Y,而 A 的生产所造成的污染每年给 B 带来的损失为 C_B,按照科斯定理,两家厂商可以通过产权的交易,比如,合并为一家,使得 A 生产的外部不经济转化为厂商的内部成本,即使得厂商 A 生产的社会成本变成私人成本,改进资源配置,提高社会福利水平。

与征税相比,科斯定理更倾向于用市场手段解决外部影响,可以说合并、内部化就是科斯定理的应用。在现实中科斯定理是否能用来解决一切外部影响呢? 科斯定理的应用存在以下几方面的问题:第一,产权的清晰界定问题。现实中,很多产权是模糊不清的,比如空气,产权的不清晰导致无法进行产权交易。第二,清晰界定的产权是否总能转让? 如果产权不能转让的话,也不能通过产权的交易改进资源配置。第三,即使产权界定是清晰的,产权也是可以交易的,但是产权交易的价格难以确定,或其他原因导致交易成本过高而无法成功进行产权交易等。

案例资料 10-1

水权交易

2002 年 1 月底,浙江省义乌市花两亿元向邻近的东阳市买水饮水工程破土动工。义乌市花两亿元买的是水资源的永久使用权。在东阳与义乌的水权转让中,东阳投资 3880 万元改造水库,能比原来节水 5300 万立方米,节水投资每立方米超过 1 元;义乌市如果建新水库,每立方米水的投资在 6 元以上。通过水权交易,东阳以高于 1 元的价格将部分水转让给义乌,义乌以低于 6 元的价格买到水资源。结果,两市取水总量并没有增加,却满足了用水需求,优化了水资源配置。即使在交易成本不为零的情况下,产权的交易也可能优化资源配置,只要产权交易后双方的获益大于交易成本。

浙江义乌与东阳的水权交易就是在市场经济条件下,以市场方式安排水资源配置的新探索。其实,现实中水资源交易在国内外都不乏先例,陕西关中灌区的农民"购买"引渭渠水,西班牙、日本、菲律宾和瑞士等地农村的水资源利用,都采取了类似市场交易的方式。在市场经济条件下,节水、治污、调水等水资源配置措施不仅能带来水资源供求关系的调整,更能带来经济利益关系的调整。只有建立合理、有效的供给机制,界定

① 笔者个人认为,如果科斯定理的前提条件满足,只要产权交易后增加的福利大于交易成本,不管交易成本多高,都能改进资源配置,增加社会福利。

并明晰水的使用权，建立水资源的宏观控制和微观定额体系，建立水权交易市场，实行水权的有偿转让，建立合理的水价形成机制，才能促进水资源的高效利用。

目前，世界上建立的国家级正式可交易水权制度的国家为数不多，只有智利和墨西哥，智利对用水权不征收财产税。美国水权交易起步较早，但目前只是西部几个州建立有水权交易制度，澳大利亚也有一些州建立有水权交易制度。

资料来源：席恒著.利益、权利与责任——公共物品供给机制研究，中国社会科学出版社，2006.12，第1版。

第三节 公共物品及有效供给

一、私人物品、纯公共物品和混合物品

在现实生活中，大部分商品都具有这样的性质：它们一旦被某个人消费，就不能被其他人消费并从中获得效用，例如我们的衣服、鞋子等，这样的商品通常称之为私人物品，**私人物品**具有两个重要特征：**排他性**和**竞争性**。**排他性是指只有已经支付了商品价格的消费者可以消费该商品，其他人不能消费该商品；竞争性是指某消费者在消费某商品时，其他消费者不能同时消费该商品**。凡是具备这两个性质的物品都是私人物品，“看不见的手”只能对私人物品发挥作用。

有一类物品与私人物品完全不一样，这类物品具有非排他性与非竞争性的性质，这类物品称之为**纯公共物品**。**非排他性是指当某消费者在消费某物品的时候，无法阻止他人对该物品的消费，或者是要阻止他人对该物品的消费要付出无限大的成本**，非排他性意味着不可能让消费纯公共物品的消费者付费或者只支付很少费用。**非竞争性是指当某个消费者消费公共物品时，不影响他人同时消费该公共物品**，或者说，当无限多的人消费同一公共物品时，互相不影响他人消费该公共物品带来的效用，这意味着在消费纯公共物品时，增加一个消费者，纯公共物品的边际成本为零。国防就是纯公共物品，它同时具有非排他性和非竞争性。

纯公共物品和私人物品是两种极端的情况，很多物品的性质是介于两者性质之间的，这样的物品称为**混合物品**或**准公共物品**，它们具有排他性或者非竞争性，如收费的公园，只要买了票的消费者都可以进入公园游玩，在不拥挤的情况下，增加的游玩者并不影响他人游玩的效用，公园的边际成本为零；或者具有非排他性和竞争性，如拥挤的广场，当广场上人很多的时候，再增加消费者，就影响他们游玩广场的兴致了，同时广场的边际成本可能大于零，这可以解释很多旅游景点游客很多的时候为何设施更容易损坏。

二、纯公共物品的最优供给规模

私人物品消费者是各自消费的，公共物品则是消费者共同消费的，因此，私人物品的市场供给与公共物品的市场供给有着很大的区别。

先看一下私人物品的提供。假定社会上只有 A、B 两个消费者，他们对私人物品的需求曲线分别为 D_A、D_B，私人物品的供给曲线为 S，D_A、D_B 两者水平相加就得到市场需求曲线 D_T，参见图 10－8。供给曲线 S 与市场需求曲线 D_T 的相交点 E 点决定了私人物品的均衡数量和均衡价格分别为 Q_T 和 P_T，所以 Q_T 是私人物品的最优供给数量。其中，A 的需求量为 Q_A，B 的需求量为 Q_B，$Q_A+Q_B=Q_T$。

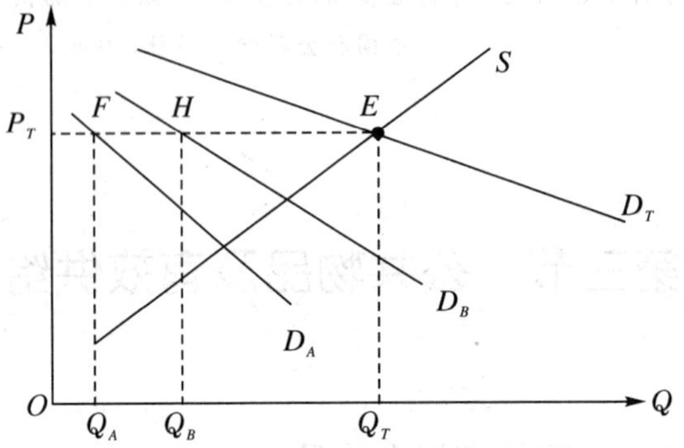

图 10－8　私人物品的供给

再来看公共物品供给的情况，参看图 10－9。同样我们假设有 A、B 两个消费者，他们的需求曲线分别为 D_A、D_B，公共物品的市场供给曲线为 S。前面讲过纯公共物品有非竞争性，纯公共物品一旦提供，所有消费者均可使用，**市场需求曲线是消费者面临同一单位纯公共物品愿意支付又能够支付的价格之和**，所以纯公共物品的需求曲线不再是两个消费者需求曲线的水平相加，而是垂直相加。D_A、D_B 垂直相加得到市场需求曲线 D_T，D_T 与公共物品的市场供给曲线 S 交于 E 点，决定了均衡数量和均衡价格分别为 Q_T 和 P_T，A 与 B 愿意支付的价格分别为 P_A、P_B，且 $P_A+P_B=P_T$，Q_T 是市场均衡决定的纯公共物品的最优供给量。

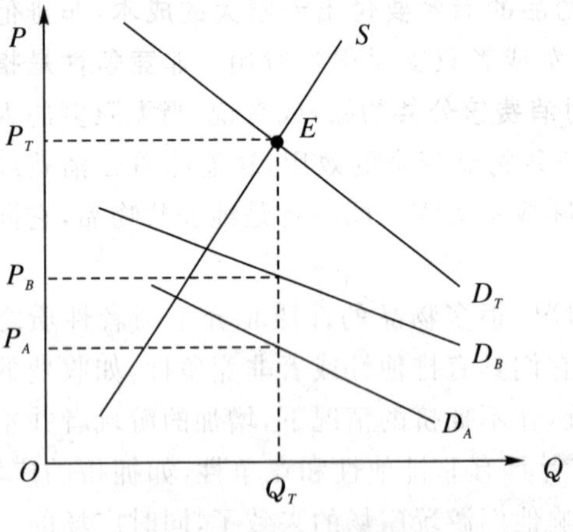

图 10－9　公共物品的供给

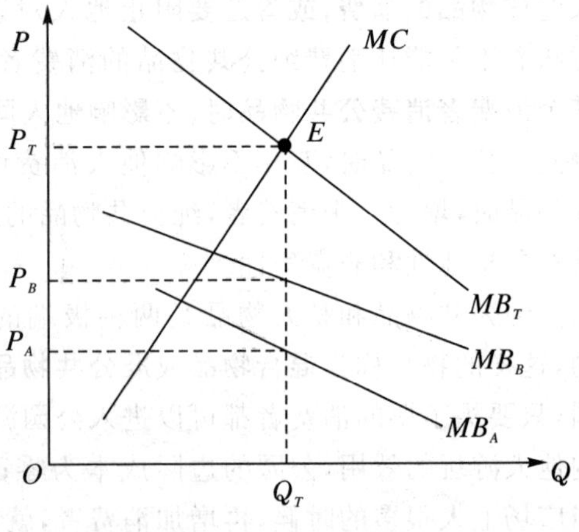

图 10－10　公共物品的供给

纯公共物品最优规模与私人物品最优规模的标准是不完全一样的：私人物品供给最优规模的标准是单个私人的边际收益与私人物品供给的边际成本相等；纯公共物品最优规模的标准是单个私人边际收益之和与纯公共物品的边际成本相等。如前所述，由于线性需求曲线 D 的中分线就是其边际收益线，S 曲线也可以用边际成本表示，如图10－10，用 MB_A、

MB_B 垂直相加得到的 MB_T 与 MC 相等一样可以得到纯公共物品的最优供给量是 Q_T。

三、公共物品、市场失灵与林达尔均衡

前面分析纯公共物品供给达到帕累托最优的条件是建立在以下两个假设前提下的：(1)每个消费者对公共物品的需求曲线都是存在的；(2)消费者都会准确、真实地陈述对公共物品的需求与价格之间的关系。但是很多经济学家认为，由于纯公共物品的非竞争性和非排他性，前面对纯公共物品供给实现帕累托最优的讨论是没有意义的，因为消费者不一定清楚自己对纯公共物品的需求与价格之间的关系，即使知道也未必会真实地表达自己对纯公共物品的真实需求。

由此引出"搭便车"问题，即消费者可以隐藏自己对纯公共物品的真实需求，支付较低价格，甚至不支付价格就可以消费纯公共物品，那么，市场对生产纯公共物品资源的分配能否像对生产私人物品资源分配那样，通过市场的竞争，实现资源分配的帕累托最优呢？答案是否定的，即市场对纯公共物品的供给是失灵的。由于消费者隐藏自己对纯公共物品的真实需求，尽量地支付较低价格或者不支付价格给纯公共物品的生产者，导致生产者难以收回生产纯公共物品的成本，只有减少纯公共物品的供给，因而纯公共物品的供给不能达到帕累托最优状态。

既然纯公共物品供给在竞争性市场上不能到达最优供给规模，那么只有政府来提供纯公共物品了，经济学家提出，政府可以通过征税为纯公共物品融资。瑞典经济学家埃里克·林达尔在这个问题上作了比较清晰的描述。埃里克·林达尔的思想是这样的：政府按照消费者对纯公共物品的评价或者其从消费公共物品中获得的收益，分摊纯公共物品的成本，这样的机制决定的纯公共物品的供给数量可以达到最优规模。

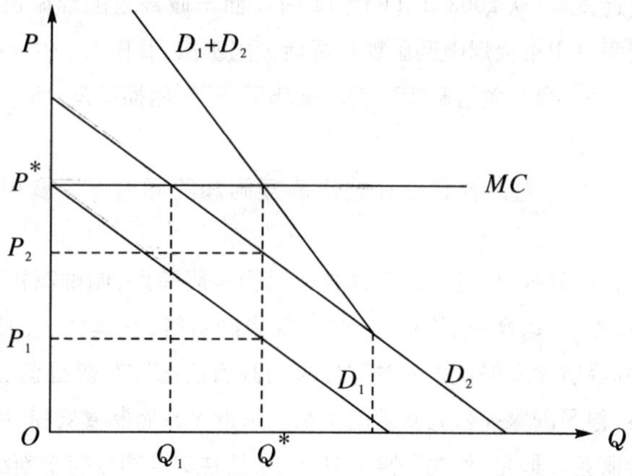

图 10－11　林达尔均衡

我们可以通过分析一个两人社会的情况来获得林达尔的结论①。如图 10－11 所示，有一纯公共物品的价格和边际成本均为 P^*（$=MC$），MC 可以视为公共物品的供给曲线。消费者 1 和消费者 2 的需求曲线分别为 D_1 和 D_2，D_1 和 D_2 垂直相加得到的 D_T 代表总需求。如果由消费者 1 承担纯公共物品的全部成本，消费者 1 将不会提供纯公共物

① 毛程连主编．中高级公共经济学，复旦大学出版社，2006.4，第一版，第 101～102 页。

品，因为他从中得不到消费者剩余；如果由消费者 2 承担全部成本，他将提供数量为 Q_1 的纯公共产品，如果由政府提供纯公共产品，其最优供给为数量 Q^*，按照两个消费者对纯公共物品的评价，分别需要 P_1 和 P_2 来补偿政府提供纯公共产品的成本。很显然，$Q_1<Q^*$，这就是前面讲的私人提供纯公共物品将导致供给不足（或者说通过竞争性市场不能使纯公共物品的供给达到帕累托最优）。在这里同样存在的问题是：每个消费者是否愿意真实地表述他对纯公共物品的评价。

案例资料 10-2

公共安全与政府规制

——从我国矿难频发看政府在公共安全中的责任

2010 年 10 月 16 日清晨，河南禹州平禹煤电四矿煤与瓦斯突出事故，这起矿难共导致 37 名矿工身亡。

2010 年 6 月 21 日凌晨 1 时 40 分左右，平顶山市卫东区兴东二矿发生井下火药自燃爆炸事故，截至 21 日 21 时，已确认死亡 47 人，受伤 26 人，其中重伤 6 人。

2010 年 3 月 31 日 19 时 20 左右，河南伊川国民煤业有限公司井下发生煤与瓦斯突出事故，引起地面副井口爆炸，已造成 40 人死亡 6 人失踪。

2010 年 3 月 28 日 14 时 30 分左右，中煤集团一建公司 63 处碟子沟项目部施工的华晋公司王家岭矿北翼盘区 101 回风顺槽发生透水事故，造成 153 人被困。经全力抢险，115 人获救，另有 38 名矿工遇难。

……

根据相关统计资料，从 2003 年 11 月 14 日江西丰城发生的煤矿瓦斯爆炸到 2010 年 10 月 16 日河南禹州平禹煤电四矿煤与瓦斯突出事故，我国共发生重大矿难事故 27 起。尽管每次矿难后，有关领导和相关部门都痛哭流涕，后悔莫及，可是时隔不久，又有矿难传来……

为什么矿难频发？为什么企业在追求高额利润的同时一定要付出惨痛的生命代价？

公共安全作为一种公共产品，具有公共产品的一般特点，如难以排他的外部性、不可分性、共同消费性、难以衡量、不可选择性、规模经济等，在消费上自然也存在“搭便车”的问题。福利经济学理论认为公共安全应由政府或国家垄断经营、独家提供，在这一理论的影响下，很多国家在公共安全的供给上采取了政府制度安排，即由国家政府垄断提供公共安全服务。但是，作为一种公共产品，公共安全的政府垄断经营必然会导致公共安全服务的有效供给不足和供给上的低效率。为了防止“搭便车”的行为，现实中许多国家也运用市场机制实现公共安全服务的供给，这在很大程度上弥补了由政府垄断经营安全服务的不足，在一定程度上满足了社会对公共安全服务的需求。

矿难频发表面上看是煤矿企业的安全措施不到位，进一步看是政府对煤矿安全措施的监管不力，是政府提供公共安全这种公共产品缺位，是作为公共安全的公共物品有效供给不足和供给上低效率的表现。

资料来源：作者根据有关资料整理。

四、财富分配对私人提供纯公共物品的影响

假如在某寝室住有 1 和 2 两人，他们为是否购买一台电视机困惑，因为两人住同一间房，因此电视机对他们俩来说是纯公共物品。在这里用 ω_1、ω_2 分别表示 1 和 2 拥有的初始财富，g_1、g_2 分别表示他们对购买电视机作出的贡献，x_1、x_2 分别表示剩余下来的私人消费资金。G 表示他们拥有电视机的数量，可以是 0，也可以是 1。则预算方程为：

$x_1 + g_1 = \omega_1$

$x_2 + g_2 = \omega_2$

再假定购买电视机的成本为 C，因此要购买电视机必须有：

$g_1 + g_2 \geqslant C$

两个人的效用函数分别为：

$u_1 = (x_1, G)$

$u_2 = (x_2, G)$

由于每个人对电视机的评价不一样，因此他们愿意支付的价格也不一样。在这里为了更好地说明问题，引入保留价格这一概念，**保留价格是指消费者为购买某一商品愿意支付的最高价格**，即使得消费者购买和不购买这一商品所获得的效用是相等的。如果 1 和 2 两人的保留价格分别为 γ_1、γ_2，按照保留价格的定义，有：

$$u_1(\omega_1 - \gamma_1, 1) = u_1(\omega_1, 0)$$
$$u_2(\omega_2 - \gamma_2, 1) = u_2(\omega_2, 0) \tag{10.4}$$

1 和 2 财富的分配方式有两种：一种方式是不购买电视机，两人都把所有的财富用于私人消费，财富分配形式为 $(\omega_1, \omega_2, 0)$；另一种方式是购买电视机，财富分配形式为 $(x_1, x_2, 1)$，此时：

$x_1 = \omega_1 - g_1$

$x_2 = \omega_2 - g_2$

上面两个方程说明的是每个人用于私人消费的资金是购买电视机后剩余的。

下面讨论 1 和 2 两人将如何在这两种分配方式中作出选择。

如果购买电视机使得两人的福利比没有购买电视机更好的话，那么购买电视机属于帕累托改进，即是有：

$u_1(\omega_1, 0) < u_1(x_1, 1)$

$u_2(\omega_2, 0) < u_2(x_2, 1)$

运用保留价格和运算约束的定义，可得：

$u_1(\omega_1 - \gamma_1, 1) = u_1(\omega_1, 0) < u_1(x_1, 1) = u_1(\omega_1 - g_1, 1)$

$u_2(\omega_2 - \gamma_2, 1) = u_2(\omega_2, 0) < u_2(x_2, 1) = u_2(\omega_2 - g_2, 1)$

假定私人消费增加必然增加效用，可有如下结论：

$$\omega_1 - \gamma_1 < \omega_1 - g_1$$
$$\omega_2 - \gamma_2 < \omega_2 - g_2 \tag{10.5}$$

进一步整理得：

$$\gamma_1 > g_1 \text{ 和 } \gamma_2 > g_2 \tag{10.6}$$

从上面的分析可知，如果购买电视机相对不购买电视机是帕累托改进，必须有：个人

对购买电视机的贡献必须小于他的保留价格。一个消费者能以低于他的保留价格获得某种商品，对于这个消费者而言购买这种商品无疑会增加他的福利。每个人的保留价格大于他们为购买电视机实际支付的价格，是一种帕累托改进的必要条件。

在 $\gamma_1 > g_1$ 和 $\gamma_2 > g_2$ 这个条件下，购买电视机是一种帕累托改进的充分条件是每个人购买电视机支付金额的总和等于购买电视机的费用，但小于两人保留价格之和，即：

$$\gamma_1 + \gamma_2 > g_1 + g_2 = C \tag{10.7}$$

如果上面的式子成立的话，那么就一定存在某种方案，使得购买电视机是一种帕累托改进。

从上面的分析可知，如果保留价格之和大于购买电视机的成本，那么肯定存在某种支付方案，使得购买电视机会提高两人的福利水平。如果财富的分配使得 $\gamma_1 + \gamma_2 < C$，1 和 2购买电视机提高福利水平就不可能了。比如 1 很希望获得电视机，而 2 对此无所谓，如果 1 拥有全部财富，他可能愿意独自支付购买电视机的费用，这样购买电视机能增加两人的福利水平。如果是 2 拥有全部财富，虽然 1 需要，但是 1 没有足够的财富购买电视机，这种情况下，不购买电视机可能是一种帕累托有效。所以财富的分配可能影响纯公共物品的提供。

五、公共资源

前面主要讨论了纯公共物品的供给问题，我们曾提到混合物品(准公共物品)是介于纯公共物品和私人物品之间的物品，它们或者具有非排他性和竞争性，或者具有排他性和非竞争性，公共资源就属于混合物品，它具有非排他性和竞争性。由于公共资源的特性，人们为了自己的利益，就会尽可能地去占有和过度利用它，从而造成灾难性的后果，这即是西方经济学家常说的**"公地悲剧"**。

假如有一个湖，附近的居民都靠在这个湖里打渔为生，用 x 表示 x[①] 艘渔船每天从湖里捕捞上来鱼的数量，假设鱼的需求函数为：

$$p = a - bx$$

p 为鱼的市场价格，a、b 为大于零的常数。捕捞 x 单位鱼的社会总收益和社会边际收益分别为：

$$TR_S = xp = ax - bx^2$$

$$MR_S = a - 2bx$$

设每艘渔船的成本为 C，渔民们购置 x 艘渔船的社会总成本和边际成本分别为：

$$TC_S = cx \qquad MC_S = c$$

要使附近渔民的整体利益最大，必须有：

$$MC_S = MR_S$$

即：$c = a - 2bx$

解得整体最优捕鱼量：

$$x^* = \frac{a - c}{2b} \tag{10.8}$$

① 捕鱼是渔船数的倍数，这样假设不影响推导结果。

上面得到的均衡捕鱼量是从附近渔民整体角度出发的，x^* 是使得附近渔民整体利益最大的捕鱼量。整体渔民的利益最大化是否意味着每个渔民利益的最大化呢？由于可以捕鱼的湖是公共资源，同样会存在市场失灵现象，即在捕鱼上会存在这样的问题：整体利益的最大化未必就是每个渔民的利益最大化；反之，每个渔民的利益最大化未必是整体利益的最大化。在没有强有力的约束机制存在的情况下，每个渔民都有可能从自己利益最大化的角度出发，使得每天的捕鱼量大于均衡的捕鱼量，这就可能出现渔民们过度捕鱼，破坏湖的生态平衡的现象，最终导致湖里无鱼可捕，这就是公共资源的悲剧。下面分析在没有强有力的约束机制下，单个渔民的捕捞行为将如何导致无鱼可捕的局面。

我们用 x_i 表示第 i 个村民每天的捕鱼量（也是第 i 村民拥有渔船的数量，$i=1,2,\cdots,N$），社会对鱼的需求函数为：

$$p = a - b\sum_{i=1}^{N} x_i$$

$\sum_{i=1}^{N} x_i = x$，是渔民们每天从湖里捕捞鱼的数量之和，那么第 i 个村民的私人总收益和边际收益分别为：

$$TR_{pi} = p \cdot x_i = ax_i - bx_i\sum_{i=1}^{N} x_i \tag{10.9}$$

$$MR_{Pi} = a - b\Big(2x_i + \sum_{\substack{j=1 \\ j\neq i}}^{N} x_j\Big) \tag{10.10}$$

单个渔民利益最大化的条件是：

$$MR_{Pi} = a - b\Big(2x_i + \sum_{\substack{j=1 \\ j\neq i}}^{N} x_j\Big) = a - b\Big(x_i + \sum_{i=1}^{N} x_i\Big) = c \tag{10.11}$$

再假设第 i 个渔民每天捕捞鱼的数量 x_i 与总捕鱼数量 x 有如下关系：

$x_i = kx$，其中，$0 \leqslant k \leqslant 1$

k 表示 x_i 占 x 的比例，将 $x_i = kx$ 代入上述 $MR_{pi} = c$ 的式子中，可得全渔民的均衡捕鱼量为：

$$x^{**} = \frac{a-c}{b(1+k)} \tag{10.12}$$

我们来看看 x^{**} 与 x^* 之间有怎样的关系。当 k 趋于零的时候，意味着渔民 i 的捕鱼量占全部捕鱼量的比例非常小，说明渔民比较多，较多的渔民都按照自己的私人边际收益等于私人边际成本来决定自己最优的捕鱼量，那么最终整体渔民的均衡捕鱼量为：

$$x^{**} \approx \frac{a-c}{b}$$

可以看到，当有大量的渔民都从私人边际成本等于私人边际收益出发来决定自己的捕鱼量时，整体均衡的捕鱼量接近于按社会边际收益等于社会边际成本决定的均衡捕鱼量的两倍。为什么会有这样的结果呢？在没有强有力的约束机制的情况下，每个渔民都有尽力利用湖里公共资源的可能，造成过度的捕捞，最终将导致湖里鱼源的枯竭、生态环境的破坏。

那么当 $k=1$ 时，x^{**} 与 x^* 之间又有怎样的关系呢？$k=1$ 时意味着一个渔民拥有所有的渔船，他所捕捞的鱼就是整体捕捞的鱼，他的边际成本与边际收益就是社会的边际成本与边际收益，所以：

$x^{**}=x^{*}$

当 $0<k<1$ 时，有：

$x^{**}>x^{*}$

只要不止一个渔民捕鱼且没有强有力的约束机制的情况下，湖里的鱼就有被过度捕捞的可能，单个渔民在实现自己利益最大化的时候，忽略了自己的行为对他人和社会产生的负面影响。要解决“公地悲剧”的问题，可以由相关部门制定强有力的约束机制，比如，规定休渔期捕鱼罚款制度来约束私人的行为；或者可以让某个私人拥有“公地”，使得负的外部效应内部化。

案例资料 10-3

从公共资源的角度看某高校学生自习占座位行为

在高校，长期存在着学生占图书馆或者自习教室座位的行为，尤其是到了期末考试，占座行为更是激烈。很多学生要么一大早到图书馆占座位，要么就是长期把一些不重要的书籍或者一些个人物品放在某个座位上，告诉别人这个座位有人坐，其他后来的同学想在图书馆或者自习教室找个座位学习就不可能了。大部分占座位的同学都能利用占得的座位好好学习，充分利用这个座位的使用价值。但是，有部分学生占了座位后就总看不到人影，要么一天只在这个座位上学习一两个小时，要么整天不见人影。没有占到座位而想学习的同学看到有书或者物品而没有人在的座位的时候，只有摇头叹息。

后来有人把这种现象反映到校有关部门，有关部门责令相关管理人员制止占位行为。于是，有关管理人员每天就到占位现象严重的自习室，把一些有占位物品而无人的座位上的书和物品清理到旁边的书柜里面。管理人员的做法在一段时间里面减轻了占位现象，但没有从根本上解决问题。

之所以产生这种结果，是因为高校的自习教室或图书馆是一种公共资源，具有非排他性和竞争性的特点，学生会尽可能地占据公共资源。像该高校学生占位现象，一些占用座位而不来学习的学生占据了公共资源却没有很好地利用，一些没有占到座位而想利用自习教室的座位好好学习的同学，却不能利用这些被占而没有充分利用的座位，造成座位不能被充分利用，降低了座位的使用效率，导致公共资源配置的低效率。

资料来源：作者根据有关资料整理。

第四节　信息不对称及信息传递

在前面的探讨过程中，没有考虑市场参与者会存在信息掌握不全面的问题，也即假设了所有的市场参与者都了解所有的市场信息，不存在信息影响市场参与者决策的情况。但是在现实中，总是存在很多不确定性和不完全了解的信息，这对我们的决策会产生很大的影响。比如,天气情况对农业生产的影响是很大的,农民不能在农业生产之前就完全掌握农产品生产周期中准确的天气情况,风调雨顺的年份丰收,天气不好的年份歉收;如果科学技术能够使得农民对天气变化的信息有完全充分的了解,就可以及时调整决策,获得利润最大化。再比如,在劳动力市场,用人单位与应聘者之间都可能存在对对方信息不完全了解的情况:用人单位仅仅通过笔试和面试不能确切地知道应聘者的真实工作能力,招聘来的职员可能工作能力很强,也可能不如用人单位所预期的那样;同样道理,应聘者在正式进入单位之前对用人单位的体系、制度、福利待遇等方面也不是完全了解。不完全信息也称作信息不对称,下面的内容将重点介绍不完全信息或信息不对称与市场失灵的关系。

一、委托-代理理论①

委托-代理理论的核心是研究所有者与经理人之间的利益、契约以及动力关系,旨在寻找处理委托人与经理人之间关系与问题的有效途径与方法,所有者称为**委托人**,经理人称为**代理人**。

现代企业制度是建立在所有权和经营权分离产生的所有者与经理人相对分离的基础上的,由于经理人与所有者之间目标往往不一致:所有者追其企业利润最大化,而经理人追求良好的工作环境和待遇、声望与地位等,这就产生了道德风险和委托一代理问题。

我们把生产过程②抽象为三个变量关系:

(1)代理人对企业价值的贡献,用 y 表示。不同的生产过程,代理人的贡献是不一样的。

(2)代理人的行动,用 a 表示。代理人的行动是指代理人的努力程度,代理人是否付出足够的努力实现委托人的目标。

(3)代理人无法控制而影响生产结果的事情,称之为杂音或随机因素。如农业生产中的天气情况,用 ε 表示。

我们假设代理人的贡献或生产函数为:

$$y = a + \varepsilon \tag{10.13}$$

进一步假定代理人的报酬是他对企业贡献的线性函数,记代理人的报酬为 $\omega(y)$,则有:

$$\omega(y) = s + by \tag{10.14}$$

在上式中,s 代表固定的薪水,b 代表奖金率或利润留成比率,代理人的贡献程度取决于他的努力程度 a 和不可控因素 ε,代理人的努力程度越高,他付出的代价也越大,记代理人的努力成本为 $c(a)$。

若 $b=0$,采取的是固定工资制,即所谓的大锅饭,干不干一个样。

若 $b=1$,s 为负,则交够国家或所有者所得,剩下的就是代理人的所得。

$s>0$,$0<b<1$,工资支付为基本工资加利润分成。代理人的最终得益为:

---

① 平新乔著.微观经济学十八讲,北京大学出版社,2001.4月,第一版,第237~248页。

② 前面对生产的描述都是侧重于结果:企业吸收生产要素,然后生产出产品。在这里,我们突出讨论生产过程中代理人的影响。

$P=\omega(y)-c(a)$ (10.15)

代理人的努力成本 $c(a)$ 有如下性质：

第一是 $c'(a)>0$，表示努力程度越大，付出的代价越高；第二是 $c''(a)>0$，表示随着努力程度的增加，代价的增加是递增的。

由于代理人的行动取决于委托人给出的激励 b，即努力程度 a 是激励 b 的函数，可表示为 $a(b)$，所以上式可以整理为：

$P=\omega(y)-c[a(b)]$

代入 $y=a+\varepsilon$

$P=s+b[a(b)+\varepsilon]-c[a(b)]$

假设 ε 服从正态分布，$\varepsilon\sim N(0,\sigma^2)$，所以：

$E(P)=s+b\cdot a(b)-c[a(b)]$ (10.16)

代理人对企业的贡献 y 由委托人占有，根据 y 支付代理人的报酬 ω 后，余下的为委托人的得益，用 π 表示：

$\pi=y-\omega$

委托人的得益期望为：

$E(\pi)=E(y-\omega)=E(y)-E(\omega)$

因为 $y-\omega=y-(s+by)=(1-b)y-s$，所以：

$E(\pi)=(1-b)E(y)-s$ (10.17)

而代理人的贡献 y 又取决于其努力程度 a，a 取决于委托人给出的激励水平 b，则有：

$E[\pi(s,b)]=(1-b)E[a(b)]-s$

委托人要使其效用最大化，就要使 $E(\pi)$ 最大。

当代理人、委托人均为风险规避型，代理人的效用函数为 $u(x)=-e^{-rx}$ 时，委托—代理理论的结构可以表示为①：

$$\max_{(s,b)}[(1-b)a(b)-s]$$

$$s.t.\ \max_{a}\{s+b\cdot a(b)-c[a(b)]-\frac{1}{2}\gamma b^2\sigma^2\} \quad (10.18)$$

$$s+b\cdot a(b)-c[a(b)]-\frac{1}{2}\gamma b^2\sigma^2\geqslant EU \quad (10.19)$$

其中，EU 是代理人的最低预期效用，(10.18)是"激励相容"约束，让代理人选择行动 a，使得自身期望效用最大。(10.19)是"个人理性"约束，是委托人保证让代理人安心不跳槽而留在现在的经理岗位上必须满足的条件。上述问题可以先让代理人选择一个最优行动 $a^*(b)$ 满足(10.18)，然后委托人在满足(10.19)的前提下选择最佳的基本工资水平和最佳的激励机制 b^*。

假定 $c(a)=\frac{1}{2}a^2$，取与(10.19)构成拉格朗日函数的拉氏因子为 1，再令 $EU=0$，可以把整个委托—代理问题转化为：

① 具体分析过程见平新乔著.微观经济学十八讲，北京大学出版社，2001.4，第一版，第 244～248 页。

$$\max_{b}\{a^*(b)-c[a^*(b)]-\frac{1}{2}\gamma b^2\sigma^2\} \tag{10.20}$$

通过(10.20)对 b 求一阶导数，最后能够确定对委托人来说是最优的激励机制：

$$b^* = \frac{1}{1+\sigma^2\gamma} \tag{10.21}$$

如果代理人规避风险（$\gamma>0$）的话，随着 γ 的上升，委托人的 b^* 降低，就是说如果代理人不愿意承担风险而依赖委托人，委托人通过降低 b^* 迫使代理人承担 $\gamma>0$ 表示的风险。在代理人的行动 a 看不见的情况下，委托人总想通过提高 b^* 来激励代理人多努力一些。但由于代理人是害怕风险的，他对付出努力 a 的评价要远低于努力的预期报酬水平，差距为 $\frac{1}{2}\gamma b^2\sigma^2$，$b$ 越高，代理人越会对 a 失去动力。正是由于代理人的行动看不见和代理人规避风险，道德风险问题会导致效益损失，而且由于这两方面原因的存在，难以找到一个两全齐美的解决办法。

委托—代理问题是信息不完全下的一种效率损失，委托人之所以不能完全掌握代理人的行动信息，可能是受时间、精力、相关知识、监督机制、获取信息成本太高等方面的限制，使得委托人不能进行全面的监督。

二、信息不对称与产品质量

在信息与产品质量这个问题上，我们来分析拥有私人信息的卖者如何销售与价格不相符的产品给消费者。**私人信息也称为隐藏的信息，是指在交易市场上一方不告诉另一方的信息，导致信息不对称，造成市场效率损失。**

最早对拥有私人信息的卖者进行逆向选择导致市场效率损失进行研究的是 G·阿克洛夫(George Akerlof)，他在 1970 年发表的《次品市场：质量不确定性和市场机制》一文中，提出一个“二手车市场”模型，“二手车市场”也称“柠檬市场”，“柠檬”在美国有“次品”的意思。根据阿克洛夫的论述，由于二手车的卖者利用私人信息进行逆向选择（**逆向选择是指事前拥有信息优势的行为人利用自己的信息优势做出损人利己的行动**），损害买者的利益，最终将导致“二手车市场”的崩溃。下面我们对该模型的机理进行简单的介绍。

假设旧车市场中可供出售的二手车（或叫“柠檬”）只有两大类，一类是精心保养和令人放心的好车，一类是缺乏保养、质量不能信赖的劣车（“柠檬”），好车和“柠檬”各占一半（当然可以假设旧车质量服从某种概率分布，只是分析要复杂一些）；再假设买主愿意为好车支付 10000 元，为“柠檬”只愿意支付 5000 元。车主知道旧车的全部信息，买主只能了解旧车的部分信息，因此买主无法准确判断要买的旧车是好车还是“柠檬”。

在这种情况下，买主通常会给出一个介于好车和劣车之间的价格水平。也就是说，因为假设好车和“柠檬”各占一半，买到好车和“柠檬”的概率相等，买主可能出价 7500 元，这一价格是好车和劣车价格的均值，即数学期望值：$\frac{1}{2}\times10000+\frac{1}{2}\times5000=7500$。

结果会怎样呢？因为信息不对称，只有卖主知道他要出售的车是好车还是“柠檬”，对于好车的卖主而言，7500 元比车子的真实价值少了 2500 元，卖主就会不情愿卖。但对“柠檬”的卖主而言，7500 元比“柠檬”的真实价值高出 2500 元，他当然乐意出售。结果二手车市场就会出现这样的**逆向选择**:大多数待售的二手车都是"柠檬"。也就是说,因为信息不对称,二手车市场不是优胜劣汰,而是优汰劣胜了。因为很少有好车供应,逆向选择问题减少了市场上二手车的交易数量,信息不对称降低了市场的经济效率。

阿克洛夫的"二手车市场"模型中,导致二手车市场萎缩甚至消失的根本原因在于信息的不对称,卖者保留私人信息,失去了市场发展的机会。那么,为何在新产品市场不会出现二手车市场这种情况呢?新产品都有一个维修期,有一定时间内的退货保证,还有大商场的信誉保证等等,这些都向买者提供了明确的信息:产品质量是可靠的。而二手车市场没有这些保证,也就意味着质量信息不明确,所以买者按照二手车质量的分布概率给出购买价格,才有上面的结果。

要解决二手车市场的问题,卖者就应该向买者公布车的质量,让潜在的买者随时了解二手车的质量行情。笔者认为,公布二手车的质量固然能够解决二手车市场的问题,但问题的关键在于,卖者是否如阿克洛夫所说的完全了解二手车的质量,或者说要全面了解二手车质量是件成本很高的事情。此外,现实生活中也存在这样的情况,卖者真正全面了解二手车的质量但又不愿公布信息,导致买者对二手车质量估计的偏差,对旧车市场交易最终会产生一定的不利影响。

三、萨洛普-斯蒂格利茨模型:价格发送质量信息

我们经常可以看到路边的小摊上销售一些一元两元的便宜商品,且买者甚众;但我们几乎看不到路边小摊销售贵重商品,即使有那也是看的多买的少。为何路边小摊只能销售一些便宜小商品而很难销售贵重商品呢?这也是一个信息不对称的问题:商品的质量不是一眼就能看出来的,只有使用一段时间后才知道质量的好坏,而路边小摊一般是打一枪换一个地方,今天在这,明天就不知道在哪了,对买者而言,即使小商品质量不好,买者的损失也不大,但贵重商品万一质量不好又找不到卖者,这个损失就大了。所以路边小摊只能销售一些便宜的小商品,贵重的商品几乎是销售不了的,路边小摊的流动性给消费者带来很大的风险。

但萨洛普和斯蒂格利茨认为,即使是路边小摊也存在一个销售高质量商品的机制。他们认为:在同一时期内,有部分消费者掌握了商品信息,尽管还有一部分消费者没有掌握商品信息,但是掌握信息的消费者能把掌握的信息传递给没有掌握信息的消费者,迫使卖者提高产品质量。也就是说买者或卖者可以向**市场发送信息或信号**,通过市场信号(Market Signal)来影响双方决策。

假设在某种商品的一期市场上,了解该商品完全信息的消费者比例为 α,不知情者比例为 $1-\alpha$,β 为消费者购买并消费商品的得益,p 为商品价格。则消费者购买该种商品的效用函数为:

$$u=\beta-p$$

商品的卖者可以生产、销售次品和正品,成本分别为 c_l、c_h,且 $0<c_l<c_h<\beta$。卖者向消费者的索价 $p\in[0,\beta]$。当商品为正品时,成本为 c_h,知情的消费者会以 $p\leqslant\beta$ 的价格购买,卖者从知情者那获得 $a(p-c_h)$ 的利润;既然是正品,知情者购买该商品的信息被传递给非知情者,那么有理由相信非知情者也会购买该商品,卖者的全部利润为:

$$a(p-c_h)+(1-a)(p-c_h)=p-c_h$$

如果卖者销售的是次品的话，生产成本为 c_l，知情者不会购买该商品，那么只有 $1-\alpha$ 的非知情者会购买该商品，卖者的利润为：

$$(1-a)(p-c_l)$$

当提供正品获得的利润大于提供次品获得的利润，也就是仅当下面式子成立时，卖者才愿意提供正品：

$$p-c_h>(1-a)(p-c_l) \tag{10.22}$$

四、文凭与能力信号

1974 年，斯宾塞提出一个文凭发送能力水平信息的模型，该模型指出了文凭的高低在劳动力市场的作用：当应聘者和用人单位在初次接触、不甚了解的情况下，用人单位依据应聘者文凭的高低来判断应聘者是否是个有能力的人，该对他支付高工资还是低工资。这个模型的思想是：有较高文凭的人在工作中一定也是有能力的，而在就学当中被淘汰的人在工作中也是能力比较低的。

假定劳动者的生产能力有高低两种，高生产能力者对企业的贡献为 p_h，低生产能力者对企业的贡献为 p_l。在企业不能观察到劳动者的生产能力的情况下，凭借文凭这一信号来判断劳动者生产能力的高低，文品高者有较高的生产能力，文凭低者有较低的生产能力。通过劳动力市场的竞争，所有企业都对文凭高者支付高工资 w_h，对低文凭者支付低工资 w_l。

那么低能力者为何不能通过努力拿到高文凭而赚取高工资呢？这里有个教育成本的问题。在这里的教育成本是指完成学业、拿到毕业证书付出的努力程度，不是学费、生活费那样的现金支出成本，教育成本用 $c(e)$ 表示，e 为受教育程度。假定能力高者完成学业、拿到毕业证书的教育成本较低，低能力者的教育成本较高。

企业为了识别劳动者生产能力的高低，设置一个基本的教育水准 e^*，受教育水平不低于 e^* 的为有较高生产能力的劳动者，受教育水平低于 e^* 的为低生产力的劳动者。能力强的劳动者接受 e^* 的成本为 $c_h(e)$，能力低的劳动者接受 e^* 的成本为 $c_l(e)$，且 $c_h(e)<c_l(e)$。在该模型中，企业的工资政策只设两个档次，受教育程度 $e>e^*$ 的人一律获得 ω_h 的高工资水平；而受教育程度 $e<e^*$ 的人一律获得 ω_L 的低工资水平。所以能力强者即使文凭高于 e^*，只能拿到等同于文凭 e^* 的工资，作为理性的高生产能力者，选择的受教育程度为 e^*；文凭低于 e^* 的劳动者都拿到同样低的工资，因此理性的他们将选择不接受教育，$c(e=0)=0$。

再假定劳动者拿到工资的效用函数为 $u=\omega-c(e)$，则高生产能力的劳动者偏好选择 $e=e^*$ 的教育水平，而低生产能力的劳动者则偏好于选择 $e^*=0$ 的教育水平。也就是说，高能力者选择 $e=e^*$ 的得益大于其选择 $e=0$ 的得益；低能力者选择 $e=0$ 的得益大于选择 $e=e^*$ 的得益，因此有：

$$\omega_h-c_h(e)>\omega_l \quad 对于高能力者$$

$$\omega_h-c_l(e)<\omega_l \quad 对于低能力者 \tag{10.23}$$

上面两式如能满足，那么企业能找到想要的人才，也能支付相应的工资水平。

经济学家简介——奥利弗·威廉森(1932—)

奥利弗·威廉森(Oliver Williamson),2009年诺贝尔经济学奖得主,“新制度经济学”的命名者,1932年出生于在美国威斯康星州的苏必利尔镇。他曾任美国政治学与社会学学院院士(1997年)、美国国家科学院院士(1994年)、美国艺术与科学院院士(1983年)、计量经济学学会会员(1977年)。自1998年以来,他在美国加州大学伯克利分校担任名誉企业管理学教授、经济学教授和法学教授。

奥利弗·威廉森被誉为重新发现“科斯定理”的人,至少是由于他的宣传功劳,才使科斯的交易费用学说成为现代经济学中异军突起的一派,并汇聚了包括组织理论、法学、经济学在内的大量学科交叉和学术创新,逐步发展成当代经济学的一个新的分支。此分支的启蒙者科斯本人荣获1991年度的诺贝尔经济学奖。继他之后,道格拉斯·诺思也戴上诺贝尔经济学奖的桂冠,这不仅肯定了新制度经济学的学术地位,而且显示了当代经济学与其他社会科学学科交叉和融合的强大生命力。

拓展知识链接

行政许可垄断
《京都协议》
知识外溢性
拉姆齐定价法则
本身违法原则

思考与练习

一、核心概念

市场失灵　信息不对称　外部性　公共产品
寻租行为　自然垄断　价格管制　交易成本
科斯定理　非竞争性　非排他性　林达尔均衡
保留价格　公地悲剧　道德风险　市场信号
“柠檬”市场　逆向选择

二、单项选择题

1. 以下哪种说法不对?(　　)

A. 如果价格能使市场出清,就不存在市场失效

B. 市场经济中,价格是首要的配置机制

C. 不完全竞争导致市场失灵是因为生产不足

D. 市场失效时,政府的某些管理是合适的,因为它能在其他人状况并不变糟的情况下,使某些人状况变得更好

2."搭便车"现象是对下面哪个问题的一种形象的比喻?(　　)

A.社会福利问题　B.公共选择问题　C.公共产品问题　D.市场失灵问题

3.市场失灵是指(　　)。

A.市场在私人部门和公共部门之间配置资源的不均

B.市场不能产生任何有用的成果

C.市场不能有效配置稀缺的资源

D.收入分配所出现的不平等现象

4.某一经济活动存在外部不经济是指该活动的(　　)。

A.私人成本大于社会成本　B.私人成本小于社会成本

C.私人利益大于社会利益　D.私人利益等于社会利益

5.市场不能有效提供纯粹公共物品,是因为(　　)。

A.公共物品不具有排他性　B.公共物品不具有竞争性

C.消费者都想"免费乘车"　D.以上三种情况都是

6.按照科斯定理,大城市中产生空气污染是因为(　　)。

A.造成污染的人都没住在城里　B.没有人对干净的空气有可实施的产权

C.城市居民对干净的空气不感兴趣　D.城市居民偏好脏空气多于干净空气

三、思考题

1.垄断为什么不能实现帕累托最优?

2.假定某垄断者产生了损害性的外部效应,请使用消费者剩余的概念分析对污染者的最优税收对于改善福利是否是必要的。

3.公共产品由私人提供,能实现帕累托最优吗?

四、计算题

1.在一个完全竞争行业中的一家厂商首创了一种制作小机械品的过程,新过程使得厂商的平均成本曲线下移,这意味着厂商在长期能获得经济利润。

(1)如果每件小机械品的价格为20美元,该厂商的边际成本曲线为 $MC = 0.4q$,其中 q 为该厂商的产量,厂商生产多少小机械品?

(2)假定政府发现该厂商的新过程污染空气,并且估计厂商生产小机械品的社会成本是 $SMC = 0.5q$,市场价格还是20美元,厂商的社会最优产量是多少?

2.一个养蜂场与一个苹果园相邻,养蜂场生产蜂蜜,苹果园生产苹果,蜂蜜的价格为每单位8元,苹果的价格为每单位7元。养蜂场和苹果园的成本函数分别为 $C^A(h,a) = \frac{h^2}{100} - a$,$C^B(h,a) = \frac{a^2}{100}$,其中,$a$ 是苹果的产量,h 是蜂蜜的产量。

(1)如果养蜂场和苹果园分开经营,苹果的产量是多少?

(2)如果养蜂场和苹果园由一个人经营,苹果的产量又是多少?

五、挑战题*

假定社会上只有两个人,甲对蚊子控制的需求曲线为 $q_{甲} = 100 - P$,乙对蚊子控制的需求曲线为 $q_{乙} = 200 - P$。试求:

(1)假定蚊子控制是纯公共物品,如果它能以每单位120美元的不变成本生产,其最优水平如何?

(2)如果蚊子控制由私人市场提供,最优水平又是多少?

Microeconomics

附录

自测题试卷一
自测题试卷一参考答案

自测题试卷二
自测题试卷二参考答案
自测题试卷三
自测题试卷三参考答案

各章部分习题参考答案
拓展知识链接词条解释

自测题试卷一

一、单项选择题(每小题 1 分,共 15 分)

1. 目前我国胶卷行业的市场结构属于(　　)。

A. 寡头垄断　B. 垄断性竞争　C. 完全竞争　D. 完全垄断

2. 如果照相机的价格大幅度降低,则胶卷的需求曲线(　　)。

A. 向左平移　B. 向右平移　C. 保持不变　D. 发生扭曲

3. 电池价格上涨将(　　)。

A. 增加对电筒的需求　B. 降低对电力的需求

C. 增加对电池动力玩具的需求　D. 增加对电力的需求

4. 根据最优定价法则,若商品的定价为 6 元,需求价格弹性为-5,则其边际成本应为(　　)。

A. 7.5　B. 4.8　C. 1　D. 24

5. 如果政府对生产者征收每单位产品 1 元的商品税,则将引起这种商品的价格(　　)。

A. 上升 1 元　B. 上升不到 1 元　C. 上升超过 1 元　D. 价格不变

6. 替代品价格上升,一般会导致(　　)。

A. 需求量沿着需求曲线减少　B. 需求曲线左移

C. 个人减少他所消费的所有商品的数量　D. 需求曲线右移

7. 如果一种商品富有价格弹性需求,商品价格上升 5%将(　　)。

A. 增加需求量超过 5%　B. 增加需求量小于 5%

C. 减少需求量超过 5%　D. 减少需求量小于 5%

8. 正常物品价格上升导致需求量减少的原因在于(　　)。

A. 替代效应使需求量增加,收入效应使需求量减少

B. 替代效应使需求量增加,收入效应使需求量增加

C. 替代效应使需求量减少,收入效应使需求量减少

D. 替代效应使需求量减少,收入效应使需求量增加

9. 边际产量递减规律发生作用的前提条件之一是(　　)。

A. 连续投入某种要素而保持其他投入要素不变

B. 不连续投入某种要素而保持其他投入要素不变

C. 按比例同时增加各种生产要素

D. 不按比例同时增加各种生产要素

10. 如果一个企业经历规模报酬不变阶段,则该阶段的 LAC 曲线是(　　)。

A. 上升的　B. 下降的　C. 垂直的　D. 水平的

11. 厂商的短期停产点在(　　)。

A. $P=AVC$　B. $TR=TVC$

C. 企业总亏损＝TFC　　　　D. 以上都对

12. 如果某消费者增加1单位 X_1 商品的消费量、减少2单位 X_2 商品的消费量，而总效用水平不变，则此时的边际替代率 $MRS_{X_1X_2}$ 为（　　）。

A. 1/2　　B. 2　　C. 1　　D. 4

13. 消费者剩余是（　　）。

A. 消费过剩的商品

B. 消费者得到的总效用

C. 消费者买商品所得到的总效用大于货币的总效用部分

D. 支出的货币的总效用

14. 一完全竞争行业的厂商每天产出的总收入为5000美元，这是其利润最大化的产出。厂商的平均总成本是8美元，边际成本是10美元，平均变动成本是5美元，其每天的产量为（　　）。

A. 200单位　　B. 500单位　　C. 625单位　　D. 1000单位

15. 垄断性竞争的厂商实现最大利润的途径有（　　）。

A. 调整价格从而确定相应产量　　B. 品质竞争

C. 广告竞争　　D. 以上途径都有可能

二、判断题（对的打√，错的打×，每小题1分，共10分）

1. 一般来说，可替代的物品越多，性质越接近，弹性就越大。（　　）

2. 在短期生产函数中，合理的生产阶段是由这样两点确定的，平均产出的最高点和总产出的最高点。（　　）

3. 某人发明了一种治疗仪，这种治疗仪本身不是公共物品，但是这种新治疗仪的专利知识则属于公共物品。（　　）

4. 一个完全垄断企业，只要边际收入超过边际成本，就会一直扩大生产。（　　）

5. 安徽芜湖奇瑞汽车公司和江淮汽车公司都是安徽有名的大企业，具有较大的企业规模，他们都具有规模经济效应和范围经济性。（　　）

6. 规模收益递减是边际收益递减规律造成的。（　　）

7. 会计利润大于零，企业的经济利润也大于零。（　　）

8. 需求收入弹性大的商品可能给企业带来较大的利润，风险也较小；需求收入弹性较小的商品，销售收入比较稳定，风险较小，但利润也较小。（　　）

9. 某一市民发现公共汽车费上涨了5毛钱，他仍然照常乘车，这表明公共汽车服务的需求价格弹性接近于零。（　　）

10. 对雇主来说，毫无疑问，应该是谁能干，就雇佣谁。（　　）

三、简答题（每小题7分，共35分）

1. 自然垄断企业的特征是什么？为什么政府对自然垄断的价格管制经常是 $P=AC$ 定价？

2. 在三年自然灾害期间，一些农民几乎将全部收入用来购买红薯，而当红薯的价格降低时，其消费量却减少了，在这种情况下红薯是正常物品、低档物品还是吉芬物品？为什么会出现这样的现象，请解释你的理论。

3. 完全竞争的市场特征是什么？完全竞争企业的短期均衡是 $P=MC$，有没有违背

通理 $MR=MC$？

4.根据序数效用论的消费者均衡条件，在 $MRS_{12}>P_1/P_2$ 或 $MRS_{12}<P_1/P_2$ 时，消费者应如何调整两商品的购买量？为什么？

5.运用供求理论和弹性理论分析“丰收悖论”的道理。

四、计算题（每小题 10 分，共 20 分）

1.完全竞争行业中的某企业的短期成本函数为 $STC=0.04Q^3-0.8Q^2+10Q+5$，

（1）试求该企业的短期总的变动成本、固定成本、平均变动成本与平均固定成本。

（2）如果市场价格为 $P=10$ 元，试求企业利润最大化的产量和利润总额。（单位不考虑）

2.假定某消费者的效用函数为 $U=XY^4$，他会把收入的多少用于商品 Y 的购买上？又会把收入的多少用于商品 X 的购买上？

五、案例分析题（共 20 分）

政府宏观调控下房地产走势——买房还是卖房？

从 2005 年以来，政府出台了一系列政策来稳定房价，先是“国八条”、“国六条”，再到 2011 年 1 月的“新国八条”，为了控制房价，政府先后采取了提高房贷利率、提高按揭首付、限制二手房交易、提高大面积住房的契税、严格限制土地审批、提高准备金率等政策，特别是提高了第二套房贷款首付，以政策引导，宏观调控房地产价格。

1.试用经济学原理，作图分析提高首付金额这一措施对房地产市场的短期影响。

2.影响房地产需求弹性的主要因素有哪些？为什么要提高第二套房的贷款首付？这一举措的效果影响如何？

自测题试卷一参考答案

一、单项选择题(每小题1分,共15分)

1.A 2.B 3.D 4.B 5.B 6.D 7.C 8.C 9.A 10.D

11.D 12.B 13.C 14.B 15.D

二、判断题(对的打√,错的打×,每小题1分,共10分)

1.√ 2.√ 3.√ 4.√ 5.× 6.× 7.× 8.× 9.× 10.×

三、简答题(每小题7分,共35分)

1.简答要点:

自然垄断企业的特点:规模经济显著,一个企业生产比多个企业生产经济,行业大多需求价格弹性小,先期投入大,变动成本小。自然垄断企业因为先期固定成本投入较大,变动成本相对很小,其平均固定成本在相当大的产量范围内,呈单边下降如双曲线的形状,边际成本始终处于平均固定成本的下方,参见下图。

若政府不干预,企业自主定价,根据 $MR=MC$ 的利润最大原则确定的价格和产量为 P_1,Q_1,此时价格高、产量低;若政府定价,依据最优原则 $P=MC$,确定的价格和产量是 P_2,Q_2,此时价格 $P_2<AC$,企业长期亏损;若政府定价依据 $P=AC$ 的原则,将价格定在 P_3 水平,企业获正常利润,经济利润=0,此时,价格降低了,$P_3<P_1$,产量增加了,$Q_3>Q_1$,政府管制比企业自主定价优化了资源配置效果,因此只有按 $P=AC$ 定价。

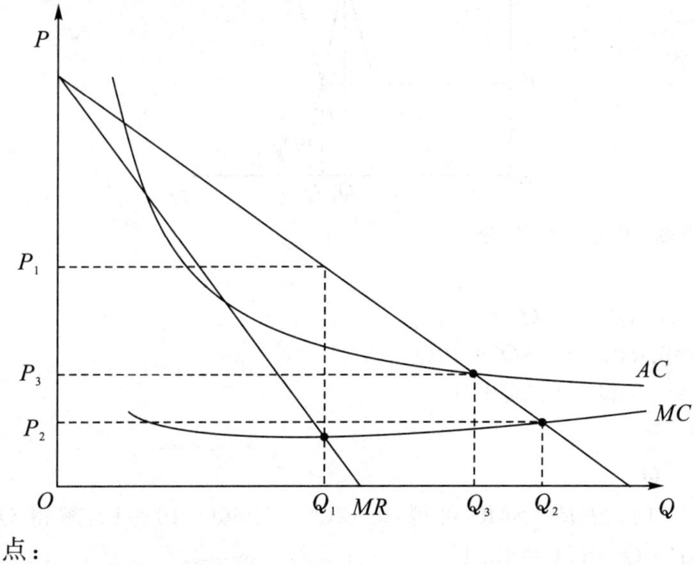

2.简答要点:

在这种情况下,红薯是吉芬商品。

吉芬商品是一种特殊的劣等品。作为劣等品,吉芬商品的替代效应与价格呈反方向变动,收入效应与价格呈同方向变动。其特殊性在于:它的收入效应的作用大于替代效应的作用,从而总效应与价格成同方向的变动。

3. 简答要点：

完全竞争市场的特征是：第一，市场上有大量的买者和卖者；第二，市场上每一个厂商提供的商品都是完全同质的；第三，所有的资源具有完全的流动性；第四，信息是完全的。

没有违背。因为完全竞争企业需求曲线是水平的，满足 $P=MR$ 这一条件，所以短期均衡条件 $MR=MC$ 可以写成 $P=MC$。

4. 简答要点：

在 $MRS_{12}>P_1/P_2$ 时，消费者应该增加对商品 1 的消费，同时减少对商品 2 的消费。

在 $MRS_{12}<P_1/P_2$ 时，消费者应该减少对商品 1 的消费，同时增加对商品 2 的消费。

$MRS_{12}>P_1/P_2$ 表明，增加一单位商品 1 的消费增加的效用大于增加一单位商品 2 消费增加的效用，因此增加对商品 1 的消费可以使总效用增加，这样调整才能实现消费者效用最大化。依此类推。

5. 简答要点：

农产品大都是缺乏弹性的商品，需求曲线比较陡，如下图 D_0，假设丰收前的均衡为 P_0，Q_0，收入$=P_0\times Q_0$；丰收了，农产品供给增加，非价格因素使得 S_0 右移到 S_1，需求不变，新的均衡为 P_1，Q_1，收入$=P_1\times Q_1$。由于缺乏弹性，价格下降远远大于交易量的增加，所以丰收后的收入 $P_1\times Q_1<$ 丰收前的收入 $P_0\times Q_0$。越丰收，收入反而越少，这种现象称为“谷贱伤农”，也叫“丰收悖论”。

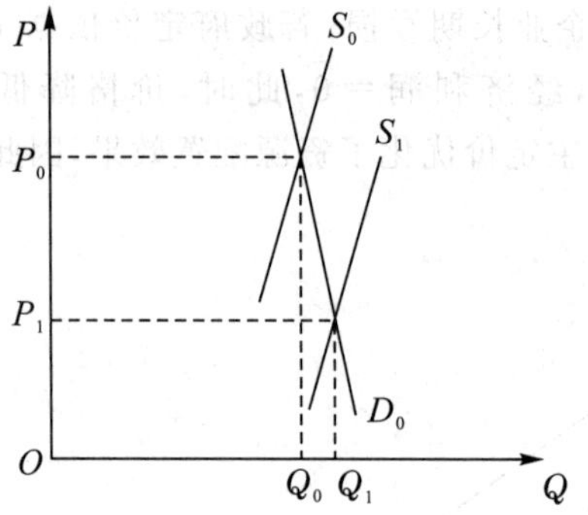

四、计算题（每小题 10 分，共 20 分）

1. 解：

(1) $STC=0.04Q^3-0.8Q^2+10Q+5$

$STVC=0.04Q^3-0.8Q^2+10Q$

$SAVC=0.04Q^2-0.8Q+10$

$TFC=5$

$AFC=5/Q$

(2) 当 $P=10$ 时，由 $P=SMC$ 可得：$0.12Q^2-1.6Q+10=10$，解得 $Q=40/3$，$Q=0$（舍弃），利润$=P\cdot Q-STC=42.4$

2. 解：

消费者获得最大效用时有：

$$\begin{cases} P_X\cdot X+P_Y\cdot Y=M \\ MU_X/P_X=MU_Y/P_Y \end{cases}$$

其中：$MU_X = Y^4$，$MU_Y = 4XY^3$

联立求解，求得：$P_X \cdot X = M/5$，$P_Y \cdot Y = 4M/5$

因此，该消费者会把收入的4/5部分用于商品Y的购买上，又会把收入的1/5部分用于商品X的购买上。

五、案例分析题（共20分）

简答要点：

1. 假设房地产市场供求的初始状况是均衡的，初始需求曲线D，供给曲线S，均衡价格和交易量分别为P、Q。提高首付是非价格因素，会导致短期购房成本上升，需求减少，因此需求曲线左移至D'，供给短期来不及变动，在新的均衡点，价格与交易量分别是P'、Q'，价格下降，交易量下降，如下图。

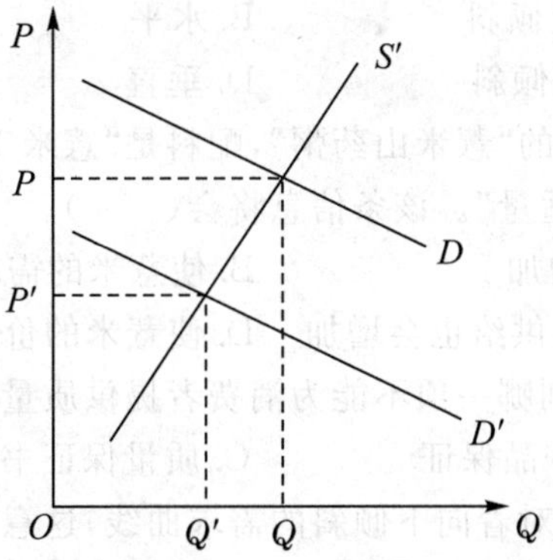

2. 政策效果是否显著与弹性大小有关。一般来说，影响弹性的主要因素有商品对消费者的需要程度、支出占总收入的比重、消费者偏好、产品界定范围、时间因素、替代品多少及替代程度等等。房地产的需求弹性有其特殊性，消费者第一套房子的弹性是缺乏的，一般自己居住，属于生活必需品，第二套大多数是用于投资目的，相对于第一套比较富有弹性。从经济学的角度分析，如果缺乏弹性，需求曲线较陡，提高首付成本上升相对价格上升，但由于缺乏弹性，需求减少较少，对房地产影响较小；但如果是第二套房，比较富有弹性，消费者对价格较敏感，同样的成本上升导致需求减少很多，价格下降幅度也大，政策影响较大。

自测题试卷二

一、单项选择题(每小题 1 分,共 15 分)

1. 短期生产函数的短期是指(　　)。

A. 一年以内　　B. 半年以内

C. 与具体时间长短无关　　D. 时间非常短

2. 完全竞争市场厂商的总收益曲线是(　　)。

A. 以不变的斜率向上倾斜　　B. 水平

C. 以不变的斜率向下倾斜　　D. 垂直

3. 媒体刊登了一种补肾的“薏米山药粥”,配料是“薏米 100 克,山药 200 克,玫瑰花 5 克,大枣 20 克,冰糖适量”。该条信息将会(　　)。

A. 使薏米的需求量增加　　B. 使薏米的需求增加

C. 不一定,需求增加,供给也会增加　　D. 使薏米的价格上升

4. 面对不对称信息,下列哪一项不能为消费者提供质量保证?(　　)

A. 品牌　　B. 产品保证　　C. 质量保证书　　D. 低价格

5. 不完全竞争的企业面对着向下倾斜的需求曲线,这意味着(　　)。

A. 它们对价格有一定程度的控制能力　　B. 它们对价格有完全的控制能力

C. 它们不能控制价格　　D. 需求是完全有弹性的

6. 如果等成本线在坐标平面上与等产量线相交,那么要生产等产量曲线表示的产量水平(　　)。

A. 还可以减少成本支出　　B. 不能再减少成本支出

C. 应该再增加成本支出　　D. 上述都不正确

7. 如果在需求曲线上有一点,$E_d=-4$,$P=12$ 元,则 MR 等于(　　)。

A. 30 元　　B. 20 元　　C. 9 元　　D. 15 元

8. 微观经济学是经济学的一个分支,主要研究(　　)。

A. 市场经济　　B. 个体行为

C. 总体经济活动　　D. 失业和通货膨胀等

9. 由企业购买或租用任何生产要素所发生的成本是指(　　)。

A. 显性成本　　B. 隐性成本　　C. 变动成本　　D. 固定成本

10. 当一个完全竞争行业实现长期均衡时,每个企业(　　)。

A. 都实现了正常利润　　B. 利润都为零

C. 行业中没有任何厂商再进出　　D. 以上说法都对

11. 完全竞争企业在长期均衡状态下,成本不变的行业中,产量的增加量(　　)。

A. 完全来自新企业

B. 完全来自原有企业

C. 要么来自原有企业,要么来自新企业

D. 部分来自新企业，部分来自原企业

12. 假定 X、Y 的价格 P_X、P_Y 已定，当 $MRS_{XY}>P_X/P_Y$ 时，消费者为达到最大满足，他将(　　)。

A. 增加 X，减少 Y　　B. 减少 X，增加 Y

C. 同时增加 X、Y　　D. 同时减少 X、Y

13. 假如增加一单位产量所带来的边际成本大于平均可变成本，那么在产量增加后，平均可变成本一定(　　)。

A. 减少　　B. 增加　　C. 不变　　D. 处于最低点

14. 经济成本与经济利润具有以下特征(　　)。

A. 前者比会计成本大，后者比会计利润小

B. 前者比会计成本小，后者比会计利润大

C. 两者都比相应的会计成本和会计利润小

D. 两者都比相应的会计成本和会计利润大

15. 下列哪一种弹性是度量沿着需求曲线的移动而不是曲线本身的移动(　　)。

A. 需求的价格弹性　　B. 需求的收入弹性

C. 需求的交叉弹性　　D. 需求的预期价格弹性

二、判断题(对的打√，错的打×，每小题 1 分，共 10 分)

1. 垄断厂商限制就业水平是为了获得利润，但垄断不是失业的原因。(　　)

2. 由于平均固定成本总是随着产量的增加而下降，所以平均固定成本总是低于平均变动成本。(　　)

3. 某城市对有线电视服务的需求作了调查，发现有线电视服务的需求价格弹性为 −0.9，收入弹性为 0.8，有人认为，有线电视要增加收入，就应当提高价格。(　　)

4. 随着某生产要素投入量的增加，边际产量和平均产量增加到一定程度将同时趋于下降。(　　)

5. 长期平均成本 LAC 曲线的上升是由边际收益递减规律引起的。(　　)

6. 在完全竞争条件下，利润最大化原则 $MR=MC$ 可以表达为 $P=MC$。(　　)

7. 如果产量减少到零，短期内总成本也将为零。(　　)

8. 如果两种商品之间的边际转换率，对所有消费这两种商品的消费者，都不等于它们之间的边际替代率，则至少其中一种商品不是有效地生产的。(　　)

9. 生活必需品富有弹性，而奢侈品则往往缺乏弹性。(　　)

10. 无论是完全竞争的还是完全垄断的企业，短期都不能保证一定是赚钱的。(　　)

三、简答题(每小题 7 分，共 35 分)

1. 利用所学的经济学原理作图说明，国际石油 OPEC 组织(石油输出国组织)短期限制产量能够增加收入吗？

2. 如果某厂商的某种产品的最低平均成本为 12 元，最低平均变动成本是 6 元，此厂商是价格的接受者，当市场价格分别为 10 元、7 元、6 元、4 元时，试用经济学原理分析该厂商应该如何决策？为什么？

3. 结合图形说明 TP、AP 与 MP 之间的相互关系。其中 TP、AP 与 MP 分别为总产

出、变动要素的平均产出和边际产出。利用此原理,说明国有企业为什么要减员增效?

4. 简述完全垄断市场的形成原因。

5. 简述边际报酬递减规律的内涵,并说明该规律发生作用的条件。

四、计算题(每小题 10 分,共 20 分)

1. 假定条件如下:

某一完全竞争的产业所有厂商的规模是相同的,都是在产量为 500 单位时达到 *LAC* 最低点,*LAC* 最低点为 4 元;

当用最优的企业规模生产 600 单位时,每一企业的 *SAC* 为 4.5 元;市场需求与供给函数分别为:$Q_D=70000-5000P$;$Q_S=40000+2500P$。

求下列问题:

(1)该产业处于短期均衡还是长期均衡?

(1)当处于长期均衡时,该产业有多少厂商?

2. 完全竞争市场中某厂商的短期成本函数为 $STC=Q^3-6Q^2+30Q+40$,成本用美元计算,假设产品价格为 66 美元。

(1)求利润最大时的产量及利润总额。

(2)由于竞争市场供求发生变化,由此决定的新价格为 30 美元。在新的价格下,厂商是否发生亏损?如果是,最小亏损额是多少?

(3)该厂商在什么情况下才会退出该行业(停止生产)?

五、案例分析题(共 20 分)

拥挤难道是我的错?收拥挤费到底有没有用?

据报道,B 市规划委近期组织相关部门针对城市发展进程中的交通问题进行研究,提出了解决 B 市旧城交通问题的十项策略。其中,“车辆进入旧城要交拥挤费”赫然在列。

请运用经济学理论分析并回答以下问题:

1. 收取拥挤费有没有用?为什么?

2. 收取拥挤费合不合理?为什么?

3. 收取拥挤费能不能根治 B 市的交通问题?为什么?

4. 收取拥挤费能达到鼓励市民多用公共交通工具出行的目的吗?为什么?

自测题试卷二参考答案

一、单项选择题(每小题 1 分,共 15 分)

1.C 2.A 3.B 4.D 5.A 6.A 7.C 8.B 9.A 10.D

11.A 12.A 13.B 14.A 15.A

二、判断题(对的打√,错的打×,每小题 1 分,共 10 分)

1.√ 2.× 3.√ 4.× 5.× 6.√ 7.× 8.× 9.× 10.√

三、简答题(每小题 7 分,共 35 分)

1.简答要点:

石油是缺乏弹性的产品,需求曲线较陡,假设限产前的均衡点为 A,D、S 是限产之前的需求和供给曲线,参见下图。限制产量政策属于非价格因素,影响供给,会使供给曲线 S 会左移至 S',新的均衡为 B。限产前的收入为 $OP\times OQ$,限产后的收入为 $OP'\times OQ'$。由于石油需求缺乏弹性,价格的上升远远大于需求量的下降,所以,从图中可以明显地看出,$OP'\times OQ' > OP\times OQ$,即限产后的收入增加了,石油 OPEC 短期限产的目的是为了增加收入。

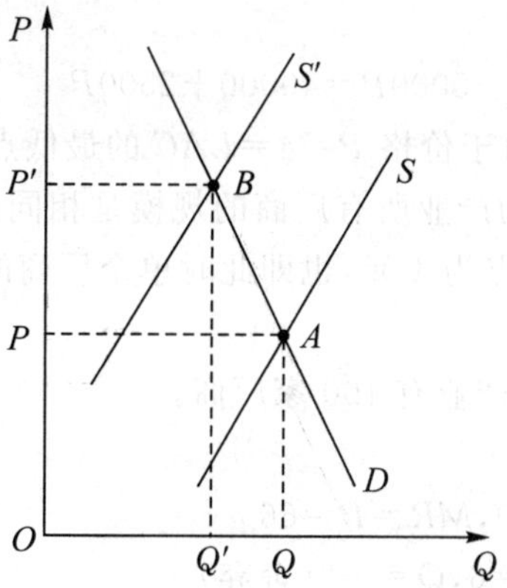

2.简答要点:

根据短期最优决策的原理,停产点是平均变动成本的最低点,因此只要价格大于平均变动成本的最低点,就应该继续生产。

所以,市场价格分别为 10 元、7 元时应该继续生产;市场价格分别为 4 元时,应该停产;市场价格为 6 元时,出于不同的决策理由,可以继续生产,也可以停产。比如为了维持客户,维持就业,巩固市场,可以继续生产;如考虑休整或未来重新的调整,也可以停产。

3.简答要点:

根据生产理论,生产有三个阶段:可以结合图形说明,图形参见教材第四章图 4-2。

第Ⅰ阶段,在 0 到 $MP=AP$ 之间,此时,AP、MP、TP 均为上升阶段,但要素组合比例中,可变要素较少,资源配置不合理;第Ⅱ阶段为生产的合理阶段,在 $MP=AP$ 和

$MP=0$之间，$MP=AP$ 是可变要素投入的最小值，$MP=0$ 是可变要素投入的最大值。此时 MP、AP 均已开始下降，但是总产出和利润处于最佳状态，资源配置相对合理；第Ⅲ阶段，可变要素投入大于 $MP=0$ 时 B 点的投入量，此时，增加可变要素投入，总产出反而下降，因此第Ⅲ阶段是不合理的，所以应该减少可变投入，使总产出增加。

国有企业因为历史原因，大多数是企业"办社会"，"铁饭碗"效应使得企业长期人员进入大于人员流出，造成人满为患，劳动投入基本上处于第Ⅲ阶段，增加投入反而产出效率下降，故减少投入才能够回到第Ⅱ合理阶段，此谓减员增效。

4. 简答要点：

完全垄断市场形成的原因主要有以下 4 个方面：

一是对生产原料的控制；二是自然垄断；三是政府的特许；四是专利的许可等。

5. 简答要点：

该规律是指在技术水平不变的条件下，连续等量地把某一种可变生产要素增加到其他一种或几种数量不变的生产要素上的过程中，当这种可变生产要素的投入量小于某一特定值时，增加该要素投入所带来的边际产量是递增的；当这种可变要素的投入量连续增加并超过这个特定值时，增加该要素投入所带来的边际产量是递减的。

边际报酬递减规律发生作用的条件是：一是技术水平保持不变；二是其他一种或几种生产要素投入保持固定不变；三是一种可变要素必须是连续地增加投入。

四、计算题（每小题 10 分，共 20 分）

1. 解：

(1)由 $Q_D=Q_S$，有：$70000-5000P=40000+2500P$

解得：$P=4$，$Q=50000$，由于价格 $P=4=LAC$ 的最低点，所以处于长期均衡。

(2)依据题意，完全竞争的产业所有厂商的规模是相同的，都是在产量为 500 单位时达到 LAC 最低点，LAC 最低点为 4 元，也即此时单个厂商的 $q=500$，因此有：

$n=50000/500=100$

说明处于长期均衡时，该产业有 100 家厂商。

2. 解：

(1) $SMC=3Q^2-12Q+30$，$MR=P=66$

令 $SMC=MR$，得出 $Q=6$，$Q=-2$（舍弃）

利润 $=P\cdot Q-STC=176$

(2) $SMC=3Q^2-12Q+30$，$MR=P=30$

令 $SMC=MR$，得出 $Q=4$

利润 $=P\cdot Q-STC=-8$

(3) $AVC=Q^2-6Q+30$

令 $SMC=AVC$，得出 $Q=3$

当 $Q=3$ 时，AVC 的最小值 $=21$

所以，当 $P<21$ 时，该厂商就会停产。如果长期 $P<21$，就会退出该行业

五、案例分析题（共 20 分）

简答要点：

1. 收取拥挤费，说到底就是政府利用价格杠杆调节特定区域车流量的一种方式，其

通过改变公共服务价格(使用市中心道路的费用)影响人们的行为选择,确实能发挥出分流车辆、缓解市中心交通拥堵的作用。

2.政府收取拥挤费,等于让"有车一族"承担了额外的成本,但只要定价合理,这些额外的成本并不会破坏社会公平。

第一,与那些步行、骑车和乘坐公交工具的人相比,"有车一族"占用的人均公共交通服务份额更多,自然要承担更大的责任,多负担一些"买路钱"也合乎情理。

第二,大量小汽车(私车和公务车)的涌入是造成B市交通拥堵日益严重的重要原因。有车族(包括私家车车主和公务车使用者)在享受方便舒适的同时,却连带其他人时时饱受交通拥挤的苦果。交纳一定的拥挤费,算是有车族为自己用车行为的"外部性"付了费,否则就真的有点不公平了。

3.收取拥挤费的确有用,但有限。最重要的"治本"之策是改善公共交通服务。在旧城收取拥挤费,旨在限制车流,但永远也无法限制"人流"——该进旧城的人还是要按时进去,一个也少不了。

4.能够,但关键取决于城市公共交通服务能否真正满足居民的需求。

自测题试卷三

一、单项选择题(每小题 1 分,共 15 分)

1. 如果按现有价格,供给量超过需求量(　　)。

A. 该商品价格趋于下降　　B. 该商品价格趋于上升

C. 需求量增加,供给量不变　　D. 供给量增加,需求量不变

2. 根据短期成本之间的关系,正确的说法是(　　)。

A. 边际成本交于平均固定成本的最低点

B. 边际成本交于平均成本的最低点

C. 平均成本交于边际成本的最低点

D. 平均变动成本交于边际成本的最低点

3. 在沃尔玛与琼斯进入市场的博弈矩阵中,(　　)。

		琼斯	
		进入	不进入
沃尔玛	进入	①　－200　－200	②　500　0
	不进入	③　0　500	④　0　0

A. ②是沃尔玛的上策

B. ③是琼斯的上策

C. 沃尔玛与琼斯都没有上策,②与③是可能的纳什均衡

D. 以上都不对

4. 公共物品的一个特征是(　　)。

A. 它是私下生产的　　B. 未付费者不能被排除使用

C. 付费者不能被排除使用　　D. 它是公共部门生产的

5. 市场价格等于 1.8 元时,需求量为 1600 个单位,供给量为 4800 个单位,则(　　)。

A. 交易量是 1600 个单位　　B. 交易量是 4800 个单位

C. 交易量是 3200 个单位　　D. 没有交易,因为市场供求不均衡

6. 如果一个企业其价格下降后发现收入增加,这意味着(　　)。

A. 需求缺乏弹性　　B. 需求富有弹性

C. 需求曲线向下倾斜　　D. 具有单一弹性

7. 在一个卡特尔组织内部,下列说法正确的是(　　)。

A. 每个卡特尔成员生产的产量相等

B. 每个卡特尔成员获得的利润相等

C. 每个卡特尔成员的分配产量的边际成本基本相等,产品基本是同质的

D. 组成卡特尔的结果是导致规模经济

8. 钻石的价格比水高得多，因为钻石的(　　)。

A. 使用价值更高　　B. 边际价值更高

C. 总价值更高　　D. 交易价值更高

9. 消费者对一单位商品的支付意愿和他必须付出的价值之间的差别是(　　)。

A. 边际效用　　B. 消费者剩余

C. 替代效应　　D. 收入效应

10. 曲折的需求曲线模型的假定有(　　)。

A. 行业内寡头厂商之间是有勾结的

B. 行业内某个寡头厂商提价时，其他寡头厂商都会效仿

C. 行业内某个寡头厂商降价时，其他寡头厂商都会效仿

D. 行业内某个寡头厂商提价或降价时，其他寡头厂商均按兵不动

11. 科斯定理建议政府怎样解决公共土地过度放牧问题？(　　)

A. 政府应把牧地卖给私人所有者

B. 政府应颁布规定，规定每季度每英亩地上可以放牧的母牛数

C. 科斯定理没有给政府任何建议

D. 建议政府应在牛肉上征税

12. 一个厂商的总收益为 80000 元，劳动成本为 40000 元，原材料成本为 20000 元，所有者若为其他人工作可赚 15000 元。对一个经济学家而言的利润和对一个会计学家而言的利润为(　　)。

A. 40000 元，5000 元　　B. 5000 元，20000 元

C. 20000 元，5000 元　　D. 20000 元，15000 元

13. 一个垄断企业以 14 美元的价格销售 10 单位产品，以 16 美元的价格销售 9 单位的产品，则与第 10 个单位相伴随的边际收益为(　　)。

A. －16 美元　　B. 2 美元　　C. 4 美元　　D. －4 美元

14. 某地通过调查发现甲产品与乙产品的交叉价格弹性为 0.75，收入弹性为 0.8，下列说法正确的是(　　)。

A. 甲产品要增加销售量，应当降低价格

B. 甲产品要增加销售量，应当提高价格

C. 甲产品是正常品

D. 甲产品是低档品

15. 下面哪一个可能引起正的外部性(　　)。

A. 购买一部个人电脑　　B. 消费面包

C. 教育一个人　　D. 注射麻疹免疫针

二、判断题(对的打√，错的打×，每小题 1 分，共 10 分)

1. 长期来看，企业的生产一般会经过规模报酬递增到最优规模，然后规模报酬递减的过程，所以长期平均成本是短期平均成本的包络线，但是在规模报酬不变的情况下就不是了。(　　)

2. 就短期成本而言，其边际成本 MC、平均总成本 AC、平均变动成本 AVC 通常均为 U 型曲线。(　　)

3. 在供求机制作用下，产品的价格下降，市场的需求量增加，每个消费者对产品的消费数量绝对增加。（　　）

4. 在完全竞争的市场结构下，各个企业的产品是完全同质的，因此，企业之间的竞争只能通过价格来进行，为了取得较多的收入，一个企业可以以低于市场均衡价格的水平出售自己的产品，这说明企业具有控制市场价格水平的能力。（　　）

5. 垄断与完全竞争相比，其弊端主要是会导致产品价格的抬高和产量的不足，使社会总福利效益减少，消费者所受的福利损失总是大于企业所受的福利损失。（　　）

6. 一般来说，企业追求利润最大化时的产量大于其追求销量最大化时的产量。（　　）

7. 产品价格支出在消费者总支出中所占的比例越大，价格弹性就越小，反之，则越大。（　　）

8. 某一工人下岗，他现在有三种选择：闲待在家；出去打工；自己开家杂货店。假如该工人选择开店的话，他的机会成本肯定为零。（　　）

9. 完全竞争的行业达到长期均衡时，成本高的企业和成本低的企业所赚的经济利润都是零。（　　）

10. 一个寡头垄断企业要进行某项决策之前一般要考虑其他企业作出的反应。（　　）

三、简答题（每小题 7 分，共 35 分）

1. 什么是范围经济与规模经济？二者主要有什么区别？

2. 边际收益递减规律与规模收益递增原理是否矛盾？为什么？

3. 根据市场调查，某种产品降价后，收入反而减少了，业主不明白为什么没能“薄利多收”，请用所学的经济学原理帮助他解除这一困惑。

4. 为什么经济学认为竞争与垄断相比资源配置的效率要高？

5. 以下所列是汽油价格变动和汽油消耗的有关数据，请通过分析判断以下问题：

(1)汽油的长期需求弹性大还是短期的需求弹性大？

(2)如果在最近的价位，汽油价格继续上涨，汽油行业的收入会增加吗？

年份	汽油的平均价格($)	每加仑英里数	每辆车年均行驶英里数	平均油耗(加仑)
83	0.40	13.3	9800	736
85	0.57	13.7	9400	685
87	0.62	14.1	9600	680
89	0.86	14.5	9300	638
91	1.31	15.7	8700	555

四、计算题（每小题 10 分，共 20 分）

1. 某单位组织健美比赛，门票每张 15 元，观看的观众高达 18000 人。组织者认为市场形势大好，将门票提至 30 元，结果仅售出门票 6000 张。

(1)假设需求量与价格是一种线性关系，求收入最大时的票价。

(2)计算 15 到 30 元之间的需求价格弧弹性。

2. 企业在两个分离的市场出售产品，它们的需求曲线分别为：

$P_1=105-Q_1$ 和 $P_2=60-0.2Q_2$，企业的边际成本 $MC=15$ 元。求：

(1)如果企业实行价格歧视，两个市场的价格、销量、利润及企业的总利润为多少？

(2)如果实行统一定价，利润最大化时的价格、产量及企业的总利润为多少？

五、案例分析题(共 20 分)

对出租车实行油价临时补贴政策的思考

——以上海市为例

2008 年，受国际石油价格持续攀升的影响，国内燃油价格不断上涨，给市内交通行业带来较大影响，交通行业的运营成本也随之不断提高。7 月 23 日，汽柴油零售价格再次上调，涨幅达 6%以上。上海市委、市政府对此十分关注和重视，专门召开市政府常务会议，研究应对油价上涨的政策措施，要求尽快研究建立交通行业应对油价变动的长效机制，并科学、合理地设计方案，为上海交通行业的持续健康发展提供机制保障。

在听取各方面意见和建议之后，市委、市政府决定，对出租汽车行业采取油价临时补贴政策。出租汽车行业的油价临时补贴从 8 月份开始，由政府和企业共同承担本次油价上涨所增加的费用，其中政府承担大部分。

据了解，上海出租汽车行业是城市客运的重要组成部分，全行业共 4.3 万辆出租车，10 万驾驶员，日均服务近 300 万人次，占全市客运量的四分之一。

市出租车管理处已经向各出租车企业发出《关于贯彻市政府决定做好出租车驾驶员临时性燃料费用补贴实施意见的通知》，从 8 月开始，出租车双班车每月总计可得到补贴 550 元，单班车每月可得到补贴 462.5 元。

具体补贴办法：双班车和单班车每月分别由政府补贴 200 元；企业原来每月补贴双班车 200 元，补贴单班车 150 元；现在企业新增补贴为：对双班车每月增加 150 元补贴，对单班车每月增加 112.5 元补贴。这样，双班车每月的补贴累计增加到 550 元，单班车每月的补贴累计增加到 462.5 元。

临时补贴政策的执行对稳定交通市场起到了关键作用，但临时政策执行多久仍然是各界关注的话题。在了解出租车行业的基础上，结合经济学的理论，讨论并回答一下问题：

1. 油价上涨对出租车市场的影响如何？

2. 为什么采取临时补贴政策？临时补贴与市场调节相比有什么好处？

自测题试卷三参考答案

一、单项选择题(每小题 1 分,共 15 分)

1.A 2.B 3.C 4.B 5.A 6.B 7.C 8.B 9.B 10.C

11.A 12.B 13.D 14.C 15.C

二、判断题(对的打√,错的打×,每小题 1 分,共 10 分)

1.× 2.√ 3.× 4.× 5.√ 6.× 7.× 8.× 9.√ 10.√

三、简答题(每小题 7 分,共 35 分)

1.简答要点:

规模经济是指企业规模扩大、平均成本下降的阶段。长期来说,企业的平均成本是U 型的,这是由规模报酬递增—不变—递减的规律决定的,在规模报酬递增阶段,平均成本随规模(产量)增加而下降,这时生产具有规模经济性,反之规模不经济。若规模扩大,平均成本不变,企业生产达到最优规模。

范围经济是指一家企业同时生产多种产品的总成本低于每种产品分别由不同企业单独生产的成本总和的现象。

二者有区别,前者针对一种产品规模扩大时平均成本下降的情况,后者针对多种产品联合生产比单独生产总成本下降的情况。规模经济与范围经济经常是企业扩大生产、扩大经营同时并存的两种现象。

2.简答要点:

边际收益递减规律是指,在技术水平不变的前提下,持续增加某种可变要素的投入量,而其他要素的投入保持不变时,增加的投入量起初会使该要素的边际产量增加,但增加到一定点后,再继续增加该要素的投入就会使其边际产量递减。规模报酬递增是指,当所有要素投入以相同的比例(倍数)增加时,产出增加的倍数大于要素投入增加的倍数的情况。

显然,二者所指不同。前者指的是短期,在技术水平不变、单一一种可变要素投入不断增加时,由于其他要素投入固定不变,因此开始时,该要素的增加投入能够与丰富的固定要素结合,使边际产量增加。而随着该要素投入的不断增加,与新增要素结合的固定要素相对越来越少,因此就会导致边际产量递减。后者指的是长期,当所有要素投入同时增加时,会使企业规模扩大,企业可以采用专业化生产,采用先进的专用设备,可以资源共享等等,因而生产效率提高,导致产出的增加大于要素投入的增加,从而出现规模报酬递增的情况。

3.简答要点:

依据弹性与收入关系的原理:若需求是富有弹性的,降价可以增加收入,涨价则减少收入;若需求是缺乏弹性的,涨价可以增加收入,降价则减少收入;若需求是单一弹性的,降价或涨价对收入的影响不大。根据这一原理,企业可以依据自身情况决定降价还是涨价来增加收入。

由题意，市场调查某种产品降价后收入反而减少了，这种商品可能是缺乏弹性的，因此薄利（降价）不仅不能增加收入反而会减少收入。

4. 简答要点：

竞争厂商的优化原则是 $P=MC$，垄断厂商的优化原则是 $MR=MC$，此时 $P>MC$。一般来说，经济学的观点认为，竞争比垄断效率高，完全竞争时的 $P=MC$ 有重要意义，此时市场资源配置是最优的。理由主要有以下几点：

(1)经济学认为，$P=MC$，从社会角度来看，资源在各种产品之间的配置是最优的，因为 P 是社会对多生产一件某种产品的价值评价，MC 则是多生产一件产品的机会成本。$P>MC$，表明该种产品多生产一件的价值大于把资源用于多生产其他产品的价值，这种产品生产少了，其他产品生产多了；反之亦然。只有 $P=MC$ 时，资源在各种产品间产量配置是最优的。

完全竞争时企业的最优原则满足 $P=MC$，而垄断则是 $P>MC$，所以完全竞争的资源配置是最优的，垄断是低效率的。

(2)完全竞争长期均衡时，企业在平均成本最低点处生产，此时企业规模最优，生产效率最高；而垄断则是价格高、产量低，生产能力有剩余，资源没有充分利用。

(3)完全竞争长期均衡时，价格等于长期平均成本的最低点，消费者获得了消费最优化；此时厂商的经济利润为零，只获得正常利润，但由于满足 $P=MC$ 的条件，厂商也是实现了利润最大化的条件。而垄断厂商则是 $P>MC$，长期经济利润大于零，且价格高、产量低，常常侵占消费者剩余，导致社会福利的损失。

5. 简答要点：

运用弧弹性公式：

$$E_P=\frac{Q_2-Q_1}{P_2-P_1}\cdot\frac{P_2+P_1}{Q_2+Q_1}$$

分别计算 1983－1985 年、1985－1987 年、1987－1989 年、1989－1991 年的短期弹性；

再计算 1983－1991 年的长期弹性。

比较即可得到结果。结论是：

短期汽油的需求弹性小，长期大。

四、计算题（每小题 10 分，共 20 分）

1. 解：

(1)假设需求量与价格是一种线性关系，求收入最大时的票价。

设 $P=a-bQ$，其中 a、b 为常数，则：

$15=a-b\times18000$

$30=a-b\times6000$

解得：$P=37.5-0.00125Q$

$Q=0$ 时 $P=37.5$

最优价格在 $P/2$ 处，即：$P=37.5/2=18.75$

(2)计算 15 到 30 元之间的需求价格弧弹性。

$$E_P=\frac{Q_2-Q_1}{P_2-P_1}\cdot\frac{P_2+P_1}{Q_2+Q_1}=\frac{6000-18000}{30-15}\cdot\frac{30+15}{6000+18000}=-1.5$$

得出门票的需求价格弹性属于富有弹性的。

2.解：

(1)$MR_1=105-2Q_1$ 和 $MR_2=60-0.4Q_2$，根据差别定价原理 $MR_1=MR_2=MC$，故有：

$105-2Q_1=15$ 和 $60-0.4Q_2=15$，解得：$Q_1=45$，$Q_2=112.5$

$P_1=60$，$P_2=37.5$

$\pi_1=P_1\cdot Q_1-MC\cdot Q_1=2025$

$\pi_2=P_2\cdot Q_2-MC\cdot Q_2=2531.25$

$\pi_1+\pi_2=4556.25$

(2)$Q_1=52.5-0.5MR_1$

得：$Q_2=150-2.5MR_2$，$Q=202.5-3MR$

$MR=67.5-0.33Q$

$MR=67.5-0.33Q=MC=15$，解得：$Q=157.5$，$P=67.5-0.167Q=41.25$

$\pi=P\cdot Q-MC\cdot Q=4134.375$

五、案例分析题(共 20 分)

简答要点：

1.根据供求原理，在没有政府干预的前提下，油价上涨属于出租车行业的非价格因素，油价上涨将导致供给曲线左移，出租车行业价格上涨，均衡交易量减少。但由于出租车行业属于政府管制的市场，价格上涨需要听证，往往滞后于市场要求，这样就导致短期出租车供不应求，消费者打的难，转而使用公共交通工具，使得公共交通压力增大，严重时，拥挤不堪，存在很大的安全隐患。

2.出租车行业是对公共交通的有益补充，是关系国计民生的产业。当国际市场油价波动很大，油价涨跌时，出租车价格也要求相应地跟随调整，如果任由市场调节，市场不稳定，则不利于国民经济的发展。临时补贴政策可以在短期起到很好地稳定市场的作用，避免价格的大起大落。一旦市场稳定，临时补贴就可以取消，所以，临时补贴政策虽然短期增加一笔政府开支，但这是一个灵活应变的政策，从安全稳定、经济健康发展的角度而言，这笔开支是值得的。

各章部分习题参考答案

引论

一、核心概念

（略）

二、选择题

1.B 2.D 3.C 4.C,D 5.A 6.D

三、判断题

1.错误。稀缺性存在的原因是人们的欲望超过了客观世界满足这些欲望的能力。在现实生活中,稀缺对任何人——无论是穷人,还是富人——都是真实存在的。

2.错误。稀缺性是任何经济生活的一条基本规律。

3.(1)前半句是规范分析,后半句是实证分析。

(2)实证分析。

4.错误。比较静态分析也不考虑时间因素,动态分析才考虑时间因素。

5.错误。一般均衡分析用于多个市场分析,局部均衡分析用于单个市场分析。

四、简答题

1.简答要点:

这种说法是错误的。这是因为稀缺性将永远存在。由于人们的欲望是无限的,而用来满足人们欲望的资源却是有限的,这样就出现了稀缺性问题。由此而来的结果是,每一个人的欲望都不可能完全被满足,人们简直就不可能得到用来满足其所有欲望的物品和劳务。

从最基本的层面上说,稀缺性本质上是关于无尽的欲望和有限的资源之间的问题。因为人们不能生产出所需要的全部物品和劳务,所以只能在满足哪些需求和放弃哪些需求这两者之间作出选择。

2.简答要点:

“如果我多听一次课,我的考试成绩能提高多少?”

3.简答要点:

这个决策的机会成本是(3),即“将自己封闭在寝室里试图提高自己的电脑游戏水平”所能带来的收益或获益。因为根据机会成本的定义,它是放弃其他选择中能带来最大收益的那个决策,鉴于这里是按最不喜欢到最喜欢排序的,所以答案是除(4)外的最后一个[即(3)]。

五、挑战题*

1.答题要点:

指行为人以利己为动机追求私人利益最大化,简单讲就是行为人在最大化某个目标。如美容、捐款及舍己救人都是理性行为,都符合这个假定。有那种损人不利己的行为就是非理性的。自私自利和损人利己从短期看是理性的，但从长期看却是非理性的。因为它违反了他人也是理性人的前提，现代博弈论告诉我们，这样做往往会招致对方的报复和惩罚，最终对自己不利。

2.答题要点：

虽然工资法导致了失业，但是，那些仍然有工作的工人却得益于最低工资法，因为他们由此得到了较高的工资。换言之，最低工资法既造就了输家（由此而失业的工人和需要支付较高工资成本的企业），也造就了赢家（获得较高工资的工人）。

至于赢家获得的收益是否足以抵消输家的损失且还有剩余？这涉及到规范分析。实证分析能够显示某个特定政策的后果，却无法告诉我们这个政策是"好"还是"坏"。所以，这个说法是不准确的。

第一章　市场供求理论

一、核心概念

（略）

二、选择题

1.B　2.C　3.C　4.C　5.A　6.A　7.B　8.A　9.B　10.B　11.D　12.A

三、思考题

1.简答要点：

向右下方倾斜。消费者的消费需求随着价格的下降而增加，随着价格的上升而减少。

2.简答要点：

(1)消费者收入，正向影响；(2)消费者偏好，正向影响；(3)替代品价格，正向影响；互补品价格，反向影响；(4)预期商品价格，正向影响现期，反向影响未来；(5)市场上消费者的数量，正向影响。

3.简答要点：

(1)供给不变，需求增加，引起均衡价格和均衡数量同向变动；(2)需求不变，供给增加，引起均衡价格反向变动、均衡数量同向变动；(3)需求和供给同时同向变动，引起均衡数量同向变动、均衡价格视两者变动幅度而定；(4)需求和供给同时反向变动，引起均衡价格与需求同向变动、均衡数量视两者变动幅度而定。

4.简答要点：

(1)左移；(2)右移；(3)右移；(4)左移；(5)右移。

5.简答要点：

(1)右移；(2)左移；(3)右移；(4)左移；(5)右移。

6.简答要点：

(1)政府实行最低限价一般高于市场均衡价格，会引起商品供大于求，需要通过政府收购或出口过剩产品，以及限制产量加以解决；(2)政府实行最高限价一般低于市场均衡价格，会引起商品供不应求，出现排队购买、实行配给制、黑市交易或者进口购买的现象。

7.简答要点：

政府对生产者或者消费者征税，会抑制生产和消费，并且税收最终会在生产者和消费者之间进行分摊;政府对生产者或者消费者补贴,会刺激生产和消费,并且补贴最终也会在生产者和消费者之间进行共享。

8.(略)

四、计算题

1.解:

(1)$P_e=330, Q_e=70$。

(2)$P\geqslant200$ 时,市场需求曲线为:$P_d=400-Q_d$;

$200>P\geqslant0$ 时,市场需求曲线为:$P=360-0.8Q$。

2.解:

(1)略;(2)2000 元/辆;(3)短缺,100 百万辆;(4)过剩,180 百万辆。

五、挑战题*

1.解:

(1)$P_e=190, Q_e=10$。

均衡时:$P_s=P_d=P_e$,得到:$Q_s=Q_d=Q_e=10$,则:$P_s=P_d=P_e=190$

(2)$P_e^T=192, Q_e^T=8$。

若对厂商征税,则新的供给函数为 $P_s^T=150+4Q_s+10=160+4Q_s$

均衡时:$P_s^T=P_d=P_e^T$,得到:$Q_s^T=Q_d=Q_e^T=8$,$P_s^T=P_d=P_e^T=192$

(3)2 元。

征税后,商品价格上涨:192−190=2 元。

(4)2 元,8 元。

征税后,10 元税收中,消费者承担 2 元,生产者承担 10−2=8 元。

第二章 弹性理论

一、核心概念

(略)

二、思考题

1.简答要点:

吉芬商品的需求价格弹性是正的,一般而言没有商品的供给价格弹性是负的。特殊情况下,如单个劳动的供给弹性可能存在是负值的情况。

2.简答要点:

(3)化妆品(4)服装(6)家用电器(7)旅游(8)教育(9)娱乐产品等这些产品的需求价格弹性较大,可以实行"薄利多销"。

3.简答要点:

彩色喷墨打印机市场竞争激烈,产品富有弹性,只能以低价销售才能取得最好的收益;而每个品牌的打印机墨盒互不通用,一个厂商生产的墨盒基本上是本厂打印机的专用配件,几乎完全无弹性,所以以比较高的价格销售才能取得最好的收益。

4.简答要点:

牛奶属于缺乏弹性的商品,减小牛奶的供给就能提高市场的价格。由需求的价格弹性与总收益的关系可知道:牛奶的价格提高了才能增加牛奶厂商的收益。

5. 简答要点：

提前预订机票和低峰时刻订票的顾客一般都是休假旅行者，对机票的需求价格弹性较大，对这部分的顾客，航空公司只能以较低的价格吸引顾客，增加需求量，这些富有弹性的商品只有降低价格才能增加总收益；而购买周末票和最后时刻机票的顾客一般都是公务出差或要事出差，对机票的需求价格弹性较小，航空公司对这部分的顾客收取较高的价格时需求量也不会有太大的变化，这些缺乏弹性的商品价格提高才能增加总收益。

三、判断题

1. × 2. √ 3. √ 4. × 5. × 6. × 7. √ 8. √ 9. × 10. √

四、单项选择题

1. A 2. D 3. B 4. B 5. C 6. C 7. C 8. B 9. A 10. C

五、简答题

1. 简答要点：

(1)商品的可替代性。一般来说，一种商品的可替代品越多，相近程度越高，高商品的需求的价格弹性就越大，反之则需求价格弹性越小。

(2)商品用途的广泛性。用途越广泛，需求的价格弹性就越大，反之则越小。

(3)商品对消费者生活的重要程度。对消费者生活越重要，弹性越小，反之则弹性越大。

(4)商品的消费支出在消费者预算总支出中所占的比重，比重越大，需求的价格弹性越大，反之则越小。

(5)消费者调节需求量的时间，一般来说，所考察的调节时间越长，则需求的价格弹性越大，反之则越小。

2. 简答要点：

(1)对于 $e_d>1$ 的富有弹性的商品，降低价格会增加厂商的销售收入，提高价格会减少厂商的销售收入。因为当 $e_d>1$ 时，价格的较小变动引起需求量的较大变动，这意味着价格下降(或上升)所造成的销售收入的减少量(或增加量)必定小于需求量增加(或减少)所带来的销售收入的增加量(或减少量)。

(2)对于 $e_d<1$ 的缺乏弹性的商品，降价会使厂商的销售收入减少，提价会使厂商的销售收入增加。因为当 $e_d<1$ 时，需求量的变动率小于价格的变动率，这意味着价格下降(或上升)所造成的销售收入的减少量(或增加量)必定大于需求量增加(或减少)所带来的销售收入的增加量(或减少量)。

(3)对于 $e_d=1$ 的单一弹性的商品，降价或提价对于厂商的销售收入没有影响，因为当 $e_d=1$ 时，厂商变动价格引起需求量的变动率与价格变动率是相等的，从而价格变动带来的销售收入的减少量或增加量等于需求量变动带来的销售收入的增加量或减少量。

3. 简答要点：

(1)需求富有弹性的商品，其价格与总收益呈反方向变动。“薄利”就是降价，降价能“多销”，“多销”则会增加总收益。“薄利多销”是指需求富有弹性的商品小幅度降价使需求量较大幅度增加，而引起的总收益的增加。

(2)需求缺乏弹性的商品，其价格与总收益呈同方向变动。谷，即粮食，是生活必需品，需求缺乏弹性，其弹性系数很小，在粮食丰收、粮价下跌时，需求增加得并不多，这样就会使总收益减少，农民受到损失。

4. 简答要点：

(1)供给取决于生产。影响供给的因素很多，影响一种商品供给弹性的因素也很多但最重要的是时间因素。

(2)在微观经济分析中，时期长短与时间多少无关，而取决于生产要素的调整。如果在某一时期内生产中所使用的生产要素完全可以根据产量来调整，这一时期就称为长期。如果在某一时期内所使用的生产要素一部分可以根据产量调整，而另一部分生产要素不能根据产量调整，这一时期就称为短期。

(3)供给弹性的大小与时间相关。一般来说，在价格发生变动之时，供给量很难调整，即生产无法立即增加或减少，所以，即期供给弹性几乎为 0。换言之，在价格变动之后的极短时间内，供给量几乎不变。在短期中，价格变动后，可以通过调整劳动力、原料这类生产要素来改变供给量。但由于生产规模不能变，调整的幅度有限，短期中供给缺乏弹性。在长期中，价格变动后可以调整生产规模，供给可以充分调整，长期中供给富有弹性。

5. 简答要点：

(1)税收负担在经营者和消费者之间的分割称为税收分摊，税收负担最终由谁承担称为税收归宿。在这种税收的分摊中，经营者承担多少，消费者承担多少，取决于需求弹性和供给弹性。

(2)如果某种商品需求缺乏弹性而供给富有弹性，这就是说，消费者对这种商品的价格变动反应不敏感，无法及时根据价格调整自己的需求，而生产者对这种商品的价格反应敏感，可以根据价格调整自己的供给，那么，税收就主要落在消费者身上。

(3)如果某种商品需求富有弹性而供给缺乏弹性，这就是说，消费者对这种商品的价格变动反应敏感，能及时根据价格调整自己的需求，而生产者对这种商品的价格反应不敏感，无法根据价格调整自己的供给，那么，税收就主要落在生产者身上。

六、计算题

1. 解：

(1)当 $P_0=6$ 时，$Q_0=340$；当 $P_1=10$ 时，$Q_1=300$，由需求的价格弹性公式可得：

$$E_d=\frac{Q_1-Q_0}{P_1-P_0}\cdot\frac{P_0+P_1}{Q_0+Q_1}=\frac{300-340}{10-6}\times\frac{16}{640}=-0.25$$

(2)当 $P=4$ 时，$Q=360$

$$E_d=\frac{dQ}{dP}\cdot\frac{P}{Q}=-10\times\frac{4}{360}\approx-0.11$$

(3)如图 B、C 两点的坐标分别为(400,0)、(360,4)，$P=4$ 即 C 点的弹性为：

$$|E_d|=\frac{BD}{OD}=\frac{400-360}{360}\approx0.11$$

用几何方求出的弹性与(2)的结果相同。

$$|E_d|=\left|\frac{dQ}{dP}\right|\cdot\frac{P}{Q}=\frac{BD}{CD}\cdot\frac{CD}{OD}=\frac{BD}{OD}=\frac{BC}{AC}=\frac{OE}{AE}$$

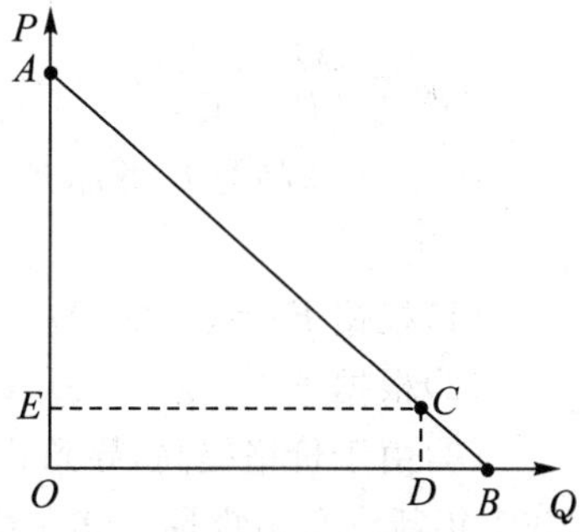

第 1 题(3)

2.解：

(1)当 $P_0=6$ 时，$Q_0=65$；当 $P_1=8$ 时，$Q_1=85$，由需求的价格弹性公式可得：

$$E_S=\frac{Q_1-Q_0}{P_1-P_0}\cdot\frac{P_0}{Q_0}=\frac{85-65}{8-6}\times\frac{6}{65}\approx 0.92$$

(2)当 $P=4$ 时，$Q=45$

$$E_S=\frac{dQ}{dP}\cdot\frac{P}{Q}=10\times\frac{4}{45}\approx 0.89$$

(3)如图 A、C 两点的坐标为(45,4)、(5,0)，则：

$$|E_S|=\frac{BC}{OB}=\frac{45-5}{45}\approx 0.89$$

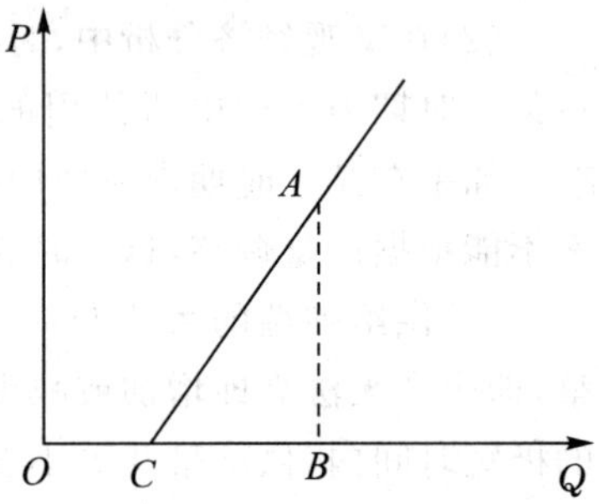

第 2 题(3)

用几何方求出的弹性与(2)的结果相同。

3.解：

$$\because E_d=\frac{\Delta Q/Q}{\Delta P/P}=-0.6$$

$$\therefore \triangle Q=(\triangle P/P)\cdot E_d\cdot Q=20\%\times(-0.6)\times 1000=-120$$

$$\therefore \triangle TR=(1000-120)\times 10\times(1+20\%)-1000\times 10=560$$

所以提价后销售收入增加了 560 元。

4.解：

$$\because E_d=\frac{\Delta Q/Q}{\Delta P/P}=\frac{-15\%}{\Delta P/2}=-0.5$$

$$\therefore \triangle P=-15\%\times 2/(-0.5)=0.6$$

所以当价格上升为 2.6 元时，才能使需求量减少 15%。

5.解：

$$\because E_d=\frac{\Delta Q/Q}{\Delta P/P}=\frac{-10\%}{(30-24)/24}=-0.4$$

$\therefore |E_d|=0.4<1$，属于缺乏弹性的商品，所以商品价格上涨后总收益会增加。

6.解：

(1)当 $P_B=20$，$P_A=10$ 时，$Q_A=300-20+60=340$

$$\therefore E_d^A=\frac{\partial Q_A}{\partial P_A}\cdot\frac{P_A}{Q_A}=-2\times\frac{10}{340}\approx -0.06$$

(2)当 $P_B=6$，$P_A=8$ 时，$Q_A=300-16+18=302$

$$E_{AB}=\frac{\partial Q_A}{\partial P_B}\cdot\frac{P_B}{Q_A}=3\times\frac{6}{302}=0.06>0$$

所以 A 商品与 B 商品是互替品。

7.解：

(1)根据 $E_d=(\triangle Q/Q)/(\triangle P/P)$，需求减少 3.6%。

(2)根据 $E_Y=(\triangle Q/Q)/(\triangle Y/Y)$，需求增加 6%。

(3)由于价格提高，导致需求 Q_d 减少 12%；收入增加而需求 Q_m 增加 36%；可预测 2001 年新汽车销售量 $=Q_d*Q+Q_m*Q+Q=(-12\%+36\%+1)*1000=1240$ 万辆。

8.解：

(1)A 和 B 当前的价格弹性。$E_A=P/Q=3$，$E_B=2P/Q=5$

(2)B 的价格由 250 下降 220。A 原有销量 50,A 交叉弹性=10/30 * 250/50=5/3

(3)B 降价后,收益由 100×250=25000,变为 220×160=35200,收益增加。由于 B 价格弹性大于 1,富有弹性,该公司降价在经济上合理。

七、案例分析题

答:回答取决于需求弹性。如果参观博物馆的需求是缺乏弹性的,那么提高门票价格会增加总收益。但是,如果需求是富有弹性的,那么提高价格就会使参观者减少的如此之多,以至于总收益减少。在这种情况下,你应该降价,参观者人数会增加得如此之多,以至于总收益会增加。

为了估算需求的价格弹性,你需要请教你的统计学家。他们会用历史资料来研究门票价格变化时,参观博物馆人数的逐年变动情况。或者他们也可以用国内各种博物馆参观人数的资料来说明门票价格如何影响参观人数。在研究这两种资料时,经济学家还需要考虑到影响参观人数的其他因素——天气、人口、藏品多少等等——以便把价格因素独立出来。最后,这种资料分析会提供一个需求价格弹性的估算,你可以用这种估算来决定你的财务问题作出什么反应。

八、挑战题*

1.解:

由弹性的几何意义可以知道:(1)E、F、G 三点的需求价格弹性相等;(2)N、M、E 三点的需求价格弹性依次减小。

2.解:

如果三分之二的鸡蛋的弹性为-1.5,而三分之一的鸡蛋弹性为-3,则混合弹性是加权平均数,为-2。家庭数、总数量及价格就像那条河一样毫不相关。

[此题相关的数学推导请参见尹伯成主编的《现代西方经济学习题指南》(微观经济学)]

第三章 效用理论

一、核心概念

(略)

二、选择题

1.C 2.C 3.C 4.B 5.C 6.D 7.C 8.D 9.D 10.C 11.A 12.A 13.B 14.C 15.A 16.C

三、判断题

1.√ 2.× 3.× 4.× 5.× 6.×

四、思考题

1.简答要点:(略,参见教材)

2.简答要点:

有些东西效用很大,但价格很低(如水);有些东西效用不大,但价格却很高(如钻石)。解释这一问题的关键是区分总效用和边际效用。水带来的总效用是巨大的,但我们需要的水也很多,因此最后一单位水所带来的边际效用就微不足道了。相反,相对于水而言,钻石的总效用并不大,但由于钻石数量很少,所以它的边际效用就大了。人们愿为边际效用高的钻石支付高价格，为边际效用低的水支付低价格。

物以稀为贵的道理正在于“稀”的物品边际效用高。

3.简答要点：(略，参见教材)

4.简答要点：(略，参见教材)

5.简答要点：

(1)根据题意，对消费者A而言，奶茶是无用商品，因此，奶茶的消费数量不会影响消费者A的效用水平。参见教材图3－9。

(2)根据题意，对消费者B而言，咖啡和奶茶是完全互补品，其效用函数是 $U=\min\{X_1, X_2\}$。消费者B的无差异曲线参见教材图3－8。

(3)根据题意，对消费者C而言，咖啡和奶茶是完全替代品，其效用函数是 $U=2X_1+X_2$。消费者C的无差异曲线参见教材图3－7。

(4)根据题意，对消费者D而言，咖啡是厌恶品(类似有害品)。消费者D的无差异曲线参见教材图3－10。

五、计算题

1.解：

在该消费者实现关于这两件商品的效用最大化时，在均衡点上有 $MRS_{xy}=P_x/P_y$，即有 $MRS_{xy}=40/80=0.5$。它表明：在效用最大化的均衡点上，消费者关于一份快餐对衬衫的边际替代率 MRS 为0.5。

2.解：

(1)由已知的效用函数 $U=x_1^{0.5}x_2^{0.5}$，可得：MU_1 与 MU_2。

根据 $MU_1/MU_2=P_1/P_2$ 和 $P_1x_1+P_2x_2=M$，可得到 $x_1=M/(2P_1)$；$x_2=M/(2P_2)$

3.解：

(1)由效用函数 $U=xy$，可得 $MU_x=y$，$MU_y=x$。根据 $MU_x/MU_y=P_x/P_y$ 和 $P_xx+P_yy=M$ 可得到 $x=300$，$y=200$。

(2)货币的边际效用 $MU_m=MU_x/P_x=y/P_x=100$。

货币的总效用为 $TU_m=MU_m\cdot M=120000$。

(3)由 $MU_x/MU_y=y/x=1.44P_x/P_y$ 和 $xy=60000$，解得 $x=250$，$y=240$。

所以，$\Delta M=2.88\times250+3\times240-1200=240$，即消费者需增加240元才能保持原有的效用水平。

4.解：

假设消费者的总支出为 M，那么 $P_xx+P_yy=M$

根据 $MU_x/MU_y=P_x/P_y$，可得 $P_xx=4P_yy/3$，将 $P_xx=4P_yy/3$ 代入 $P_xx+P_yy=M$ 中，可得 $P_yy=(3/7)M$

因此该消费者在 y 商品上的支出占总支出的比例是3/7，且商品 y 的需求与商品 x 无关。

5.解：

无差异曲线是一条直线，其斜率的绝对值 $MRS_{12}=-dx_2/dx_1=a$，由于预算线是一条直线，且其斜率为 $-P_1/P_2$，所以，该消费者的最优商品组合有以下三种情况，其中第一、第二种情况属于边角解。

(1)当 $MRS_{12}>P_1/P_2$，即 $a>P_1/P_2$ 时，效用最大化的均衡点发生在横轴，即 $x_1=M/P_1$，$x_2=0$。

(2)当 $MRS_{12}<P_1/P_2$，即 $a<P_1/P_2$ 时，效用最大化的均衡点发生在纵轴，即 $x_1=0$，$x_2=M/P_2$。

(3)当 $MRS_{12}=P_1/P_2$，即 $a=P_1/P_2$ 时，效用最大化的均衡点可以是预算线上的任何一点的商品组合，即最优解为 $x_1\geqslant 0$，$x_2\geqslant 0$，且满足 $P_1x_1+P_2x_2=M$。

6. 解：

(1)由题意可得，商品的边际效用为：$MU=0.5q^{-0.5}$，货币的边际效用 $MU_m=3$

根据消费者均衡条件 $MU/P=MU_m$，整理得需求函数为 $q=1/(36p^2)$。

(2)由需求函数 $q=1/36p^2$，可得反需求函数为 $p=1/(6q^{0.5})$。

(3)由反需求函数可得消费者剩余为 $CS=\int_0^q\left(\frac{1}{6\sqrt{q}}\right)dq-pq=\frac{1}{3}q^{0.5}-pq$

以 $p=1/12$，$q=4$ 代入上式，则有消费者剩余 $CS=1/3$。

六、挑战题*

1. 解：

设 X 的价格为 P_x，Y 的价格为 P_y。

对于 $U=X^rY$，有 $\frac{\partial U}{\partial X}=rX^{r-1}Y$，$\frac{\partial U}{\partial Y}=X^r$。

根据 $\frac{MU_x}{p_x}=\frac{MU_y}{p_y}$，可得 $\frac{Y}{X}=\frac{P_x}{rP_y}$。

由于 P_x、P_y 是固定不变的，r 为常数，且 $r>0$，故 $\frac{P_x}{rP_y}$ 是一个大于零的常数。因此，$\frac{Y}{X}$ 是大于零的常数。又因为收入—消费曲线过原点，所以 $\frac{Y}{X}$ 就是曲线的斜率，而 $\frac{Y}{X}$ 是大于零的常数，所以收入—消费曲线是一条直线。

2. 解：

(1)由消费者的效用函数 $U=x^\alpha y^\beta$，算得：$MU_x=\frac{dU}{dx}=\alpha x^{\alpha-1}y^\beta$，

$MU_y=\frac{dU}{dy}=\beta x^\alpha y^{\beta-1}$

根据消费者效用最大化的均衡条件 $\frac{MU_x}{MU_y}=\frac{P_x}{P_y}$，有 $\frac{\alpha x^{\alpha-1}y^\beta}{\beta x^\alpha y^{\beta-1}}=\frac{P_x}{P_y}$，整理得 $y=\frac{\beta P_x}{\alpha P_y}x$。

将 $y=\frac{\beta P_x}{\alpha P_y}x$ 代入约束条件 $P_xx+P_yy=M$，解得 $x=\frac{\alpha M}{P_x}$，$y=\frac{\beta M}{P_y}$。

所以，该消费者的需求函数为 $x=\frac{\alpha M}{P_x}$，$y=\frac{\beta M}{P_y}$。

(2)证明：

设商品 x 和 y 的价格以及消费者收入同时变为原来的 k 倍，则消费者对两商品的需求分别为 $x'=\frac{\alpha(kM)}{kP_x}=\frac{\alpha M}{P_x}=x$，$y'=\frac{\alpha(kM)}{kP_y}=\frac{\alpha M}{P_y}=y$。

所以消费者对两种商品的需求量维持不变。

(3)证明：

消费者对商品 x 的消费支出为 $P_x \cdot Q_x = P_x \cdot \frac{\alpha M}{P_x} = \alpha M$。

所以商品 x 的消费支出占总支出的份额为 $\frac{\alpha M}{M} = \alpha$。

同理可得商品 y 的消费支出占总支出的份额为 β。

综上，消费者效用函数中的参数 α 和 β 分别为商品 x 和商品 y 的消费支出占消费者收入的份额。

第四章 生产理论

一、核心概念

(略)

二、判断题

1. × 2. × 3. √ 4. × 5. × 6. × 7. × 8. × 9. × 10. √

三、选择题

1. D 2. D 3. D 4. C 5. D 6. B 7. B 8. B 9. C 10. D 11. D 12. B 13. C 14. C

四、思考题

1. 简答要点：

在第Ⅰ区域企业只要增加要素投入就能够增加产量，在任何一点都不能使利润最大化；而在第Ⅲ区域，边际产量为负值，增加生产会使总产量减少；所以生产合理区域只能在第Ⅱ区域。

如果企业不以利润最大为目标，企业的生产区域可以不在第Ⅱ区域。

2. 简答要点：

规模报酬的递增、不变和递减与可变比例生产函数报酬递增、不变和递减的区别如下：规模报酬问题讨论的是，一个厂商的生产规模本身发生变化（这假定为该厂商的厂房、设备等固定要素和劳动、原材料等可变要素发生了同比例的变化）时，相应的产量是不变、递增还是递减，属于长期问题分析；而可变比例生产函数所讨论的则是该厂的规模已经固定下来，即厂房、设备等固定要素既定不变，可变要素的变化引起的产量（报酬）递增、递减及不变的三种情况，属于短期问题分析。

3. 简答要点：

以 L 为横轴，Q 为纵轴。

设经过原点且为一条直线的总产量曲线方程为 $Q = aL$

则劳动的平均产量 $AP_L = \frac{Q}{L} = \frac{aL}{L} = a$

劳动的边际产量 $MP_L = dQ/dL = a$

所以平均产量曲线和边际产量曲线重叠且为平行于横轴的一条直线，其数值等于总产量曲线的斜率。

这样的总产量曲线不可能出现。根据报酬递减规律，随着可变要素L的投入量增加到一定程度，总产量的增加量将出现递减乃至为负数。所以，只要报酬递减规律发生作用，这样的总产量曲线就不可能出现。

4. 简答要点：

美国经济学家柯布(Chales W Cobb)和道格拉斯 (Paul H Douglas)根据1899—1922年美国的资本和劳动这两种生产要素的投入和产出的关系，得出这一期间的美国制造业的生产函数，以后扩大应用于整个经济或任何一个生产领域。该生产函数的一般形式为：

$Q=AL^{\alpha}K^{\beta}$

式中，Q为产量；L和K分别为劳动和资本投入量；A、α、β为三个参数。其中，$A>0$；$0<\alpha$；$\beta<1$。柯布———道格拉斯生产函数中的参数α和β的经济含义是：当$\alpha+\beta=1$时，α和β分别表示劳动和资本在生产过程中的相对重要性，α为劳动所得在总产量中所占的份额，β为资本所得在总产量中所占的份额。

5. 简答要点：

一个企业主在考虑再雇佣一名工人时，在劳动的平均产量和边际产量中他更关心的是边际产量。我们知道，厂商的理性决策在劳动的第二阶段，在这个区域中，劳动的平均产量和边际产量都是递减的，但其中却可能存在使利润最大化的点，劳动第二阶段的右界点是使劳动的边际产量为零的点。因此，只要增雇的这名工人的边际产量大于零，即能够带来总产量的增加，企业主就可能雇佣他。

五、计算题

1. 解：

(1)边际产量函数为 $MP_L=\dfrac{10K^2}{(K+L)^2}$

劳动平均产量函数 $AP_L=\dfrac{10K}{K+L}$

(2)可以求得 $MRTS_{LK}=\dfrac{MP_L}{MP_K}=\dfrac{K^2}{L^2}$，当$L$上升时，$MRTS_{LK}$下降，故边际技术替代率函数为减函数。

(3)由(1)知MP_L与L的关系，当L上升时，MP_L下降，故边际技产量函数为减函数。

2. 解：

(1)当产量为10时的最低支出为80元，L与K的数量均为10。

(2)当产量为25时的最低支出为200元，L与K的数量均为25。

(3)总成本为160元时厂商的均衡产量为20，使用的L与K的数量均为20。

六、挑战题*

1. 简答要点：

生产会发生在K的第Ⅰ区域，劳动的边际产量太小，劳动报酬低。

2. 解：

(1)企业利润 $\pi=5(-1.2+4.5L-0.3L^2)-4.5L$

对上式求一阶导数得：

$\frac{d\pi}{dL}=-3L+18=0$，解得 $L=6$(人)

(2)将 $L=6$ 代入，每天利润 $\pi=-1.5L^2+18L-6=48$(元)

(3)设 Q 为纵轴，L 为横轴，当 $L=0$ 时，解得：

$Q=-1.2$；令 $Q=-1.2+4.5L-0.3L^2=0$，

其判别式 $\Delta>0$，所以方程有两个非负实根 L_1 和 L_2，设 $L_2>L_1$。由于产量 Q 不能为负，所以在区间 $(0,L_1)$ 和 $(L_2,+\infty)$ 内，产量和劳动投入之间的关系不成立。

第五章　成本理论

一、核心概念

（略）

二、选择题

1.C　2.C　3.A　4.A　5.B　6.B　7.B　8.C　9.D　10.C

三、思考题

1.简答要点：

研究生教育的显成本包括学费、书本费、住宿费、伙食费等；隐成本指的是接受研究生教育期间所放弃工作能给自己带来的最高收入。

经济萧条时期，接受研究生教育所产生的隐成本较低，所以报考研究生的竞争十分激烈。

2.简答要点：

边际报酬递减是指在一定的技术水平条件下，若其他生产要素不变，连续地增加某种生产要素的投入量，在达到某一点后，总产量的增加会递减。而规模报酬递减是指当各种生产要素同时增加相同比例时，产量增加倍数小于要素增加比例的现象。

3.简答要点：

平均成本曲线与边际成本曲线之间的关系是：U 形的 AC 曲线与 U 形的 MC 曲线相交于 AC 曲线的最低点；在 AC 曲线的下降段，MC 曲线在 AC 曲线的下方；在 AC 曲线的上升段，MC 曲线在 AC 曲线的上方。之所以有这个特征的原因是：对于两个相应的边际量和平均量而言，只要边际量小于平均量，边际量就把平均量拉下；只要边际量大于平均量，边际量就把平均量拉上。所以当边际量等于平均量时，平均量必然达到其本身的最低点（此题也可以用数学方法证明）。

四、计算题

1.解：

(1) $SMC(Q)=8-4Q+Q^2$，$SAC(Q)=\frac{50}{Q}+8-2Q+\frac{1}{3}Q^2$

$AVC(Q)=8-2Q+\frac{1}{3}Q^2$

(2)令 $SMC'=0$，即 $-4+2Q=0$，求出 $Q=2$ 时，SMC 达到最小值；

令 $SMC=AVC$，即 $8-4Q+Q^2=8-2Q+\frac{1}{3}Q^2$，求出 $Q=3$ 时，AVC 达到最小值

2. 解：

$Px = 1$，$Py = 9$，$Pz = 8$，

$LTC = x + 9y + 8z$

求厂商的总成本函数实际上是求：$\min LTC = x + 9y + 8Z$

根据 $Q = 2x^{0.5}y^{0.5}z^{0.25}$

设拉格朗日函数为：

$L = x + 9y + 8z + \lambda(Q - 2x^{0.5}y^{0.5}z^{0.25})$

分别对 x、y、z 和 λ 求偏导，得：

$$\frac{\partial L}{\partial x} = 1 - \lambda x^{-0.5}y^{0.5}z^{0.25} = 0$$

$$\frac{\partial L}{\partial y} = 9 - \lambda x^{0.5}y^{-0.5}z^{0.25} = 0$$

$$\frac{\partial L}{\partial z} = 8 - \frac{\lambda}{2}x^{0.5}y^{0.5}z^{-0.75} = 0$$

$$\frac{\partial L}{\partial \lambda} = Q - 2x^{0.5}y^{0.5}z^{0.25} = 0$$

得出：$x = 9y, z = \dfrac{9y}{16}$

$$Q = 2x^{0.5}y^{0.5}z^{0.25} = 2(9y)^{0.5}y^{0.5}\left(\frac{9y}{16}\right)^{0.25} \Rightarrow y = \left(\frac{Q}{3\sqrt{3}}\right)^{\frac{4}{5}}$$

$$LTC = x + 9y + 8z = 9y + 9y + \frac{9}{2}y = \frac{45}{2}y = \frac{45}{2}\left(\frac{Q}{3\sqrt{3}}\right)^{\frac{4}{5}}$$

五、挑战题*

1. 解：

(1)将 $y=484$ 代入生产函数，得 $484 = (2x^{\frac{1}{2}} + z^{\frac{1}{2}})^2$

整理后可得：$z = (22 - 2x^{\frac{1}{2}})^2$， (1)

所以，成本函数为：$C = 30x + 20z + 50 = 30x + 20(22 - 2x^{\frac{1}{2}})^2 + 50$ (2)

成本最小化的条件为：$\dfrac{dC}{dx} = 30 + 40(22 - 2x^{\frac{1}{2}})(-x^{-\frac{1}{2}}) = 0$

解得：$x=64$

将其代入(1)、(2)式可得：

$z=36$，$C=2690$

即 x 的投入量为 64，z 的投入量为 36，总成本为 2690。

(2)把生产函数中的 y 看作一定数量时，生产函数整理后可得：

$z = (y^{\frac{1}{2}} - 2x^{\frac{1}{2}})^2$

总成本函数极为：$C = 30x + 20z + 50 = 30x + 20(y^{\frac{1}{2}} - 2x^{\frac{1}{2}})^2 + 50$ (3)

成本最小化的条件：$\dfrac{dC}{dx} = 30 + 40(y^{\frac{1}{2}} - 2x^{\frac{1}{2}})(-x^{-\frac{1}{2}}) = 0$

解得：$x = \dfrac{16}{121}y$

代入(3)式后即得总成本函数：$C=\frac{60}{11}y+50$

第六章　完全竞争与完全垄断

一、核心概念

（略）

二、选择题

1.C　2.A　3.C　4.A　5.D　6.C

三、思考题

1.简答要点：

大量参与者、产品同质、资源自由流动、信息充分。具有实际意义，在现实生活中，有大量的市场接近完全竞争市场，可以用完全竞争的理论去解释。研究完全竞争模型可以得到关于市场机制和资源配置的基本原理，为其他类型的市场经济效率分析及评价提供一个参照基准。

2.简答要点：

条件是 $MR=MC$，由于 $P=MR$，又可写成 $P=MC$。并不能意味厂商就有超额利润。完全竞争市场厂商短期内需求曲线是一条平行于横轴的曲线；供给曲线是 MC 曲线在 $P=AVC$ 之上的部分。

3.简答要点：

在经济学中通常被称为三级价格歧视。产生条件：弹性不同、充分隔绝。其基本原理是根据各自弹性不同而引起的 MR 曲线与相同的 MC 曲线的交点来决定各自的价格。定价作用：有利于弹性大的消费者，可以使得厂商获取更多的利润。

四、计算题

1.解：

(1)$AC=88-12q+0.5q^2$

$AC'=-12+q=0$　得 $q=12$

代入得 $ACmin=16$，长期均衡时 $P=16$

(2)$P=22-0.0005Q=16$ 得：$Q=12000$，

$n=12000/12=1000$（家）

2.解：

$SC=Q^3-1.5Q^2+30Q+40$

$MC=3Q^2-3Q+30=P=90$，解得 $Q=5$，$Q=-4$（舍弃）

$AC=Q^2-1.5Q+30+40/Q=25-7.5+30+8=55.5$

利润 $=PQ-SC=450-277.5=172.5$

3.解：

由 $P=3000-10Q$，可得：

$MR=3000-20Q$

由 $C=4000+600Q+30Q^2$，可得：

$MC=600+60Q$

令 $MC=MR$

$600+60Q=3000-20Q$，解得：

$Q=30$

$P=3000-10Q=3000-300=2700$

$\pi=P\cdot Q-C=2700\times30-(4000+600\times30+30\times30^2)=32000$

4. 解：

(1) $SMC=3Q^2-12Q+30$，$MR=P=66$

令 $SMC=MR$，得出 $Q=6$

利润 $=PQ-STC=176$

(2) $SMC=3Q^2-12Q+30$，$MR=P=30$

令 $SMC=MR$，得出 $Q=4$

利润 $=PQ-STC=-8$

(3) $AVC=Q^2-6Q+30$

令 $SMC=AVC$，得出 $Q=3$

当 $Q=3$ 时，AVC 的最小值 $=21$

所以，当 $P<21$ 时，该厂商才会退出该行业。

5. 解：

垄断厂商在 A、B 两个子市场采取三级价格歧视销售同样产品。其在两个子市场面对的需求曲线分别为 $P_1=1100-100Q_1$ 和 $P_2=820-60Q_2$，企业的成本函数是 $C=200+100Q$。

由 $P_1=1100-100Q_1$，得：

$MR_1=1100-200Q_1$

$MC_1=100$

令 $MR_1=MC$

$1100-200Q_1=100$

$Q_1=5$

$P_1=1100-100\times5=600$

由 $P_2=820-60Q_2$，得：

$MR_2=820-120Q_2$

令 $MR_2=MC$

$820-120Q_2=100$

$Q_2=6$

$P_2=820-60\times6=460$

$\pi=P_1\cdot Q_1+P_2\cdot Q_2-C=600\times5+460\times6-(200+100\times11)=3000+2760-200-1100=4460$

五、挑战题*

1. 解：

截止到 2010 年，中国钢铁企业数量达到将近 800 家，市场非常分散，所以不是真正意义上的垄断。在国际谈判上很难统一，经常内部“搅局”，也就很难有谈判优势；而我国目前面对的铁矿供给商是国际上垄断程度相当高的三大寡头(淡水河谷公司、力拓矿业公司和必和必拓公司),因此最终难以确定所谓“中国价格”,也就很难有话语权。

2.解:

(1)由给定的需求方程可以导出总收益等式

$TR=18Q-0.05Q^2$,并由此得出 $MR=18-0.1Q$

由总成本曲线可以导出 $MC=6+0.1Q$,根据 $MR=MC$,则有:

$18-0.1Q=6+0.1Q$

则有 $Q=60$,$P=15$,利润$=360$

(2)令 $P=MC$

有 $18-0.05Q=6+0.1Q$

则 $Q=80$,$P=14$,利润$=320$

(3)令 $P=AC$

有 $18-0.05Q=6+0.05Q$

$Q=120$,$P=12$

如果有政府限制价格为12,厂商将令:

$MC=MR$ 即:$6+0.1Q=12$

此时 $Q=60$,利润$=180$

第七章　垄断竞争与寡头垄断

一、核心概念

(略)

二、选择题

1.A　2.D　3.B　4.A　5.B　6.B　7.D

三、思考题

1.简答要点:(略,参见教材)

2.简答要点:(略,参见教材)

3.简答要点:(略,参见教材)

四、计算题

1.解:

(1)厂商1的反应函数:$Q_1=950-0.25Q_2$

厂商2的反应函数:$Q_2=368-0.1Q_1$

(2)联立(1)中方程,可得均衡解 $Q_1=880$,$Q_2=280$,$P=400-0.1(880+280)=284$

(3)厂商1的利润$=PQ_1-TC_1=54880$

厂商2的利润$=PQ_2-TC_2=19200$

2.解:

古诺均衡时均衡价格和产量:利用反应函数求古诺解,$Q_1=Q_2=18$;$Q=36$;$P=60-Q=24$

串谋均衡时均衡价格和产量:两个厂商像一个完全垄断厂商那样行动,$Q=27$;$P=33$

完全竞争市场中的均衡价格和产量：由 $P=MC$ 得出，$Q=54$；$P=6$

3.解：

(1)该公司面临的需求曲线是弯折的需求曲线，因此所在行业属于寡头垄断市场。

(2)当 $Q=20$ 时，由 $P=25-0.25Q$ 可得 $P=20$。

当 $P=20$，$Q=20$ 时，对于 $P=25-0.25Q$ 这条需求曲线来说，其

$MR1=25-0.5Q=25-0.5\times20=15$

对于 $P=35-0.75Q$ 这条需求曲线来说，其

$MR2=35-1.5Q=35-1.5\times20=5$

这就意味着 MR 在 15－5 之间断续，边际成本 MC 在 5～15 之间时，厂商都能达到均衡。

根据厂商的总成本函数 $TC=200+5Q+0.25Q^2$，可得 $MC=5+0.5Q$

当 $MR1=MC$ 时，$25-0.5Q=5+0.5Q$，得 $Q1=20$

当 $MR2=MC$ 时，$35-1.5Q=5+0.5Q$，得 $Q2=15$

显然，只有 $Q1=20$ 才符合均衡条件。而此时的利润

$\pi=20\times20-(200+5\times20+0.25\times20^2)=0$。

4.解：

(1)根据收益矩阵分析可得出，对于企业 A 来说，无论企业 B 选择“做广告”还是“不做广告”，企业 A 的最优策略都是“做广告”，因此“做广告”是企业 A 的占优策略；同理，对于企业 B 来说，无论企业 A 选择“做广告”还是“不做广告”，企业 B 的最优策略都是“做广告”，因此“做广告”是企业 B 的占优策略。这样一来，在这场博弈中，最终的占优策略均衡即决策均衡就是(做广告，做广告)。

(2)这是一个囚徒困境。从整体来看，最优的决策应是(不做广告，不做广告)，但从个人理性角度出发所选择的占优策略的结局却是(做广告，做广告)。从个人理性角度出发所作的最优选择的结局，从整体来看，反而是最差的结局，所以这是一个囚徒困境。

五、挑战题*

1.解：

(1)由题意得：$LAC=0.001Q^2-0.425Q+85$；反需求函数 $P=120-0.4Q$

厂商实现长期均衡时，实际需求曲线与 LAC 曲线相切，即 $LAC=P$，有：

$0.001Q^2-0.425Q+85=120-0.4Q$

可解得长期均衡时 $Q=200$；$P=40$。

(2)由 $Q=200$ 可得 $LMC=35$，厂商实现长期均衡时，必然有 $MR=LMC$，因此 $MR=35$，$P=40$，根据公式：

$MR=P\left(1-\frac{1}{|E_d|}\right)$，可得 $E_d=8$。

(3)设厂商长期均衡时的主观需求曲线函数为 $P=A-BQ$，根据线性需求点弹性定义，可知 $E_d=\frac{P}{A-P}$，从而可求得 $A=45$；而 $B=\frac{A-P}{Q}$，求得 $B=0.025$。因此，所求主观需求曲线为 $P=45-0.025Q$。

第八章　生产要素市场均衡分析

一、核心概念

（略）

二、选择题

1. B　2. A　3. C　4. C　5. B　6. A　7. A　8. A　9. B　10. A

三、思考题

1. 简答要点：（略）

2. 简答要点：

劳动供给曲线向后弯曲，表明当工资水平较低时，随着工资的上升，劳动者会增加劳动供给以获得更多的收入。但当工资上升到一定程度后，此时如果继续提高工资，劳动供给不仅不会增加，反而会减少。其原因可以用替代效应和收入效应来进行解释。

劳动可获得收入即工资；闲暇可看作特殊消费品，对它的消费可获得效用，但要付出价格，其价格等于同量时间劳动的工资，因为劳动的工资是闲暇的机会成本，因此，工资变动就意味着该消费品价格的变动，于是工人就会对闲暇与其他消费品进行选择，即发生替代效应。

随着工资率的提高，工人消费闲暇的相对价格也提高，因而替代效应的结果是减少对闲暇时间的消费，同时增加劳动时间的供给。另一方面，工资率提高又产生收入效应，工资率的提高意味着即使劳动时间不变，但因为收入提高了，从而工人又会增加对所有商品包括闲暇的消费。

劳动供给的增加还是减少，取决于工资提高后产生的替代效应与收入效应的大小。一般地，工资率较低时，随着工资率的提高，替代效应大于收入效应，因而劳动供给的增加量大于减少量；而在工资率较高时，随着工资率的提高，替代效应小于收入效应，因而劳动供给的增加量小于减少量。这样，假定工人原来的工资水平较低，随着工资率的提高，劳动供给会增加，劳动供给曲线向右上方倾斜；工资率提高到一定程度以后再提高工资，劳动供给就会减少，劳动供给曲线向左上方倾斜，即向后弯曲。

个人资本供给曲线为什么是向后弯曲（略，参见教材）。

3. 简答要点：（略，参见教材）

4. 简答要点：

边际收入定义为，增加最后一个单位产品增加的收入，其公式为：$MR=\lim\limits_{\Delta Q\to 0}\frac{\Delta TR}{\Delta Q}=\frac{dTR}{dQ}$，也可以表示成 $MR=\frac{dTR}{dQ}$；边际收益产品定义为，增加一个单位要素投入（比如劳动 L）增加的收入。由于要素增加收入可以分成两个部分，一是增加一个要素投入增加的产量，即 $\frac{\Delta Q}{\Delta L}$，另一部分是增加一个单位产量增加的收入，即 $\frac{\Delta TR}{\Delta Q}$，因此，边际收益产品可以表示为 $MRP=\frac{\Delta TR}{\Delta L}=\frac{\Delta TR}{\Delta Q}\cdot\frac{\Delta Q}{\Delta L}=MR\cdot MP_L$。边际产品价值 VMP 是边际收益产品的特殊情况，在产品市场完全竞争时，市场价格为常数，因此有 $MR=P$，此时 $MRP=MR\cdot MP_L=P\cdot MP_L=VMP$。

边际成本定义为，增加最后一个单位产品增加的成本，即 $MC=\lim_{\Delta Q\to 0}\frac{\Delta TC}{\Delta Q}=\frac{dTC}{dQ}$，边际要素成本定义为增加一个单位要素投入增加的成本，即 $MFC=\lim_{\Delta L\to 0}\frac{\Delta TC}{\Delta L}=\frac{dTC}{dQ}\cdot\frac{dQ}{dL}$。

5. 简答要点：

(1)错误。边际收益产品是指增加要素增加的收入，不是要素的全部收入。

(2)错误。边际生产力分配理论认为，应该根据要素的边际生产力大小来进行分配，而不是根据产出份额。

(3)错误。工资是劳动的报酬，全部产出减去原料成本后除了工资外，还有利息、地租和利润。

6. 简答要点：

(1)图略。

(2)劳动的供给曲线左移，工资率提高，就业量减少。

(3)对该行业的需求增加，带动劳动的需求增加，劳动的需求曲线右移，工资率又上上升，就业量增加。

四、计算题

1. 解：

设消费者拥有的固定时间为 T，出售劳动的工作时间为 L，工资率为 W，

则留作闲暇的时间 $l=T-L$，出售劳动的收入 $Y=WL$，代入消费者效用函数有：

$U=lY+a\,l=(T-L)WL+a(T-L)=TWL-WL^2+aT-aL$

效用最大化时满足：$\frac{dU}{dL}=TW-2WL-a=0$

$L=\frac{T}{2}-\frac{a}{2W}$　　即为所求劳动的供给曲线。

T、a 为正值，当工资率 W 上升时，工作时间 L 增加；反之 W 下降时，L 下降，L 与工资率 W 同向变化，$\frac{dL}{dW}=\frac{a}{2W^2}>0$，即劳动的供给曲线是向右上方倾斜。

2. 解：

(1)设农场工人的年工资为 ω，土地的年租金为 r，厂商的利润函数为：

$\pi=TR-TC=50(-L^3+20L^2+72L)-(12000+3000+\omega L+100r)$

根据利润最大化原则，上式 π 对 L 的一阶导数等于 0，则有：

$50(-3L^2+40L+72)-\omega=0$，代入 $L=14$，解得：

每个农场工人的年工资 $\omega=2200$ 元

(2)将 $\pi=3200$ 元，$\omega=2200$ 元代入利润函数式，则有：

$3200=50(-L^3+20L^2+72L)-(12000+3000+\omega L+100r)$

$=50(-14^3+20\times 14^2+72\times 14)-(12000+3000+2200\times 14+100r)$

解得每亩土地的年租金 $r=552$ 元

3. 解：

根据 $VMP_L=MFC_L$ 原则，其中：

$MP_L = \frac{dq}{dL} = 6 + 6L - 0.06L^2$

$VMP_L = P \cdot MP_L = 2 \times (6 + 6L - 0.06L^2) = 12 + 12L - 0.12L^2$

$C_L = WL = 60L + 3L^2$，则 $MFC_L = 60 + 6L$

由 $VMP_L = MFC_L$ 有：

$12 + 12L - 0.12L^2 = 60 + 6L$

$0.12L^2 - 6L + 48 = 0$

解得：$L_1 = 10$（舍弃），$L_2 = 40$，即利润最大化时的 $L = 40$

$q = 6L + 3L^2 - 0.02L^3 = 6 \times 40 + 3 \times 40^2 - 0.02 \times 40^3 = 3760$

$W = 60 + 3 \times 40 = 180$

4. 解：

(1)边际产量以及 MRP 明细表：

雇佣的工人人数	△L	热浴盆的安装数	△Q	MP=△Q/△L	MRP=1200 * MP	MRP=1500 * MP
1	—	5	—	—	—	—
2	1	12	7	7	8400	10500
3	1	18	6	6	7200	9000
4	1	23	5	5	6000	7500
5	1	27	4	4	4800	6000
6	1	30	3	3	3600	4500
7	1	32	2	2	2400	3000
8	1	33	1	1	1200	1500
9	1	34	1	1	1200	1500

(2)在竞争性的市场，有 $MRP = W = 2200 < \approx 2400$，比较接近的理想雇佣人数为 7 人。

(3)安装价格上升到 1500 元时的 MRP 见上表最右边一列所示，根据 $MRP = W = 2500 < \approx 2400$，比较接近的理想雇佣人数仍为 7 人。强劲的产品需求导致对熟练工人的需求增加，但由于工人工资由 2200 元增加到 2500 元，就业并未增加。

五、挑战题*

1. 解：

(1)a) $L = 5184 \times 10^6 \times W^{-2}$（根据 $VMP = W$）

b)25

c)弹性＝－2（即求 $E = \frac{dL}{dW} \cdot \frac{W}{L}$）

d)纯利润＝72000 元

(2)a)设资本价格为 R，在长期均衡时 $R = 100$ 元/单位（设资本价格为 R，写出利润式，令 $\frac{d\pi}{dK} = 0$ 即得）

b)由于生产函数是规模报酬不变的，且要素市场是不完全竞争的，LAC 对厂商来说是常数，工厂规模和工人人数是不确定的。

2.解：

根据要素供给原则，闲暇边际效用与劳动收入的边际效用之比等于工资率，即：

$$\frac{dU}{dl}/\frac{dU}{dY}=\omega$$

根据题意，$\frac{\partial U}{\partial l}=48+Y-2l$，$\frac{\partial U}{\partial Y}=l$

因此有：$\frac{48+Y-2l}{l}=\omega$，即 $48+Y-2l=l\omega$

而劳动收入 $Y=\omega L$

闲暇 $l=T-L$

代入 $48+Y-2l=l\omega$ 式，有：

$48+\omega L-2(T-L)=(T-L)\omega$

解得劳动供给函数为：$L=\frac{T(2+\omega)-48}{2(\omega+1)}=\frac{T\omega}{2(\omega+1)}=\frac{12\omega}{\omega+1}$

(1)当 $\omega=0$ 时，代入劳动供给函数得 $L=0$，说明他完全不劳动。

(2)劳动供给函数的一阶导数为 $\frac{dL}{d\omega}=\frac{12}{(\omega+1)^2}>0$，所以工作时间随工资率的提高而增加。

(3)因为 $L=\frac{12\omega}{\omega+1}=\frac{12}{1+\frac{1}{\omega}}$，所以，$\omega\to\infty$时，$\lim\limits_{\omega\to\infty}L=12$，说明无论工资率有多高，他每天工作时间不超过 12 小时。

第九章　一般均衡与福利经济学

一、核心概念

（略）

二、判断题

1.√　2.×　3.√　4.×　5.√　6.×　7.×

三、选择题

1.C　2.D　3.D　4.D　5.A　6.C　7.D　8.D　9.D　10.B

四、思考题

1.简答要点：

(1)局部均衡分析研究的是单个(产品或要素)市场；其方法是把所考虑的某个市场从相互联系的构成整个经济体系的市场全体中“取出来”单独加以研究。在这种研究中，该市场商品的需求和供给仅仅看成其本身价格的函数，其他商品的价格则被假设为固定不变，而这些不变价格的高低只影响所研究商品的供求曲线的位置。所得到的结论是：该市场的需求和供给曲线共同决定了市场的均衡价格和均衡数量。

(2)一般均衡分析是把所有相互联系的各个市场看成一个整体来加以研究的。因此，在一般均衡理论中，每一商品的需求和供给不仅取决于该商品本身的价格，而且也取决于所有其他商品(替代品和补充品)的价格。每一商品的价格都不能单独地决定，而必须和其他商品价格联合着决定。当整个经济的价格体系使所有的商品都供求相等时，市场就达到了一般均衡。

2.简答要点：

(1)在完全竞争条件下，每种商品的价格对所有消费者都是相同的，消费者为了追求效用最大化，会使消费的任何两种商品的边际替代率等于其价格比率。每个消费者消费的任何两种商品的数量必使其边际替代率等于全体消费者所面对的共同的价格比率。因此，就所有消费者来说，任何两种商品的边际替代率必相等。

(2)在完全竞争条件下，任何一种生产要素的价格对任何一种产品的生产者都是相同的，生产者为了追求最大利润，会使其使用的任何一组生产要素的边际技术替代率等于它们的价格比率。每一生产者购买的任何两种要素的数量必使其边际替代率等于全体生产者所面对的共同的要素价格比率。因此，就所有产品的生产者来说，任何一组要素的边际技术替代率必相等。

(3)任何两种产品生产的边际转换率等于这两种产品的边际成本之比；每一消费者对于任何两种商品的边际替代率等于其价格之比。而在完全竞争条件下，任何产品的价格等于其边际成本。因此，对任何两种产品来说，其生产的边际转换率必等于任何消费者对这两种商品的边际替代率。

五、计算题

1.解：

(1)设甲、乙两人的消费束为：甲 (x_1, y_1)，乙 (x_2, y_2)，

题设的约束条件为：

$$\begin{cases} x_1 + x_2 = 300 \\ y_1 + y_2 = 200 \end{cases} \tag{1}$$

帕累托有效配置的条件是：甲、乙两人的无差异曲线相切，即：

$MRS_{x_1, y_1} = MRS_{x_2, y_2}$，即：$\dfrac{MU_{x_1}}{MU_{y_1}} = \dfrac{MU_{x_2}}{MU_{y_2}}$

于是我们有：$\dfrac{y_1}{x_1} = \dfrac{y_2}{x_2}$ (2)

联立(1)、(2)得：$\dfrac{y_1}{x_1} = \dfrac{300 - y_1}{200 - x_1} \Rightarrow y_1 = \dfrac{2}{3}x_1$

因此，所有满足帕累托最优的状态的契约线为：$y_1 = \dfrac{2}{3}x_1$。

(2)令 x 价格为1，y 的价格为 p，先求甲的效用最大化条件：

$\max U_1(x_1, y_1) = x_1 y_1$

$s.t.\quad x_1 + p y_1 = 300$

解得：$x_1 = 150, y_1 = \dfrac{150}{p}$；

再求乙的效用最大化条件：

$\max U_2(x_2, y_2) = x_2 y_2$

$s.t.\quad x_2 + p y_2 = 200p$

解得：$x_2 = 100p, y_2 = 100$；

由第(1)问中解得的帕累托最优条件：$y_1 = \frac{2}{3}x_1$

可求得：$p = 1.5$。

此时：

$x_1 = 150, y_1 = 100, x_2 = 150, y_2 = 100$

也就是说，社会最终的价格体系为：X 的价格为 1，Y 的价格为 1.5；交换结果为：甲消费 150 单位的 X，消费 100 单位的 Y；乙也消费 150 单位的 X，消费 100 单位的 Y。

2. 解：

因为在生产契约曲线上的点必须满足 $MRTS_{LK}^{X} = MRTS_{LK}^{Y}$

$$MRTS_{LK}^{X} = -\left(\frac{dK}{dL}\right)_X = -\frac{2}{3}\left(\frac{K}{L}\right)_X = -\frac{2}{3}\cdot\frac{K_X}{L_X}$$

又已知：

$$MRTS_{LK}^{Y} = -\left(\frac{dK}{dL}\right)_Y = -\left(\frac{K}{L}\right)_Y = -\frac{K_Y}{L_Y}$$

所以：$\frac{2}{3}\cdot\frac{K_X}{L_X} = \frac{K_Y}{L_Y}$

在该社会经济资源得到充分利用的情况下，有：

$$\begin{cases} L_X + L_Y = 100 \\ K_X + K_Y = 200 \end{cases} \Rightarrow \begin{cases} L_X = 100 - L_Y \\ K_X = 200 - K_Y \end{cases}$$

即：$\frac{2(200 - K_Y)}{3(100 - L_Y)} = \frac{K_Y}{L_Y}$

上式即为生产的契约曲线。

六、挑战题*

解：

契约曲线是交换均衡点的轨迹，曲线上每一点所代表的都是交换各方通过交换所能获得的最大效用时的商品的数量组合，即此时任何形式的改变都不可能在无损于别人的前提下使其中任何一个人的效用较前增加。也就是在给定其他消费者的效用水平的情况下，任何一个消费者的效用已达到最大。根据题意，对于两个人，两种商品的经济，可通过给定 u_B，使 u_A 极大化来求契约曲线，即：

$\max u_A = q_{A1}^{\alpha} q_{A2}$

使得：$u_B^0 = q_{B1}^{\beta} q_{B2} = (q_1^0 - q_{A1})^{\beta}(q_2^0 - q_{A2})$

构造拉格朗日函数：

$\varphi = q_{A1}^{\alpha} q_{A2} + \lambda[(q_1^0 - q_{A1})^{\beta}(q_2^0 - q_{A2}) - u_B^0]$

令一阶偏导数为零：

$$\frac{\partial\varphi}{\partial q_{A1}} = \alpha q_{A1}^{\alpha-1} q_{A2} - \lambda\beta\,(q_1^0 - q_{A1})^{\beta-1}(q_2^0 - q_{A2}) = 0 \tag{1}$$

$$\frac{\partial\varphi}{\partial q_{A2}} = q^{\alpha}{}_{A1} - \lambda\,(q_1^0 - q_{A1})^{\beta} = 0 \tag{2}$$

$$\frac{\partial\varphi}{\partial\lambda} = (q_1^0 - q_{A1})^{\beta}(q_2^0 - q_{A2}) - u_B^0 = 0 \tag{3}$$

由(1)、(2),得

$$\frac{\alpha q_{A1}^{\alpha-1} q_{A2}}{q_{A1}^{\alpha}} = \frac{\beta (q_1^0 - q_{A1})^{\beta-1} (q_2^0 - q_{A2})}{(q_1^0 - q_{A1})^{\beta}}$$

于是,所求契约方程为:

$$\frac{\alpha q_{A2}}{q_{A1}} = \frac{\beta(q_2^0 - q_{A2})}{q_1^0 - q_{A1}}$$

或:$\alpha q_{A2} q_1^0 - \alpha q_{A1} q_{A2} = \beta q_{A1} q_2^0 - \beta q_{A1} q_{A2}$

或:$\alpha q_{A2} q_1^0 = \beta q_{A1} q_2^0 + (\alpha - \beta) q_{A1} q_{A2}$

若无 $(\alpha - \beta) q_{A1} q_{A2}$ 此项,即当 $\alpha = \beta$ 时,该契约曲线便成为线性的了。

第十章　市场失灵与调节

一、核心概念

(略)

二、单项选择题

1.C　2.C　3.C　4.B　5.D　6.B

三、思考题

1.简答要点:

垄断尽管往往会带来规模经济,降低产品成本,促进科学研究和采用新技术,从而有助于生产力发展,但同时垄断必然存在低效率,不能实现帕累托最优,因为垄断的存在必然造成价格高、效率低下、社会缺乏公平、厂商的产量低于社会最优产量、其市场价格又高于成本等。此外,垄断行业中的技术停滞、寻租等现象,又会造成更大的社会成本和效率低下,资源不能得到充分利用,社会福利要受损失。

2.简答要点:

征税对于改善福利不是必要的,征税意味着提高垄断者的边际成本,根据成本加成定价原则,产品的价格也会上升,同时销售量减少,消费者和社会的福利水平都将减少。

3.简答要点:

不能。由于公共物品存在正的外部性,如果由私人提供,公共物品的供给可能会大大低于社会最优数量,不能实现帕累托最优,公共物品应该由政府提供或者政府组织提供。

四、计算题

1.解:

(1)根据 $P = MC$,可以解出 $q = 50$。

(2)根据 $P = SMC$,可以解出 $q = 40$。

2.解:

(1)苹果园园主的利润最大化问题为:$\max\left(7a - \frac{a^2}{100}\right)$,解出 $a = 350$。

(2)利润最大化问题为 $\max\left(7a + 8h - \frac{a^2}{100} - \frac{h^2}{100} + a\right)$,解出 $a = 400$,养蜂场对苹果园有正的外部性。

五、挑战题*

1. 解：

(1)两人对蚊子控制这一公共物品的需求曲线由 $q_{甲}$ 和 $q_{乙}$ 垂直相加而成：

$$\begin{array}{rl} & p=100-q_{甲} \\ + & p=200-q_{乙} \\ \hline & p=300-2q \end{array}$$

令 $p=MC$，则有：

$300-2q=120$

解得：$q=90$，这就是社会最优产出量。

(2)假如蚊子控制由私人来提供，则甲、乙两人各自按自己的需要来供给。则有

$p_{甲}=100-q_{甲}=MC=120$

解得：$q_{甲}=-20$

$p_{乙}=200-q_{乙}=MC=120$

解得：$q_{乙}=80$

$q_{甲}+q_{乙}=60$，这就是私人生产时提供的最优水平。

拓展知识链接词条解释

引论

经济人和道德人

经济人的说法源自于经济学之父亚当·斯密对于经济学的基本假设。经济人假设即指人的本性利己，在任何局限条件下，每个人都会一贯地以最小的代价追求最大的私利。或者说在约束条件下，人们总是最大化自己的利益，是唯利是图的。

经济人仅仅是一种假设，现实中人的这种自私自利不是纯粹的，人还有同情心的一面。也就是说，人除了自利的一面外，还有利他的一面，利他一面就是经济学中所说的道德人。亚当·斯密在《道德情操论》中阐述了人性不同于经济人的另外三个方面：同情心、正义感（合宜感）和行为的利他主义倾向。他指出，"人们不应该把自己看作某一离群索居的、孤立的个人，而应该把自己看成世界中的一个公民，是自然界巨大国民总体中的一员"。不仅如此，"为了这个大团体的利益，人人应当随时地心甘情愿地牺牲自己的微小利益"。这些都是人的道德性的体现，斯密的这种伦理思想后来被发展成为"道德人"理论。

边际革命

边际革命从19世纪70年代初开始持续到20世纪初，主要代表人物是边际效用学派的英国经济学家杰文斯、洛桑学派的法国经济学家瓦尔拉和奥地利学派的门格尔。他们在19世纪70年代初先后出版了各自的代表作，并不约而同地讨论了同一个问题，即价值由什么决定。

杰文斯提出价值由"最后效用"决定，门格尔认为价值由"最小重要的用途"决定，瓦尔拉指出价值由"最后欲望满足的程度"决定，这也就是说在他们的代表作中虽然没有使用"边际效用"这一概念，但他们都认为价值是由物品的最终效用决定的，而效用是用以描述满足人们欲望的程度。以物的最终效用去衡量价值，即所谓"边际效用价值论"，这种理论强调物对人的满足程度，而满足程度完全是主观的感觉，因而"边际效用价值论"是主观主义的价值学说。尽管如此，"边际效用价值论"的提出使经济学的研究进入了一个全新的领域即消费领域，因为物的效用只有进入消费领域后才能被评价。因此，英国著名的经济思想史学家埃里克·罗尔认为，"边际效用的概念不仅被看作是经济'工具箱'的一种补充，而且被看作是经济科学研究方法上的一项极其重要的革新"，意即边际革命。

边际革命包含着两项重要内容，即上述的边际效用价值论和边际分析方法的广泛运用。边际分析方法实际上是一种数学分析方法，也就是运用数学中的微积分去研究经济问题。这一方法开始还不为人们广泛地接受，门格尔甚至对在经济理论中使用数学的方法表示怀疑。但是随着时间的推移和经济研究与实践的发展，特别是经济资源“稀缺性”的提出，越来越多的人接受了这一方法，开始运用边际分析方法去研究经济问题。“稀缺论”认为，财富的增长，人类福利的增进不是经济增长的自由展现，而是经济资源的最优配置；不是一切增量投入都是可取的，只有把增量投入与增量产出联系起来分析才是可取的。在这种理论的影响下，在以后的经济研究中，经济学家提出了边际生产力、边际成本、边际收益、边际替代率、边际消费倾向等概念，极大地丰富了经济学研究的内容。所以，边际分析理论的广泛应用被认为是经济学研究的重大变革。

新经济

“新经济”(The New Economy)最早见于美国《商业周刊》1996 年 12 月 30 日刊登的题为《新经济的胜利》的一篇文章。这一说法实际上源自于这样的经济背景：上世纪 90 年代以来，美国社会经济一直呈现高增长、低通胀、低失业的特点，因而经济界把美国这种有别于传统经济特征的现象称为“新经济现象”，并被媒体推广开来。

新经济与传统经济相比有 4 个不同特征：

(1)新经济增长原动力不同于传统经济，它是以高科技、信息产业等为增长原动力。

(2)生产方式不同，它以集约型为主。

(3)交换方式不同，它以电子商务为主要交换手段。

(4)经济主体交往也不同，新经济趋向全球一体化。

新经济增长是可持续的，因此，发展新经济要做到技术、观念、市场、制度四方面创新。所谓“新经济”是建立在信息技术革命和制度创新基础上的经济持续增长与低通货膨胀率、低失业率并存，并且经济周期的阶段性特征明显淡化的一种新的经济现象。

经济全球化与《世界是平的》

经济全球化(economic globalization)是指世界经济活动超越国界，通过对外贸易、资本流动、技术转移、提供服务、信息等相互依存、相互联系而形成的全球范围的有机经济整体，即世界经济日益成为紧密联系的一个整体。全球化是资本、技术和信息超越国界的结合，这种结合创造了一个单一的全球市场，在某种程度上也可以说是一个全球村。经济全球化是当代世界经济的重要特征之一，也是世界经济发展的重要趋势。

《世界是平的》(The World Is Flat)是一本由汤马斯·佛里曼(Thomas L. Friedman)用了 4 年时间写成的一本重点论述“全球化”的畅销书，书中分析了 21 世纪初期全球化的过程，主要的论题是“世界正被抹平”，全球化不只是一种现象，也不只是一种短暂的趋势，还是一段个人与公司行为透过全球化过程中得到权力的过程。作者分析这种快速的改变是如何透过科技进步与社会协定的交合，诸如手机、网络、开放原码程式等而产生的。2006 年，美国导演约翰(John Jeffcoat)拍摄了同名电影。

经济学帝国主义

近几十年来，经济学不断向其他社会科学渗透，形成了许多以经济学方法为分析方法或体现经济学基本原理的新兴学科，西方经济学家称这种现象为“经济学的帝国主义”。

主流经济学认为，经济学对多学科的扩张本质上是一种研究方法的渗透，“经济学帝国”实际上应被称为“经济学研究方法的帝国主义”。经济学帝国主义者们认为，经济学本质上是一种思维方式、一种科学的研究方法，这种研究方法适用于人类行为的更广阔的领域，因此有人认为，“为经济学划出明显的疆域，接界而又独立于其他社会学科，最终是不可能的”。

互联网＋

通俗来说，“互联网＋”就是“互联网＋各个传统行业”，但这并不是简单的两者相加，而是利用信息通信技术以及互联网平台，让互联网与传统行业进行深度融合，创造新的发展生态。

它代表一种新的社会形态，即充分发挥互联网在社会资源配置中的优化和集成作用，将互联网的创新成果深度融合于经济、社会各领域之中，提升全社会的创新力和生命力，形成更广泛的以互联网为基础设施和实现工具的经济发展新形态。

第一章

跟风效应

跟风效应是指突然流行起某样东西时，自己没有或缺少主见，不经过仔细思考，盲目跟随潮流参与、模仿的一种现象，是价值观迷失的一种表现。

刚性需求

刚性需求，相对于弹性需求而言，是指商品供求关系中受价格影响较小、比较缺乏弹性且程度相对较大的需求。通常这种刚性需求的商品是指人们日常生活中常见的生活必需品或稀缺品，如水、农产品、石油、食盐、专用零件、矿产资源等。

均衡价格论与劳动价值论

均衡价格理论，是当代西方经济学的基础理论和核心内容之一，它由马歇尔、瓦尔拉斯等人创立于与马克思同时代的 19 世纪后期。劳动价值论是从亚当·斯密到大卫·李嘉图的古典经济学的产物，马克思劳动价值论是在批判资产阶级古典政治经济学劳动价值理论基础上创立和发展起来的。均衡价格理论与劳动价值论既有区别又有联系。

1. 均衡价格理论与劳动价值论的主要区别

一是理论基础不同。马克思是客观唯物主义者，其劳动价值论的出发点是物质资料生产，是对现实商品的分析；均衡理论建立在效用价值论的基础之上，认为商品价值是由它的效用决定的，而效用是人的一种主观心理感觉，这是从唯心主义的角度出发来研究的。

二是内容不同。马克思劳动价值论认为，商品是使用价值和价值的统一体，生产商品的劳动具有抽象劳动和具体劳动二重性。具体劳动创造使用价值，抽象劳动创造商品的价值。商品的价值由生产该商品的社会必要劳动时间所决定，商品交换要以价值量为基础实行等价交换。市场价格以商品价值为基础，受到市场供求相互作用的影响围绕价值而上下波动。均衡价格理论是马歇尔经济理论的核心和基础，其中融合了供求论、边际效用论、生产成本论。马歇尔认为，一种商品的价值是由该商品的供给和需求状况共同决定的，通过均衡价格来衡量商品的价值。需求价格是指消费者在一定时期内对一定数量的某种商品所愿意支付的最高价格，它由一定量商品对消费者的边际效用决定。由于边际效用递减规律的作用，因而需求价格也是递减的。需求曲线是一条向右下方倾斜的曲线。供给价格则指生产者提供一定量商品时愿意接受的价格，它由生产一定量商品所需支付的边际成本决定。由于边际成本递增规律的作用，随着需求量增大，商品的供给量也要增加，而边际成本递增必然导致供给价格递增，从而导致供给曲线最终是向右上方倾斜的。供给曲线和需求曲线的交点就是均衡点，该点所决定的价格即为均衡价格。

三是方法论不同。马克思的劳动价值论以辩证唯物主义和历史唯物主义为指导，按照由具体到抽象、由现象到本质的研究方法和由抽象到具体、由本质到现象的叙述方法；马歇尔则是把力学中的均衡引入到经济分析当中，创立了静态的局部均衡分析法，运用这种方法来分析相反经济力量的关系，如均衡价格的形成。

2.均衡价格理论与劳动价值论的主要联系

一是供求理论方面的联系。马克思认为决定价值的社会必要劳动时间有两种含义，他指出，第一种含义上的社会必要劳动时间是指，“社会必要劳动时间是在现有的社会正常的生产条件下，在社会平均的劳动熟练程度和劳动强度下制造某种使用价值所需要的劳动时间”；在分析商品价值实现时，第二种含义的社会必要劳动时间是指，“只有当全部产品是按必要的比例进行生产时，它们才能卖出去。社会劳动时间可分别用在各个特殊生产领域的份额的这个数量界限，不过是整个价值规律进一步发展的表现，虽然必要劳动时间在这里包含着另一种意义。为了满足社会需要，只有这样多的劳动时间才是必要的”(《资本论》第三卷，第717页)，“要使一个商品按照它的市场价值出售，也就是说，按照它包含的社会必要劳动来出售，耗费在这种商品总量上的社会劳动的总量，就必须同这种商品的社会需要量相适应，即同有支付能力的社会需要相适应”(《资本论》，第三卷，第215页)。第二种含义的社会必要劳动时间的分析，实质上就是讲社会总供给要与总需求相一致，只有这样，商品价值才能真正实现。这与均衡论者的观点并不矛盾，而且是关联的。

二是商品使用价值作用方面的联系。劳动价值论与效用价值论在关于商品使用价值(效用)作用的问题上有共同之处。马克思和边际效用论者几乎同样重视使用价值。只不过边际效用论者强调商品效用带给人的主观上的满足，认为效用决定价值，效用是价值的源泉；马克思则重视交换和交换背后的社会经济关系，注重生产效用的劳动和深入到人与人的社会属性层面的分析。

三是价格形成方面的联系。在价格形成上，马克思经济学与当代西方经济学的共同特点都是从个别商品价格(相对价格)与一般商品价格(绝对价格)两个方面分析其决定和变化的，二者都认为商品的供求关系会影响个别商品的价格，而纸币发行过多则会导致一般价格水平的上升，即出现通货膨胀。同时马克思经济学和当代西方经济学都认为商品价格上升将刺激供给或抑制需求。

除此之外，均衡价格理论与劳动价值论还和其他相关理论有联系。例如：成本理论、厂商进出行业的分析等等。

黑市(地下经济)

黑市是指未经政府批准而非法形成的,以交易不许上市的商品或以高于公开市场价格的价格,秘密进行买卖的市场。如票证黑市、金银黑市、走私物品黑市等,包括为了逃避国家关于商品价格、汇价及有价证券市价、利率等的限制而形成的非法买卖行为。总之,非法的交易称为黑市交易或黑市买卖,在黑市上进行交易的价格称黑市价格,在黑市上发生的经济活动又称为地下经济。

虚拟市场

虚拟市场是应用电子商务技术形成的一个虚拟的买卖双方聚集并进行交易的场所。它是基于网络信息技术的电子商务发展的必然结果,最大限度上体现了电子商务的先进性与有效性。卖方可以面向全球众多潜在买家方便地发布其产品、服务信息,并通过Internet与许多潜在的购买者进行交易,降低了交易过程的复杂程度,有效地提高了交易过程的效率,并降低了交易成本;对于买方来说,在虚拟市场中可以更大程度地接触不同的供应商,并通过Internet进行及时有效的比较、沟通,优化采购产品及服务的选择策略,获得更好的价格和更高的质量,同时简化了原本复杂的采购流程,极大地提高了采购效率,降低了采购成本。

第二章

短期弹性与长期弹性

时间是影响市场供求的重要因素之一,在短期或长期里供求双方对价于格变动的反映程度是不同的,因此,经济学经常从时间角度讨论弹性问题。短期弹性是指短期供求双方对于价格变动的反映程度;长期弹性是指长期供求双方对于价格变动的反映程度。不同的商品时间考察的长短不同,因此短期和长期并没有绝对严格的区分界限。除了短期和长期,也有学者提出过超短期的概念。

从需求角度来讲,将商品分为耐用品和非耐用品。对于许多非耐用商品来说,一般情况下长期需求比短期需求富有价格弹性,原因之一就是人们需要较长时间才能改变他们的消费习惯。对于有些耐用品商品来说,情况恰恰相反,短期需求的弹性大于长期需求的弹性。这些商品(如汽车、家居、冰箱、电视机等)都很耐用,开支占收入的比重相对较大,消费者拥有每种这类商品的总量也要大于其每年的产量,因此短期与长期相比,价格总量的一个小的变化都会引起购买量的较大幅度变化。

从供给角度来讲,产品分为再生性供给产品和非再生性供给产品。长期和短期的供给不同,对于大多数非再生性商品来说,长期供给的弹性远大于短期供给的价格弹性,因为在短期内,厂商面临着生产能力的制约(capacity constraints),它们需要时间,通过建造新的生产线,雇佣新的工人,来扩展自己的生产能力。对某些再生性供给商品而言,短期供给比长期供给更富有弹性。这类商品是耐用的,它们在价格上升的时候可以作为供给的一部分而被重复利用,金属的再生供给(secondary supply)(即废旧金属的供给这些金属往往被熔化加以重铸)就是一个例子。

能源消费弹性

能源消费弹性(elasticity coefficient of energy consumption)是反映能源消费增长速度与国民经济增长速度之间比例关系的指标,通常用两者年平均增长率间的比值表示。能源消费弹性系数=能源消费量年平均增长速度/国民经济年平均增长速度。

国民经济年平均增长速度通常采用国内生产总值、国民收入的增长率来计算。计算与分析能源消费弹性系数主要是为了研究国民经济发展与能源消费之间的关系,预测今后国民经济增长对能源消费的需求情况。能源消费的发展变化与国民经济结构、技术装备、生产工艺、能源利用效率、管理水平乃至人民生活等因素密切相关。当国民经济中耗能高的部门(如重工业)比重大,科学技术水平还很低的情况下,能源消费增长速度总是比国内生产总值的增长速度快,即能源消费弹性系数大于1。随着科学技术的进步,能源利用效率的提高,国民经济结构的变化和能源工业的迅速发展,能源消费弹性系数会普遍下降。

但是自第一次石油危机以来,能源的来源和品种趋于多样化,节能取得很大发展,各种能源之间的相互替代使能源市场更加灵活,国际化更为突出,电气化进程也在加速。这些因素使得能源消费与经济之间的相互关系不断发生变化,总体趋势是从紧密相关变得没有规律,甚至相互脱节。因此,能源消费弹性系数只宜用作预测能源需求的参考。

要素的产出弹性

某种投入要素的产出弹性被定义为:当其他投入要素不变时,该要素增加1%所引起的产出量的变化率,反映的是产出变化对该要素变化的敏感程度。假设生产函数 $Q=f(K,L)$,K、L 分别表示生产要素资本和劳动,Q 为产出量,如果用 E_K 表示资本的产出弹性,用 E_L 表示劳动的产出弹性,则有:

$$E_K=\frac{\Delta Q}{Q}/\frac{\Delta K}{K} \text{ 或 } E_K=\frac{\partial f}{\partial K}/\frac{K}{Q}$$

$$E_L=\frac{\Delta Q}{Q}/\frac{\Delta L}{L} \text{ 或 } E_L=\frac{\partial f}{\partial L}/\frac{L}{Q}$$

生产力弹性(收益规模弹性)

生产力弹性是指技术水平和投入价格不变的条件下,考察所有投入要素都按照同一比率变动时产出的相对变动情况。假设按照同一比率投入的要素综合表示为 X,则要素的变化率为 $\Delta X/X$,产出变化率为 $\Delta Q/Q$,则生产力弹性的计算公式即为:

$$E_X=\frac{\Delta Q}{Q}/\frac{\Delta X}{X} \text{ 或 } E_X=\frac{dQ}{dX}/\frac{X}{Q}$$

根据规模报酬的定义,当 $E_X>1$ 时,表明各种要素变动1%时,产量变动的比例大于各种要素变动的1%,则规模报酬递增;当 $E_X=1$ 时,表明产出变动率与要素变动率相同,则规模报酬不变;同理可得,当 $E_X<1$ 时,则规模报酬递减。由于生产力弹性可以反映企业的规模收益状态,因此,又被称之为收益规模弹性。

在生产实践中应用生产力弹性指标,易于分析、判断具体产品生产系统目前处于何种变化阶段，是否该扩大规模或缩小规模，以提高综合要素生产效率，节约生产成本。对于有确定性生产函数的生产系统，很容易利用点弹性或弧弹性公式计算在目前规模水平上的收益规模弹性数值；对于无确定性生产函数的生产系统，可利用本系统历史资料或借鉴其他系统资料，计算在目前规模水平上的收益规模弹性数值，以分析、判断和决策。

污染—经济时间弹性

环境污染随着经济发展的进程不断变化，为更加全面、准确地描述环境污染与经济发展的关系，有研究人员将弹性分析方法应用于描述环境污染指标与经济发展指标之间的关系，提出“污染—经济时间弹性”(pollution-economy time elasticity)概念，即一个国家或地区环境污染指标的年际变化率与相应的该国家或地区经济指标年际变化率的比值。

第三章

戈森定律

戈森定律以德国经济学家戈森名字命名，反映的是关于欲望与享受相互关系及其变化的规律。戈森定律是现代“效用论”的基础，主要有三个方面的内容，分别被称为戈森第一定律、戈森第二定律和戈森第三定律。

戈森第一定律：又叫享乐递减法则，即欲望强度或享乐递减定律，指人类为满足欲望和享乐，需不断增加消费次数，而享乐则随消费的增加而递减，享乐为零时，消费就应停止，如再增加，则效用成为负数，消费就会使享乐变为痛苦。

戈森第二定律：又叫边际效用相等法则。他认为，为使总享乐达到最大化，每个人可以在各种享乐之间自由选择。但是当他的时间不足以使其享乐完全达到饱和时，他一定会这样行事，即不管各种享乐的绝对量如何不同，在达到最大享乐之前，他会按照如下原则首先满足各种享乐的一部分，这种原则就是，在他的享乐中止时，每一单个享乐量是相等的，即所谓边际效用均等。

戈森第三定律：又叫享乐扩充定律，在原有欲望已被满足的情况下，要取得更多的享乐量，只有发现新享乐或扩充旧享乐。

间接效用函数

在效用论一章出现的函数 $u(x)$ 称为直接效用函数，表示效用是消费商品 $x=(x_1, x_2, \cdots, x_n)$ 的函数，根据 $u(x)$，给定消费商品的一组价格 $p=(p_1, p_2, \cdots, p_n)$ 与收入水平 y，就可以求解出最优消费量 $x^*=(x_1^*, x_2^*, \cdots, x_n^*)$。

问题是，如果上述 P_1 与 P_2 的相对关系发生了变化，收入 y 发生了变化，那么最优消费量 $x^*=(x_1^*, x_2^*, \cdots, x_n^*)$ 也会跟着变化。由于最优消费量对应的是最大化的效用 $\max\limits_{x\in R_+^n} u(x)$ ①，所以，最大化的效用 $\max\limits_{x\in R_+^n} u(x)$ 与价格 P 和收入 y 之间有一定的函数关系。记：

① 平新乔.微观经济学十八讲，北京大学出版社，2001.4。

$$v(p,y)=\max_{x\in R_{+}^{n}}u(x)$$

$$s.t.\ p\cdot x\leqslant y$$

$v(p,y)$ 被称为是间接效用函数。利用间接效用函数,只要已知消费者的收入和商品价格,让消费者自己解决效用最大化的问题,即可知道效用最大点在什么地方。同时也意味着消费者的行为实质上可以通过控制价格和收入来实现,这就为政策制定提供了理论依据。

生产者剩余

生产者剩余是指厂商在提供一定数量的某种产品时实际接受的总支付和愿意接受的最小总支付之间的差额。生产者剩余的几何解释与经济租金类似,它等于价格水平之下、供给曲线之上的区域,如下图三角形 P_0EC 的面积所示。

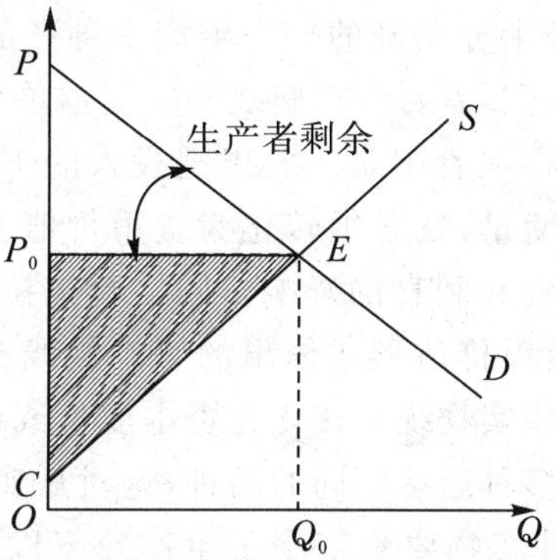

在图中,在从零到产量 Q_0 之间的价格线以下和供给曲线以上的阴影部分面积表示生产者剩余,其中,价格线以下的矩形面积 OP_0EQ_0 表示总收益即厂商实际接受的总支付,供给曲线以下面积 $OCEQ_0$ 表示厂商愿意接受的最小总支付,这两块面积之间的差额构成生产者剩余。

由此,生产者剩余可以用数学公式定义。令反供给函数 $P=f(Q)$ 且价格为 P_0 时,厂商的供给量为 Q_0,则生产者剩余为:$PS=P_0Q_0-\int_0^{Q_0}f(Q)dQ$。

其中,PS 为生产者剩余,式子右边第一项表示总收益(即厂商实际接受的总支付),第二项表示厂商愿意接受的最小总支付。此外,生产者剩余也可以用厂商的总收益和总可变成本的差额来定义。

幸福方程式

英国的科学家认为,真正的幸福可以用一个公式来表示:

幸福$=P+(5\times E)+(3\times H)$,其中:

P 代表个性,包括人的世界观、适应能力和应变能力;

E 代表生存状况,包括健康状况、财务状况和交友状况;

H 则代表人类更高一层的需要,包括雄心、自尊心、期望值、幽默感等。

有的学者把这一公式进一步简化为:$F=E/D$,F 代表幸福,E 代表效用,D 代表欲望,这就是效用理论里提到的幸福方程式。幸福方程式说明,幸福与效用成正比,与欲望成反比。获得幸福提升的路径主要有两条，要么努力工作，以获得更高收入和最大的效用满足，要么就是控制住自己的欲望，使之减少到最小。

第四章

资本度量与“两个剑桥”的争论

资本，在经济学意义上，指的是用于生产的基本生产要素，即资金、厂房、设备、材料等物质资源。在金融学和会计领域，资本通常用来代表金融财富，特别是用于经商、兴办企业的金融资产。广义上，资本也可作为人类创造物质和精神财富的各种社会经济资源的总称。

在生产理论中存在着资本度量的难题。在生产函数中，投入的要素必须用实物单位加以衡量。例如，投入 10 亩土地、两个劳动力或两小时劳动、100 公斤肥料等产出一定数量的稻米，这些实物的单位是十分明确的。为生产一种产品，生产系统中投入的实物多种多样，为简化生产函数的研究，需要将它们统一用资本单位来表示，然而把这些实物转化为一定的资本来表达时就存在着困难。要想把投入的土地、劳动、肥料等不同品种的实物资本用统一的单位加以衡量，就必须转化为货币价值的形式才能加总，而任何价值形式的生产资料必然受到工资和利息的影响。同一台拖拉机在不同的工资或利息水平下会有不同的价值，纯然以货币价值形式作出的等产量线会经常变换位置，给生产者的均衡分析带来困难。同时这些实物统一转化为资本度量或许不难，但是转化为一定量的资本所对应的实物却可以有多种迥然不同的品种，这对从实物形态角度展开研究的生产函数而言，无从确定究竟何种实物要素带来了生产效率以及实物要素之间的优化组合问题。

资本争论即资本衡量问题是著名的“两个剑桥之争”的主题之一，这一问题首先由英国著名经济学者琼·罗宾逊夫人于 1953 年提出，以美国麻省理工学院教授萨缪尔森、托宾、索洛等人为代表的新古典综合派和以英国剑桥大学经济学家琼·罗宾逊、卡尔多、斯拉法及意大利学者帕西内蒂为代表的新剑桥学派，在其后的 20 余年中进行了激烈的讨论和争战。经过长期争论，始终没有解决问题，上个世纪 80 年代以后，“两个剑桥”争论消失，资本衡量问题从此束之高阁，再也无人问津。

技术效率与经济效率

技术效率是指实物投入与实物产出之间的关系。如果用既定的投入生产出了最大的产量，或者换个说法，要生产既定产量时用的实物投入最少，就实现了技术效率。在现实中，当不增加投入就无法增加产量时，所用的生产方法就实现了技术效率。实现技术效率，即充分地利用了现有的投入，是实现利润最大化的基础，但实现了技术效率本身并不等于实现了利润最大化，因为技术效率考察的仅仅是实物投入数量和实物产出数量的关系。经济效率考察的是货币形式的投入产出关系，即购买投入的支出(成本)与出卖产品得到的收入的关系，两者之间的差额——反映了利润的大小。决定成本的不仅有所购买的投入量，还有投入的价格，即成本等于所购买的投入量与价格的乘积。因此，在产出收入既定的情况下，这个乘积的大小可以判断是否实现了经济有效。

例如，邮局可以用人工或自动分拣机分拣信件。如果每日用20个工人或者一台分拣机加一个工人分拣10万封信件，这两种方法都实现了技术效率，两种方法从技术角度而言都是可行的，但两个方案的经济效率是不同的。首先，10万封信件的收益是相同的，如果工人的工资为每月2000元，每台机器每月的折旧与其他费用为4.5万元，则20个工人的人工费为4万元，而用自动分拣机需要4.7万元（机器的成本加一个工人工资）。这时，只有用工人分拣成本最低，实现了经济效率，而用自动分拣机的成本不是最小的，这就没有实现经济效率。

技术效率和经济效率在一定条件下是可以转化的。例如在上例中，如果工人的工资不是2000元而是涨到了3000元，则20个工人的人工费就需要6.0万元，而自动分拣机加一个人工的方案需要4.8万元，这时自动分拣机的成本最小，实现了经济效率。

利润最大化就是要在技术效率的基础上实现经济效率。所以，企业实现资源有效配置的标准就是技术效率和经济效率的统一，两者缺一不可。

产量山的概念

人们研究投入产出关系时发现，生产中的投入和产出存在一定的规律性，产量山(Product hill)是对生产规律的几何描述，如下图所示。

我们以生产要素K（资本）和L（劳动）为例，Q为产出量，图中曲面即为产量山曲面，它反映出随着K、L要素投入的变化，产量Q是如何变化的，这种规律性变化形状如山，故称产量山。图中，Q产量山曲面上的Q_1曲线为一条等产量线，(Q_1, K_1, L_1)为曲面上的一个点，表明要素组合为K_1，L_1时，产量是Q_1。

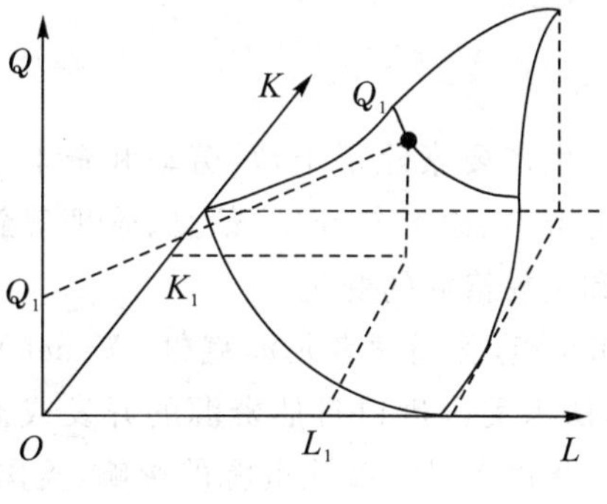

技术进步与生产函数

技术进步有狭义和广义之分，狭义上的技术进步主要是指生产工艺、中间投入品以及制造技能等方面的革新和改进。具体表现为对旧设备的改造和采用新设备改进旧工艺、采用新工艺、使用新的原材料和能源对原有产品进行改进、研究开发新产品、提高工人的劳动技能等。从广义上讲，技术进步泛指技术所涵盖的各种形式知识的积累与改进。

生产函数是指在一定时期内，在技术水平不变的情况下，生产中所使用的各种生产要素的数量与所能生产的最大产量之间的关系。生产函数表明了厂商所受到的技术约束，在对生产函数进行分析时，常常假定技术水平是不变的，但是实际上技术是不断进步的，技术进步通常意味着用较少的投入能够生产出与以前同样多的产品，或者同样的投入能够生产出比以前更多的产品，从而导致生产函数的改变，导致等产量线向坐标原点方向移动（产出仍为 Q_0），如下图所示。表明同样的产出所用的投入比技术进步以前要少。

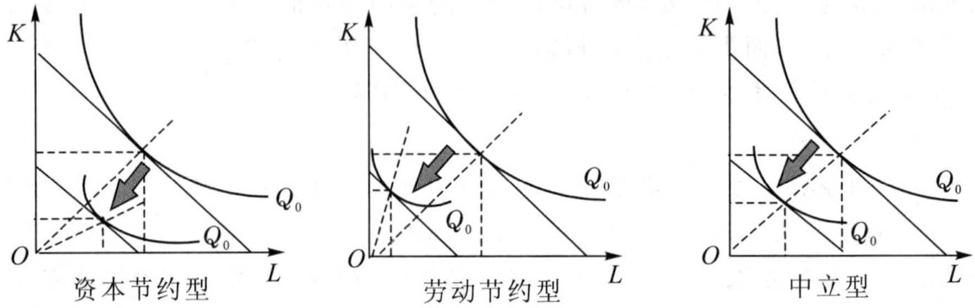

由于技术进步时常常伴有生产组合的变动，因此，等产量线不仅移动，而且移动时形状也会有所变化，表明技术进步类型的不同。一般来说有三种类型：

资本节约型技术进步：技术进步使劳动的边际产量比资本的边际产量增长要快，从而使人们相对多用劳动而少用资本，导致资本节约大于劳动节约，等产量线移动时形状变陡峭；

劳动节约型技术进步：技术进步使资本的边际产量比劳动的边际产量增长要快，从而使人们相对多用资本而少用劳动，导致劳动节约大于资本节约，等产量线移动时形状变平缓；

中立型技术进步：技术进步使资本的边际产量增长与劳动的边际产量增长相等，从而使资本节约与劳动节约相等，等产量线移动时形状不变。

新生产要素理论

新生产要素理论赋予了生产要素除了土地、劳动和资本以外更丰富的内涵，认为它还包括自然资源、技术、人力资本、研究与开发、信息、管理等新型生产要素，从新要素的角度说明国际贸易的基础和贸易格局的变化。

（1）自然资源理论。1959 年，美国学者凡涅克（J. Vanek）提出了以自然资源的稀缺解释里昂惕夫悖论的观点，认为美国进口自然资源的开发或提炼是耗费大量资本的，会使进口替代产品中的资本密集度上升。扣除资源的影响，美国资本密集型产品的进口就会小于其出口。

（2）人力资本理论。人力资本理论以基辛（D. B. Keesing）、凯南（P. B. Kenen）、舒尔茨（T. W. Schultz）为代表，对 H－O 理论作了进一步扩展，将人力资本作为一种新的生产要素引入。通过对劳动力进行投资，提高其素质和技能，进而提升劳动生产率。人力资本充裕的国家在贸易结构和流向上，往往趋于出口人力资本或人力技能要素密集的产品。

（3）研究与开发学说。格鲁伯（W. Gruber）、维农（R. Vernon）认为研究与开发也是一种生产要素，一个国家出口产品的国际竞争能力和该种产品中的研究与开发要素密集度之间存在着很高的正相关关系。各国研究与开发能力的大小，可以改变它在国际分工中的比较优势，进而改变国际贸易格局。

(4)信息要素。数字化已经成为社会发展的必然趋势。与生产过程必须依赖硬件设备和人力资本一样,企业的业务活动、创新、成长也越来越离不开大量数据的支持。也就是说,企业的任何一项业务活动都与大量的数据紧密相连,而我们每一个人都是数据的产生者,数据量与日俱增,数据结构繁杂多变,数据产生速度非常之快,我们已经进入了大数据的时代。

企业家与创新

企业家的定义:熊彼特认为企业家不仅要对生产要素进行组合,进行生产,而且要进行创新活动。

创新是把新的技术、新的生产方法、新的组织结构和管理形式创造性地应用于经济活动中,推向市场的动态过程。

创新与技术发明不同,创新理论最为强调的是企业家在创新活动中的决定作用,是在市场经济条件下的一种经济活动,其本质是一个经济概念。企业家的特点是敢于冒险,有进取精神。所谓技术发明,指的是新的科学技术成果的发现,它是科研技术人员和专家的活动。

技术创新活动与国家创新体系

(1)所谓创新活动就是要建立一种新的生产函数,即由企业家进行的对生产要素和生产条件的重新组合。

熊彼特创新活动的五个方面:引进一种新产品;使用一种新的生产方法;开辟一个新的商品市场;获得一种新的原料来源;实行一种新的企业组织形式。

(2)国家创新体系是指为了推动国家创新活动的发展,使一个国家的创新活动取得更好的绩效、在国家的层面上为创新活动的各个主体所作的制度安排和它们之间的相互作用。

第五章

马克西—西尔伯斯通曲线

1959 年,英国学者马克西和西尔伯斯通共同出版了《汽车工业》一书,该书依据当时的生产技术和工艺水平,研究了汽车生产线的平均费用和产量之间的关系,并指出当汽车产量从 1000 辆增加到 5 万辆时,单位成本下降 40%;从 5 万辆增加到 10 万辆时,单位成本下降 15%;从 10 万辆增加到 20 万辆时,单位成本下降 10%;从 20 万辆增加到 40 万辆时,单位成本下降 5%。根据这一变化趋势,马克西和西尔伯斯通描绘了一条汽车生产平均成本随产量不断下降的曲线,这就是著名的马克西—西尔伯斯通曲线。实际上,马克西—西尔伯斯通曲线不仅适用于汽车产业,而且适用于很多其他的工业部门,它的经济含义是:大规模生产具有规模节约的特点,即人们常说的规模经济。

集聚经济

工业区位经济学家 A. 韦伯(A. Weber,1909)最早提出集聚经济的概念,他在 1909

年出版的《工业区位论》一书中，把区位因素分为区域因素和集聚因素，探讨了产业集聚的动因，量化了集聚形成的规则。韦伯认为区位因子的合理组合使得企业成本和运费最小化，企业按照这样的思路就会将其场所放在生产和流通上最节省的地点。产业的空间集聚可以促进劳动力组织的专业化，产业集聚可以规避中间商，节省交易成本，还可以共享道路、煤气、自来水等公共基础设施，企业可以得到成本节省的好处，这就是集聚经济。

另一位经济学家巴顿(K. J. Button，1976)在企业集群理论研究中的独到之处在于讨论了企业集群与创新的关系，巴顿认为：

(1)产业在地理上的集中必然会带来竞争，而竞争促进创新。

(2)地理上的集中本身有助于商品制造者、供给者与顾客之间进行更为自由的信息传播，相当数量的创新正是由于顾客需要和解决供给问题而产生的结果。

(3)集中的优越的通讯工具加快了区域内企业采纳创新成果的速度。

这样，巴顿把产业集聚的创新优势研究又向前推进了一步。

经济学认为，集聚经济(agglomerative economies)是指各种产业和经济活动在空间上集中产生的经济效果以及吸引经济活动向一定地区靠近的向心力，使生产和服务在地域上集中产生经济和社会效果。理论上各种生产要素流动、集聚形成产业，起初是由于规模经济的效果，之后随着集聚规模增大，达到一定程度后便产生了规模不经济，规模不经济一经产生，单位产品的成本停止下降，规模再扩大就失去了规模经济的效益。如果各种生产要素仍然还在集聚，那么这种集聚就是范围经济作用的结果。范围经济并不排斥规模经济，它本身就含有规模经济的要求(体现在成本的次加性，即追加新产品和服务进行联合生产比单独生产成本要低)。如果规模经济和范围经济都不存在，那么生产要素是否还集聚？生产要素如果还具有集聚的趋势，那么这是由于外部经济作用的结果了。当集聚到一定程度，产生了外部不经济，单位产品成本开始上升，也会出现经济要素扩散的趋向。

当规模经济、范围经济、外部经济三者存在一个(不超过两个)时，发生的经济集聚效果可以称作一般集聚经济；当三者都存在并发挥作用，形成经济集聚时，称作纯粹集聚经济；当三者都已经不经济时，称作纯粹集聚不经济。

虚拟企业

虚拟组织一词是由肯尼思・普瑞斯(Kenneth Preiss)、史蒂文・戈德曼(Steven・L・Goldman)、罗杰・N・内格尔(Roger・N・Nagel)三人在 1991 年编写的一份重要报告——《21 世纪的生产企业研究：工业决定未来》中首先提出的，这份报告受到美国国会的重视，为国防部所采纳。在这份报告中，虚拟组织一词第一次被提出来，当时该词的含义很简单，仅作为一种比较重要的企业系统化革新手段被加以阐述。此后，虚拟组织概念得到发展，也日益受到重视并广泛传播开来。

大多数人认为是达维多和马隆于 1992 年在《虚拟公司》一书中首次对虚拟企业的思想进行了系统的阐述。他们认为，虚拟企业是由一些独立公司组成的临时性网络，这些独立的公司包括供应商、客户，甚至竞争对手，他们通过信息技术组成一个整体，共享技术、共担成本并且可以进入彼此的市场。虚拟企业没有办公中心，也没有组织章程；没有等级制度，也没有垂直体系。

之后，伯恩(1993)、阿诺尼莫斯(1994)、蒙赫(1997)、阿胡贾和卡尔利(1998)等不少学者对虚拟企业从不同的角度进行了不同的描述，这些描述归纳起来主要有三个方面：产品角度、信息网络角度和运行方式角度。概括来讲，虚拟企业只保留最关键的功能组织，而将其他功能组织借用外力以各种方式将其虚拟化。虚拟企业组织结构无形化，组织边界虚化，是通过信息网络加以联结的企业组织，网上商店、网上银行等是虚拟企业的典型形态，其本质在于突破企业自身的行政界限，扩大企业资源配置的范围，借用外力加速自身的发展。虚拟企业善于调动和整合资源，而不仅仅是传统方式地占有资源。

外包

外包从本质上说可以用一个英文单词——arrangement——来定义(有的时候也可以用 outsourcing)，即对当前业务流程的一种"安排"或另外的一种"诠释"，其目的是希望通过引入外部力量(有时这种外部的力量是通过内部力量起作用)来进行一种更加有效率的资源配置。

外包是指企业动态地配置自身和其他企业的功能和服务，并利用企业外部的资源为企业内部的生产和经营服务。在讲究专业分工的 20 世纪末，企业为维持组织核心竞争能力，克服组织人力不足的困境，选择将组织的非核心业务委托给外部的专业公司，以降低营运成本，提高品质，集中人力资源，提高顾客满意度和企业活力。

外包使企业业务归核化——更专注于核心业务；外包使一些新的经营业务得以实现。一些小公司和刚起步的公司可因承接大量外包业务而获得全球性的飞速增长，市场竞争的加剧，使专注自己的核心业务成为企业最重要的生存法则之一。因此，外包以其有效降低成本、增强企业的核心竞争力等特性成了越来越多企业采取的一项重要商业措施。

最小有效规模

最小有效规模(minimum effective scale，MES)指在长期中企业平均成本处于或接近其最小值时对应的最小的规模，即规模经济基本利用殆尽的时候。或者说是存在规模经济的情况下，一个工厂应该达到的最低生产规模。如下图 Q_1 所示。

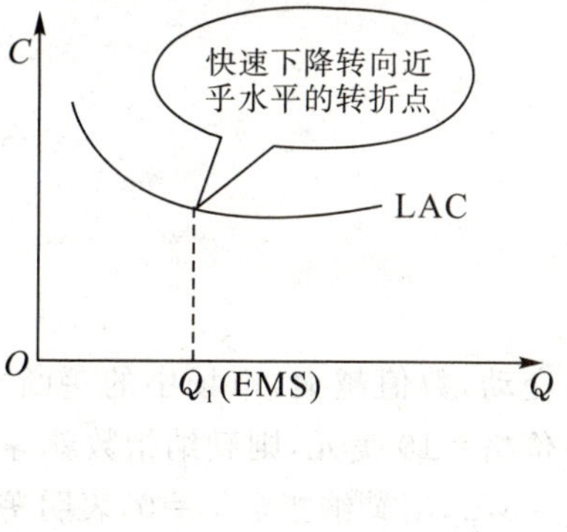

第六章

标准化产品

标准化是随着近代大工业生产的发展而发展起来的。1798 年，美国 E·惠特尼(1765－1825)提出零部件互换性建议，应用于生产，开始了最初的标准化。1850－1900

年蒸汽动力的采用和轮船、铁路运输的发展，促使西方国家商业竞争加剧，要求产品规格、质量和性能统一化，标准化工作因此也有了相应的发展。1947 年，目前世界上最大的国际标准化机构——“国际标准化组织”（International Organization for Standardization，简称 ISO）正式成立。中国于 1978 年 9 月加入该组织，ISO 现包括 117 个国家和地区。

ISO 现已制定出国际标准 10300 多个，涉及各行各业各种产品（包括服务产品、知识产品等）的技术规范，ISO9000 系列标准就是其中重要的一部分。

标准可分为技术标准和管理标准两大类。技术标准是指在技术活动中，为需要统一协调的事物制定的技术准则。它是根据不同时期的科学技术水平和实践经验，针对具有普遍性和重复出现的技术问题，提出的最佳解决方案。管理标准是企业为了保证与提高产品质量，实现总的质量目标而规定的各方面经营管理活动、管理业务的具体标准。若按发生作用的范围分，标准又可分为国际标准、国家标准、部颁标准和企业标准。以生产过程的地位分，又有原材料标准、零部件标准、工艺和工艺装备标准、产品标准等。在标准化工作中，又通常把标准归纳为：基础标准、产品标准、方法标准和卫生安全标准。

通常所说的标准化，是指产品标准化，即对产品的质量、规格及其检验方法所作的统一的技术规定，标准化是对产品标准的制定、推广、普及和运用的过程。主要包括 3 个方面：

（1）物质资料标准化，如原料、材料、半成品、成品的品种、规格等标准化。

（2）方法和程序标准化，如作业方法、试验方法、检验规程、安全规则等的标准化。

（3）概念标准化，如采用统一的图形、符号、名称、术语等。

按照一定标准严格生产并达到标准要求的产品即标准化产品。在市场竞争中标准化产品之间属于无差异产品或同质化产品。

勒纳指数

阿贝·勒纳为我们提供了一种以垄断势力为基础的计算市场结构的方法，该方法避免了必须从销售资料推算垄断势力的问题。勒纳指数（Lerner index）度量的是价格对边际成本的偏离程度，用来测度市场垄断程度。其具体计算公式为：

$$L=\frac{P-MC}{P}$$

式中：

L——勒纳指数

P——价格

MC——边际成本

勒纳指数在 0 到 1 之间变动，数值越大，市场中的垄断力量越强；反之，竞争程度越高。例如 $MC=5$ 美元，垄断价格＝10 美元，则勒纳指数就等于（10－5）/10＝0.5。

当市场完全竞争时有 $P=MC$，则勒纳指数 $L=0$，表明垄断势力最小为 0。

勒纳指数在实际应用时具有一定的局限性。主要有：

（1）边际成本的测算比较困难，数据难以获得。同时，价格往往同产品质量有关，因此某一产业中厂商之间通过勒纳指数来比较垄断势力时，必须要考虑到产品质量因素，即在价格上要有可比性。

(2)勒纳指数是对厂商实际行为的一种度量，它没有测算厂商潜在的垄断力量或竞争行为。例如，某厂商从其规模或市场占有率来看，已经拥有较强的潜在垄断势力，但由于某种原因，比如采用低价策略，其产品价格和边际成本相差不大，那么勒纳指数就无法计量该厂商的潜在垄断势力。

(3)勒纳指数是建立在对价格和边际成本进行静态比较的基础上的，它没有深入考察造成价格和边际成本差异的具体原因，而把这种差异全部归之于垄断行为。实际上在很多情况下，造成价格和边际成本差异的原因有多种，比较复杂，不单是垄断。

垄断的最优定价法则

垄断厂商可以根据市场需求曲线和自己的短期或长期成本曲线，在利润最大化原则下，选择最优的垄断产量和价格。市场上有垄断势力的企业有一个更加便捷的定价方法。

假设总收益 $TR = P \cdot Q$，则：

$$MR = \frac{d(P \cdot Q)}{dQ} = P + Q \cdot \frac{dP}{dQ} = P\left(1 + \frac{Q}{P} \cdot \frac{dP}{dQ}\right)$$

$$= P\left(1 + \frac{1}{E_d}\right)$$

要使利润最大化，必须满足 $MR = MC$，将上面的 MR 式代入得：

$$P\left(1 + \frac{1}{E_d}\right) = MC \qquad \text{即有：}$$

$$P = \frac{MC}{1 + \frac{1}{E_d}} = \frac{MC}{1 - \frac{1}{|E_d|}} = \cdots\cdots = MC\left(1 + \frac{1}{|E_d| - 1}\right)$$

$P = MC\left(1 + \frac{1}{|E_d| - 1}\right)$ ①就是最优定价法则，其中，$\frac{1}{|E_d| - 1}$ 称为最优加成比。该法则表明对于垄断厂商而言，其最优价格与 MC 和弹性大小有关。MC 越大，定价越高，反之越低；弹性越大，最优加成比越小，价格越低，反之越大。

撇脂定价法

所谓“撇脂定价法”(market－skimming pricing)又称高价法，即将产品价格定得较高，尽可能在产品生命初期，在竞争者研制出相似的产品以前，尽快地收回投资，并且取得相当的利润。然后随着时间的推移，再逐步降低价格使新产品进入弹性大的市场。一般而言，对于全新产品、受专利保护的产品、需求价格弹性小的产品、流行产品、未来市场形势难以测定的产品等，可以采用撇脂定价策略。

撇脂定价法一般适用于以下情况：市场上存在一批购买力很强、对价格不敏感的消费者；这样的消费者数量足够多，企业有厚利可图；暂时没有竞争对手推出同样的产品，

① 当 $|E_d| < 1$ 时，这个公式是不适用的，P 会出现负值。这是因为，只要企业追求利润最大化，它就不会在需求曲线的非弹性阶段($|E_d| < 1$)决策。因为如果处于这一阶段，企业可以通过提价，一方面使销售收入增加，另一方面因产量减少而使总成本下降，从而使利润增加。

本企业的产品具有明显的差异化优势；当有竞争对手加入时，本企业有能力转换定价方法，通过提高性价比来提高竞争力；本企业的品牌在市场上有传统的影响力。

1. 撇脂定价法的优点

(1)利用高价产生的厚利，使企业能够在新产品上市之初，即能迅速收回投资，减少了投资风险。

(2)在全新产品或换代新产品上市之初，顾客对其尚无理性的认识，此时的购买动机多属于求新求奇。利用这一心理，企业通过制定较高的价格，以提高产品身份，创造高价、优质、名牌的印象。

(3)先制定较高的价格，在其新产品进入成熟期后可以拥有较大的调价余地，不仅可以通过逐步降价保持企业的竞争力，而且可以从现有的目标市场上吸引潜在需求者，甚至可以争取到低收入阶层和对价格比较敏感的顾客。

(4)在新产品开发之初，由于资金、技术、资源、人力等条件的限制，企业很难以现有的规模满足所有的需求，利用高价可以限制需求的过快增长，缓解产品供不应求的状况，并且可以利用高价获取的高额利润进行投资，逐步扩大生产规模，使之与需求状况相适应。

2. 撇脂定价策略的缺点

(1)高价产品的需求规模毕竟有限，过高的价格不利于市场开拓、增加销量，也不利于占领和稳定市场，容易导致新产品开发失败。

(2)高价高利会导致竞争者的大量涌入，仿制品、替代品迅速出现，从而迫使价格急剧下降。此时若无其他有效策略相配合，则企业苦心营造的高价优质形象可能会受到损害，失去一部分消费者。

(3)价格远远高于价值，在某种程度上损害了消费者利益，容易招致公众的反对和消费者抵制，甚至会被当作暴利来加以取缔，诱发公共关系问题。

成本加成定价法

成本加成定价法又叫完全成本加成定价法，以全部成本作为定价基础。首先要估计单位产品的变动成本，然后再估计固定费用，并按照预期产量把固定费用分摊到单位产品上去，加上单位变动成本，求出全部成本，最后在全部成本上加上按目标利润率计算的利润额，即得出价格。

完全成本加成定价法是企业较常用的定价方法，其计算公式是按产品单位成本加上利润率来制定产品价格。即：

价格＝单位成本＋单位成本×成本利润率＝单位成本(1＋成本利润率)

或者：$P = AC(1+\eta)$

1. 成本加成定价法的优点

(1)计算方法直观、简便易行，资料容易取得。

(2)根据完全成本定价，能够保证企业所耗费的全部成本得到补偿，并在正常情况下能获得一定的利润。

(3)有利于保持价格的稳定。当消费者需求量增大时，按此方法定价，产品价格不会提高，而是固定的加成，也使企业获得较稳定的利润。

(4)同一行业的各企业如果都采用完全成本加成定价，只要加成比例接近，所制定的价格也将接近，可以减少或避免价格竞争。

2. 成本加成定价法的缺点

(1)完全成本加成法忽视了产品需求弹性的变化。现代市场需求瞬息万变，竞争激烈，产品花色品种日益增多，因此，完全成本加成定价法在市场经济中也有明显的不足之处。不同产品在同一时期、同一产品在不同时期(产品生命周期不同阶段)、同一产品在不同市场，其需求弹性都不相同。因此产品价格在完全成本的基础上，加上固定的加成比例，不能适应迅速变化的市场需求。

(2)以完全成本作为定价基础缺乏灵活性，在有些情况下容易作出错误的决策，所定价格不能保证利润是最优的。

(3)不利于企业降低产品成本。为了克服完全成本加成定价法的不足之处，企业可按产品的需求价格弹性的大小来确定合理的成本加成比例。由于成本加成比例确定得恰当与否，价格确定得恰当与否依赖于需求价格弹性估计的准确程度，这就迫使企业必须密切注视市场，只有通过对市场进行大量的调查，详细地分析，才能估计出较准确的需求价格弹性来，从而制定出正确的产品价格，增强企业在市场中的竞争能力，增加企业的利润。

掠夺性定价法

掠夺性定价(predatory pricing)，又称劫掠性定价、掠夺价，有时亦称掠夺性定价歧视(predatory price discrimination)，作为一种典型的滥用市场支配地位行为，其特征是一个或多个优势企业为了排挤竞争对手，在一定时期、一定市场以低于成本的价格销售产品。在达到排除竞争对手、形成垄断的目的后，优势企业即大幅提高产品价格，以攫取高额垄断利润。由于这种行为的目标是针对有直接竞争关系的企业，故其损害被专家称为“第一线竞争的损害”。

在我国掠夺性定价常被称为“低于成本价销售”、“舍本销售”或“不正当削价竞销”等，甚至被称之为“倾销”。对其定义大都来自法律法规，我国关于掠夺性定价的法律规定主要是 1993 年的《反不正当竞争法》、《价格法》第十四条、2003 年 11 月 1 日起施行的《中华人民共和国价格法》的配套法规——《制止价格垄断行为暂行规定》和 2008 年 8 月 1 日新实施的《反垄断法》。

掠夺性定价是现代产业组织理论的重要内容之一，长期以来关于其是否理性一直有争议。掠夺性定价理论主要包括认为掠夺性定价非理性、不符合厂商的长期利润最大化目标的芝加哥学派理论，以及通过引入信息不对称、认为掠夺性定价是厂商理性行为的后芝加哥学派理论。二者之所以得出截然相反的结论，是因为关于信息的假定不一致。芝加哥学派的结论是建立在完全信息的假设基础之上；而后芝加哥学派是通过引入信息不对称——单边或双边不确定，利用博弈论方法来研究掠夺性定价是否理性的问题。

市场渗透定价法

渗透是打入市场的意思。渗透定价法(market penetration pricing)(低价定价法)也称渐取定价法，是企业出于竞争策略的需要，为长远利益牺牲短期利益，把价格定得较低的一种定价方法。与市场撇脂定价法相反，由于产品价格定的较低，无多大利润可赚，因而可以阻止竞争对手进入市场，在短期内加速市场成长，牺牲高毛利以期获得较高的销售量及市场占有率，进而产生显著的成本经济效益，使成本和价格得以不断降低。渗透价格并不意味着绝对的便宜，而是相对于价值来讲比较低。这种方法通常适用于竞争比较激烈的日用小商品，如牙膏、香皂、矿泉水、面巾纸等。

市场渗透定价法成功的条件主要有：

(1)有足够大的市场需求。

(2)消费者对价格高度敏感，即需求弹性较大，而不是具有强烈的品牌偏好。

(3)大量生产能产生显著的成本经济效益。

(4)低价策略能有效打击现存及潜在的竞争者，扩大市场、占领市场，以求领先地位。

采用渗透价格的缺点是企业无疑只能获取微利。但是，由低价产生的两个好处是：首先，低价可以使产品尽快为市场所接受，并借助大批量销售来降低成本，获得长期稳定的市场地位；其次，微利阻止了竞争者的进入，增强了自身的市场竞争力。

网络效应与赢家通吃

赢家通吃(Winner-Take-All)是指：市场竞争的最后胜利者获得所有的或绝大部分的市场份额，失败者往往被淘汰出市场而无法生存。也就是说一旦某个企业在竞争中获胜，这个企业就会依仗其所拥有的竞争优势地位占尽一个领域的资源或好处，其对手几乎没有任何机会而不得不出局。

形成赢家通吃的原因就是信息产品存在网络效应和锁定效应。因为信息产品存在着互联的内在需要，人们生产和使用它们的目的就是更好地收集和交流信息，这种需求的满足程度与网络的规模密切相关。如果网络中只有少数用户，他们不仅要承担高昂的运营成本，而且只能与数量有限的人交流信息和使用经验。随着网络用户数量的增加，这种不利于规模经济的情况将不断得到改善，所有用户都可能从网络规模的扩大中获得更大的价值，此时，网络的价值呈几何级数增长。这种情况，即某种产品对一名用户的价值取决于使用该产品的其他用户的数量，在经济学中称为网络外部性(network externality)，或称网络效应。但网络效应并不完全等同于经济学家所说的网络外部性。

锁定效应本质上是产业集群在其生命周期演进过程中产生的一种路径依赖现象。阿瑟(Arthur W.B)最先进行关于技术演变过程中路径依赖的开创性研究。他认为，新技术的采用往往具有收益递增的机制，先发展起来的技术通常可以凭借先占的优势，实现自我增强的良性循环，从而在竞争中胜过自己的对手。而一种更具优势的技术却可能因晚到一步，没有获得足够的支持者而陷于困境，甚至"锁定"(lock-in)在某种恶性循环的被动状态之中难以自拔。

赢家通吃实际上是对IT产业中网络效应的一种通俗叫法，网络效应的本质是需求方规模经济，具体表现为梅特卡夫法则。产品的兼容性和用户转移成本是网络效应的影响因素，产生于网络效应，并强化网络效应的市场后果。网络的正反馈效应使强者更强、弱者更弱，在正反馈很强的市场中，只有一个公司或一种技术占领整个市场，导致赢家通吃的局面。需求方规模经济和供给方规模经济都能引起经济中的正反馈，以供给方规模经济为基础的正反馈存在自然限制，如管理成本的上升；而以需求方规模经济为基础的正反馈不存在此类限制，更加容易产生赢家通吃的市场格局。

自然垄断

自然垄断指因产业发展的自然需要而形成的垄断状态。

自然垄断是经济学中一个传统概念。早期的自然垄断概念与资源条件的集中有关，主要是指由于资源条件的分布集中而无法竞争或不适宜竞争所形成的垄断。在现代这种情况引起的垄断已不多见。传统意义上的自然垄断与规模经济紧密相连，一般来说，规模经济能够形成自然垄断，如高科技产品，由于技术研发能力，在一定时期只有一家或少数厂家能够生产，从而形成自然垄断；此外，有些行业(社会产品或服务)在生产或传输过程具有自然垄断性质，通常情况下一个企业生产比多个企业还要经济，因此规模经济显著，自然而然形成垄断。例如自来水、电力、燃气(包括管道煤气和天然气)、电信产品、铁路服务和航空服务等。除了显著规模经济性，这些行业产品或服务往往还具有行业需求价格弹性小、先期投入大，变动成本小等特征，政府许可其垄断经营。

第七章

理想的产量

一般把完全竞争企业在长期平均成本曲线最低点上的产量称作为理想的产量，把实际产量与理想产量之间的差额称作为多余的生产能力。

捆绑与搭售

捆绑销售是共生营销的一种形式，是指两个或两个以上的品牌或公司在促销过程中进行合作，从而扩大它们的影响力，它作为一种跨行业和跨品牌的营销方式，逐渐被越来越多的企业重视和运用。不是所有企业的产品和服务都能随意地“捆绑”在一起的，捆绑销售要达到“ 1+1>2”的效果取决于两种商品的协调和需求关联，捆绑销售的成功还依赖于正确捆绑策略的制定。

搭售也被称为附带条件交易，即一个销售商要求购买其产品或者服务的买方同时也购买其另一种产品或者服务，并且把买方购买其第二种产品或者服务作为其可以购买第一种产品或者服务的条件。在这种情况下，第一种产品或者服务就是搭售品(tying product)，第二种产品或者服务就是被搭售品(tied product)。搭售行为往往是被消费者或者买方所厌恶的行为，但它们并不总是违法的。

搭售行为对竞争的不利影响主要是这种行为会排挤被搭售商品市场上的竞争者。然而，产生这种后果的市场条件是：实施搭售行为的企业在搭售品的市场上有着显著的市场地位，并且通过搭售行为，将其在搭售品市场的竞争优势不公平地辐射到被搭售的产品或者服务的市场上，从而不公平地影响这些产品或者服务的竞争。所以，搭售行为在竞争法中一般被视为是滥用市场支配地位的行为，其前提条件是行为人已经取得了市场支配地位。

伯川德模型

伯川德模型又称伯特兰德模型，是由法国经济学家约瑟夫·伯特兰德(Joseph

Bertrand)于 1883 年建立的。古诺模型和斯塔克尔伯格模型都是把厂商的产量作为竞争手段,是一种产量竞争模型,而伯川德模型是价格竞争模型,其基本假设为:(1)各寡头厂商通过选择价格进行竞争;(2)各寡头厂商生产的产品是同质的,即寡头企业的产品是完全替代品;(3)寡头厂商之间也没有正式或非正式的串谋行为;(4)当企业制定其价格时,认为其他企业的价格不会因它的决策而改变。

根据伯川德模型的假定,分析时假设只有两个寡头企业,分别为 A、B,价格分别为 P_A、P_B,边际成本都等于 MC。由于 A、B 企业的产品是完全替代品,消费者的选择就是价格较低的一家产品;如果 A、B 的价格相等,则两个企业平分需求。因此,两个企业会竞相削价以争取更多的顾客。当价格降到 $P_A = P_B = MC$ 时,达到均衡,即伯特兰德均衡。

伯川德模型得出两个结论:

(1)谁的价格低谁就将赢得整个市场,而谁的价格高谁就将失去整个市场,因此寡头之间会相互削价,直至价格等于各自的边际成本为止。只要有一个竞争对手存在,企业的行为就同在完全竞争的市场结构中一样,价格等于边际成本。即均衡解为: $P_A = P_B = MC$。

(2)寡头的长期经济利润为 0。这个结论表明只要市场中企业数目不小于 2 个,无论实际数目多大都会出现完全竞争的结果,但这个理论推导出来的结果显然与实际经验不符,因此被称为伯川德悖论。伯川德模型之所以会得出这样的结论,与它的假定前提至少存在以下两方面的问题有关:①假定企业没有生产能力的限制。如果企业的生产能力是有限的,它就无法供应整个市场,价格也不会降到边际成本的水平上;②假定企业生产的产品是完全替代品。如果企业生产的产品不完全相同,就可以避免直接的价格竞争。

伯川德模型因为推导出的结果有些过于极端,加之与现实不甚相符,因此,学者们在研究市场中企业的竞争行为时,引用并不多见。

“焦土”政策

“焦土”政策(scorched earth,又称焦土作战)是一种军事战略(military tactic)。此战略包括当敌人进入或撤出某处时破坏任何可能对敌人有用的东西。“焦土”的意思包括烧坏农作物来摧毁敌人的食物来源,古称坚壁清野。这个战术词汇在现代使用上并不限于使敌人食物缺乏,还可以包括破坏遮蔽所、交通运输、通讯与工业资源等。

在经济领域,“焦土”政策指的是目标公司大量出售公司资产,或者破坏公司的特性,以挫败敌意收购人的收购意图。出售“皇冠之珠”常常是焦土政策的一部分。“皇冠之珠”指的是目标公司将其最有价值、对收购人最具吸引力的资产(即所谓“皇冠之珠”)出售给第三方,或者赋予第三方购买该资产的期权,使得收购人对目标公司失去兴趣,放弃收购。

超竞争

美国著名策略大师戴维尼在其新著《超竞争》一书中率先提出了“超竞争”的理念,即随着市场竞争的加剧,在高新技术产业一浪高过一浪的技术创新大潮中,公司竞争优势的创造与毁灭正在以极快的速度进行着,任何一个竞争者能够保持其原有竞争优势的时间正在急剧缩短。

超竞争时代的到来，改变了原有的竞争环境，主要表现为竞争环境的动荡逐步加剧，同时环境变化的速度也越来越快，企业总是处于不断的变化和非均衡的状态之中。在这种动态的危机变化之中，企业如果不能根据现实环境作出正确的竞争策略选择，就很难保证自己的长期生存和发展。因此，如何适应竞争环境从传统竞争向超竞争转型、保持自身的长期生存和发展，就成为每一个处于全球化时代的企业迫切需要解决的问题。

从欧美国家的企业管理实践看，很多著名企业已经逐步地开始运用动态的理念来制定自己的发展战略。无论是高科技产业还是传统行业，都已经开始获益于动态发展战略的理念，而正是这些理念使他们得以在动态竞争环境中赢得先机、获得成功。

第八章

经济歧视

经济歧视现象是一个十分重要且亟待解决的社会性问题，在经济社会的不同领域皆有反映，主要表现为地域歧视、人格歧视、权利歧视、教育歧视和卫生歧视等。歧视是一种典型的社会不公平现象，它不同程度地存在于任何一个社会。经济歧视是歧视中的一种，即所谓“依据财富的多寡对于社会成员采取有所区分的态度和行为”，是“对一个人支付较低的工资，或者基于种族和性别等不相关的个人特征而剥夺一个人工作的机会”[①]。

补偿性工资差异

补偿性工资差异(compensating wage differential)被坎贝尔·R·麦克南定义为：由于某些工作可能具有一些令人讨厌的特征，雇主通常需要向工人支付一个工资补偿。就是说，较高的工资水平是出于对工人因工作的不舒适而进行的补偿。补偿性工资差异属于均衡工资差异，因为他不会引起工人向高工资工作的转移，因此工资率不会趋于均等。它用于抵消或补偿工作的非货币性差异的工资水平的差别。例如，同样的工作，在阿拉斯加环境恶劣，因而其工资要比在发达地区支付的高得多。

H—O 要素禀赋理论

要素禀赋指一国拥有的两种要素的相对比例，这是一个相对概念，与生产要素的绝对数量无关。

要素禀赋论是瑞典的两位经济学家赫克歇尔(E. F. Heckscher)和伯蒂尔·奥林(B. Ohlin)提出的，奥林在他的老师赫克歇尔提出观点的基础上，系统地论述了要素禀赋论。根据生产要素禀赋论，在各国生产同一产品的技术水平相同的情况下，两国生产同一产品的价格差异来自于产品的成本差别，这种成本差别来自于生产过程中所使用的生产要素的价格差别，这种生产要素的价格差别则决定于该国各种生产要素的相对丰裕程度。

由于各种产品生产所要求的两种生产要素的比例不同，一国在生产密集使用本国比

① R·格伦·哈伯德，安东尼P·奥布赖恩.经济学(微观)，机械工业出版社，2007.5。

较丰裕的生产要素的产品时，成本就较低，而生产密集使用别国比较丰裕的生产要素的产品时，成本就比较高，从而形成各国生产和交换产品的价格优势，进而形成国际贸易和国际分工。在国际贸易理论中，这种理论观点也被称为狭义的生产要素禀赋论。广义的生产要素禀赋论指出，当参加贸易的国家在商品的市场价格、生产商品的生产要素的价格相等的情况下，以及在生产要素价格均等、两国生产同一产品的技术水平相等（或生产同一产品的技术密集度相同）的前提下，国际贸易决定于各国生产要素的禀赋，各国的生产结构表现为，每个国家专门生产密集使用本国比较丰裕生产要素的商品。生产要素禀赋论假定，生产要素在各部门转移时，增加生产的某种产品的机会成本保持不变。

这一理论突破了单纯从技术差异的角度解释国际贸易的原因、结构和结果的局限，而是从比较接近现实的要素禀赋来说明国际贸易的原因、结构和结果。

对 H－O 理论的第一次实证检验是 1953 年。美国经济学家里昂惕夫（Leontief）根据美国 1947 年进出口行业的数据，对 H－O 理论进行了检验。一般认为，美国应该是一个资本充裕而劳动稀缺的国家，因此它应该出口资本密集型产品而进口劳动密集型产品，但实证结果却是：美国出口劳动密集型产品而进口资本密集型产品，史称“里昂惕夫之谜”或“里昂惕夫悖论”（The Leontief Paradox）。

黏性工资理论

黏性工资理论是指短期中名义工资的调整慢于劳动供求关系变化的情况。

黏性工资理论是对短期总产出供给曲线向右上方倾斜的第二种解释。根据这种理论，短期总供给曲线向右上方倾斜是因为名义工资调整缓慢，或者说在短期中是“黏性的”。在某种程度上，名义工资调整缓慢是由于工人和企业之间存在的固定名义工资的长期合约。此外，这种名义工资调整缓慢，也可能是由于影响工资确定并使工资在某一时期中变动缓慢的社会规范和公正。

为了说明黏性名义工资对总供给意味着什么，设想企业根据所预期的物价水平事先同意向其工人支付某种名义工资 W。如果物价水平 P 降到低于预期的水平而名义工资仍然在 W，那么，实际工资 W/P 就上升到企业计划支付的水平之上。由于工资是企业生产成本的主要部分，较高的工资意味着企业的实际成本增加了。企业对这些较高成本的反应是减少雇佣劳动，并生产较少的物品与劳务量。换句话说，由于工资不能根据物价水平迅速调整，较低的物价水平就对就业与生产不利，这就引起企业减少物品与劳务的供给量。

黏性工资理论主要分析工资黏性的原因以及它何以会造成持续性失业。罗伯特·索洛（Robert M. Solow）曾经从 6 个方面概述了工资黏性的原因。这 6 个工资黏性的原因分析就是凯恩斯主义者和新凯恩斯主义者提出的 6 种黏性工资理论。

（1）工人反对名义工资的下降，因为这会影响不同行业的工人在工资结构中的相对地位。

（2）厂商为了提高劳动生产率情愿在非市场出清水平上支付工资，因为这可以迫使工人多干活，这就是效率工资假说。

（3）经济以外的社会因素也可能使工人团结一致抵制工资的降低，即使这可能不符合个别工人和个别行业的短期利益。

(4)工人可能会从雇主那里得到默许,以黏性工资率来补偿不断增加的失业危机,这便是隐性合同理论。

(5)工资合同的指数化是不完善的,经常无法跟上通货膨胀的步伐,这是一个制度方面的事实。

(6)由于改变工资的代价昂贵,所以工资呈黏性状态。这就是所谓的交易成本理论。

在上述6个原因中,凯恩斯在《通论》中已经用劳动市场不完全和工人是理性的人这两方面理由对第一个原因给出了解释。凯恩斯写道:“由于劳动者的流动性不够完善,从而工资不能精确地反映不同行业的真正的有利之处,所以任何个人和集体如果允许他们的货币工资作出相对于其他人的货币工资的削减,那么,削减就会使他们的实际工资相对地下降。这已构成充分的理由来使他们抵抗货币工资的削减”。在凯恩斯看来,相对工资的下降会降低这部分工人的相对经济地位,会损害他们的利益,因此,工人会抵制这种相对工资的下降,从而使货币工资在向下调整方向上失去弹性。

威茨曼的利润分享理论

美国经济学家、麻省理工学院经济学教授马丁·L·威茨曼在其1984年所著的《分享经济:用分享制代替工资制》一书中,提出了他的分享经济理论。威茨曼认为,资本主义“滞胀”的根本原因在于资本主义现存工资制度的不合理。在工资制经济中,全部利润被资本所有者拿走,工资与企业的经营状况无关,而与某些外在因素相联系。当经济运行健康时,固定工资制可作为一种调节手段,刺激劳动力的有效转移,自动把劳动力从边际价值低的地方转移到高的地方,从而成为在各种不同职业需求间合理配置劳动力的理想工具。然而,一旦经济状况不景气,随着社会总需求的萎缩,由于工资是固定的,厂商出于利润最大化的考虑,只能维持产品的既定价格并通过裁员降低成本,以便保持劳动成本与劳动收益的平衡,而这种决策势必引发资本主义社会的普遍失业,并反过来加深需求不足,进一步恶化经济运行,最终导致滞胀。为此,“我们要选择一种具有自动抵制失业和通货膨胀功能的报酬机制,即工人的工资与某种能恰当反映厂商经营的指数相联系”。分享经济旨在提高薪酬的可浮动程度,与传统的薪酬制相比,利润分享制下的薪酬水平随市场条件的变化而变化。薪酬水平如能随经济周期的循环而波动,则就业规模的变化幅度就会缩小,经济衰退期的失业水平就会下降。

威茨曼把雇员的报酬制度分为传统薪酬制和分享利润制。由于分享利润制把工人的薪酬与某种能够恰当反映厂商经营的指数相联系,这样,工人与厂商在劳动市场上达成的不再是具体规定每一工作小时的固定薪酬合同,而是确定工人与资本家在厂商收入中各占多少分享率的协议。

在分享经济中,企业的劳动成本与企业的产品价格直接挂钩,任何价格变动都能自动地反馈给劳动成本,因此,分享经济总是有较少提高价格和较多降低工资的倾向及内在的反通货膨胀的倾向。在固定工资制条件下,工资报酬与企业的人数无关,劳动的平均成本始终等于劳动的边际成本,企业会因雇佣一单位劳动所追加的劳动成本等于追加收入而放弃扩大雇员人数。在分享制条件下,每增加一个工人,其他工人的收入就会稍微下降一点,增加的工人使劳动的边际成本下降,且低于劳动的平均成本,企业追加一小时劳动所带来的收入增加总是大于追加的成本。所以,当劳动力市场上有剩余劳动力时，企业就会选择扩大生产。正因如此，分享经济必然具有扩大就业和增加生产的倾向。

在他看来，现在西方经济运行中所产生的停滞膨胀的根源在于传统薪酬，政府应当在整个国民经济中推行利润分享制（profit－sharing），传统的固定薪酬制度应当废除。威茨曼的建议引起了人们的极大兴趣，它是促使英国政府在1987年度财政法规中对“利润挂钩薪酬体制”提供补贴的一个重要因素。

第九章

福利国家

这一术语在战后半个世纪以来的时间里曾在多种语境下被运用，至今尚无普遍认可或权威的界定。“福利国家”（welfare state）的概念最早是由威廉·坦普尔提出的，他指出福利国家是一种为普通平民服务的国家，它与以纳粹德国为例的，为统治者服务的“权利国家”完全不同。

福利国家的说法有三种主要解释：

(1)由国家提供福利服务。

(2)国家对他的居民所有福利负责，这是一种理想状态，但从理论上说，这种责任应该包括全面的福利，福利国家也意味着国家的责任要覆盖一个最低的全面保障要求，在这方面“福利国家”和“福利社会”的概念有所混淆，因此也容易引起争论。

(3)有许多福利国家，尤其是像美国等国家，福利并不由政府提供，而是由地方政府、慈善团体、合作组织、私人企业等共同提供的，这种现象实际应该称为“福利社会”。

还有学者认为，福利国家所表述的真正概念是一种国家形态，就是国家通过保证投资、减少失业和扩大社会保险项目的再分配等战略使自己渗透到社会生活中去，以便保证个人与群体之间的公正和平等。福利国家建立以后，便标志着一个以民族和谐的社会人际关系、不受限制的生产和提供大量福利项目为主要特征的新时代的开始。克罗斯兰认为，福利国家必须承担防止贫困和不幸，要保障各社会成员有取得最低生活标准的权利，福利国家有义务把国民的充分就业置于政府政策所支持的社会目标的首位，获得国家的帮助是公民的一项当然的政治权利，国家应该对满足公民需要、实现公民的福祉承担必要的责任和义务。

社会选择理论

社会选择问题属于福利经济学的论题，含义是如何通过个人选择来确定社会选择，或者说，如何通过个人的意愿来决定社会的意愿。具体地讨论社会选择问题，就会涉及人们的价值判断问题，但高级微观经济学把此问题抽象化，使其变成一套规则，按照这套规则并依据社会上各人的偏好来定出社会的偏好。高级微观经济学不讨论这套规则对谁有利、是否符合道德规范等价值判断问题，因而所作的社会选择问题研究属于实证经济学范畴。

投票悖论是社会选择问题的原型，阿罗在1951年对此问题进行了深刻研究，证明了社会选择的不可能性定理。自阿罗以后60年代以来，出现了许多这方面的新成果，集中研究怎样给出社会选择原则、在什么条件下社会选择是可能的、又在什么条件下社会选择是不可能的。在现代经济学的理论体系中，社会选择理论自诞生以来一直成为人们研究的热点。

社会选择理论不仅适用于政治等公共领域，也适用于社会活动的其他方面，各种社会选择规则都起着重要的作用。作为一个探求社会决策如何满足社会福利最大化的经济学分支，一个融汇了经济学、系统科学、数学等知识的交叉学科、一个在近30多年中产生了两位诺贝尔经济学奖得主的领域，虽然并未得到国内学术界特别是经济学界应有的重视，但是社会选择理论的影响已超出经济学范围，引起了包括社会学界、管理学界和自然科学界的重视。在我国，随着市场经济的发展，利益主体多元化趋势和个人利益主体意识必将不断增强，个人价值与集体价值的冲突在所难免。如何建立一套有效的社会选择规则以调和这种冲突，从而形成有效的社会决策，将影响到社会福利水平。

国家偏好函数

20世纪60年代社会福利函数论又有重大的发展，波兰经济学家扬·德烈诺夫斯基对经济福利理论提出了新的论点，即提出了“国家偏好函数”概念，并使之与个人偏好函数并列，作为社会制定政策的依据。他认为，当国家(政府)用直接的方法来达到它的经济目的时，它可以作出自己的决定并采取行动，其中总隐含着众多价值尺度，这些尺度即可用国家偏好函数来表达。国家偏好函数在形式上与个人偏好函数有着相同之处，其自变量代表政府用以达到目的的手段，这些自变量也可以用一些计量方法来表示。例如，最简单的做法是用国民经济中的消费、投资或进出口等在特定时间段内的商品或服务来表达。它们通常可能是一些物化的总量，进而将它们分解成各类个别的物化商品。政府据此达到最大限度的函数值，并代表国家的效用。

国家偏好函数也可以用无差异曲线的图形来表示，这与个人偏好函数类同。但是，国家偏好函数并不是由古典经济学家使用的个人偏好函数推导出来的，它实际上可视为一般福利函数的特殊情况。在分析社会福利状况时，国家偏好函数比个人偏好函数更具优势，它不仅可以在政府实际执行的政策中得到函数的事后表现，而且由于其具有国民经济发展计划的较完整信息，可以得到“事先”的启示。由于政府宏观调控的特殊地位，对现有或可能的资源有能力使其“事先”处于某种较均衡状态。

国家偏好函数论是在20世纪60年代计划经济极致盛行的东欧社会主义条件下产生的，因而不可避免地带有较浓的集权经济的色彩。其所推崇的也是一些集中决定的分析方法，强调的是在制度层面进行经济理论研究。因此，对于建立市场经济的社会而言这一理论当然具有一定的局限性。第一，关于国家偏好函数所隐含的价值尺度问题。该理论一方面认为其中不含任何个人的偏好因素，另一方面又认为该价值观“来自人民的愿望”，使其建立在一种抽象的价值取向上。国家偏好是由其政策制定和执行机构所决定的，至于其政策系统能传达多少公众的偏好，应当考虑政策传导的摩擦系数的大小。第二，国家偏好不可避免地受其决策执行者即政府所影响，甚至起决定作用的影响，也就是说政府所完整代表的偏好与国家偏好是有差距的。因此在建立国家偏好函数模型时，也需考察这一参数。第三，虽然国家偏好函数论强调双重偏好评价体系，但它还是忽视了个人偏好在经济分析中的重要作用。第四，该理论强调在市场价格之外，建立一套“国家偏好”体系，并以此来计算全部产品的价值总和，也就是说以计算这种产品数量的基数

（即“国家偏好国民产品”）来衡量国家的效用，事实上这只有在高度计划的国有经济系统内才可能得以实现。

由于历史原因，国家偏好函数论被埋没数十年，但它实际上对市场经济的建立和完善又有着很重要的理论价值，福利经济学基本定理为限制政府干预提供了最有力的论据。而国家偏好函数论的提出，则为完善政府干预理论提供了有力支持，使福利经济理论更臻成熟。

宏观福利理论

在西方经济学中，由于研究目的不同，研究假定各异，研究方法有别，宏观理论与微观理论对于同样一种经济现象的解释经常会出现不一致的情况。微观经济理论旨在研究个体经济行为，宏观经济理论旨在研究国民经济主要变量及其之间的关系，是为宏观经济决策提供基本理论依据的。正因为如此，宏观福利理论在讨论国民福利核算问题时，暗含着一个不仅将社会成员而且将经济福利视为一个整体而不是个体的假定，研究的是整体社会福利与宏观经济总量之间的关系，因而消除了微观福利理论关于个人之间效用的可比性这一难题的困扰。

福利效应

福利效应（wealth effect）即指增长改变了每一工人或每人的人均产出量。在这里，增长可以是不同内涵的增长，比如资产、税收、外汇、国际经济一体化、产业、医疗、关税同盟等等。以社会福利效应为例，社会福利效应特指关税同盟的建立对一国的社会福利将会带来的影响。一般说来，贸易创造效应是关税同盟的主要经济效应，它的积极作用明显超过贸易转移效应的消极影响。但就其所带来的福利效应而言，不同国家的生产者和消费者并不是相同的。对于不同出口国来说，组成关税同盟后，高成本出口国出口增加，产量上升，贸易创造效应明显大于贸易转移效应，福利效应增加，而低成本出口国则会减少出口和产出，其福利也必然因贸易规模的缩小而下降。

相对福利理论

“相对福利”是美国经济学家杜森贝利提出的一个概念。该理论认为，人们对于自身福利的感觉，固然与其所得到的绝对福利有关，但它更多地和相对福利有关。福利或人的满足程度主要取决于个人的内心感受，由于每个人所处的环境不同，对福利的评价标准亦不相同，因而同样的福利，不同个人所感受到的福利大小不同。相对福利理论否定福利在人与人之间广义的可比性，特别地强调福利的标准不能跨过人的内心感受范围。也就是说，福利如果是可比的，也应该是自己跟自己比，跟与自己相近的人比，现在与过去比。因此，相对福利理论的关键是相对二字，人们不但要拿自己同自己比，更要拿自己和别人比。别人福利的多与少，会在很大程度上影响个人对自己福利的判断和感觉。

第十章

行政许可垄断

经济学所说的垄断有很多种，比如自然垄断、资源垄断、知识产权保护形成的垄断、政府许可垄断等等。政府许可垄断是指由政府许可、认可、特许等形成的垄断。许可、认可、特许等，都意味着没有得到政府管制机构的批准不能进入。其中许可是指政府通过颁发许可证、特别许可文件等，允许某一企业进入垄断产业（比如自然垄断产业）；认可是指政府通过一定的行政程序批准某一企业在自然垄断产业中提供某种产品或服务；特许是指政府把自然垄断产业的经营权赋予某一特定的企业。与政府许可垄断有关的一个是“政府垄断”，一个是“政府授予垄断”。前者是政府直接行使垄断权力（比如酒类专卖、烟草专卖），后者是政府将垄断经营权授予某一个企业。中国所说的“行政许可垄断”实际上就是包括了经济学的“政府垄断”和“政府授予垄断”。行政许可垄断通常被理解是行政机关或者行政部门滥用行政权力限制或排斥竞争的行为。

《京都协议》

英文：Kyoto Protocol，又译《京都协议书》、《京都条约》，全称《联合国气候变化框架公约的京都议定书》，是《联合国气候变化框架公约》（United Nations Framework Convention on Climate Change，UNFCCC）的补充条款。

为了使人类免受气候变暖的威胁，1997 年 12 月，在日本京都召开的《联合国气候变化框架公约》缔约方第三次会议通过了旨在限制发达国家温室气体排放量以抑制全球变暖的《京都议定书》。

《京都议定书》规定，到 2010 年，所有发达国家二氧化碳等 6 种温室气体的排放量，要比 1990 年减少 5.2%。具体来说就是，各发达国家从 2008 年到 2012 年必须完成的削减目标是：与 1990 年相比，欧盟削减 8%、美国削减 7%、日本削减 6%、加拿大削减 6%、东欧各国削减 5%至 8%。新西兰、俄罗斯和乌克兰可将排放量稳定在 1990 年水平上。议定书同时允许爱尔兰、澳大利亚和挪威的排放量比 1990 年分别增加 10%、8%和 1%。

《京都议定书》需经占全球温室气体排放量 55%以上的至少 55 个国家批准，才能成为具有法律约束力的国际公约。中国于 1998 年 5 月签署并于 2002 年 8 月核准了该议定书。欧盟及其成员国于 2002 年 5 月 31 日正式批准了《京都议定书》。2004 年 11 月 5 日，俄罗斯总统普京在《京都议定书》上签字，使其正式成为俄罗斯的法律文本。截至 2005 年 8 月 13 日，全球已有 142 个国家和地区签署该议定书，其中包括 30 个工业化国家，批准国家的人口数量占全世界总人口的 80%。

知识外溢性

即知识的外部性，是指包括信息、技术、管理经验等在内的各种知识通过交易或非交易的方式流出原先拥有知识的主体，进而增进整个社会的福利。知识外溢源于知识本身的稀缺性、流动性和扩散性，大量研究表明，（由于知识外溢的存在）许多创新存在着社会收益率水平高于私人收益率水平的现象。

在一个完全封闭的社会中，知识虽有外溢，但是传播范围受到极大限制，只能限制在该社会的范围之内；在开放条件下，随着溢出途径的增多，知识外滥的范围、规模和速度迅速扩大，经济越开放，知识外溢就越大。

知识外溢分为两种：租金溢出（rent spillovers）和纯知识溢出（pure spillovers）。租金溢出是指在具有创新知识含量的新产品商业化过程中，其价格未能完全反映知识创新带来的质量提高。当此高知识含量的商品作为其他企业生产过程的投入时，后者将得到前者产品创新的一部分得益。由于着眼于商业化带来的收益，知识所有者多能接受这种类型的知识溢出。

纯知识溢出是指由客观原因而引发的自有知识被其他企业模仿和挪用，如研发人员的流动、自我保密措施不健全、交流活动中的不自觉外溢、知识本身的可流动性、合作中的传播等。由于研发活动的主要产品是知识或信息，而知识具有公共物品的特性：一方信息的获取不会影响另一方获取信息，即其信息具有非竞争性；一般情况下转移信息的成本较低，即信息具有非排他性。因此，研发活动具有显著的外部性，即溢出效应。知识是通过大量的非商业化途径得以传播和扩散的：一是通过企业之间的经济技术联系，某一企业通过投资于研发活动产生的知识可能被其他企业无偿获得，而这可能有利于其他企业改进工艺和开发新产品；二是通过研究人员的流动，研发成果在最初只是一个主意，难以受到专利制度的保护，此时研发资本体现在创新者本人身上，随着创新者工作的变动，知识不断扩散至其他厂商，使这些厂商从中收益。这类知识的外溢往往是企业不愿看到，但又无法避免的。

拉姆齐定价法则

经济学认为，从全社会角度来看，只要产品的价格等于它们的边际成本，资源就可以得到有效的配置。但是这样的价格机制不适用于边际成本近似常数，且经营过程中存在大量共同固定成本的情况。假定有一家企业生产两种产品（或服务）X 和 Y，产品 X 的需求弹性比产品 Y 大，他们的边际成本 MC_X 和 MC_Y 都是常数，参见右图。如果 X 和 Y 都按边际成本定价（分别定为 P_X 和 P_Y），则 X 的需求量为 Q_X，Y 的需求量为 Q_Y。但由于企业共同的固定成本未包括在边际成本中，因此企业的收入小于成本（ $TR < TC$ ）。

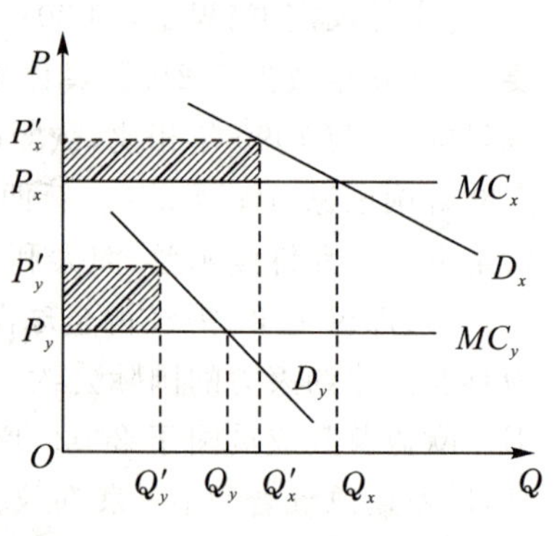

为了使企业的总成本得到补偿，至少有一种产品的定价要高于边际成本。但是任何对边际成本的偏离都会造成资源配置的效率降低，需要有一个“次优”的定价机制，使得总的收益正好能够抵偿全部成本，而又对资源优化配置的不利影响尽可能的小。拉姆齐(Ramsey)法则正好满足这一点。该法则由弗兰克·拉姆齐在 1927 年最早提出，1970 年后在经济领域得到广泛认可和接受。

若某一企业（或机构）同时提供若干服务或产品，拉姆齐定价建议，对于每一种服务的价格应当作适当调整，不能让所有的服务价格对等于边际成本，而是应当满足如下条件：

$$\frac{(P_j - mc_j)/P_j}{(P_n - mc_n)/P_n} = \frac{E_n}{E_j} \qquad (j = 1, \cdots, n-1)$$

$$\sum_{j=1}^{n} P_j y_j = C(y_1, \cdots, y_n) + k$$

其中 mc_j 和 mc_n 是服务或产品的边际成本，y_j 是 j 的数量，$C(y_1, \cdots, y_n)$ 是包含了共同固定成本的总成本函数，k 为任意常数，E_n 和 Ej 是产品或服务的需求价格弹性，上述的第一个公式称为“反比弹性公式”。即产品价格偏离边际成本的程度与其需求弹性成反比，需求弹性越大，价格越接近边际成本（如上图中的 P'_x 和 P'_y），且满足零利润条件，即总收入等于总成本。

与最优定价（first－best pricing，即按边际成本定价）相比，拉姆齐定价是一种次最优定价（second－best pricing），即对资源配置的消极影响最小的同时，允许企业至少不亏不盈。拉姆齐定价法则适用于受管制的企业（如公用事业，其利润最高额是受限制的）和非盈利企业（期望能补偿成本）。

本身违法原则

美国《谢尔曼法》第一条规定：“任何旨在限制洲际或与外国间贸易或商业的合同、以托拉斯或其他形式的联合或共谋，都是不合法的”。这里，美国法律没有规定任何例外情况。如果对此作极端的解释，会使大部分商业社会陷入困境，因为企业之间签订合同不可避免地要对贸易作出限制，没有限制的合同是没有执行力的。

但是，在《谢尔曼法》通过的最初几年中，法院严格遵守了法律的字面含义。例如，1897 年美国最高法院对“跨密苏里运输协会”一案的判决就体现了这个特点。该案中，18 个铁路运输公司控制了密西西比河以西的铁路运输，它们创立了一个协会，以设定运费率。美国反托拉斯主管机构根据《谢尔曼法》向法院提起诉讼，要求解散协会并禁止将来出现类似行为。被告辩解说，《谢尔曼法》第一条禁止不合理地限制贸易，一如普通法的原则。但法院拒绝了这一辩解，认为《谢尔曼法》禁止“限制贸易的所有合同”，这就意味着所有具有此类性质的合同均在禁止之列。在以后的“安第斯顿管道和钢铁公司”案以及“联合运输协会案”等案件中，法院均坚持了这个观点。

最高法院终于在 1911 年的“新泽西标准石油”案中改变了观点。本案中，几个企业签订了协议，固定价格、限制产量并控制石油及其制品的运输。它们把营业的管理权交给了新泽西标准石油公司。作为把管理权交给“标准石油”的回报，它们得到信托证书。最高法院判决该信托协议违反了《谢尔曼法》，禁止新泽西标准石油公司行使投票权或控制其 37 个子公司，禁止个人和法人达成类似的联合。大法官怀特（White）认为，《谢尔曼法》旨在促进自由市场和自由竞争，国会之所以通过这部法律，是因为担心通过不正当地限制竞争过程而提高价格。但是，国会只是禁止“不合理地”限制贸易或“不合理地”图谋垄断。“标准石油”案件明显违反了《谢尔曼法》，因此用不着进行深入分析就可以判定标准石油公司所设计的信托的违法性质。“标准石油”案是一个划时代的判例，它奠定了影响深远的“合理原则”（rule of reason）的基础。直到现在，该原则仍然是美国反托拉斯法的一个最基本也是最重要的原则，并为世界各国的竞争法或反垄断法广泛接受。

根据合理原则，法院必须考察一个合同、联合或共谋是妨碍还是促进了《谢尔曼法》。

这种分析对法院来说无疑是一个极其繁重的任务，同时也使诉讼变得旷日费时。在长期积累经验的基础上，法院发现，对于某些行为来说，其反竞争后果如此明显，以致不必对案件事实和竞争效果进行穷尽一切的分析。只要发现某种事实或行为存在，即可判定其违法，这就形成了与“合理原则”相对的另一个原则“本身违法原则”。当法院发现案件事实清楚地具有违法性质时，即应用本身违法原则，不再对其竞争后果进行分析。就被告而言，如果法院认为被告的行为属于“本身违法”，则被告就不能提供任何证据证明被诉行为的合理性或必要性。

主要参考文献

1.保罗·A·萨缪尔森,威廉·D·诺德豪斯(著).萧琛等译.经济学[M].北京:人民邮电出版社,2008 年 1 月第一版.

2.约瑟夫·E·斯蒂格利茨,卡尔·E·沃尔什(著).黄险峰,张帆译.经济学[M].北京:中国人民大学出版社,2013 年 1 月第四版.

3.曼昆(著).梁小民等译.经济学原理[M].北京:北京大学出版社,2013 年 5 月第六版.

4.高鸿业主编.西方经济学[M].北京:中国人民大学出版社出版,2014 年 8 月第六版.

5.梁小民(著).西方经济学基础教程[M].北京:北京大学出版社,2014 年 7 月第三版.

6.经济学教材编写组.微观经济学[M].北京:科学出版社,2006 年 8 月第一版.

7.李晓明主编.微观经济学[M].北京:中国农业出版社,2010 年 1 月.

8.范家骧,刘文忻主编.微观经济学[M].大连:东北财经大学出版社,2007 年 6 月第二版.

9.魏埙,蔡继明,刘俊明,柳欣编著.现代西方经济学教程[M].天津:南开大学出版社,2005 年 3 月第二版.

10.宋承先,许强(著).现代西方经济学[M].上海:复旦大学出版社,2005 年 2 月第三版.

11.赵英军主编.西方经济学[M].北京:机械工业出版社,2015 年 3 月第四版.

12.袁志刚主编.微观经济学[M].北京:高等教育出版社,2008 年 2 月第一版.

13.R·格伦·哈伯德,安东尼·P·奥布赖恩(著).经济学(微观)[M].北京:机械工业出版社,2011 年 2 月第三版.

14.郁义鸿,于立宏编著.管理经济学[M].北京:高等教育出版社,2006 年 9 月第一版.

15. 卡尔·E·凯斯,雷·C·费尔(著). 吴庆德改编. 微观经济学原理[M]. 北京:中国人民大学出版社,2006年2月第一版.

16. 许纯祯,吴宇晖,张东辉编著. 西方经济学[M]. 北京:高等教育出版社,2008年10月第三版.

17. 邹薇编著. 高级微观经济学[M]. 武汉:武汉大学出版社,2004年10月第一版.

18. 卢锋(著). 经济学原理[M]. 北京:北京大学出版社,2002年4月中国版第一版.

19. 汪祥春,夏德仁(著). 西方经济学(修订版)[M]. 大连:东北财经大学出版社,2003年9月第二版.

20. 黄亚钧(著). 微观经济学[M]. 北京:高等教育出版社,2009年5月第三版.

21. 李致平(著). 现代微观经济学[M]. 合肥:中国科学技术大学出版社,2013年5月第三版.

22. 保罗·克鲁格曼(著). 黄卫平,丁凯等译. 微观经济学[M]. 北京:中国人民大学出版社,2012年3月第二版.

23. 董长瑞(著). 微观经济学[M]. 北京:经济科学出版社,2006年8月.

24. 平狄克,鲁宾费尔德(著). 高远等译. 微观经济学[M]. 北京:中国人民大学出版社,2013年6月第八版.

25. 黎诣远(著). 西方经济学[M]. 北京:高等教育出版社,2007年9月第三版.

26. 李立春等(著). 西方经济学[M]. 北京:高等教育出版社,2008年8月第二版.

27. 姚明霞(著). 福利经济学[M]. 北京:经济日报出版社,2005年5月第一版.

28. 孙月平,刘俊,谭军(著). 应用福利经济学[M]. 北京:经济管理出版社,2004年10月第一版.

29. 郭伟和(著). 福利经济学[M]. 北京:经济管理出版社,2001年10月第一版.

30. 阿伦等(著). 毛蕴诗等译. 管理经济学[M]. 北京:中国人民大学出版社,2009年9月第一版.

31. 哈尔·瓦里安(著). 财洪等译. 微观经济学(高级教程第三版)[M]. 北京:经济科学出版社,2002年10月第一版.

32. 泛里安(著). 费方域等译. 微观经济学:现代观点[M]. 上海:格致出版社,2011年2月第八版.

33. 沃尔特·尼科尔森(著). 朱幼为等译. 宁向东审校. 微观经济学理论基本原理与扩展(第九版)[M]. 北京:北京大学出版社,2008年5月第一版.

34. 刘东,梁东黎(著). 微观经济学[M]. 南京:南京大学出版社,2004年5月第三版.

35. 毛程连编. 中高级公共经济学[M]. 上海:复旦大学出版社,2006年4月第一版.

36. 平新乔(著). 微观经济学十八讲[M]. 北京:北京大学出版社,2001年4月第一版.

37. 乌家培,谢康,肖静华(著). 信息经济学[M]. 北京:高等教育出版社,2007年4月第二版.

38. 席恒(著). 利益、权利与责任——公共产品供给机制研究[M]. 北京:中国社会科学出版社,2006年12月第一版.

39. 吴德庆，马月才，王保林编（著）. 管理经济学[M]. 北京：中国人民大学出版社，2014 年 1 月第六版.

40. 金镝，孙立旭（著）. 经济学[M]. 大连：大连理工大学出版社，2006 年 7 月第五版.

41. 曾湘泉主编. 劳动经济学[M]. 上海：复旦大学出版社，2010 年 8 月第二版.

42. 金明善主编. 经济学茶座[M]. 山东：山东人民出版社，2006 年第 3 期.

43. 金明善主编. 经济学茶座[M]. 山东：山东人民出版社，2006 年第 4 期.

44. 张利庠，李宝山主编. 管理经济学[M]. 北京：中国人民大学出版社，2012 年 3 月第三版.

45. 谢科范，涂锦主编. 管理经济学[M]. 武汉：武汉理工大学出版社，2010 年 8 月.

46. 卢瑟尔 S. 索贝尔，詹姆斯 D・格瓦特尼等（著）. 王茂斌等译. 经济学：私人与公共选择[M]. 北京：机械工业出版社，2009 年 9 月.

47. 威廉・博依斯，李自杰（著）. 刘伟译. 新管理经济学[M]. 北京：中国市场出版社，2011 年 10 月第二版.

48. 李娜主编. 西方经济学（微观部分）同步辅导及习题全解[M]. 徐州：中国矿业大学出版社，2008 年 4 月.

49. 克里斯托弗 R・托马斯，S・查尔斯・莫瑞斯（著）. 陈章武，葛凤玲译. 管理经济学[M]. 北京：机械工业出版社，2014 年 11 月第十一版.

50. 张铭洪，杜云主编. 网络经济学教程[M]. 北京：科学出版社，2010 年 2 月.